CN01496156

LANGUEDOC ROUSSILLON

Collection sous la responsabilité d'Anne Teffo

Ont contribué à l'élaboration de ce guide :

Édition	Amaury de Valroger
Rédaction	Magali Triano, Pierre Plantier
Cartographie	Michèle Cana, Véronique Aissani, Thierry Lemasson, Marie-Christine Defait, Valentina Alecu, Cristina Bragaru, Alexandru Lorga, Aura Nicolæ, Claudiu Spiridon, Severin Vlad, Stéphane Anton.
Informations pratiques	www.insee.fr (chiffres population)
Conception graphique	Laurent Muller (couverture), Agence Rampazzo (maquette intérieure)
Relecture	Auriane Vigny
Régie publicitaire	michelin-cartesetguides-btob@fr.michelin.com
et partenariats	*Le contenu des pages de publicité insérées dans ce guide n'engage que la responsabilité des annonceurs.*
Contacts	Michelin Cartes et Guides Le Guide Vert 46, avenue de Breteuil 75324 Paris Cedex 07 ☎ 01 45 66 12 34 – Fax : 01 45 66 13 75 LeGuideVert@fr.michelin.com www.cartesetguides.michelin.fr www.viamichelin.com

Parution 2009

Votre avis nous intéresse
Vous souhaitez donner votre avis sur nos publications ou nous faire part de vos expériences ?
Rendez-vous sur **www.votreaviscartesetguides.michelin.fr**

Note au lecteur
L'équipe éditoriale a apporté le plus grand soin à la rédaction de ce guide et à sa vérification. Toutefois, les informations pratiques (prix, adresses, conditions de visite, numéros de téléphone, sites et adresses Internet…) doivent être considérées comme des indications du fait de l'évolution constante des données. Il n'est pas totalement exclu que certaines d'entre elles ne soient plus, à la date de parution du guide, tout à fait exactes ou exhaustives. Elles ne sauraient de ce fait engager notre responsabilité.

Le Guide Vert,
la culture en mouvement

Vous avez envie de bouger pendant vos vacances, le week-end ou simplement quelques heures pour changer d'air ? Le Guide Vert vous apporte des idées, des conseils et une connaissance récente, indispensable, de votre destination.

Tout d'abord, **sachez que tout change**. Toutes les informations pratiques du voyage évoluent rapidement : nouveaux hôtels et restaurants, nouveaux tarifs, nouveaux horaires d'ouverture… Le patrimoine aussi est en perpétuelle évolution, qu'il soit artistique, industriel ou artisanal… Des initiatives surgissent partout pour rénover, améliorer, surprendre, instruire, divertir. Même les lieux les plus connus innovent : nouveaux aménagements, nouvelles acquisitions ou animations, nouvelles découvertes enrichissent les circuits de visite.

Le Guide Vert **recense** et **présente ces changements** ; il réévalue en permanence le niveau d'intérêt de chaque curiosité afin de bien mesurer ce qui aujourd'hui vaut le voyage (distingué par ses fameuses 3 étoiles), mérite un détour (2 étoiles), est intéressant (1 étoile). Actualisation, sélection et appréciation sur le terrain sont les maîtres mots de la collection, afin que Le Guide Vert soit à chaque édition le reflet de la réalité touristique du moment.

Créé dès l'origine pour **faciliter et enrichir vos déplacements**, Le Guide Vert s'adresse encore aujourd'hui à tous ceux qui aiment connaître et comprendre ce qui fait l'identité d'une région. Simple, clair et facile à utiliser, il est aussi idéal pour voyager en famille. Le symbole signale tout ce qui est intéressant pour les enfants : zoos, parcs d'attractions, musées insolites, mais également animations pédagogiques pour découvrir les grands sites.

Ce guide vit pour vous et par vous. N'hésitez pas à nous faire part de vos remarques, suggestions ou découvertes ; elles viendront enrichir la prochaine édition de ce guide.

Anne Teffo
Responsable de la collection
Le Guide Vert Michelin

ORGANISER SON VOYAGE

COMPRENDRE LA RÉGION

VILLES ET SITES

À l'intérieur des rabats de couverture, la carte générale intitulée « **Les plus beaux sites** » donne :
- une **vision synthétique** de tous les lieux traités ;
- les **sites étoilés** visibles en un coup d'œil ;
- les **circuits de découverte**, dessinés en vert, aux environs des destinations principales.

Dans la partie « **Découvrir les sites** » :
- les **destinations principales** sont classées par ordre alphabétique ;
- les **destinations moins importantes** leur sont rattachées sous les rubriques « Aux alentours » ou « Circuits de découverte » ;
- les **informations pratiques** sont présentées dans un encadré vert dans chaque chapitre.

L'**index** permet de retrouver rapidement la description de chaque lieu.

SOMMAIRE

DÉCOUVRIR LES SITES

Baie de Collioure.

M.-H. Carcanague / MICHELIN

OÙ ET QUAND PARTIR

Nos conseils de lieux de séjour

Locations, hôtels, campings, chambres d'hôte, gîtes… Pour choisir votre formule d'hébergement, mieux vaut cerner votre type de voyage. Entre l'isolement en montagne et les possibles foules du littoral, la région offre une large palette de séjours très différents.

UN LITTORAL TRÈS DEMANDÉ

Ne serait-ce que sur le littoral, vous avez le choix entre un séjour balnéaire classique pour les adeptes de la plage et des activités nautiques, un circuit entre mer et étang ponctué de trésors archéologiques ou encore des vacances culturelles à la découverte du patrimoine architectural. Quelle que soit votre envie, l'offre en matière d'hébergement est ici des plus riches. Il faut dire que la région voit déferler un flot impressionnant de touristes chaque été.

Cette concentration est à l'origine des énormes embouteillages que vous risquez de rencontrer. La solution ? Logez à proximité de la plage ou circulez à vélo. Dans tous les cas, évitez les fins de journée (18h-20h) lorsque tout le monde rentre de la plage et n'oubliez pas que, le week-end, les déplacements de la population locale s'ajoutent à ceux des vacanciers.

En famille – Labellisés « Stations Kid », **Argelès-sur-Mer**, **Balaruc-les-Bains**, **Gruissan**, **Leucate** ou encore **Port-Barcarès** proposent des équipements et des activités qui raviront les plus jeunes.

👁 **Bon à savoir** – Si vous n'avez d'autre choix que de partir en pleine saison, veillez à réserver dès le début du printemps en prévision des grandes vacances, voire d'une année sur l'autre.

La côte de sable

Amateurs de plages de sable, le littoral languedocien fera votre bonheur ! De La Grande-Motte à St-Cyprien, vous les trouvez à perte de vue, d'un sable plus ou moins fin, mais toujours doux aux pieds nus.

Les grandes stations – Résultat de la politique d'aménagement du littoral menée dans les années 1970, **Le Cap-d'Agde** et **La Grande-Motte** sont les deux stations phares de la côte languedocienne. Bénéficiant d'équipements touristiques des plus complets, elles

Plaisance

Si vous possédez un bateau, le cabotage sera peut-être un moyen d'éviter la foule. La côte languedocienne compte près de 10 000 postes d'amarrage ; **Le Cap-d'Agde** d'abord, puis **Palavas-les-Flots**, **Canet-Plage** ou encore l'association jumelée de **Port-Leucate** et **Port-Barcarès** sont les principaux ports de plaisance. Et si vous n'avez pas de bateau ? Il reste la location, une solution assez répandue mais coûteuse, surtout s'il vous faut vous attacher les services d'un skipper.

proposent tous les loisirs imaginables : sport, activités nautiques, jeux, plages immenses et entretenues, longées par des rangées de parkings, de rues commerçantes, de constructions et d'infrastructures d'un tourisme qui ne laisse place à quasiment aucune autre activité économique. Si vous n'êtes pas encore rassasié, en nocturne, le casino, les stands des forains, les discothèques, la pléiade de bars et de restaurants de plage prennent le relais. Enfin, Montpellier pour la première et Béziers pour la seconde sont de grandes ressources culturelles à proximité. L'offre en matière d'hébergement ne manque pas pour accueillir une clientèle jeune ou familiale : locations saisonnières, hôtels, campings… Attention pourtant aux nuisances sonores en ville, rien de pire qu'un appartement au-dessus d'un bar musical !

Les stations de moindre taille – Si les grandes stations ne sont pas à votre goût, dirigez-vous plutôt vers **Carnon-Plage** ou **Palavas-les-Flots**, destinations favorites des Montpelliérains. De Sète à **Marseillan**, la longue bande sableuse qui sépare la Grande Bleue du **bassin de Thau** saura vous séduire. Dans ces cités qui ont su conserver le caractère de leur port de pêche, vous trouverez certes quelques hôtels mais surtout des campings et locations saisonnières. **Gruissan** et **Leucate**, paradis des véliplanchistes, sont le rendez-vous des amateurs de sensations fortes. Ambiance plus familiale à **Port-Barcarès**, station balnéaire largement dotée en matière d'hôtels ou de locations saisonnières. Si **Canet** se singularise par le cachet de son village, c'est toutefois sur le bord de mer, côté station balnéaire, que vous vous logerez le plus facilement, tout comme à **St-Cyprien**, réputée être la station la plus sportive de la région.

La côte Vermeille

D'**Argelès** à **Cerbère**, le littoral prend une tout autre physionomie. Ici, les vagues viennent se briser sur les rochers et le sable fin laisse la place aux galets et au sable grossier. Un rivage presque sauvage et des fonds marins exceptionnels font tout le charme de cette côte. La plongée se pratique dans la Réserve naturelle marine de Banyuls-Cerbère. Côté station balnéaire, c'est **Argelès-Plage** qui fait référence sur la côte Vermeille. Côté charme, la préférence ne peut qu'aller à **Collioure**, avec ses ruelles pittoresques, son port protégé par un fort, sa riche église. Les activités vivaces de la pêche et du vin confèrent une précieuse authenticité à **Port-Vendres** et à **Banyuls**, nichée entre mer, vignes et rochers. À **Cerbère**, l'ambiance des terrasses de café rappelle que l'Espagne n'est plus très loin.

Naturisme

Autre singularité de la région : le Languedoc-Roussillon se revendique comme la première région naturiste de France ! Sur le littoral, c'est du côté du **Cap-d'Agde,** de **Port-la-Nouvelle** ou encore de **Port-Leucate** que vous pourrez abandonner le maillot ! Dans les terres, **Arles-sur-Tech**, **Lodève**, **Aniane** et le **Minervois** vous offrent la même liberté.

Le proche arrière-pays

L'arrière-pays présente, pour sa part, une alternative intéressante. Entre patrimoine culturel et festivités, **Montpellier** et **Perpignan** offrent d'agréables possibilités de séjour et disposent d'infrastructures hôtelières des plus complètes. De taille plus modeste mais présentant autant d'intérêts, **Béziers** et **Narbonne** ne sont qu'à quelques kilomètres du littoral. C'est au contact de leurs habitants que vous pourrez réellement vous imprégner de l'art de vivre local.

MONTAGNE ET LOISIRS

Les grandes stations

Le Languedoc-Roussillon culmine à près de 3 000 m d'altitude, offrant quelques belles descentes enneigées bien connues des amateurs de glisse. Dans les Pyrénées catalanes, c'est à **Font-Romeu** et **Pyrénées 2000** qu'ils se donnent rendez-vous, entre 1 600 et 2 250 m d'altitude. Les deux stations sont jumelées pour offrir un vaste domaine de ski ; en tout une soixantaine de pistes de ski alpin, plus de 100 km dédiés au ski nordique avec en prime une foule d'activités : ski, parapente, motoneige ou encore excursions en raquette. Pour votre séjour, vous avez le choix entre hôtels, appartements à louer au pied des pistes et chalets nichés dans la forêt.

Le four solaire de Mont-Louis.

Skier en famille

Si, dans les Pyrénées, les stations des **Angles** et de **Font-Romeu** bénéficient du label « Stations Kid », de nombreuses petites stations revendiquent leur esprit familial. Dans le **Capcir**, des forfaits de ski jumelés, incluant Font-Romeu et Pyrénées 2000, vous permettent d'affûter vos mollets en dévalant les pistes de **Formiguères** et **Puyvalador** à moins que vous n'optiez pour la version nordique particulièrement prisée dans

---

Le nouveau camping

Il est loin le temps où il fallait s'armer d'énergie pour déployer sa toile sur le sable fin d'un camping en bord de mer. Aujourd'hui, la quasi-totalité des 900 établissements recensés en Languedoc-Roussillon propose la location de chalets, bungalows ou mobile homes. Certes, les emplacements pour votre caravane existent toujours, mais ils se réduisent d'année en année. Vous trouverez dans la plupart de ces campings une large palette de services (bar, restaurant, commerces, garderies d'enfants, bureau de change…) ainsi que de nombreux équipements de loisirs (piscine, tennis, jeux, planche à voile, discothèques…). En la matière, c'est **Argelès-Plage** qui tient le haut de l'affiche : une soixantaine de terrains aménagés en villages de toile en font la capitale européenne du camping !

ces contrées. C'est aussi en famille que vous pourrez user vos carres à l'Espace Cambre d'Aze, le domaine skiable du petit village d'**Eyne** ou à **Err-Puigmal**, la station la plus haute des Pyrénées, perchée à 2 700 m ! Vous pourrez pousser jusqu'aux vallées andorranes, de **Porté Puymorens** à **Arinsal**, en passant par le **Pas de la Casa** et **Soldeu El Tarter**.

Dans la plupart des stations de sports d'hiver des Pyrénées catalanes, des complexes hôteliers et des résidences locatives sont à votre disposition.

👁 Si vous envisagez de passer une semaine au ski, la location est plus avantageuse. Pensez à partir hors vacances scolaires : pendant ces périodes « creuses », les stations affichent des tarifs promotionnels très attractifs. De même, pour un week-end de deux ou trois jours, privilégiez les formules tout compris et clés en main, intéressantes financièrement et d'un point de vue pratique (attention, le coût du trajet n'est pas toujours inclus dans la formule).

Fabrication d'espadrilles à St-Laurent-de-Cerdans.

La montagne autrement

Autre décor, autre ambiance pour le sud du Massif Central. Les reliefs plus doux de l'Aubrac, du **mont Lozère** et du **massif de l'Aigoual** en font les destinations fétiches des amateurs de ski de fond. Même s'il existe quelques pistes de ski alpin, notamment vers les Cévennes, sur les domaines du **Bleymard** et du **Mas de la Barque** ou encore dans l'Aubrac, à **Nasbinals**, l'intérêt des skieurs se porte essentiellement vers le ski de fond. La plupart de ces destinations sont appréciables hiver comme été, à ski ou en chaussures de randonnées ! Autre station de montagne à découvrir aux beaux jours : **Quillan**, qui se niche dans la vallée de l'Aude, ou **La Salvetat-sur-Agout**, plantée dans les monts de l'Espinouse (Parc naturel régional du Haut-Languedoc). Son label Station

Verte garantit une offre de qualité en matière d'hébergement et de loisirs. Dans ces petites montagnes, l'offre en matière d'hébergement n'est en aucun cas comparable avec celle des Pyrénées. Tournez-vous vers les gîtes et chambres d'hôte.

CHALEUR, CALME ET PASTORALISME D'ARRIÈRE-PAYS

Dans l'arrière-pays, l'environnement rural impose d'autres rythmes. Loin de la foule du littoral, vous trouverez ici des vacances de grand calme, au cœur de la nature. Les paysages des causses, de l'Aubrac, de la Margeride ou encore des Cévennes invitent à la randonnée en famille. Du côté de **Nasbinals** et **Marvejols**, cueillette de myrtilles le long des pistes et drailles ou rencontre avec les loups du Gévaudan sont au programme.

La **Margeride** offre quelques belles excursions entre lac et forêt, avec en prime la visite en calèche de la réserve de bisons d'Europe au **Malzieu**. De nombreuses activités de pleine nature sont proposées autour de la petite ville dynamique de **Mende** ou à **La Canourgue**, Station Verte.

Un peu plus au sud, **Florac** marque l'entrée du Parc national des Cévennes. Ici, le relief prend de l'altitude, le massif de l'Aigoual et son observatoire ne sont plus très loin ! Sur l'autre versant, les Stations Vertes de **Villefort** et **Génolhac** donnent accès aux paysages de landes du **mont Lozère**.

Plus désertiques, les **causses** se découvrent au cours de randonnées entre rochers ruiniformes et sites templiers. Dans ce haut lieu du pastoralisme, vous pourrez vous imprégner des traditions locales tout en dégustant les produits du terroir. La visite des caves de Roquefort reste en effet incontournable dans la région ! Pour ce faire, vous pourrez séjourner à **Millau, St-Affrique, Nant** ou encore **Meyrueis**, classé Station Verte. Plus à l'ouest, **St-Sernin-sur-Rance** et **Belmont-sur-Rance** vous mettent sur la voie des statues-menhirs et des châteaux médiévaux.

Les Cévennes, quant à elles, avec leurs forêts de châtaigniers à perte de vue, sont l'occasion d'allier promenade et vacances culturelles ; **St-Jean-du-Gard** conserve les stigmates du protestantisme, **Le Vigan** témoigne du patrimoine local et **Anduze** offre une balade exotique au cœur de sa bambouseraie.

Destinations-clés d'un tourisme vert, ces régions permettent des vacances au

J. Malburet / MICHELIN

budget raisonnable. En matière d'hébergement, privilégiez les chambres d'hôte et gîtes, à moins que vous ne préfériez le camping. Mais attention, les nuits y sont toujours très fraîches !

LES CHÂTEAUX DITS « CATHARES »

Entre **Corbières** et **Fenouillèdes**, votre séjour prend des allures de voyage à travers l'histoire. Peyrepertuse, Quéribus, Aguilar ou encore Termes et Puilaurens… Toutes ces « citadelles de vertige » se gagnent au prix de quelques dénivelés audacieux qui promettent un séjour tout aussi sportif que culturel ! La région offre également quelques belles promenades du côté de la forêt domaniale des Fanges. Ici, les hôtels sont plutôt rares, de même que les campings (quelques-uns à Puivert), privilégiez donc les chambres d'hôte et les gîtes. C'est à **Cucugnan**, **Durban-Corbières** ou encore **Soulatgé** que vous trouverez quelques possibilités d'hébergement mais, l'offre étant limitée, il convient de s'assurer des disponibilités avant votre départ. Vous pouvez également décider de prendre vos quartiers à **Limoux** ou **Quillan**, cette dernière bénéficiant d'ailleurs du label Station Verte.

Points de départ stratégiques vers le Razès cathare, ces villes vous permettent de découvrir quelques sites plus accessibles avec des enfants en bas âge tels le donjon d'Arques et le château de Puivert, Espéraza et son musée des Dinosaures ou encore Rennes-le-Château et son trésor.

Enfin, vous ne pouvez quitter la région sans avoir vu **Carcassonne**. Cette cité, la plus grande forteresse d'Europe, est incontournable ! Seul inconvénient, elle est souvent prise d'assaut par les estivants. Conséquences : des queues interminables aux principaux sites et des prix qui s'envolent en matière d'hébergement et de restauration. En haute saison, mieux vaut donc séjourner aux alentours et s'offrir une escapade d'une journée ou deux à l'abri de ses remparts.

Par contre, hors saison, n'hésitez pas ! Sachez que Carcassonne participe à l'opération **Ville Pass'ion** (voir p. 31).

THALASSOTHÉRAPIE ET THERMALISME

La région bénéficie de quelques sources minérales et thermales associées à de petites stations spécialisées notamment dans le traitement des affections du système oto-rhino-laryngologique, des maladies osseuses et rhumatismales ou encore des problèmes rénaux. C'est le cas notamment de **Bagnols-les-Bains** en Lozère, de **Balaruc-les-Bains** du côté de l'étang de Thau et de **Rennes-les-Bains** dans l'Aude. Même spécificité en descendant vers les Pyrénées, où vous pourrez bénéficier des bienfaits des sources sulfurées à **Molitg-les-Bains**, **La Preste-les-Bains** et **Vernet-les-Bains**, petites sœurs d'**Amélie-les-Bains** qui fait référence dans la région. Ne vous attendez pas au faste des grandes stations thermales : ici, on fait plutôt dans la simplicité, ce qui n'enlève rien à la qualité des soins.

Pour en savoir plus

Les offices de tourisme et syndicats d'initiative renseignent sur les possibilités d'hébergement (meublés, gîtes ruraux, chambres d'hôte) autres que celles choisies par les publications Michelin, ainsi que sur les activités de plein air, les manifestations culturelles et sportives de la région.

Pour les pathologies digestives, rien de tel que les sources salées ! Vous les trouverez à La Chaldette (Aubrac), à **Alet-les-Bains** (Aude) et au **Boulou** (Pyrénées-Orientales). Ces eaux bicarbonatées sont également efficaces en matière de dermatologie comme l'atteste l'établissement d'**Avène-les-Bains** classé d'ailleurs « Station Kid » pour la qualité de ses animations pour les enfants. Enfin, **Lamalou-les-Bains** est situé dans le Parc naturel régional du Haut-Languedoc et spécialisé en traumatologie et neurologie. Certaines de ces stations thermales proposent aussi des formules « week-end détente », mais, en la matière, c'est vers la thalassothérapie qu'il faut vous tourner ! Et cela tombe plutôt bien, car qui dit littoral, dit thalassothérapie ! Sur la côte languedocienne, vous en trouverez à **La Grande-Motte** et au **Cap-d'Agde** et à **Port-Barcarès** et **Banyuls-sur-Mer** pour les côtes du Roussillon. Ces établissements disposent d'un parc hôtelier qui associe les exigences de la cure à l'agrément du cadre de séjour.

Pour plus d'informations sur les types d'hébergement, les services de réservation, les adresses que nous avons retenues dans ce guide, reportez-vous au chapitre « S'y rendre et choisir ses adresses ».

Nos propositions d'itinéraires

Si vous êtes curieux et souhaitez visiter dans le détail un secteur limité mais marqué par une identité particulière, nous vous proposons ci-dessous quelques itinéraires qui regroupent les principales curiosités de la région.

Ces propositions peuvent vous servir de base pour composer votre propre circuit. N'oubliez pas de consulter également la carte des plus beaux sites (dans le rabat de la couverture) qui vous invitera sans doute à faire tel ou tel crochet en fonction de vos propres goûts. Ces itinéraires peuvent évidemment être combinés entre eux. Le meilleur itinéraire sera le vôtre !

LA CÔTE VERMEILLE ENTRE MER ET VIGNES

▶ Circuit de 3 jours au départ de Collioure (50 km)

1er jour – Vous avez le blues ? Vite, descendez sur la côte Vermeille où couleurs et soleil vous attendent… Les couleurs, vous les trouverez tout d'abord à Collioure, où, en une journée, la promenade dans la ville vous fera découvrir les retables de l'église N.-D.-des-Anges (ils sont superbes) et les derniers ateliers de fabrication d'anchois salés, spécialité locale que vous ne manquerez pas de déguster dans l'un des nombreux restaurants de la ville. Au programme de votre après-midi : baignade et flânerie sur le port où se balancent les barques catalanes, toutes bariolées. Prenez votre temps de profiter de la soirée et et posez vos valises pour la nuit.

2e jour – Le lendemain, suivez la côte pour vous rendre à Port-Vendres et au cap Béar (promenade pédestre intéressante) puis à Banyuls où vous ne manquerez pas de goûter le vin doux naturel du même nom après avoir visité la maison du sculpteur Aristide Maillol. Déjeuner sur place avant de repartir vers le cap Réderis, où vous pourrez admirer la côte, avant de rejoindre Cerbère, tout près de l'Espagne. Revenez dormir à Banyuls, et laissez-vous bercer par les vagues.

3e jour – La fin de votre séjour sera occupée par le retour, cette fois par les crêtes, à partir de Banyuls. Là, bifurquez vers la D 86 qui passe par la tour Madeloc (beau panorama) et le paisible ermitage de N.-D.-de-Consolation. Déjeunez à Argelès-Plage avant de vous offrir un moment de détente au parc aquatique.

DE LA MONTAGNE NOIRE À CARCASSONNE

▶ Circuit de 3 jours au départ de Caunes-Minervois (170 km)

1er jour – Départ imminent pour la Montagne noire dont les magnifiques forêts se parent de couleurs fauves une fois l'automne venu. Tout d'abord, passez à Caunes-Minervois pour découvrir les marbres rouges de son église et de la carrière du Roy. Côté nature, vous pénétrerez dans le gouffre de Cabrespine. Revenez à Villeneuve-Minervois ou à Carcassonne pour y déjeuner avant de visiter la grotte de Limousis, avec son grand lustre blanc. À flanc de montagne, les quatre châteaux de Lastours témoignent des combats qui y eurent lieu durant la croisade contre les Albigeois. Autres châteaux, plus ou moins en ruine, ceux du Mas-Cabardès et de Saissac donnent à leur village un charme indéniable. Passez la nuit en Montagne noire, près de Revel, une petite ville tranquille dont les meubles artisanaux en marqueterie font la réputation.

2e jour – Du Moyen Âge, vous passez au 17e s. avec le système d'alimentation du canal du Midi créé par Riquet dont les bassins et retenues sont visibles à St-Ferréol puis, plus loin, au seuil de Naurouze. Vous voilà descendus de la montagne pour atteindre la plaine du Minervois à travers laquelle serpente le canal du Midi. Déjeunez vers Le Ségala pour déguster quelques confits maison. Gardez néanmoins un peu de place pour le repas du soir que vous prendrez à Castelnaudary, capitale incontestée du cassoulet. Passez-y la nuit.

3e jour – Le lendemain, plus au sud, vous marcherez sur les pas de saint Dominique à Fanjeaux avant d'aller déambuler dans les rues de la cité de Carcassonne, où vous déjeunerez. Enfin, rejoignez Caunes-Minervois.

DÉTENTE ET PLEIN AIR EN AUBRAC ET MARGERIDE

▶ Circuit de 3 jours au départ de Mende (170 km)

1er jour – Entamez votre journée avec une petite randonnée sur le causse, en optant pour la petite boucle du sentier d'interprétation. Vous reviendrez déjeuner à Mende, dont vous parcourrez les ruelles de la vieille ville et la cathédrale. Gagnez Marvejols, la capitale du Gévaudan, par les N 88 et N 108 afin de profiter du beau paysage. Faites le tour des portes fortifiées de la ville avant de rejoindre, au nord, le parc des Loups du Gévaudan.

ON A BEAU RETOURNER LA QUESTION
DANS TOUS LES SENS,
TGV, IL N'Y A PAS MIEUX
POUR VOYAGER.

...ui, TGV est bel et bien la réponse simple et rapide pour vous rendre dans le Languedoc-Roussillon.
...oignez directement Nîmes, Montpellier, Béziers ou Perpignan avec TGV et partez à la découverte
...oute la région en réservant à des conditions avantageuses votre voiture de location AVIS
...même temps que votre billet de train. En fait, voyager avec TGV, c'est une question de bon sens.
...ANISEZ DÈS MAINTENANT VOTRE SÉJOUR DANS LE LANGUEDOC-ROUSSILLON SUR TGV.COM

À PARTIR DE
22 EUROS*

Plus de vie dans votre vie

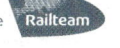
membre de Railteam

*Prix Prem's pour un aller simple en 2ᵈᵉ classe en période normale et dans la limite des places disponibles.
Billets non échangeables et non remboursables. En vente dans les gares, boutiques SNCF, agences de voyages
agréées SNCF, par téléphone au 3635 (0,34 € TTC/min hors surcoût éventuel) et sur www.voyages-sncf.com
SNCF - 34, rue du Commandant Mouchotte - 75014 Paris R.C.S. Paris B 552 049 447

Même si la bête du Gévaudan a bel et bien existé *(voir p. 266)*, vous ne la verrez pas, mais ferez connaissance avec les loups gardés dans ce parc en semi-liberté. Dormez sur place *(voir Marvejols)*.

2e jour – Deux options pour ce jour : si vous êtes skieurs et s'il y a de la neige, rejoignez Nasbinals *(voir Marvejols)* ou St-Urcize un peu plus au nord pour goûter aux joies de la glisse. Si vous n'êtes pas skieurs ou si vous venez en été, passez à Nasbinals pour admirer son église romane avant de rejoindre la station thermale de La Chaldette par la D 12. Vous pourrez y déjeuner avant d'aller parcourir à pied une des plus belles parties des routes de St-Jacques (GR 65, balisé en blanc et rouge). Rejoignez St-Chély-d'Apcher pour la nuit et profitez d'un logement avec vue sur l'Aubrac ou la Margeride *(voir Le Malzieu)*. Vous savourerez alors la spécialité régionale, l'aligot.

3e jour – Passez le début de la matinée à St-Chély-d'Apcher pour visiter la chapelle et admirer son beau panorama sur les gorges sauvages du Bès et la Margeride. Rejoignez Le Malzieu, remarquable pour ses remparts, et déjeunez sur place. Partez ensuite à la découverte du château de St-Alban-sur-Limagnole. Faites un tour dans les steppes du Grand Nord avec les bisons de la réserve de Ste-Eulalie (ne vous approchez pas trop, les bisons sont très dangereux !). Enfin, vous gagnez Châteauneuf-de-Randon où mourut le grand Du Guesclin, pour rentrer ensuite à Mende par la D 301 puis la N 88.

BALADE GOURMANDE EN BAS-LANGUEDOC

▶ Circuit de 4 jours au départ de Montpellier (250 km)

1er jour – Pas de séjour en Languedoc sans goûter aux spécialités gastronomiques ! Vous commencerez par parcourir le centre historique de Montpellier et visiter le musée Fabre. Déjeunez au Jardin des Sens *(voir p. 36)* si vous le pouvez, ou dans un autre restaurant de cette ville qui donna son nom à un beurre assez spécial (mélange d'herbes, d'épinards, de cresson, d'œufs et d'anchois) et où l'on mange avec bonheur oreillettes et grisettes. La promenade du Peyrou sera idéale pour une balade digestive. En fin de journée, prenez la direction de la mer. Rendez-vous sur la côte à Mireval et Frontignan où un muscat bien frais vous attend. Mieux vaut donc ne pas reprendre la route et passer la nuit à Vic ou Sète *(voir p. 429)*.

2e jour – Découvrez l'animation matinale du port de pêche de Sète et filez pour une balade sur le mont St-Clair. Vous apprécierez d'autant mieux de déguster une bourride ou une tielle. L'après-midi, visitez la villa Loupian et parcourez les rives du bassin de Thau. Quand vient l'heure de l'apéritif, dirigez-vous vers Marseillan pour goûter le Noilly-Prat ou en acquérir une bouteille pour parfumer la sauce des poissons. Le bassin de Thau est réputé pour les huîtres et les moules de Bouzigues. Faites-y étape pour la nuit.

3e jour – C'est le jour des provisions : rejoignez Pinet pour l'excellent picpoul-de-pinet, vin blanc parfait pour accompagner les produits de la mer. Une route un peu plus longue vous mène à Bize-Minervois, à l'est : la coopérative regorge d'huile d'olive et d'olives (goûtez les lucques, elles sont sublimes). À l'heure du déjeuner, rejoignez Béziers. Vous profiterez de votre après-midi pour découvrir la ville et notamment l'ancienne cathédrale St-Nazaire. Après une soirée animée du côté des allées Paul-Riquet, restez sur place pour la nuit.

4e jour – Ce matin, découverte du vignoble ! Vous dégusterez du bout des lèvres le muscat de St-Jean-de-Minervois, à 41 km à l'est, puis le vin rouge de St-Chinian. Gagnez Bédarieux pour déjeuner à proximité de votre troisième étape œnologique, Faugères. Si vous êtes cuisinier dans l'âme, passez par Lézignan-la-Cèbe où vous trouverez des oignons très doux, avant de gagner Pézenas. Voici la petite cité qui a su charmer Molière et, bien plus tard, Boby Lapointe. Parcourez-la à loisir et restez-y dîner pour consommer, cette fois sans modération, les petits pâtés d'origine indo-britannique, ainsi que les berlingots.

SKI, RANDONNÉE ET VISITE AU CŒUR DES PYRÉNÉES

▶ Circuit de 4 jours au départ de Font-Romeu (270 km)

1er jour – Cette fois, c'est au cœur des belles montagnes des Pyrénées que nous vous emmenons. Après avoir skié tout votre soûl, déjeunez à Font-Romeu. L'après-midi, vous irez admirer le camaril de l'Ermitage, avant de quitter Font-Romeu pour vous diriger vers la place forte de Mont-Louis, créée par Vauban. Ne manquez pas le grand four solaire. Pour vous détendre, faites une halte pour une randonnée ou une partie de pêche au lac des Bouillouses entouré de sa forêt de sapins. En fin de journée, dirigez-vous vers le Capcir pour y passer la nuit.

2ᵉ jour – Le matin, vous pourrez de nouveau chausser des skis ou aller dire bonjour aux ours et aux isards du parc animalier. Déjeunez aux Angles. L'après-midi, si le temps est maussade ou qu'il fait trop chaud, réfugiez-vous dans la grotte de Fontrabiouse. Matemale sera votre étape pour la soirée.

3ᵉ jour – Le lendemain goûtez aux joies que vous propose Puyvalador : matinée ski ou balade en raquettes en hiver, et footing matinal autour du lac ou sortie en pédalos aux beaux jours. Si le temps s'y prête, pique-niquez sur place. Après le repas, prenez la direction d'Ax-les-Thermes, à 44 km à l'ouest. Vous pourrez y faire non seulement du ski mais aussi de la randonnée pédestre ou encore une cure thermale. Ax-les-Thermes *(voir Guide Vert Midi-Pyrénées)* sera votre étape pour la nuit.

4ᵉ jour – Envie de shopping ? Prenez la direction de la frontière espagnole et offrez-vous une journée en Andorre par le Pas de la Casa (station de sports d'hiver et magasins hors taxes). Descendez jusqu'à Andorra la Vella, sa capitale, pour y savourer une bonne cuisine du terroir. N'oubliez pas de faire le plein de carburant, moins taxé. En repassant la frontière, vous emprunterez le tunnel de Puymorens pour atteindre le chaos de Targasonne. En regagnant Font-Romeu faites un détour jusqu'à Llo, charmant village de la Cerdagne.

FRESQUES, SCULPTURES ET RETABLES CATALANS

▶ **Circuit de 6 jours au départ de Perpignan (290 km)**

1ᵉʳ jour – La découverte de l'art catalan débute naturellement à Perpignan, capitale des comtes catalans puis des rois de Majorque dont vous ne manquerez pas de visiter le palais. Profitez du déjeuner pour vous engouffrer dans les ruelles du centre-ville. Tout près de là, Cabestany a donné son nom au grand artiste qui a conçu le tympan de son église romane ; vous y visiterez le musée qui lui est dédié. Revenez dormir à Perpignan.

2ᵉ jour – Le matin, direction Elne où le cloître de la cathédrale est un pur joyau de sculpture romane et gothique. Déjeunez à Collioure où les retables de l'église N.-D.-des-Anges vous donneront un premier aperçu de ce style grandiose qu'est le baroque catalan. Passez une agréable soirée dans le charmant port de Collioure.

Les huîtres de Bouzigues.

D. Pazery / MICHELIN

3ᵉ jour – Retour au roman avec les merveilleux linteaux sculptés des églises de St-André et St-Génis-des-Fontaines. Déjeunez au Boulou, où le maître de Cabestany a laissé une modeste empreinte sur le portail de l'église. Autre art majeur du Roussillon : les fresques romanes de la chapelle de St-Martin-de-Fenollar ; les Rois mages y trônent de toute leur grandeur. À Arles-sur-Tech, attardez-vous au-dessus de la sainte tombe, à Coustouges devant l'admirable grille en fer forgé. Vous pouvez marquer une pause pour la nuit à la station thermale d'Amélie-les-Bains *(voir Céret)*.

4ᵉ jour – Prenez un pique-nique avant de partir. Sur la petite route reliant la vallée du Tech à celle de la Têt, la chapelle de la Trinité, près de Prunet-et-Belpuig, renferme un Christ habillé du 12ᵉ s. Sous la tribune romane du prieuré de Serrabone, vous vérifierez que les artistes roussillonnais ne manquaient pas de talent. Arrêtez-vous pique-niquer et éventuellement piquer une tête dans le lac de Vinça. Ainsi rafraîchis, vous apprécierez d'autant plus les retables baroques des églises de Vinça et d'Espira-de-Conflent. Poursuivez jusqu'à Prades où vous passerez la nuit.

5ᵉ jour – Visitez la petite ville de bon matin et notamment l'église St-Pierre pour son retable baroque. Après le déjeuner, sillonnez les alentours pour découvrir deux incontournables monuments du roman catalan : les abbayes de St-Michel-de-Cuxa et de St-Martin-du-Canigou. Vous ne vous ferez pas prier pour repasser une soirée à Prades, surtout de mi-juillet à mi-août, lorsque se déroule le festival Pablo Casals.

6ᵉ jour – Appréciez le contraste entre la sobre architecture romane de l'église de Corneilla-de-Conflent et les volutes et frontons baroques de celle d'Ille-sur-Têt, à l'est. Déjeunez à proximité et ne manquez surtout pas les splendides orgues naturelles, à la sortie d'Ille. Enfin, avant de regagner Perpignan, faites un saut à Baixas pour admirer une dernière fois un gigantesque retable baroque.

SUR LES TRACES DES CHEVALIERS CATHARES

▶ **Circuit de 4 jours au départ de Carcassonne (300 km)**

1er jour – Notre épopée dans l'Histoire commence à Carcassonne : là, nul besoin de beaucoup d'imagination pour se retrouver en plein Moyen Âge. Mangez sur le pouce avant de partir pour Limoux où vous irez voir le musée Petiet ou faire un tour au Jardin aux plantes de la Bouichère. Profitez de la soirée pour trinquer avec la fameuse blanquette de Limoux…

2e jour – Après l'abbaye romane d'Alet-les-Bains, mettez le cap sur le donjon d'Arques, puis sur Rennes-le-Château, où le mystère demeure autour du fabuleux trésor de l'abbé Saunière. Si vous souhaitez vous mettre à table dans un décor exceptionnel, choisissez le château (16e s.) des Ducs de Joyeuse à Couiza. Direction l'ouest, pour faire connaissance avec le château de Puivert qui fut attaqué durant la croisade contre les Albigeois. Optez pour une chambre d'hôte à proximité ou revenez passer la nuit à Quillan.

3e jour – Vous voyez aujourd'hui les hauts lieux du catharisme. Puilaurens puis Quéribus, la matinée vous transporte au temps des croisades. Entre chicanes et meurtrières, de somptueux panoramas s'offrent à vous. Vous pourrez vous restaurer à Cucugnan (*voir Les Corbières*) car il vous faudra encore un peu de courage pour grimper à l'assaut du château de Peyrepertuse. Rassurez-vous, une fois en haut, vous ne regretterez pas votre effort. Restez dormir à proximité.

4e jour – Quelques kilomètres vous séparent des ruines des châteaux de Padern et d'Aguilar au nord-est, puis de Durban-Corbières au nord, eux aussi acteurs dans la lutte cathare. Gagnez à l'ouest le château de Villerouge-Termenès, que vous visiterez avant d'aller dévorer un plat médiéval à la rôtisserie installée dans les anciennes écuries. Besoin de vous dégourdir les jambes ? Une grimpette jusqu'au château de Termes fera l'affaire. Enfin, revenez à Carcassonne non sans avoir visité l'abbaye de Lagrasse.

LE LONG DE LA VOIE DOMITIENNE

▶ **Circuit de 5 jours au départ de Lunel (300 km)**

1er jour – Il y a quelque vingt et un siècles, un certain Domitius Ahenobarbus fonda la première colonie romaine hors d'Italie : Narbonne. Pour la relier à Rome, il créa une sorte d'autoroute du monde antique : la via Domitia, dont on peut aujourd'hui voir les vestiges. Votre périple commence à l'oppidum d'Ambrussum, près de Lunel. Vous irez ensuite à Lattes, où vous pourrez vous restaurer avant de visiter le musée archéologique Henri-Prades. Au bord de l'étang de Thau, la villa gallo-romaine de Loupian a révélé de belles mosaïques et, entre Montbazin et Pinet, une promenade pédestre d'une heure vous conduira directement sur la via Domitia. Dormez au Cap-d'Agde.

2e jour – Vous êtes sur place pour aller visiter le musée du Cap-d'Agde qui renferme un trésor : l'éphèbe d'Agde, retrouvé dans l'Hérault en 1964. Rendez-vous ensuite à Béziers pour visiter le musée du Biterrois (témoignages de l'époque gallo-romaine), la cathédrale et parcourir les rues commerçantes. Vous trouverez sur place restaurants et logements.

3e jour – Retrouvez la voie Domitienne le matin avec l'extraordinaire oppidum d'Ensérune. À Sallèles-d'Aude, déjeunez près des écluses et découvrez le gigantesque atelier de potier où ont été mises au jour des milliers d'amphores (musée Amphoralis). Dirigez-vous vers Narbonne pour y passer la nuit.

4e jour – Entamez votre journée avec la visite de l'excellent Musée archéologique de Narbonne dont vous ne manquerez pas les peintures romaines. Dégustez les produits régionaux dans l'un des restaurants du centre-ville, avant de poursuivre avec l'horreum (entrepôt romain) et le tronçon de voie romaine, en pleine place de l'Hôtel-de-Ville. En empruntant la N 9, vous pouvez vous arrêter à Perpignan pour la nuit.

Le port de Sète.

A. Thuillier / MICHELIN

5e jour – Vous ferez le choix stratégique de suivre la voie Domitienne soit par la côte, soit par les Pyrénées, là même où Hannibal passa avec ses éléphants. Par la côte, la voie traverse l'antique Illiberis (Elne et son musée d'Archéologie) et aboutit à Port-Vendres, le « port de Vénus » où vous pourrez vous régaler de poissons fraîchement débarqués avant de lézarder sur la plage. Par les Pyrénées, vous vous arrêterez au Boulou pour une pause-déjeuner avant de découvrir le panorama aux Cluses, le fort de Bellegarde, puis le site archéologique de Panissars. Un pas de plus et vous êtes en Tarraconaise, antique colonie espagnole.

DES ROUGIERS AUX MONTAGNES VERTES DE L'ESPINOUSE

▶ Circuit de 4 jours au départ de St-Affrique (320 km)

1er jour – Emportez un pique-nique ce matin. St-Affrique ouvre la route sur une série de beaux châteaux de grès rouge, typiques de la région des Rougiers : St-Izaire et Brousse-le-Château où vous déjeunerez avant de partir pour Coupiac. Vous dormirez à St-Sernin, ville bâtie à flanc de montagne, où fut recueilli l'enfant sauvage qui inspira son film à François Truffaut.

2e jour – Lancez-vous dans une chasse aux statues-menhirs vers Pousthomy avant de faire une halte au musée de St-Crépin. Un petit tour à Belmont-sur-Rance et sa belle collégiale et vous gagnez les monts de Lacaune. La ville du même nom, célèbre pour ses charcuteries et ses agneaux, est une étape idéale pour vous restaurer. En allant vers le sud, vous passez sur les monts du Somail où se trouve La Salvetat-sur-Agout, tout à côté du lac de la Raviège (baignades et randonnées). Dormez sur place.

3e jour – Pour rejoindre le sommet de l'Espinouse, passez par le col de Font-froide. Après avoir admiré le paysage au mont Caroux, descendez déjeuner à Lamalou-les-Bains, station thermale au climat particulièrement doux. L'après-midi, vous aurez peut-être la chance d'assister à une coulée de cloche à Hérépian, sinon poussez jusqu'à la Maison des arts de Bédarieux. Revenez dormir à Lamalou.

4e jour – Remontez la vallée de l'Orb en passant par Boussagues, adorable petit village dont les fortifications ont été bien restaurées. Arrêtez-vous dans le charmant village d'Avène pour déjeuner à proximité, vous continuerez ensuite cette montée vers le nord qui vous ramène au pays des Rougiers : ne manquez pas l'abbaye de Sylvanès, où se déroule un festival de musique sacrée de grande qualité, et le château de Montaigut, perché en haut d'une colline. St-Affrique est alors au bout du chemin.

À LA RENCONTRE DU PATRIMOINE CÉVENOL

▶ Circuit de 5 jours au départ d'Alès (410 km)

1er jour – Alès, où fut signé l'édit de Grâce accordé aux protestants en 1629, ouvre ses portes sur les Cévennes. Entrez dans un pays d'histoire et de nature encore préservée en vous dirigeant vers Génolhac, charmante bourgade médiévale. Déjeunez-y sur le pouce avant de gagner Villefort et son lac. Vous vous trouvez alors sur le mont Lozère, emblème des Cévennes du nord, qu'il faut parcourir à pied ou à cheval. Passez la nuit à Villefort.

2e jour – Du Bleymard, village sympathique, vous arrivez à Bagnols-les-Bains, où une remise en forme d'une demi-journée vous mettra d'attaque pour la suite du parcours. Déjeunez à Lanuéjols (voir p. 260) puis direction Mende qui mérite une étape prolongée. Au programme : balade dans la vieille ville, visite de la cathédrale, excursion dans les causses et pour finir… une bonne nuit récupératrice !

3e jour – Mende est également le départ de la route du col de Montmirat : panorama superbe sur les gorges du Tarn, les Cévennes et le causse Méjean. Dégustez un aligot dans l'un des restaurants de Florac, avant de rejoindre Le Pont-de-Montvert, siège du Parc national des Cévennes. Marquez un arrêt au Plan de Fontmort où un monument rappelle les combats qui eurent lieu entre camisards et dragons du roi. Vous entrez désormais dans la vallée Française, restée très protestante. Elle s'ouvre au départ de Barre-des-Cévennes jusqu'à St-Jean-du-Gard, où vous passerez la nuit.

4e jour – De bon matin, complétez vos connaissances de la région au musée des Vallées cévenoles et visitez le château. Après le repas, gagnez Le Vigan en passant par le col de l'Asclier (accrochez-vous bien, la route est sinueuse, étroite et en forte pente… un classique dans les Cévennes). Vous ne pourrez manquer le Musée cévenol du Vigan. L'ambiance méridionale de cette petite ville vous promet une charmante soirée.

5e jour – Rendez-vous tout près de Ganges pour admirez les « demoiselles » (stalagmites) de la grotte du même nom. Déjeunez près de St-Hippolyte-du-Fort où vous découvrirez l'une des activités encore en place dans la région : la sériciculture au musée de la Soie. Anduze sera votre dernière étape de charme avant de revenir à Alès.

ENTRE DEUX CAUSSES, LES GORGES

▶ Circuit de 5 jours au départ de Millau (290 km)

1er jour – Après avoir admiré le majestueux viaduc et visité la Halle Millau Viaduc, découvrez le vieux Millau avec sa place du Maréchal-Foch et son beffroi. Pour le repas, laissez-vous tenter par la cuisine du terroir, vous aurez tout le temps de digérer soit en vous adonnant à l'une des nombreuses activités de plein air proposées ici, soit en visitant le musée de Millau avec le département de la Peau et du Gant. Posez vos valises pour la nuit.

2e jour – Millau est au centre des quatre grands causses à l'assaut desquels vous partez sans oublier d'emporter votre pique-nique, ce qui vous donnera le droit de vous perdre (un peu) dans les rochers dolomitiques du chaos de Montpellier-le-Vieux (18 km à l'est). Toujours plus à l'est, rendez-vous sous terre, dans la grotte de Dargilan que l'on surnomme la « grotte rose » à cause de la couleur de ses concrétions. À la transition entre le causse Noir et le causse Méjean (son aspect désertique ne l'empêche pas d'être l'un des causses les plus attachants), Meyrueis est un très joli village aux vieilles pierres patinées par le temps. Vous y passerez la nuit.

3e jour – Retour à la fraîcheur dans l'aven Armand, une des merveilles souterraines de la France. Plus au nord, Ste-Enimie, accrochée au-dessus du Tarn, est un village pittoresque à découvrir absolument. C'est ici que vous pourrez vous restaurer. La route traverse ensuite le causse de Sauveterre pour atteindre La Canourgue, village tranquille traversé par des petits canaux à ciel ouvert, tout à fait charmants. Descendez au sud vers Sévérac-le-Château pour y passer la nuit. Comme son nom le laisse espérer, un beau château (médiéval) vous ouvre ses portes.

4e jour – Rien ne vaut une journée au fil de l'eau pour vous rafraîchir de ces décors désertiques. La D 995 descend vers les gorges du Tarn, beauté naturelle que vous ne manquerez pas de descendre en canoë, à pied, ou encore en voiture. Pour un parcours à pied ou en

bateau, l'idéal sera d'emporter de quoi pique-niquer. En voiture, vous ferez étape à Florac, Ste-Enimie ou au Rozier. Vous y passerez la journée, et regagnerez Millau pour la nuit.

Maison des causses.

5e jour – Gagnez au sud Roquefort-sur-Soulzon où se trouvent les interminables galeries creusées à même le rocher, là où le fromage est affiné. Qui dit roquefort, dit brebis dont on rencontre les troupeaux partout sur le causse du Larzac que vous traversez maintenant. Marquez une rapide pause déjeuner à Ste-Eulalie-de-Cernon où vos enfants apprécieront la visite du Reptilarium. Au Moyen Âge, ce causse fut occupé par les Templiers puis par les Hospitaliers : visitez une de leurs plus remarquables fortifications à La Couvertoirade, avant de regagner Millau.

GROTTES, CIRQUES ET CHAOS

▶ Circuit de 5 jours au départ de Ganges (425 km)

1er jour – Découverte immanquable de votre séjour dans la région que celle de toutes ces merveilles naturelles. À quelques kilomètres de Ganges, visitez la grotte des Demoiselles, dont la grande salle est très impressionnante. Faîtes une halte pour déjeuner à St-Hippolyte-du-Fort. Dirigez-vous ensuite vers Anduze pour visiter la bambouseraie, puis la grotte de Trabuc tapissée d'une armée de petits soldats pas plus hauts que trois pommes (petits mais nombreux). Ce fabuleux paysage souterrain est le résultat d'une concrétion exceptionnelle. Vous pouvez décider de séjourner à Anduze ou à St-Jean-du-Gard.

2e jour – Emportez votre casse-croûte aujourd'hui. Profitez de votre séjour dans les Cévennes en parcourant du sud au nord sa corniche pour vous diriger vers Florac. Longez le sud du causse Méjean jusqu'à une ville étrange, celle que forment les rochers du chaos de Nîmes-le-Vieux. Pique-niquez dans ce superbe cadre. En franchissant la Jonte, vous arrivez sur le massif de l'Aigoual ; au sommet, prévoyez de vous couvrir pour admirer le panorama. Vous redescendez ensuite vers l'abîme de Bramabiau où vous verrez le Bonheur jaillir de la roche. Meyrueis constitue une agréable ville-étape.

3e jour – Engouffrez-vous dans l'aven Armand, au cœur souterrain du causse Noir. Vous pourrez poursuivre avec la grotte de Dargilan. Déjeunez au Rozier avant d'aller admirer le chaos de Montpellier-le-Vieux au sud-ouest. Quittez le causse par le canyon de la Dourbie et rejoignez Nant où vous poserez vos valises.

4e jour – Direction le cirque de Navacelles au sud-est, curiosité à voir au moins une fois dans sa vie. C'est beau, c'est désertique et on s'y sent tout petit. La terrasse de la Baume-Auriol vous permet de déjeuner sans vous lasser du somptueux point de vue sur le cirque. Dirigez-vous vers le sud en quittant peu à peu les montagnes pour taquiner le goujon dans le lac du Salagou et vous balader à travers les rochers du cirque de Mourèze. Vous dormirez à Clermont-l'Hérault.

5e jour – Emportez votre pique-nique et allez admirer les sublimes cristaux d'aragonite de la grotte de Clamouse au nord-ouest. Pique-niquez sur les rives de l'Hérault. Regagnez Ganges.

ARCHITECTURE CATALANE

▶ **Circuit de 5 jours au départ de Perpignan (190 km)**

1er jour – Posez tout d'abord vos valises à Perpignan que vous visiterez de manière approfondie. Il vous faut bien la matinée pour découvrir le palais des Rois de Majorque et parcourir le centre-ville où vous pourrez déguster quelques tapas dans le quartier piétonnier. L'après-midi, réfugiez-vous dans la fraîcheur des musées. Ne manquez pas notamment le musée des Beaux-Arts Hyacinthe-Rigaud et le Musée numismatique Joseph-Puig. Les nombreux bars musicaux du centre-ville vous réservent une soirée des plus sympathiques.

2e jour – Le lendemain, prenez votre voiture pour admirer les merveilles architecturales de la région. Première étape vers le sud au cloître roman d'Elne puis à St-André pour découvrir les inoubliables linteaux sculptés de l'église et le musée transfrontalier d'Art roman. Vous pourrez déjeuner à St-Génis-des-Fontaines. En passant à Villelongue, rendez visite aux moines orthodoxes du prieuré Santa Maria del Vilar. Rejoignez Le Boulou pour y passer la nuit.

3e jour – Testez l'eau thermale du Boulou avant de vous rendre au Perthus, soit pour ses boutiques hors taxes, soit pour visiter le fort de Bellegarde et le site archéologique de Panissars. Vous pourrez y déjeuner avant de rejoindre Céret pour découvrir les œuvres contemporaines réunies dans le musée et assister à une sardane ou à une corrida. Prévoyez de dormir sur place.

4e jour – Rendez-vous à Amélie-les-Bains pour une journée de remise en forme, à moins que vous ne préfériez quitter la station thermale après le déjeuner pour vous diriger vers Arles-sur-Tech où vous attend une excursion dans les étroites gorges de la Fou. Avec les enfants, offrez-vous un détour au musée des Métiers de Serralongue avant de rejoindre, en fin de journée, Prats-de-Mollo et le fort Lagarde. Posez vos valises pour la nuit.

5e jour – Le dernier jour, retour vers Perpignan. Pour varier l'itinéraire, à partir d'Amélie-les-Bains, prenez la D 618 (vues sur le Canigou). En chemin, vous verrez la célèbre tribune de marbre rose du prieuré de Serrabone. Avant de rentrer sur Perpignan, déjeunez à Ille-sur-Têt. Ses étonnantes Orgues sont l'occasion d'une agréable balade digestive.

Nos idées de week-end

SANS VOITURE À MONTPELLIER

Levez-vous assez tôt pour parcourir les petites rues du vieux Montpellier : le matin, il y a moins de monde. Profitez-en pour passer quelques heures au musée Fabre, à la recherche de votre Bazille fétiche. Vous ferez ensuite votre pause déjeuner, ou café, sur la place de la Comédie, que les anciens appellent « de l'Œuf ». Vous êtes à deux pas du centre commercial du Polygone : réfugiez-vous à la librairie Sauramps, où vous trouverez le dernier prix Goncourt ou un ouvrage de référence sur le Languedoc. De l'autre côté du Polygone, vous pénétrez dans le quartier néoclassique Antigone : traversez-le pour atteindre les bords du Lez, où trône l'imposant hôtel de région. Si vous venez fin juin-début juillet, réservez pour la soirée une place pour le Festival international Montpellier Danse. Le lendemain, vous voilà d'attaque pour faire la promenade du Peyrou, lieu de balade du dimanche pour (presque) tous les Montpelliérains. Prenez le temps de flâner à une terrasse de café avant de rejoindre le jardin des plantes pour une balade botanique.

MONTPELLIER ET SON ARRIÈRE-PAYS

Montpellier est la ville idéale pour un week-end prolongé de... 4 jours. Profitez de la fraîcheur matinale pour parcourir le vieux Montpellier et flâner sur la promenade du Peyrou. Le quartier de l'écusson abrite quelques bonnes adresses pour le déjeuner. L'après-midi, découvrez les peintures du musée Fabre, les dessins du musée Atger ou encore les sculptures romanes du Musée languedocien. En fin de journée, découvrez le très moderne quartier Antigone. Prévoyez de dormir dans le centre-ville pour pouvoir profiter de l'ambiance animée des terrasses montpelliéraines.

Pour ce dimanche, offrez-vous une escapade vers les « folies », ces élégantes demeures de campagne agrémentées d'agréables jardins. Vous visiterez notamment les châteaux de Flaugergues et de la Mogère avant de revenir passer la nuit en ville. Le matin de votre troisième jour, filez droit vers Clermont-l'Hérault à l'ouest. Au sud de cette ville, faites un tour à Villeneuvette, ancienne manufacture royale de draps, puis empruntez les sentiers parmi les rochers du cirque de Mourèze si vous êtes randonneurs ou contentez-vous d'une balade dans le parc des Courtinals d'où vous aurez une belle vue d'ensemble. Vous trouverez de quoi vous restaurer à l'entrée du village. L'après-midi, flânez au bord du lac du Salagou ou faites une promenade à VTT (location sur place). Le soir, Clermont-l'Hérault offre une étape tranquille. Pour votre quatrième journée, cap sur Gignac à l'est où commence un beau circuit dans la vallée de l'Hérault, avec des découvertes souterraines. Le matin, descendez dans la grotte de Clamouse puis rendez-vous à St-Guilhem-le-Désert, où vous pourrez déjeuner. L'après-midi, visitez la grotte des Demoiselles au nord, avant de prendre la direction de Montpellier par la D 986. Une belle promenade vous attend au ravin des Arcs. Pour vous reposer et vous désaltérer, St-Martin-de-Londres est tout à côté. Enfin, les amateurs de préhistoire finiront leur journée à Cambous (reconstitution de cabanes préhistoriques).

AVEC OU SANS VOITURE À PERPIGNAN

Si vous arrivez en train, jetez un coup d'œil sur la gare : c'est, selon Dalí, qui fut un Catalan un tantinet chauvin, le « centre du monde »... Votre week-end commencera par une balade dans les rues de Perpignan à la recherche des monuments qui font l'histoire de la capitale catalane : palais des Rois de Majorque, loge de Mer, Castillet, Campo Santo, cathédrale St-Jean. Au gré de votre promenade, n'oubliez pas de repérer pour vos déjeuner et dîner les petits restaurants qui proposent une cuisine catalane.

Le lendemain, deux possibilités : le *farniente* sur les plages de Canet ou de St-Cyprien (accessibles en bus), la culture avec la visite du château de Salses – pour les amoureux de fortifications –, ou celle du Centre de préhistoire de Tautavel (accessible en voiture) – pour mieux connaître nos très lointains ancêtres. Pour finir en beauté, allez jusqu'à Rivesaltes pour boire un verre de muscat bien frais.

SANS VOITURE À NARBONNE

Consacrez le premier jour de votre week-end à la découverte de la ville. Commencez par le palais des Archevêques : le Musée archéologique vous retiendra certainement une bonne heure avant que vous n'abordiez la cathédrale St-Just. Si vos pieds sont fatigués, reposez-vous quelques instants dans le cloître ou dans le jardin des Archevêques avant d'aller déjeuner sur le cours Mirabeau. Poursuivez votre journée avec la visite de la basilique St-Paul et revenez à la place de l'Hôtel-de-Ville par le pont des Marchands, bordé de boutiques. Le lendemain, prenez le coche d'eau pour naviguer sur le canal de la Robine jusqu'à l'île Ste-Lucie et Port-la-Nouvelle où vous pourrez savourer quelques produits de la mer et prendre un bon bain de mer.

NARBONNE, LA CÔTE ET LE PAYS CATHARE

Week-end prolongé au départ de Narbonne, entre bronzage et culture. Ne tentez pas ce circuit en juillet-août, vous passeriez vos trois jours dans les embouteillages. Consacrez votre première matinée à la découverte de l'oppidum d'Ensérune, mais aussi à la cathédrale et aux antiquités romaines de Narbonne. Déjeunez en ville ou préférez une étape gastronomique à La Table St-Crescent *(voir p. 36)*, puis adonnez-vous aux joies du littoral du côté de la station nouvelle de Gruissan.

Revenez dormir à Narbonne et profitez de la soirée pour vous imprégner de l'ambiance.

Un détail du linteau de l'église préromane de St-André.

Le dimanche, prenez votre temps, le programme est léger. Emmenez vos enfants découvrir la réserve africaine de Sigean qui dispose de quelques aires de pique-nique. En fin d'après-midi, un petit détour au pied des éoliennes vous promet du grand spectacle. Vous irez ensuite dormir à Durban-Corbières pour être prêt à vivre dès le lendemain l'aventure cathare. Profitez de la fraîcheur matinale de ce troisième jour pour visiter les châteaux de Quéribus et Peyrepertuse. Déjeunez à Duilhac, et rejoignez ensuite le littoral. De Port-Barcarès à Port-Leucate, les étendues de sable fin invitent à la détente. Si vous pouvez rester dîner, vous n'avez que l'embarras du choix entre un pique-nique sur la plage ou une terrasse en front de mer !

MILLAU ET LE ROQUEFORT

Comment évoquer Millau sans parler de son spectaculaire viaduc qui suscite un vif intérêt. Pour l'observer de près et tout savoir sur sa construction, rendez-vous à la Halle Millau Viaduc. Retour au centre-ville où la place du Maréchal-Foch vous offre un cadre agréable pour le déjeuner. La ville est également réputée pour ses gants de cuir : profitez-en pour découvrir cette activité encore bien présente de nos jours. Le musée de Millau vous mettra l'eau à la bouche avec sa formidable exposition de gants brodés, ajourés, agrémentés de perles, de plumes, etc. ; une reconstitution d'atelier vous montrera la technique utilisée.

Le lendemain, faites une cure de grands espaces en vous dirigeant vers le causse du Larzac. Au milieu des brebis, vous irez à la rencontre des Templiers à La Couvertoirade ou à Ste-Eulalie-de-Cernon où vous pourrez vous restaurer sur la charmante place du village avant d'emmener les enfants s'extasier devant les vitrines du Reptilarium. Revenez par Roquefort et engouffrez-vous dans les fraîches caves où mûrit le roi du fromage, le bien nommé roquefort.

MENDE ET MARVEJOLS

Votre journée à Mende vous mènera à travers les rues de cette ville capitale de la haute Margeride. N'oubliez pas d'aller jusqu'au pont Notre-Dame, il est sur toutes les cartes postales. Si vous êtes motivés par une petite randonnée, suivez le sentier d'interprétation des causses où des aires de pique-nique sont aménagées. L'après-midi, prenez la route pour Marvejols où vous séjournerez ce soir.

Le dimanche, vous traverserez Marvejols de la porte fortifiée du Soubeyran à celle de Chanelles. À midi, vous pouvez décider de faire un détour par Chirac, histoire de déjeuner dans une auberge à l'ambiance campagnarde. Vous vous rendrez ensuite au parc à loups du Gévaudan (8 km au nord de Marvejols) : là, pas de loup-garou ni de bête du Gévaudan, mais plusieurs meutes de loups vivant en semi-liberté.

CARCASSONNE

Voilà une ville à voir au moins une fois dans sa vie. Si vous venez par l'autoroute, vous découvrirez la cité médiévale dans sa totalité, derrière les vignes des Corbières. Arrivé sur place, abandonnez votre voiture : ici, on marche ! Entrez dans la cité par la porte de Narbonne, et flânez le nez au vent dans les petites rues. Attention aux boutiques et restaurants attrape-touristes, ils pullulent ! Le midi, mieux vaut donc manger sur le pouce, quelques tapas au Bar à Vins par exemple feront l'affaire. Visitez le Château comtal et la basilique St-Nazaire, avant de faire le tour des remparts par les lices. Restez dormir sur place (2 nuits d'hôtel pour le prix d'une, *voir p. 31*) et profitez des festivités. En juillet, le festival de Carcassonne vous entraînera dans un tourbillon de spectacles de théâtre, danse, musique et, en août, vous pourrez assister à d'inoubliables spectacles médiévaux : de quoi occuper votre samedi soir.

Le dimanche, excursion sur la montagne du Cabardès pour une route du livre et du papier avec pause-déjeuner à Montolieu, cité du livre, ou Brousses-et-Villaret, où se trouve un ancien moulin à papier.

L. Campion / MICHELIN

Perpignan aux couleurs de la Catalogne.

En poussant un peu plus loin, vous atteindrez les châteaux de Lastours, vestiges des sanglants combats qui eurent lieu lors de la croisade contre les Albigeois, au Moyen Âge.

En revenant vers Carcassonne, faites une pause à la grotte de Limousis ou au gouffre de Cabrespine, histoire de vous rafraîchir un peu.

BRONZAGE SAVANT SUR LE LITTORAL !

Vos enfants réclament un séjour « à la mer » ? Et vous n'avez pas seulement envie de vous dorer la pilule ? Voici ce qu'il vous faut en deux jours seulement. Cependant, évitez juillet et août si vous ne voulez pas voir votre circuit se figer en embouteillages…

Vous débuterez votre séjour par La Grande-Motte. Faites le tour le matin de cette station balnéaire à l'architecture uniformément moderne, puis profitez de son immense plage de sable fin. Déjeunez sur place. À quelques kilomètres au sud, laissez-vous surprendre par une cathédrale perdue sur une presqu'île : Maguelone. Prenez ensuite la direction de Sète pour ses points de vue depuis le mont St-Clair, son vieux port, et sa cuisine ! Ce port de pêche est l'une des bonnes adresses de la région pour savourer les produits de la mer. Posez ici vos valises pour la nuit.

Dimanche, offrez-vous un bain de mer sur la belle plage de sable. Déjeunez dans un des nombreux restaurants avec terrasse ou gagnez Bouzigues pour y déguster des huîtres. Vous longez les beaux paysages du bassin de Thau en direction de découvertes dépaysantes : vous terminez votre périple par un voyage à travers l'histoire avec la visite de la villa Loupian ou la plaine des Dinosaures et le musée-parc des Origines de l'homme à Mèze.

Escapade à l'étranger

Comme vous le savez, les Pyrénées marquent la frontière entre la France et l'Espagne et avec la principauté d'Andorre.

EN TRAIN

Alternative à la route, le chemin de fer atteint l'Andorre (gare de L'Hospitalet). Au départ de Perpignan, prévoyez deux changements (dont un bus) et environ un trajet par jour. Au départ de Font-Romeu, un changement et environ 3 trains par jour.

EN VOITURE

La route reste donc la meilleure façon de se rendre en Espagne, malgré les bouchons qui se forment en été, en particulier au Perthus et au Pas de la Casa. Dans la portion des Pyrénées traitée dans ce guide, sept routes mènent en Espagne. La N 114 passe la frontière au col des Balitres avec Cerbère du côté français et Portbou du côté espagnol ; la D 900 et l'A 9 au col du Perthus (village frontière du Perthus) ; la D 115 au col d'Ares ; la N 20 et la N 116 à Puigcerdà (Espagne) avant d'avoir transité par Bourg-Madame (France) ; la N 22 au village frontière du Pas de la Casa (Andorre).

Pour définir l'itinéraire entre votre point de départ en France et votre destination en Espagne, consultez les cartes Michelin n°s 571 à 579 au 1/400 000 couvrant l'ensemble du pays. La carte n° 574 couvre la partie de frontière commune avec le Languedoc-Roussillon.

La vitesse est limitée à 50 km/h dans les villes et agglomérations, à 90 km/h sur le réseau courant, à 100 km/h sur les voies rapides et à 120 km/h sur les autoroutes.

ADRESSES UTILES

Office espagnol du tourisme – 43 r. Decamps - 75116 Paris - ✆ 01 45 03 82 50 - www.spain.info/fr.

Office du tourisme de la principauté d'Andorre – 26 av. de l'Opéra - 75001 Paris - ✆ 01 42 61 50 55 - www.andorre.fr.

FORMALITÉS D'ENTRÉE

Pièces d'identité – La carte nationale d'identité en cours de validité ou le passeport (même périmé depuis moins de 5 ans) sont valables pour les ressortissants des pays de l'Union européenne, d'Andorre, du Lichtenstein, de Monaco, de Suisse. Les mineurs voyageant seuls ont besoin d'un passeport en cours de validité. S'ils n'ont que la carte d'identité, il est demandé une autorisation parentale sous forme d'attestation délivrée par la mairie ou le commissariat de police.

Véhicules – Pour le conducteur : permis de conduire à trois volets ou permis international. Le conducteur doit être en possession d'une autorisation écrite du propriétaire, si celui-ci n'est pas dans la voiture. Outre les papiers du véhicule, il est nécessaire de posséder la carte verte d'assurance.

Animaux domestiques – Pour les chats et les chiens, un certificat de vaccination antirabique de moins d'un an, un certificat de bonne santé (datant de moins de 10 jours) et le carnet de santé à jour sont exigés.

Assurance sanitaire – Numéro d'urgence unique : le **112**. Les ressortissants de l'Union européenne bénéficient de la gratuité des soins avec la carte européenne d'assurance maladie. Comptez un délai d'au moins deux semaines avant le départ (fabrication et envoi par la Poste), pour obtenir la carte auprès de votre caisse d'assurance maladie. Elle est nominative et individuelle (enfants compris).

CARTES DE CRÉDIT

Les chèques de voyage et les principales cartes de crédit internationales (dont la carte bleue Visa) sont acceptés dans presque tous les commerces, hôtels et restaurants.

En Espagne, les distributeurs de billets fonctionnent notamment avec la carte Visa internationale, mais la plupart des banques prennent un supplément de l'ordre de 1 euro pour chaque retrait.

En Andorre, certaines opérations financières (carte bleue Visa, carte 24h/24) sont possibles à la Caisse d'Épargne de la Poste d'Andorra la Vella.

HORAIRES

L'Andorre adopte des horaires similaires à ceux de l'Espagne, donc différents de ceux pratiqués en France. À titre indicatif : déjeuner 13h30-15h30, dîner 21h-23h.

Bureaux de poste – 9h-14h. Les bureaux principaux dans les grandes villes restent ouverts 24h/24.

Banques – En général 9h-14h les jours de semaine. En été, elles sont fermées le samedi.

Magasins – Généralement 9h30 ou 10h-13h30 et 16h30-20h ou 20h30. Cependant, de plus en plus de commerces restent ouverts à l'heure du déjeuner et même le samedi après-midi. Ils sont fermés le dimanche. En été, dans les régions touristiques, certains commerces sont ouverts jusqu'à 22h ou 23h.

Pharmacies – Généralement 9h30-14h et 16h30-20h. Service de garde assuré la nuit, les dimanches et jours fériés. La liste des établissements de garde est affichée en vitrine des pharmacies.

POSTE ET TÉLÉPHONE

Courrier

Espagne – Les bureaux de poste sont signalés par le nom *Correos*. Les timbres *(sellos)* sont également en vente dans les bureaux de tabac *(estancos)*.

Principauté d'Andorre – La Poste française et la Poste espagnole coexistent. Pour la Poste française, il existe un bureau de plein exercice à Andorra la Vella et six agences postales (Canillo, Encamp, Pas de la Casa, Ordino, La Massana et Sant Julià de Lòria). Pour les relations postales avec la France, utiliser les boîtes aux lettres jaunes de type français.

Boîte aux lettres andorrane.

A. Thuillier / MICHELIN

Téléphone

Espagne – Pour appeler la France depuis l'Espagne, composer le 00, suivi du 33 et du numéro du correspondant (9 chiffres). De la France vers l'Espagne, composer le 00, suivi du 34 et du numéro de l'abonné (9 chiffres).

Les cartes téléphoniques *(tarjetas telefónicas)* sont en vente dans les bureaux de poste et dans les *estancos*.

Principauté d'Andorre – Depuis la principauté d'Andorre vers la France, composer le 00, suivi du 33 et du numéro du correspondant (9 chiffres). De la France vers la principauté, composer le 00, suivi du 376 et du numéro de l'abonné (6 chiffres). La principauté est connectée avec la quasi-totalité des réseaux de télécommunications privés des pays de l'Europe.

Les atouts de la région au fil des saisons

L'hiver

C'est évidemment en altitude que les hivers sont les plus rigoureux. Dans le pays cévenol, dès le mois d'octobre, le thermomètre descend brusquement, les gelées surviennent et de fortes pluies tombent sur le pays. Si l'hiver commence plus tard dans la région caussenarde, il n'en est pas moins difficile. Jusqu'à la fin de février, les tempêtes de neige sévissent, les plateaux sont balayés par les vents glacés qui descendent de l'Aubrac et de la Margeride où les routes sont souvent obstruées par la neige. Seules les Pyrénées semblent échapper à ce scénario. En effet, la position abritée de la Cerdagne, du Conflent et du Vallespir leur vaut un climat privilégié, caractérisé par un remarquable ensoleillement et un enneigement tardif. C'est donc dans le Bas-Languedoc, en bordure de la Méditerranée, que vous trouverez des températures plus douces. Notez cependant que le Roussillon connaît des coups de tramontane, vent froid et sec du nord-ouest, qui soutiennent, par leur brutalité, la comparaison avec le mistral.

Le printemps

C'est une saison des plus agréables pour l'ensemble de la région. Sur les causses, les nuages d'avril sont passés, laissant place à de belles journées ensoleillées et le pays cévenol s'apprête à vivre l'une de ses meilleures saisons.
Alors que la neige reste abondante dans les Pyrénées, l'époque fastueuse de l'éclosion des fleurs débute dans les vergers roussillonnais. Il faut dire que ce secteur comme celui des contreforts des Pyrénées méditerranéennes connaît des précipitations importantes en cette saison. Seul point d'ombre au tableau, les vents déchaînés qui sévissent sur le Bas-Languedoc : l'impétueux « cers » (vent d'ouest ou du sud-ouest), très desséchant ; le vent d'autan, venu de l'est, sec et violent contrastant avec le marin, vent faible du sud-est. Et comme si cela ne suffisait pas, les pluies, très irrégulières, dégénèrent parfois en orages accompagnés de grêle.

L'été

La sécheresse et la chaleur estivales constituent la caractéristique essentielle du Bas-Languedoc et du Roussillon où la moyenne des températures des mois d'été est la plus élevée de France (22,3 °C à Perpignan). Le marin, vent de mer, qui apporte certes quelques pluies, amène surtout un temps complètement « bouché » par une vaste nappe nuageuse qui envahit le ciel. Dans le Bas-Languedoc, le fond des rivières est à nu et les garrigues ne sont plus parsemées que de rares buissons. Les températures extrêmement élevées sur la côte sont à peine rafraîchies par la brise de mer. Si vous ne supportez pas la chaleur, c'est sans aucun doute les Cévennes qu'il faut préférer ; l'altitude et l'abondante végétation assurent la fraîcheur, même en été. L'Aubrac, la Margeride et les causses connaissent également des étés chauds mais jamais étouffants grâce à l'altitude et à la brise qui souffle sur les vastes horizons des plateaux.

L'automne

Particulièrement doux sur la côte méditerranéenne, l'automne reste la saison des pluies pour la majeure partie de la région. Les caractéristiques du relief régional se traduisent par une augmentation régulière de la quantité de pluie qui tombe annuellement à mesure que l'on s'éloigne de la mer (de 600 mm sur le littoral à plus de 1 400 mm dans les Cévennes). Si l'Aubrac et la Margeride sont marqués par de fortes averses, ce sont en effet les monts cévenols, dont le relief joue un rôle de condensateur d'humidité, qui connaissent les précipitations les plus importantes.

Météo

Les services téléphoniques de Météo France.
Taper 3250 suivi de :
1 : toutes les prévisions météo départementales jusqu'à 7 jours.
2 : la météo de votre commune.
3 : la météo de la mer, des plages et de toutes vos activités nautiques.
4 : la météo de vos sorties en montagne.
5 : la météo des routes.
6 : la météo de vos voyages. Accès direct aux prévisions du département : ☎ 0 892 680 2 suivi du numéro du département (0,34 €/mn). Toutes ces informations sont également disponibles sur www.meteo.fr.

S'Y RENDRE ET CHOISIR SES ADRESSES

Où s'informer avant de partir

ADRESSES UTILES

Pour préparer votre voyage dans le détail, adressez-vous aux professionnels du tourisme de la région qui éditent de nombreuses documentations.

Outre les adresses indiquées ci-dessous, sachez que les coordonnées des offices de tourisme ou syndicats d'initiative des villes et sites décrits dans ce guide sont données systématiquement dans l'**encadré pratique** des villes et sites, sous la rubrique « Adresses utiles ».

Comités régionaux de tourisme

Languedoc-Roussillon – L'Acropole - 954 av. Jean-Mermoz - CS 79507, 34960 Montpellier Cedex 2 - ℰ 04 67 20 02 20 - www.sunfrance.com.
Midi-Pyrénées – 54 bd de l'Embouchure - BP 2166 - 31022 Toulouse Cedex 2 - ℰ 05 61 13 55 55 - www.tourisme-midi-pyrenees.org.

Comités départementaux de tourisme

Aude – Conseil général de l'Aude - chemin de la Seigne - 11855 Carcassonne Cedex 9 - ℰ 04 68 11 66 00 - www.audetourisme.com.
Aveyron – 17 r. Aristide-Briand - BP 831 - 12008 Rodez Cedex - ℰ 05 65 75 55 75 - www.tourisme-aveyron.com
Gard – 3 r. Cité-Foulc - BP 122 - 30010 Nîmes Cedex 04 - ℰ 04 66 36 96 30 - www.tourismegard.com.
Hérault – Maison du tourisme - av. des Moulins - 34184 Montpellier Cedex 4 - ℰ 04 67 67 71 71 ou 0 825 340 034 (n° Indigo) - www.herault-tourisme.com.
Lozère – 14 bd Henri-Bourrillon - BP 4 - 48001 Mende Cedex - ℰ 04 66 65 60 00 - www.lozere-tourisme.com.
Pyrénées-Orientales – 16 av. des Palmiers - BP 540 - 66005 Perpignan Cedex - ℰ 04 68 51 52 53 - www.tourismepyreneesorientales.com.

Maisons de pays

Maison de l'Aveyron – 46 r. Berger - 75001 Paris - ℰ 01 42 36 84 63 - www.maison-aveyron.org.

Maison de la Lozère – 1 bis r. Hautefeuille - 75006 Paris - ℰ 01 43 54 26 64 - www.maisondelalozere.com.
Maison des Pyrénées – 7 r. Paré - 44000 Nantes - ℰ 02 40 20 36 36.

Parcs naturels

Maison du Parc national des Cévennes – Château de Florac - 48400 Florac - ℰ 04 66 49 53 01 - www.cevennes-parcnational.fr.
Parc naturel régional du Haut-Languedoc – 1 pl. du Foirail - BP 9 - 34220 Saint-Pons-de-Thomières - ℰ 04 67 97 38 22 - www.parc-haut-languedoc.fr
Parc naturel régional de la Narbonnaise en Méditerranée – N 9 - Domaine de Montplaisir -11000 Narbonne - ℰ 04 68 42 23 70 - www. parc-naturel-narbonnaise.fr.
Parc naturel régional des Pyrénées catalanes – 1 r. Dagobert - 66210 Mont-Louis - ℰ 04 68 04 97 60 - www.parc-pyrenees-catalanes.fr.

Internet

N'hésitez pas à consulter les sites consacrés à la région :
– www.aubrac.com : événements, locations vacances…
– www.capcir-pyrenees.com : hébergement, stations de ski, activités…
– www.causses-cevennes.com : randonnées, hébergement, sport et loisirs…
– www.causses-aigoual-cevennes.org : hébergement, activités sportives, manifestations…
– www.pyrenees-cerdagne.com : randonnées, stations de ski, hébergement…
– www.pyrenees-online.fr : hébergement, stations de ski, activités, infos montagne…

TOURISME ET HANDICAPS

Un certain nombre de curiosités décrites dans ce guide sont accessibles aux personnes à mobilité réduite. Elles sont signalées par le symbole ♿. Le degré d'accessibilité et les conditions d'accueil variant toutefois d'un site à l'autre, il est recommandé d'appeler avant tout déplacement.
Guides Michelin Hôtels-Restaurants et Camping Caravaning France – Révisés chaque année, ils indiquent respectivement les chambres accessibles aux handicapés physiques et les installations sanitaires aménagées.

Informations sur Internet – Pour de plus amples renseignements au sujet de l'accessibilité des musées aux personnes atteintes de handicaps moteurs ou sensoriels, consultez le site http://museofile.culture.fr.

Accessibilité des infrastructures touristiques – Lancé en 2001, le label national **Tourisme et Handicap** est délivré en fonction de l'accessibilité des équipements touristiques et de loisirs au regard des quatre grands handicaps : auditif, mental, moteur ou visuel. À ce jour, un millier de sites labellisés (hébergement, restauration, musées, équipements sportifs, salles de spectacles, etc.) ont été répertoriés en France. Vous pourrez consulter la liste sur le site Internet de la Maison de la France à l'adresse suivante : **www.franceguide.com.**

L'**Association des Paralysés de France** publie chaque année un numéro hors série de son magazine *Faire face* intitulé **Guide vacances**. Il offre une sélection de lieux et d'activités compatibles avec une mobilité réduite. Disponible sur demande (5,50 €, frais de port compris) à l'adresse suivante : APF - 17 bd Auguste-Blanqui - 75013 Paris - www.apf.asso.fr.

Traversée de la Lozère par l'A 75.

A. Cassaigne / MICHELIN

Accessibilité des transports

Train – Disponible gratuitement dans les gares et boutiques SNCF ou sur le site www.voyages-sncf.com, le *Mémento du voyageur handicapé* donne des renseignements sur l'assistance à l'embarquement et au débarquement, la réservation de places spéciales, etc. À retenir aussi, le numéro vert SNCF Accessibilité Service ☎ 0800 15 47 53.

Avion – Air France propose aux personnes handicapées le service d'assistance Saphir, avec un numéro spécial : ☎ 0820 012 424. Pour plus de détails, consulter le site www. airfrance.fr.
Publié chaque année par Aéroguide Éditions (47 av. Léon-Gambetta, 92120

Montrouge - ☎ 01 46 55 93 43 - www. aeroguide.fr), l'*Aéroguide France : aéroports mode d'emploi* (59 €, frais de port non compris) donne quant à lui de précieux renseignements sur les services et assistances aux personnes handicapées dans les aéroports et aérodromes français.

Pour venir en France

Voici quelques informations pour les voyageurs étrangers en provenance de pays francophones comme la Suisse, la Belgique ou le Canada.

Pour en savoir plus, consultez le site Internet de la Maison de la France, voir ci-contre:
En cas de problème, voici les coordonnées des ambassades :
Ambassade de Suisse – 142 r. de Grenelle - 75007 Paris - ☎ 01 49 55 67 00 - www.eda.admin.ch/paris.
Ambassade du Canada – 35-37 av. Montaigne - 75008 Paris - ☎ 01 44 43 29 00 - www.amb-canada.fr.
Ambassade de Belgique – 9 r. de Tilsitt - 75017 Paris - ☎ 01 44 09 39 39 (en cas d'urgence seulement) - www. diplomatie.be/paris.

FORMALITÉS

Pièces d'identité

La carte nationale d'identité en cours de validité ou le passeport (même périmé depuis moins de 5 ans) sont valables pour les ressortissants des pays de l'Union européenne, d'Andorre, du Liechtenstein, de Monaco et de Suisse. Pour les Canadiens il n'y a pas besoin de visa mais d'un passeport valide.

Santé

Les ressortissants de l'Union européenne bénéficient de la gratuité des soins avec la **carte européenne d'assurance maladie**. Comptez un délai d'au moins deux semaines avant le départ (fabrication et envoi par la poste) pour obtenir la carte auprès de votre caisse d'assurance maladie. Nominative et individuelle, elle remplace le formulaire E 111 ; chaque membre d'une même famille doit en posséder une, y compris les enfants de moins de 16 ans.

Véhicules

Pour le conducteur : permis de conduire à trois volets ou permis international. Outre les papiers du véhicule, il est nécessaire de posséder la carte verte d'assurance.

QUELQUES RAPPELS

Code de la route

Sachez que la **vitesse** est généralement limitée à 50 km/h dans les villes et agglomérations, à 90 km/h sur le réseau courant, à 110 km/h sur les voies rapides et à 130 km/h sur les autoroutes.

Le port de la **ceinture** de sécurité est obligatoire à l'avant comme à l'arrière.

Le taux d'**alcoolémie** maximum toléré est de 0,5g/l.

Argent

La monnaie est l'**euro**. Les chèques de voyage, les principales **cartes de crédit** internationales sont acceptées dans presque tous les commerces, hôtels, restaurants et par les distributeurs de billets.

Téléphone

En France tous les numéros sont à 10 chiffres.

Pour appeler la France depuis l'étranger composer le **00 33** et les neuf chiffres de votre correspondant français (sans le zéro qui commence tous les numéros).

Pour téléphoner à l'étranger depuis la France composer le **00** + l'indicatif du pays + le numéro de votre correspondant.

Numéros d'urgence – Le **112** (numéro européen), le **18** (pompiers) ou le **17** (police, gendarmerie), le **15** (urgences médicales).

Temps de liaison	Montpellier	Perpignan	Béziers	Carcassonne	Andorre	Mende
Montpellier	–	1h30	50 mn	1h25	3h25	2h10
Perpignan	1h30	–	1h	1h10	2h	3h
Béziers	50 mn	1h	–	1h	2h55	2h15
Carcassonne	1h25	1h10	1h	–	2h10	2h55
Andorre	3h25	2h	2h55	2h10	–	5h
Mende	2h10	3h	2h15	2h55	5h	–

Transports

EN VOITURE

Les grands axes

Il est désormais facile et rapide de rejoindre le Languedoc-Roussillon depuis le nord de la France, grâce à l'A 75, appelée la Méridienne. Mise en place progressivement depuis 1995, elle prolonge l'A 71 à partir de Clermont-Ferrand pour aboutir à Montpellier et à Béziers. C'est elle qui emprunte le **viaduc de Millau**. Notez cependant que quelques tronçons restent encore à mettre en place, notamment au niveau de St-André-de-Sangonis ou encore une vingtaine de kilomètres entre Pézenas et Béziers. Montpellier est accessible depuis le sud-est et le sud-ouest par l'A 9.

Informations autoroutières – 3 r. Edmond-Valentin - 75007 Paris - informations sur leurs conditions de circulation ℘ 0 892 681 077 - www.autoroutes.fr.

Sur autoroute, pour connaître le trafic (axe Lyon-Espagne) : Radio Trafic FM 107.7.

Les cartes Michelin

Comme tout automobiliste prévoyant, munissez-vous de bonnes cartes. Les produits Michelin sont complémentaires : ainsi, chaque ville ou site présenté dans ce guide est accompagné de ses références cartographiques sur les cartes Départements. Nous vous proposons de consulter également nos différentes gammes de cartes.

Les **cartes Michelin Départements**, au 1/150 000 ou 1/175 000, ont été conçues pour ceux qui aiment prendre le temps de découvrir une zone géographique plus réduite (un ou deux départements) lors de leurs déplacements en voiture. Elles signalent les voies très étroites (croisement difficile ou impossible), les montées et les descentes accentuées, les parcours difficiles ou dangereux, les tunnels, l'altitude des principaux cols, etc. Vous y trouverez également un index complet des localités et les plans des préfectures. Pour ce guide, consultez les cartes Départements 330 (Cantal, Lozère), 338 (Aveyron, Tarn), 339 (Gard, Hérault) et 344 (Aude, Pyrénées-Orientales).

Distances en km	Montpellier	Perpignan	Béziers	Carcassonne	Andorre	Mende
Montpellier	–	155	76	150	300	206
Perpignan	155	–	94	155	131	303
Béziers	76	94	–	90	242	211
Carcassonne	150	155	90	–	155	298
Andorre	300	131	242	155	–	407
Mende	206	303	211	298	407	–

Numérotation routière

Sur de nombreux tronçons, les routes nationales passent sous la direction des départements. Leur numérotation est en cours de modification.

La mise en place sur le terrain a commencé en 2006 mais devrait se poursuivre sur plusieurs années. De plus, certaines routes n'ont pas encore définitivement trouvé leur statut au moment où nous bouclons la rédaction de ce guide. Nous n'avons donc pas pu reporter systématiquement les changements de numéros sur l'ensemble de nos cartes et de nos textes.

👁 **Bon à savoir** – Dans la majorité des cas, on retrouve le n° de la nationale dans les derniers chiffres du n° de la départementale qui la remplace. Exemple : N 16 devient D 1016 ou N 51 devient D 951.

Les **cartes Regional** couvrent le réseau routier secondaire et donnent de nombreuses indications touristiques. Elles sont pratiques lorsqu'on aborde un vaste territoire ou pour relier des villes distantes de plus de cent kilomètres. Elles disposent également d'un index complet des localités et proposent les plans des préfectures. Pour ce guide, utilisez la carte n° 526 (Languedoc-Roussillon au 1/300 000).

👁 Cette carte indique aussi les voies étroites (croisement difficile ou impossible), les montées et les descentes accentuées, les parcours difficiles ou dangereux, les tunnels, l'altitude des principaux cols…

Et n'oubliez pas, la **carte National n° 725 (France sud)** vous offre la vue d'ensemble de la région au 1/1 000 000, avec ses grandes voies d'accès.

👁 Cette carte signale les grandes routes périodiquement enneigées, avec la date probable de leur fermeture ou l'indication de leur déblaiement en -48h.

Les informations sur Internet

Le site Internet **www.viamichelin.com** offre une multitude de services et d'informations pratiques d'aide à la mobilité (calcul d'itinéraires, cartographie : des cartes de pays aux plans de villes, sélection des hôtels et restaurants du **Guide Rouge Michelin**, etc.) sur d'autres pays d'Europe.

EN TRAIN

Les grandes lignes

Temps approximatif des liaisons :
– Paris/Montpellier : 3h15 (TGV)
– Paris/Béziers : 4h15 (TGV)
– Paris/Perpignan : 5h (TGV)
– Lyon/Montpellier : 2h (TGV)
– Marseille/Montpellier : 2h (Téoz)
– Montpellier/Perpignan : 2h (TGV)

Informations et réservations
Ligne directe : ☎ 3635 (0,34 €/mn)
www.voyages-sncf.com

Le réseau régional

Les **trains TER**, ainsi que des dessertes par autocar (tarifs SNCF), assurent les liaisons interrégionales, ce qui permet d'aller d'une ville à l'autre rapidement et facilement. De nombreuses stations sont desservies sur les lignes suivantes :
– Cerbère/Perpignan/Narbonne/Toulouse
– Clermont-Ferrand/Marvejols/Mende/La Bastide St-Laurent/Alès/Lunel/Montpellier
– Béziers/Bédarieux/Millau/Rodez/Marvejols/Clermont-Ferrand
– Montpellier/Sète/Agde/Béziers/Millau/Rodez
– Carcassonne/Limoux/Quillan
– Perpignan/Villefranche/Mont-Louis/Font-Romeu/Latour-de-Carol

Informations et réservations
Ligne directe : ☎ 3635 (0,34 €/mn)
www.ter-sncf.com/languedoc

Les bons plans

Les tarifs de la SNCF varient selon les périodes : –50 % en période **bleue**, –25 % en période **blanche**, plein tarif en période **rouge** (calendriers disponibles dans les gares et boutiques SNCF).

👁 **Bon à savoir** – L'échange ou le remboursement de billets se fait gratuitement jusqu'à la veille du départ. Le jour même du départ, une retenue est imposée par personne et par trajet. Au-delà de cette date, tout échange ou remboursement est désormais impossible et le billet est perdu. Cette condition s'applique à tous les usagers, titulaires de cartes ou non, à l'exception du tarif PRO (échange du billet gratuit jusqu'à 1 heure après le départ du train, mais remboursement intégral seulement jusqu'au départ).

Les cartes de réduction

En vente dans les gares et boutiques SNCF, elles sont valables un an et vous garantissent, dans la limite des places disponibles, des réductions de 25 % à 60 % par rapport à des billets plein tarif.

Tous les jours sur **VIVOLTA**

Plaisir, Partage, Liberté

Philippe
Gildas

Déco Gastronomie Cuisine Santé Forme
Voyage Musique Cirque Sorties Maison
Jardin Argent Loisirs Cinéma Théâtre

www.vivolta.com   Chaîne disponible sur : **CANALSAT** et numéricable

Vous bénéficiez par ailleurs d'un système de cumul de points fidélité vous permettant de gagner des billets.

– **Carte Enfant**[+] : destinée aux enfants de moins de 12 ans et leurs accompagnateurs. www.enfantplus-sncf.com.

– **Carte 12-25** : pour les 12-25 ans. www.12-25-sncf.com.

– **Carte Senior** : à partir de 60 ans. www.senior-sncf.com.

– **Carte Escapades** : permet aux 26-59 ans d'obtenir des réductions sur tout aller-retour de 200 km minimum effectué le samedi ou le dimanche, avec au choix l'aller-retour dans la même journée, ou la nuit du samedi au dimanche passée sur place et le retour effectué le dimanche. www.escapades-sncf.com.

Tarifs particuliers

Les familles ayant au minimum 3 enfants mineurs peuvent bénéficier d'une **Carte famille nombreuse** *(18 € pour le paiement des frais de dossier)* permettant une réduction individuelle de 30 à 75 % selon le nombre d'enfants. Elle ouvre droit à d'autres réductions hors SNCF. Kit « Familles nombreuses » disponible sur www.voyages-sncf.com ou dans les points de vente SNCF.

Les réductions sans carte

Les usagers ne disposant d'aucune carte d'abonnement peuvent toutefois bénéficier de certaines réductions tarifaires :

– **Billets Prem's** : ni échangeables ni remboursables, ces billets s'achètent uniquement en ligne à des tarifs avantageux (aller simple en TGV à partir de 22 €), pourvu que vous réserviez jusqu'à 90 jours avant votre départ ou hors des périodes d'affluence.

Découvrez sur www.voyages-sncf.com les offres spéciales et bons plans du Net, et demandez à créer une **Alerte résa** pour être informé par mail ou sms des places disponibles sur la destination de votre choix.

– **Offre Loisir** : valable pour tous, sans limite d'âge, cette nouvelle façon de concevoir le voyage récompense clairement l'anticipation de l'achat : plus l'usager réserve à l'avance, meilleurs seront les prix. En fonction de la date de réservation et du taux de remplissage du train, le billet pourra ainsi aller du plein tarif à une réduction de 70 %.

EN AVION

La région, dotée de quatre aéroports, est reliée aux principales villes françaises et européennes.

Aéroports qui desservent la région :

Aéroport de Béziers-Agde-Vias – N 112 - 34450 Vias - 04 67 80 99 09 - www.beziers.aeroport.fr.

Aéroport de Montpellier Méditerranée – CS 10001 - 34137 Mauguio Cedex - 04 67 20 85 00 - www.montpellier.aeroport.fr. Navettes pour le centre-ville quasiment toutes les heures, arrêt à Antigone (4,90 €).

Aéroport de Nîmes-Arles-Camargue – 04 66 70 49 49 - www.nimes-aeroport.fr. Navettes pour le centre-ville à chaque arrivée d'avion (5 €).

Aéroport de Perpignan – Av. Maurice-Bellonte - 66000 Perpignan - 04 68 52 60 70 - www.perpignan.cci.fr. Navettes à chaque arrivée d'avion pour la gare SNCF et la gare routière (4,50 €).

Les compagnies aériennes :

Air France – La compagnie ou ses filiales régionales assurent des liaisons au départ de Montpellier avec Paris-Orly, Paris-Roissy, Clermont-Ferrand, Nantes et Rennes, au départ de Perpignan avec Paris-Orly - renseignements et réservations : 3654 (0,34 €/mn) - www.airfrance.fr

Les bons plans

N'hésitez pas à surfer sur le Net pour bénéficier des meilleures offres (promos, vols de dernière minute). Voici quelques sites pour ces billets à bas coût :
www.anyway.com
www.budget.fr
www.etaphotel.com
www.fr.lastminute.com
www.partirpascher.com
www.voyagermoinscher.com

Budget

FORFAITS TOURISTIQUES

Payer moins cher des activités de loisirs ou y accéder gratuitement, c'est ce qu'offrent des formules mises en place dans de nombreux lieux de séjours.
Pensez à les conserver sur vous et à les présenter avant d'acheter vos billets.

Pass inter-sites Terre catalane

Réduction entre 10 et 50 % sur les entrées d'une quarantaine de sites adhérant au réseau culturel Terre catalane, parmi lesquels les Orgues d'Ille-sur-Têt, le four solaire et la cité de Mont-Louis, le palais des Rois de Majorque à Perpignan, le fort de Salses, le cloître de St-Génis-des-Fontaines, l'abbaye St-Martin-du-Canigou, l'abbaye de St-Michel-de-Cuxa, le prieuré de Serrabone et le Centre de préhistoire de Tautavel.

Renseignements – Pass offert sur les sites et dans les offices de tourisme partenaires - ☎ 04 68 64 93 54 - www.reseauculturel.fr.

Passeport des sites du Pays cathare

Elle permet de bénéficier de 1 € de réduction sur le prix d'entrée pour la visite de 19 sites du Pays cathare : les châteaux de Lastours, Arques, Quéribus, Puilaurens, Termes, Villerouge-Termenès, Saissac, Peyrepertuse, Usson, le château comtal de Carcassonne, les abbayes de Caunes-Minervois, St-Papoul, St-Hilaire, Villelongue, Lagrasse, Fontfroide et le musée du Quercorb à Puivert et donne également droit à une entrée gratuite pour un enfant.

Elle est accompagnée d'un livret de photos et d'un texte évoquant histoire et architecture des lieux.

Renseignements – En vente sur tous les sites - association des sites du Pays cathare - ☎ 04 68 11 37 97 - www.pays-cathare.org - 3 €.

Pass'Sports Loisirs Nature

Vous bénéficiez de réductions allant de 5 à 30 % auprès d'une quinzaine de professionnels des sports et loisirs de pleine nature.

Renseignements – Comité départemental du tourisme de l'Hérault *(voir p. 25).*

LES BONS PLANS

Sachez que vous pouvez obtenir des réductions grâce aux solutions suivantes :

Les chèques-vacances

Ce sont des titres de paiement permettant d'optimiser le budget vacances/loisirs des salariés grâce à une participation de l'employeur. Les salariés du privé peuvent se les procurer auprès de leur employeur ou de leur comité d'entreprise ; les fonctionnaires auprès des organismes sociaux dont ils dépendent.

On peut les utiliser pour régler toutes les dépenses liées à l'hébergement, à la restauration, aux transports ainsi qu'aux loisirs. Il existe aujourd'hui plus de 135 000 points d'accueil.

La carte famille nombreuse

On se la procure auprès de la SNCF *(voir p. 30).* Elle ouvre droit, outre les billets de train à prix réduits, à des réductions très diverses auprès de la RATP et du RER, des musées nationaux, de certains sites privés, parcs d'attractions, loisirs et équipements sportifs, cinémas et même certaines boutiques.

Mieux vaut l'avoir sur soi et demander systématiquement s'il existe un tarif préférentiel famille nombreuse.

Ville Pass'ion

Initié par la Fédération nationale des offices de tourisme, ce concept permet de promouvoir le tourisme à travers trois types de séjours priviligiés : « Week-end passion » : 2 nuits d'hôtel + 1 pass ville ; « Passion autrement » : courts séjours réalisés pour vous par les experts de votre destination et « Promo passion » 2 nuits pour le prix d'une. Carcassonne participe à l'opération. Informations complémentaires et réservation en ligne sur www.tourisme.fr/villepassion/index.htm.

La réserve de crus du Cellier des Templiers.

NOS ADRESSES D'HÉBERGEMENT ET DE RESTAURATION

Au fil des pages, vous découvrirez nos encadrés pratiques, sur fond vert. Ils présentent une sélection d'établissements dans et à proximité des villes ou des sites touristiques remarquables auxquels ils sont rattachés. Pour repérer facilement ces adresses sur nos plans, nous leur avons attribué des pastilles numérotées.

Nos catégories de prix

Pour vous aider dans votre choix, nous vous communiquons une fourchette de prix : pour l'hébergement, le premier prix correspond au tarif d'une chambre simple et le second à celui d'une chambre double ; pour la restauration, ces prix indiquent les tarifs minimal et maximal des menus proposés sur place.

Les mentions « **Astuce prix** » et « **bc** » signalent : pour la première, les formules repas à prix attractif, servies généralement au déjeuner par certains établissements de standing, pour la seconde, les menus avec boisson comprise (verre de vin ou eau minérale au choix).

Les prix que nous indiquons sont ceux pratiqués en haute saison ; hors saison, de nombreux établissements proposent des tarifs plus avantageux, renseignez-vous… Dans chaque encadré, les adresses sont classées en quatre catégories de prix pour répondre à toutes les attentes (voir le tableau page suivante).

Petit budget – Choisissez vos adresses parmi celles de la catégorie ⊖ : vous trouverez là des hôtels, des chambres d'hôte simples et conviviales et des tables souvent gourmandes, toujours honnêtes.

Budget moyen – Votre budget est un peu plus large. Piochez vos étapes dans les adresses ⊖⊜. Dans cette catégorie, vous trouverez des maisons, souvent de charme, de meilleur confort et plus agréablement aménagées, animées par des passionnés, ravis de vous faire découvrir leur demeure et leur table. Là encore, chambres et tables d'hôte sont au rendez-vous, avec également des hôtels et des restaurants plus traditionnels, bien sûr.

Budgets confortable et haut de gamme – Vous souhaitez vous faire plaisir, vous aimez voyager dans des conditions très confortables ? Les catégories ⊖⊜⊜ et ⊖⊜⊜⊜ sont pour vous… La vie de château dans de luxueuses chambres d'hôte pas si chères que cela ou dans les palaces et les grands hôtels : à vous de choisir ! Vous pouvez aussi profiter des décors de rêve de lieux mythiques à moindres frais, le temps d'un brunch ou d'une tasse de thé…

À moins que vous ne préfériez casser votre tirelire pour un repas gastronomique dans un restaurant renommé. Sans oublier que la traditionnelle formule « tenue correcte exigée » est toujours d'actualité dans ces établissements !

Se loger

NOS CRITÈRES DE CHOIX

Les hôtels
Nous vous proposons, dans chaque encadré pratique, un choix très large en terme de confort. La location se fait à la nuit (petit-déjeuner en supplément). Certains établissements assurent un service de restauration accessible à la clientèle extérieure.

Pour un choix plus étoffé et actualisé, **Le Guide Michelin France** recommande hôtels et restaurants sur toute la France. Pour chaque établissement, le niveau de confort et de prix est indiqué, en plus de nombreux renseignements pratiques.

Le symbole « **Bib Hôtel** » signale des hôtels pratiques et accueillants offrant une prestation de qualité à prix raisonnable moins de 72 € en province (88 € grandes villes et stations balnéaires).

Les chambres d'hôte
Vous êtes reçu directement par les habitants qui vous ouvrent leur demeure. L'atmosphère est plus conviviale qu'à l'hôtel, et l'envie de communiquer doit être réciproque : misanthropes, s'abstenir ! Les prix, mentionnés à la nuit, incluent le petit-déjeuner.

Certains propriétaires proposent aussi une table d'hôte, en général le soir, et toujours réservée aux résidents de la maison. Il est très vivement conseillé de réserver votre étape, en raison du grand succès de ce type d'hébergement.

👁 **Bon à savoir** – Certains établissements ne peuvent pas recevoir vos compagnons à quatre pattes ou demandent un supplément, pensez à vérifier lors de votre réservation.

Le camping
Le **Guide Camping Michelin France** propose tous les ans une sélection de terrains visités régulièrement par nos inspecteurs. Renseignements pratiques, niveau de confort, prix, agrément, location de bungalows, de mobile homes ou de chalets y sont mentionnés.

LES BONS PLANS

Se renseigner auprès des CDT qui proposent des séjours à prix intéressants…

Les services de réservation
Fédération nationale des services de réservation Loisirs-Accueil – 74-76 r. de Bercy - 75012 Paris - ☎ 01 44 11 10 44 - www.franceguide.com ou www.loisirs-accueil.fr.

La Fédération propose un large choix d'hébergements et d'activités de qualité, édite un dépliant regroupant les coordonnées des 54 services Loisirs-Accueil et, pour tous les départements, une brochure détaillée.

Fédération nationale Clévacances – 54 bd de l'Embouchure - BP 52166 - 31022 Toulouse Cedex - ☎ 05 61 13 55 66 - www.clevacances.com.

La Fédération propose près de 23 500 locations de vacances (appartements, chalets, villas, demeures de caractère, pavillons en résidence) et 3 500 chambres sur 89 départements en France et outre-mer, et publie un catalogue par département (passer commande auprès des représentants départementaux Clévacances).

NOS CATÉGORIES DE PRIX				
	Se restaurer (prix du déjeuner)		Se loger (prix de la chambre double)	
	Province	Grandes villes Stations	Province	Grandes villes Stations
🪙	jusqu'à 14 €	jusqu'à 16 €	jusqu'à 45 €	jusqu'à 65 €
🪙🪙	de 14 € à 25 €	de 16 € à 30 €	de 45 € à 80 €	de 65 € à 90 €
🪙🪙🪙	de 25 € à 40 €	de 30 € à 50 €	de 80 € à 100 €	de 100 € à 160 €
🪙🪙🪙🪙	plus de 40 €	plus de 50 €	plus de 100 €	plus de 160 €

Les locations de maisons

La formule à la semaine ou au mois s'avère économique au-delà de 3 pers. Vous en trouverez, à des prix variables, sur de nombreux sites Internet, certains particulièrement fournis :
www.abritel.fr
www.bertrandvacances.com
www.homelidays.com
www.locations-france.com
www.pap.fr

L'hébergement rural

Fédération des Stations Vertes de vacances et Villages de neige – BP 71698 - 21016 Dijon Cedex - ☎ 03 80 54 10 50 - www. stationverte. com.
Situées à la campagne et à la montagne, les 588 Stations Vertes sont des destinations de vacances familiales reconnues pour leur qualité de vie (produits du terroir, loisirs variés, cadre agréable) et pour la qualité de leurs structures d'accueil et d'hébergement.

Bienvenue à la ferme – Le guide *Bienvenue à la ferme*, édité par l'Assemblée permanente des chambres d'agriculture (service Agriculture et Tourisme - 9 av. George-V - 75008 Paris - ☎ 01 53 57 11 44), est aussi en vente en librairie ou sur www.bienvenue-a-la-ferme.com. Il propose par région et par département des fermes-auberges, campings à la ferme, fermes de séjour, mais aussi des loisirs variés : chasse, équitation, approches pédagogiques pour enfants, découverte de la gastronomie des terroirs en ferme-auberge, dégustation et vente de produits de la ferme.

Maison des gîtes de France et du tourisme vert – 59 r. St-Lazare - 75439 Paris Cedex 09 - ☎ 01 49 70 75 75 - www.gites-de-france.com.
Cet organisme donne les adresses des relais départementaux et publie des guides sur les différentes possibilités d'hébergement en milieu rural (gîtes ruraux, chambres et tables d'hôte, gîtes d'étape, chambres d'hôte et gîtes de charme, gîtes de neige ou de pêche, location de chalets et campings et séjours à la ferme, gîtes Panda).

L'hébergement pour randonneurs

Guide et site Internet – Les randonneurs peuvent consulter le guide *Gîtes d'étapes, refuges*, par A. et S. Mouraret (Rando Diffusion - ☎ 05 62 90 09 96). Pour les amateurs de randonnées, d'alpinisme, d'escalade, de ski, de cyclotourisme et de canoë-kayak : www.gites-refuges.com.

Label Saint-Jacques – Il concerne les gîtes et chambres d'hôte, situés à proximité des chemins de St-Jacques, s'étant engagés à valoriser ce thème : mise à disposition de documentation, décoration intérieure, accueil, etc. Renseignements : Gîtes de France des Pyrénées-Atlantiques - 20 r. Gassion - 64000 Pau - ☎ 05 59 11 20 64 - www. gites64.com.

Les auberges de jeunesse

Ligue française pour les auberges de la jeunesse – 67 r. Vergniaud - bât. K - 75013 Paris - ☎ 01 44 16 78 78 - www. auberges-de-jeunesse.com.
La carte LFAJ est délivrée moyennant une cotisation de 10,70 €/an pour les moins de 26 ans et de 15,25 € au-delà de cet âge.

POUR DÉPANNER

Les chaînes hôtelières

L'hôtellerie dite « économique » peut éventuellement vous rendre service. Sachez que vous y trouverez un équipement complet (sanitaire privé et télévision), mais un confort très simple. Souvent à proximité de grands axes routiers, ces établissements n'assurent pas de restauration. Toutefois, leurs tarifs restent difficiles à concurrencer (moins de 45 € la chambre double). En dépannage, voici donc les centrales de réservation de quelques chaînes :
Akena ☎ 01 69 84 85 17

B & B ✆ 08 92 78 29 29
Etap Hôtel ✆ 0 892 688 900.
Enfin, les hôtels suivants, un peu plus chers (à partir de 60 € la chambre), offrent un meilleur confort et quelques services complémentaires :
Campanile ✆ 01 64 62 46 46
Kyriad ✆ 0 825 003 003
Ibis ✆ 0 825 882 222

Se restaurer

Distinguons : il y a la mer et l'arrière-pays, deux territoires distincts, sinon antagonistes.
Sur le **littoral**, on dégustera bien sûr poissons et fruits de mer : huîtres de Bouzigues ou de Mèze (elles ne sont jamais si bonnes que mangées dans une improbable guinguette, sur une table à tréteaux et accompagnées d'un picpoul-de-pinet), poissons grillés à la *plancha* (la *plantxa* comme l'écrivent les Catalans), moules farcies à l'ail et aux herbes, bourrides de lotte, à moins que l'on se contente de la soupe de poissons ou d'une simple tielle, sorte de quiche aux fruits de mer (moules et encornets) achetée à des étals ambulants, idéale pour combattre une petite faim en flânant sur les quais…
L'**arrière-pays**, qu'il soit de plaine ou de montagne, est attaché à des traditions gastronomiques plus… conséquentes : dans les auberges, souvent réputées de longue date, vous commencerez avec des charcuteries (celles des pays catalans sont particulièrement savoureuses), puis suivront le plat traditionnel (le cassoulet, prince des terres cathares, servi dans sa cassole dans laquelle il aura mijoté des heures durant) et les fromages…
Les producteurs ou les coopératives ouvrent leurs portes aux visiteurs et proposent miel, charcuteries, pâtés, confits… et vin, bien entendu. Nombreux sont les « caveaux » ouverts aux visites dans le Minervois comme dans la région du Fitou – mais également dans l'Hérault, autour de St-Chinian.
Et puis, pourquoi pas un plaisir tout simple : celui de prendre place aux vénérables tables de marbre de ces vastes cafés sous les platanes des villages du Bas-Languedoc ? Là, tout en écoutant des conversations parfois hautes en couleur, devant un verre de vin local, vous dégusterez charcuteries et fromages accompagnés d'un pain de montagne roboratif.
👁 **Bon à savoir** – Le label **Sud de France** garantit exclusivement l'origine régionale des produits alimentaires et touristiques.

NOS CRITÈRES DE CHOIX

Pour répondre à toutes les envies, nous avons sélectionné des restaurants régionaux bien sûr, mais aussi classiques, exotiques ou à thème… Et des lieux plus simples, où vous pourrez grignoter une salade composée, une tarte salée, une pâtisserie ou déguster des produits régionaux sur le pouce.
Quelques fermes-auberges vous permettront de découvrir les saveurs de la France profonde. Vous y goûterez des produits authentiques provenant de l'exploitation agricole, préparés dans la tradition et généralement servis en menu unique. Le service et l'ambiance sont bon enfant. Réservation obligatoire !
Pour un choix plus étoffé et actualisé, **Le Guide Michelin France** recommande des restaurants sur toute la France. Pour chaque établissement, le niveau de confort et de prix est indiqué, en plus de nombreux renseignements pratiques. Le symbole « **Bib Gourmand** » signale les tables qui proposent une cuisine soignée à moins de 28 € en province (36 € grandes villes et stations balnéaires).
Enfin, n'oubliez pas que les restaurants d'hôtels peuvent vous accueillir.

SITES REMARQUABLES DU GOÛT

Quelques sites de la région, dont la richesse gastronomique s'appuie sur des produits de qualité liés à un environnement culturel et touristique intéressant, ont été dotés du label « Sites remarquables du goût ».
Il s'agit des **burons de l'Aubrac** pour le fromage de Laguiole et la fourme d'Aubrac, du **rocher de Combalou** pour le fromage de Roquefort, des **étangs de Thau** pour les huîtres de Bouzigues, de **Banyuls**, pour son vin muté à base de grenache noir, des **chais de Thuir** où l'on fabrique le Byrrh, apéritif à base de vin et de quinquina, de **Collioure** pour l'anchois salé.
🍷 Pour en savoir plus : www.sitesremarquablesdugout.com

LES GRANDS CHEFS

Aux marches des Corbières
À Fontjoncouse

Gilles Goujon s'investit à fond depuis plus de 15 ans dans l'aventure de l'Auberge du Vieux Puits… qui est aussi un peu l'aventure de Fontjoncouse, paisible village des Corbières peuplé d'une centaine d'âmes. Il faut avoir des arguments frappants pour convaincre le

Pour vos escapades en chambre d'hôtes

Découvrez les plus belles adresses du guide MICHELIN

Le Couvent

APT

On recommande pour

174 • Les stages culinaires proposés en partenariat avec un chef cuisinier de la région.

GRAND SUD

S'il fait beau

• Vous êtes dans le centre historique d'Apt (patrimoine remontant au 12e s.). Autour de la ville, s'étend le Parc Naturel Régional du Luberon, un paradis pour les randonneurs.

UNE FOIS DANS L'ENCEINTE de ce couvent du 17e s., on ressent l'austérité caractéristique de sa vocation première. Mais cette impression ne dure pas. Dans les chambres luxueuses et confortables, colorées et personnalisées (« Chocolat », « Ocre », « Jaune », « Bleue »), c'est plutôt l'aventure de la dolà Padilla del Flor de Victor Hugo qui nous vient à l'esprit : « La nonne osa, dit la chronique, Au brigand par l'enfer conduit, Aux pieds de Sainte Véronique, Donner un rendez-vous la nuit »... Romantique à souhait! On en oublie vite nos contemporains et la proximité du centre-ville. D'autant que Laurent, ex-animateur radio, apporte un soin particulier à l'ambiance sonore qui règne dans ses murs. Si vous êtes mélomane comme lui, vous apprécierez les douces mélodies diffusées dans les salles de bain. Petit-déjeuner à la française ... les voûtes du réfectoire ou sur ... le permet. En plus : un ...

Chambres d'hôtes
Les plus belles adresses du guide MICHELIN

330 adresses choisies pour leur charme, ... France.

- 330 adresses choisies pour leur charme, partout en France.
- 129 chambres d'hôtes ou maisons d'hôtes à moins de 100 euros.
- Plus de 650 photos.
- 1001 informations pour bien choisir

www.cartesetguides.michelin.fr

MICHELIN
Une meilleure façon d'avancer

client d'affronter les routes sinueuses – et par ailleurs magnifiques – de la région ! De cela, notre chef ne manque pas, avec en premier lieu son titre prestigieux de Meilleur Ouvrier de France 1996. Cuisinier de talent et de tempérament, il sert une cuisine occitane et inventive, belle et forte, minutieusement mise au point par un travail acharné à ses fourneaux. Homme attachant, il voue une reconnaissance appuyée à ses maîtres et adore ses clients parmi lesquels un nombre importants de régionaux qui lui sont fidèles depuis les premiers jours. Mais la réputation a désormais largement dépassé les limites du département ! Il communique aussi son enthousiasme et son savoir-faire dans sa sympathique école de cuisine.

👁 *Auberge du Vieux Puits -* 📞 *04 68 44 07 37.*

En Bas-Languedoc
À Montpellier
Jacques et Laurent Pourcel, natifs d'Agde, affichent la particularité d'être frères jumeaux. On comprendra de ce fait qu'ils ne se séparent que très rarement et qu'ils montrent beaucoup de similitudes. Se faire reconnaître par les clients dans leur restaurant est un petit jeu qui les amuse beaucoup. Très jeunes, à 24 ans, ils se sont lancés dans l'aventure en créant le Jardin des Sens qui a vite atteint une grande notoriété. Leurs classes effectuées chez les plus grands chefs furent le seul long moment de leur existence où ils se trouvèrent séparés. Postés à leur « piano à quatre mains », complices et complémentaires, ils régalent les palais les plus exigeants par leur cuisine dépouillée et contemporaine dédiée à la mer et au soleil, axée sur le produit. Les clients installés dans l'originale salle à manger en gradins, ouverte sur le coquet jardin, apprécient cette « cuisine des cinq sens » très personnalisée. Célèbres dans le monde entier, les frères Pourcel ont ouvert beaucoup d'adresses aux quatre coins de la planète.

👁 *Le Jardin des Sens -* 📞 *04 99 58 38 38.*

À Narbonne
Claude Giraud était déjà un chef en vogue dans les années 1980 lorsqu'il tenait son célèbre restaurant Le Réverbère où il servait une cuisine sophistiquée de haut niveau. Après une coupure de quelques années, durant lesquelles il parcourut le monde comme consultant de grands restaurants, l'appel de Narbonne s'est fait de nouveau le plus pressant.

C'est donc dans un lieu prédestiné – les locaux du Palais du vin – qu'il a ouvert La Table Saint-Crescent, restaurant voué à la promotion des produits du terroir, et regagné rapidement une étoile. Depuis l'arrivée du fils Lionel en 2002, le style de cuisine a quelque peu évolué, avec une accentuation de l'originalité des plats. Le fils est le digne héritier du père !

👁 *La Table Saint-Crescent -* 📞 *04 68 41 37 37.*

À FAIRE ET À VOIR

Activités et loisirs de A à Z

Les **comités départementaux** et **comités régionaux de tourisme** *(voir p. 25)* disposent de nombreuses documentations et répondront à vos demandes d'informations quant aux activités proposées dans leur secteur. Pour trouver d'autres adresses de prestataires, reportez-vous aux rubriques « Visite » et « Sports & Loisirs » dans l'encadré pratique des villes et sites.

La plage de Frontignan.

Campion / MICHELIN

BAIGNADE

Depuis l'aménagement et l'assainissement du littoral du Languedoc, les immenses plages de sable fin s'étendant sur des kilomètres, souvent entre mer et étangs, accueillent des multitudes de touristes. Les plus belles se situent entre La Grande-Motte et Palavas-les-Flots, de Sète au Cap-d'Agde, autour du Cap-d'Agde et de Valras. Il existe des plages naturistes à La Franqui, Port-la-Nouvelle et au Cap-d'Agde.

De très nombreux équipements sportifs sont à la disposition des petits et des grands : piscine, ski nautique, plongée sous-marine, scooter des mers, promenades en mer, cerf-volant, etc. Se renseigner sur place, aux syndicats d'initiative ou aux offices de tourisme.

Les **plages** sont en général surveillées durant les mois d'été. Il convient cependant de respecter quelques règles élémentaires : éviter de nager après un repas copieux ou une longue station au soleil, ne pas sortir de la zone surveillée, généralement délimitée par des bouées, bien se protéger du soleil, que l'on reste sur la plage ou que l'on soit dans l'eau. En outre, les pavillons hissés chaque jour sur les plages surveillées indiquent si la baignade est dangereuse ou non, l'absence de pavillon signifiant l'absence de surveillance : vert = baignade surveillée sans danger ; jaune = baignade dangereuse mais surveillée ; rouge = baignade interdite.

Des contrôles de **qualité des eaux** de baignade sont effectués en général dès le mois de juin. Ils classent les eaux en quatre catégories :

A : eaux de bonne qualité
B : eaux de qualité moyenne
C : eaux pouvant être momentanément polluées
D : eaux de mauvaise qualité
Les résultats des contrôles se trouvent sur http://baignades.sante.gouv.fr
La baignade dans les **lacs et plans d'eau** n'est pas toujours autorisée ; se renseigner au préalable dans les offices de tourisme.

CANOË-KAYAK

Les cours supérieurs et moyens de la Dourbie, de l'Orb, de l'Hérault aux gorges majestueuses et sauvages, du Tech, de la Têt, de l'Aude et bien d'autres se prêtent, avec leurs eaux tumultueuses, à la pratique du canoë-kayak.

Le **canoë** (d'origine canadienne) se manie avec une pagaie simple. C'est l'embarcation pour la promenade en famille, à la journée, en rayonnant au départ d'une base ou en randonnée pour la découverte d'une vallée.

Le **kayak** (d'origine esquimaude) est utilisé assis et se déplace avec une pagaie double. Les lacs et les parties basses des cours d'eau offrent un vaste choix.

L'Échappée Verte – 21 r. de la Cavalerie - 34000 Montpellier - ✆ 04 67 41 20 24 ou 06 13 07 04 03 - www.echapee-verte.com. Cet organisme propose des randonnées-découverte en canoë et en kayak dans toute la région. Autres prestations intéressantes : kayak de mer sur les étangs montpelliérains et en Petite Camargue, balades ornithologiques.

Renseignements

Fédération française de canoë-kayak – 87 quai de la Marne - 94344 Joinville-le-Pont - ✆ 01 45 11 08 50 - www.ffcanoe.asso.fr. La Fédération édite un livre, *France canoë-kayak et sports d'eaux vives*, et avec le concours de l'IGN, une carte, *Les Rivières de France*, avec tous les cours d'eau praticables.

CANYONING ET RAFTING

La technique du canyoning emprunte à la fois à la spéléologie, à la plongée et à l'escalade. Il s'agit de descendre, en rappel ou en saut, le lit des torrents dont on suit le cours au fil des gorges étroites et des cascades. Deux techniques de déplacement sont particulièrement utilisées : le toboggan (allongé sur le dos, bras croisés), pour glisser sur les dalles lisses, et le saut (hauteur moyenne de 8 à 10 m), plus délicat, où l'élan du départ conditionne la bonne réception dans la vasque. Il est impératif d'effectuer un sondage de l'état et de la profondeur de la vasque avant de sauter.

L'initiation débute par des parcours n'excédant pas 2 km, avec un encadrement de moniteurs brevetés. Ensuite, il demeure indispensable d'effectuer les sorties avec un moniteur sachant « lire » le cours d'eau emprunté et connaissant les particularités de la météo locale.

Un des parcours de canyoning les plus pittoresques est la descente des gorges du Llech, dans les Pyrénées-Orientales. Le rafting est le plus accessible des sports d'eau vive. Il s'agit de descendre le cours des rivières à fort débit dans des radeaux pneumatiques à 6 ou 8 places maniés à la pagaie et dirigés par un moniteur barreur installé à l'arrière. L'équipement isotherme et antichoc est fourni par le prestataire.

Fédération française de la montagne et de l'escalade – 8-10 quai de la Marne - 75019 Paris - ☎ 01 40 18 75 50 - www.ffme.fr.

CERF-VOLANT

À la fois loisir familial, expression artistique et compétition sportive, la pratique du cerf-volant a acquis depuis une dizaine d'années ses lettres de noblesse en élargissant son terrain d'activité au-delà des plages du littoral atlantique, où on la rencontrait le plus souvent. Les plages de l'Hérault sont désormais un terrain de prédilection.

Cette activité ayant intégré les nouveaux produits de l'industrie chimique, on trouve actuellement une vaste gamme d'appareils volants qui relèguent bien loin le cerf-volant traditionnel. Manipulé par deux poignées et constitué de fibre de verre ou, plus léger mais plus cher, de fibre de carbone, le cerf-volant moderne se pilote et est parfois même doté d'amortisseurs de chute ! La longue pratique des manipulations de base et des connaissances en aérologie ne peuvent s'acquérir que par le passage dans un club ou une association ; les offices de tourisme des plages du Languedoc signalent l'existence de ces organismes.

Par prudence, gardez à l'esprit qu'un cerf-volant peut atteindre 100 km/h lors d'une chute en piqué ; aussi, prenez soin de vous placer derrière le manipulateur.

Fédération française de vol libre (deltaplane, parapente et cerf-volant) – 4 r. de Suisse - 06000 Nice - ☎ 04 97 03 82 82 - www.ffvl.fr.

CROISIÈRES

Sur les canaux (canal du Midi, canal Rhône-Sète, canal de la Robine) ou sur les lacs et plans d'eau, la promenade en bateau constitue une agréable activité permettant de découvrir les paysages le long des berges. Il existe plusieurs possibilités de navigation, à la portée de tous.

Le canal Rhône-Sète est ouvert à la navigation de mars à novembre (heures d'ouverture des écluses de 8h à 12h30 et de 13h30 à 19h30 l'été). Pour le canal du Midi, reportez-vous aux informations de son « encadré pratique ».

Avant de partir, il est conseillé de se procurer les cartes nautiques et cartes-guides :

Éditions Grafocarte-Navicarte – 125 r. Jean-Jacques-Rousseau - BP 40 - 92132 Issy-les-Moulineaux Cedex - ☎ 01 41 09 19 00 - www.navicarte.fr.

Éditions du Plaisancier – 43 porte du Grand-Lyon - 01700 Neyron - ☎ 04 72 01 58 68.

Croisières organisées

Nombre d'organismes proposent des promenades commentées en bateau sur les rivières, les canaux, les lacs, etc. Ces croisières peuvent durer quelques heures, une ou plusieurs journées. Un forfait avec déjeuner ou dîner à bord est souvent proposé. Vous trouverez dans ce guide : balades en coche d'eau sur les étangs du Narbonnais (*voir l'encadré pratique de Narbonne*), croisières sur le canal du Midi (*voir l'encadré pratique du canal du Midi*), excursions en mer au départ de Sète (*voir l'encadré pratique de Sète*), descente des gorges du Tarn en barque de la Malène au cirque des Baumes (*voir l'encadré pratique des gorges du Tarn*), promenade-découverte des gorges des Raspes à bord du *Héron des Raspes* (*voir l'encadré pratique de Millau*).

CYCLOTOURISME ET VTT

De nombreux sentiers de grande randonnée ou de randonnée de pays sont

DONNEZ DU RELIEF
À VOS VOYAGES !

Nouvelles cartes Départements
Relief image satellite

MICHELIN

Aude, Pyrénées-Orientales

Relief image satellite

1 cm = 1,5 km

Carte précise et détaillée

★★★ Sélection des plus beaux sites

Suggestions d'itinéraires

Plans de ville : Carcassonne, Perpignan

Nouvelle numérotation des routes nationales et départementales

Avec les nouvelles cartes Michelin, voyager est toujours un plaisir :
• Nouveau ! Carte Départements à relief image satellite.
• Nouveau ! Carte Région en papier indéchirable.
• Qualité des informations routières, mises à jour chaque année.
• Richesse du contenu touristique : routes pittoresques et sites incontournables.
• Maîtrise de l'itinéraire : votre route selon vos envies.

www.cartesetguides.michelin.fr

MICHELIN
Une meilleure façon d'avancer

accessibles aux amateurs de VTT. Néanmoins certaines zones géographiques se prêtent plus que d'autres à la randonnée à VTT et comportent des sentiers spécialement balisés par la Fédération française de cyclisme. Le degré de difficulté du parcours balisé est signalé par des couleurs (vert : très facile ; bleu : facile ; rouge : difficile ; noir : très difficile). Les centres VTT, gérés par la Fédération, fournissent des cartes d'itinéraires et des topoguides, proposent parfois des stages, des points de réparation, un hébergement, etc.

L'Office national des forêts édite une vingtaine de guides *VTT Évasion* destinés à la découverte des forêts du Languedoc-Roussillon. On peut se les procurer auprès du Comité régional du tourisme Languedoc-Roussillon.

Les clubs cyclotouristes organisent des sorties week-end ou des circuits « découverte » avec des guides. On peut obtenir leurs adresses auprès des Comités départementaux et régionaux de cyclotourisme, qui dépendent de la Fédération française de cyclotourisme. Les offices de tourisme et les syndicats d'initiative communiquent les adresses des points de location.

Ligue régionale de cyclotourisme du Languedoc-Roussillon – M. Jean-Claude Soria - 3 r. Força-Réal - 66170 St-Féliu-d'Avall - ℘ 04 68 57 84 93 - www.ffctlr.free.fr.

Fédération française de cyclotourisme – 12 r. Louis-Bertrand - 94207 Ivry-sur-Seine Cedex - ℘ 01 56 20 88 88 - www.ffct.org.

Fédération française de cyclisme – 5 r. de Rome, bât. Jean-Monnet - 93561 Rosny-sous-Bois Cedex - ℘ 01 49 35 69 24 - www.ffc.fr.

La Fédération propose 46 000 km de sentiers balisés pour la pratique du VTT, répertoriés dans un guide annuel (gratuit).

Compagnie des guides des Pyrénées catalanes – 2 av. de l'Aude - 66210 Les Angles - ℘ 04 68 04 39 22 - www.guide-montagne-pyrenees.com. Sorties accompagnées : escalade, VTT, randonnées équestres, sports d'eau vive, via ferrata. Stages d'initiation et de perfectionnement.

DELTAPLANE ET PARAPENTE

Le deltaplane et le parapente sont un excellent moyen de voir d'en haut ce qu'on ne voit pas forcément d'en bas. Ces deux activités se pratiquent beaucoup dans la région de Millau ; chaque année, des compétitions internationales

se déroulent autour de Mende, dans le nord de l'Hérault et dans les Pyrénées. Le parapente n'exige pas d'entraînement particulier. Le départ se fait, voile déployée, d'un site naturel en hauteur et l'évolution de la voilure rectangulaire utilise au mieux les courants ascensionnels qui traversent la vallée. Le deltaplane, quant à lui, exige une plus grande technicité.

Plusieurs prestataires organisent des stages d'initiation et de perfectionnement dans la région de Millau et des Grands Causses, dans la région de Marvejols et de Mende, dans le nord de l'Hérault et dans les Pyrénées *(voir les encadrés pratiques de Canet-Plage, Le Capcir, Ganges, Millau).*

Fédération française de vol libre (deltaplane, parapente et cerf-volant) – 4 r. de Suisse - 06000 Nice - ℘ 04 97 03 82 82 - www.ffvl.fr.

Fédération française de planeur ultraléger motorisé – 96 bis r. Marc-Sangnier - 94704 Maisons-Alfort Cedex - ℘ 01 49 81 74 43 - www.ffplum.com.

ESCALADE

Le relief particulier des montagnes des Cévennes, des Pyrénées ou des profondes gorges du Tarn, de la Jonte, d'Héric... constitue un véritable paradis pour les amateurs d'escalade. Avant d'atteindre l'assurance des prises, la grâce d'évolution des grimpeurs aguerris et d'apprivoiser le « gaz » sous les pieds, le néophyte aura à cœur de se laisser accompagner par un guide de montagne ou un moniteur d'escalade breveté d'État pour maîtriser les techniques de base afin d'accéder à l'autonomie ; pour ce faire, son choix se portera sur la journée ou demi-journée de rocher-école ou sur un stage évolutif qui se conclura sur des sites plus difficiles. Les offices de tourisme et les clubs d'escalade proposent en saison une large gamme de prestations en initiation et en entraînement.

Fédération française de la montagne et de l'escalade – 8-10 quai de la Marne - 75019 Paris - ℘ 01 40 18 75 50 - www.ffme.fr. Consulter également le *Guide des sites naturels d'escalade en France*, par D. Taupin (Éd. Cosiroc/FFME), pour connaître la localisation des sites d'escalade dans la France entière.

GOLF

Forfait – Le Golf-Pass Languedoc-Roussillon propose 5 *green-fees* à 190 € et permet de jouer sur une période de 21 jours consécutifs. Tout joueur s'engage à respecter le règlement de chaque golf. Sont concernés les golfs de Carcassonne, Montpellier-Massane, Fontcaude, Béziers Saint-Thomas, Le Cap-d'Agde, La Grande-Motte, Lamalou-les-Bains, Domaine de Barres, Sabot, Font-Romeu, Domaine de Falgos, Nîmes-Vacquerolles, St-Cyprien - réservation auprès du golf de votre choix, 48h à l'avance.

Fédération française de golf – 68 r. Anatole-France - 92300 Levallois-Perret - ✆ 01 41 49 77 00 ou 0 892 691 818 - www.ffgolf.com.

HYDROSPEED (NAGE EN EAU VIVE)

Cette forme très sportive de descente à la nage des torrents exige une maîtrise de la nage avec palmes et une bonne condition physique. Elle se pratique équipée d'un casque et d'une combinaison, le buste appuyé sur un flotteur caréné très résistant (l'hydrospeed) ; le mouvement des palmes permet d'éviter les rochers et d'orienter la descente.

NAVIGATION DE PLAISANCE

Sur la côte languedocienne, les nombreux ports de plaisance offrent plus de 10 000 postes à quai.

Des renseignements peuvent être obtenus auprès des capitaineries de :
Narbonne-Plage - ✆ 04 68 49 91 43 ;
Port-Leucate - ✆ 04 68 40 91 24 ;
Port-Barcarès - ✆ 04 68 86 07 35 ;
Valras - ✆ 04 67 32 33 64 ;
Cap-d'Agde - ✆ 04 67 26 00 20 ;
Port-Ambonne - ✆ 04 67 26 00 23 ;
Marseillan - ✆ 04 67 77 34 93 ;
Sète - ✆ 04 67 74 98 97 ;
Mèze - ✆ 04 67 43 58 94 ;
Frontignan - ✆ 04 67 18 44 90 ;
Palavas-les-Flots - ✆ 04 67 07 73 50 ;
Carnon - ✆ 04 67 68 10 78 ;
La Grande-Motte - ✆ 04 67 56 50 06 ;
Le Canet-Plage - ✆ 04 68 86 72 73 ;
St-Cyprien-Plage - ✆ 04 68 21 07 98 ;
Port-Vendres - ✆ 04 68 82 08 84 ;
Banyuls-sur-Mer - ✆ 04 68 88 30 32 ;
ou à l'Association des ports de plaisance du Languedoc-Roussillon - Hôtel de ville - 34250 Palavas-les-Flots - ✆ 04 67 07 73 50.

PARAPENTE

🌿 *Voir Deltaplane.*

PÊCHE EN EAU DOUCE

La région décrite dans ce guide, riche en rivières aux eaux courantes et froides et en lacs, attire de nombreux pêcheurs. Le plateau des Bouillouses en particulier,

parsemé de nombreux lacs naturels, a conservé son caractère sauvage (accès au départ de Font-Romeu et de Mont-Louis). Généralement, le cours supérieur des rivières est classé en 1re catégorie tandis que les cours moyen et inférieur le sont en 2e. Quel que soit l'endroit choisi, il convient d'observer la réglementation nationale et locale, de s'affilier pour l'année en cours dans le département de son choix à une association de pêche et de pisciculture agréée, d'acquitter les taxes afférentes au mode de pêche pratiqué ou éventuellement d'acheter une carte journalière.

Pour ceux qui veulent apprendre les diverses techniques de pêche (à la mouche, au toc), il existe des écoles ou des guides de pêche (se renseigner auprès des offices de tourisme).

Fédération départementale de pêche de la Lozère – 12 av. Paulin-Daudé - 48000 Mende - ✆ 04 66 65 36 11 - www.lozerepeche.com.

Office national de l'eau et des milieux aquatiques – Immeuble Le Péricentre - 16 av. Louison-Bobet - 94132 Fontenay-sous-Bois Cedex - ✆ 01 45 14 36 00.

Pêche en famille – École française de pêche – Stéphane Sence - BP 16 - 33450 St-Sulpice-et-Cameyrac - 01 56 59 31 74 - www.ffmgp.com - séjours jeunes et adultes, toute l'année (de 1 à 15 jours).

PÊCHE EN MER

Les amateurs de pêche en eau salée pourront exercer leur sport favori à pied, en bateau ou en plongée le long des côtes et dans les étangs.

Dans les étangs, la faune aquatique est très nombreuse : on y trouve des anguilles, des daurades, des loups, des sivades, des anthérines Joël et des mulets.

Plusieurs prestataires proposent aux estivants des parties de pêche au gros en mer, pour une demi-journée ou une journée entière, durant lesquelles on peut apprendre les techniques de pêche à la traîne et participer à des compétitions. Poissons le plus souvent pêchés : thons, petits requins, espadons.

Fédération française des pêcheurs en mer – Résidence Alliance, centre Jorlis - 64600 Anglet - ✆ 05 59 31 00 73 - www.ffpm-national.com.

PLONGÉE SOUS-MARINE

La plongée sous-marine nécessite un apprentissage long et motivé, dispensé par des moniteurs titulaires des diplômes de moniteurs fédéraux premier et deuxième degrés ou par des moniteurs titulaires des brevets d'État d'éducateur sportif premier ou deuxième degré, option plongée subaquatique.

Fédération française d'études et de sports sous-marins – 24 quai de Rive-Neuve - 13284 Marseille Cedex 07 - ℰ 04 91 33 99 31 ou 0 820 000 457 - www.ffessm.fr. Elle regroupe un grand nombre de clubs nationaux et publie un ensemble de fiches présentant les activités subaquatiques de la Fédération et les contacts régionaux.

RANDONNÉES ÉQUESTRES

La randonnée équestre est une activité en plein développement. Il existe des itinéraires balisés dans toute la région, à travers la garrigue, les causses, la forêt… Pour les connaître et obtenir les topoguides et cartes correspondants, s'adresser aux Comités départementaux du tourisme équestre (CDTE), dont les adresses sont disponibles auprès du **Comité national de tourisme équestre** – Parc équestre fédéral - 41600 Lamotte-Beuvron - ℰ 02 54 94 46 80 - www.tourisme. equestre.fr. Le comité édite une brochure annuelle, *Cheval nature, l'officiel du tourisme équestre*, répertoriant les possibilités en équitation de loisirs et les hébergements accueillant cavaliers et chevaux.

Divers organismes, tels que les fermes ou les centres équestres, proposent des randonnées accompagnées sur une ou plusieurs journées, des stages d'équitation, etc.

Comité régional du tourisme équestre Languedoc-Roussillon (ATECREL) – 14 r. des Logis - 34140 Loupian - ℰ 04 67 43 82 50 - www.telr.net.

Ligue Midi-Pyrénées tourisme équestre (ARTEMIP-CRTE) – 31 chemin des Canalets - 31400 Toulouse - ℰ 05 61 14 04 58.

Compagnie des guides des Pyrénées catalanes – Av. Serrat-de-l'Ours - 66210 Bolquère - ℰ 04 68 30 39 66 ou 06 14 84 92 99. Stages d'initiation et de perfectionnement, sorties accompagnées : escalade, VTT, randonnées équestres, sports d'eau vive, via ferrata.

RANDONNÉES PÉDESTRES

Activité de choix pour découvrir en toute tranquillité les paysages, la randonnée pédestre peut s'adresser à tout le monde. Outre les parcours dont on détermine soi-même l'itinéraire, il existe deux sortes de sentiers balisés : les GR (grande randonnée) et les GRP (grande randonnée de pays). Ils s'adressent aux marcheurs avertis, sur plusieurs centaines de kilomètres pour les GR, limités à une seule région pour les GRP. Les GR : le GR 6 (Alpes-Océan) qui passe par les causses et l'Aubrac, le GR 7 (Vosges-Pyrénées) qui traverse la région, du mont Aigoual au canal du Midi, le GR 65 (chemin de Saint-Jacques-de-Compostelle) qui part du Puy, le GR 66 (tour du mont Aigoual), le GR 67 (tour en pays cévenol), le GR 68 (tour du mont Lozère), le GR 70 (**chemin de Stevenson**), le GR 700 (**chemin de Régordane**), le GR 71 (traversée du Haut-Languedoc) qui parcourt le Larzac, le GR 10 (Pyrénées ariégeoises et catalanes), le GR 7 (Castelnaudary-Andorre), le GR 36 (des châteaux cathares au Canigou), le GR 107 (le chemin des Bonshommes). D'autre part, la Haute Route des Pyrénées (HRP) traverse les Pyrénées d'est en ouest. Le jalonnement des sentiers est régulier et efficace.

Fédération française de la randonnée pédestre – 14 r. Riquet - 75019 Paris - ℰ 01 44 89 93 93 - www.ffrp.asso.fr. La Fédération donne le tracé détaillé des GR, GRP et PR ainsi que d'utiles conseils.

Elle édite plusieurs topoguides dont : *La Lozère à pied*, FFRP, 2003 ; *Aude, pays cathare à pied*, FFRP, 2005 ; *Le Languedoc-Roussillon… à pied*, FFRP, 2008.

Le chemin de Régordane, FFRP, 2008.

Les Comités régionaux et départementaux de tourisme, les syndicats d'initiative et les offices de tourisme éditent leurs propres parcours, permettant de découvrir les paysages spécifiques à leur région ou à leur pays, le patrimoine culturel et naturel qui s'y rattache. Des brochures sont disponibles gratuitement auprès de ces organismes.

Compagnie des guides des Pyrénées catalanes – 2 av. de l'Aude - 66210 Les Angles - ℰ 04 68 04 39 22 - www. guide-montagne-pyrenees.com. Stages d'initiation et de perfectionnement, sorties accompagnées : escalade, VTT, randonnées équestres, sports d'eau vive, via ferrata.

La Balaguère – Rte du Val d'Azun - BP 3 - 65403 Arrens-Marsous Cedex - ℰ 0 820 022 021 (n° Indigo)- www. balaguere.com. Organise des « voyages à pied » dans les Pyrénées ou à l'étranger, libres ou accompagnés, avec ou sans portage, parfois sur des thèmes (histoire, santé, musique) et pour tous niveaux.

Chamina Voyages – Naussac - BP 5 - 48300 Langogne - ℰ 04 66 69 00 44 - www.chamina-voyages.com. Spécialiste des randonnées à pied avec ou sans accompagnateur, avec transport des bagages, en France et à l'étranger. Nombreux circuits dans les Pyrénées.

Quelques idées originales de randonnées pédestres

Fédération nationale ânes et randonnées – ☏ 04 92 34 23 11 - www.ane-et-rando.com. La Fnar fournit la liste de ses prestataires, dans toutes les régions de France, proposant des randonnées à pied en compagnie d'ânes bâtés.

Association « Sur le chemin de R. L. Stevenson » – 48220 Le Pont-de-Montvert - ☏/fax 04 66 45 86 31 - www.chemin-stevenson.org. Cette association a pour but de valoriser l'itinéraire emprunté par l'écrivain Robert Louis Stevenson en 1878 et qu'il a décrit dans *Voyage avec un âne dans les Cévennes*. Elle fournit la liste des gîtes, hôtels, restaurants, loueurs d'ânes, taxis et offices de tourisme adhérant à cette initiative, et qui pourront vous aider à organiser votre voyage à pied sur le GR 70.

☺ *Voir aussi « Nos conseils de lecture » p. 54.*

ROUTES HISTORIQUES

Pour découvrir le patrimoine architectural local, la Fédération nationale des routes historiques (www.routes-historiques.com) a élaboré 21 itinéraires à thème - tracés et dépliants sont disponibles dans les offices de tourisme ou sur demande à M. Tranié - 1 r. du Château - 60112 Troissereux - ☏ 03 44 79 00 00.

Une route historique parcourt la région décrite dans ce guide :

Route historique en terre catalane : de l'homme de Tautavel à Picasso – Réseau culturel Terre catalane - 10 r. du Théâtre - BP 60244 - 66002 Perpignan Cedex - ☏ 04 68 64 93 54 - www.reseauculturel.fr.

ROUTES THÉMATIQUES

Via Domitia – Association régionale Via Domitia Languedoc-Roussillon - CRT - L'Acropole - 954 av. Jean-Mermoz - CS 79507, 34960 Montpellier Cedex 2 - ☏ 04 67 20 02 20 - www.viadomitia.org.

Chemin des verriers – Office intercommunal du tourisme du chemin des Verriers en pays d'Orthus - av. du Nouveau-Monde - 34270 Claret - ☏ 04 67 59 06 39 - www.cc-orthus.fr. Visite de la verrerie archéologique à Couloubrines ; visite des ateliers de Vacquières à Ferrières-les-Verreries sur RV. Sentiers-découverte à Claret et au domaine de Baumes, le sentier des Asphodèles.

Route des vignerons et des pêcheurs des pays d'Agde – Découverte de domaines, de caves viticoles et de sites historiques. Se renseigner à la Communauté d'agglomération Hérault-Méditerranée - ZI Le Causse - BP 26 - 34630 St-Thibéry - ☏ 04 99 47 48 49.

ROUTES DES VINS

Le Languedoc-Roussillon possède le plus grand vignoble de France. Aussi, n'hésitez pas à visiter les caves pour découvrir l'extrême diversité des crus locaux. Elles sont généralement ouvertes à la visite et proposent quelquefois des dégustations (bien entendu à pratiquer avec modération). La plupart des vignobles ont leur route des vins », combinant visites de caves ou de vignobles et arrêts sur des sites historiques ou naturels. Elles font en outre l'objet de manifestations qui jalonnent l'année, du carnaval à la foire de St-Martin.

Nous indiquons ci-dessous quelques adresses et informations diverses.

Vins de pays d'Oc – Les vins de pays d'Oc nobles et gourmands sont disponibles à travers plus de 800 domaines privés ou caves coopératives. Pour obtenir les adresses, contacter le **Syndicat des producteurs de vin de pays d'Oc** – Domaine de Manse - av. Paysagère - Maurin - 34973 Lattes Cedex - ☏ 04 67 13 84 20 - www.vindepaysdoc.com

Maison des vins – Av. de la Promenade - 34360 St-Chinian - ☏ 04 67 38 11 69 - www.saint-chinian.com - toute l'année 9h-12h, 14h-18h30. Véritable vitrine du saint-chinian, cette Maison des vins propose la dégustation-vente de plus de 180 références à prix producteur. Elle propose également des stages d'initiation à la dégustation et des circuits de découverte du vignoble. La Fête du cru a lieu le dimanche qui suit le 14 Juillet.

Découverte de domaines, caves viticoles et de sites historiques : se renseigner à la **Communauté d'agglomération Hérault-Méditerranée** – ZI Le Causse - BP 26 - 34630 St-Thibéry - ☏ 04 99 47 48 49.

Minervois – Des circuits thématiques permettent de découvrir les AOC minervois mais également le patrimoine historique, culturel et naturel de cette région. **Syndicat du cru minervois** – Château de Siran - av. du Château - 34210 Siran - ☏ 04 68 27 80 00 - www.leminervois.com.

Le vignoble aveyronnais – À 5 km de Millau, la cave des **Vignerons des gorges du Tarn** regroupe les appellations d'origine VDQS (vin délimité de qualité supérieure) côtes-de-millau donnant des vins rouges, rosés et blancs - 6 av. des Causses - 12520 Aguessac - ☎ 05 65 59 84 11.

Vins du Roussillon – Le **Conseil Interprofessionnel des vins du Roussillon** met en avant un large choix de circuits et de multiples manifestations autour du vin.

Quatre itinéraires sont possibles : dans la vallée de l'Agly et des Fenouillèdes, dans les Aspres, des Aspres au massif des Albères et dans le vignoble des crus Collioure et Banyuls.

L'été, des repas vignerons dans le vignoble – « Une cave, un jour » – sont organisés. Fêtes en janvier, mai, juin, juillet, octobre et novembre - 19 av. de Grande-Bretagne - BP 649 - 66006 Perpignan Cedex - ☎ 04 68 51 21 22 - www.vinsduroussillon.com.

Blanquette de Limoux – *Se reporter à l'encadré pratique de Limoux.*

Vins des Corbières – Le *Guide des grands vins de Corbières* offert ici vous permettra d'organiser un séjour découverte du vignoble. **Maison des terroirs en Corbières** - Le Château - 11200 Boutenac - ☎ 04 68 27 73 00 - lun.-vend. 8h30-12h, 14h-18h (vend. 17h30).

Syndicat du Cru Fitou – Vous y trouverez le guide de l'appellation avec les adresses des producteurs - N 9 - aire de la Via-Domitia - 11480 La Palme - ☎ 04 68 40 42 70 - www.cru-fitou.com - lun.-vend. 8h-12h, 14h-18h.

SKI

Les Pyrénées catalanes

Elles offrent de vastes champs enneigés bien équipés autorisant la pratique de tous les sports de neige : ski de fond, de randonnée, de piste et aussi des activités récemment apparues qui permettent d'allier sport et sensations nouvelles (ski, parapente, motoneige…). Certaines stations proposent des excursions en **raquettes** (tour des lacs et balcon du Roc d'Aude à partir des Angles par exemple). Le Centre européen d'entraînement canin à Font-Romeu élève des **chiens de traîneaux** et a développé quelques activités : initiation au *mushing* (conduite d'attelage), cross canin (marche à pied, tracté par un chien), découverte des chiens *(voir l'encadré pratique de Font-Romeu).*

La pratique du **ski de fond**, déjà connue en 1910 dans le milieu sportif pyrénéen, est particulièrement favorisée par l'étendue des pistes. Dans les Pyrénées catalanes, le domaine skiable nordique du Capcir propose ses pistes de ski de fond au départ de tous les villages.

Le **ski alpin** se développe de plus en plus, en particulier dans les stations les plus hautes. En outre, le fort ensoleillement dont bénéficient des stations comme Font-Romeu attire de plus en plus de skieurs, qu'ils soient petits ou grands (le label Kid a été attribué aux stations de Font-Romeu et des Angles). Pour pallier l'irrégularité de l'enneigement, la plupart des stations disposent de canons à neige.

STATIONS	REMONTÉES MÉCANIQUES	PISTES DE SKI		RENSEIGNEMENTS	PAGE DE DESCRIPTION DÉTAILLÉE
		Alpin	Nordique		
		Pistes	km		
Les Angles	16	29	42	04 68 04 47 82	148
Bolquère/ Pyrénées 2000	25	34	111	04 68 30 14 03	214
Espace Cambre d'Aze	16	25	8	04 68 80 26 57	166
Camurac	7	18	-	04 68 20 32 27	381
Err-Puigmal 2 600	13	34	-	04 68 04 78 36	166
Font-Romeu	25	36	111	04 68 30 68 30	214
Formiguères	8	18	53	04 68 04 47 35	148
Pal-Arinsal (Andorre)	28	41	-	(376) 73 70 08	-
Pas de la Casa/ Grau Roig (Andorre)	50	110	6	(376) 80 10 60	109
Porté-Puymorens	12	17	25	04 68 04 87 08	166
Puyvalador	9	16	23	04 68 04 47 02	149
La Quillane	2	2	20	04 68 04 22 25	-
Soldeu-El-Tarter (Andorre)	29	52	3	(376) 89 05 00	113
Vallnord (Andorre)	13	25	-	(376) 73 96 22	-

Ne pas oublier qu'un manteau neigeux peu stable peut déclencher des avalanches. Avant de s'engager sur une piste, et surtout hors pistes, se renseigner sur l'état de la couche neigeuse dans les stations.

Le sud du Massif Central

En hiver, en Aubrac, sur le mont Lozère et autour de l'Aigoual, les grandes étendues se prêtent parfaitement à ce sport. Le ski de fond reste majoritairement pratiqué par rapport au ski de piste, étant donné la nature du relief ; il existe néanmoins des pistes de ski de descente dans les Cévennes (stations du Bleymard, du mas de la Barque et du mont Aigoual) ainsi que dans l'Aubrac (station de Nasbinals).

Comité régional de ski Cévennes-Languedoc – Maison régionale des sports - Parc Club du Millénaire, bât. 31 - 1025 av. Henri-Becquerel - 34000 Montpellier - ℘ 04 67 82 16 77 - http://skicevenneslanguedoc.fr.

Comité départemental de ski en Lozère – Maison départementale des sports - r. du Fbg-Montbel - 48000 Mende - ℘ 04 66 49 12 12/17 17 (infos stations, enneigement…) - www.montagnemassifcentral.com.

SPÉLÉOLOGIE

Dans ce pays truffé de grottes et d'avens, les spéléologues peuvent s'adonner un peu partout à leur passion. Certains sites, comme par exemple les avens des causses, sont parmi les plus réputés de France. L'équipement spécifique donne la mesure de la haute technicité atteinte par la spéléo : combinaison renforcée, matériel d'escalade complet et spécial (cordes fines pour le rappel), souvent canoë pneumatique, casque, sac étanche et bien sûr lampe au carbure et halogène. Le principal risque provient des crues transformant un innocent passage asséché en piège mortel ; la difficulté de la prévision constitue le principal facteur de risque : en effet, la montée brusque des eaux peut être provoquée par des orages situés à des kilomètres de la grotte. Aussi, seul un accompagnateur breveté de spéléo, connaissant parfaitement le réseau hydrographique, assure la garantie d'une découverte au risque minimal. Ainsi encadré, le visiteur attentif pourra apprécier les particularités d'une journée en randonnée souterraine : perte rapide pour le profane de la notion naturelle du temps et de l'orientation, et une vision progressive qui l'amène à s'attacher aux détails des concrétions qui seront les jalons de sa marche. Le retour à la surface après ce long parcours sera marqué par une multitude de sensations olfactives habituellement insoupçonnées.

Certains sites de la région comme la grotte de Fontrabiouse dans le Capcir, la grotte de l'Aguzou vers Quillan, le gouffre de Cabrespine au nord de Carcassonne ou encore la grotte de Trabuc dans le Gard, ont mis en place des **safaris souterrains**. Ces circuits de découverte ne requièrent aucune compétence particulière et offrent un compromis original entre l'activité spéléologique et la visite classique. Casse-croûte en poche, vous vous immergez pour une expédition de plusieurs heures avec l'encadrement et les commentaires avisés d'un guide.

Les clubs sont pour la plupart affiliés à la Fédération française de spéléologie, qui regroupe la Société de spéléologie fondée par Martel *(voir p. 222)* puis relancée par le Languedocien **Robert de Joly** (1887-1968) et le Comité national de spéléologie.

Fédération française de spéléologie – 28 r. Delandine - 69002 Lyon - ℘ 04 72 56 09 63 - www.ffspeleo.fr.

THALASSOTHÉRAPIE

À la différence du thermalisme, la thalassothérapie n'est pas considérée comme un soin médical (le séjour n'est d'ailleurs pas remboursé par la Sécurité sociale), même si le patient a la possibilité d'être suivi par un médecin. L'eau de mer possède certaines propriétés qui sont surtout utilisées lors de stages de remise en forme, de beauté, de séjours pour futures ou jeunes mamans, de forfaits spécial dos, antistress et antitabac. Sur la côte languedocienne, les deux grands centres de thalassothérapie sont localisés à **La Grande-Motte** et au **Cap-d'Agde** ; sur les côtes du Roussillon, à **Port-Barcarès** et **Banyuls-sur-Mer**. Ces centres proposent des séjours d'une semaine ou plus mais aussi des forfaits à la journée ou au week-end, avec ou sans logement.

Adresse utile

Syndicat national de la thalassothérapie – ℘ 01 44 70 07 57 ou 02 40 11 72 35 - info.snpt@free.fr.

THERMALISME

L'abondance des sources minérales et thermales a fait la renommée des Pyrénées dès l'Antiquité. Par leur nature et leur composition variées, elles offrent un large éventail de propriétés thérapeutiques.

Prenant le relais du thermalisme mondain d'autrefois, le thermalisme actuel attire des foules de curistes venus se soigner pour des affections très diverses, respiratoires et rhumatismales principalement.

Les eaux pyrénéennes appartiennent à deux grandes catégories, les sources sulfurées et les sources salées.

Les sources sulfurées

Leur température, tiède, peut s'élever jusqu'à 80 °C. Le soufre, qualifié de « divin » par les Grecs, en raison de ses vertus médicales, entre dans leur composition en combinaisons chlorosulfurées et sulfurées-sodiques. Sous forme de bains, douches et humages, ces eaux sont utilisées dans le traitement de nombreuses affections : oto-rhino-laryngologie (oreilles, nez, gorge et bronches), maladies osseuses et rhumatismales, rénales et féminines.

Les principales stations de ce groupe sont : **Amélie-les-Bains, Bagnols-les-Bains, Balaruc-les-Bains, Molitg-les-Bains, La Preste-les-Bains, Rennes-les-Bains et Vernet-les-Bains**.

Les bains chauds en plein air

Il existe également dans les Pyrénées-Orientales des bains chauds, sauvages ou aménagés, en plein air. Sans vertu curative reconnue, ils procurent cependant une détente et un bien-être appréciables ; chacun peut y accéder librement (entrée payante dans les bains aménagés). *Voir, dans la partie « Découvrir les sites », les chapitres consacrés à la Cerdagne et au Conflent.*

Les sources salées

Les eaux bicarbonatées sodiques et calciques sont dites « sédatives ». On les trouve à **Alet-les-Bains, Avène-les-Bains, La Chaldette, Les Fumades et Lamalou-les-Bains**.

Adresses utiles

Centre d'informations thermales – 1 r. Cels - 75014 Paris - ✆ 01 53 91 05 75 ou 0811 908 080 (prix d'un appel local) - www.france-thermale.org.

Fédération thermale et climatique française – 71 ter r. Froideveaux - 75014 Paris - ✆ 01 40 47 57 33 - www.federatiothermale.org.

Chaîne thermale du Soleil/Maison du thermalisme – 32 av. de l'Opéra - 75002 Paris - ✆ 01 44 71 37 00 ou 0800 050 532 (appel gratuit) - www.chainethermale.com.

TRAIN TOURISTIQUE

Au nord de la Lozère, le **train touristique des gorges de l'Allier** propose un très bel itinéraire entre Langogne et Langeac *(voir Langogne)*.

En pays cévenol, le **train à vapeur des Cévennes** relie Anduze à St-Jean-du-Gard *(voir ces noms)* via la bambouseraie de Prafrance et en suivant les Gardon.

L'**autorail touristique du Minervois**, relie Narbonne *(voir ce nom)*, à Bize-Minervois où se trouve la coopérative oléicole l'Olibo. Arrêt à Sallèles-d'Aude pour visiter Amphoralis.

Le **petit Train jaune** part à la découverte de la Cerdagne mais aussi du Conflent *(voir ces noms)*, au cœur des Pyrénées orientales. Il va de Latour-de-Carol à Villefranche-de-Conflent. Idéal pour une journée d'excursion en montagne car une fois arrivé, il faut attendre le soir pour repartir (1 aller et 1 retour par jour).

Le **petit Train rouge**, au départ de Rivesaltes, traverse la plaine du Roussillon et la haute vallée de l'Aude jusqu'à Quillan *(voir ce nom)*.

VISITES GUIDÉES

La plupart des villes proposent des visites guidées. Elles sont organisées toute l'année dans les grandes villes ou seulement en saison dans les plus petites. Dans tous les cas, informez-vous du programme à l'office de tourisme et pensez à vous inscrire.

En général, les visites ne sont pas assurées en deçà de quatre personnes, et pendant la période estivale, les listes sont rapidement complètes.

♻ Reportez-vous aussi à l'encadré pratique des villes, dans la partie « Découvrir les sites », où nous citons les visites guidées qui ont retenu notre attention.

Villes et Pays d'art et d'histoire

Sous ce label décerné par le ministère de la Culture et de la Communication sont regroupés quelque 124 villes et pays qui œuvrent activement à la mise en valeur et à l'animation de leur architecture et de leur patrimoine.

Dans les sites appartenant à ce réseau sont proposées des visites générales ou insolites (1h30 ou plus), conduites par des guides-conférenciers et des animateurs du patrimoine agréés par le ministère *(voir également « La destination en famille »)*. Renseignements auprès des offices de tourisme des villes ou sur le site www.vpah.culture.fr. Les Villes et Pays d'art et d'histoire cités

Régalez-vous
à petits prix!

Découvrez
les bonnes petites tables
du guide MICHELIN

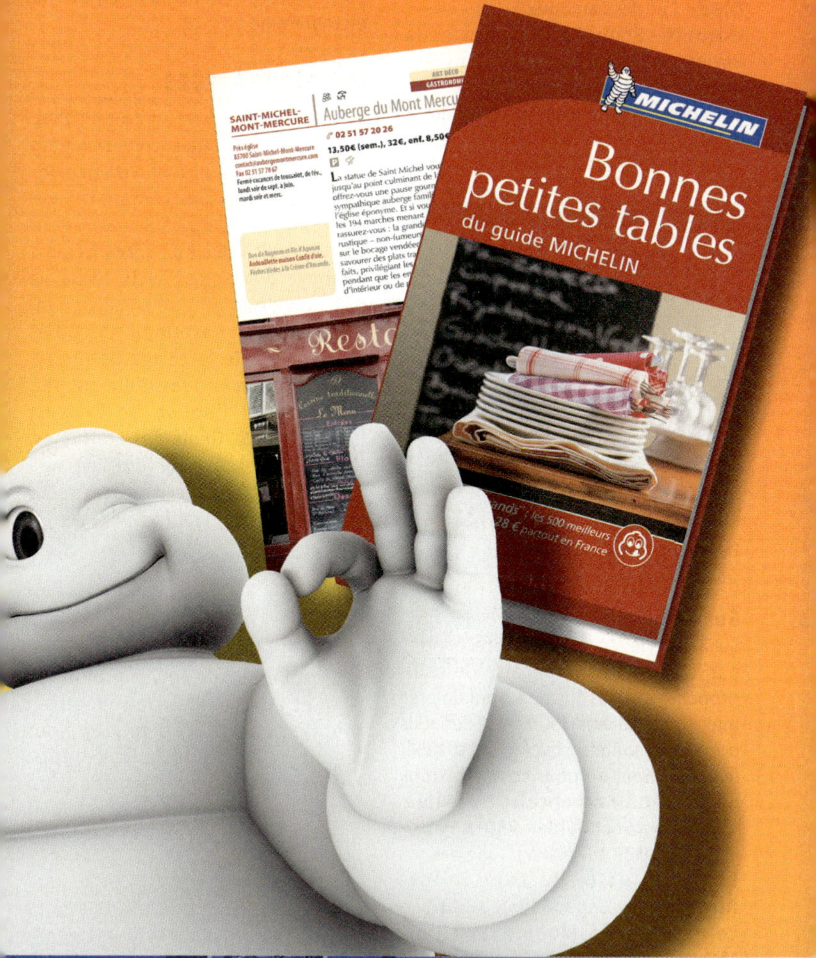

Ces 500 restaurants, distingués par un «Bib Gourmand» dans le guide Michelin France, vous proposent un menu complet (entrée + plat + dessert) de qualité à moins de 28 € en Province, et 35 € à Paris.

www.carteetguides.michelin.fr

Une meilleure façon d'avancer

dans ce guide sont : Lodève, Mende, Narbonne, Perpignan, Pézenas et le pays de la Vallée de la Têt.

VOILE, PLANCHE À VOILE

Sur lacs et plans d'eau
Lacs et plans d'eau sur lesquels on peut pratiquer la voile ou la planche à voile :
Aude – Étangs de Bages et de Sigean, de Leucate, lacs de la Ganguise, de Jouarre.
Aveyron – Lacs de Villefranche-de-Panat, Pareloup, Pont-de-Salars.
Gard – Lac des Cambaux.
Hérault – Étang de Thau, lacs de la Raviège, du Salagou.
Lozère – Lacs de Naussac, Villefort.
Pyrénées-Orientales – Lac de Matemale.

Planche à voile à Palavas-les-Flots

L. Campion / MICHELIN

Sur mer
Sur la côte, les écoles de voile reconnues par la Fédération française de voile proposent stages ou cours pour un premier contact avec l'Optimist, le dériveur double ou solitaire, la planche à voile, le catamaran, ou pour se perfectionner. **Fédération française de voile** – 17 r. Henri-Bocquillon - 75015 Paris - ✆ 01 40 60 37 00 - www.ffvoile.net
Ligue de voile du Languedoc-Roussillon – Espace Voile - Bât. C - Le Patio Santa Monica - 1815 av. Marcel-Pagnol - 34470 Pérols - ✆ 04 67 50 48 30 - www.ffvoilelr.net
France Station Voile - Nautisme et Tourisme – 17 r. Henri-Bocquillon - 75015 Paris - ✆ 01 44 05 96 55 - www.france-nautisme.com. Ce réseau regroupe, sous le nom de « stations nautiques », des villages côtiers, des stations touristiques ou des ports de plaisance qui s'engagent à offrir les meilleures conditions pour pratiquer l'ensemble des activités nautiques.

La destination en famille

Nous avons sélectionné pour vous un certain nombre de sites qui intéresseront particulièrement votre progéniture. Il s'agit par exemple de musées du jouet, de parcs animaliers, de parcs d'attractions, de circuits de promenade ou de châteaux proposant une visite guidée spécialement adaptée aux enfants. Le **tableau** p. 50 et 51 vous en donne un échantillon. Vous les repérerez dans la partie « Découvrir les sites » grâce au pictogramme 👫.

VISITES CONTÉES

Le Réseau culturel Terre catalane organise toute l'année des visites contées ludiques et pédagogiques autour d'un personnage (accès original au rêve et à l'imaginaire tout en acquérant des bases historiques et architecturales). Sont concernés : l'abbaye d'Arles-sur-Tech, le palais des Rois de Majorque à Perpignan, le château de Castelnou, la cathédrale d'Elne, le fort Lagarde (Prats-de-Mollo), les Orgues d'Ille-sur-Têt, le trésor et l'église de Prades, l'abbaye de St-Génis-des-Fontaines, le fort de Salses, le chemin du Fauvisme à Collioure. Se renseigner sur les sites pour les jours, heures et tarifs de visite.

LABELS

Stations Kid
Le label « Station Kid », soutenu par le ministère délégué au Tourisme, permet aux familles de repérer en toute confiance les lieux de séjour les plus actifs pour leurs enfants. Le label est décerné en fonction de la qualité de l'accueil, des activités, des équipements, de la sécurité, de l'environnement et de l'animation. Aujourd'hui, 27 destinations sont répertoriées en France dont sept figurent dans ce guide : Argelès-sur-Mer, Avène-les-Bains, Balaruc-les-Bains, Gruissan, Leucate, Port-Barcarès, St-Cyprien.
♿ www.stationskid.com.

Stations Vertes
Le label « Stations Vertes » est attribué à des communes touristiques de l'espace rural et de la montagne répondant à une charte de qualité. Attrait naturel, environnement préservé, qualité de l'accueil et loisirs de pleine nature sont les critères de cette labellisation. Voici,

sur les destinations françaises répertoriées, celles que vous retrouverez dans ce guide : Châteauneuf-de-Randon, Fraisse-sur-Agout, Génolhac, Ispagnac, Langogne, Le Malzieu, Marvejols, Meyrueis, Montagnac, Montréal, Osséja, Quillan, Rennes-les-Bains, Ste-Enimie, St-Laurent-de-Cerdans, Sallèles-d'Aude, Sauve, Vernet-les-Bains et Villefort.

Villes et Pays d'art et d'histoire

Le réseau des Villes et Pays d'art et d'histoire *(voir la rubrique Visites guidées)* propose des visites-découvertes et des ateliers du patrimoine aux enfants, les mercredis, samedis et pendant les vacances scolaires. Munis de livrets jeux et d'outils pédagogiques adaptés à leur âge, ces derniers s'initient à l'histoire et à l'architecture, et participent activement à la découverte de la ville. En atelier, ils s'expriment à partir de multiples supports (maquettes, gravures, vidéos) et au contact d'intervenants de tous horizons : architectes, tailleurs de pierre, conteurs, comédiens, etc.

Ces activités sont également proposées pendant la visite des adultes, en juillet-août, dans le cadre de l'opération « L'Été des 6-12 ans ».

Que rapporter ?

Vous n'aurez pas de mal à trouver par vous-même les rues commerçantes des villes que vous parcourrez. Sachez néanmoins que les « encadrés pratiques » des villes et sites décrits vous proposent quelques bonnes adresses.

Très important dans la vie des communes, le marché est un moment sacré fait de rencontres et d'échanges.

POUR LA BONNE BOUCHE

Plats et charcuteries – Quitter Collioure sans emporter un bocal d'anchois salés, c'est comme passer à Castelnaudary sans rapporter un cassoulet (en boîte) ! Glissez également dans votre glacière les diverses charcuteries de Cerdagne, vous les apprécierez au cours d'un pique-nique. Faîtes de même dans les Cévennes où vous ne manquerez pas de goûter le pâté aux grives du Vigan. À Pézenas, ce sont les petits pâtés à la viande sucrée qui feront votre plaisir gourmand !

Bon à savoir – En règle générale, faites votre shopping gourmand le dernier jour et ne partez pas sans une glacière, surtout lorsque les chaleurs ne permettent quasiment aucune conservation !

Fromages – Après avoir dégusté en expert le roquefort (fromage de brebis), dirigez-vous vers les causses pour y tester le bleu (fromage de vache). C'est un peu plus au nord que vous trouverez la fourme d'Aubrac (pour vous préparer un bon aligot). Dans les Cévennes, les inimitables pélardons sont à savourer frais ou bien secs (ils sont alors plus forts) ou encore chauds sur un lit de salade.

Bon à savoir – Au printemps, les fleurs et l'herbe fraîche scintillante de rosée donnent un lait de qualité. À cette saison, ce sont les fromages de chèvres qui sont à la fête comme par exemple l'excellent pélardon. Pour le roquefort, fromage au lait de brebis, la période faste se prolonge jusqu'en octobre !

Fruits – Quand vient la saison, c'est par cageots entiers que vous pouvez acheter abricots rouges et pêches du Roussillon pour faire des confitures, des bocaux et des tartes. Pour les clafoutis, rien ne vaut les cerises de Céret. Et pour un plaisir spontané, croquez à pleines dents les pommes reinettes du Vigan !

Bon à savoir – Choisissez vos abricots à point, souples au toucher et parfumés car une fois cueillis, il ne mûrissent plus. Ne vous fiez pas uniquement à leur couleur pour apprécier leur degré de maturité car certaines variétés rougissent bien avant d'être mûres.

Pour les pêches, préférez une peau fine, colorée, sans tâche, et les fruits alignés des cagettes à ceux présentés en vrac !

Douceurs – Côté pâtisserie, laissez-vous tenter par la crème catalane, les alléluias (gâteau brioché) de Castelnaudary, les oreillettes (beignets à la fleur d'oranger) de Montpellier ou encore l'amellonade (brioche) de Florac que vous pourrez tartiner à volonté de miel des Cévennes. Pour le grignotage, cédez au craquant des croquants (biscuits très secs aux amandes) ou plus consistant, les rousquilles (biscuit rond à l'anis ou au citron) d'Amélie-les-Bains. S'il ne s'agit que d'un caprice gourmand, vous avez le choix entre les grisettes montpelliéraines (bonbons à la réglisse), les berlingots de Pézenas, le nougat de Limoux et la kyrielle de tourons.

Alcools – La palette des vins du Languedoc et du Roussillon vous offre le choix des trois couleurs auxquelles il convient d'ajouter les vins doux naturels. Les muscats à Maury, la carthagène à Narbonne et Ste-Enimie, le Byrrh à Thuir ou encore le cerno à Millau vous donnent rendez-vous pour l'apéritif.

	👪 Sites ou activités à faire en famille		
Chapitre du guide	**Nature**	**Musée**	**Loisirs**
Massif de l'Aigoual		Exposition Météo France	
Alès	Parc ornithologique des Isles, jardins ethnobotaniques de la Gardie	Mine-témoin, Préhistorama	
Principauté d'Andorre		Musée national de l'Automobile	Centre aquatique Caldea
Anduze	Bambouseraie de Prafrance		
Argelès-Plage	Aigles de Valmy		
Banyuls-sur-Mer	Aquarium du laboratoire Arago		
Canet-Plage	Aquarium		
Le Cap-d'Agde	Aquarium		Île des Loisirs, Aqualand
Le Capcir	Parc animalier des Angles		
Carcassonne		Musée de l'École, musée de la Chevalerie	Parc australien, le moulin à vent de Villeneuve-Minervois
Castelnau-Pégayrols	Micropolis		
La Cerdagne		Musée de Cerdagne, Casa de la Vall à Eyne	
Le Conflent		Prieuré de Marcevol	
Les Corbières		Château de Villerouge-Termenès	
La Couvertoirade		Musée d'Automates de Sauclières	
Gorges de la Dourbie		Noria, l'Espace de l'eau	
Elne	Tropique du Papillon	Le cloître	
Florac			Spectacle audiovisuel (dinosaures) de St-Laurent-de-Trèves
La Grande-Motte			Espace Grand Bleu
Gruissan			Station balnéaire
Ille-sur-Têt	Orgues	Hospici d'Illa	
Lamalou-les-Bains		Maison des arts de Bédarieux, fonderie de cloches d'Hérépian	
Langogne		Filature des Calquières	
Causse du Larzac	Reptilarium de Ste-Eulalie-de-Cernon		
Limoux		Donjon d'Arques	
Lodève		Musée Fleury, mine de cuivre de Pioch-Farrus	
Mont Lozère		Château d'Aujac	Le Vallon du Villaret
Le Malzieu	Réserve de bisons d'Europe		
Marvejols	Parc des Loups du Gévaudan		

Causse Méjean		Hyelzas, ferme caussenarde d'autrefois	
Mende			Mimat Aventures
Meyrueis	Belvédère des vautours		
Canal du Midi	Écluse de l'Aiguille		
Minerve		Musée Hurepel	
La Montagne noire	Arboretum du Lampy		
Mont-Louis		Four solaire	
Montpellier	Parc zoologique de Montpellier, domaine départemental de Restinclières	Agropolis Museum	Planétarium Galilée
Cirque de Mourèze	Parc des Courtials		
Narbonne	Parc éolien des Corbières maritimes	Musée archéologique	
Olargues		Centre multimédia Cebenna	
Perpignan	Jardin exotique de Ponteilla	Palais des Rois de Majorque, Casa Pairal	
Port-Barcarès			Aqualand
Prades		Le trésor de l'église St-Pierre, tour des Parfums	
Prats-de-Mollo		Fort Lagarde	
Quillan		Musée des Dinosaures	
Roquefort-sur-Soulzon		Maison de la mémoire de St-Affrique	
St-Génis-des-Fontaines	Vallée des Tortues	Maison transfrontalière d'Art roman de St-André	
St-Hippolyte-du-Fort		Musée du Sapeur-Pompier	
St-Jean-du-Gard		Maison de l'eau de la vallée Borgne	
St-Martin-de-Londres		Village préhistorique de Cambous	
St-Sernin-sur-Rance		Château de St-Izaire, château de Montaigut	
Sigean	Réserve africaine		
Ancienne abbaye de Sylvanès		Château de Fayet	
Gorges du Tarn		Usine d'embouteillage de Quézac	
Tautavel		Centre européen de préhistoire, musée de la Préhistoire	
Bassin de Thau		Musée-parc des Dinosaures, musée-parc Préhistoire Origine Évolution	
Le Vallespir		Église abbatiale Ste-Marie, musée des Métiers de Serralongue	
Villefranche-de-Conflent	Grottes		

POUR L'ALLURE

Soie – Pour vous faire une idée du travail qu'il a fallu fournir pour fabriquer le foulard, rendez-vous au musée de la Soie de St-Hippolyte-du-Fort. Ensuite, laissez-vous tenter par les vêtements mais aussi par les objets de décoration en soie de la boutique.

Gants – Ceux de Millau, bien sûr! En agneau le plus souvent, teints, brodés, ajourés ou tout simples; il y en a pour tous les goûts.

Espadrilles – Elles s'avèrent si jolies aux pieds des danseurs de sardane. Essayez-en une paire, vous découvrirez le confort de marcher dans ces chaussures de toile et de corde, idéales pour l'été.

Bijoux – Tout particulièrement les grenats de Perpignan, montés en bague, pendants d'oreilles, collier ou encore, témoignage magnifique de la tradition perpignanaise du 18e s., en croix badine.

POUR LA MAISON

Vous trouverez sur tous les marchés estivaux des Cévennes, mais également dans les villages touristiques du Languedoc où des artisans sont venus s'installer, de belles **poteries** artisanales recouvertes d'émail naturel dans les tons verts, jaunes, bleus, bruns. Accordez-vous une petite folie en faisant l'acquisition d'un beau **vase d'Anduze** qui ornera votre jardin ou votre terrasse.

👁 **Bon à savoir** – Ces vases d'ornement dont l'origine remonte au 17e s. sont fabriqués de façon artisanale, ce qui explique leur prix. Avant d'en faire l'acquisition, sachez que leur terre, poreuse, est sujette au gel. Votre vase peut donc se fendre, ou au moins s'effriter. Donc, avant l'hiver, protégez-le des gelées.

Pour le **linge de maison**, c'est en Cerdagne que vous dénicherez de belles toiles tissées aux couleurs jaune et rouge. En effet, outre les espadrilles, on y taille des nappes, torchons, et serviettes. Il ne reste plus qu'à décorer votre table! Là pas de doute, la visite des **verreries** de Couloubrines et de Claret ou celle des ateliers d'artisans de Vacquières vous donneront des idées. Pendant près de cinq siècles, sur le causse de l'Orthus, entre Sommières et Ferrières-les-Verreries, des dynasties de gentilshommes verriers ont soufflé le verre. Le Chemin des verriers *(voir Routes thématiques)* retrace leur histoire et présente les techniques d'hier et d'aujourd'hui. Si tous ces savoir-faire artisanaux vous intéressent, vous ne manquerez pas la visite de la fonderie d'Hérépian, près de Lamalou-les-Bains, dont vous rapporterez une jolie **cloche**.

Événements

Fin janvier-début avril

Limoux – Carnaval traditionnel (tous les w.-ends et Mardi gras). Le dim. avant les Rameaux, à minuit: jugement de Sa Majesté Carnaval et Nuit de la Blanquette - 📞 04 68 31 11 82 - www.limoux.fr.

Février

Prats-de-Mollo, St-Laurent-de-Cerdans, Arles-sur-Tech – Carnaval traditionnel (pdt vac. scol. d'hiver de la zone A) - 📞 04 68 39 70 83/ 55 75 - www.pratsdemollolapreste.com.

Avril

Arles-sur-Tech – Procession nocturne des Pénitents noirs (Vend. saint) - 📞 04 68 39 11 99 - www.tourisme-haut-vallespir.com.

Parc national des Cévennes – Festival nature: randonnées à thème, expositions, conférences, spectacles, foires et marchés (d'avr. à oct.) - 📞 04 66 49 53 01 - www.cevennes-parcnational.fr.

Collioure – Procession de confréries de pénitents (Vend. saint) - 📞 04 68 82 15 47 - www.collioure.com

Montolieu – Salon du livre ancien (w.-end de Pâques) - 📞 04 68 24 82 70.

Perpignan – Festival de musique sacrée (2e sem.) - 📞 04 68 66 33 54. Procession des pénitents de la Sanch (Vend. saint) - 📞 04 68 66 30 30 - www.perpignantourisme.com.

Mai

Céret – Fête de la cerise (3e w. end) - 📞 04 68 87 00 53 - www.ot-ceret.fr.

St-Jean-du-Gard – Festival de printemps de la randonnée en Cévennes - 📞 04 66 85 17 94 - www.randocevennes.com.

Juin

Amélie-les-Bains – Fête des muletiers (sam. proche de la St-Jean) - 📞 04 68 39 01 98.

Bouzigues – Fête des pêcheurs (dernier dim.) - 📞 04 67 78 30 12.

Maguelone – Festival de musiques ancienne et baroque (1re quinz.) - 📞 04 67 60 69 92.

Montpellier et sa région – Printemps des comédiens - 📞 04 67 63 66 67 - www.printempsdescomediens.com.

Festival international Montpellier Danse (fin juin-déb. juil.) - 📞 0 800 600 740 -www.montpellier-danse.com.

Nasbinals – Foire artisanale et brocante (2e dim.) - 📞 /fax 04 66 32 55 73 -www.ot.nasbinals.free.fr.

Perpignan – St-Jean Festa Major, avec feux de la St-Jean - 23 juin - 📞 04 68 66 30 30 - www.perpignan-tourisme.com.

Juillet

Béziers – Festa d'oc, autour du 13 juil., 📞 04 67 31 76 76 - www-beziers. fr.

Bize-Minervois – Fête de l'olivier (3e dim.).

Le Cap-d'Agde – Fête de la mer (dernier w.-end) - 📞 04 67 01 04 04 - www.capdagde.com.

Carcassonne – Festival de la cité : concerts classiques, théâtre, opéra, danse, jazz, variétés - 📞 04 68 11 59 15 - www.festivaldecarcassonne.com.

Embrasement de la cité (le 14 vers 22h30).

Céret – Féria « Céret de Toros » (2e w.-end) - 📞 04 68 87 00 53.

Festival international de la sardane (2e quinz.) : rencontre de colles (groupes de danseurs) et concours - 📞 04 68 87 00 53.

Frontignan – Festival du muscat (mi-juil.) - 📞 04 67 18 31 60 - www.tourisme-frontignan.com.

Montpellier – Festival de Radio France et Montpellier Languedoc Roussillon - 3 dernières sem. - art lyrique, musique de chambre, jazz, musique du monde… 📞 04 67 61 66 81 - www.festivalradiofrancemontpellier.com.

Osséja – Concours international de chiens de berger (av.-dernier dim.) - 📞 04 68 04 53 86.

Palavas-les-Flots – Joutes nautiques nocturnes sur le canal (le 14).

Perpignan – Les Estivales : festival de théâtre - 📞 04 68 66 30 30 - www.estivales.com.

Prades – Ciné-rencontres (2e quinz.) : festival de cinéma - 📞 04 68 05 20 47 - www.cine-rencontres.org.

Sète – Fête de la Saint-Pierre (mi-juil.). Festival jazz - 📞 04 67 74 71 71 (OT) ou 04 67 51 18 11.

St-Guilhem-le-Désert – Saison musicale de St-Guilhem (1re quinz.) - 📞 04 67 96 86 19 - www.saint-guilhem-le-desert.com.

JUILLET-AOÛT

Agde – Saison des tournois de joutes nautiques - 📞 04 67 94 44 73.

Lamalou-les-Bains – Festival d'opérette (de mi-juil. à fin août) - 📞 04 67 95 70 91 - www.ot-lamaloulesbains.fr.

Lastours – Spectacle son et lumière au belvédère (de mi-juil. à mi-août, 2 soirs par sem.) - 📞 04 68 77 56 01.

Limoux – Festival de théâtre Nava (fin juil.-déb. août) - 📞 04 68 31 99 48.

Abbaye de Sylvanès – Festival international de musique sacrée - 📞 05 65 98 20 20 - www.sylvanes.com.

Murviel-lès-Béziers – Fête des Pétetas, grandes poupées de chiffon et de paille (de mi-juil. à mi-août) - 📞 04 67 32 83 45.

Prades, St-Michel-de-Cuxa – Festival Pablo Casals : musique classique (de fin juil. à mi-août) - 📞 04 68 96 33 07 - www.prades-festival-casals.com.

St-Génis-des-Fontaines – Prieuré Santa Maria del Vilar - festival international lyrique et médiéval - 📞 04 68 89 64 61.

Sommières – Ouverture de la saison des courses de taureaux qui dure jusqu'en août - 📞 04 66 80 89 76.

Le Vigan – Festival de musique classique (de mi-juil. à fin août) - 📞 04 67 81 01 72.

Pénitents de la Sanch à Perpignan en avril.

AOÛT

Amélie-les-Bains – Festival folklorique international (2e sem.) - ☏ 04 68 39 01 98 - www.festival-amelie.com.

Banyuls-sur-Mer – Festival de la Sardane (2e sem.) - ☏ 06 12 36 94 57 - www.banyuls-sur-mer.com.

Béziers – Féria (autour du 15) - ☏ 04 67 31 76 76 -www.ville-beziers.fr.

Bouzigues – Foire aux huîtres (1er ou 2e w.-end) - ☏ 04 67 78 32 93.

Castelnaudary – Fête du cassoulet (dernier w.-end) - ☏ 04 68 23 05 73 - www.couleur-lauragais.fr/fete-du-cassoulet.

Collioure – Feria (du 14 au 18) - ☏ 04 68 82 15 47, www.collioure.com.

Palavas-les-Flots – Joutes nautiques sur le canal (le 15 en nocturne).

Pennautier – Les Cabardièses de Pennautier : festival de piano (mi-août) - ☏ 04 68 25 35 79.

Nasbinals – Foire aux bestiaux (le 17) - ☏ 04 66 32 55 73 - www.ot.nasbinals.free.fr.

Sète – Fête de la St-Louis (le 20) : joutes, feux d'artifice, traversées de Sète à la nage - www.ville-sete.fr.

Fiest'a Sète (déb. du mois) - ☏ 04 67 74 48 44 - www.fiestasete.com.

AOÛT-SEPTEMBRE

Perpignan – Festival Visa pour l'image (de fin août à mi-sept.) : expositions photos, soirées projections - ☏ 04 68 62 38 00.

SEPTEMBRE

Mialet – Grand rassemblement protestant au Mas Soubeyran (1er dim.) - ☏ 04 66 85 02 72 - www.museedudesert.com.

Principauté d'Andorre – Fête nationale (le 8) : pèlerinage à Notre-Dame de Meritxell.

Nasbinals – Foire aux bestiaux (le 9) - ☏ 04 66 32 55 73 - www.ot.nasbinals.free.fr.

OCTOBRE

Béziers – Fête des primeurs : danses des treilles et du chevalet, bénédiction du vin nouveau, etc. (fin du mois) - ☏ 04 67 76 20 20.

Perpignan et la région – Jazz festival - ☏ 04 68 35 01 77 - www.jazzebre.com.

Montpellier – Foire internationale - ☏ 04 67 17 67 17 - www.enjoy-montpellier.com.

FIN OCTOBRE-DÉBUT NOVEMBRE

Montpellier – Festival international cinéma méditerranéen - ☏ 04 99 13 73 73 - www.cinemed.tm.fr.
– Salon du cheval - ☏ 04 67 17 67 17 - www.cheval-montpellier.com.

NOVEMBRE

Nasbinals – Foire aux chevaux (vers le 7) - ☏ 04 66 32 55 73 - www.ot.nasbinals.free.fr.

St-Jean-du-Gard – Festival d'automne de la randonnée en Cévennes - ☏ 04 66 85 17 94 - www.randocevennes.com.

S. Brihat / Festival Pablo Casals

Festival Pablo Casals à St-Michel-de-Cuxa.

Nos conseils de lecture

MÉDIAS

Presse écrite

Quotidiens – *La Dépêche du Midi* à Perpignan et Narbonne, *L'Indépendant* dans l'Aude et le Roussillon et les différentes éditions du *Midi Libre*.

Hebdomadaires régionaux – *La Gazette de Montpellier*, *La Gazette de Sète* et *La Lozère nouvelle* proposent un supplément « Vacances ».

Revues – *Pyrénées magazine* (Milan Presse), *Terres catalanes*, *Pays cathare magazine*, *Massif central magazine*.

LIVRES

Voici notre sélection de beaux livres, documents, ouvrages pratiques ou romans, pour découvrir la région ou approfondir un thème.

Ouvrages généraux
Géographie – Économie

Aimer le Languedoc-Roussillon, A. Dag'Naud, C. Bibollet, Ouest-France, 2003.

Paysages des Cévennes, Anne Rivière-Honegger, Privat, 2000.

Aude et *Languedoc méditerranéen*, éditions Bonneton, 1994 et 1981 : deux ouvrages d'une collection de référence.

Histoire – Art

Promenades en Roussillon roman, O. Poisson, coll. « Itinéraires culturels », Zodiaque, 2003 : le Roussillon par des spécialistes de l'art roman.

Histoire du Languedoc, P. Wolff, Privat, 2000 : l'histoire complète du Languedoc à travers les âges.

Histoire de Béziers, de Carcassonne, de Montpellier, de Narbonne, de Perpignan, de Sète, Privat, 2000.

Histoire des Cévennes, P. Cabanel, PUF, collection « Que sais-je ? », 2003.

Histoire générale du protestantisme, É. G. Léonard, coll. « Quadrige », 3 vol., PUF, 1998 : un ouvrage de référence.

Histoire des cathares, M. Roquebert, Perrin, 2002 : synthèse par l'un des meilleurs spécialistes.

Vie pratique

Glaner dans les Pyrénées, B. Bellon, Ph. Degrave, Tétras éditions, 2004 : pour apprendre à connaître et à utiliser les plantes pyrénéennes.

Animaux sauvages des Pyrénées, C. Dendaletche, Milan, 1991 : pour identifier les animaux.

Voyous et Gentlemen, une histoire du rugby, J. Lacouture, Gallimard, coll. « Découvertes », 1993 : le sujet du rugby, par un historien de renom.

La Fabuleuse Histoire du rugby, H. Garcia, Minerva, 2004 : grand prix de la littérature sportive en 1986.

Gastronomie

La Cuisine du Languedoc-Roussillon, K. Aguillaume, Gisserot, 2006.

Cuisine du Languedoc-Roussillon d'hier et d'aujourd'hui, G. et T. Rousset, D. Bénaouda, Ouest-France, 2006.

Randonnées

Les Sentiers d'Émilie en Cerdagne et Capcir, en pays cathare, en Vallespir et sur la Côte Vermeille, en Conflent et Fenouillèdes, Rando Éditions, 2000.

Le sentier cathare : de la Méditérranée aux Pyrénées, guide pratique, M. Barthes, Rando-Editions, 2005

Randonnées insolites dans les Pyrénées, S. Mendieta, E. Follet, Glénat, 2008.

La Lozère à pied, Fédération française de randonnée pédestre, 2003.

Récits – Romans
Contes et légendes

Contes à mi-voix, J.-P. Chabrol, Grasset, 1985 : figure emblématique de la littérature cévenole, Jean-Pierre Chabrol (1925-2001) se fait l'héritier d'une tradition orale particulièrement vivante dans les Cévennes.

Contes populaires en Cévennes, J.-N. Pelen, Payot, 1994 : une sélection des plus beaux contes cévenols.

Trésors de la mythologie pyrénéenne, O. de Marliave, Sud-Ouest éditions, 2005.

Romans du terroir

Souvenirs d'un montagnard, H. Russel, Princi Negue, 2005 : le récit d'un des plus grands pyrénéistes du 19e s.

Voyage avec un âne dans les Cévennes, R. L. Stevenson, 10/18, 2001 : l'ouvrage est devenu un classique de la littérature de voyage (1879).

L'Épervier de Maheux, J. Carrière, Robert Laffont, 1992 : prix Goncourt 1972, d'un auteur déchiré entre la solitude de ses Cévennes natales et celle de l'immense New York.

Les Fous de Dieu, J.-P. Chabrol, Gallimard, 1998 : au 18e s., le conflit entre camisards et troupes du roi vu par un adolescent cévenol.

La Banquise, J.-P. Chabrol, Presses de la cité, 2007 : la vie d'une femme en Lozère dans les années trente et sous l'Occupation.

Suite cévenole, A. Chamson, Bartillat, 1999 : trois romans issus de la tradition orale de la région.

La Gantière, D. Crozes, LGF, 1999 : la vie des gantiers de Millau durant tout le 20e s.

Les Larmes de la vigne, J.-L. Magnon, Seghers, 1991 : roman témoignage d'un vigneron communiste né avec le 20e s.

BD

La Révolte des Camisards 1702-1710, P. Astruc, Presses du Languedoc, 1992.

Les orgues d'Ille-sur-Têt,
le massif du Canigou en fond.

F. Guiziou / hemis.fr

NATURE

De longues plages de sable fin ponctuées de stations dont le modèle semble avoir été emprunté à la lointaine Floride : telle est l'image qu'évoque le plus souvent le simple nom du Languedoc-Roussillon. Mais la région ne saurait être limitée à sa façade méditerranéenne. Son arrière-pays au relief accidenté, ponctué de montagnes, de causses sauvages et désertiques, entaillé par les profonds sillons de canyons spectaculaires, comme la plaine viticole d'où émergent des villages aux murs de pierre sèche et aux toits de tuiles écrasés de soleil, présente des paysages beaucoup plus variés qu'on ne le pense communément.

Étang près de Maguelone.

Entre mer et montagnes

Dans ce Midi apprécié des épicuriens, la Méditerranée est le point d'orgue des attirances estivales. Les vacances, ici, croit-on, c'est l'oubli, le farniente, la sieste et une partie de pétanque avant l'apéritif… Pour autant, l'amoureux de la nature aura tout intérêt à explorer cette terre parfois rude, mais qui a conservé une bonne part de son authenticité, du causse du Larzac aux pentes des Corbières, en passant par l'emblématique Canigou, et ce Haut-Languedoc si souvent négligé par les visiteurs pressés de gagner le rivage.

ÉTANGS, PLAGES DE SABLE ET CÔTE ROCHEUSE

Entre l'embouchure du Vidourle à l'est et celle de la Têt aux abords de Perpignan, le littoral du Bas-Languedoc est parsemé d'étangs qui prolongent la Camargue proprement dite, comme si la terre ne se résignait pas à laisser place à la mer. À l'arrière, la plaine sablonneuse est encore verte, habillée de vignes et arrondie par quelques collines calcaires, telle la mon-tagne de la Clape, près de Narbonne. La Grande Bleue s'étale à perte de vue, au-delà des **barres** (ou **lidos**) qui la séparent des étangs et que percent les **graus**, ces chenaux naturels par lesquels les fleuves côtiers se fraient un passage vers leur embouchure.

C'est le travail des vagues, des courants et des fleuves qui a formé ces barres. Quels fleuves ? Le Rhône d'abord, qui charrie sables et graviers vers les côtes

Un bassin pour la voile

Pour les fans de voile, le **bassin de Thau** qui se dissimule derrière le mont St-Clair, entre Sète et Agde, offre une mer intérieure tout à fait appréciée des plaisanciers comme des pêcheurs de Marseillan, Balaruc ou Mèze et des ostréiculteurs (vieille tradition puisque les Romains élevaient déjà des huîtres sur les lieux). Mais attention ! Les tempêtes, rares, sont parfois violentes… tandis que les moments de calme vous contraindront parfois à dériver plusieurs heures dans l'attente d'un souffle d'air… ou à souquer ferme pour gagner le rivage.

Venus d'ailleurs

La flore des stations balnéaires compose un décor agréable et coloré mais convenu, pourtant parfaitement exotique : bougainvillées, figuiers de Barbarie, agaves d'Amérique, lauriers roses et aloès d'Afrique, mimosas d'Australie, orangers et citronniers d'Inde résistent comme ils peuvent aux froidures hivernales. Quant aux palmiers (Chine), plus ou moins majestueux, ils tentent d'obombrer les promenades de front de mer…

languedociennes. Moins puissants, l'Orb et l'Aude n'en ont pas moins leur part de responsabilité dans l'ensablement de la côte. Ces barres ont fini par émerger à l'entrée des baies, qui se sont ainsi transformées en lagunes, puis en étangs : des ports aujourd'hui dans les terres, comme Villeneuve-lès-Maguelone, témoignent de cette modification incessante des lieux que les digues de l'homme tentent de domestiquer avec des résultats inégaux.

Ne vous y trompez pas, visiteurs estivaux : la mer n'a pas renoncé à reconquérir ces étangs paisibles d'eaux saumâtres où vivent anguilles, mulets, loups (les bars), daurades et palourdes : bien souvent, lors des tempêtes hivernales parfois très violentes, elle perce le cordon littoral mal protégé par des dunes que l'on a enfin renoncé aujourd'hui à aplanir, et s'engouffre dans son ancien domaine, comme ce fut le cas il y a quelques années entre La Grande-Motte et Palavas…

Ponctué de collines calcaires (le mont St-Clair à Sète, la Clape…) qui ont servi de point d'appui aux cordons de sable, le rivage se présente sous la forme d'une immense plage, entrecoupée par les stations et les ports. Au sud, les spectaculaires découpes rocheuses de la côte Vermeille, rougeoyantes au couchant, offrent leurs criques de galets aux baigneurs aventureux et aux amateurs de plongée sous-marine.

Plages, ports et stations

L'aménagement du littoral en Languedoc-Roussillon a vu naître des stations conçues à la façon de « villes nouvelles » et dotées dès le départ de toutes les infrastructures, en terme de voirie ou de réseaux. Cette conception, qui visait à en finir avec un développement anarchique, a donné naissance à de grands projets architecturaux, avec les fameuses pyramides de La Grande-Motte, le décor se voulant proche des traditions languedociennes du Cap-d'Agde, les marinas de Carnon-Plage, Port-Leucate et Port-Barcarès. Une fois construits et habités, que donnent ces dessins d'architecte ? Force est de reconnaître que les stations ont parfois mal vieilli et surtout s'avèrent victimes de leur succès : leurs habitants se sont désormais installés à l'année dans ce qui avait été pensé pour n'être utilisé qu'en été.

Résultats de cette concentration de masse, une urbanisation presque continue du littoral, un réseau routier saturé dès les premiers beaux jours, un paysage coupé de son origine naturelle et de très nombreux centres commerciaux.

L'ensemble contraste vivement avec les ports de la côte rocheuse, bien plus discrètement nichés au fond de baies étroites et toujours marqués par leur vocation antique de cités maritimes. Les plages, en revanche, souvent de galets, sont là de petite taille.

Flore et faune maritimes

Sur le littoral épicé par le sel, le vent et les embruns, saupoudré de lagunes et de marécages, on croise un méli-mélo inextricable de broussailles, d'herbes, de joncs, de roseaux et d'oyats, qui fixent des petits amas de sable (les **montilles**). Aux abords des étangs, arroches, saladelles ou salicornes percent le sol craquelé et durci par le sel.

Il suffit de s'éloigner de quelques centaines de mètres du rivage pour trouver des tamaris, du romarin et des pins d'Alep reconnaissables à leur feuillage vert clair et à leur tronc tordu sous une écorce grise. On croise aussi, dans son superbe isolement, le pin parasol, au tronc parfois torturé par les vents.

R. Corbel / MICHELIN

Flamant rose.

Info pratique

Pour éviter de vous faire mordre par une vipère, ne soulevez pas les pierres, munissez-vous d'un bâton, et tapez des pieds en marchant car, si les serpents n'entendent pas, ils perçoivent les vibrations et s'enfuient. Quant aux scorpions qui aiment à se cacher eux aussi sous les pierres et plus généralement dans la pénombre, leur venin n'est pas mortel, sauf pour les petits animaux.

C'est dans les étangs que vient batifoler une foule d'oiseaux et de palmipèdes : foulques noires, canards sauvages, légères et fugaces bécassines, longs hérons cendrés, flamants roses volant parfois en escadrilles entre l'étang de Thau et celui de l'Or, cigognes en cours de migration, élégantes aigrettes blanches, hérons gardes-bœufs qui se posent sans façon sur le dos des taureaux de race camargue, sans oublier bien entendu les « gabians » (goélands) qui accompagnent chaque soir les bateaux de pêche de retour vers le port et agacent le vacancier de leur ricanement insolent.

Quant aux petits habitants des plages, effarouchés par les déferlantes estivales, ils se dérobent le plus souvent au regard : il en est ainsi de la demoiselle libellule, des criquets colorés au chant lancinant, des lézards ou des forficules que l'on dit « perce-oreilles ». Les lapins, quant à eux, ont depuis longtemps choisi d'émigrer vers des terres plus tranquilles.

L'arrière-pays : vigne et garrigue

Derrière les étangs s'étend une autre mer : celle de la vigne qui, en dépit des difficultés de tous ordres *(voir p. 90)* continue à faire vivre une grande partie des villages traditionnels. La région accueille toujours « le plus grand vignoble de France » par son étendue. À mesure que l'on s'éloigne du littoral, et que le vignoble disparaît, la garrigue reprend ses droits. Sur cette vaste étendue de landes à sols pierreux et calcaires que traversent l'Hérault, le Vidourle et le Gardon, s'accroche une maigre végétation : chênes verts ou yeuses, chênes kermès nains (garric, en occitan) qui lui ont donné leur nom, buis, genêts épineux, cistes à fleurs roses, arbousiers aux fruits s'apparentant à des fraises. Le thym, le romarin, le genévrier cade y poussent en touffes odorantes, parmi une petite herbe grisâtre, le brachiopode rameux, très appréciée des moutons.

La garrigue couvre également les **Corbières**, autrefois peuplées de forêts denses. Quelques reliefs accidentent le sol, comme le pic St-Loup dont l'étrange silhouette, qui semble découpée à la hache, veille sur le vignoble héraultais et la montagne d'Hortus dans la vallée de l'Hérault. Due aux dépôts marins du secondaire, cette lande aride s'émaille au printemps de fleurs éclatantes. Fréquentée par les chasseurs, notamment à cause des sangliers semi-sauvages qui y prolifèrent depuis une dizaine d'années, elle est survolée par des rapaces tels que faucons, éperviers et aigles de Bonelli.

La garrigue est l'univers familier du lézard vert ocellé et du plus long serpent indigène de France : la couleuvre de Montpellier (2 m). Vous trouverez à l'occasion ses très longues mues, entrelacées dans les arbustes. Sans danger pour l'homme malgré sa taille impressionnante, elle cohabite avec la vipère, à son aise dans les murs de pierre sèche et les éboulis ensoleillés.

Habitat – Parfaitement intégrées à leur paysage, les capitelles ou cazelles sont des abris de pierre sèche naguère utilisés par les bergers, les cantonniers ou pour entreposer les outils… Le mur, généralement circulaire, est élevé en plaques de schiste et de calcaire empilées. Au niveau du linteau s'amorce une voûte à encorbellement, dont les grandes lauzes sont disposées en écailles de poisson. Une grande dalle faîtière coiffe le tout. Ces constructions permettaient à la fois de se protéger des intempéries et d'épierrer les parcelles de terre cultivable.

Les **mazets** sont des petites constructions de plan carré, couvertes d'un toit à deux pentes ou en pavillon. Disséminés dans les vignes, ils offraient un abri hors du village.

Roussillon, la plaine catalane

Tout au sud, entre Rivesaltes et la chaîne des Pyrénées, l'arrière-pays catalan, profitant de son ensoleillement et de la protection des sommets avoisinants, est une grande plaine maraîchère et fruitière.

R. Corbel / MICHELIN

Maisons vigneronnes.

Buron de l'Aubrac.

R. Corbel / MICHELIN

LES HAUTS PLATEAUX

Les plateaux granitiques de l'Aubrac et de la Margeride se déploient en étendues calmes et couvertes d'herbage. La majesté du paysage laisse prise à la fantaisie des sculptures minérales, des bois variés, et au balancement nonchalant des troupeaux.

Les monts d'Aubrac

Entre les vallées de la Truyère et du Lot, les plateaux volcaniques accusent une certaine dissymétrie. Au nord-est, ses 1 000 m d'altitude s'abaissent très doucement vers la Truyère ; au sud-ouest, le versant, raviné par le ruissellement des *boraldes*, s'affaisse à 500 m. Le relief est mollement arrondi, à peine saillant. Il cache des coulées de basalte, épaisses de plusieurs centaines de mètres, qui recouvrent un socle granitique. S'y déroule un immense pâturage abondamment fleuri en juin. Dans la partie ouest, les champs sont agrémentés de hêtres, de landes et d'étangs. Un lourd manteau de neige enveloppe les hivers : des obélisques de granit, fichés le long des routes, aident alors les voyageurs à ne pas perdre leur chemin.

L'élevage – Naguère, de grands troupeaux de moutons estivaient sur l'Aubrac. Aujourd'hui, les vaches (encore de nombreuses aubrac, d'un caramel clair, aux irrésistibles yeux fardés, mais aussi quelques salers chocolat dites « rouges », et de plus communes limousines blanches) occupent seules les herbages, de fin mai à mi-octobre. Le promeneur remarque les « drailles », pistes parfois délimitées de petits murs de pierres sèches, que les bovins suivent lors de leur déplacement. Les traditionnelles fêtes de la transhumance et foires à bestiaux de Laissac et de Nasbinals sont des rassemblements hauts en couleur.

Bâti au milieu du pacage, le **buron** est une sorte de cabane de berger dans laquelle était traditionnellement fabriquée la fourme de Laguiole. Construit en basalte et granit, percé d'une seule ouverture, il est généralement posé sur un terrain en pente, à proximité des points d'eau. Le *cantalès*, ou fromager, l'habitait pendant l'estive. Il disposait d'une pièce pour vivre et d'une cave d'affinage, partiellement enterrée en raison du dénivelé. Le toit des burons offre un bel exemple du travail de la lauze.

La Margeride

Ce massif granitique s'étend entre l'Aubrac à l'ouest et l'Allier à l'est, parallèlement à la chaîne volcanique du Velay, au nord. Sa partie la plus élevée, de 1 400 m en moyenne, est appelée la Montagne ; elle est couverte de pâtures régulières et tranquilles, et généralement plus boisée (pins, sapins et bouleaux) qu'en Aubrac. Au nord de Mende, des colonnades et des blocs arrondis de granit se dressent sur les plateaux du Palais du Roi et de la Boulaine. Plus abondamment peuplée que l'Aubrac, dont la densité est très faible, la Margeride abrite de grosses fermes.

LES CÉVENNES

Au sud-est du Massif Central, les Cévennes se drapent d'étendues forestières, qui furent naguère des refuges pour les bêtes sauvages, mais aussi pour les camisards et les maquisards *(voir p. 72)*.

Montagnes bleues

Les Cévennes se déploient en plateaux garnis de tourbières, tels la « Pelouse » de l'Aigoual (1 567 m) ou le « Plat » du mont Lozère (1 699 m), où les moutons aiment paître. De profonds ravins ont creusé le versant méditerranéen en **valats**. Le schiste est lacéré de crêtes, ou **serres**, qui s'élargissent (**chams**) sur le côté atlantique, plus doux.

Les hautes vallées ont une allure alpestre : eaux bondissantes riches en truites et pentes gazonnées parsemées de pommiers. Entre les pays cévenol et méditerranéen, les prairies des vallées ensoleillées côtoient des cultures en terrasses *(restanques)* : vignes, oliviers, lavande et mûriers attestant l'importance du ver à soie dans l'économie traditionnelle locale. C'est là que les anciennes magnaneries et filatures, à la silhouette caractéristique, sont les plus nombreuses. Mais ce qui frappe le visiteur, outre la beauté des paysages, c'est le contraste entre de riantes vallées et d'autres beaucoup plus sévères, presque aussi économes en végétation que leurs habitants, pourtant accueillants, le sont en paroles…

La forêt – Au milieu du 19e s., il ne restait que des lambeaux de l'immense manteau vert d'origine, quand un employé des Eaux et Forêts, Georges Fabre, entreprit le reboisement des Cévennes. Près de 14 000 ha ont été replantés de hêtres, pins, sapins et épicéas. Au cours du 19e s., les verriers ont fait disparaître les hêtres, exploités pour fabriquer le charbon de bois.

Châtaignier et châtaignes – L'arbre roi reste bien entendu le châtaignier. Confortablement déployé, « l'arbre à pain » ne laisse qu'une place réduite à la vigne, cultivée en terrasses, au potager et à l'arbre fruitier, qui se serrent au creux des vallées. Ses forêts couvrent les monts jusqu'à 600 m et, sur les versants bien exposés, jusqu'à 950 m d'altitude. Le châtaignier fixe ses puissantes racines dans le schiste, le granit, le grès, le sable mais fuit les terrains calcaires. Au mois de mai, il se couvre de feuilles puis se hérisse de longs chatons malodorants ; les premières châtaignes apparaissent à l'automne, groupées par trois dans une cupule hérissée de piquants. La présence de cet arbre est menacée par

L'arbre à pain

Le terme dit bien combien le bois de châtaignier était jadis nécessaire aux Cévenols. Qu'il s'agisse du bâtiment (bois), de l'alimentation du bétail (les feuilles), de la vannerie (les éclisses) ou des repas (les fruits), tout était bon ! Les châtaignes séchaient dans la **clède**, bâtisse à deux étages : au rez-de-chaussée, le feu provoquait la déshydratation des fruits entreposés à l'étage. Leur peau était ensuite brisée à l'aide des **solas**, chaussures à pointes de fer, ou dans un sac que l'on battait sur un billot de bois puis, encore plus tard, dans des machines. Les châtaignes blanches nourrissaient la famille toute l'année, quelques-unes étaient vendues, les brises étaient destinées au bétail, aux porcs surtout. Mais le terrible hiver de 1709, en décimant la châtaigneraie, obligea les Cévenols à chercher d'autres moyens de subsistance et la production actuelle est très inférieure à celle du début du 20e s. Il n'empêche que, de nos jours, tout Cévenol bon teint sait ce qu'il doit à l'arbre à pain… et il ne dédaigne pas quelques châtaignes grillées au feu de bois. Parmi celles-ci, la variété dite « pellegrine », originaire, pense-t-on, de la vallée Française (dans la partie sud-ouest des Cévennes), est la plus appréciée.

A. Cassaigne / MICHELIN

Troupeau de moutons venant s'abreuver à une lavogne.

des maladies parasitaires, comme l'« encre » ou le « chancre », et par le passage des troupeaux. Les ravages peuvent être évités au prix de soins incessants : après une coupe, l'élagage, la taille et la greffe des rejets sont nécessaires.

Maisons cévenoles – Solidement accrochées à mi-pente, ces demeures, dont la hauteur surprend parfois les visiteurs, ont été conçues pour résister aux assauts d'un climat rigoureux. La toiture et les murs sont en schiste ; le grès et le calcaire complètent l'ensemble d'un jeu de couleurs contrastées.

Le premier étage, desservi par un escalier de pierre, était jadis réservé à l'habitation ; le second, à l'élevage du ver à soie (c'était la **magnanerie**), le rez-de-chaussée, à l'étable et à la grange.

Les cheminées décorent discrètement les toits de lauzes, qui se hérissent parfois de plaques (toiture à lignolets ou en « ailes de moulin »).

À l'est, vers le Vivarais, les maisons sont coiffées de tuiles romaines qui leur confèrent une allure plus méridionale, et de corniches, appelées « génoises ».

LES CAUSSES

Les grands plateaux arides des causses, au sud du Massif Central, constituent une des régions les plus singulières de France. La roche calcaire y a imprimé un paysage rude et grandiose de canyons et de puits vertigineux. S'il est difficile d'y vivre, la découverte à pied de ces étendues reste un grand moment de bonheur.

Une terre à fleur de ciel

Les causses déroulent à l'infini le paysage de leurs solitudes grises et pierreuses. On se laisse facilement impressionner par la grandeur et la sévérité de ces plateaux

arides, hauts de quelque 1 000 m. Les étés y sont secs et brûlants, les hivers rigoureux et les vents violents.

À l'ouest, en bordure des corniches, les jeunes plantations de pins noirs d'Autriche jouxtent les lambeaux des anciennes forêts médiévales, dégradées par les troupeaux… et l'activité humaine : hêtres, chênes rouvres ou pins sylvestres. À l'est, le chardon et la lavande font des taches d'un bleu très doux. Çà et là se dressent des genévriers aux feuilles piquantes, aux fruits en petits cônes de couleur noir bleuâtre.

Fantaisies karstiques

La surface, nivelée par l'érosion, a été criblée de phénomènes karstiques (le mot vient de Karst, région calcaire du nord de la Slovénie). Il faut citer tout d'abord les **cloups**, dépressions circulaires formées par les eaux de pluie acides qui attaquent le carbonate de chaux du calcaire. Lorsqu'ils s'agrandissent, ils forment des **sotchs** ou **dolines**, dépressions fermées de quelques dizaines de mètres de diamètre dont le fond cache une bonne terre arable rougeâtre, argileuse, tapissée d'inattendues oasis de prairies et de cultures. Les **avens** ou **igues** sont des gouffres, le plus connu étant le célèbre aven Armand. Les **champs de lapiés** sont des étendues perforées d'alvéoles et de petits canaux ; les eaux de ruissellement, en dissolvant irrégulièrement la surface, creusent des trous qui se rejoignent en rainures et ciselures discontinues. Enfin, les **chaos**, constitués de **rochers ruiniformes**, forment d'étranges paysages de pierre évoquant des villes dont les rues, les portes monumentales, les remparts et les donjons seraient en ruine ; de telles fantaisies s'expliquent

La cardabelle, baromètre caussenard

On voit souvent clouée sur la porte des maisons caussenardes une fleur séchée de cardabelle. Il s'agit d'un chardon (*Carlina acanthifolia*) aux longues feuilles épineuses et découpées. Sa fleur s'ouvre et se ferme en fonction du degré d'humidité de l'air. Cette particularité lui a valu le nom de « chardon baromètre ».

par la présence de la dolomie, roche associant le carbonate de chaux soluble au carbonate de magnésie peu soluble. Les chaos ruiniformes de Montpellier-le-Vieux, Nîmes-le-Vieux, Mourèze, les Arcs de St-Pierre, Roquesaltes ou Rajol sont particulièrement spectaculaires.

Troupeaux

Traditionnellement, le causse est le domaine du mouton qui sait s'accommoder de la pauvreté de la végétation. Le cheptel a été longtemps entretenu pour sa laine, qui assurait l'industrie textile des villes (cadis et serges), et pour son fumier qui permettait l'enrichissement des sols. Aujourd'hui, il l'est surtout pour la richesse du lait des brebis, affiné dans les fameuses caves de Roquefort. Le bleu des causses est, quant à lui, fabriqué à partir du lait de vache dans la capitale de la région, Millau. C'est dans cette ville, installée au confluent du Tarn et de la Dourbie, que l'on traite traditionnellement les peaux des agneaux.

Les troupeaux s'abreuvent aux **lavognes**, mares aménagées, au fond pavé ou couvert d'argile. Elles sont particulièrement nombreuses aux alentours de Roquefort.

Habitat

Sur les causses calcaires, les maisons se groupent en hameaux le long des rivières ou se dispersent à proximité des terrains cultivables.

Les habitations, aux murs épais, sont de robustes bâtisses à étage, auxquelles on accède par un escalier extérieur. Elles tournent le dos aux vents du nord dominants pour s'ajourer vers le sud. La pierre calcaire, blanchâtre et sèche, est employée aussi bien pour les murs que pour la toiture. Dans ces contrées, où les grands arbres ont eu du mal à pousser, la voûte de pierre a remplacé la charpente en bois : vous en verrez de très beaux exemples sur le plateau du Larzac, notamment à La Couvertoirade.

L'habitation et la bergerie sont deux bâtiments distincts, quelquefois très éloignés l'un de l'autre. La maison rassemble la cave et la remise à outils au rez-de-chaussée et le logement au premier étage. La citerne, à proximité de la cuisine, est un élément important, comme dans toutes les régions où l'eau est rare. La bergerie, appelée « **jasse** » comme en Haut-Languedoc, est un vaste bâtiment rectangulaire et bas qui se confond avec le sol.

MONTAGNES DU HAUT-LANGUEDOC

Avancées des Cévennes au sud-ouest, elles en sont séparées par le causse du Larzac. Ces âpres montagnes aux croupes élevées se couvrent volontiers elles aussi d'une garrigue roussie au soleil : il est à peine exagéré de dire qu'on s'y enivre d'exhalaisons aromatiques.

La Montagne noire

La Montagne noire constitue l'extrémité sud-ouest du Massif Central. Elle est séparée du massif de l'Agout (Sidobre, monts de Lacaune, monts de l'Espinouse) par le sillon du Thoré que prolongent les vallées du Jaur et de l'Orb supérieur.

Elle se caractérise par un fort contraste entre son versant nord qui s'élève brusquement au-dessus du Thoré et son versant sud, doucement incliné vers les plaines du Lauragais et du Minervois, en vue des Pyrénées. Ce versant sud, qui domine les garrigues du Minervois, annonce les serres cévenoles, avec une végétation un peu plus méditerranéenne. On rencontre même l'oranger dans la vallée de l'Orb, à Roquebrun.

Habitat – Tout en longueur, les maisons de la Montagne noire abritent, sous le même toit, la demeure, les granges et les remises. Dans les grands domaines, ces trois bâtiments sont séparés et rangés en fer à cheval.

De nombreuses fermes possèdent un pigeonnier. Précieuse source d'engrais pour les sols, il marquait jadis un droit ou un privilège. Les plus caractéristiques sont en pierre ou à colombages, juchés sur des piliers ou des colonnes cerclés d'anneaux pour préserver les couvées des prédateurs. De plan carré, ils sont surmontés d'un lanternon troué de petits orifices facilitant l'envol des pigeons.

Monts de l'Espinouse

La vallée du Jaur, très pittoresque avec ses beaux villages et ses cerisiers, sépare la Montagne noire des **monts de l'Espinouse**, du **Somail** et du **Caroux**, montagnes aux sommets en forme de croupes, couvertes de landes de bruyères et de forêts.

Pailher à toit de genêts.

R. Corbel / MICHELIN

Habitat – Ici, comme dans la Montagne noire, les murs exposés aux vents pluvieux du nord-ouest sont bardés de plaques d'ardoise qui protègent de l'humidité. Sur les communes de Murat-sur-Vèbre et de Fraisse-sur-Agout en particulier, on voit encore d'anciennes granges, appelées *jasses* ou *pailhers*, aux toits de genêts. Le *pailher* de Prat-d'Alaric, notamment, est une importante construction comportant en bas une étable et au-dessus une grange, faite, comme souvent, de murs pignons à redans portant une lauze pour l'écoulement des eaux de pluie.

PYRÉNÉES AUDOISES ET CATALANES

C'est le secteur le plus riant des Pyrénées dans leur partie orientale. Rudesse de la roche cristalline et douceur méditerranéenne s'y entremêlent avec bonheur.

Sommets et plateaux

D'est en ouest, le massif des Pyrénées s'élève peu à peu. À l'est du **Canigou** (2 784 m), la montagne plonge abruptement dans la mer. Une avancée de roches cristallines, les **Albères**, isole l'Ampurdan espagnol, au sud, et le Roussillon, au nord.

Suivent ensuite la **Cerdagne** (1 200 m), large vallée entourée de hautes montagnes à la riche végétation, et le **Capcir** (1 600 m), région la plus élevée de la Catalogne nord, dont les montagnes sont recouvertes de denses forêts.

Partout, les ruisseaux dévalent des montagnes, alimentant de puissantes rivières coulant au milieu des vallées : la Têt et le Tech traversent ainsi les Pyrénées du sud-ouest au nord-est.

Le pays de Sault

Entre les Corbières, qui avancent au nord vers la Montagne noire, et la zone axiale, les contreforts calcaires dessinent un paysage singulier. Au-delà de Limoux et de Quillan, un col escarpé donne accès au **plateau de Sault** qui devrait son nom aux sapins (*Saltis*) des montagnes qui l'environnent, selon

Pline le Jeune. Encadré de montagnes, partagé en deux par la faille du Rebenty et ses gorges spectaculaires, dévalant vers la vallée de l'Aude qui court dans le sillon du **Fenouillèdes**, voilà un lieu tout chargé de mystères et d'histoires : les conteurs du pays s'en donnent à cœur joie et font rouler les « r » tout au long de récits qui tiennent leurs auditeurs en haleine. Rien d'historique, pas de lieux emblématiques… Mais ce sont les Pyrénées, les grelots des vaches partant à l'estive du côté de Langarail où elles paissent face au château de Montségur, l'odeur des scieries, les histoires du proche maquis de Picaussel sans cesse embellies et, toujours, les plaies jamais complètement refermées de cette croisade qui jadis ensanglanta le pays.

Traces de cultures

Ici, le terroir reste imprégné par les anciens modes d'exploitations. Dans les vallées s'égrènent champs et villages ; au palier intermédiaire, on trouve forêts et prairies de fauche ; tout en haut, les pâturages prennent le bon air. Blé, seigle et maïs sont encore cultivés dans le haut Vallespir, en Cerdagne et en Conflent. Le plateau de Sault se fait aujourd'hui une spécialité de la pomme de terre. Plus bas, le genêt et la garrigue ont petit à petit pris la place des bois de chênes verts, de pins sylvestres et de hêtres, rongés par le défrichement.

Flore et faune des Pyrénées

On trouve ici deux types de végétation : la végétation du Capcir, de la Cerdagne et de l'Andorre correspond à celle des Pyrénées centrales tandis qu'à l'est, plus on se rapproche de la mer, plus elle devient méditerranéenne. Dans le Capcir et en Cerdagne, les forêts occupent principalement l'ombrée (versant nord de la montagne), tandis que le soula (versant sud) est voué aux cultures et aux pâturages. Les sapins de l'Aude occupent le haut des pentes. Vers 2 400 m d'altitude, les pelouses subalpines sont couvertes de fleurs, dont certaines espèces sont endémiques : lys jaune ou rouge des Pyrénées, delphinium bleu

Un iceberg ?

C'est en tout cas l'allure que prend le Canigou lorsque, de La Grande-Motte, Sète ou Agde, on le voit apparaître en plein hiver, les jours où mistral et tramontane ont nettoyé le ciel : anguleux et enneigé, il semble alors flotter sur la mer, menace paisible pour tout Titanic qui oserait s'aventurer sur le golfe du Lion.

nuit de la montagne, potentille rampante des Pyrénées à petites fleurs jaunes ou multiples saxifrages en rosettes. Les animaux rencontrés sont des habitués de la région : renards qui s'aventurent au plus près des villages, sangliers, cerfs, isards (encore nombreux aujourd'hui), chats sauvages, marmottes, loutres, mais aussi aigles royaux, faucons et coqs de bruyère.

Les Pyrénées méditerranéennes, plus basses, se caractérisent par l'apparition, en altitude, du pin sylvestre au lieu du sapin, en général sur les versants secs et ensoleillés, reléguant les hêtres aux autres versants, plus humides. En dessous de 800 m, les chênes-lièges poussent dans l'humidité et la chaleur, comme dans le Vallespir où ils servent à l'industrie du bouchon. Au-dessus de 1 700 m, les pins à crochets et les bouleaux s'effacent devant une tendre pelouse subalpine où poussent les tiges raides de la gentiane jaune, les feuilles oblongues de l'arnica à fleurs jaunes et les grelots presque violets du toxique aconit.

Le travail de l'eau

Sur cette terre vouée aux extrêmes, l'eau joue un rôle primordial. Perçue comme bienfaisante dans un milieu souvent aride, elle façonne avec splendeur le paysage, jusque dans ses entrailles. Mais, lorsque les pluies se déchaînent et transforment les pentes en torrents, l'eau se fait objet de terreur.

GORGES ET CANYONS

Fruits de l'érosion des rivières, les **canyons** sont des vallées profondément creusées qui affleurent au sommet des versants comme au fond du sillon. Les gorges du Tarn entre Les Vignes et Le Rozier, les gorges de la Jonte et celles de la Dourbie en sont des exemples aussi magnifiques que spectaculaires.

Soudain, le sol semble s'effondrer ; d'horizontal, le paysage devient vertical : un canyon, qui peut atteindre 500 m de profondeur, scie les plateaux. Les élégants escarpements se colorent de teintes noires et rousses. La succession de parois abruptes, de corniches et de rebords tabulaires, est due, là encore, à la résistance et à la perméabilité du calcaire.

Abrités des vents, les canyons forment des serres chaudes propices aux cultures. En hauteur, les versants marneux sont couverts de bois ; plus bas, la vigne étale ses pampres au soleil et les arbres fruitiers s'étagent en terrasses.

L'eau... et le feu

Promeneurs imprudents, campeurs négligents auxquels s'ajoutent parfois quelques pyromanes, tels sont les ennemis de la garrigue. La végétation s'embrase en quelques instants et, pour peu que le vent soit de la partie et que le terrain soit difficile d'accès, il peut prendre des proportions considérables. Ce désastre écologique (et parfois humain) est hélas un des feuilletons quotidiens des étés languedociens, que le vrombissement des bombardiers d'eau venant faire le plein dans la Grande Bleue signale à l'attention d'estivants, souvent peu habitués à cette nature qu'une étincelle suffit à faire partir en fumée, et que l'on ne sensibilisera jamais assez à la question.

Les hautes parois sont forées de **baumes**, grottes béantes taraudées par les eaux qui les dépouillent de leurs marnes : le cirque des Baumes, les Baumes-Hautes dans les gorges du Tarn, la Baume-Auriol sur le causse du Larzac, St-Jean-de-Balmes sur le causse Noir, etc.

Au bord de la rivière, d'étroites prairies créent un ruban de verdure coupé de haies de peupliers où s'égrènent petites villes et villages.

Les rivières prennent leur source au pied des massifs cristallins voisins (l'Aigoual et mont Lozère) et réussissent à traverser les causses par la seule alimentation des résurgences de cours d'eau souterrains. Pour traverser les falaises, elles alternent contournement de roches dures et percées difficiles, si bien qu'elles se lovent en méandres bien dessinés.

GROTTES, LACS SOUTERRAINS ET CONCRÉTIONS

En absorbant les eaux de pluie comme une éponge, le calcaire des causses provoque sécheresse en surface et intense activité en sous-sol.

Rivières souterraines et résurgences – Le cours des rivières souterraines peut atteindre plusieurs kilomètres : les eaux élargissent leur lit, forent des galeries et se précipitent en cascades. Lorsque la rivière apparaît à l'air libre, on parle de **résurgence** (ruisseau du Bonheur dans « l'Alcôve » du Bramabiau). Les eaux plus calmes forment de petits lacs en amont de barrages naturels : les **gours** (grotte de Dargilan).

La formation des concrétions – En abandonnant le calcaire dont elle s'était chargée en pénétrant le sol, l'eau crée de lentes (1 cm par siècle) et délicates sculptures. Chaque gouttelette d'eau dépose au plafond, avant de tomber, une partie de sa calcite, édifiant à la longue une baguette irrégulière, la **stalactite**, que l'on dit **fistuleuse** lorsqu'elle a l'aspect de macaroni effilé. Les **stalagmites** s'élèvent, à l'inverse, du sol vers le plafond et finissent par rejoindre les stalactites en un seul pilier. Les **excentriques** se développent en un amas de minces rayons ou de petits éventails translucides (grotte de la Clamouse).

Voyage au royaume des ombres – Sous la terre, on croise des miroirs d'eau, des lacs limpides, des traces préhistoriques, autant de merveilles qui donnent le frisson. Ce sont, entre autres, l'aven Armand et sa forêt de stalagmites, la grotte des Demoiselles, celle de Dargilan aux gours caractéristiques ou celle de Trabuc avec ses énigmatiques « Cent mille soldats » qui aiguisent l'imagination des visiteurs.

ÉPISODES CÉVENOLS

Soudain, il semble que la nuit tombe. Le tonnerre gronde de vallée en vallée et le ciel se déchire d'éclairs. Puis tombent des gouttes isolées, grosses comme des grains de raisin et, quelques instants après, c'est le déluge. Ces violents orages, parfois accompagnés de fortes rafales de vent, voire de « mini-tornades », sont fréquents à la fin de l'été et au début de l'automne, lorsque la température de la mer est plus élevée que celle de l'air. C'est alors une désolation que l'on désigne sous le nom

Petit vocabulaire imagé

Planiols : eaux limpides, calmement étalées.

Ratchs ou **rajols** : rapides créés par des eaux bouillonnantes et furieuses disparaissant parfois sous des blocs effondrés.

Détroits ou **étroits** : passages où la rivière glisse entre deux murailles abruptes.

Marmites de géants : cavités circulaires creusées par les eaux turbulentes dans les parois calcaires qui bordent la rivière.

« d'épisode cévenol » : les terres séchées et durcies par le soleil ne se laissent pas pénétrer par la pluie, trop brutale, qui ruisselle en flots grossissants. Les cours d'eau tels le Vidourle à l'est, l'Hérault, l'Orb ou l'Aude se traînaient jusque-là paresseusement. Ils enflent en quelques minutes, sortent de leur lit de cailloux, noient les vallées parfois jusqu'à la cime des arbres et emportent tout sur leur passage. Même si barrages et retenues permettent d'écrêter les crues, l'effet peut encore être dévastateur. Malheur alors à l'automobiliste isolé ou au piéton emporté par un flot irrésistible !

À ces phénomènes connus depuis belle lurette, qui semblent se multiplier depuis une quinzaine d'années, s'ajoutent les drames économiques et humains engendrés par la construction de résidences et de lotissements dans des zones connues depuis longtemps comme inondables. Les maisons sont alors envahies par une boue épaisse détruisant tant les objets témoins d'une vie que la valeur d'un « placement » immobilier…

A. & J. Cassaigne / MICHELIN

Bouquet de cristaux d'aragonite de la grotte de Dargilan.

HISTOIRE

Plus que d'une histoire commune, le Languedoc-Roussillon est né de l'union de cultures sœurs dans l'adversité. Si la brillante période de la Paix romaine semble être le ciment commun, la sanglante croisade contre les Albigeois, puis la guerre des Camisards ont confronté la région à la violence et sans doute contribué à développer une relative méfiance envers le pouvoir central et un sens particulièrement aigu de la liberté (voire de la révolte !), tant chez les Occitans du Languedoc que chez les Catalans du Roussillon.

Un creuset de civilisations

D'abord peuplée de chasseurs, puis d'agriculteurs et d'éleveurs, cette région entre mer et montagne s'ouvre davantage aux échanges avec le commerce maritime des cités phocéennes, puis avec l'Empire romain qui lui donne unité et structures durables, jusqu'au partage des puissances féodales au Moyen Âge.

PEUPLES PRÉHISTORIQUES

C'est dans la caune de l'Arago que fut découvert le crâne du célèbre homme de Tautavel qui vivait il y a environ 450 000 ans. Cet *Homo erectus* mesurait 1,65 m. Il avait un front plat et fuyant, des pommettes saillantes et des orbites rectangulaires. Chasseur, il se nourrissait de viande crue. On a retrouvé certains de ses outils (racloirs, grattoirs…).
Quelque 442 500 ans plus tard, une autre population préhistorique laisse des traces, découvertes à l'abri de Font-Juvénal, entre l'Aude et la Montagne noire. C'est

un peuple d'agriculteurs éleveurs dont l'habitat est évolué (foyers, poteaux, dallages et silos) tandis que, dans la moyenne montagne, un peuplement dense a laissé des armes (flèches, haches et couteaux), des parures (colliers et bracelets) et des poteries (jattes et vases). Autre trace de cette civilisation : les **statues-menhirs** du sud de l'Aveyron *(voir p. 413)*, étrangement sculptés : on y observe un visage tatoué (nez et yeux mais bouche absente), des bras, des mains, des membres inférieurs courts et des parures (colliers).
Enfin, on trouve des **dolmens**. Ces tables horizontales auraient servi de tombeaux. Dégagés des tumulus, buttes de terre et de pierre, ils font forte impression dans le Gard, la Lozère, l'Hérault et l'Aveyron. Ils pourraient être l'œuvre d'un peuple venu par mer et doué d'une grande technicité. En témoignent l'usage du fil à plomb, les routes et le transport de pierres de 350 t. (L'obélisque de la Concorde à Paris ne pèse que 220 t !)

NAISSANCE DE LA PROVINCE NARBONNAISE

Sur une terre ayant subi les influences celtes (peuple des Volques Tectosages), grecques (fondation vers 560 av. J.-C. des phocéennes Agathé Tychè et Lekate, Agde et Leucate, *voir Le Cap-d'Agde*), voire carthaginoises avec le passage de l'armée d'Hannibal (214), les Romains vont laisser une empreinte durable.
En 122, le général romain Domitius Ahenobarbus refoule les Arvernes dans le Massif Central, soumet les Volques et crée la Gaule transalpine, province englobant Marseille, Narbonne (Narbo), Toulouse (Tolosa) et remontant la vallée du Rhône vers Vienne et Genève. Réorganisée en 27 av. J.-C., après la conquête de la Gaule par César (5-51), elle devient la **Narbonnaise**.
Afin de faciliter d'abord la conquête, puis les échanges économiques, les Romains construisent nombre de voies, les deux principales étant la via Domitia qui, partant du Rhône rejoint la Tarraconaise

La « Dame de St-Sernin », statue-menhir datant de 6 000 à 3 500 av. J.-C. (musée Fenaille, Rodez).

P. Soissons / Musée FENAILLE à Rodez (Coll. Société des Lettres, Sciences et Arts de l'Aveyron)

espagnole via Narbonne et l'oppidum de Ruscino, et la voie d'Aquitaine, qui relie Narbonne à Toulouse et Bordeaux. Une longue période de prospérité commence, la **Pax Romana** : la Narbonnaise est divisée en *pagi* (les comtés du Moyen Âge). Chaque *pagus* a ses *civitae* administratives (Narbonne, Carcassonne, Castelnaudary), ses *vici* ou centres ruraux (Eburomagnus devenue Bram) et ses *villae* ou domaines agricoles. Par le droit et le latin, Rome façonnera durablement la région.

L'économie est prospère et les ateliers de La Graufesenque (*voir Millau*) se rendent célèbres par leurs poteries. Entre le 3e et le 5e s., les invasions successives des Alamans, Vandales et Wisigoths en terminent avec la présence romaine.

Repoussés par Clovis en 507, les Wisigoths s'établissent en Septimanie (Carcassonne, Narbonne, Béziers, Agde, Nîmes, Maguelone, Elne).

Mais le royaume wisigoth vit sous une menace venue du sud : ce sont les Sarrasins qui, après avoir envahi l'Espagne, s'emparent de Narbonne en 719. Ils en seront chassés quarante ans plus tard par les Francs de Pépin le Bref.

PARTAGE ENTRE ROI D'ARAGON ET COMTE DE TOULOUSE

La reconquête des terres catalanes par les chrétiens s'accompagne de l'instauration d'une dynastie de seigneurs locaux, sous la houlette de **Jaufre el Velós (Wil-**

Terres catalanes

Rattaché à la couronne aragonaise en 1157, partie intégrante comme Montpellier de 1276 à 1344 du royaume de Majorque fondé par Jacques Ier d'Aragon, et dont la capitale était fixée à Perpignan, le Roussillon sera brièvement rattaché à la couronne française (1462-1492). Il faudra attendre le traité des Pyrénées (1659) pour voir les provinces catalanes rejoindre définitivement la France.

fred le Velu). Celui-ci se taille en 878 un fief comprenant Barcelone et Gérone, le Capcir, le Conflent, le Fenouillèdes et le Roussillon. Les comtes de Barcelone deviennent rois d'Aragon en 1137 et constituent dès lors une puissance qui étend son influence sur la Provence, le pays valencien, la Sicile, Montpellier et le Gévaudan (1204-1349).

Le Languedoc, quant à lui, voit les comtes de Toulouse s'assurer l'hégémonie, au point que, vassaux théoriques du roi de France, ils s'assurent de fait une certaine indépendance. Cette période de splendeur voit l'apogée de la civilisation occitane avec le développement des « cours d'amour », une certaine prospérité économique, l'autonomie des villes dirigées par des consuls ou des capitouls (Narbonne et Béziers dès 1130, Alès en 1200), tandis que la faculté de médecine de Montpellier, qui a supplanté Maguelone, est fondée à la fin du 11e s.

Les grandes dates

122 av. J.-C. – Fondation de la Gaule transalpine qui deviendra la Narbonnaise.
878 – Fondation du comté de Barcelone par Wilfred le Velu.
1209 – Début de la première croisade contre les Albigeois.
1213 – Mort du roi Pierre II d'Aragon à la bataille de Muret.
1229 – Le comté de Toulouse est rattaché au domaine royal.
1539 – L'ordonnance de Villers-Cotterêts fait du français la seule langue juridique du royaume, l'occitan ne sera plus parlé que par le peuple.
1659 – Traité des Pyrénées : Roussillon et Cerdagne sont rattachés au royaume de France.
1680 – Achèvement du canal du Midi.
1685 – Révocation de l'édit de Nantes.
1701-1702 – Guerre des Camisards.
1890 – Après avoir parcouru la rivière souterraine du gouffre de Padirac, Édouard-Alfred Martel publie *Les Cévennes*.
1907 – Révolte des gueux.
1940-1944 – Régime de Vichy. Des foyers de résistance se développent dans le massif de l'Aigoual et les Pyrénées.
1963 – Plan d'aménagement du littoral Languedoc-Roussillon qui donnera naissance à La Grande-Motte et aux stations du Roussillon.
1996 et 1997 – Le canal du Midi puis la cité de Carcassonne sont inscrits par l'Unesco au Patrimoine mondial de l'humanité.
2005 – Inauguration du viaduc de Millau.

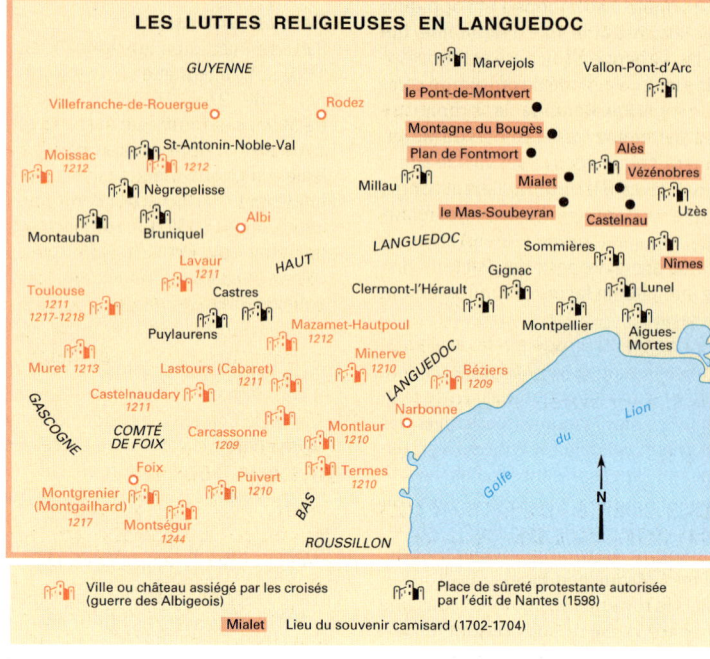

LES LUTTES RELIGIEUSES EN LANGUEDOC

Ville ou château assiégé par les croisés (guerre des Albigeois)

Place de sûreté protestante autorisée par l'édit de Nantes (1598)

Mialet — Lieu du souvenir camisard (1702-1704)

L'épopée cathare

Aux 12e et 13e s., le succès remporté par une hérésie, le catharisme, met à feu et à sang les terres du comte de Toulouse. La croisade contre les Albigeois entraîne des conséquences politiques inimaginables, à commencer par le rattachement au domaine royal de ce qui pouvait apparaître comme un État en gestation. Sa violence a durablement traumatisé les esprits languedociens et sans doute contribué à la méfiance envers tout ce qui émane du pouvoir central.

L'HÉRÉSIE CATHARE

Venu d'Orient (en particulier de Bulgarie, ce qui a valu à ses adeptes le surnom de « boulgres »), le catharisme doit son nom au grec *katharos* (« pur »). L'évêque Nicétas de Constantinople fonde le « dualisme radical » en 1167 au concile de St-Félix-Lauragais. Issus du catholicisme mais niant la divinité du Christ, les cathares opposent un monde spirituel de lumière et de beauté au monde matériel de Satan qui emprisonne l'homme. En outre, ils refusent les rites traditionnels (baptême et mariage) ce qui attise la colère des clercs. Le seul sacrement administré est le **consolamentum**, pour l'ordination d'un parfait ou la bénédiction d'un croyant à l'article de la mort.

PARFAITS ET CROYANTS

L'Église cathare est dirigée par quatre évêques (ceux d'Albi, d'où le nom d'Albigeois, de Toulouse, de Carcassonne et d'Agen). Mais ce sont les **parfaits** ou **bonshommes**, qui mènent une existence austère afin de se libérer de l'emprise du malin et d'accéder à la pureté divine, qui la propagent dans la population des **croyants**, simples fidèles. L'hérésie connaît d'abord un franc succès en ville dans le milieu de l'artisanat et du négoce, puis dans les campagnes sous la protection des seigneurs Roger Trencavel, vicomte de Béziers et de Carcassonne, et Raimond Roger, comte de Foix. Quant au comte de Toulouse, Raimond VI, il ferme les yeux.

GUERRE ET RÉPRESSION

Rome tente de regagner du terrain : en prêchant auprès des croyants, avec saint Dominique. En essayant de persuader Raimond VI de renoncer à protéger les hérétiques. En vain. En mars 1208, l'assassinat près de St-Gilles de Pierre de Castelnau, légat du pape Innocent III envoyé auprès du comte de Toulouse, déclenche la croisade.

Celle-ci est menée par les « barons du nord », conduits par Simon de Montfort et Gui de Lévis. À la surprise générale, Raimond prend la croix : c'est qu'il s'agit pour lui d'éviter la confiscation de ses terres au profit des croisés, sort promis à tout soutien des hérétiques.

La campagne est ponctuée d'atrocités : le sac de Béziers (1209) est précédé de l'apostrophe célèbre mais vraisemblablement légendaire : « Tuez-les tous, Dieu reconnaîtra les siens ! » Carcassonne tombe la même année et Trencavel, qui n'avait pas eu la prudence de son suzerain, est emprisonné et égorgé. Les croisés s'emparent des places fortes de Minerve, Termes, Puivert (1210) et Lastours (1211). Raimond VI fait appel à son beau-frère, le roi d'Aragon, Pere (Pierre) II, mais celui-ci est tué lors de la bataille de Muret (1213). Simon de Montfort met alors la main sur le comté de Toulouse, avant de succomber à son tour sous les remparts de la Ville rose (1218).

DES COMTES DE MONTFORT AU ROYAUME DE FRANCE

Succédant à son père en 1222, Raimond VII entreprend la reconquête de ses territoires, devenus fief d'Amaury de Montfort, le fils de Simon. Débordé, Amaury doit céder ses droits au roi de France en 1224.

Le combat change alors d'âme. Louis VIII en personne mène la croisade : c'est le nord contre le sud, le royaume de France contre les comtés indépendants. Le **traité de Meaux** (1229) clôt la « guerre sainte » : Raimond VII est contraint par Saint Louis de signer le traité de Lorris (1243) : sa fille unique, Jeanne, est mariée au frère du roi, Alphonse de Poitiers : cette union a pour conséquence l'annexion au royaume de France des possessions du comte de Toulouse.

Les derniers réduits cathares sautent les uns après les autres : Peyrepertuse est battue en 1240. Après l'attentat d'Avignonnet, 6 000 croisés assiègent le fief de Montségur : 225 cathares sont brûlés vifs (1244) et les rescapés n'obtiennent qu'un sursis au château de Puilaurens. La guerre albigeoise s'achève par la chute du bastion de Quéribus en 1255. En 1258, le roi de France, par le **traité de Corbeil** tient les cinq « fils de Carcassonne » : Peyrepertuse, Puilaurens, Termes, Lastours et Quéribus. Cependant, l'Inquisition se met en place : enquêtes, questions, condamnations se succèdent, contribuant à la profonde cicatrice laissée par les événements dans la conscience populaire. Ce n'est qu'en 1321 que Guillaume Bélibaste, dernier parfait connu, monte sur le bûcher à Villerouge-Termenès.

Protestantisme : de la naissance à la révolte

La Réforme rencontra un grand succès, tant dans la noblesse et la bourgeoisie des villes que dans la paysannerie. Hélas ! Louis XIV, « travaillé » par le parti dévot, multiplia les persécutions avant de révoquer l'édit de Nantes. Les difficultés économiques aidant, l'exaspération se traduisit par une guerre qui contribua à dessiner le paysage politique de la région pendant plus de deux siècles.

LA PROVINCE DE LANGUEDOC

Guerres, avec invasions récurrentes des « bandes espagnoles », famines et épidémies marquent la charnière du 14e et du 15e s dans les Pyrénées et en Languedoc. Cependant, le protestantisme s'implante en Languedoc, notamment dans les Cévennes et à Montpellier, et la région est à nouveau troublée en 1559 par une guerre sanglante entre protestants et catholiques. L'**édit de Nantes** va ramener le calme en 1598, même si les tensions reprennent après la mort d'Henri IV : c'est la **paix d'Alais** (1629) qui va assurer un temps la liberté de conscience des protestants. Les gouverneurs de Languedoc (la famille Montmorency, puis les Conti) s'installent à Pézenas, plutôt qu'à Montpellier, place forte huguenote, qui va connaître sa période de splendeur et se couvrir d'hôtels particuliers. Ce n'est qu'en 1685 que l'intendant Baville s'installe à Montpellier, qui trouve alors un rang de « capitale régionale » qu'elle n'a plus quitté depuis.

LE MAUVAIS ZÈLE DE LOUIS XIV

En 1661, Louis XIV entreprend une vive campagne contre la « religion prétendue réformée » (RPR) : il impose aux huguenots de loger ses soldats, les redoutés

Sépultures sauvages

Les huguenots n'avaient pas droit à être ensevelis en terre chrétienne… C'est pourquoi vous pouvez voir, tant dans les Cévennes que dans le Piémont cévenol, nombre de tombes isolées dans les champs, voire sur les terrains entourant les maisons. Elles sont toujours utilisées aujourd'hui sous certaines conditions.

« dragons », qui commettent les rudes « dragonnades ». Croyant à tort que sa politique engendre de nombreuses conversions – les rapports biaisés des intendants, soucieux de plaire à la Cour, ne sont pas étrangers à sa décision –, le Roi-Soleil décide de révoquer l'édit de Nantes : les temples sont démolis et les pasteurs chassés. Un véritable exode s'ensuit, vers Genève et les Pays-Bas. Trois à cinq cent mille protestants privent alors l'agriculture, le commerce, l'industrie, la science et les arts de leur force vive. Pour endiguer l'hémorragie, on emprisonne, on bastonne, on enlève les enfants, on condamne aux galères, on brûle parfois… Les pasteurs se réfugient dans des montagnes retirées : c'est le « désert » (en référence au désert biblique des Hébreux) où se tiennent des assemblées. Les pasteurs desservent clandestinement les villages, et « régularisent » lors de leurs passages un état civil aussi oral qu'officieux.

LA RÉVOLTE DES CAMISARDS

En juillet 1702, l'assassinat de l'abbé du Chayla, qui retenait des huguenots prisonniers dans le château du Pont-de-Montvert sur le Tarn, donne le signal d'une insurrection générale : deux ans durant, les montagnards ou « camisards » (du languedocien *camiso*, chemise qu'ils portaient par-dessus leurs vêtements pour se reconnaître la nuit) partent en guerre contre le pouvoir catholique, menant une guérilla ponctuée d'audacieux coups de mains (*voir Anduze*).

Jean Cavalier et Pierre Laporte, dit **Roland** sont les deux chefs les plus célèbres des 3 000 à 5 000 camisards, largement soutenus par la population cévenole. Face à eux : 30 000 hommes et trois maréchaux, dont Villars, qui est assez habile pour amener Cavalier à négocier. Accusé de trahison par ses compagnons, celui-ci s'exile en Angleterre. Roland, lui, est capturé et brûlé à Nîmes en 1702. C'est la fin de la résistance camisarde.

Pour autant, les persécutions ne cessent véritablement qu'en 1787, avec la signature de l'édit de Tolérance par Louis XVI. Les protestants peuvent désormais exercer un métier, se marier et faire constater officiellement les naissances. En 1789, ils tiennent le haut du pavé lors de la Révolution qui leur garantit la pleine liberté de conscience.

Le temps des mutations

La politique de grands travaux encouragée par Colbert avait posé les bases d'une première industrialisation… Pourtant, en dépit de l'exploitation du bassin houiller des Cévennes, le Languedoc-Roussillon passe à côté de la révolution industrielle du 19ᵉ s. et reste ancré dans l'agriculture jusqu'à ce que pointent les activités touristiques.

Quelques atouts majeurs pour son développement économique remontent à la fin du 17ᵉ s. : aménagement du port de Sète par Colbert à partir de 1666, percement du **canal du Midi** par Pierre Paul Riquet entre 1666 et 1680, développement des manufactures de textile (Villeneuvette). La Cévenne se voue alors à l'élevage du ver à soie après la destruction de la châtaigneraie par un hiver très rigoureux (1709). Pratiquée depuis le 13ᵉ s., cette activité avait pris un premier essor sous Henri IV, grâce à l'agronome Olivier de Serres et au pépiniériste nîmois Traucat… La plantation intensive de mûrier, plat exclusif du ver à soie, va permettre à « l'arbre d'or » de supplanter « l'arbre à pain » pour quelque temps. La sériciculture décline à partir du milieu du 19ᵉ s., sous l'action conjuguée de la pébrine (maladie du ver à soie), de l'apparition des fibres synthétiques et de la concurrence extrême-orientale.

Un goinfre !

Au 18ᵉ s., les œufs du ver à soie incubaient dans une pochette en tissu au creux tiède de la poitrine des femmes cévenoles ou dans des *castelets* (couveuses). Après éclosion, les larves étaient disposées sur un support étagé jusqu'à la troisième et avant-dernière mue, puis placées dans la **magnanerie** où quatre cheminées maintenaient la juste température. Friand de feuilles de mûrier, le bombyx mue quatre fois dans le premier mois de son existence et multiplie son poids par 10 000. Pour apaiser la voracité de 25 g de vers, il faut 1 000 kg de feuilles de mûrier ! Le bombyx s'enroule dans son cocon de soie qu'il fabrique en 48h, et dont le fil, d'une épaisseur de 8 microns, peut mesurer entre 800 m et 1 km. Il faut ensuite ébouillanter les cocons et étouffer leur chrysalide pour que le fil s'enroule aisément autour du guindre. La sériciculture se pratiquait à la maison, puis au 18ᵉ s. dans des filatures, où elle alimentait les ateliers florissants de Nîmes et de Lyon, dirigés par les bien nommés « soyeux ».

TOURISME ET INDUSTRIE

C'est avec le 19ᵉ s. qu'apparaît une activité nouvelle, le tourisme : les cures thermales d'Amélie font fureur sous Louis-Philippe, tandis que se développe le goût pour l'escalade dans les Pyrénées. Les Cévennes se lancent quant à elles dans l'exploitation des minerais de fer, de plomb et surtout de houille à Alès, Bessèges et La Grand-Combe. Dans le même temps, les forges catalanes, connues depuis le 12ᵉ s., disparaissent.

LE « MIDI ROUGE »

À la terrible crise du phylloxera (1868-1872) qui avait ruiné tant de viticulteurs, puis à la découverte d'un autre fléau, le mildiou, champignon qui pourrit le vignoble, s'ajoute au début du 20ᵉ s. une série de facteurs économiques défavorables. La greffe de plants américains, résistants au premier, provoque une surproduction de vins sans qualité et encourage la pratique de la chaptalisation (ajout du sucre). La concurrence sévère des vins d'Algérie et les importations sauvages entraînent la chute des cours.

La révolte des gueux

Divisé en départements depuis 1790, le Languedoc avait prouvé à plusieurs reprises – opposition au coup d'État de Napoléon III en décembre 1851, Commune de Narbonne en 1870-1871 – sa capacité de résistance. La crise du vin semble imposer une réaction. Les protestations enflent et des manifestations monstres se succèdent dans les principales villes languedociennes à l'appel du *Tocsin*, le journal animé par un cafetier d'Argeliers (Aude), **Marcellin Albert**. Le maire emblématique de Narbonne, **Ernest Ferroul**, renvoie son écharpe tricolore, comme plus de 600 maires de la région, et prend la tête des révoltés qui se baptisent eux-mêmes les « gueux ». L'affaire prend une ampleur considérable : ils sont un million à Montpellier le 9 juin. Le 17, le gouvernement donne l'ordre d'arrêter les leaders. Le 19, la troupe tire à Narbonne et six manifestants sont tués. Mais, fils de viticulteurs pour la plupart, les soldats du 17ᵉ régiment d'infanterie basé à Agde fraternisent avec les manifestants. Ils se mutinent et marchent sur Béziers. La situation est quasi insurrectionnelle : Marcellin Albert « monte » à Paris pour négocier avec le président du Conseil, Clemenceau. Mais le brave cafetier n'est pas rompu aux roueries de la politique : à la fin de la

réunion, Clemenceau lui avance quelques francs afin qu'ils puissent regagner le pays… et s'empresse de le faire savoir, déconsidérant ainsi le malheureux aux yeux de ses camarades !
Cependant, l'Assemblée nationale vote des mesures afin de prévenir la fraude (« mouillage » et « sucrage »), ce qui donnera naissance aux services de répression des fraudes, bien connus aujourd'hui, ainsi qu'à la mise en place des vins d'appellation d'origine (1919), ancêtres des AOC. Afin de pallier les méventes, les vignerons s'organisent en coopératives : la première voit le jour à Lézignan en 1909. Ces caves mettent à en commun des outils de vinification, et assurent la commercialisation.

CROISSANCE URBAINE ET STATIONS BALNÉAIRES

Le Languedoc-Roussillon va voir les accords d'Évian (1962) se traduire par l'installation massive de rapatriés d'Algérie. Pour faire face à cet afflux, les municipalités édifient en hâte des quartiers en périphérie. Parallèlement, le **plan d'aménagement du littoral Languedoc-Roussillon**, décidé en 1963, fait surgir de terre des stations créées de toutes pièces : La Grande-Motte, Le Cap-d'Agde, Canet-Plage ou St-Cyprien-Plage…
Le tourisme devient le principal moteur de l'économie régionale, d'autant que les activités traditionnelles périclitent : le vignoble va de crise en crise, le bassin minier des Cévennes s'éteint en 1989. Les années 1970 sont marquées par des luttes désespérées pour la survie de cette économie traditionnelle : les manifestations-happenings contre l'extension du camp du Larzac, comme le renouveau occitan, culturel mais aussi politique, sont emblématiques de cette période.

Un régiment puni

« Salut à vous !
Braves pioupious du 17ᵉ…
Vous auriez en tirant sur nous
Assassiné la République ! »
Cette chanson de Montéhus rendant hommage aux soldats révoltés fut un véritable « tube » à l'époque. Quant au régiment mutiné, il est « transporté » à Gafsa (Tunisie). Considéré comme un repaire de « fortes têtes », il restera en première ligne tout au long de la Première Guerre mondiale.

Les gens d'ici

De souche ou d'adoption, nombre de personnalités liées au Roussillon ou au Languedoc sont devenues célèbres, que ce soit dans le monde de la politique, de la culture ou des arts. Elles portent haut et loin les couleurs régionales…

HOMMES POLITIQUES

Léon Blum (1872-1950), chef du gouvernement de Front populaire en 1936, fut député de Narbonne de 1929 à 1940. Haute figure et martyr de la Résistance, **Jean Moulin** (1899-1943) était biterrois. Deux célèbres politiciens qui ont fait les beaux jours de la IVe et de la Ve République : tous deux Héraultais, ils ont choisi de se faire élire ailleurs : **Edgar Faure** (1908-1988, né à Béziers) et **Gaston Defferre** (1910-1986), d'origine cévenole et né à Marsillargues. De nos jours, le Lozérien **Jacques Blanc** et le bouillant maire de Montpellier **Georges Frêche** (2004) se sont succédé à la tête de la région.

ÉCRIVAINS ET POÈTES

Le Languedoc-Roussillon a donné naissance à d'importants écrivains et poètes. Si le fabuliste **Jean-Pierre Claris de Florian** (1755-1794), originaire de Sauve, n'est guère connu aujourd'hui, il n'en va pas de même de l'auteur de *Il pleut bergère* et, accessoirement, du nom des mois du calendrier républicain, **Fabre d'Églantine** (1750-1794). **Ferdinand Fabre** (1827-1898), né à Bédarieux, qui chante le Languedoc dans *Les Courbezon*, *L'Abbé Tigrane*, *Taillevent*… Nul n'ignore le poète **Paul Valéry** (1871-1945) : l'auteur du *Cimetière matin* est né à Sète où il repose. C'est à Carcassonne que le Narbonnais **Joë Bousquet** (1897-1950), paralysé par une blessure de guerre en 1918, a écrit la majeure partie de son œuvre. Le turbulent **Joseph Delteil** (1894-1978) fut un compagnon des surréalistes. Le Cévenol **Jean-Pierre Chabrol** (1925-2001) est un passionnant conteur de sa montagne. Quant au prix Nobel 1985, **Claude Simon** (1913-2005), il était viticulteur à Salses.

D'autres auteurs se sont exprimés en occitan, comme **Max Rouquette** (1908-2006) : l'auteur de *Vert paradis*, le Rouergat **Jean Boudou** (Joan Bodon, en occitan, 1920-1975) – né à Crespin dans l'Aveyron, auteur des *Cailloux du chemin*, *Le Livre de Catoïe*, **Yves Rouquette** (né en 1936 – originaire de Camarès dans l'Aveyron, a écrit *Cathares*, *Occitanie*) et son frère **Joan Larzac**, prêtre et auteur

d'une remarquable œuvre poétique. Citons également le fin poète de Carcassonne, **René Nelli** (1906-1982).

SUR LA SCÈNE

Nombre de grands interprètes de la chanson française sont languedociens : il n'est que de citer le Sétois **Georges Brassens**, le Narbonnais **Charles Trenet** ou l'inénarrable Piscénois **Boby Lapointe** pour s'en convaincre. **Charles Cros** (1842-1888) n'a pas chanté… Mais l'inventeur du phonographe, né à Fabrezan, par ailleurs poète, a donné son nom à une académie qui récompense chaque année les meilleures productions discographiques françaises. D'autres ont fait le choix de s'exprimer en occitan, notamment **Claude Marti** qui symbolisa la renaissance occitane des années 1970. Mais la chanson n'est pas le seul domaine dans lequel les hommes d'Oc se sont illustrés : ils ont touché au cinéma (la Sétoise **Agnès Varda**, l'avocat réalisateur audois **André Cayatte**), au théâtre, on ne peut oublier les novations du Sétois **Jean Vilar**, tandis que le **Teatre de la Carrièra**, fondé par **Claude Alranq**, perpétue en occitan la tradition du théâtre itinérant.

PEINTRES ET SCULPTEUR

Les artistes ne manquent pas, depuis le Perpignanais Jacint Rigau, mieux connu sous le nom de **Hyacinthe Rigaud** (1659-1743), portraitiste de Louis XIV. Plus tard, le Montpelliérain **Frédéric Bazille** (1841-1870) fut l'un des précurseurs de l'impressionnisme… mais sa mort prématurée lors de la guerre franco-prussienne l'empêcha de donner toute sa mesure. La sensualité du sculpteur **Aristide Maillol** (1861-1944) reflète bien celle de sa terre de Banyuls.

DES SPORTIFS…

Dans cette terre de rugby, deux clubs ont longtemps tenu le haut du pavé. Citons pour Narbonne le célèbre **Walter Spanghero** (né en 1943) et, pour Béziers, quelques membres de la grande équipe qui remporta à plusieurs reprises le championnat de France entre 1970 et 1980 : **Armand Vaquerin**, **Richard Astre**, ou le « géant » **Estève**. Aujourd'hui, c'est dans le tennis que Béziers s'illustre avec **Richard Gasquet**.

… ET UN TORERO

Le Biterrois **Sébastien Castella** s'est vu propulsé au premier rang de sa profession, parmi les plus grands maîtres espagnols, par ses succès à Madrid (2005 et 2006) et Séville (2006).

ART ET CULTURE

Qu'y a-t-il de commun entre le prieuré roman de Serrabone, les fières « citadelles du vertige » du pays cathare, les hôtels particuliers de Pézenas et Montpellier, la riche ornementation du retable de Prades et l'explosion de couleurs des toiles des « fauves » rassemblés à Collioure ? Rien sans doute, si ce n'est une communion avec la lumière de ce soleil jouant sur les vieilles pierres, qui a su éblouir les peintres venus du nord.

Art et architecture

Lieu de passage et donc creuset de civilisation, le Languedoc comme le Roussillon a su assimiler de multiples influences pour élaborer un art qui lui est propre. Qu'il s'agisse de l'architecture romane à l'élégante austérité ou des rudes forteresses du « Pays cathare » qui semblent ne faire qu'un avec le rocher qu'elles prolongent…

LE ROMAN

Riche et diversifié : tel apparaît cet art roman né au carrefour d'influences variées. Si le Roussillon adopta très vite les innovations apparues autour de l'an 1000 en terre catalane, le Languedoc ne tarda pas à les suivre sur cette voie d'un art à la fois rude et harmonieux, héritier de celui des bâtisseurs de l'Antiquité. C'est d'abord à leur appareil rustique qu'on reconnaît les premières églises romanes : l'abbaye St-Martin-du-Canigou, si belle en son austérité, est faite de ces murs en petits moellons mal équarris. Parfois, marbre rouge et schiste noir forment ensemble un contrepoint coloré. À fleur de pierre, le mur s'anime de lésènes (bandes lombardes), lancées sur les absides, façades ou clochers puis jointes à leur sommet par une myriade de petits arcs. D'autres effets décoratifs, comme les frises de dents d'engrenages ou les niches couronnant l'abside de St-Guilhem-le-Désert, donnent vie à ces murs dépouillés.

À l'intérieur règne la pénombre : les ouvertures sont rares pour ne pas affaiblir les murs des nefs que l'on cherchait à voûter. À St-Michel-du-Canigou, les collatéraux contrebutant le vaisseau central en plein cintre rendaient impossible l'ouverture de fenêtres hautes. À St-Guilhem, on passa outre les risques d'effondrement en perçant de petites fenêtres dans les murs gouttereaux partiellement contrebutés. Malgré ces belles expériences, on préféra souvent la nef unique charpentée.

Le décor sculpté est presque absent dans les églises du 11e s., si ce n'est au portail de St-Génis-des-Fontaines, finement sculpté d'un marbre blanc éclatant sur la paroi sombre de la façade. Le siècle suivant voit l'apogée de la sculpture romane roussillonnaise, avec les œuvres du **maître de Cabestany**, et dans le cloître de St-Michel-de-Cuxa, dont l'esprit souffle jusqu'aux galeries d'Elne ou la tribune rose de Serrabone. Le style de ce sculpteur itinérant, et de son atelier du Boulou, se reconnaît à Lagrasse, à Rieux-Minervois, ou encore à St-Hilaire et, sans doute, au Monastir-del-Camp. Sa principale caractéristique ? Les mains immenses des personnages.

Abbaye de St-Martin-du-Canigou.

A. de Valroger / MICHELIN

D'UN GOTHIQUE À L'AUTRE

Les architectes du Midi, attachés aux formes romanes, n'adoptèrent qu'avec réticence les innovations du nord. Leurs propres recherches les avaient déjà menés vers cette architecture gothique méridionale, riche d'un passé roman qu'elle métamorphosait. Les tentatives d'introduire cet art septentrional furent pourtant brillantes.

On reconnaît les plus beaux avatars méridionaux du gothique rayonnant dans le chœur de St-Nazaire de Carcassonne, digne successeur de la Ste-Chapelle, et dans celui de la cathédrale de Narbonne, vaste, élancé, lumineux, qui n'a d'égal que l'ambition de son commanditaire. Hormis à Narbonne, l'influence du nord est peu sensible : on lui préfère les rémanences romanes que sont les grands pans de murs, sans sculpture ni vitrail, et la nef unique charpentée aux élévations gothiques.

LE TEMPS DE LA DÉFENSE

Répondre à l'insécurité d'un littoral exposé au péril sarrasin, affirmer la présence capétienne une fois vaincue la résistance cathare, conforter les frontières méridionales du royaume : là se trouve l'origine des formidables constructions défensives de la région.

Églises fortifiées

Agde, Maguelone, St-Pons-de-Thomières : ces trois sœurs languedociennes, dotées au 12e s. d'une puissante chemise de pierre, s'imposent comme incontournables. Avec leur ceinture de mâchicoulis entre les contreforts, leurs parapets crénelés, leurs fenêtres rares et étroites, leurs archères, leurs tours défensives et leur donjon-clocher, elles relèvent tant de l'architecture militaire que religieuse.

Châteaux et enceintes

Abandonnés ou reconstruits par les vainqueurs de l'hérésie, les « châteaux cathares » ne sont plus que ruines aujourd'hui, comme en témoignent les vestiges de Quéribus. Puilaurens ou Peyrepertuse, reconstruits après la conquête, n'ont rien de cathare, ils présentent au contraire toutes les caractéristiques de la fortification royale dont l'appareil à bossage est la signature. Carcassonne constitue le parangon de cette architecture militaire de la seconde moitié du 12e s. qui ne se limita pas aux constructions royales. En témoignent tous ces châteaux édifiés par les artisans de la conquête, dont Puivert est un bel exemple, avec une tour maîtresse renfermant une grande salle voûtée d'ogives aux culots sculptés de musiciens.

Places fortes modernes

Édifié par la couronne espagnole pour verrouiller la frontière nord du Roussillon, Salses apparaît comme la première place forte moderne par son appareil défensif recherché mais aussi par une organisation interne spécifiquement conçue pour abriter une garnison constituée.

Au 17e s., Vauban conçoit des systèmes mieux adaptés aux zones montagneuses difficiles : intacts, les forts de Villefranche-de-Conflent et de Mont-Louis en sont d'admirables témoins.

LE BAROQUE CATALAN

La Catalogne garde l'empreinte religieuse du 17e s. : pas une église, pas une chapelle qui n'ait commandé son retable, sans cesse plus fastueux que celui de la paroisse voisine. Même après son annexion par la France.

Mariage de la sculpture et de l'architecture

Ces retables, entièrement sculptés, prennent, au cours du siècle, une ampleur démesurée : en témoignent les maîtres-autels de **Lluis Generès** à Baixas ou de **Josep Sunyer** à Prades. On multiplie étages et emplacements sculptés : peu à peu, une kyrielle de saints et d'anges envahit niches et frontons. L'architecture s'anime, les frontons se brisent, les colonnes se tordent… L'ornement épouse jusqu'au fût des colonnes qu'on préfère cannelées. Au 18e s., cette exubérance s'étend à l'architecture elle-même. Le mouvement se joint au foisonnement des statues : les saints des bas-reliefs du retable du Rosaire de l'église d'Espira-de-Conflent tournoient dans des poses extatiques dignes du Bernin. Ce faste n'a qu'un dessein, celui de dire la très grande gloire de Dieu éclatant dans la richesse des matériaux, les marbres de Caunes-Minervois, de Villefranche-de-Conflent, les ors venus d'Amérique… Tout n'est que ruissellement de lumières et de couleurs jusqu'aux statues peintes et dorées par des ateliers spécialisés comme celui des Guerra. C'est à Collioure qu'il faut s'arrêter pour voir un témoignage unique de cet art catalan : le retable de N.-D.-des-Anges mis en scène par Josep Sunyer.

Les miroirs de la foi

Mais pourquoi tant d'images, tant de figures de saints, tant de scènes de martyres, de miracles et de mystères ? Parce que l'austérité protestante est proche et qu'on la refuse : il faut donner à voir la richesse des dogmes, exalter la foi, transmettre des modèles de piété. Pour concevoir le retable du Rosaire exposé aujourd'hui dans

Ph. Migeat / CNAC / MNAM / dist. RMN © Adagp, Paris 2007

« Le Faubourg de Collioure », par André Derain, 1905, Centre Georges-Pompidou.

l'église St-Jacques de Perpignan, Lazare Tremullas suit les prescriptions détaillées de ses commanditaires dominicains. On y voit la représentation des mystères joyeux, douloureux et glorieux, accompagnés des figures des trois vertus théologales. Le sculpteur catalan, qui contribua à introduire en France le retable sculpté, signe ici un chef-d'œuvre qui fera école. D'églises en chapelles, on percevra aussi l'intensité des dévotions populaires : Joan-Perre Geralt s'en fait l'écho en sculptant sainte Assiscle et sainte Victoire pour le maître-autel de l'église de Trouillas.

DEMEURES CLASSIQUES

Pézenas au grand siècle
Une des plus charmantes villes de France après Paris aux dires de Louis XIII… Elle connut, dans les années 1620, l'aménagement d'une promenade, le « Quay » – actuel cours Jean-Jaurès –, bordée de très belles demeures. Dans la rue Conti se concentrent les habitations nobles, témoin les colonnes torses de la galerie sur cour de l'hôtel d'Alfonce.

Montpellier, capitale
Peu après son élection comme capitale provinciale (1630), Montpellier voit un renouveau de ses demeures traditionnelles. Simon Levesville et Charles d'Aviler adaptent ainsi à l'hôtel Deydé le type à la française entre cour et jardin. La métamorphose essentielle a lieu avec l'apparition de l'escalier ouvert en manière de portique, initié par Ponce Alexis de La Feuille puis diffusé dans toute la région. L'hôtel des Trésoriers

de France en possède un vertigineux, inspiré de Mansart et Le Vau.

SCULPTURE, FAUVISME ET CUBISME

Le Catalan **Aristide Maillol** s'oriente d'abord vers la peinture, puis traduit finalement son admiration pour Gauguin dans la grâce très particulière de ses sculptures féminines. Il séjourne fréquemment dans sa métairie près de Banyuls, où il repose aujourd'hui.

Des fauves à Collioure
« Collioure ? Ce sont des femmes, des bateaux, la mer et la montagne […]. Mais surtout, c'est la lumière. Une lumière blonde, dorée, qui supprime les ombres. » Derain décrit ainsi ce petit port où il rejoint Matisse en 1905. Tous deux y peignent le village, le port, ses barques bigarrées, dans des couleurs toujours plus lumineuses, plus orange, plus rouges… Les touches se fondent en larges aplats contrastés. Seul le dessin permet de reconnaître certains objets noyés dans une polychromie irréaliste. En plein Salon d'automne, la violence de ces tons déclenche le scandale fauve.

Céret, Mecque du cubisme
C'est par ces mots que le critique André Salmon désigna le village catalan. Tout commence en 1911 avec l'arrivée de Picasso et de Braque. Ils y conçoivent des toiles aux structures architecturales parfaites dont certains éléments participent de l'atmosphère catalane. Céret attirera de nombreux artistes, dont Juan Gris. En 1950, le peintre Pierre Brune crée un musée inscrivant l'art moderne dans le paysage cérétan.

ABC d'architecture

De cathédrales fortifiées en châteaux médiévaux, le Languedoc-Roussillon ne manque pas de chefs-d'œuvre architecturaux à découvrir. Les planches des pages suivantes, en donnant un aperçu visuel de l'architecture de la région, ont pour but de permettre au lecteur de se familiariser avec certains termes d'art, locaux ou non, parfois connus des seuls spécialistes et, ainsi, de profiter au mieux de leur visite…

Architecture religieuse

QUARANTE – Plan de l'église Ste-Marie (11e s.)

Comme l'abbatiale de St-Guilhem-le-Désert, l'église de Quarante est un des édifices les plus représentatifs du premier art roman en Languedoc.

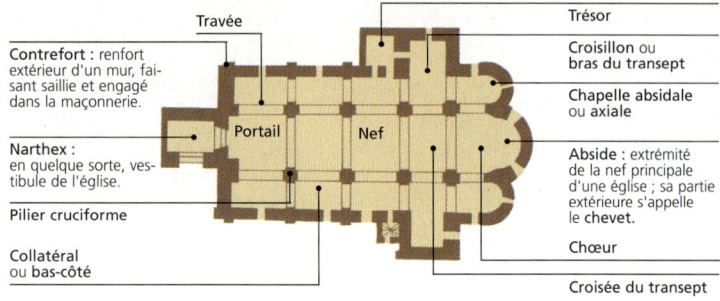

Travée

Trésor

Croisillon ou **bras du transept**

Contrefort : renfort extérieur d'un mur, faisant saillie et engagé dans la maçonnerie.

Chapelle absidale ou **axiale**

Portail

Nef

Narthex : en quelque sorte, vestibule de l'église.

Abside : extrémité de la nef principale d'une église ; sa partie extérieure s'appelle le **chevet**.

Pilier cruciforme

Collatéral ou **bas-côté**

Chœur

Croisée du transept

Coupe en élévation d'une église romane et d'une église gothique

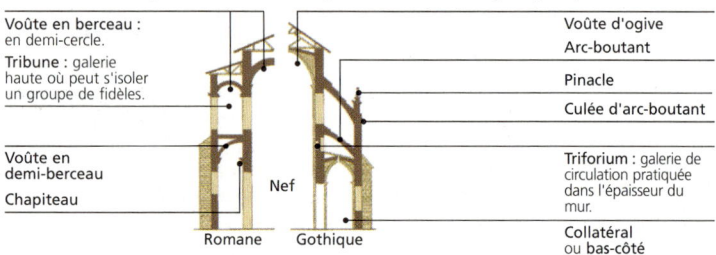

Voûte en berceau : en demi-cercle.

Voûte d'ogive

Arc-boutant

Tribune : galerie haute où peut s'isoler un groupe de fidèles.

Pinacle

Culée d'arc-boutant

Voûte en demi-berceau

Triforium : galerie de circulation pratiquée dans l'épaisseur du mur.

Chapiteau

Nef

Collatéral ou **bas-côté**

Romane   Gothique

ST-MICHEL-DE-CUXA – Clocher de l'église abbatiale (11e s.)

Les églises romanes du Bas-Languedoc possèdent presque toutes un ou deux clochers de style lombard. Ce style, vraisemblablement importé d'Italie au 11e s. et pour la première fois à St-Michel-de-Cuxa, devint par la suite typiquement local.

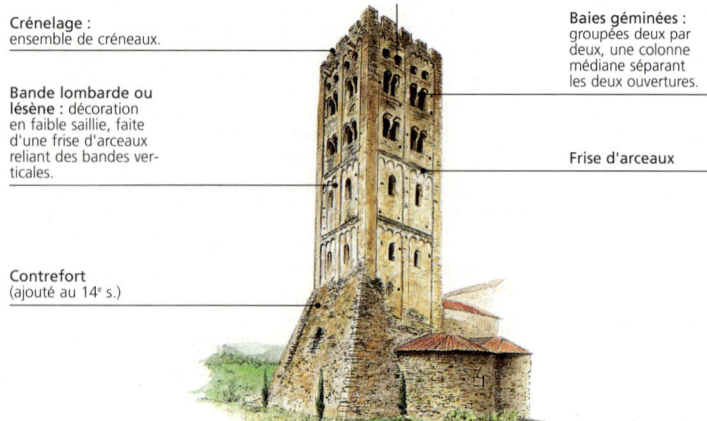

Oculus : baie ronde.

Crénelage : ensemble de créneaux.

Baies géminées : groupées deux par deux, une colonne médiane séparant les deux ouvertures.

Bande lombarde ou **lésène** : décoration en faible saillie, faite d'une frise d'arceaux reliant des bandes verticales.

Frise d'arceaux

Contrefort (ajouté au 14e s.)

R. Corbel/MICHELIN

St-GUILHEM-LE-DÉSERT – Abbatiale (11ᵉ s.)

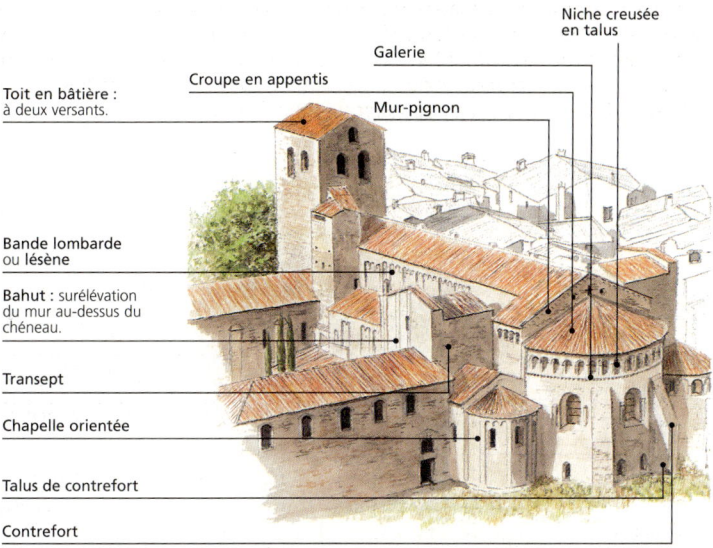

Niche creusée
en talus

Galerie

Croupe en appentis

Mur-pignon

Toit en bâtière :
à deux versants.

Bande lombarde
ou lésène

Bahut : surélévation
du mur au-dessus du
chéneau.

Transept

Chapelle orientée

Talus de contrefort

Contrefort

AGDE – Ancienne cathédrale St-Étienne (12ᵉ s.)

L'ancienne cathédrale d'Agde fait partie des églises fortifiées du Languedoc. Son allure de forteresse austère fait de la tour Nord un véritable donjon.

Mâchicoulis

Mur crénelé formant
le **parapet** du **chemin**
de ronde

Campanile
en fer forgé

Échauguette : petite
construction en sur-
plomb servant
pour le guet.

Merlon

Créneau : échancrure
formant l'intervalle qui
sépare deux merlons.

Archère : meurtrière
pour le tir à l'arc.

Arc d'applique
(allège le poids du
mur qui porte sur
les ouvertures par
un procédé d'encor-
bellement) constituant
les mâchicoulis.

Contrefort

Tympan

Appareil assisé

Baies jumelées :
groupées par deux,
trois, quatre, etc.

R. Corbel/MICHELIN

ELNE – Cloître de la cathédrale Ste-Eulalie-et-Ste-Julie (12ᵉ-14ᵉ s.)

Le cloître est une allée couverte formée de quatre côtés délimitant une cour centrale et permettant aux moines de passer des bâtiments conventuels à l'église.

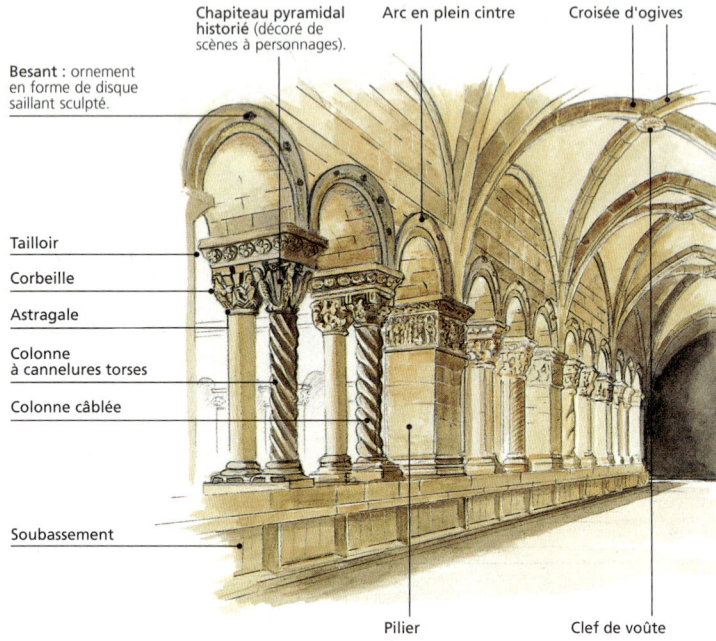

Chapiteau pyramidal historié (décoré de scènes à personnages).

Arc en plein cintre

Croisée d'ogives

Besant : ornement en forme de disque saillant sculpté.

Tailloir

Corbeille

Astragale

Colonne à cannelures torses

Colonne câblée

Soubassement

Pilier

Clef de voûte

NARBONNE – Cathédrale St-Just-et-St-Pasteur (13ᵉ-14ᵉ s.)

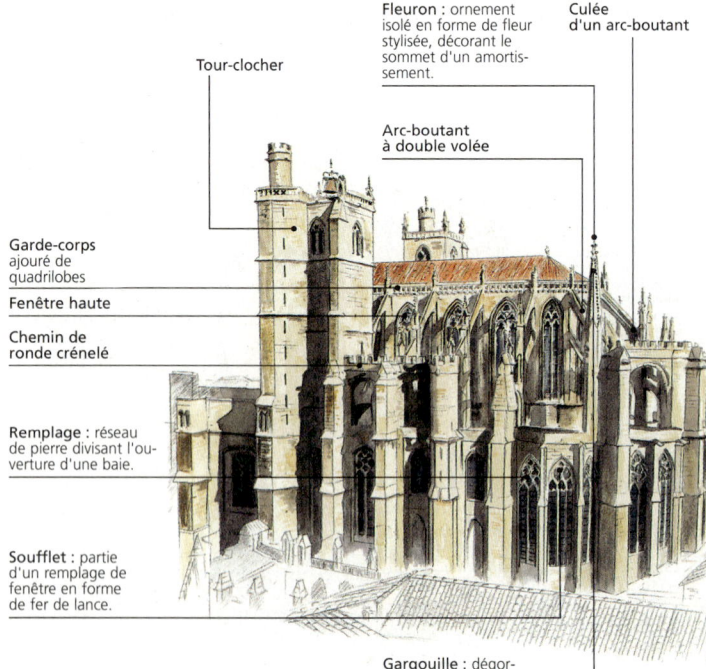

Fleuron : ornement isolé en forme de fleur stylisée, décorant le sommet d'un amortissement.

Culée d'un arc-boutant

Tour-clocher

Arc-boutant à double volée

Garde-corps ajouré de quadrilobes

Fenêtre haute

Chemin de ronde crénelé

Remplage : réseau de pierre divisant l'ouverture d'une baie.

Soufflet : partie d'un remplage de fenêtre en forme de fer de lance.

Gargouille : dégorgeoir saillant servant à l'écoulement des eaux de pluie.

Pinacle

R. Corbel/MICHELIN

MENDE – Façade occidentale de la cathédrale (14ᵉ s.)

La cathédrale de Mende a connu plusieurs phases de construction, d'où la diversité des styles que l'on trouve en façade.

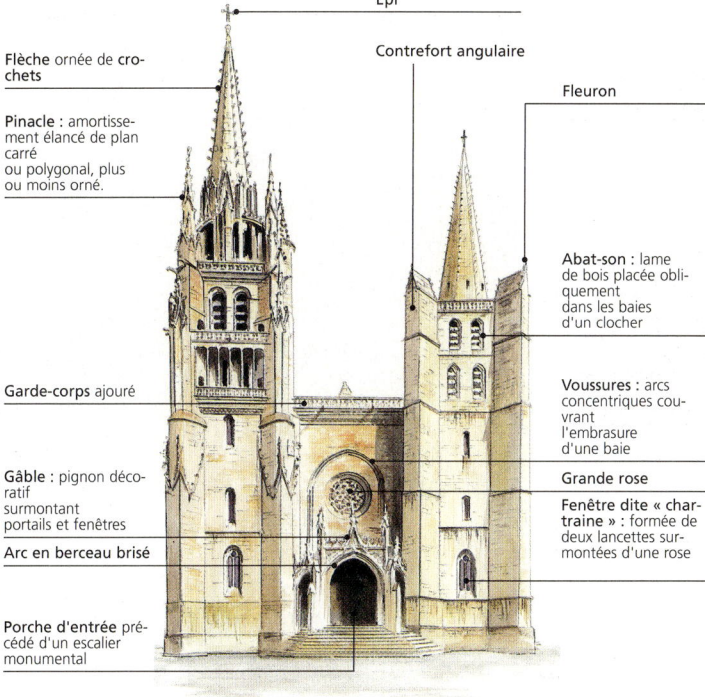

Épi

Flèche ornée de **crochets**

Contrefort angulaire

Fleuron

Pinacle : amortissement élancé de plan carré ou polygonal, plus ou moins orné.

Abat-son : lame de bois placée obliquement dans les baies d'un clocher

Garde-corps ajouré

Voussures : arcs concentriques couvrant l'embrasure d'une baie

Gâble : pignon décoratif surmontant portails et fenêtres

Grande rose

Arc en berceau brisé

Fenêtre dite « chartraine » : formée de deux lancettes surmontées d'une rose

Porche d'entrée précédé d'un escalier monumental

VINÇA – Retable N.-D. du Rosaire en l'église St-Julien-Ste-Baselisse (18ᵉ s.)

Le retable est un élément de décor placé derrière l'autel, surmontant verticalement la table d'autel.

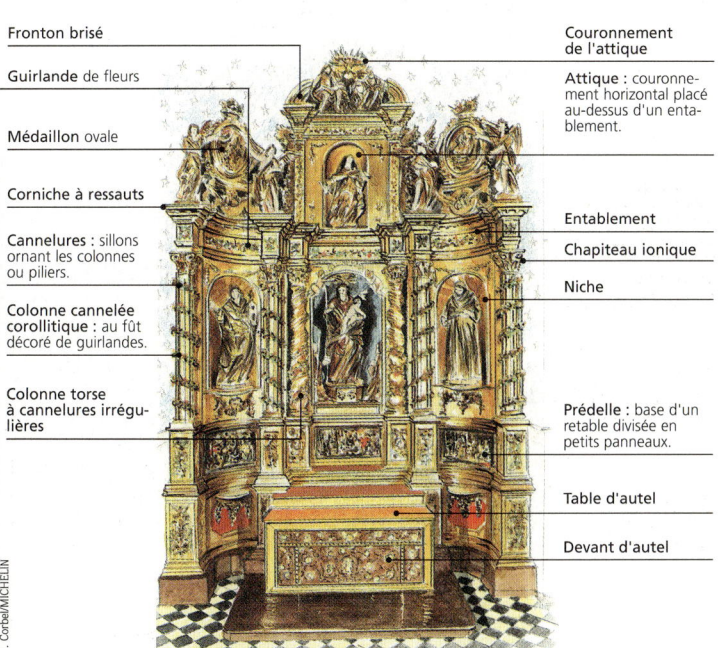

Fronton brisé

Couronnement de l'attique

Guirlande de fleurs

Attique : couronnement horizontal placé au-dessus d'un entablement.

Médaillon ovale

Corniche à ressauts

Entablement

Cannelures : sillons ornant les colonnes ou piliers.

Chapiteau ionique

Niche

Colonne cannelée corollitique : au fût décoré de guirlandes.

Colonne torse à cannelures irrégulières

Prédelle : base d'un retable divisée en petits panneaux.

Table d'autel

Devant d'autel

R. Corbel/MICHELIN

Architecture militaire

CARCASSONNE – Porte Est du Château Comtal (12ᵉ s.)

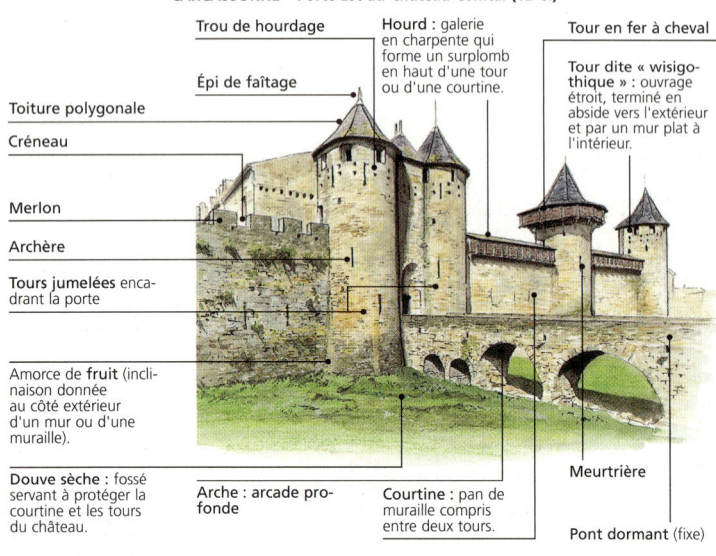

Trou de hourdage

Hourd : galerie en charpente qui forme un surplomb en haut d'une tour ou d'une courtine.

Tour en fer à cheval

Épi de faîtage

Tour dite « wisigo-thique » : ouvrage étroit, terminé en abside vers l'extérieur et par un mur plat à l'intérieur.

Toiture polygonale

Créneau

Merlon

Archère

Tours jumelées enca-drant la porte

Amorce de **fruit** (incli-naison donnée au côté extérieur d'un mur ou d'une muraille).

Douve sèche : fossé servant à protéger la courtine et les tours du château.

Arche : arcade pro-fonde

Courtine : pan de muraille compris entre deux tours.

Meurtrière

Pont dormant (fixe)

Fort de SALSES (15ᵉ-17ᵉ s.)

Le fort de Salses est un exemple typique de fortification à demi-enterrée.

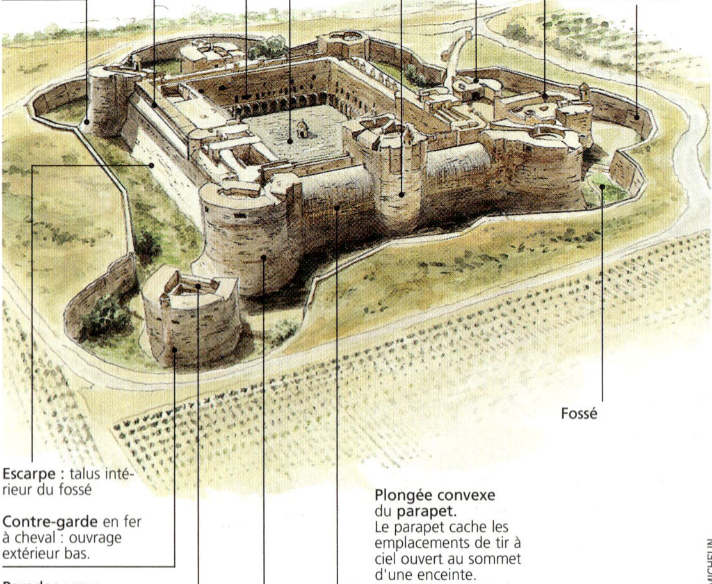

Place d'armes

Casernements

Courtine

Fruit

Barbacane : ouvrage de défense avancé protégeant un point important.

Donjon

Lunette en fer à che-val : ouvrage avancé, en forme de demi-lune.

Contrescarpe : talus extérieur du fossé.

Fossé

Escarpe : talus inté-rieur du fossé

Contre-garde en fer à cheval : ouvrage extérieur bas.

Parados : mur élevé derrière les emplacements de tir.

Plongée convexe du parapet. Le parapet cache les emplacements de tir à ciel ouvert au sommet d'une enceinte.

Bastillon

R. Corbel/MICHELIN

Architecture civile

MONTPELLIER – Rotonde de l'Hôtel St-Côme (17ᵉ s.)

Cette rotonde octogonale abrite un amphithéâtre qui était destiné aux dissections.

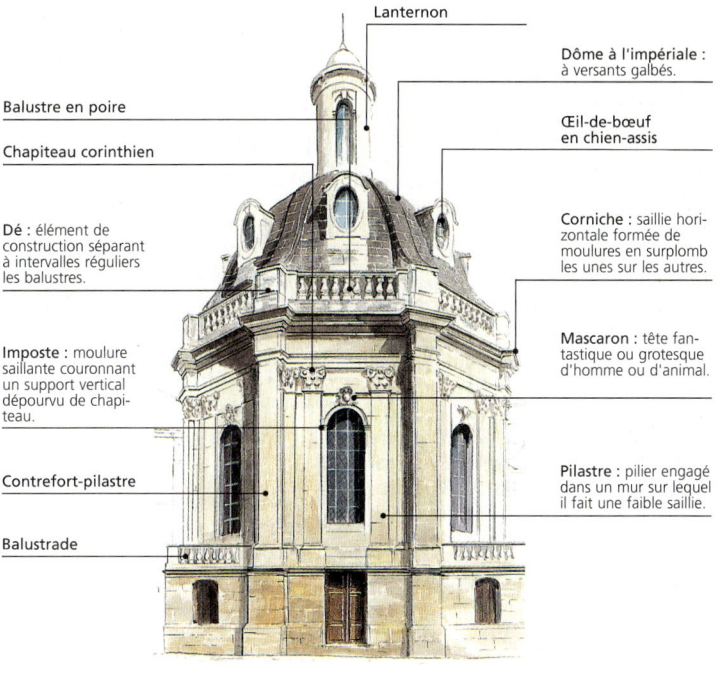

Lanternon

Dôme à l'impériale : à versants galbés.

Balustre en poire

Œil-de-bœuf en chien-assis

Chapiteau corinthien

Dé : élément de construction séparant à intervalles réguliers les balustres.

Corniche : saillie horizontale formée de moulures en surplomb les unes sur les autres.

Imposte : moulure saillante couronnant un support vertical dépourvu de chapiteau.

Mascaron : tête fantastique ou grotesque d'homme ou d'animal.

Contrefort-pilastre

Pilastre : pilier engagé dans un mur sur lequel il fait une faible saillie.

Balustrade

Château de CASSAN – Façade Ouest (18ᵉ s.)

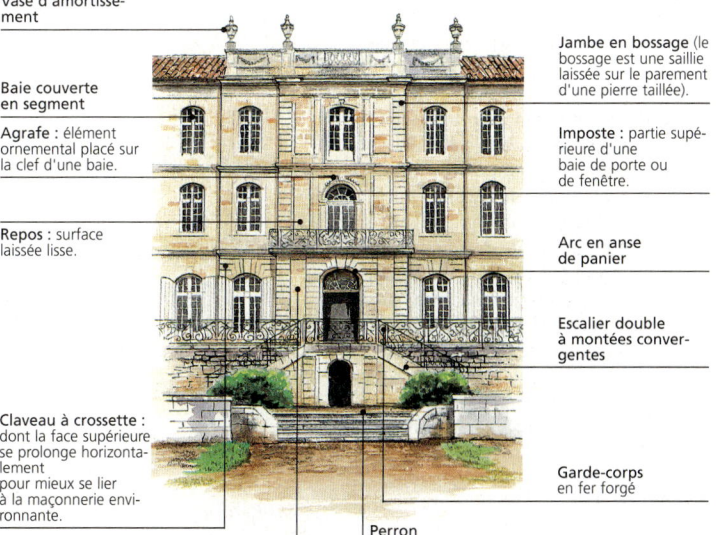

Vase d'amortissement

Jambe en bossage (le bossage est une saillie laissée sur le parement d'une pierre taillée).

Baie couverte en segment

Agrafe : élément ornemental placé sur la clef d'une baie.

Imposte : partie supérieure d'une baie de porte ou de fenêtre.

Repos : surface laissée lisse.

Arc en anse de panier

Escalier double à montées convergentes

Claveau à crossette : dont la face supérieure se prolonge horizontalement pour mieux se lier à la maçonnerie environnante.

Garde-corps en fer forgé

Avant-corps : partie d'un bâtiment faisant saillie sur toute la hauteur et sur l'alignement de la façade, toit compris.

Perron

Les langues d'ici

Tendez l'oreille aux mélopées locales : les accents, parfois rocailleux, portent encore la trace des belles sonorités colorées de deux langues sœurs, l'occitan (la langue d'oc) et le catalan.

FIERS TROUBADOURS

Oyez gentes dames ! Fini le temps où l'on vous traitait de « souveraines pestes » et de « sentinelles avancées de l'Enfer » ; place à l'amour courtois ! Au 11e s., les seigneurs deviennent chevaliers et honorent leur belle. Vient alors l'idée de s'entourer de poètes capables de « trouver » eux-mêmes leurs chansons ; ce sont les « troubadours ». Certains sont princes, d'autres démunis mais tous jouent le même air : l'amour pur, inspiré par une femme idéale.

Parmi les plus célèbres, citons **Jaufré Rudel**, seigneur de Blaye, qui « s'enamoura de la comtesse de Tripoli sans la voir… » *(amor de lonh)*, **Bernard de Ventadour**, chantre de la *fin'amor* (l'amour parfait), **Peire Vidal** au lyrisme extravagant, **Guiraut Riquier**… Mais *fin'amor* ne signifie pas indifférence au monde : pour preuve, les *sirventés*, parfois très violents, contre les armées du nord. Les cours méridionales retentissent jusqu'au 13e s. de leur langue raffinée : l'occitan.

L'OCCITAN

Ce terme ancien a pris de nos jours le dessus sur celui de « langue d'oc ». Les langues « d'oïl » et « d'oc » étaient ainsi nommées pour la façon dont on disait « oui » en chacune d'elles. La limite passait au nord du Massif Central, si bien que l'occitan comporte les dialectes languedocien, gascon, limousin, auvergnat, provençal et nissard (parlé dans le pays niçois). Le mot Languedoc lui-même apparut au 13e s. pour désigner les terres royales, du Rhône à la Garonne, appartenant autrefois au comte de Toulouse et au roi d'Aragon. On a peine aujourd'hui à imaginer l'aura de cette langue dans le monde cultivé de l'époque : **Dante** ne songea-t-il pas à écrire sa *Divine Comédie* dans la langue des troubadours ?

Cependant, après les croisades contre les Albigeois, l'usage de l'occitan déclina, du moins dans les cours. En 1323, des poètes toulousains tentèrent de le réhabiliter par des Jeux floraux de pure tradition médiévale. En 1539, l'**ordonnance de Villers-Cotterêts** lui porta le coup de grâce en imposant dans les documents administratifs le dialecte d'Île-de-France. Dès lors, parlée essentiellement dans les campagnes, la langue d'oc se fractionna en dialectes, souvent baptisés « patois » pour nier tant la langue que la culture. Les maîtres de la Troisième République se donnent pour mission de l'éradiquer, mais c'est la Première Guerre mondiale et les changements qui s'ensuivent qui lui portent le coup le plus sévère.

L'occitan connaît cependant plusieurs sursauts : en 1819, avec la publication, par Rochegude, d'une anthologie de poèmes de troubadours ; en 1854, lorsque le félibrige réforme l'orthographe du provençal. L'Escòla Occitana (1919) et l'Institut d'études occitanes de Toulouse (1945) jouent un rôle décisif dans son renouveau en lui redonnant une graphie. Il faut cependant attendre la loi de 1951 pour que son enseignement, aujourd'hui largement dispensé sur la base du volontariat, soit admis, dans les *calendretas* pour les plus petits, puis au collège (1997). Il survit aussi dans l'accent ou dans certains mots : c'est le « francitan ».

LE CATALAN

Très proche de l'occitan, hérité comme lui de la présence romaine, le catalan est le lien culturel des anciens pays du comté de Barcelone (9e-10e s.). Son apogée se situe au 13e s., avec les écrits de Ramon Llull. À partir du 16e s., il périclite : la monarchie centralisatrice de Philippe II prescrit le castillan. Puis le traité des Pyrénées (1659) l'interdit en Roussillon. Tenace, le catalan se perpétue à l'oral mais sa renaissance littéraire ne date que du 19e s. Essentiel à l'identité culturelle du Roussillon, son usage s'affirme au début des années 1980 dans les écoles maternelles et l'édition. Actuellement, il bruit doucement de Salses en Roussillon à Valence en Espagne *(voir p. 94)*. Dans la principauté d'Andorre et la Catalogne espagnole, il est langue officielle et se parle haut et fort. À vous de parler ! Le « u » se prononce « ou », le « v », « b », le « x », « ch », le « ll », « yeu », le « ig », « itch », et le « ny », « gne ».

Toponymies occitane et catalane

Lorsque les termes sont différents, le 1er est en occitan, le 2e en catalan :

Camin, Cami : chemin.
Carriera, Carrèr : rue.
Crotz, Creu : croix.
Estanh, Estany : lac.
Pas : passage, défilé.
Plaça, praça : place.
Port, Portella : col.
Prat : pré, prairie.
Riu : rivière.
Sèrra, Serrat : colline, crête.

LE LANGUEDOC-ROUSSILLON AUJOURD'HUI

Le Languedoc-Roussillon séduit ! Entreprises, touristes et nouveaux résidents l'ont compris et participent à l'essor d'une région en pleine mutation. Après la crise traversée dans les années 1960, l'économie régionale se relève, offrant de nouvelles perspectives et modernisant ses activités traditionnelles. Garants de l'identité régionale, folklore, traditions et gastronomie se réaffirment, s'enrichissant de la dualité des cultures occitanes et catalanes.

M.-H. Carcanague / MICHELIN

Université de Montpellier, faculté de droit.

Une économie en mutation

Entre tradition et innovation, l'économie du Languedoc-Roussillon vit depuis les années 1990 de profonds changements. Face au déclin des industries textile et minière, la région s'attache désormais à faire émerger des pôles industriels d'excellence et à valoriser ses atouts touristiques, tentant ainsi de pallier le constant recul de ses activités traditionnelles.

VERS UNE INDUSTRIE DE POINTE

Des pôles d'excellence

La décentralisation d'IBM à Montpellier en 1965 marque le point de départ d'une aventure industrielle à haute technologie. Le dynamisme du bassin Montpelliérain se traduit avec l'implantation de nouvelles entreprises dans le domaine de l'électronique, du multimédia, mais aussi du médical et paramédical. C'est le cas notamment de Sanofi, centre de recherche spécialisé dans les mala-dies cardio-vasculaires et le système nerveux, ou encore de Bausch & Lomb, qui développe des médicaments ophtal-mologiques.

Le rayonnement des centres de recherche

Si le potentiel scientifique est concentré à 70 % sur Montpellier, l'École supérieure d'électronique et d'informatique de Nîmes, l'École des mines d'Alès ou encore le Centre de recherche nucléaire de Marcoule tirent également leur épingle du jeu. Ainsi, le bassin d'Alès, ancienne-ment minier, est aujourd'hui spécialisé dans la fabrication d'appareils électriques et la mécanique. Autour de Nîmes, les industries de la chimie-pharmacie et de l'agroalimentaire restent prépondérantes et, dans l'arrière-pays lodévois, l'arrêt de l'exploitation des gisements d'uranium, fin 1997, n'a pas empêché l'activité nucléaire de perdurer grâce à la présence de la Cogema (Areva) et du CEA.

Le développement de l'agroalimentaire

À l'intersection de l'activité industrielle et du monde agricole, l'agroalimentaire est devenu un élément-clé de l'économie

Vue d'ensemble sur le parc à huitres du bassin de Thau.

régionale. De grands groupes tels Royal Canin, Jacques Vabre ont choisi le Languedoc-Roussillon pour installer leurs unités de production. D'autres s'illustrent par la transformation de produits locaux comme St-Mamet pour le secteur des fruits ou encore Haribo et Cémoi-Cantalou pour la confiserie. Aux côtés des eaux minérales (Perrier, Quézac), se développe la fabrication de plats cuisinés (Spanghero dans l'Aude).

L'ÉCONOMIE TOURISTIQUE

Avec près de 15 millions de visiteurs par an, dont un tiers de clientèle étrangère, le tourisme est devenu un enjeu majeur de la région, 4e destination touristique française après l'Île-de-France, les régions PACA et Rhône-Alpes. Il débute dans les années 1970, à l'heure où de nouvelles stations se créent comme Le Cap-d'Agde, Gruissan, Port-Camargue ou La Grande-Motte dont le projet a nécessité la création d'un sol artificiel et la démoustication du littoral.

Côté montagne, les vallées les plus vivantes s'animent, elles aussi, sous l'effet du tourisme. Le développement des sports d'hiver et du thermalisme, en contribuant à créer une image nouvelle de la région, a pu profiter aux stations traditionnelles et aux villes intérieures. C'est le cas notamment pour la Cerdagne et le Capcir, destinations fétiches des amateurs de ski, ou pour le Vallespir grâce à la station thermale d'Amélie-les-Bains.

LA SURVIE DE L'ARTISANAT

Si l'artisanat se développe principalement autour des secteurs du bâtiment et des services, quelques traditions

tentent malgré tout de résister. Parmi les 1 400 entreprises spécialisées dans les métiers d'art que compte la région, nombreuses sont celles qui perpétuent un savoir-faire ancestral. Ainsi, dans l'Hérault, à Hérépian, se trouve l'une des dernières fonderies artisanales de cloches qui combat pour ne pas disparaître. Il en va de même pour le tissu du haut Vallespir, cette toile de coton ou de lin tissée en bandes de couleurs qui sert notamment à la confection de l'*espardinya* ou espadrille. C'est à St-Laurent-de-Cerdans que se trouve la dernière usine de fabrication artisanale. À Millau, le travail du cuir semble perdurer. Les gants taillés dans un cuir d'agneau très fin y sont brodés à la main puis longuement lissés afin d'obtenir la douceur désirée. Ailleurs, certains artisans tentent de remettre au goût du jour d'anciennes traditions. C'est le cas notamment à Perpignan où il est d'usage dans chaque famille de porter un bijou en grenat. Aussi, même si la pierre n'est plus exploitée dans les mines des Pyrénées-Orientales, les joailliers proposent des créations aux lignes contemporaines.

LA GESTION DES RESSOURCES MARITIMES

La pêche au chalut

Avec un plateau continental de 15 000 km², le Languedoc-Roussillon dispose d'un superbe territoire de pêche. Ce n'est donc pas un hasard si Sète s'affiche comme le premier port de pêche français de la Méditerranée. La pêche au chalut y est largement dominante comme à Port-la-Nouvelle, Port-Vendres, Palavas, Agde ou Valras. Les chalutiers prennent sardines, maquereaux ou anchois, à l'aide de gros filets tournants et coulissants ou de filets en forme de poche. Quant à la flotte des thoniers, elle suit le thon rouge de Port-Vendres jusqu'en Espagne, mais doit faire face aux problèmes de surpêche et de prix de carburant qui vont largement modifier les conditions économiques de cette activité.

Les pêcheurs traditionnels

La pêche aux petits métiers se caractérise par des embarcations inférieures à 12 m équipées de filets maillant, trémails et palangres. Depuis des générations, elle se pratique en mer et dans les lagunes, où l'on trouve clovisses, tellines, palourdes ou encore soles, merlans et muges (mulets). Les débarquements sont estimés à 5 000 tonnes par an. Cependant leur nombre a été divisé par deux en 20 ans du fait notamment de la raréfaction des ressources.

Autre mode de capture traditionnelle, la pêche au lamparo qui a lieu de nuit et dont le but est de prendre du poisson bleu, autrement dit sardines, anchois et maquereaux, happés sous des faisceaux de lumière. Seuls quelques lamparos demeurent aujourd'hui, opérant exclusivement de mars à octobre, pour une production annuelle de 300 tonnes.

La conchyliculture

Les parcs réservés à l'élevage d'huîtres, moules et autres coquillages ont remodelé les étangs. L'ostréiculture est privilégiée dans les étangs de Leucate (30 ha), de l'Ayrolles (25 ha) et de Thau (7 500 ha) où l'absence de marée impose une technique d'élevage en suspension, sur des tables plantées dans le sédiment des lagunes. Particulièrement fragiles, ces milieux lagunaires font l'objet d'une veille sanitaire permanente. En 2004, le déclassement de l'étang du Thau en catégorie B a créé la polémique. Cette mesure, certes réversible, induit une tolérance plus élevée des seuils de pollution et impose aux coquillages un bain purificateur de 72 heures. Rien d'étonnant donc si les producteurs se tournent désormais vers la « mer ouverte », s'offrant ainsi de nouvelles perspectives. La culture des moules, notamment, se déploie au large de Gruissan et de Fleury, nécessitant la mise au point de nouveaux procédés de production.

L'aquaculture

En réponse à la diminution des ressources naturelles, les cultures aquacoles se sont fortement développées au cours de la dernière décennie. Loups, dorades et crevettes sont les têtes d'affiche de ces fermes d'élevage implantées pour la plupart en bordure des sites lagunaires. L'espace maritime, convoité de toute part, offre de nouveaux débouchés au secteur piscicole mais déclenche aussi quelques débats, à l'instar du parc à thons prévu au large de Paulilles, à la limite de la Réserve naturelle marine de Cerbère-Banyuls. Les détracteurs dénoncent les risques de pollution d'un tel projet. Espèce en danger du fait de sa sous-population, le thon rouge est capturé à l'état sauvage pour être engraissé. Sa consommation annuelle de milliers de tonnes de poissons engendre en effet excréments et déchets.

Une forte activité portuaire

Les trois principaux ports de commerce, Sète, Port-la-Nouvelle (en cours de modernisation) et Port-Vendres, sont le lieu de passage de plus de 6,5 millions de tonnes de marchandises par an. Si Port-Vendres s'est spécialisé dans l'importation de fruits, le trafic de Port-la-Nouvelle est centré sur les hydrocarbures et les céréales. Le port de Sète, quant à lui, bénéficie d'une activité plus polyvalente. Importation de produits pétroliers raffinés, vracs industriels (bauxite et charbon) mais aussi produits issus de la filière agroalimentaire y transitent

La démoustication du littoral

Le littoral languedocien fut l'un des précurseurs en matière de démoustication. Il faut dire que cette région d'étangs et de marais était particulièrement propice à l'expérience. C'est l'EID-Méditerranée (Entente interdépartementale de démoustication) qui est en charge de cette mission. Créée en 1958, cette organisation financée par les collectivités territoriales neutralise chaque année l'apparition des larves de moustiques. Pour détecter les foyers larvaires, les « chasseurs » de moustiques s'appuient sur des cartes écologiques du littoral méditerranéen décrivant les différents niveaux d'eau et de salinité, deux critères primordiaux à une éventuelle invasion. Un « commando spécial » se rend également sur place, n'hésitant pas à jouer les appâts pour évaluer l'importance du phénomène. Ensuite place à la grosse artillerie, les avions se chargent de pulvériser l'insecticide. Les produits chimiques ont été remplacés par des substances biologiques, à base de bactéries.

SPÉCIALITÉS ET VIGNOBLES

● **ARTISANAT, SPÉCIALITÉS**

	▨	Fruits et légumes
	▨	Maïs, tabac
	▨	Autres céréales, oléagineu.
	▨	Polyculture et élevage
	▨	Zones incultes
	▨	Châtaigniers
	▨	Oliviers
	●	Mûriers
	●	Lavande

Anduze	Vases
Arles-sur-Tech	Confiserie (pralines)
Aubrac	Miel
Le Boulou	Bouchons de liège
Carcassonne	Confiserie (fruits confits, marrons glacés, nougats)
Cerdagne	Miel
Cévennes	Miel
Hérépian	Cloches
Lasalle	Sériciculture
Limoux	Confiseries (nougats, tourons)
Millau	Gants
Montpellier	Confiserie (grisettes)
Narbonne	Confiserie (berlingots)
Perpignan	Confiserie (tourons)
Pézenas	Confiserie (berlingots)
Prades	Confiserie (tourons)
Revel	Liqueur, meubles
St-Laurent-de-Cerdans	Espadrilles
Ste-Enimie	Apéritif (Carthagène)
Sauve	Fourches de micocoulier
Thuir	Apéritif (Byrrh)
Vallespir	Miel

Minervois

▨	Vin d'Appellation
▨	Vin rouge, rosé ou blanc
▨	Vin rouge dominant
▨	Vin blanc
▨	Vin blanc mousseux
▨	Vin doux naturel

● **GASTRONOMIE**

Amélie-les-Bains	Pâtisseries (rousquilles)
Aubrac	Aligot, fromage de vache (fourme)
Banyuls-s-Mer	Civet de langouste
Le Barcarès	Bouillinade et sardinade
Bassin de Thau	Huîtres et moules
Le Canigou	Fromage de chèvre (rogeret)
Carcassonne	Cassoulet
Castelnaudary	Cassoulet, pâtisseries (alleluias, glorias)
Causses	Fromage de vache (bleu), Pâtisseries (flaune)
Le Caylar	Pigeon au genièvre
Cévennes	Charcuteries, fromage de chèvre (pélardon), truffes
Collioure	Préparations d'anchois
Florac	Pâtisseries (amellonade)
Gévaudan	Grives
Leucate	Huîtres
Limoux	Fricassée, pâtisseries (gâteau au poivre)
Lodève	Cabassols
Millau	Trénels
Montpellier	Pâtisseries (oreillettes)
Pézenas	Petits pâtés
Roquefort-s-Soulzon	Fromage de brebis (roquefort), morilles à la crème
St-Affrique	Pâtisseries (gâtis, nène)
Sète	Bourride, tielle
Tautavel	Lièvre
Le Vigan	Pâté de grives

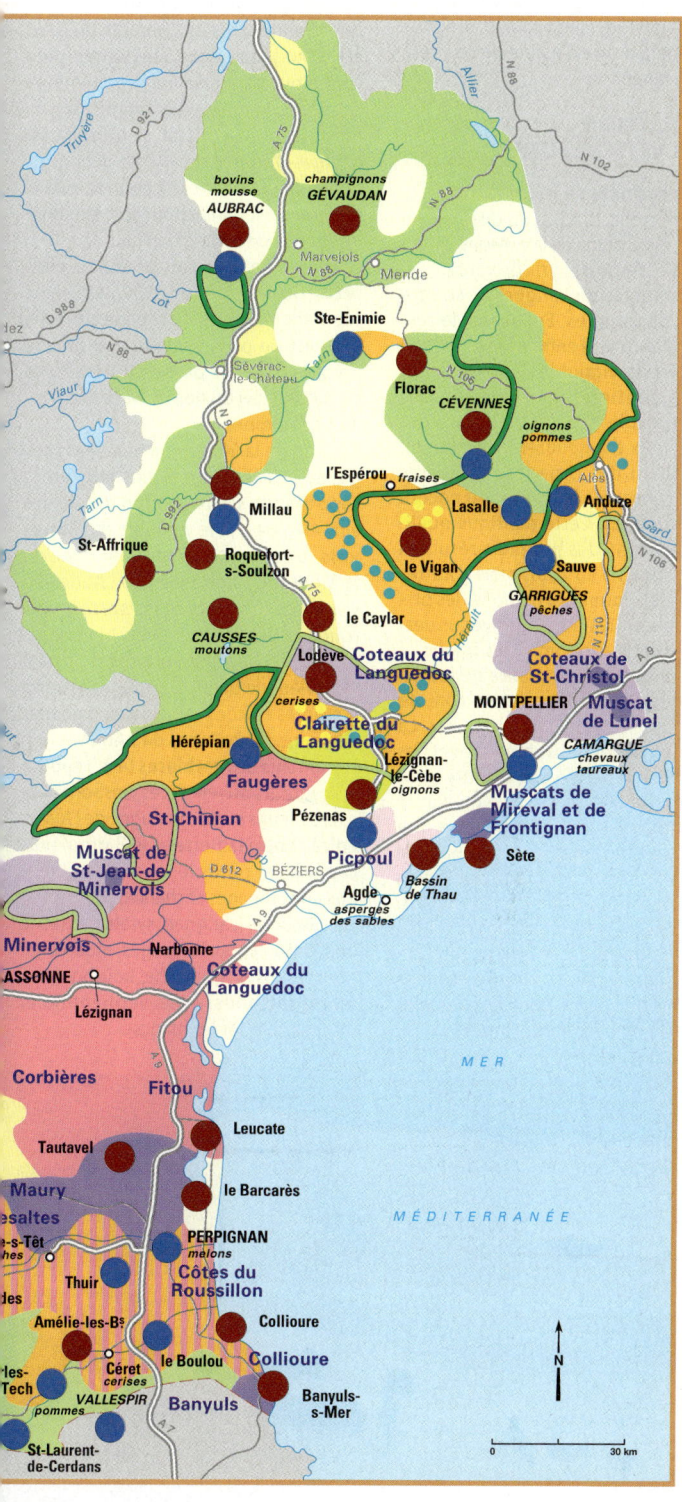

quotidiennement. En dehors du trafic de marchandises, Sète offre également deux lignes régulières sur le Maroc pour les passagers et acquiert progressivement son titre d'escale de croisière méditerranéenne.

L'ÉVOLUTION DE LA VITICULTURE

Une conjoncture incertaine

Concurrence accrue des vins du Nouveau Monde, diminution de la consommation nationale, chute des prix de vente… Le monde viticole du Languedoc souffre depuis des années. En 20 ans, la restructuration a déjà entraîné la réduction d'un tiers du vignoble ! Parallèlement à cette politique de réduction des surfaces exploitées, les vignerons ont fait le choix d'améliorer la qualité en remplaçant des cépages médiocres par du cabernet, du merlot ou encore du chardonnay. Cette politique qualitative a donné des premiers résultats encourageants en 2007, mais d'autres problèmes, comme la flambée des prix des carburants, sont depuis venus déstabiliser cette économie très fragile.

Autre évolution marquante de la viticulture régionale : la prise en compte des contraintes environnementales. La réduction des engrais chimiques et des pesticides, devenue une priorité pour les viticulteurs, incite à une meilleure analyse des sols en amont et à une protection biologique des vignes. De même, l'ensemencement des rangs de vignes, qui permet, entre autres, d'éviter le ruissellement des produits phytosanitaires, est de plus en plus fréquent dans la région. Ne vous étonnez donc pas de voir les parcelles viticoles s'embellir d'allées verdoyantes !

Vins du Languedoc

Appellation d'origine contrôlée depuis 1985, les **coteaux-du-languedoc** rassemblent les crus de l'Hérault, du Gard et de l'Aude, dont quelques terroirs peuvent ajouter leur nom à l'appellation : cabrières, la méjanelle, montpeyroux, pic-st-loup, st-christol, st-drézéry, st-georges-d'orques, st-saturnin, vérargues, quatourze, la clape et picpoul-de-pinet ; ce dernier est parfait pour accompagner les huîtres de l'étang de Thau.

La région de Cabrières produit la **clairette-du-languedoc** (AOC), vin blanc sec élaboré à partir du cépage clairette. Les vins de pays sont vendus sous le nom de « vins de pays d'Oc » ou « vins de pays » suivi du nom de leur département d'origine.

Au pied de la Montagne noire, les **faugères** (AOC) sont des vins puissants ; l'appellation **saint-chinian** donne des vins élégants. Et le vignoble du **Minervois**, très réputé, s'étend du flanc de la Montagne noire jusqu'à l'Aude. On y boit les **mourels** et les **serres**, vins rouge cerise fruités et vins blancs fins et longs en bouche, aux arômes de miel et de fleur de tilleul. Les rouges souples aux notes épicées et les blancs bien frais viennent des **balcons de l'Aude**.

Le vignoble des **corbières** (AOC) épouse les contours du relief : ces vins sont délicats et fleuris sur la montagne de l'Alaric, épicés entre la Berre et le Barrou, puis capiteux et ronds le long de l'Orbieu ; plusieurs cépages enchanteurs sont pour cela associés (carignan, syrah, grenache noir, cinsault pour les rouges ; mourvèdre pour les rosés ; grenache, bourboulenc, marsanne, roussanne, vermentino et maccabéo pour les blancs).

Vignoble des Corbières.

D. Pazery / MICHELIN

La **blanquette de limoux** (AOC) serait le plus vieux brut du monde : dès 1531, les moines de l'abbaye de St-Hilaire fabriquèrent un vin effervescent en flacon de verre. Les cépages sélectionnés (mauzac, chenin et chardonnay) donnent des mousseux frais et racés, comme le crémant (AOC). Savourez-les avec des gâteaux au poivre et nougat de Limoux.

Passer en revue les bouteilles procure déjà un sentiment d'ivresse, mais ajoutons encore : le **cabardès** et le **côtes-de-la-malepère**, deux appellations élevées près de Carcassonne, parfaites pour accompagner le gibier et les viandes rouges ; la **clape** et **quatourze**, deux crus des environs de Narbonne (vins blancs et rouges) ; enfin, le **fitou**, AOC qui se répartit en deux territoires : les vignes des hautes Corbières, au pied du mont Tauch, et des Corbières maritimes, au-dessus de l'étang de Leucate.

Vins du Roussillon

Les généreuses grappes du vignoble du Roussillon fournissent une large palette de vins de coteaux, des vins blancs à reflets verts, des rosés très pâles et des rouges à la robe grenat, que l'on trouve à l'Agly, au glacis des Aspres et sur la côte Vermeille.

Ses AOC, dont le **collioure**, sont fameuses. Les **côtes-du-roussillon** donnent surtout des vins rouge foncé et corsés, à l'arôme de fruits mûrs et d'épices. Pas moins de vingt-cinq communes se partagent l'appellation **côtes-du-roussillon-villages**, aux crus charpentés.

Vins doux naturels

Ils sont tout bonnement typiquement méditerranéens ! Pour conserver la quantité de sucre voulue dans le vin, on ajoute de l'alcool dans le moût (jus du raisin) en cours de fermentation. L'œil et le palais savent distinguer les muscats, issus des cépages muscats d'Alexandrie ou à petits grains, et les autres, au cépage noble comme le grenache, le maccabéo, le carignan et le malvoisie.

Il existe toute une gamme de **muscats** : qu'ils soient de **Rivesaltes**, de **Frontignan**, de **Lunel**, de **Mireval** ou de **St-Jean-de-Minervois**, ils portent une belle robe dorée, en harmonie avec leurs arômes d'agrumes et de miel : vous les boirez jeunes et frais.

Ambre ou grenat, les autres vins sont plus foncés en raison de l'oxydation à laquelle ils sont soumis durant leur élevage en fûts de chêne ou en bonbonnes de verre exposées au soleil. **Banyuls**, **rivesaltes** et **maury** accompagnent à merveille les desserts au chocolat et les fromages à pâte persillée.

Outre le **Noilly Prat**, vieilli dans des fûts au soleil de Marseillan, le **Byrrh** est un apéritif à base de vin et de vin doux naturel : son nom est un composé de bi, « vin » en catalan et de Thuir, ville où il est fabriqué, de même que l'Ambassadeur, le Cinzano, le Dubonnet.

LE PAYSAGE AGRICOLE

Façonné par un climat méditerranéen, le terroir du Languedoc-Roussillon se divise en trois grandes zones : littoral, plaines et montagnes. La surface agricole qui représente 40 % du territoire se décline principalement en maraîchage et arboriculture pour les deux premières zones, alors qu'en altitude, la présence des troupeaux a généré le développement de cultures fourragères.

Fruits et légumes

La filière fruits et légumes est la seconde activité agricole de la région après la viticulture. Présente essentiellement dans les départements des Pyrénées-Orientales et du Gard, la production fruitière a bénéficié dans les années 1950 d'aménagements hydrauliques permettant la culture d'abricots, de pommes ou de poires. À Nîmes et dans la plaine du Roussillon, la pêche nectarine reste la production phare.

Côté légumes, salades, artichauts et tomates comptent parmi les principales productions du Gard et des Pyrénées-Orientales. Le département de l'Hérault, quant à lui, profite de l'essor de la culture du melon ainsi que du renouveau de l'olive. Autrefois largement répandues, les oliveraies se redéploient avec vigueur. Autre retour : la châtaigne des Cévennes et du Haut-Languedoc qui convoite l'Appellation d'origine contrôlée.

L'élevage extensif

En Lozère, veaux de Langogne et bœufs d'Aubrac vivent en semi-liberté aux côtés des moutons qui donneront lait, viande et laine. Dans les Pyrénées catalanes, les veaux et génisses, élevés aussi en liberté et nourris au lait maternel, sont abattus entre 5 et 8 mois pour donner une viande de qualité labellisée « rosée des Pyrénées ». En plus d'offrir des produits de qualité, ce type d'élevage extensif participe activement au maintien des paysages.

Première productrice d'électricité issue des éoliennes, la région garde un rôle novateur pour les énergies alternatives.

La fragilité d'une région attractive

Marquée par une forte croissance démographique, le Languedoc-Roussillon doit relever le double défi de l'accueil de nouveaux résidents et de la gestion de ses espaces naturels. De cette contrainte naissent des initiatives environnementales.

LES MOUVEMENTS DE POPULATION

L'explosion démographique

La croissance de la population en Languedoc-Roussillon est deux fois supérieure à la moyenne française. Depuis l'arrivée des rapatriés d'Afrique du Nord dans les années 1960, la région fait figure de terre d'immigration. Avec 20 000 habitants supplémentaires par an, elle enregistre le plus fort solde migratoire. Aujourd'hui, 90 % de la population nouvelle provient des autres régions métropolitaines.

Des champs à la ville…

Cinquante-cinq pour cent des habitants sont concentrés sur une frange littorale, autour des agglomérations de Montpellier, Nîmes et Perpignan, tandis que l'intérieur des terres ne cesse de se vider. Le transfert des populations de la montagne vers le littoral, qui s'est opéré au 20e s., a fait des petites vallées en cul-de-sac et des hameaux isolés les premières victimes du dépeuplement. Dans ces zones reculées, les communications internes restent encore difficiles, et les cols souvent impraticables en hiver. Le déséquilibre entre les villes et les campagnes est également important, excepté pour le département de l'Aude où ce phénomène apparaît moindre, l'ouest du département bénéficiant, entre autres, du rayonnement toulousain.

…et de la ville aux champs

Le phénomène n'est pas absolument homogène : au lendemain de Mai 1968, puis au cours des années 1980, les Cévennes (vallée Française, Florac), la haute vallée de l'Aude (vallée de Festes, pays de Sault) ou encore le Larzac (pour les plus courageux) accueillent de jeunes adultes citadins venus se mettre au vert, les néoruraux. Grâce à leur présence, les villages fantômes semblent reprendre vie, la pyramide des âges se rééquilibre et les cours d'écoles se remplissent. S'orientant principalement vers les cultures biologiques, les nouveaux venus participent au maintien de l'activité agricole et développent une vie culturelle particulièrement dense autour de ciné-clubs, troupes théâtrales ou radios locales. Renforcée par une troisième vague au début des années 1990, cette aventure campagnarde reste pourtant une exception dans le mouvement démographique général.

LES ENJEUX ENVIRONNEMENTAUX

La croissance démographique génère des risques importants pour les espaces naturels, c'est ce qui explique sans doute que le Languedoc-Roussillon consacre de nombreux crédits à l'environnement. La région s'avère même novatrice à l'occasion : Air Languedoc-Roussillon fut en France la première association régionale créée pour contrôler la qualité de l'air et la réserve naturelle marine de Cerbère-Banyuls reste à ce jour une initiative unique.

Les conséquences de l'urbanisation

Augmentation des déchets et des déplacements automobiles, demande croissante en eau, les menaces de l'étalement urbain sont légion. Avec 30 % de terres artificielles empruntées aux milieux ouverts et aux forêts, l'urbanisation a déséquilibré les écosystèmes du littoral, réduit la diversité biologique et modifié le cycle de l'eau. La capacité de stockage des étangs, permettant de protéger les villes des inondations, a ainsi diminué sous la pression foncière. Aujourd'hui, seul un meilleur contrôle de l'urbanisation peut permettre d'inverser la tendance.

La protection du littoral

Le plan de développement durable prévoit un programme de lutte contre l'érosion des plages. En effet, ce phénomène entraîne un recul de la côte de plusieurs dizaines de centimètres dans certaines zones comme au sud de l'Hérault. De plus, le piétinement engendré par la fréquentation touristique, tout comme le traitement des plages en été, menacent les écosystèmes dunaires, refuge de nombreuses espèces rares. La Petite Camargue, le lido sétois, le site des Coussoules ou encore l'étang du Canet devraient faire l'objet de réaménagement dans les dix années à venir.

Les énergies alternatives

Initiatrice en matière d'énergies « propres », la Cerdagne, l'une des régions les plus ensoleillées de France, expérimente dès 1953 un premier four solaire à Mont-Louis et un second dix ans plus tard à Odeillo. En 1983, la centrale solaire de Thémis est mise en fonction et couplée au réseau électrique. Le dernier choc pétrolier en 2008 a accéléré les projets de **centrales photovoltaïques** dans la région, près de Narbonne ou à Torreilles par exemple. Aujourd'hui, de plus en plus de programmes immobiliers locaux, publics et privés, proposent un équipement en énergie solaire. Les **éoliennes** sont également l'objet de toutes les attentions. À ce jour, la dizaine de sites répartis dans l'Aude, l'Hérault et les Pyrénées-Orientales totalisent près de la moitié de la puissance française, plaçant le Languedoc-Roussillon au premier rang des régions productrices d'électricité par énergie éolienne.

Le site de Port-la-Nouvelle, particulièrement accessible, permet d'aller à la rencontre de ces grandes demoiselles.

Traditions languedociennes et catalanes

Le folklore local, avec ses fêtes païennes ou religieuses, relève de croyances fort anciennes, qui reflètent les joies et les peines quotidiennes des habitants.

RUGBY : LA MÊLÉE OCCITANE

Né en 1823 à Rugby (Angleterre) d'une entorse aux règles du football, ce sport est devenu la marque de distinction des Occitans. Leur goût pour la fraternité, l'amusement et la « castagne » sont franchement exaltés dans ce « sport de voyou pratiqué par des gentlemen ».

Au **rugby à XV** (équipe de 15), passer le ballon ovale en avant à la main entraîne la « mêlée », un arc-boutement puissant de joueurs. Au **rugby à XIII** ou **jeu à XIII** (13 joueurs), celle-ci est déclarée lorsque le ballon franchit les limites latérales du terrain ; les équipes de Carcassonne, Perpignan (XIII Catalan), Pia, St-Gaudens et St-Estève forment l'élite de ce « rugby hérétique » ou « sport des cathares ».

Parmi les grandes équipes du XV, le **Stade Toulousain** a été dix-sept fois champion de France, titre remporté également maintes fois par l'**Association Sportive de Béziers (ASB)**, l'**Union Sports Athlétiques Perpignan Roussillon (USAP)** et le **Racing-Club de Narbonne-Corbières**. Imprimé traditionnellement sur papier jaune, le *Midi olympique* se fait le chantre de tous ces exploits.

R. Corbel / MICHELIN

Au rugby, la touche.

Joute nautique en tenues et couleurs sur le grand canal de Palavas-les-Flots.

FÊTES LANGUEDOCIENNES

Les joutes nautiques

Il faut les voir ces jouteurs, de blanc vêtus, impeccables, pieds nus sur la planche des barques, le pavois (bouclier décoré) dans une main, la lance de pin dans l'autre. Ils s'affrontent de juin à septembre, devant les badauds en émoi, de Sète à Béziers, d'Agde à Palavas. Pour qui le bon bain ?

Le carnaval de Limoux

Dans l'Aude, le Carnaval de paille était autrefois jugé en expiation des maux du village, puis pendu ou brûlé au centre d'une ronde chantante. À présent, on le fête surtout à Limoux. Les *fécos*, déguisés en Pierrot, avancent à pas très lents, *carabena* (roseau enrubanné) à la main, suivis par les pitreries des *godils*.
Les villages sont aussi en liesse pour les fêtes votives, telle celle de saint Pierre, patron des pêcheurs, le 29 juin à Gruissan : le cortège se disperse au port, après avoir lancé des fleurs à la mémoire des disparus.

La tauromachie

La proximité de l'Espagne est sans doute pour beaucoup dans l'engouement qu'affichent les Languedociens et les Roussillonnais pour les jeux taurins et, plus particulièrement, la corrida. Celles de Céret, Collioure ou Béziers affichent les noms des plus célèbres toreros, tandis que le spectacle épique des courses aux taureaux et à la cocarde rassemble dans le Gard et l'est de l'Hérault une foule de passionnés.

L'IDENTITÉ CATALANE

Si le catalan est la langue officielle en Andorre et en Catalogne espagnole, côté français, la langue des « anciens »

(*voir p. 84*) semble prendre un coup de jeune. Pour preuve du regain d'intérêt envers l'apprentissage du catalan : le CAPES proposé par l'université de Perpignan ou encore les cours d'initiation dispensés dans les écoles maternelles et primaires. Le théâtre, la littérature et la poésie contribuent également à faire résonner dans les contrées la langue régionale. De nombreuses associations de « catalanophones » œuvrent pour une renaissance de la langue. En France et en Espagne bien sûr, mais aussi en Italie ou encore au Canada, un peu partout dans le monde, des partisans du catalan font entendre leur voix. Ces liens sociaux ainsi tissés à travers le monde sont une force incontestable pour la culture catalane.

FERVENTE CATALOGNE

La Fête de l'ours

Autrefois, les ours peuplaient le Vallespir. À **Arles-sur-Tech**, St-Laurent-de-Cerdans et Prats-de-Mollo, on leur consacre encore une fête. En février-mars (et maintenant en été), un homme déguisé en ours, censé sortir d'hibernation, rôde. Une battue est organisée, avec une jolie jeune fille en appât. Attiré par ses charmes, l'ours se laisse conduire, au son de la *cobla*, sur la place du village, où il est rasé et terrassé.

Les pénitents de la Sanch

Le Vendredi saint se déroule, à Perpignan, la procession de la confrérie du Précieux Sang, fondée au 15e s. par le dominicain espagnol saint Vincent, afin d'accompagner les condamnés à mort. Le défilé passe des hauteurs de St-Jacques à la cathédrale, accompagné des *goigs* (cantiques) et des *mistéris*, images de la Passion. La communauté porte d'inquiétantes tuniques rouges ou noires, la *caperutxa*, et de hautes cagoules pointues.

LA SARDANE

C'est sans doute la plus pittoresque tradition des pays catalans. Dérivant du contre-pas, elle fut créée au 19e s. par un musicien de Figueras, Pep Ventura et un luthier perpignanais dénommé Turron. Elle repose sur la *cobla*, cet orchestre de onze instruments (*fiabiol*, *tambori*, *tribles*, *tenores*, *fiscorns*, trompette, trombone à pistons et contrebasse) capables d'exprimer les sentiments les plus doux comme les plus passionnés. Cette danse fait alterner subtilement huit mesures de pas courts et seize de pas longs, dansés par des équipes, les *colles*. À l'occasion d'un concours ou d'un festival (Céret), la sardane déroule ses guirlandes de bras levés et, au final, réunit les participants en rondes concentriques pour une « sardane de la fraternité ». Mais vous aurez sans doute l'occasion d'en tester vous-même les subtilités en vous joignant aux danseurs sur la place des villages catalans, le dimanche matin : car la sardane, symbole de fraternité, est devenue également une affirmation de « catalanité ».

Gastronomie

La gastronomie régionale rend hommage à la variété des paysages. Née du terroir et de la mer, elle se teinte du soleil de la Méditerranée et s'épice du côté des terres catalanes. Plats mijotés, fromages et douceurs sont les témoins d'une nature aux mille visages.

En Languedoc

La cuisine languedocienne regorge d'huile d'olive et d'herbes des garrigues (thym, romarin, genièvre, ail, sauge, fenouil…) qui parfument les escargots à la sommiéroise ou à la lodévoise, le gibier, les oiseaux en sauce (pigeons au genièvre du Caylar) ou en terrine (grives du Vigan), les célèbres petits pâtés de Pézenas à base de mouton (et de confiture !) ou encore l'*aigo boulido*…
Aubergines, tomates, courgettes, poivrons… forment la traditionnelle ribambelle méditerranéenne, cachée pour partie dans la croustade de Clermont-l'Hérault ou les crépinettes. Vertes ou noires, les olives de Bize-Minervois se savoureront seules en apéritif.
La mer regorge de poissons aussi rares que recherchés, tels le rouget très fin, le loup (bar), délicieux cuisiné au fenouil, voire flambé au pastis, les huîtres et moules de Bouzigues, la baudroie en bourride sétoise ou en gigot de Palavas, les seiches à la rouille ou en macaronade et les tielles de poulpes.
Mais le plat roi est certainement le cassoulet. Ce fleuron de la cuisine occitane mijotait autrefois dans une « cassole » en argile d'Issel. Haricots, graisse d'oie, ail et couennes sont accompagnés, soit de poitrine de mouton et de porc frais à Castelnaudary, soit de gigot de mouton et de perdrix braisée à Carcassonne.
 Voir aussi les vins p. 90.

Le cassoulet, spécialité de Castelnaudary.

E. Larribère / MICHELIN

Fromages ou desserts ?

Le lait de vache donne des pâtes célèbres, le bleu des causses et la fourme de Laguiole de l'Aubrac, « formée » par un bois qui brunit sa croûte. Celui des brebis du Larzac donne le pérail et le prestigieux roquefort, tandis que le pélardon cévenol vient des chèvres.
Pour clore le repas d'une touche sucrée, vous aurez l'embarras du choix : gâteau à la broche, croquants aux amandes, amellonades de Florac (brioche), alléluias de Castelnaudary (petits gâteaux sans crème), marrons glacés de Carcassonne ou grisettes de Montpellier (bonbons au miel, herbes, réglisse). Pour la fête des Rois et Mardi gras, on abuse à Montpellier des succulentes oreillettes parfumées à l'orange.

La cuisine catalane

Picada (au vin rouge) ou *romesco* (tomate, piment), les sauces sont à l'honneur. On savoure aussi bien la bouillinade, l'anchoïade de Collioure et le civet de langouste au banyuls, que l'*ollada* (soupe de cochon), les *boles de picolat* (boulettes de viande) et le perdreau. À Pâques ou à la Pentecôte, on se réunit pour la cargolade d'escargots et les grillades. Goûtez les sucreries : crème catalane, bunyettes à la fleur d'oranger, rousquilles aux amandes d'Amélie-les-Bains, *pessigoles de xocolata* (meringues au chocolat) ou tourons.

Gorges du Tarn.

M.-H. Carcanague / MICHELIN

Massif de l'Aigoual ★★★

CARTE GÉNÉRALE CD2 – CARTE MICHELIN DÉPARTEMENTS 339 G4 – GARD (30)

Toit des Cévennes, le sommet du massif de l'Aigoual culmine à 1 567 m d'altitude. Même s'il a, les trois quarts du temps, la tête dans les nuages, il surplombe un immense panorama qui se perd vers les impressionnantes gorges de la Dourbie, de la Jonte et du Trévezel. Tracées à travers les jeunes forêts dont se couvre la montagne ou sur des crêtes d'où les vues sont très étendues, les routes qui sillonnent le massif de l'Aigoual sont presque toutes pittoresques.

Panorama des Cévennes depuis le mont Aigoual.

A. Cassaigne / MICHELIN

- **Se repérer** – À 70 km à l'est de Millau et 60 km à l'ouest d'Alès. Trois routes principales traversent le massif et se croisent au col de la Sereyrède : la D 986 de Pont-d'Hérault (tout proche de Ganges) à Meyrueis, la D 48 au départ du Vigan, qui rejoint la D 18 vers Florac.

- **À ne pas manquer** – Le Grand Aven de l'abîme de Bramabiau ; le panorama depuis le mont Aigoual et celui depuis le col du Minier.

- **Organiser son temps** – Choisissez un jour de beau temps pour apprécier des paysages dégagés et comptez la journée pour les circuits.

- **Avec les enfants** – L'exposition Météo France à l'observatoire.

- **Pour poursuivre la visite** – Voir aussi l'aven Armand, les gorges de la Dourbie, Florac, le causse Méjean, Meyrueis.

Comprendre

Microclimat – L'Aigoual est l'un des nœuds hydrographiques les plus importants du Massif Central : de là, son nom *Aiqualis*, devenu Aigoual en occitan (l'aqueux, le pluvieux). Les précipitations, en année moyenne, atteignent 2,25 m.

Le sommet du massif de l'Aigoual condense à la fois les nuages venus de l'Atlantique et les vapeurs méditerranéennes qui s'y combattent constamment. Il partage les eaux de pluie entre deux régions très dissemblables : sur le versant méditerranéen, les gorges profondes alternent avec les crêtes schisteuses très découpées, tandis qu'à l'ouest, vers l'Océan, des pentes douces soudent le massif au vaste pays calcaire des causses. L'hiver, la neige paralyse les voies d'accès de novembre à mai, le brouillard persiste en moyenne 241 jours par an. L'été, la température ne dépasse pas 25 °C.

Reforestation – Il y a un siècle, le massif présentait l'aspect désolant d'une montagne pelée. En 1875, **Georges Fabre**, garde général des Eaux et Forêts, entreprend son reboisement. Il réussit à faire voter une loi l'autorisant à acheter des terrains communaux ou particuliers, ce qui lui permet de remplacer le mince rideau d'arbres destiné à retenir les terres en bordure des rivières par de larges surfaces plantées. Peu à peu, malgré la résistance des bergers qui n'hésitent pas à mettre le feu aux jeunes plants, Fabre parvient à redonner à la montagne sa parure de forêts. Fabre ne s'est pas contenté de reboiser. Il a développé autour de l'Aigoual un réseau de routes et de sentiers, restauré des maisons forestières, organisé des arboretums pour l'étude de l'accroissement des essences, construit un observatoire destiné aux recherches météorologiques.

Circuits de découverte

Les circuits décrits permettent de traverser complètement le massif et d'atteindre en voiture le sommet même de l'Aigoual. Mieux vaut les suivre dans le sens Meyrueis-Le Vigan : la descente du col du Minier vers la vallée de l'Arre est vraiment superbe.

DE MEYRUEIS AU MONT AIGOUAL ☐1

32 km au départ de Meyrueis (voir ce nom) – environ 3h.

Depuis Meyrueis, la montée au col de Montjardin s'effectue d'abord en forêt, sur la rive gauche du Bétuzon, puis à la lisière du causse Noir. Du col, vue très étendue sur ce causse, sur celui du Larzac et, peu après, sur les montagnes de l'Aigoual et de l'Espérou. Taillée en corniche dans les schistes, la route offre de belles échappées sur les anciennes mines de plomb argentifère de Villemagne.

Abîme de Bramabiau★

☎ 04 67 82 60 78 - température : 8 °C - 🚶 1,5 km AR - juil.-août : visite guidée 9h-18h30 ; avr.-juin et sept. : 10h-18h ; de déb. oct. à mi-nov. : 11h-17h - 7,50 € (6-12 ans 3, 50 €).

C'est ici qu'André Chamson a situé l'intrigue de son roman *L'Auberge de l'abîme*.

Le ruisseau du Bonheur, qui prend sa source au pied du mont Aigoual, au col de la Sereyrède, coulait autrefois sur le petit causse de Camprieu. De là, il se précipitait dans sa vallée inférieure, en une belle cascade dont le bruit rappelle, en temps de crue, le beuglement d'un bœuf. D'où le nom donné à la rivière, jusqu'à son confluent avec la Trévezel : *Brama Biòu*. Abandonnant son lit superficiel, le Bonheur s'est enfoui dans le causse. Après un parcours souterrain de plus de 700 m, il en sort par une haute et étroite fissure et jaillit dans un cirque rocheux nommé l'Alcôve en une belle cascade.

L'**entrée** dans le monde souterrain (exploré en 1888 par E. A. Martel) se fait par la résurgence, c'est-à-dire la sortie de la rivière. Après avoir franchi le Bramabiau entre la première cascade (à l'air libre) et la deuxième, dite de l'Échelle (souterraine), le sentier s'engage dans une longue galerie (130 m), impressionnante par sa hauteur et ses profondes crevasses (**Grande Diaclase**) dues à l'érosion souterraine, et conduit à la salle du Havre.

De là, on accède au **Grand Aven**, où l'on peut admirer l'œuvre de Jean Truel, peintre des gouffres. Un sentier taillé en corniche sur la rivière, à plus de 20 m de hauteur, remonte la galerie Martel, passe au-dessus du Pas du Diable et arrive au filon. Ici la caverne est creusée sur 200 m dans un filon de barytine blanchâtre qui débouche sur le Petit Labyrinthe. Quelques marches permet-tent de gagner la **salle de l'Étoile**, dont la particularité est son plafond formé de roches agglomérées entre elles par de la calcite. Retour vers le bâtiment d'accueil par un tunnel aménagé (en 2006) où il est possible d'observer des empreintes de dinosaures découvertes lors de son creusement.

Quelques centaines de mètres après l'abîme de Bramabiau, en direction de Trèves, on croise la route des **gorges du Trévezel**★ *(voir Gorges de la Dourbie).*

Col de la Sereyrède★

Alt. 1 300 m, sur la ligne de partage des eaux. Au pied du col se creuse la vallée de l'Hérault que dominent au loin les serres cévenoles.

Une belle route relie le col de la Sereyrède au sommet du mont Aigoual. Après de magnifiques vues plongeantes sur la vallée de l'Hérault où serpente la route de Valleraugue, on pénètre en forêt.

La grande draille du Languedoc

Le col de la Sereyrède était un des passages empruntés par la grande **draille** du Languedoc, l'une de ces larges pistes de transhumance fou-lées naguère chaque année, au mois de juin, par les moutons des garrigues languedociennes montant aux pâtu-rages de l'Aubrac, du mont Lozère, de la Margeride. On reconnaît ces drailles, dont certaines sont encore empruntées, aux saignées qu'elles tracent dans le paysage des serres cévenoles. Aujourd'hui, c'est en camion que la plupart des bêtes sont transportées jusqu'à leurs pâturages d'été. Quelques troupeaux montent encore à pattes, faisant l'objet de la Fête de la transhumance, au passage de l'Espérou, à la mi-juin.

Au nord, la D 18 emprunte le parcours de la grande **draille du Languedoc** ; au sud le GR 7 la suit jusqu'à l'Espérou, puis elle oblique vers Valleraugue.

Sentier des Botanistes

🐾 *1,5 km avant d'arriver au sommet de l'Aigoual, un panneau indique le sentier. 20mn à pied.*

Formant une boucle de 1 km contournant le sommet de Trépaloup, ce sentier passe au-dessus de l'**Hort-de-Dieu** (« jardin de Dieu »), un arboretum créé pour étudier la croissance des essences exotiques. Le sentier offre ensuite de très belles vues sur le versant sud de l'Aigoual, ses crêtes schisteuses et, au-delà, la succession des serres cévenoles, puis sur les versants est et nord couverts de forêts.

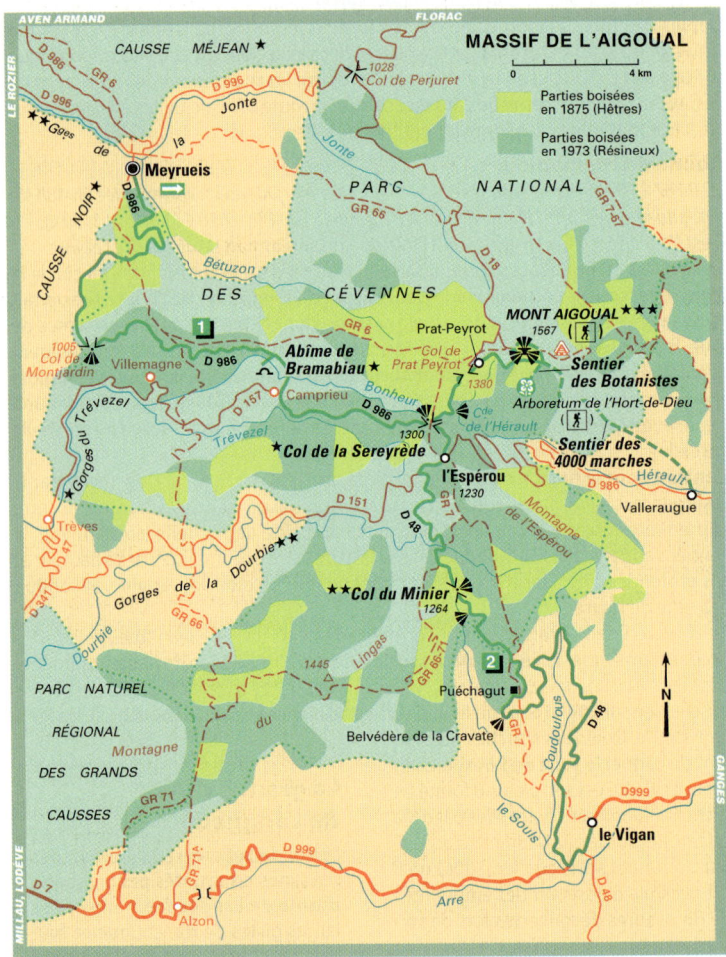

Mont Aigoual★★★

Panorama★★★ – *En janvier, les conditions de visibilité sont exceptionnelles.* Des observateurs ont pu reconnaître simultanément le Mont Blanc (Alpes) et la Maladetta (Pyrénées).

En juillet et août, le panorama étant souvent brumeux, mieux vaut partir tôt le matin, voire en fin de nuit pour assister au lever du soleil.

L'observatoire – C'est au terme de sept années de travail, rendues particulièrement difficiles par les intempéries, que cette forteresse météorologique commandée par l'administration des Eaux et Forêts fut inaugurée. Nous sommes alors en 1894 et non en 1889 comme le laisse penser l'inscription gravée sur le fronton et qui n'est autre que la date initialement programmée pour l'achèvement des travaux. Dominant les bassins du Gard, de l'Hérault et du Tarn, l'édifice a pour fonction, en utilisant des moyens de plus en plus sophistiqués, d'enregistrer notamment la direction et la vitesse des vents qui amèneront les pluies méditerranéennes torrentielles, ou des pluies océaniques favorables à la végétation. Construit à 1 567 m d'altitude, l'observatoire est devenu un lieu d'expérimentation pour tous types d'appareils soumis à des conditions extrêmes.

Exposition Météo-France – ☏ 04 67 82 60 01 - ♿ - *juil.-août : 10h-19h ; mai-juin et sept. : 10h-13h, 14h-18h - fermé oct.-avr. - gratuit.*

👥 La première partie de l'exposition présente les activités de Météo France, avec notamment la présentation du système Météotel (réception et interprétation des images satellitaires). De nombreux panneaux explicatifs vous enseignent comment reconnaître les nuages et comprendre les techniques utilisées par les météorologues. Après avoir visionné le film (10mn) dévoilant les conditions de vie à l'observatoire, poursuivez la visite à l'étage inférieur. Là, objets de mesure anciens et reconstitutions de phénomènes climatologiques sont ponctués de devinettes aux réponses souvent étonnantes.

DU MONT AIGOUAL AU VIGAN 2

39 km – environ 1h30. Du sommet du mont Aigoual, descendez au col de la Sereyrède.

En quittant le col de la Sereyrède, apercevez à gauche, de l'autre côté de la vallée, au creux d'un ravin, la cascade formée par l'Hérault naissant.

L'Espérou

L'Espérou est un petit centre de séjour environné de bois et d'herbages, exposé au midi, à l'abri des vents du nord. Il est fréquenté l'été pour son site et son altitude (1 230 m), l'hiver pour ses champs de ski à la station de **Prat-Peyrot**.

Col du Minier★★

Alt. 1 264 m.

Une stèle évoque le général Huntziger (commandant de la IIe armée à Sedan) et ses compagnons tués dans un accident d'avion en novembre 1941.

Au début de la longue descente sur le versant méditerranéen, la route en corniche domine de très haut le ravin du Souls, tandis que la vue devient magnifique sur le causse de Montdardier et la montagne de la Séranne.

Vous passez ensuite au milieu d'un curieux chaos de rocs granitiques et laissez sur votre droite la maison forestière de **Puéchagut**.

Arboretum de Puéchagut – Créé à la fin du 19e s. par Georges Fabre, il était destiné à l'expérimentation d'essences forestières exotiques susceptibles de résister aux conditions de sol et de climat de ce flanc de l'Aigoual.

Puis, dans un virage à gauche, le belvédère de la Cravate offre un point de vue sur le bassin de l'Arre au premier plan, le causse du Larzac, la montagne de la Séranne et le pic St-Loup. Plus loin, la route domine la vallée du Coudoulous aux versants couverts de châtaigniers, puis traverse un paysage au caractère méditerranéen (vignes, mûriers, oliviers, cyprès) avant d'atteindre Le Vigan.

> **Le saviez-vous ?**
>
> L'écrivain **André Chamson** (1900-1983), originaire des Cévennes, a écrit une chanson sur la superbe D 48 qui sépare Le Vigan du mont Aigoual.

Randonnée

Sentier des 4 000 marches

🥾 *21 km. Pour marcheurs entraînés. Une journée AR, mais possibilité de ne faire que l'aller en arrivant à Valleraugue, accessible par la D 10 jusqu'à Berthézène.*

Départ de l'arboretum de l'Hort-de-Dieu. Suivez les panneaux représentant une chaussure de marche ou deux empreintes de pied.

Carte sur Internet : http://randonnee.cevenole.free.fr.

Ce célèbre sentier empierré – les « marches » n'apparaissent que dans son nom – pénètre dans l'arboretum de l'Hort-de-Dieu pour se poursuivre dans un paysage plus sauvage de landes de bruyère et de genêts. Il descend ensuite dans la châtaigneraie en offrant de belles vues sur Valleraugue et sa vallée.

Arrivé à Valleraugue, reprendre le même chemin ou suivre un autre itinéraire plus varié et plus long qui suit les crêtes et les vallées en passant par Aire-de-Côte, procurant de nombreuses vues sur la succession des serres.

Aigoual pratique

Adresse utile

Office du tourisme de Meyrueis – *Tour de l'Horloge - 48150 -* ℘ *04 66 45 60 33 - www.meyrueis-office-tourisme.com - des Rameaux à la Toussaint : 9h-12h, 15h-18h30 (juil.-août : 9h-20h) ; de la Toussaint aux Rameaux : tlj sf w.-end 9h30-12h, 15h-18h - fermé 25 déc.-1er janv. www.cevennes-caussesaigoual.com*

Se loger

☺ **Chambre d'hôte La Mosaïque** – *48150 Gatuzières -* ℘ *04 66 45 64 10 - www.causses-cevennes.com - fermé déc.-fév. -* 🍴 *- 3 ch. 50 €* 🍽. Atypique par son architecture actuelle, cette maison en bois trouve pourtant bien sa place au cœur du petit village. Une chambre de plain-pied avec sa terrasse privative a été aménagée dans l'habitation principale, et deux autres dans un petit bâtiment annexe. Pain, pâtisseries et confitures maison au petit-déjeuner.

☺☺ **Chambre d'hôte La Coconnière** – *5 r. Neuve - 30570 Valleraugue -* ℘ *04 67 82 00 13 - www.lacoconniere.com -* 🍴 *- 5 ch. 57 €* 🍽 *- repas 17 €.* Ancien lieu de séchage des cocons de vers à soie, cette grande bâtisse a longtemps accueilli des colonies de vacances. Elle abrite aujourd'hui des chambres d'hôte spacieuses et lumineuses et un gîte d'étape pouvant héberger des groupes de 6 personnes. Grande cuisine à disposition, ou table d'hôte familiale.

Se restaurer

☺☺ **Auberge Cévenole** – *La Pénarié - 30570 Valleraugue - 4 km à l'ouest de Valleraugue dir. mont Aigoual -* ℘ *04 67 82 25 17 - auberge.cevenole@wanadoo.fr - fermé lun. soir et mar. sf juil.-août, 9-21 déc. - 16/27 €.* Cette auberge postée au bord de l'Hérault est certes simple, mais séduisante : salle à manger campagnarde agrémentée d'objets agrestes et réchauffée par une cheminée, agréable terrasse ouverte sur la nature, cuisine régionale sans prétention et six chambres bien rénovées.

Que rapporter

Terres d'Aigoual – *Col de la Sereyrède - rte du mont Aigoual - 30570 L'Espérou -* ℘ *04 67 82 65 39 - www.terres-aigoual. com - tlj sf lun. hors sais. 11h-18h.* Plusieurs agriculteurs installés sur les flancs du mont Aigoual ont réuni leur savoir-faire et ouvert une boutique de produits du terroir (charcuteries, foie gras, fromages, miel, sirops, châtaignes, etc.) issus de leur propre exploitation. Également, vente par correspondance. Toute l'année, paniers-cadeaux.

Sports & Loisirs

Les GR – L'Aigoual est situé à la croisée des sentiers de Grande Randonnée GR 6 (Alpes-Océan) et GR 7 (Vosges-Pyrénées), qui, dans le massif, s'enrichissent de nombreuses variantes, dont le GR 66 qui fait l'objet d'un topoguide intitulé *Tour du mont Aigoual.*

En outre, le Parc national des Cévennes organise en été des promenades commentées d'une heure autour du sommet.

Alès

40 000 ALÉSIENS
CARTE GÉNÉRALE D2 – CARTE MICHELIN DÉPARTEMENTS 339 J4 – GARD (30)

Centre industriel de plaine ou porte des montagnes cévenoles, Alès a conservé quelques traces de sa vocation minière, et sa situation en fait le point de départ de belles excursions vers la corniche des Cévennes, le mont Lozère ou l'Aigoual. En période estivale, le marché du lundi se peuple d'artisans d'art et les festivals assurent une animation culturelle de qualité dans cette ville qui, sans être belle, est des plus sympathiques.

▶ **Se repérer** – À 96 km au nord de Montpellier par la D 6110 et à 68 km au sud-est de Florac par la N 106. En arrivant d'Anduze par la D 50, après St-Jean-du-Pin, monter sur la colline de l'Ermitage.

🅿 **Se garer** – Sur la rive gauche du Gardon (av. Carnot), grand parking, à deux pas de l'office de tourisme.

👁 **À ne pas manquer** – Les minéraux du musée de l'École des mines ; les expositions du musée-bibliothèque Pierre-André Benoit ; le panorama depuis le château de Portes.

🕐 **Organiser son temps** – Comptez une matinée pour la ville et le thème de la mine.

👫 **Avec les enfants** – La mine-témoin, le parc ornithologique des Isles, le Préhistorama et les jardins ethnobotaniques de la Gardie.

🌿 **Pour poursuivre la visite** – Voir aussi le massif de l'Aigoual, Anduze, la grotte de la Cocalière, Florac, St-Jean-du-Gard et Sommières.

Le saviez-vous ?

Alès (qui s'orthographia « Alais » jusqu'en 1926) ne tire pas son nom d'Alésia, mais d'un obscur citoyen romain dénommé Allectus. De même, l'aile, emblème de la cité, n'a aucun lien avec l'étymologie d'« Alais », il s'agit en fait du blason de Bérard de Montalet, seigneur d'Alès au 17e s.

Comprendre

Alès la réformée – Alès est acquise à la foi protestante dès le milieu du 16e s. et devient, avec l'édit de Nantes (1598), une des places de sûreté autorisée. C'est ici qu'est signé, en 1629, l'édit de Grâce accordé par Louis XIII aux protestants (la « paix d'Alès ») : si les protestants perdent leurs places de sûreté, la liberté de conscience accordée par l'**édit de Nantes** est confirmée.

Pasteur et les vers à soie – Au 19e s., Alès était un grand centre de sériciculture, avec quelque 45 filatures et des plantations de mûriers en grand nombre avant qu'une maladie mystérieuse, la pébrine, atteigne les vers à soie. En 1865, Pasteur accepte de venir pour tenter de trouver un remède. À peine ses recherches entamées, il est frappé par le malheur : la même année, il perd son père et sa plus jeune fille, âgée de 2 ans ; un an plus tard, c'est une autre de ses filles qui meurt de la typhoïde. Surmontant son déchirement, Pasteur trouve le remède en 1867 : en examinant au microscope les papillons reproducteurs, il supprime simplement les œufs présentant certains signes caractéristiques de la maladie. Cette méthode de préservation reçoit en 1868 une éclatante confirmation, mais ne sauvera malheureusement pas la sériciculture, qu'un autre fléau, bien plus grave, allait bientôt emporter : la soie synthétique.

La mine à la rescousse – Durant la 2e moitié du 19e s., la mine prend la relève, transformant Alès en un centre industriel très important qu'alimentent les bassins houillers d'Alès, de la Grand-Combe et de Bessèges, des mines de fer, de plomb, de zinc, d'asphalte. Les années 1950 marquent la fin de cette grande activité. De nos jours, l'extraction du charbon n'est plus pratiquée mais l'agglomération alésienne forme toujours, dans le cadre languedocien, un foyer industriel (métallurgie, chimie et mécanique).

Découvrir

LA MINE À ALÈS

Musée minéralogique de l'École des mines★

6 av. de Clavières (École des mines), dans le quartier de Chantilly. Au nord du plan, par les avenues de Lattre-de-Tassigny (le long du musée du Colombier) et Pierre-Coiras.

04 66 78 51 69 - www.ema.fr - ✆ - de mi-juin à mi-sept. : tlj sf w.-end et j. fériés 14h-17h ;
de mi-sept. à mi-juin : sur demande - 4 € (enf. 2 €). Quelque 1 600 minéraux provenant
du monde entier, dont certaines pièces remarquables (opale d'Australie, calcédoine
du Maroc, quartz morion de l'Aveyron), témoignent de la richesse des collections
autrefois destinées à l'enseignement (plus 10 000 échantillons, 800 variétés). La
présentation est complétée par celles des roches et des fossiles.

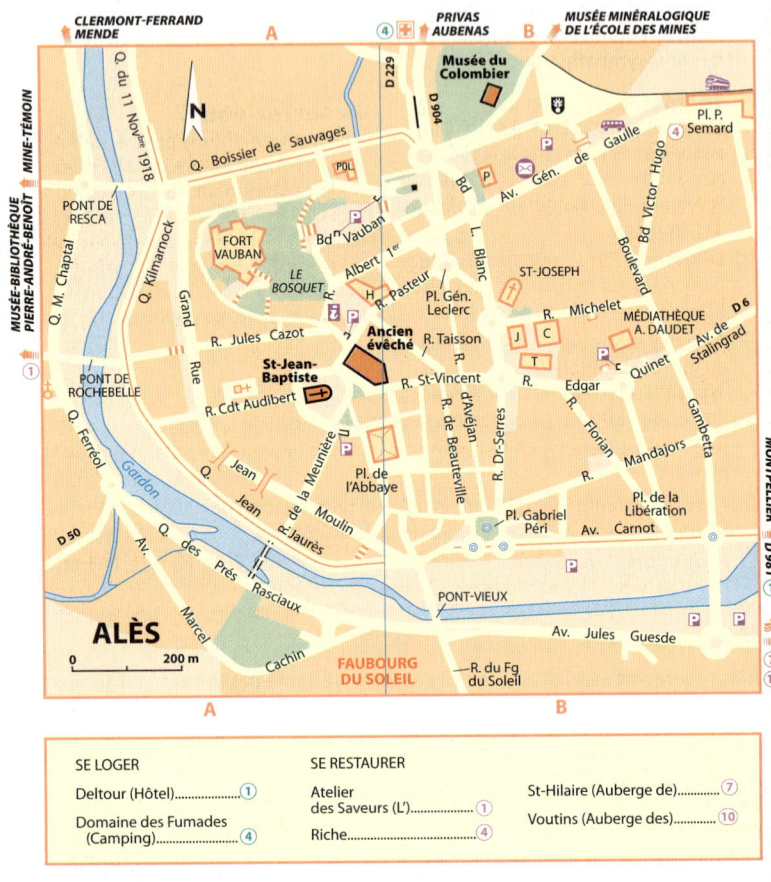

SE LOGER	SE RESTAURER	
Deltour (Hôtel).................①	Atelier des Saveurs (L')...................①	St-Hilaire (Auberge de).............⑦
Domaine des Fumades (Camping)........................④	Riche...................④	Voutins (Auberge des)............⑩

Mine-témoin

*3 km à l'ouest du plan. Traversez le Gardon par le pont de Rochebelle et continuez au
nord par la rue du Faubourg-de-Rochebelle ; prenez à gauche le chemin de St-Raby
puis à droite le chemin de la Cité-Ste-Marie.*

04 66 30 45 15 - www.mine-temoin.fr - température : 13 à 15 °C. - audiovisuel :
20mn - juil.-août : visite guidée (dernier dép. 1h30 av. fermeture) 10h-19h ; mars-juin
et de déb. sept. à mi-nov. : 9h30-12h30, 14h-18h - fermé de mi-nov. à fin fév. - 6,70 €
(enf. 4 €).

La tradition minière de la région n'est pas très connue mais remonte au 13e s.
où les moines bénédictins extrayaient le « charbon de terre ». Les mines ont connu
leur apogée en 1947 avant un déclin très rapide et définitif dans les années 1960.
Le dernier puits a fermé en 1985.
Après la présentation vidéo sur l'exploitation moderne du charbon, rejoignez la
« cage » située sous le chevalement pour un voyage au cœur d'une mine ; celle-ci n'a
jamais servi pour la production mais a été une mine-école pendant 23 ans. Casque
sur la tête, vous descendez à 10 m/s pour rejoindre les galeries qui remontent
le temps jusqu'à la période de *Germinal*. On passe de l'ingénieux soutènement
marchant à la terrible « taille familiale » où l'on retrouvait des enfants de 10 ans.
L'évolution des matériels et l'organisation du travail s'avèrent parfois difficiles à
saisir ; l'accent est plutôt mis sur les terribles conditions de vie des mineurs.

Visiter

Cathédrale St-Jean-Baptiste (A)

Voilà un bien curieux mélange de styles : la façade romane est en partie cachée par un porche gothique du 15e s. tandis que la nef date du 17e s. et le grand chœur du 18e s. À l'intérieur, c'est le règne du « néo » : la nef, couverte d'ogives très néogothiques, ouvre sur une abside ornée d'une colonnade néoclassique.

À côté de la cathédrale, dans la rue Lafare-Alès, se trouve l'**ancien évêché**, construit au cours du 18e s.

Musée du Colombier (B)

Parc du Colombier - ℘ 04 66 86 30 40 - parking gratuit - juil.-août : 14h-19h ; sept.-juin : tlj sf lun. 14h-18h - fermé 1er janv., 1er Mai, 1er nov., 25 déc. - gratuit.

Il est aménagé dans le château du Colombier (18e s.), situé dans un agréable jardin public, à côté d'un pigeonnier d'où il tient son nom. Les collections d'art qu'il abrite couvrent une période s'étendant du 16e s. au 20e s., avec notamment le *Triptyque de la Trinité* par Jean Bellegambe (début 16e s.), des tableaux de Van Loo, Bassano, Brueghel de Velours, Masereel, Mayodon, Marinot, etc. Sculptures, mobilier et objets d'art. Importantes collections archéologiques de la préhistoire au gallo-romain.

Musée-bibliothèque Pierre-André Benoit★

R. de Brouzen, Rochebelle. Traversez le Gardon par le pont de Rochebelle, puis suivez la signalisation - ℘ 04 66 86 98 69 - parking gratuit - juil.-août : 14h-19h ; sept.-juin : tlj sf lun. 14h-18h - fermé fév., 1er janv., 1er Mai, 1er nov., 25 déc. - gratuit.

Le château de Rochebelle (18e s., restauré), ancienne résidence des évêques d'Alès, abrite la donation de Pierre-André Benoit (1921-1993) à sa ville natale. Il était à la fois éditeur, imprimeur, écrivain, dessinateur et peintre. Ses précieuses collections sont le fruit de ses rencontres ou correspondances, en particulier avec Char, Claudel, Tzara, Seuphor, Braque, Picasso, Miró, Jean Hugo, Villon…

Les œuvres graphiques et les livres sont présentés par roulement ou lors d'expositions temporaires ayant lieu au rez-de-chaussée ou à la bibliothèque *(2e étage)*, décorée par Benoit. Les salles du 1er étage abritent la collection picturale : belles huiles sur toile de Camille Bryen, tableaux de Picabia, compositions aux oiseaux de Braque, paysages de Léopold Survage et miniatures.

Aux alentours

Château de Portes★

20 km au nord-ouest. Quittez Alès au nord en direction d'Aubenas, puis prenez à gauche la D 906. Laissez la voiture au col et faites le tour du château.

℘ 04 66 54 92 05 - www.chateau-portes.org - juil.-août : tlj sf lun. matin 10h-19h ; reste de l'année : se renseigner- fermé de mi-nov. aux vac. de fév. - 4,80 € (enf. 3,20 €).

Juché sur la ligne de crête séparant le bassin du Gardon de la vallée du Luech, le vieux bastion de Portes assura longtemps sur la **voie Régordane** la protection des pèlerins qui se rendaient à St-Gilles (en Camargue) par les Cévennes.

A. Thuillier / MICHELIN

Château de Portes.

La forteresse médiévale est de plan carré ; à la Renaissance, on y ajouta un bâtiment de plan polygonal dont l'avancée en proue constitue une prouesse architecturale. À l'intérieur de ce bâtiment, qui accueille des expositions et des concerts, admirez les belles cheminées monumentales à manteau monolithe. L'ensemble est progressivement consolidé, mis en valeur. Au sommet du château, le **panorama**★ s'étend au nord, sur la dépression de Chamborigaud, dominée par le mont Lozère et les contreforts du Tanargue.

Parc ornithologique des Isles

21 km au nord-est. Quittez Alès au nord et suivez la D 904 en direction d'Aubenas. Après le Pont-d'Avène, prenez à droite vers les Mages. Dépassez le village et prenez à droite la D 132. Le parc des Isles se situe à 800 m après St-Julien-de-Cassagnas - ✆ *04 66 25 76 70 - fermé pour travaux.*

On peut y admirer des centaines d'oiseaux venus du monde entier : gallinacés, palmipèdes, échassiers, rapaces, oiseaux grimpeurs (belle collection de perruches et de perroquets)…

Rousson

9 km au nord. Quittez Alès au nord et suivez la D 904 en direction d'Aubenas. Tournez à droite dans la D 131.

Château – ✆ *04 66 85 60 31 - visite guidée juil.-sept. : 14h-19h - 5 € (7-17 ans 4 €).* Cette robuste bâtisse, cantonnée de quatre tours d'angle, n'a jamais été transformée depuis sa construction entre 1600 et 1615. La façade principale, orientée sud-est, présente une suite de fenêtres à meneaux et une imposante porte Louis XIII à bossages. À l'intérieur, beaux **dallages** anciens, bien conservés et variés. Remarquez, au rez-de-chaussée, la cuisine avec sa vaste cheminée et son four à pain, et dans la galerie du 1er étage, un ancien coffre de marine.

Préhistorama – *Suivez la D 904 en direction d'Aubenas. Au Pont-d'Avène, tournez à gauche dans un chemin fléché « Préhistorama » -* ✆ *04 66 85 86 96 -* ♿ *- juin-août : 10h-19h ; fév.-mai et sept.-nov. : 14h-18h - fermé déc.-janv. - 5 € (enf. 3 €).*

Il retrace l'évolution de la vie sur Terre (collection de fossiles) puis celle de l'homme sous forme de dioramas présentant des reconstitutions grandeur nature des premiers êtres humains.

Jardins ethnobotaniques de la Gardie – *400 m après le Préhistorama -* ✆ *04 66 85 66 90 - www.lesjardinsethno.org - juil.-août : tlj sf lun. 10h-12h, 15h-18h ; mai-juin et sept. : w.-end 15h-18h - fermé oct.-avr. - 4 € (enf. 2 €).*

Un parcours pédagogique de plus d'un kilomètre invite à découvrir le riche milieu naturel cévenol et ses liens traditionnels avec l'homme : verger conservatoire (mûrier, vignes…), champs de céréales anciennes, jardin botanique, charbonnière (fabrication de charbon de bois), jardin des simples…

St-Christol-lès-Alès : musée du Scribe

2 km au sud en direction d'Anduze et Montpellier. Fléchage sur la droite, avant d'arriver à la « pyramide » où les deux routes se séparent. Près de l'église, 42 r. du Clocher - ✆ *04 66 60 88 10 - www.museeduscribe.com -* ♿ *- juil.-août : 10h-19h ; juin et de déb. sept. à mi-sept. : 14h-18h ; de déb. fév. à fin mai et de mi-sept. à fin déc. : w.-end 14h30-19h - 4,50 € (enf. 3 €).*

Des communs de l'ancien château du village, bien restaurés, abritent le musée du Scribe qui, comme son nom l'indique, est voué à l'écriture. À l'écriture, c'est-à-dire avant tout à ses instruments : impressionnante collection de plumes et de porte-plumes, encriers aux formes parfois inattendues, techniques de fabrication des supports utilisés au cours des siècles, papyrus, parchemin, papiers. Vous terminerez votre visite avec la reconstitution d'une classe d'autrefois, qui vous ramènera aux temps de la IIIe République.

Vézénobres

11 km au sud. Quittez Alès à l'est par la N 106.

Rare exemple languedocien de village perché, ce bourg, dominant le confluent des gardons d'Alès et d'Anduze, a conservé et désormais bien mis en valeur les vestiges de son passé médiéval : la porte Sabran, les ruines du château fort et plusieurs maisons des 12e, 14e et 15e s. Une flânerie dans les trois « étages » du village, reliés entre eux par des *endrounes* (ruelles en escaliers), ne manque pas de charme.

Les amateurs de **figues** seront comblés dans cette petite cité qui renoue, avec l'aide du Conservatoire botanique de Porquerolles, avec une tradition remontant au 17e s., époque où les fruits étaient mis à sécher sur des terrasses couvertes, les *calaberts*, avant d'être commercialisés.

Alès pratique

Adresse utile

Office de tourisme d'Alès – *Pl. de la Mairie - 30100 - ℘ 04 66 52 32 15 - www. ville-ales.fr - sept.-juin : tlj sf dim. 9h-12h, 13h30-17h30 ; juil.-août : 9h-19h, dim. 9h-12h - fermé 1er janv., lun. de Pâques, 1er et 8 Mai, 1er et 11 Nov., 25 déc.*

Se loger

Camping Domaine des Fumades – *À proximité de l'établissement thermal - 30500 Allègre-les-Fumades - 17 km au nord-est d'Alès par D 16 puis D 241 - ℘ 04 66 24 80 78 - www.domaine-des-fumades.com - ouv. 12 avr.-6 sept. - réserv. obligatoire - 230 empl. 31 € - restauration. Au bord de l'Alauzène, un camping installé autour d'une belle bâtisse et de son magnifique patio. Dans une nature bien préservée, 3 piscines, des restaurants et des commerces contribuent au confort des vacanciers… Mini-club pour les enfants.*

Hôtel Deltour – *Chemin des Trespeaux - rocade Est - ℘ 04 66 54 98 10 - www.deltourhotel.com - fermé vac. de Noël - 🅿 - 30 ch. 48/52 € - ☐ 6 €. À l'instar des autres établissements de la chaîne présents dans la région, cet hôtel propose des chambres de confort actuel, garnies d'un mobilier de qualité. Climatisation, connexion Wi-Fi et salle de bains dans chacune. Accueil charmant, service impeccable et prix raisonnables.*

Se restaurer

Riche – *42 pl. Semard - ℘ 04 66 86 00 33 - www.leriche.fr - fermé 1er-25 août - 20/48 € - 19 ch. 59 € - ☐ 8 €. Ce bel immeuble, construit au début du 20e s. face à la gare, abrite une plaisante salle à manger de style Art nouveau (boiseries, moulures) où l'on sert une cuisine classique de qualité. Chambres confortables, sobrement aménagées.*

L'Atelier des Saveurs – *16 fg de Rochebelle - ℘ 04 66 86 27 77 - www.latelierdessaveurs.net - fermé sam. midi, dim. soir et lun., 18 août-7 sept. - 23/50 €. Lumineux intérieur un brin champêtre, délicieux patio ombragé, ambiance conviviale et attrayantes recettes actuelles où s'invitent les saveurs du Sud : laissez-vous bercer…*

Auberge de St-Hilaire – *30560 St-Hilaire-de-Brethmas - 3 km au sud-est d'Alès sur N 106 - ℘ 04 66 30 11 42 - aubergedesainthilaire@hotmail.com - fermé dim. soir et lun. - 25/75 €. Cette avenante maison située sur la route de Nîmes constitue une agréable étape gourmande : jolie cour-terrasse où trône un olivier, grande salle à manger égayée de tableaux et de nappes jaunes, et cuisine classique bien tournée.*

Auberge des Voutins – *409 r. des Écoles - 30340 Méjannes-lès-Alès - ℘ 04 66 61 38 03 - fermé dim. soir et lun. sf j. fériés, 21-28 fév., 1er-15 sept. - 28/58 €. Maison de pays bien protégée de la route par un rideau d'arbres. Cuisine traditionnelle, à goûter auprès de la cheminée ou sur la terrasse ombragée.*

Que rapporter

La Brûlerie – *185 Grand'Rue - ℘ 04 66 52 14 14 - www.labrulerie.com - 7h-19h - fermé dim. et j. fériés. Renée Redarès a deux qualités évidentes : la gentillesse et une passion communicative du café. Outre nombre de thés, elle en commercialise quelque 30 variétés. Dégustation possible dans le magasin du marché de l'abbaye.*

Sports & Loisirs

Centre équestre du Galeizon – *Rte Pont-des-Camisards - 30480 Cendras - ℘ 04 66 78 77 98 - ce-galeizon@wanadoo. fr - 8h-12h, 14h-19h - fermé lun., 15 au 30 août. Randonnées accompagnées dans le cadre de la belle vallée du Galeizon.*

Jean-Luc Billard – *21 r. de la Montagnade, Les Tavernes - 11 km au sud d'Alès - 30720 Ribaute-les-Tavernes - ℘ 04 66 83 67 35 ou 06 21 56 00 32 - www.orpailleur.com - tlj sur RV. Cet orpailleur vous propose de découvrir les techniques de base de son métier, et vous garantit de trouver de l'or dans les alluvions des rivières du Gard. Stages à la journée (les mercredis en juillet-août) ou sur demande. Boutique proposant le matériel de recherche et des bijoux réalisés avec les paillettes d'or.*

Thermes des Fumades – *Les Fumades - à 17 km d'Alès (au nord-est par la D 16) - 30500 Allègre-les-Fumades - ℘ 04 66 54 08 08 - www.fumades.com - 8h-16h30 - fermé dim., 25 oct.-14 fév. La station thermale des Fumades est indiquée pour le traitement des voies respiratoires, de la pneumologie et des maladies de la peau.*

Événements

Festival de cinéma « Itinérances » à Alès – *℘ 04 66 30 24 26 - www.itinerances. org - mars. - renseignements à l'office de tourisme.*

Feria – *W.-end de l'Ascension.*

Fous chantants – *Chaque année, 1 000 choristes rendent hommage à un artiste de variété (Ferrat, Moustaki, Goldman, Sheller…) - dernière sem. de juil. - www.fouschantants.com*

Principauté d'**Andorre** ★

72 320 ANDORRANS
CARTE GÉNÉRALE A5 – CARTE MICHELIN DÉPARTEMENTS 343 G9

Ce petit État attire comme un aimant les skieurs pour ses pentes enneigées et les consommateurs à l'affût de produits détaxés. Longtemps calée sur le paisible rythme agro-pastoral, la vie andorrane se voit aujourd'hui bouleversée par une circulation trépidante en ville et une expansion immobilière des plus anarchiques aux abords des routes. Mais, sur la majeure partie de son territoire, la principauté réserve de magnifiques paysages à ceux qui quittent villes et voitures pour oser quelques pas en montagne.

- **Se repérer** – À 37 km à l'ouest de Font-Romeu par la D 618 et la N 20, ensuite il n'y a qu'une route, la N 22 passant par le Pas de la Casa, poste-frontière des plus embouteillés durant les mois d'été.

- **À ne pas manquer** – Le panorama depuis le port d'Envalira, les églises romanes (particulièrement Sant Miquel d'Engolasters) et, pour les amateurs, le musée national de l'Automobile. Difficile également d'échapper à une séance de shopping dans les boutiques hors taxes d'Andorra la Vella et du Pas de la Casa.

- **Organiser son temps** – Quel que soit votre programme, il vous faudra compter avec les embouteillages, particulièrement inextricables pendant l'été. Si vous le pouvez, pour ne pas repartir trop déçu, prévoyez une petite randonnée en montagne.

- **Avec les enfants** – Le musée de la Microminiature, les domaines skiables de Soldeu-El-Tarter et du Pas de la Casa-Grau Roig, Caldea (pour les enfants de plus de cinq ans) et Casa de la Vall.

- **Pour poursuivre la visite** – Voir aussi le Capcir, la Cerdagne, Font-Romeu-Odeillo-Via, Mont-Louis et Prades.

Comprendre

Du paréage à la pleine souveraineté – La coprincipauté d'Andorre a vécu jusqu'en 1993 sous le régime du paréage hérité du monde féodal. Dans un tel contrat, deux seigneurs voisins délimitaient leurs pouvoirs et leurs droits sur un territoire qu'ils tenaient en fief en commun. L'acte de paréage, signé en 1278 par l'évêque d'Urgel et Roger-Bernard III, comte de Foix, instituait ceux-ci comme coprinces. Les évêques d'Urgel restent toujours coprinces, mais la suzeraineté des comtes de Foix, par l'intermédiaire d'Henri IV, a été transmise au chef de l'État français.

Hymne – « Le grand Charlemagne, mon père, des Arabes me délivra. » C'est par ces mots que débute l'hymne andorran qui, fièrement, poursuit : « Seule, je reste l'unique fille de l'empereur Charlemagne. Croyante et libre, onze siècles, croyante et libre je veux être entre mes deux vaillants tuteurs et mes deux princes protecteurs. »

Le goût de la liberté – En 1993, les Andorrans se sont dotés, par référendum, d'une nouvelle Constitution conférant à la principauté sa pleine souveraineté. La langue officielle est le catalan, mais le français et l'espagnol sont également utilisés. La principauté est devenue pays membre de l'ONU. Les Andorrans sont avant tout « avides, fiers, jaloux » de leur liberté et de leur indépendance. Le Conseil général tient ses sessions à la Casa de la Vall. Il assure la représentation mixte et paritaire de la population nationale et des sept paroisses. Les Andorrans ne sont soumis ni aux impôts directs ni au service militaire ; ils bénéficient de la franchise postale en régime intérieur.

Les travaux et les jours – La vie, toute patriarcale, était naguère consacrée en grande partie à l'élevage et à la culture. Entre les hauts pâturages d'été et les hameaux, on trouve encore les *cortals* formés de granges ou bordes. Sur les soulanes subsistent des

Le saviez-vous ?

- Les armes des vallées (apposées sur la Casa de la Vall – *voir la description plus loin*) illustrent le régime de coprincipauté : à gauche, la mitre et la crosse d'Urgel et les quatre « pals » (bandes) de gueules de la Catalogne ; à droite, les trois « pals » du comté de Foix et les deux « vaches passantes » du Béarn. Les armes ornent aujourd'hui les plaques d'immatriculation.

- Les Andorrans sont répartis dans sept « paroisses » ou communes : Canillo, Encamp, Ordino, La Massana, Andorra la Vella, Sant Julià de Lòria et Escaldes-Engordany.

cultures en terrasses. Les plantations de tabac constituent la culture dominante dans la vallée de Sant Julià de Lòria, à 1 600 m d'altitude. Les premières voies carrossables ouvrant l'Andorre au monde extérieur ne furent créées qu'en 1913 côté espagnol et en 1931, côté français.

Circuits de découverte

VALLÉE DU VALIRA D'ORIENT 1

De l'Hospitalet-près-l'Andorre à Andorre-la-Vieille – 36 km – environ 1h30. De la N 320, empruntez sur la droite la N 22, qui se déroule à travers un paysage désolé.

Pas de la Casa

Alt. 2 085 m. Simple poste-frontière, ce village, le plus élevé de la principauté, est devenu un centre important de ski. L'agglomération est principalement composée de grands complexes hôteliers et de boutiques hors taxes : il y règne tout au long de l'année une intense animation, accompagnée, en particulier l'été, d'embouteillages impressionnants.

Onduleuse et sinueuse, la route serpente à travers les montagnes avant d'atteindre le port d'Envalira. La montée offre de très belles vues sur l'étang et le **cirque de Font-Nègre**.

Le port d'Envalira peut être obstrué par la neige, mais sa réouverture est assurée dans les 24h. Un tunnel permet d'éviter ce col.

Port d'Envalira

Alt. 2 408 m. C'est le plus haut col pyrénéen franchi par une bonne route. Plusieurs stations-service s'y disputent la vente d'essence, à des prix défiant toute concurrence. Le port d'Envalira marque la ligne de partage des eaux entre la Méditerranée (Valira) et l'Océan (Ariège) et offre un **panorama**★★ sur les montagnes de l'Andorre, atteignant 2 942 m, dans le lointain à l'ouest, à la Comapedrosa.

Au cours de la descente, on découvre, s'épanouissant au sud, le cirque glaciaire des Pessons.

Sant Joan de Caselles

L'église, isolée, est l'un des types les plus accomplis d'édifice roman d'Andorre, avec son clocher à trois étages de baies. À l'intérieur, derrière la pittoresque grille de fer forgé et découpé du chœur, apparaît un retable peint, œuvre du maître de Canillo (1525), *Vie et visions apocalyptiques de saint Jean*. Lors de la dernière restauration (1963), on a pu rétablir une **Crucifixion**★ romane : les morceaux épars d'un Christ en stuc ont été recollés sur le mur, à leur emplacement d'origine, après dégagement de la fresque complétant la scène du Calvaire.

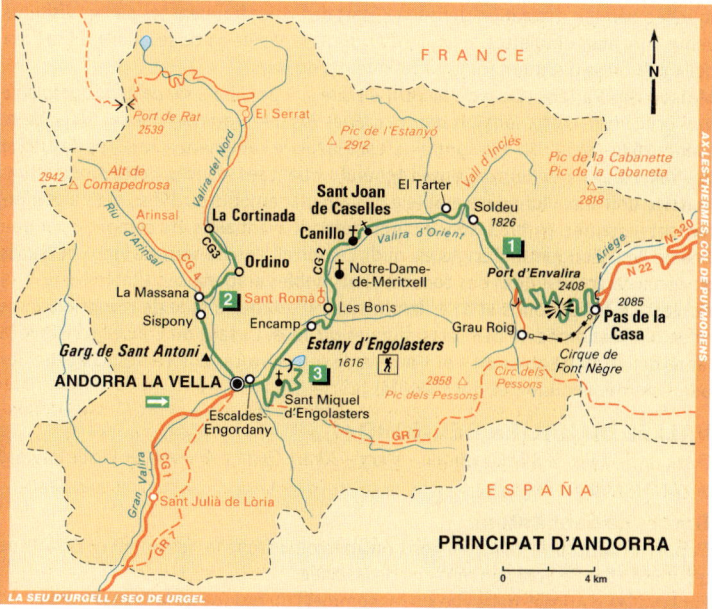

Canillo

L'église collée au rocher est surmontée du plus haut clocher d'Andorre. À côté se détache, en blanc, l'ossuaire (dont les cellules abritent les caveaux funéraires), construction fréquente dans les pays de civilisation ibérique. À gauche s'élève la chapelle **Notre-Dame-de-Meritxell**, sanctuaire national de la principauté, reconstruit en 1976.

Avant Encamp, par un raidillon, on surmonte le verrou des **Bons, site**★ d'un hameau groupé sous les ruines du château qui défendait le passage et la chapelle Sant Roma.

Musée national de l'Automobile
(Museu Nacional de l'Automòbil)

Encamp, av. Coprincep-Episcopal, 64 - ☏ (00-376) 832 266 - ♿ - tlj sf lun. 9h30-13h30, 15h-18h30, dim. 10h-14h - fermé Mardi gras, 14 mars, 16-17 août, 25 déc. et 1ᵉʳ janv. - 3 € (+10 ans 1,20 €).

Répartie sur les cinq étages d'un ancien garage, la collection offre un voyage sur plus d'un siècle d'histoire de l'automobile, avec 88 voitures, 105 vélos et 68 motos. Au rez-de-chaussée, *la Pinette*, machine à vapeur, est la plus ancienne pièce du musée (1885). Elle est entourée de modèles pimpants aux carrosseries brillantes, aux cuirs patinés, aux bois dorés ou vernis : Tipus de 1898 (premier modèle des frères Lumière), Mercedes Simplex (1904), De Dion-Bouton (1906), Delahaye quatre cylindres (1909) ou encore Hispano-Suiza (1927). Aux 1ᵉʳ et 2ᵉ étages sont stationnées des voitures de course (Soriano-Pedroso, 1922 ; Bugatti, 1923, Selex, 1971), d'autres automobiles de ville, des vélos (fin 19ᵉ s.) d'une à quatre roues, et des motocyclettes anciennes. Au sous-sol, voyez la Rolls-Royce (Phantom II, 1926), la Hotchkiss (1951), la Cadillac (1933) et, plus récentes, la Triumph TR 6 (1968), la Chevrolet (1976), la Ferrari 328 GTS (1986) ou l'étonnante Jaguar décapotable E.E (1962), fabriquée en quatre exemplaires.

Après Encamp, on peut apercevoir le bâtiment des machines de l'ancienne Radio Andorre, flanqué d'un clocher néoroman inattendu. À partir d'Escaldes, la route s'enfonce dans l'agglomération d'Andorre-la-Vieille, qui regroupe sur quelques kilomètres carrés la majorité de la population andorrane.

Museu de Maquetas (Musée des Maquettes) à Escaldes-Engordany

Av. Carlemany, 30- ☏ (00-376) 802 255 - ♿ - tlj sf dim. 9h30-13h30, 15h-19h, sam. 9h30-13h30 - gratuit. Une trentaine de maquettes réalisées par Josep Colomé illustrent l'architecture romane en Andorre : pont de la Tosca et place Ste-Anne à Escaldes, Casa de la Vall à Andorra la Vella, église Sant Andrea del Prat à La Massana, Casa d'Areny-Plandolit à Ordino…

Andorre-la-Vieille (Andorra la Vella)

Capitale des vallées d'Andorre, la ville est une métropole du négoce, une ville bruyante touchée par une circulation dense. À l'écart des voies fréquentées par les visiteurs venus faire leurs emplettes, le noyau d'Andorre-la-Vieille garde ses ruelles et sa Casa de la Vall, où se discutent toujours les intérêts du pays.

Maison des Vallées (Casa de la Vall) – *Visite guidée (30mn) sur demande préalable mai-oct. : 9h30-13h30, 15h-19h, dim. et j. fériés 10h-14h ; reste de l'année : tlj sf dim. et j. fériés 9h30-13h30, 15h-19h - gratuit.* C'est à la fois le Parlement et le palais de justice des Vallées. Le « Très Illustre Conseil général » y tient ses séances. Cette construction massive doit son allure d'ensemble à des aménagements du 16ᵉ s., mais a été fortement restaurée en 1963, son appareil défensif ayant alors été complété par une deuxième échauguette d'angle, au midi. Le portail s'ouvre sous de longs et lourds claveaux caractéristiques des constructions nobles aragonaises. L'intérieur doit sa noblesse à ses plafonds et à ses lambris. Au 1ᵉʳ étage, la salle de réception, jadis réfectoire, est ornée de peintures murales du 16ᵉ s. La salle du Conseil conserve la fameuse « armoire aux sept clés » munie de sept serrures différentes (chacune des paroisses détient une clé), qui abrite les précieuses archives.

VALLÉE DU VALIRA DEL NORD★ ②

D'Andorre-la-Vieille à la Cortinada – 9 km – 30mn. Quittez Andorre-la-Vieille au nord par la route CG 4.

Gorges de Sant Antoni

Depuis un pont sur le Valira del nord, on aperçoit à droite le vieux pont en dos-d'âne qu'utilisait l'ancien chemin muletier de la vallée.

Par la vallée d'Arinsal, belle vue sur les sommets du groupe de la Coma Pedrosa.

Maison Rull de Sispony (Casa Rull de Sispony)

Carrer Major - 📞 *(00-376) 836 919 - tlj sf lun. 9h30-13h30, 15h-18h30, dim. et j. fériés 10h-14h - 3 € (+10 ans 1,50 €).*

Distribuée sur quatre étages et seize pièces sobrement aménagées dont sept chambres, la Casa Rull figure parmi les plus riches de la paroisse de La Massana. Dans le cellier ou la cuisine, le salon ou le grenier, on découvre outils des champs, garde-manger, tonneau à vin, bât, pétrin, lessiveuse…
Par La Massana, gagnez Ordino.

Ordino

Laissez la voiture dans le village haut, sur la place près de l'église. Bourg pittoresque dont on parcourra les ruelles en contrebas de l'église. Cette dernière a gardé de belles grilles en fer forgé et découpé, que l'on découvre encore dans plusieurs sanctuaires proches des anciennes « forges catalanes ». Centre culturel de la principauté, la ville compte plusieurs musées.

La **Casa museu Areny-Plandolit (maison-musée Areny-Plandolit)**, typiquement catalane (1676) avec son balcon en fer forgé long de 18 m, fut la demeure de la famille Areny i Plandolit dont faisait partie le baron Guillem, riche maître de forges catalanes. Au rez-de-chaussée, on trouve les celliers, au 1er étage la salle principale (« salle d'armes »), la cuisine (beaux carreaux de céramique bleue et jaune au-dessus de l'évier), la chambre à coucher en alcôve attenante à une petite chapelle privée, la bibliothèque et la salle à manger au décor de style Art nouveau. 📞 *(00-376) 836 908 - tlj sf lun. 9h30-13h30, 15h-18h30, dim. 10h-14h - fermé 1er et 6 janv., 14 mars, 1er Mai, 8 sept. et 25-26 déc. - 6 € (-10 ans gratuit).*

Forge Rossell (La Farga Rossell) – *Av. del Travès, s/n - Carretera general la Massana -* 📞 *(00-376) 835 852 - www.fargarossell.ad - tlj sf lun. 9h30-13h30, 15h30-18h30 (juin-oct. : 19h), dim. 10h-14h - fermé 1er et 6 janv., 14 mars, 1er Mai, 8 sept. et 25-26 déc. -3 € (+10 ans 1,50 €), 3,60 € avec démonstration.* Après un spectacle son et lumière dans la charbonnière, retraçant l'histoire du fer et l'évolution des techniques, la visite se poursuit au cœur de la forge. Construite sur les bords du Valira del Nord, la forge Rossel a utilisé sa force motrice à partir de 1846 et fut l'une des dernières à fermer ses portes en 1876. Ne ratez pas pour finir la démonstration du martinet, marteau employé pour les finitions particulières.

Musée postal d'Andorre (Museu Postal d'Andorra) – *Carrer Major, Borda del Raser -* 📞 *(00-376) 839 760 -* ♿ *-tlj sf lun. 9h30-13h30, 15h-18h30, dim. 10h-14h - fermé 1er et 6 janv., 14 mars, 1er Mai, 8 sept. et 25-26 déc. - 6 € (-10 ans gratuit).* Un diaporama trace de façon chronologique l'histoire postale en Andorre : l'acheminement du courrier à dos de mulet, à cheval, à pied, le déploiement des chemins carrossables et le développement des transports. Au même étage, l'exposition de lettres, de cartes, de sacoches de facteurs et de sacs postaux s'articule autour d'un guichet reconstitué. Au sous-sol, collection de timbres andorrans (1928-2004) et outils divers pour la fabrication de timbres.

Église Sant Miquel, Andorre.

A. Thuillier / MICHELIN

Musée de la Microminiature (Museu de la Microminiatura) – *Edificio Maragda -* 📞 *(00-376) 838 338 -* ♿ *- 9h30-19h (dim. et j. fériés 13h30) - fermé 1er janv., 14 mars, 8 sept., 25 janv. - 4€ (6-12 ans 3,50 €) ; 7 € (6-12 ans 3,50 €) billet combiné avec le Musée iconographique et du Christianisme.* 👥 Dans un petit espace, au diapason de son sujet, le musée abrite une dizaine de miniatures de Nikolai Siadristyi (artiste originaire d'Ukraine), qui sont autant de scènes à contempler au microscope : la caravane (placée dans le chas d'une aiguille), la paix dans l'univers (composition en or, glissée dans un pépin de raisin), la fleur… Une vidéo présente la démarche de l'artiste, inscrit contre les grands travaux architecturaux.

Musée iconographique et du Christianisme (Museu Iconogràfic i del Cristianisme) – Il renferme 80 icônes religieuses orthodoxes (14e -19e s.) provenant essentiellement de Russie, d'Ukraine, de Bulgarie, de Grèce : Christ, saint Georges terrassant le dragon, Vierge à l'Enfant, scènes évangéliques, fêtes liturgiques, sainte Élisabeth, saint Nicolas… *Edificio Maragda* - ✆ *(00-376) 838 376 -* ♿ *- 9h30-19h (dim. et j. fériés 13h30) - fermé 1er janv., 14 mars, 8 sept., 25 janv. - 4 € (6-12 ans 3,50 €) ; 7 € (6-12 ans 3,50 €) billet combiné avec le musée de la Microminiature.*

La Cortinada

Site agréable. En contrebas de l'église et du cimetière à ossuaires, remarquez une ancienne maison de notable à galeries extérieures et à pigeonnier. À l'intérieur de l'**église Sant Marti**, admirez les fresques romanes et les retables baroques.
Ne quittez pas le village sans faire un tour au **Centre d'interpétation de la Nature** qui accueille d'intéressantes expositions.
La route se poursuit vers le nord.

ESTANY D'ENGOLASTERS (lac d'Engolasters) ③

Excursion au départ d'Escaldes – 9 km puis 30mn à pied AR. Sortez d'Escaldes, à l'est d'Andorre, par la route de France ; à la sortie de l'agglomération, prenez à droite en arrière la route de montagne d'Engolasters.
Sur le plateau de pâturages d'Engolasters, annexe sportive d'Andorre-la-Vieille, se dresse la fine tour romane de l'**église Sant Miquel**.
Du terminus de la route, franchir la crête, sous les pins, pour redescendre aussitôt (à pied) au barrage. L'ouvrage a élevé de 10 m le niveau du lac (alt. 1 616 m), où se reflète la forêt sombre. À l'extrémité opposée se dressent les antennes de Radio Andorre, dont les émissions ont cessé depuis 1981.

Andorre pratique

Adresses utiles

Offices du tourisme de la principauté d'Andorre – *Plaça Princep Benlloch, 1 - AD 500 Andorra La Vella -* ✆ *(00-376) 827 117 - www.andorralavella.ad - de déb. juil. à mi-sept. : 9h-21h, dim. 9h-19h ; de mi-sept. à fin juin : 9h-13h, 15h-19h, sam. 9h-13h, 15h-20h, dim. 9h-13h - fermé 1er janv., 14 mars, 8 sept., 25 janv.*
26 av. de l'Opéra - 75001 Paris - ✆ *01 42 61 50 55 - www.andorre.fr.*

Vie quotidienne

Formalités d'entrée, devises, horaires, poste et télécommunications : voir le chapitre « Escapade à l'étranger » dans la partie « Où et quand partir », au début du guide.

Se loger

Hôtel Florida – *R. Llacuna 15 - Andorre-la-Vieille -* ✆ *(00-376) 82 01 05 - www.hotelflorida.ad - 48 ch. 49/90 € .* Fonctionnement familial dans cet hôtel à la façade actuelle. Parties communes un peu réduites, chambres fonctionnelles et parquetées, petit gymnase et sauna.

Hôtel Coma Bella – *Sant-Julià-de-Lòria - 7 km au sud-ouest d'Andorre-la-Vieille -* ✆ *(00-376) 84 12 20 - comabella@myp.ad - fermé 5-23 nov. -* 🅿 *- 30 ch. 53/92 € - rest. 12 €.* Dans la forêt de La Rabassa, cet hôtel bénéficie d'une situation particulièrement calme. Ses chambres sont de deux types : certaines sont décorées de meubles actuels inspirés du style andorran, les autres sont plus fonctionnelles…

Hôtel Coray – *C/dels caballers 38 - Encamp -* ✆ *(00-376) 83 15 13 - fermé nov. - 85 ch. 55/62 € - rest. 10,50 €.* Belle situation pour cette hôtellerie dont les fenêtres s'ouvrent sur des champs de tabac. Chambres d'ampleur satisfaisante, avec balcon. Salon de jeux et TV. Restaurant de grande capacité où, de la cuisine au service, tout se fait en famille ! Menu unique.

Hôtel Espel – *Pl. Creu-Blanca 1 - Escaldes-Engordany -* ✆ *(00-376) 82 08 55 - hotelespel@andorra.ad - fermé 2 mai-2 juin - 85 ch. 60/96 € - rest. 15 €.* L'eau thermale puisée dans les lacs souterrains d'Andorre alimente les salles de bains de cet établissement peu à peu rénové. Sympathique ambiance de quartier. Restauration simple pour échapper, le temps d'un repas, à l'effervescence de l'avenue Carlemany.

Hôtel Univers – *R. René-Baulard - Encamp -* ✆ *(00-376) 73 11 05 - www.hoteluniversandorra.com - fermé nov. - 31 ch. 65/75 € - 8 € - rest. 14 €.* Situé sur les berges du Valira d'Orient et tout près du futuriste hôtel de ville, sympathique établissement aux chambres de bon confort. Dans la petite salle à manger, correctement dressée, vous dégusterez une cuisine traditionnelle bien mitonnée.

Se restaurer

🍽️ **Can Benet** – *Antic carrer Major 9 - Andorre-la-Vieille - ☏ (00-376) 82 89 22 - www.restaurant-canbenet.com - fermé lun., 15 juin-1er juil. - 25/34 €.* Au rez-de-chaussée, un petit espace pour se sustenter dans une ambiance familiale. À l'étage, la salle à manger au décor typiquement andorran. Cuisine traditionnelle.

🍽️ **Borda Estevet** – *Rte de La Comella 2 - Andorre-la-Vieille - ☏ (00-376) 86 40 26 - bordaestevet@andorra.ad - 33/48 €.* Légèrement excentrée, cette maison ancienne aux murs de pierres apparentes accueille ses convives dans plusieurs salles au cadre rustique. Dans l'assiette, cuisine pyrénéenne et nombreuses gourmandises à choisir sur le chariot des desserts.

🍽️ **La Borda Pairal 1630** – *R. Dr-Vilanova 7 - Andorre-la-Vieille - ☏ (00-376) 86 99 99 - ibp1630@andorra.ad - fermé dim. soir et lun. - 33/48 €.* Cette ex-ferme reconvertie en restaurant a conservé un cadre typique où dominent la pierre et le bois. Exposition de vieilles photos de la ville et cuisine tradiotionnelle.

🍽️ **Taberna Angel Belmonte** – *R. Ciutat-de-Consuegra 3 - Andorre-la-Vieille - ☏ (00-376) 82 24 60 - www.tabernaangelbelmonte.com - 35/55 €.* Un lieu agréable que ce restaurant aux airs de taverne. Beau décor où domine le bois et mise en place impeccable. À la carte, produits du terroir, poissons et fruits de mer.

En Andorre, profitez des détaxes.

A. Thuillier / MICHELIN

🍽️ **El Rusc** – *La Massana - 1,5 km par rte d'Arinsal - ☏ (00-376) 83 82 00 - info@elrusc.com - fermé dim. soir et lun., 15 juin-15 juil. - 40/62 €.* Jolie maison locale abritant une belle salle à manger rustique. Plats traditionnels, spécialités basques et cave assez complète.

Que rapporter

👁️ **Bon à savoir** – La principauté d'Andorre a depuis longtemps acquis une vocation commerciale. Les boutiques et grands magasins offrent un large choix de produits (alimentation, produits de luxe, vêtements, électronique, etc.) à des prix compétitifs. Horaires habituels d'ouverture : 9h-13h, 16h-20h (vacances scolaires : fermeture à 21h). Au retour en France, la douane contrôle la quantité et la valeur des produits achetés en Andorre non soumis aux droits et taxes : par exemple, par personne, 1,5 l d'alcool titrant plus de 22° ou 3 l d'alcool titrant moins de 22°, 300 cigarettes, 75 g de parfum, 375 ml d'eau de toilette, etc.

Sports & Loisirs

POUR SKIER

Domaine skiable de Soldeu El Tarter – Alt. 1 710-2 560 m. Les 52 pistes réparties sur 1 150 ha conviennent aux skieurs de tous niveaux. 241 canons assurent un enneigement permanent sur 32 km.

Domaine skiable du Pas de la Casa-Grau Roig – Alt. 2 050-2 640 m. Ces deux stations reliées entre elles accueillent, sur 626 ha, plus de la moitié des skieurs d'Andorre. Hormis les deux petites zones des Abelletes et de Pessons, réservées aux débutants, les 100 km de pistes de ski alpin s'adressent aux skieurs de niveau moyen à confirmé. Les surfeurs disposent d'une piste spécialement aménagée (« Coma III ») et le ski de nuit se pratique deux fois par semaine.

POUR SE DÉTENDRE

Caldea – *Août et vac. scol. de Pâques : 9h-0h ; reste de l'année : 9h30-23h - fermé 1er janv. (matin), 8-19 mai, 13-17 nov., 25 déc. - 29,50 € (3h), 78 € (3 j), 118 € (5 j).*

👥 Situé à 1 000 m d'altitude et utilisant l'eau thermale d'Escaldes-Engordany puisée à 68 °C, Caldea est un grand centre aquatique, conçu pour le bien-être et le plaisir. L'ensemble architectural, réalisé sur les plans du Français Jean-Michel Ruols, se présente sous la forme d'une gigantesque cathédrale de verre à l'allure futuriste. L'éventail des possibilités de détente et de relaxation est très large : bains indo-romains, hammam, jacuzzis, lits à bulles, marbres chauds, fontaines de brumisation, etc., répartis sur deux espaces : un espace « public », dans et autour de la grande lagune, et un espace « club » pour les amoureux du calme, à qui un accueil personnalisé est réservé. Un excellent moyen de se détendre après une bonne journée de ski. Restaurant gastronomique, galerie commerciale, bar panoramique à 80 m de hauteur : tout concourt à rendre particulièrement attrayant ce paradis des eaux.

Événement

Le 8 sept., jour où l'on fête la Vierge de Meritxell, a été choisi comme fête nationale, témoignant de l'enracinement de la foi dans le cœur des Andorrans. La messe se déroule en présence du clergé du pays et des autorités. Comme tout aplech (pèlerinage) catalan, elle est suivie de repas champêtres sur les prairies des alentours.

Anduze

3 243 ANDUZIENS
CARTE GÉNÉRALE D2 – CARTE MICHELIN DÉPARTEMENTS 339 I4 – GARD (30)

Haut lieu du protestantisme, dernière ville de la plaine et toute première des montagnes cévenoles, Anduze se niche entre deux plissements de roches, au débouché de l'étroite porte des Cévennes (cluse du portail du Pas) qui ouvre sur les vallées des Gardons de St-Jean et de Mialet. Vous y croiserez les estivants descendus des Cévennes pour musarder sur le marché, flâner entre les étals de fruits et légumes ou de pélardons ou encore jauger la finesse des poteries vernissées. C'est au bord du Gardon que s'est implanté le plus exotique des jardins languedociens : la bambouseraie de Prafrance.

▶ **Se repérer** – À 17 km au sud-ouest d'Alès par la D 50, à 13 km de St-Jean-du-Gard par la D 907 ou encore à 75 km au nord de Montpellier par la D 6110 puis la D 907.

🅿 **Se garer** – Grand parking le long du Gardon (rive droite).

👁 **À ne pas manquer** – La jungle multicolore des bambous à Prafrance, la mémoire des camisards au musée du Désert et les Cent mille soldats de la grotte de Trabuc.

🕐 **Organiser son temps** – Comptez une demi-journée pour les alentours, 30mn pour la vieille ville.

👥 **Avec les enfants** – Les multiples instruments du musée de la Musique, l'exotisme de la bambouseraie, les gours et concrétions de la grotte de Trabuc, le Train à vapeur.

🌿 **Pour poursuivre la visite** – Voir aussi le massif de l'Aigoual, Alès, Florac, la grotte des Demoiselles, Ganges, St-Hippolyte-du-Fort, St-Jean-du-Gard, Sommières et Le Vigan.

J. Malburet / MICHELIN

Bambouseraie de Prafrance, avec ses cases du Laos.

Comprendre

Anduze est surnommée la « Genève des Cévennes » car elle a, dès le début de la Réforme, été acquise à la foi protestante ; en 1579, elle est choisie comme siège de l'assemblée générale des protestants du Bas-Languedoc (1579).

En 1622, Anduze devient le quartier général du grand chef protestant, le **duc de Rohan**. Ce dernier consolide les remparts et fait construire des forts sur les hauteurs. Appuyé sur les Cévennes entièrement protestantes, Rohan tient là une très forte position. Quand, en 1629, Louis XIII et Richelieu mènent leur expédition du Languedoc, ils préfèrent s'attaquer à Alès qui capitule. Anduze n'aura donc à subir aucun siège, mais, après la paix d'Alès, toutes les forteresses protestantes sont démantelées. La partie de remparts qui protégeait la cité des terribles crues du Gardon (les « gardonnades »), est abattue.

À l'aube du 18e s., l'ancienne place forte devient, lors de la guerre des Camisards, le principal centre d'opérations des troupes royales.

La tourmente passée, la ville redevient prospère. En 1774, les États du Languedoc construisent une digue, le « quai », sur la rive du Gardon. La ville se développe alors considérablement, s'adonnant à l'artisanat textile (laine, soie, chapellerie). Pendant longtemps, elle demeure aussi importante qu'Alès, jusqu'à ce que cette dernière, grâce à son bassin minier, prenne, au 19e s., un essor décisif.

Se promener

Tour de l'Horloge

Située sur la place allongée de l'ancien château, elle date de 1320. Seul vestige des fortifications, elle fut épargnée en 1629 parce qu'elle portait déjà une horloge.

Temple protestant

Il a été construit en 1823 sur l'emplacement d'anciennes casernes. Un péristyle à quatre colonnes abrite l'entrée du monument, un des plus vastes temples de France.

Vieille ville

Les ruelles étroites et tortueuses, comme la rue Bouquerie ou la rue Droite, sont agréables à parcourir. Par la porte s'ouvrant à côté du château, on gagne la place Couverte où s'élèvent l'ancienne halle aux grains et une curieuse **fontaine-pagode** dont les tuiles vernissées ont été spécialement réalisées par les céramistes d'Anduze en 1649.

Visiter

Musée de la Musique

Rte d'Alès, sur la rive gauche - 📞 *04 66 61 86 60 - juil.-août : 15h-18h30 ; vac. scol. Pâques et Toussaint, dim. et j. fériés de mars à oct. : 14h30-18h - fermé nov.-fév. - 5 € (2,50 €).*

👥 Il rassemble et fait entendre plus d'un millier d'instruments de musique de tous pays et de toutes époques classés par grandes familles : les percussions, les instruments à vent, à anche ou à embouchure et enfin les instruments à cordes.

Aux alentours

Bambouseraie de Prafrance★★

2 km par la D 129 - 📞 *04 66 61 70 47 - www.bambouseraie.fr -* ♿ *- de déb. mars à mi-nov. : 9h30-18h (avr.-juin : 19h ; juil.-août : 19h30) - fermé de mi-nov. à fin fév. - 7,50 € (enf. 4,50 €).*

👥 Ce parc exotique, inattendu dans la région, fut créé en 1855 par le Cévenol Eugène Mazel. Ce passionné de botanique, parti en Extrême-Orient pour étudier les mûriers indispensables à la culture des vers à soie, fut séduit par ces curieuses plantes que sont les bambous et en rapporta des plants. Grâce à sa fortune, il commença en 1856 ses premières plantations, essayant d'acclimater des espèces exotiques en provenance du Japon, d'Amérique du Nord et de la région himalayenne. À Prafrance la forêt de bambous, bénéficiant d'un sol enrichi par les alluvions du Gardon, d'une nappe phréatique et d'un microclimat, devint vite une jungle étonnante.

Le parc est parcouru par une magnifique allée de bambous hauts de 20 m et de superbes séquoias de Californie. Une autre allée, bordée de palmiers de Chine, est ornée d'un superbe magnolia. En flânant, on découvre le village laotien en bambou, l'harmonieux vallon du Dragon avec son tori (porte de temple shinto) rouge vif et son pavillon du Phénix, le labyrinthe, les serres… Dans le jardin aquatique nagent des carpes japonaises entre les lotus et les papyrus d'Égypte. La forêt de bambous de Prafrance s'étend sur une dizaine d'hectares et comprend pas loin de 200 variétés aux couleurs de chaume variées.

Henri-Georges Clouzot y tourna *Le Salaire de la peur* en 1953. La pousse de bambou pointe dès l'origine avec sa circonférence définitive, elle croît de 30 à 35 cm par jour, atteignant très rapidement sa taille définitive, mais elle ne prend une consistance de bois utilisable par l'artisanat qu'au bout de trois ans. En Asie, le bambou sert à fabriquer des échelles, des tuyaux d'irrigation, des échafaudages, des maisons, des instruments de musique. Quant aux rhizomes (tiges souterraines), ils deviennent anses de paniers ou manches de parapluies.

La bambouseraie constitue, pendant les chauds mois d'été, une halte rafraîchissante vraiment très appréciable. Boutique, jardinerie et conseils de spécialistes.

Train à vapeur des Cévennes★

📞 *04 66 60 59 00 - www.trainavapeur.com - avr. à mi-sept. : tlj ; de mi-sept. à fin oct. : tlj sf lun. (hors j. fériés) - fermé 2 nov.-mars - 12 € AR (enf. : 7 €).*

👥 La ligne de chemin de fer qui desservait, de 1905 à 1960, les gares d'Anduze, Générargues et St-Jean-du-Gard a été remise en service en tant que ligne touristique. Son tracé prend départ en face de la « porte des Cévennes » à Anduze, passe par la bambouseraie de Prafrance, suit ou traverse les gardons d'Anduze, de Mialet et de St-Jean, et débouche à St-Jean-du-Gard.

Château de Tornac

À la sortie d'Anduze, direction St-Hippolyte-du-Fort. 🥾 *20mn AR. C'est autour d'une tour de guet (12ᵉ s.) que ce château a été édifié au 16ᵉ s. Brûlé à la Révolution, il garde fière allure et est aujourd'hui un agréable lieu de promenade.*

Musée du Désert★

7 km au nord par Générargues et, à gauche, la route de Mialet - 📞 *04 66 85 02 72 - www.museedudesert.com - juil.-août : 9h30-19h ; mars-juin et sept.-nov. : 9h30-12h, 14h-18h - fermé déc.-fév. - 4,50 € (10-18 ans 3,50 €).* Quelques maisons serrées les unes contre les autres couvrent un petit plateau au paysage âpre et sévère : c'est le **Mas Soubeyran**, un des hameaux de la commune de Mialet, qui domine les eaux vertes du Gardon.

Ce haut lieu du protestantisme, riche en enseignements tant pour les férus d'histoire que pour les curieux, accueille chaque année, le 1er dimanche de septembre, une foule importante lors de l'« assemblée du Désert ».

Au sein de ce hameau typiquement cévenol se trouve le musée du Désert constitué dans et autour de la maison natale du chef camisard Roland. Quinze salles et 2 000 objets présentent, après une introduction muséographique et audiovisuelle à la Réforme, l'histoire des huguenots et des camisards.

La **maison de Roland** est demeurée telle qu'elle existait aux 17e et 18e s. Remarquer le « jeu de l'Oye » destiné à enseigner les principes catholiques aux jeunes huguenotes retenues dans les couvents. Dans la cuisine, on peut voir la bible du chef des camisards et la cachette où il se dissimulait à l'arrivée des dragons. La chambre de Roland a conservé son ameublement. Divers documents, déclarations, arrêts, ordonnances, cartes anciennes et tableaux retracent la période qui précéda les persécutions, la lutte des camisards, la restauration du protestantisme par Antoine Court, le triomphe difficile des idées de tolérance (l'affaire Calas).

Une salle évoque les assemblées du Désert, réunions clandestines que les protestants organisaient dans les ravins isolés pour célébrer leur culte. Dans la salle des Bibles sont présentées de nombreuses bibles du 16e au 20e s., une remarquable série de psautiers et des peintures de Jeanne Lombard.

Le **mémorial**, dans une suite de cinq salles, rappelle le souvenir des « Martyrs du Désert » : pasteurs et prédicants exécutés, réfugiés, galériens, prisonniers. Dans les vitrines, croix huguenotes et intéressante collection de coupes de communion escamotables. La salle des Galériens commémore la souffrance des 2 500 protestants condamnés aux galères. On voit aussi des maquettes de galères, des tableaux de Labouchère et de Max Leenhardt.

La visite se termine par la reconstitution d'un intérieur cévenol, à l'heure où la famille réunie écoute la lecture de la Bible, et par un hommage rendu aux prisonnières de la tour de Constance à Aigues-Mortes.

Grotte de Trabuc★★

11 km au nord par Générargues et la vallée du Gardon de Mialet, le long de la D 50 que l'on quitte après Luziers pour prendre à droite vers Trabuc. Température : 14 °C - ☎ 04 66 85 03 28 - visite guidée - juil.-août : 10h-18h30 (dernier dép.) ; mars-juin et sept.-oct. : 14h-17h30 ; fév. et nov. : se renseigner- fermé déc.-janv. - 8 € (5-12 ans 4 €). Safari souterrain (5h) sur réserv. - 34 € - ☎ 04 67 66 11 11.

La grotte de Trabuc, la plus grande des Cévennes, fut habitée à l'époque néolithique, puis servit de demeure aux Romains. Pendant les guerres de Religion, des camisards se réfugiaient dans ses galeries ramifiées qui étaient la plus sûre des cachettes. Elle servit aussi de repaire à des brigands, les trabucaires, auxquels elle doit son nom : le *trabuc* étant le nom du pistolet que portaient ces bandits.

On y pénètre par un couloir artificiel de 40 m, foré par les mineurs d'Alès à 120 m au-dessus de l'orifice naturel. On découvre la **salle du Gong** et sa grande draperie en oreille d'éléphant qui résonne comme cet instrument de musique, les **gours** (et microgours), bassins formés par des barrages de calcite, les fistuleuses du grand

Grotte de Trabuc et ses concrétions nommées « Les Cent mille soldats ».

GROTTES DE TRABUC

couloir, les coulées colorées d'oxyde surnommées « cascades rouges », les curieux cristaux d'aragonite, teintés de noir par le manganèse. On parvient ensuite au remarquable paysage souterrain que composent les **Cent mille soldats★★**, concrétions exceptionnelles formées dans des gours et évoquant la Grande Muraille de Chine. Leur origine demeure mystérieuse.

Au cours de la remontée, un arrêt dans la **salle du Lac** permet d'admirer la très belle pendeloque du Grand Papillon, des « méduses », des excentriques et surtout le lac de Minuit aux eaux claires.

Anduze pratique

Adresse utile

Office du tourisme d'Anduze – *Plan de Brie -BP 6 - 30140-* ☏ *04 66 61 98 17 - www. ot-anduze.fr - juin - sept. : 9h30-12h30, 14h30-18h30, dim. 10h-13h ; reste de l'année : tlj sf sam. apr.-midi et dim. 9h30-12h30, 14h-17h30.*

Se loger

⌂ **Camping L'Arche** – *1105 chemin Recoulin -* ☏ *04 66 61 74 08 - www. camping-arche.fr - ouv. 15 mars-sept. - réserv. conseillée - 250 empl. 33,50 €.* Pas de piscine mais une plage aménagée au bord de la rivière pour ce camping installé dans le très beau site des gorges du Gardon. Aire de jeux pour les enfants, terrains de volley, basket et pétanque, ping-pong, etc. Nombreuses animations proposées en période estivale ; accueil des plus charmants.

⌂⌂ **Hôtel de la Porte des Cévennes** – ☏ *04 66 61 99 44 - www.porte-cevennes. com - fermé 20 oct.-3 avr. -* 🅿 *- 34 ch. 73/80 € -* ⊡ *9 € - rest. 23/30 €.* Cette construction des années 1980 proche de la bambouseraie où fut tourné *Le Salaire de la peur* abrite des chambres préservant le style d'origine, mais spacieuses et dotées de loggias, parfois tournées sur la vallée du Gardon. Restaurant rustique et agréable terrasse panoramique. Belle piscine couverte.

⌂⌂ **Auberge des Trois Barbus** – *Rte de Mialet - 30140 Générargues -* ☏ *04 66 61 72 12 - www.aubergeles3barbus.com - fermé dim. soir et lun. d'oct. à avr., mar. en nov. et déc., 3 janv.-1er avr. -* 🅿 *- 32 ch. 61/118 € -* ⊡ *13 € - rest. 27/49 €.* Cet hôtel bâti à flanc de coteau aux confins du « désert » cévenol dispose de grandes chambres garnies de meubles régionaux et orientées sur la vallée des Camisards. La salle à manger, sobrement décorée, est prolongée par une véranda.

⌂⌂ **Chambre d'hôte Le Mas des Sources** – *30140 St-Sébastien-d'Aigrefeuille - 4 km au nord d'Anduze par D 50 -* ☏ *04 66 60 56 30 - www.mas-des-sources.fr -* ⌿ *- réserv. le soir - 5 ch. 79/85 € -* ⊡ *- repas 15/30 €.* Derrière glycines et marronniers centenaires, cette ancienne magnanerie du 17e s. est aujourd'hui une maison d'hôte. Calmes et claires, ses chambres rénovées sont décorées de meubles chinés par les propriétaires qui tiennent aussi une boutique d'antiquités au rez-de-chaussée. Terrasse couverte.

⌂⌂ **Chambre d'hôte Le Mas de Prades** – *30140 Thoiras -* ☏ *04 66 85 09 00 - www.masdeprades.com - fermé nov.-mars -* ⌿ *- 5 ch. 85/90 € -* ⊡ *- repas 25 €.* Il vous faudra serpenter et cheminer pour atteindre ce havre de paix et de verdure. Mais à l'arrivée, le superbe mas et ses 5 chambres pleines de charme récompenseront tous les efforts consentis. Vue imprenable sur les Cévennes, espace piscine avec bar et coin lecture adouciront votre séjour. Table d'hôte goûteuse.

Se restaurer

⌂⌂ **La Ferme de Cornadel** – *Rte de Générargues - 1,5 km au nord d'Anduze, dir. la Bambouseraie -* ☏ *04 66 61 79 44 - www. cornadel.fr - fermé mar. sf juil.-août, 15-30 nov. - 23/45 € - 5 ch. 110/135 €* ⊡. Il règne une agréable ambiance campagnarde dans cette ferme cévenole réhabilitée, située entre Anduze et la bambouseraie. Belle salle à manger agrandie d'une terrasse ombragée de kiwis ; cuisine régionale (aïoli, truffes et cèpes en saison). Jolies chambres personnalisées.

⌂⌂⌂ **Le Moulin de Corbès** – *Rte de St-Jean-du-Gard -* ☏ *04 66 61 61 83 - www. moulin-corbes.com - fermé dim. soir et lun. hors sais. - 35/60 € - 4 ch. 70/80 € -* ⊡ *10 €.* Sur le bord du Gardon, ce restaurant lumineux vous reçoit dans trois salons ensoleillés, décorés sur le thème du vin (stage de dégustation). Chambres fonctionnelles et calmes.

Que rapporter

Bambou – Des plants de bambou sont en vente à la **bambouseraie de Prafrance**, ainsi que chapeaux, paniers et autres objets fabriqués en bambou.

Poterie d'Anduze - Les Enfants de Boisset – *Rte de St-Jean-du-Gard -* ☏ *04 66 61 80 86 - tlj sf dim. mat. 9h-12h, 14h-18h ; atelier : lun.-vend. midi - fermé 25 déc.-15 janv. et j. fériés (mat.).* Fabrication artisanale de poteries en terre cuite vernissée (dans une large gamme de formes et de couleurs) destinées aux jardins. Cette maison propose, entre autres et depuis le 17e s., le fameux vase d'Anduze. Visite possible des ateliers.

Argelès-Plage

9 869 ARGELÉSIENS
CARTE GÉNÉRALE C5 – CARTE MICHELIN DÉPARTEMENTS 344 J7
PYRÉNÉES-ORIENTALES (66)

L'été, c'est à ne plus s'y reconnaître : avec les 60 parcs qui en font la capitale européenne du camping, la station entre en effervescence. Argelès marque précisément la limite entre la côte sablonneuse du Roussillon et les criques rocheuses de la côte Vermeille. Il suffira de reculer dans l'arrière-pays pour retrouver la fraîcheur des jardins irrigués, la couleur des vergers ou encore le parfum des micocouliers et des eucalyptus saturés de soleil. D'un côté, c'est la serviette de bain qui triomphe, de l'autre la pétanque… et la sardane !

▶ **Se repérer** – À 28 km au sud de Perpignan par la D 914, ou encore par le littoral en suivant la D 81 qui passe par les stations de St-Cyprien-Plage, Argelès-Plage et Collioure. Argelès-Plage est relié à Argelès-sur-Mer par la D 618.

👁 **À ne pas manquer** – Les grandes plages de sable ; les criques confidentielles et la promenade en bord de mer.

🕐 **Organiser son temps** – En été, tenez compte des embouteillages pour faire votre programme : lézardez le matin face à la Grande Bleue, puis quittez la plage quand la foule arrive.

👥 **Avec les enfants** – Argelès-Plage a reçu le label Station Kid récompensant les stations qui privilégient les activités et les aménagements spécialement destinés aux enfants. Les aigles de Valmy offrent également une belle occasion de sortie.

🌿 **Pour poursuivre la visite** – Voir aussi Le Boulou, Canet-Plage, Collioure, la côte Vermeille, Elne et St-Génis-des-Fontaines.

Se promener

Le nom d'Argelès vient du latin *argilla* qui signifie, comme vous vous en doutez, « argile ». La cité est en effet bâtie sur des terres argileuses, mais est surtout connue pour ses plages. Ces grands espaces de détente ne doivent pas faire oublier un épisode tragique de la guerre civile espagnole, **la Retirada**. En 1939, après la prise de Barcelone, par les troupes de Franco, des dizaines de milliers de réfugiés républicains sont venus se réfugier côté français, notamment à Argelès, mais aussi à Barcarès et St-Cyprien.

Les plages

Plage nord, plage des Pins et plage sud (surveillées de juin à septembre) : 7 km de sable blond ; Le Racou (au sud du port) : 3 km de criques.
Une promenade de 2 km longe la mer, entre pins maritimes et plantes méditerranéennes (aloès, mimosas, oliviers, lauriers-roses, etc.).

Les aigles de Valmy

Chemin de Valmy (parc de Valmy) - ☎ 04 68 81 67 32 - www.lesaiglesdevalmy.com - ♿ - de déb. avr. à déb. nov. : 14h-18h30 - 8,50 € (enf. 6 €) - chiens interdits.

Plage d'Argelès.

Le parc du château de Valmy sert de cadre à différentes activités : un parcours de découverte des rapaces sur 5 ha et un spectacle de fauconnerie d'une heure où vous pourrez voir évoluer aigles, milans, vautours et autres rapaces en toute liberté. Également au programme, une démonstration de chiens de berger des Pyrénées. Le château, au cœur d'un domaine viticole, accueille également des chambres d'hôte luxueuses.

Argelès-sur-Mer

2,5 km à l'ouest par la D 618. Située au centre de la vieille ville, la **Casa des Albères** est un musée catalan d'art et traditions populaires sur les Albères. *4 pl. des Castellans - 04 68 81 42 74 - réouverture après travaux prévue début 2009.*

Argelès-Plage pratique

Adresse utile

Office du tourisme d'Argelès-Plage – *Pl. de l'Europe -66700 - 04 68 81 15 85 - www.argelessurmer.com - de mi-juin à mi-sept. : tlj 9h-19h (20h en juil.-août) ; reste de l'année : 9h-12h, 14h-18h - fermé sam. apr.-midi et dim. de mi-sept. à fin mars, 1er Nov., 25 déc., 1er janv. et 1er Mai.*

Transports

De juin à sept., une navette payante en bus et en petit train est assurée entre Argelès-sur-Mer (ville) et Argelès-Plage. Navette gratuite entre la plage et le village en petit train d'oct. à mai.

Se loger

Hôtel Acapella – *Chemin de Neguebous - 04 68 95 89 45 - www.hotel-acapella.fr - fermé 5 nov.-2 avr. - - 30 ch. 29/74 € - 7 €.* Plus de 7 000 Argelésiens l'hiver, des centaines de milliers l'été… Pensez donc à réserver ! Les chambres, pratiques et équipées de balcons, sont plus calmes sur l'arrière.

Chambre d'hôte Els Ocellets – *Chemin dels Horts - 66200 Latour Bas Elne - 04 68 22 75 28 - www.ocellets.fr.st - 4 ch. 55 € .* Idéalement située en lisière du petit village, cette maison d'hôte a l'avantage d'être relativement proche des plages (3 à 5 km) tout en bénéficiant du calme de la campagne. Aménagées dans une construction indépendante de l'habitation principale, les 4 chambres, aux tons pastel, offrent confort et tranquillité.

Camping Pujol – *04 68 81 00 25 - ouv. juin-15 sept. - réserv. conseillée - 249 empl. 28 € - restauration.* Dans ce camping ombragé, vous pourrez profiter d'un complexe nautique agrémenté d'un jacuzzi et d'un club fitness. Animations pour enfants et soirées dansantes.

Camping La Sirène et l'Hippocampe – *04 68 81 04 61 - contact@camping-lasirene.fr - ouv. 18 avr.-28 sept. - réserv. obligatoire - 903 empl. 44 € - restauration.* Beau cadre arboré et équipements haut de gamme. Ici, vous pratiquerez les jeux aquatiques ou la plongée sous-marine à l'envi. Club enfant, navette gratuite pour Andorre et Barcelone. Locations de mobile homes, chalets et bungalows.

Se restaurer

L'Amadeus – *Av. des Platanes - 04 68 81 12 38 - www.lamadeus.com - fermé lun. sf le soir en juil.-août et mar., 4 nov.-11 fév. - 24/45 €.* Non loin de l'office du tourisme d'Argelès, ce lieu à la façade avenante est une adresse agréable : salle à manger agrémentée de plantes vertes, tables rondes, vivier à homards, jolie terrasse au pont de teck et calme patio. Cuisine régionale bien tournée.

Que rapporter

Marché artisanal – *Parking des Platanes - www.argelesvillageartisanal.com - 15 juin-15 sept. : 17h-0h.*

Sports & Loisirs

Antarès Sub – *Quai Marco-Polo - 04 68 81 46 30/06 78 48 76 30 - sylvain@antares-sub.com - juil.-août : 8h-20h ; sept.-juin : 8h-12h, 14h-18h.* Voici la plus ancienne école de plongée sous-marine d'Argelès. Sylvain, plongeur expérimenté, et son équipe vous accueillent en stages, de la simple initiation aux explorations d'épaves.

Argelès Aventure – *7 imp. Copernic - Plage Nord - 04 68 95 41 66 - www.argeles-aventure.com - tlj d'avr. à mi-sept. et vac. scol - fermé nov.-janv.* À 300 m de la plage, voici un parc acrobatique forestier qui compte près de 80 ateliers répartis en 8 parcours (1 pour enf. à partir de 2 ans). Et, unique au monde, un parc aquatique permettant de pratiquer le canyoning dans une installation géante. Frissons garantis !

Centre de balnéothérapie Balnéo Vital – *Chemin de Neguebous - 04 68 95 32 00 - www.balneovital.com - tlj sf dim. 9h-12h30, 15h-18h30.* Ce centre de balnéothérapie intégré à un complexe hôtelier est également accessible aux non-résidents. Au programme : remise en forme, nombreux soins corporels ou esthétiques, massages, etc. Forfaits, cures de plusieurs jours ou soins à la carte.

Aven **Armand** ★★★

CARTE GÉNÉRALE C2 – CARTE MICHELIN DÉPARTEMENTS 330 I9 – LOZÈRE (48)

Niché dans les profondeurs du causse Méjean, l'aven Armand est une des merveilles du monde souterrain. Découvert par hasard, comme c'est souvent le cas pour les grottes, il fait aujourd'hui l'unanimité des touristes qui se pressent chaque année pour le voir. Une descente en funiculaire à plus de 100 mètres sous terre et vous voilà au cœur d'une forêt de stalagmites. Un spectacle inoubliable !

- ▶ **Se repérer** – À 48 km au sud de Mende par la N 88 puis la D 986 ou encore à 43 km au nord-est de Millau par la D 907 puis la D 996.

- 👁 **À ne pas manquer** – La vue depuis le belvédère, les concrétions de la « Forêt Vierge » et la grande stalagmite.

- 🕐 **Organiser son temps** – Pensez à vous couvrir avant de descendre et comptez 1h pour la visite.

- 👫 **Avec les enfants** – Ce merveilleux monde souterrain fascinera les plus jeunes.

- 🌿 **Pour poursuivre la visite** – Voir aussi la grotte de Dargilan, Florac, le causse Méjean, Millau, Meyrueis, Montpellier-le-Vieux, Ste-Enimie, Sévérac-le-Château et les gorges du Tarn.

La Forêt Vierge de stalagmites, gracieuses comme des coraux…

A. Casalgne / MICHELIN

Comprendre

Édouard Alfred Martel (1859-1938) – À partir de 1883, il entreprit au mépris de sa vie une série d'explorations souterraines des causses, qui révélèrent des curiosités ignorées… Son audace ouvrit la voie du Grand Canyon du Verdon et d'autres encore en Italie, Allemagne, Autriche, Angleterre ou Espagne. Ses publications vibrantes d'enthousiasme lui valurent une célébrité mondiale.

Une incroyable découverte – En descendant de la Parade le 19 septembre 1897, Armand a aperçu cet énorme orifice que les fermiers des alentours appellent « l'aven ». Les grosses pierres qu'il y a jetées ont l'air de descendre à des profondeurs insoupçonnées. Le lendemain, une caravane parvient au bord du gouffre avec 1 tonne de matériel et des hommes de manœuvre.

Un premier sondage révèle une profondeur de 75 m. Louis Armand arrive facilement en bas. Des exclamations de joie montent du téléphone : « Superbe ! Magnifique ! Plus beau que Dargilan ! Une vraie forêt de pierres ! » Armand remonte enthousiasmé.

Le 20 septembre 1897, Martel y descend à son tour. Au lendemain de la découverte, ce dernier décide de donner à cet aven le nom de son dévoué auxiliaire et réussit à l'en rendre propriétaire. Les travaux d'aménagement commencent en juin 1926 ; l'année suivante, l'aven est ouvert au public.

Visiter

℘ 04 66 45 61 31 - www.aven-armand.com - température : 10 °C - visite guidée -de mi-juin à fin août : 9h30-18h ; de mi-mars à mi-juin et sept.-oct. : 10h-12h, 13h30-17h - 8,50 € (5-15 ans 5,80 €).

Belvédère

Un tunnel, long de 208 m, creusé pour faciliter l'accès de la grotte, débouche presque au pied du puits de 75 m par lequel sont descendus les explorateurs. Du balcon (accessible à tous) où aboutit le tunnel, on jouit d'un spectacle merveilleux. Le regard plonge dans une salle de 60 m sur 100 m et d'une hauteur de 45 m.

La « Forêt Vierge »

Sur les matériaux éboulés de la voûte se sont édifiées d'éblouissantes concrétions, offrant l'image d'une forêt pétrifiée : ces arbres de pierre, plus ou moins denses, aux formes fantastiques, peuvent atteindre à la base jusqu'à 3 m de diamètre et mesurer, certains, de 15 à 25 m de hauteur. De leurs fûts, évoquant palmiers et cyprès, partent des feuilles irrégulièrement découpées, larges parfois de plusieurs décimètres.

En parcourant la salle *(escaliers munis de mains courantes, quelques marches glissantes)*, on peut apprécier la variété des concrétions : des cierges graciles de plusieurs mètres de hauteur, d'étranges figures à têtes de monstres et massues, choux frisés et fruits ciselés, et surtout la magnifique colonne en encorbellement supportée par une mince console, que domine la grande stalagmite, de 30 m de hauteur.

Ⅾ *Pour l'hébergement et la restauration, voir Meyrueis.*

Banyuls-sur-Mer

4 644 BANYULENCS
CARTE GÉNÉRALE C5 – CARTE MICHELIN DÉPARTEMENTS 344 J8 – SCHÉMA P. 457
PYRÉNÉES-ORIENTALES (66)

Banyuls est une charmante station balnéaire, la plus méridionale de France. Elle s'allonge au bord d'une jolie baie, à l'abri de la tramontane, surplombée par un inoubliable paysage de vignobles en terrasses. C'est ici que le biologiste Charles Victor Naudin (1815-1899) a eu l'audace folle d'implanter des caroubiers, des eucalyptus et des palmiers, jusqu'alors inconnus sur ce rivage. Ces essences exotiques, ont essaimé ensuite avec succès sur toute la Côte d'Azur, dont elles composent depuis le décor familier.

▸ **Se repérer** – À 38 km au sud de Perpignan par la D 914 qui mène ensuite vers l'Espagne par la côte.

👁 **À ne pas manquer** – La baignade dans les criques, la plongée dans la réserve naturelle marine, la visite des caves et l'intimité de la métairie Maillol.

🕐 **Organiser son temps** – Comptez une demi-journée pour visiter les caves de Banyuls et la métairie Maillol, ou suivre le sentier sous-marin.

👥 **Avec les enfants** – Les poissons de l'aquarium ou, mieux, dans la mesure où ils en seront capables, ceux du sentier sous-marin de la réserve.

💧 **Pour poursuivre la visite** – Voir aussi Argelès-Plage, Collioure et la côte Vermeille.

Séjourner

La plage

La plage principale (sable et galets) s'abrite dans l'anse fermée, à l'est, par l'île Petite et l'île Grosse, reliées à la terre par une digue.

Aquarium du laboratoire Arago

📞 04 68 88 73 39 - www.obs-banyuls.fr - juil.-août : 9h-13h, 14h-21h ; sept.-juin : 9h-12h, 14h-18h30 - 4,60 € (6-12 ans. 2,30 €).

👥 Les eaux de la côte Vermeille, profondes, claires et poissonneuses, ont attiré l'attention des scientifiques, justifiant l'installation à Banyuls du **laboratoire Arago**, centre de recherches et d'enseignement en océanographie, biologie marine et écologie terrestre. Plus ancien aquarium public de Méditerranée, il présente les spécimens de la faune méditerranéenne. Les commentaires, plus ou moins bien associés au contenu des 39 aquariums, s'adressent aux plongeurs et aux pêcheurs. Une collection de 250 espèces d'oiseaux (naturalisés) est également visible à l'entrée.

Écrin bleu : sentier sous-marin de la Réserve naturelle marine de Banyuls-Cerbère

Point d'accueil sur la plage de Peyrefite et point information sur le port de plaisance - 📞 04 68 88 56 87 - juil.-août : 12h-18h. Location de matériel possible entre

Précieux écrin pour Banyuls entre le vignoble, la Grande Bleue et la côte Vermeille.

12h et 17h (y compris les plaquettes d'information submersibles) - gratuit. Le sentier est surveillé par des maîtres nageurs, et chacune des bouées est munie d'une main courante. Bien entendu vous éviterez de poser le pied sur un oursin et si, par inadvertance, vous croisez une méduse, vous ferez un détour !

À vos palmes, masques et autres tubas ! Munis de plaquettes d'informations submersibles, vous entamerez ce parcours d'une longueur de 250 m, ponctué de cinq stations d'observation situées à une profondeur maximale de 5 m.

Le saviez-vous ?

Banyuls, dont le nom vient du latin *balneum* qui signifie « bain », est la patrie d'**Aristide Maillol** (1861-1944). Ce sculpteur a notamment laissé à son pays natal de nombreux monuments. Citons *La jeune fille allongée* sur le port de Banyuls, et les monuments aux morts de l'île Grosse (Banyuls), Céret, Elne et Port-Vendres.

Chaque station, matérialisée par une bouée, vous permettra d'observer un biotope différent, qu'il s'agisse d'herbiers de posidonie, de roches ou de galets. Avec un peu de chance, outre les sars, loups, girelles et rougets, vous pourrez apercevoir un dauphin, une tortue caouanne, ou encore un hippocampe moucheté !

Réserve naturelle marine de Banyuls-Cerbère

C'est entre Banyuls et Cerbère, sur l'unique côte rocheuse du Languedoc-Roussillon, qu'a été créée en 1974 la première Réserve naturelle marine de France et la seule à ce jour à être exclusivement marine.

Sur une longueur de 6,5 km de côte et une superficie maritime de 650 ha, elle vise avant tout à protéger les espèces menacées, tant par une pêche intensive que par la pollution (rejet des eaux usées en mer) et la fréquentation touristique (plaisance, chasse sous-marine…).

Découvrir

LE BANYULS

Le vignoble

Le vignoble règne sur les derniers flancs des Albères dont les pentes schisteuses, découpées en terrasses soutenues par des murettes, sont défendues contre le ruissellement dans les zones les plus exposées, par un système de rigoles entrecroisées en X.

Les caves

Les raisins sont vinifiés selon les méthodes ancestrales mises au point par les Templiers. Après un long vieillissement en cuve de chêne dans des celliers ou dans des parcs de vieillissement à l'air libre, on obtient un cru fameux : le banyuls. De type doux, sec ou demi-sec, le banyuls a sa place en apéritif, en dessert mais aussi en accompagnement de certains plats comme le foie gras, les fromages forts, les gibiers, et le chocolat… Plusieurs caves sont ouvertes à la visite, dont deux sur la route des crêtes.

La **Grande Cave** propose la projection d'un film sur l'histoire du banyuls, une visite guidée de l'allée des cuves de chêne, du parc de vieillissement au soleil et de la cave des foudres centenaires. *Route du Mas-Reig - ℰ 04 68 98 36 92 - www.banyuls.com - visite guidée avr.-oct. : 10h-19h30 ; nov.-mars : tlj sf dim. 10h-13h, 14h30-18h30 - gratuit.*

Le **Cellier des Templiers-cave du Mas Reig** date des Templiers (13ᵉ s.) dont le château féodal et la sous-commanderie (Mas Reig) se trouvent tout à côté. *Route du Balcon-de-Madeloc - ℰ 04 68 98 36 70 - ♿ - visite guidée en juil.-août : 10h-19h30 - gratuit.*

Visiter

Métairie Maillol★

5 km au sud-ouest. Suivez la route du col de Banyuls. 1ᵉʳ parking avant le chemin de terre (8mn de marche), 2ᵉ parking (petit) en surplomb du jardin, accès par un escalier - ℰ 04 68 88 57 11 - mai-sept. : 10h-12h, 16h-19h ; oct.-avr. : 10h-12h, 14h-17h - fermé j. fériés. 3,50 € (enf. 2,50 €). Enfant de Banyuls, **Aristide Maillol**, « monté » à Paris à 20 ans, s'initie d'abord à la peinture puis, suivant la tendance du cercle nabi, à la renaissance de l'artisanat d'art avec la céramique et la tapisserie. Marqué par l'influence décisive de Gauguin, il affirme finalement son génie dans la sculpture à la quarantaine passée, tirant de ses esquisses ou peintures d'après modèles les éléments de ses compositions de nus robustes. C'est ainsi que le sculpteur, grâce à son observation constante, à sa recherche du mouvement équilibré, à son sens de la grandeur, a laissé des compositions remarquables : ses statues sont tout aussi gracieuses que puissantes. En son temps, Rodin lui rend un sobre et retentissant hommage.

Maillol aimait se retirer dans ce petit mas au fond d'un vallon torride en été. Sauvée de justesse par son modèle favori Dina Vierny, sa maison rend l'artiste présent à travers quelques belles photos, des citations, des sculptures et terres cuites mises en lien avec leurs esquisses dessinées. Claude Roy écrit ainsi : « C'est à la métairie qu'il faut vivre avec Maillol pour le sentir tout à fait accordé avec son pays, et son pays avec son œuvre, et son ciel avec ses yeux, et sa sagesse avec les arbres, les bêtes, les eaux […] C'est là-bas le cher et chaud asile du vieux sculpteur, la métairie où il va faire retraite, enfin tranquille, enfin tout seul, enfin son maître. » *(Maillol vivant*, 1947). Le lieu, de petite taille, établit une émouvante intimité avec le sculpteur, la table dressée de la salle à manger commémorant sa convivialité. Dans le jardin en terrasses ombragé de cyprès et de micocouliers, parmi les feuilles d'acanthes, se trouve la tombe de l'artiste, sous le geste mélancolique et paisible du bronze *La Méditerranée*.

Banyuls pratique

Adresse utile

Office du tourisme de Banyuls-sur-Mer – *Av. de la République - 66650 -* ✆ *04 68 88 31 58 - www.banyuls-sur-mer. com - juil.-août : 8h30-20h ; reste de l'année : tlj sf dim. 9h-12h, 14h-18h (avr.-juin et sept.-oct. : 19h) - fermé 1er janv., 1er Mai, 1er nov., 25 déc.*

Se loger

🛏🛏 **Hôtel Les Elmes** – *Plage des Elmes -* ✆ *04 68 88 03 12 - www.hotel.des.elmes. com -* 🅿 *- 31 ch. 48/115 € -* 🍽 *10 €.* Accueillant hôtel situé en bord de plage. Les chambres se partagent entre styles traditionnel, moderne et marin au 2e étage (où elles viennent d'être refaites).

Se restaurer

🍴🍴 **Al Fanal et Hôtel El Llagut** – *18 av. du Fontaulé -* ✆ *04 68 88 00 81 - www.al-fanal.com - fermé 1er-20 fév. et 1er-20 déc. - 25/38 € - 13 ch. 57/72 € -* 🍽 *9 €.* Le décor maritime de la salle à manger, la terrasse ombragée tournée vers le port, le va-et-vient des bateaux et les reflets argentés : les vacances, quoi ! Choisissez un banyuls de la sélection maison avant de savourer les délicieux plats régionaux. Chambres pratiques.

Faire une pause

La Paillote – *14 r. St-Pierre -* ✆ *04 68 88 30 30 - www.lapaillote.com - tlj sf merc. et dim. (ouv. tlj pdt vac. de Pâques) 12h-14h30, 18h30-22h30, sam. 12h-14h30, 18h30-23h30 ; juil.-août : tlj jusqu'à. 2h - fermé nov.-fév.* Petit salon de thé dans le vieux Banyuls. On vous y accueille avec une belle carte de cocktails de jus de fruits frais et de coupes glacées. Vous pourrez également y choisir votre ambiance musicale. Cyberespace.

Que rapporter

Foire à la Brocante – *Allées Maillol -* ✆ *04 68 88 31 58 - juil.-août : vend. 7h-13h.*

Marché artisanal – *Av. de la République -* ✆ *04 68 88 00 62 - www.banyuls-sur-mer. com - juil.-août : tlj sur le front de mer 18h-0h.* Principale animation de Banyuls durant l'été.

Cave l'Étoile – *26 av. du Puig-del-Mas -* ✆ *04 68 88 00 10 - lun.- vend. 8h-12h, 14h-18h, sam. dim. et j. fériés 9h30-12h, 15h-18h30 ; du 15 juin au 15 sept. : 8h-12h30, 14h-19h.* La plus ancienne coopérative vinicole de la ville (1921) s'est spécialisée dans le vieux banyuls. Une douzaine de variétés sont commercialisées et ont gagné la confiance de tables prestigieuses. L'Étoile élabore aussi des collioures AOC rosés et rouges.

Cave Saint-Jacques – *25 av. Puig-del-Mas -* ✆ *04 68 88 11 97 - www.cave-saintjacques. com - 9h-19h30.* Large choix de vins régionaux – AOC collioure, côtes-du-roussillon, banyuls – choisis sur dégustation chez de petits producteurs ; n'hésitez pas à demander conseil au caviste.

Les Ruchers de Banyuls – *Rte des Mas -Mas Parer - 5 km au sud-ouest de Banyuls, rte du col-de-Banyuls -* ✆ *04 68 88 09 36 - mielsdebanyuls@europost.org - 9h-12h, 15-19h30, dim. 15h-19h30 - fermé oct. et j. fériés.* À la vente : miels de romarin, de bruyère blanche, de lavande maritime, de thym, de chêne et de fleurs de montagne.

Détente

Thalacap Catalogne – *Av. de la Côte-Vermeille - A 9 sortie Perpignan Sud, dir. Argelès -* ✆ *04 68 98 36 66 - www.thalacap. com - 7h-22h - fermé 4 janv.-1er fév.* Institut de thalassothérapie posté sur les hauteurs de Banyuls, face à la Méditerranée. Hébergement possible en résidence hôtelière (chambre ou appartement) ; restaurant panoramique.

Béziers ★

AGGLOMÉRATION : 124 967 BITERROIS ; VILLE : 71 600
CARTE GÉNÉRALE C4 – CARTE MICHELIN DÉPARTEMENTS 339 E8 – HÉRAULT (34)

Béziers est une ville juchée sur un éperon stratégique, assaillie d'escaliers et couronnée par une cathédrale. Pour les dégustateurs de petits vins charnus, elle est également la capitale du vignoble languedocien et, pour les amoureux des balades au fil de l'eau, Béziers reste la ville natale de Pierre Paul Riquet, l'illustre inventeur du canal du Midi. Enfin, la ville s'enflamme en août pour la féria et tous les dimanches pour sa légendaire équipe de rugby, l'ASB. Bref, Béziers est la ville de toutes les envies !

Se repérer – À 30 km au nord-est de Narbonne par la D 6009 et à 76 km au sud-est de Montpellier par l'A 9. Évitez les méandres de la « banlieue » biterroise, suivez les panneaux indiquant le centre-ville.

Se garer – Le parking (aérien ou souterrain) de la place Jean-Jaurès est le plus central, le plus pratique.

À ne pas manquer – La féria du 15 août ; les allées Paul-Riquet ; le cloître de l'ancienne cathédrale ; la vue depuis les jardins St-Jacques ; le trésor de Béziers au musée du Biterrois ; les collections de céramiques européennes du château de Raissac.

Organiser son temps – Prévoyez la journée pour faire le tour de la ville, déjeuner dans les allées ombragées Paul-Riquet avant de vous réfugier dans la fraîcheur des musées.

Avec les enfants – Le musée du Biterrois et la station balnéaire de Valras-Plage labellisée « Station Kid ».

Pour poursuivre la visite – Voir aussi Le Cap-d'Agde, l'oppidum d'Ensérune, Lagrasse, Lamalou-les-Bains, le canal du Midi, Minerve, Pézenas et le bassin de Thau.

La cathédrale St-Nazaire domine Béziers et le canal du Midi.

Comprendre

Le massacre de 1209 – « Tuez les tous… Dieu reconnaîtra les siens ! » Cet ordre, qui aurait été délivré aux soldats se préoccupant de reconnaître les « hérétiques » des « bons chrétiens », est d'une historicité douteuse. Mais il reste à juste titre emblématique du sac de Béziers lors de la croisade contre les Albigeois. En effet, les « barons du nord » mettent le siège devant Béziers en 1209. Les catholiques, invités à quitter la place avant l'assaut, refusent de partir. Ensemble, les Biterrois livrent bataille en avant des murs et sont mis en déroute. Les croisés entrent en même temps qu'eux dans la ville. Le massacre est effroyable : on n'épargne ni jeunes ni vieux, on tue jusque dans les églises. Béziers est ensuite pillée et incendiée, « afin qu'il ne restât chose vivante ».

La ville finit par renaître de ses cendres, mais reste longtemps languissante. Seuls l'arrivée du chemin de fer et le développement de la vigne, au 19e s., lui ont rendu l'activité et la richesse.

La révolte des viticulteurs – En 1907, la surproduction, la concurrence de l'Algérie, l'autorisation d'ajouter du sucre au vin entraînent la chute des prix. Les viticulteurs unissent leurs protestations, animés par **Marcellin Albert**, un cabaretier d'Argelliers. À l'appel du *Tocsin*, le journal des révoltés, d'immenses manifestations sont organisées : plus de 500 000 manifestants se retrouvent à Montpellier. La presse titre alors « Le Midi bouge ». À Béziers, le 17e régiment d'infanterie, composé de

> ### Le chameau de Béziers
> Le symbole de Béziers, l'antique Biterri (terme protobasque désignant un bourg sur la route), est le chameau. Nulle caravane, cependant, ne s'y est jamais arrêtée, si l'on excepte celle des véhicules qui, il y a quelques années, traversaient longuement la cité dans leur quête de plage ! Le responsable, c'est Aphrodise, premier évêque de Béziers et patron de la ville, d'origine égyptienne. Son chameau est sorti le jour de la fête de la St-Aphrodise, en avril.

jeunes gens de la région, fils de vignerons pour la plupart, refuse de tirer sur la foule et est « transporté » à Gafsa en Tunisie. Marcellin Albert échoue dans sa tentative de conciliation auprès de Clemenceau ; mal reçu par ses amis, il doit s'exiler. Que reste-t-il de la révolte sur place ? Elle accéléra l'organisation d'un Service national de répression des fraudes et aboutit à la création de la Confédération générale des vignerons du Midi.

Les derniers combattants – On le voit, Béziers a de tout temps été la ville des révoltes et des combats. Cette fabuleuse énergie se retrouve aujourd'hui les jours de féria et de matchs de rugby de l'ASB (Association sportive biterroise). Rugbymen et aficionados, ces combattants de Béziers sont animés de la même fougue et de la même foi que leurs ancêtres : pour la féria du 15 août, la ville joue un air espagnol, plein de bruits et de fureur et, les soirs de matchs, toute une foule aux couleurs rouge et bleu de l'ASB célèbre la troisième mi-temps sur les allées Paul-Riquet.

Se promener

Laissez la voiture au parking Jean-Jaurès et prenez comme point de départ la statue de Pierre Paul Riquet, au centre des allées auxquelles ce grand homme a donné son nom. Dirigez-vous au nord-ouest vers le théâtre.

Allées Paul-Riquet (B1,2)
Large promenade ombragée de platanes longue de 600 m, très animée (cafés, restaurants, boutiques) et bordée de quelques beaux immeubles du 19e s. Au centre, statue de Riquet par David d'Angers. Dirigez-vous vers le théâtre.
Au niveau de la rue du 4-Septembre, sur la gauche, engagez-vous un peu dans cette rue piétonnière pour voir la **chapelle des Pénitents Bleus**, aisément reconnaissable à sa façade de style gothique flamboyant. À l'intérieure les voûtes sont du 17e s. tandis que le décor du chœur est de 1814.
Revenez sur les allées et contournez le **théâtre**, construit au milieu du 19e s., qui présente une façade ornée de bas-reliefs allégoriques dus également à David d'Angers.
Au bout des allées, prenez à gauche le boulevard de la République puis tournez à droite dans la rue Casimir-Péret et enfin à gauche dans la rue Étienne-Dolet.

Basilique St-Aphrodise (A1)
Fermée à la visite pour travaux. C'est l'église consacrée au patron de la ville, saint Aphrodise. À l'intérieur, sous la tribune, à gauche, les fonts baptismaux sont formés d'un beau **sarcophage** (4e-5e s.) où se trouve figurée une chasse aux lions.
Revenez par la rue des Têtes, puis après une petite place, par la rue des Pénitents-Noirs.

Église de la Madeleine (A1)
Édifice roman modifié à l'époque gothique, puis au 18e s. Elle fut l'un des principaux théâtres du massacre de 1209.
*De la place de la Madeleine, prenez la rue Paul-Riquet. Contournez la place Semard (Halles) par la droite et prenez la rue de Tourventouse. Le premier passage sous voûte mène à la rue du Capus où se trouve l'**hôtel Fayet**, annexe du musée des Beaux-Arts (voir description dans « visiter »).*
Prenez à droite la rue du Gén.-Pailhès puis à gauche la rue du Gén.-Crouzat. On débouche sur la place des Bons-Amis où chante une petite fontaine, puis sur la place de la Révolution.

Ancienne cathédrale St-Nazaire★ (A2)

Perchée sur une terrasse au-dessus de l'Orb, la cathédrale fut le symbole de la puissance des évêques du diocèse de Béziers de 760 à 1789. L'édifice roman, endommagé en 1209, reçut des modifications dès 1215 et jusqu'au 15e s. Dans la façade occidentale flanquée de deux tours fortifiées (fin 14e s.) s'ouvre une belle rose de 10 m de diamètre. Au chevet, les fortifications sont un élément décoratif : les arcs entre les contreforts forment des mâchicoulis.

En contournant la cathédrale par le sud, on atteint le **cloître**. Les culs-de-lampe des retombées de voûtes sont ornés de belles sculptures du 14e s. Par un escalier du cloître, on gagne le jardin des Évêques : jolie vue sur l'église St-Jude et sur l'Orb qu'enjambe le Pont vieux du 13e s.

Entrez par la porte du transept nord.

La travée précédant le chœur, vestige de la cathédrale romane, abrite des chapiteaux sculptés du 11e s. Les colonnettes qui les surmontent, ornées de chapiteaux à crochets, de même que les voûtes sur croisées d'ogives, ont été ajoutées au 13e s. Remarquez la belle abside du **chœur**, du 13e s., transformé aux 17e-18e s. : stuc, colonnes de marbre rouge. Retournez-vous pour admirer, à l'opposé, les belles **orgues** du 17e s. superbement restaurées.

La terrasse à proximité de la cathédrale offre une **vue★** intéressante sur la plaine biterroise. On découvre au premier plan l'Orb courant parmi les vignes, le canal du Midi bordé d'arbres et l'oppidum d'Ensérune. Au loin émergent le mont Caroux, à l'ouest le pic de Nore et, par temps clair, le Canigou.

De la place de la Révolution, prenez la rue Fabréguat : à l'angle, l'**hôtel Fabrégat** abrite le musée des Beaux-Arts *(voir description dans « visiter »). Prenez ensuite à gauche la rue de Bonsi, puis à droite la rue Massol.*

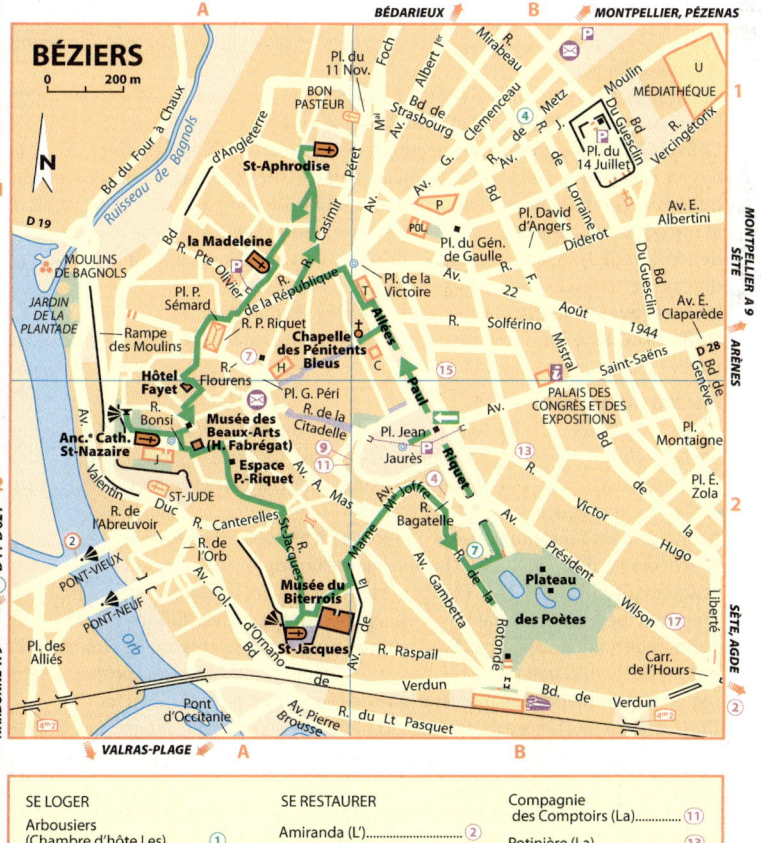

Au n° 7, l'**Espace Paul-Riquet** est une ancienne chapelle (17ᵉ s.) des Dominicains qui a gardé un très beau plafond peint et accueille des expositions d'art contemporain. *Renseignements à l'office de tourisme.*
Prenez la rue des Drs.-Bourguet, à gauche, la place St-Cyr, puis la rue St-Jacques.
On entre alors dans le quartier dit « des arènes romaines » : Julia Baeterrae (Béziers) fut en effet en 36 ou 35 av. J.-C. une colonie romaine intégrée à la province narbonnaise.

Église St-Jacques (A2)

Bien qu'en piteux état, cette église possède une abside à cinq pans (12ᵉ s.), inspirée de l'antique, plutôt remarquable. Mais le détour jusqu'à cette église tient essentiellement dans la **vue**★ inespérée que l'on a, depuis les jardins St-Jacques, sur la cathédrale St-Nazaire posée au sommet de la ville.
Descendez vers le musée du Biterrois (rampe du 98ᵉ d'Infanterie) et suivez l'avenue de la Marne jusqu'à la place Garibaldi. Là, prenez à droite l'avenue du Mar.-Joffre.

Plateau des Poètes (B2)

Dans le prolongement des allées Paul-Riquet, ce joli parc paysager, très accidenté, a été aménagé au 19ᵉ s. par les frères Bühler. Planté d'espèces comme les ormes du Caucase, les séquoias de Californie, les magnolias ou les cèdres du Liban, il doit son nom aux bustes de poètes biterrois ornant ses allées. Fontaine du Titan par Injalbert. Un hommage est rendu à **Jean Moulin**, enfant de Béziers, sous forme de monument dans le grand parc public.
Revenez à la place Jean-Jaurès par les allées Paul-Riquet.

Visiter

Musée des Beaux-Arts (A2)

✆ 04 67 28 38 78 - *juil.-août : tlj sf lun. 10h-18h ; avr.-juin et sept.-oct. : tlj sf lun. 9h-12h, 14h-18h ; nov.-mars : tlj sf lun. 9h-12h, 14h-17h - fermé 1ᵉʳ janv., dim. de Pâques, 1ᵉʳ Mai, 25 déc. - 2,60 € (-12 ans gratuit) ; 5,60 € billet combiné avec le musée du Biterrois et l'espace Riquet.*
Il est installé dans deux anciens hôtels particuliers du quartier de la cathédrale : l'hôtel Fabrégat *(pl. de la Révolution)* et l'hôtel Fayet *(r. du Capus)*.
L'**hôtel Fabrégat** renferme, entre autres, des œuvres de Martin Schaffner, le Dominiquin, Guido Reni, Pillement, J. Gamelin, peintre languedocien, Géricault, Devéria, Delacroix, Corot, Daubigny, Othon Friesz, Soutine, De Chirico, Kisling, Dufy, Utrillo. Il abrite également une centaine de dessins de Joseph Marie Vien, une grande partie des dessins de Jean Moulin et une importante donation Maurice Marinot (peintures, dessins, verreries).
L'**hôtel Fayet** présente des peintures du 19ᵉ s., la donation Jean Gabriel Goulinat (1883-1972) et le fonds d'atelier de **Jean Antoine Injalbert**, sculpteur biterrois (1845-1933).

Musée du Biterrois★ (A2)

✆ 04 67 36 81 60 - &. - *juil.-août : tlj sf lun. 10h-18h ; avr.-juin et sept.-oct. : tlj sf lun. 9h-12h, 14h-18h ; nov.-mars : tlj sf lun. 9h-12h, 14h-17h - fermé 1ᵉʳ janv., dim. de Pâques, 1ᵉʳ Mai, 25 déc. - 2,80 € (-12 ans gratuit) ; 5,60 € billet combiné avec le musée des Beaux-Arts et l'Espace Riquet.*
Aménagé dans l'ancienne caserne St-Jacques, il regroupe d'importantes collections d'archéologie, d'ethnologie et d'histoire naturelle propres au Biterrois : faune terrestre et aquatique de la mer et des étangs présentée dans des dioramas, série d'amphores grecques, ibériques et romaines provenant des fonds proches du Cap-d'Agde, qui vit se briser de nombreux navires. S'ouvrant sur le hall, les différents espaces *(commencez à droite de l'entrée)* traitent de thèmes variés : géologie et volcanisme propres à cette région du Languedoc, vie préhistorique de l'âge du bronze à l'âge du fer.
Une section importante est consacrée à l'héritage gallo-romain : céramiques sigillées provenant des ateliers de la Graufesenque *(voir Millau)*, bornes milliaires jalonnant la voie Domitienne.
Le fleuron est le « **trésor de Béziers** », composé de trois grands plats en argent ciselé, découverts en 1983 dans une vigne aux alentours de la ville. Cippes, stèles et autels votifs témoignent des rites funéraires des 1ᵉʳ et 2ᵉ s.
Enfin, la vie économique est aussi évoquée (pêche, viticulture, creusement du canal du Midi).

Aux alentours

Ouvrez les yeux en vous promenant dans le vignoble, notamment du côté de Sérignan ou de Valras ; d'anciennes grangettes ou petits bâtiments abandonnés ont été décorés par des artistes contemporains. À déguster sans modération.

Château de Raissac

Route de Lignan - 📞 *04 67 49 17 60 - www.raissac.com - visite musée des Céramiques, château et parc sur demande ; visite cave du château avec dégustation gratuite tlj sf dim. 9h-13h, 14h30-18h - 8 € (-12 ans gratuit).*

Quelques selles d'équitation et d'anciennes stalles rappellent la vocation des anciennes écuries du château aujourd'hui dédiées à la faïence. Christine Viennet, artiste contemporaine, y expose en effet ses œuvres ainsi que d'importantes collections de **céramiques européennes★** du 19ᵉ s. : arts de la table, barbotines, trompe-l'œil… Les grandes manufactures françaises sont particulièrement bien représentées et hommage est rendu à Bernard Palissy qui inspire beaucoup la maîtresse des lieux. Possibilité de voir l'atelier de fabrication. Boutique. La visite peut être complétée par celle des caves du domaine.

« Rayonnant », réalisé par Daniel Buren, artiste, en collaboration avec Nicolas Guillot, architecte.

Sérignan★

11 km au sud par la D 19 en direction de Valras. Ne vous fiez pas à l'immuable silhouette de la collégiale au bord de l'Orb, ni aux joueurs de pétanques très concentrés sur leur jeu. Sérignan bouge et risque bien de vous surprendre car elle a misé depuis de nombreuses années sur l'art contemporain. Cette commune regroupe en effet une grande salle de spectacle, La Cigalière, un musée d'art contemporain, une importante médiathèque, et plusieurs sculptures à découvrir dans la ville, notamment près de la mairie. Prévoyez un passage, le soir, pour admirer le « **Rayonnant** », œuvre spectaculaire réalisée par Buren autour de La Cigalière.

Musée de Sérignan★ – *146 av. de la Plage.* 📞 *04 67 32 33 05 - mar.-dim. 10h-18h - fermé j. fériés - 2,80 €.* Il succède à l'espace contemporain Gustave Fayet qui a réuni pendant des années des artistes comme Piet Moget, Dado, Buren… Il fallait un lieu pour accueillir les collections accumulées au fils des ans, et ce sont les architectes Anne Gaubert et François Moget qui ont conçu ce lumineux espace d'exposition de 2 500 m². Buren y est très présent, jouant avec les couleurs sur les baies vitrées (*Rotation*) ou avec la *Cabane éclatée aux caissons lumineux colorés (1999-2000)*. Après le cabinet d'art graphique, vous accédez à une succession de grandes salles qui présentent des œuvres, souvent grand format, de Jean Messagier, Dado, Pencréac'h, Dufour, Klossowski, Erró, etc, mais aussi des expositions temporaires.
Au rez-de-chaussée, espace bibliothèque et **musée des Attelages**.

Église – C'est une ancienne collégiale, des 12ᵉ, 13ᵉ et 14ᵉ s. Les murs extérieurs portent des traces de fortifications, archères, mâchicoulis et vestiges d'échauguettes. À l'intérieur, la nef principale, flanquée de collatéraux voûtés d'ogives et couverte d'un plafond à caissons, se termine par une élégante abside à sept pans. Dans une petite chapelle à gauche du chœur, beau crucifix en ivoire attribué à Benvenuto Cellini (16ᵉ s.).

Valras-Plage

15 km au sud par la D 19. Port de pêche et de plaisance à l'embouchure de l'Orb doté d'une plage de sable s'étendant jusqu'au grau de Vendres, à l'embouchure de l'Aude. Les animations pour enfants lui ont valu le label « Station Kid ». Le théâtre de la Mer sert de cadre à divers spectacles en été.

Abbaye de Fontcaude

18 km au nord-ouest de Béziers par la D 14 - ☎ *04 67 38 23 85 - www.abbaye-de-fontcaude. com - juin-sept. : tlj sf dim. matin 10h-12h, 14h30-19h (juil.-août : lun.-vend. 10h-19h) ; oct.-mai : tlj sf dim. matin 10h-12h, 14h30-17h30 (18h30 à partir de l'heure d'été) - fermé janv. (sf dim. apr.-midi) et 25 déc. - 4,50 € (enf. 2 €).* Placée sur le chemin de St-Jacques, l'abbaye connut un grand rayonnement au Moyen Âge avant d'être ruinée par la lutte contre l'hérésie vaudoise. En été, elle accueille des concerts. De l'**abbatiale** restent à peu près intacts le transept et le chevet. L'abside centrale, voûtée en cul-de-four, est largement éclairée par trois baies encadrées de colonnettes à chapiteaux. Contourner l'église pour une vue plus intéressante du chevet.

Le **musée** est installé dans la grande salle où les religieux copiaient les manuscrits et les enluminaient. Il conserve les fragments de **chapiteaux** provenant du cloître : d'une grande finesse, ces derniers sont attribués au maître de Fontcaude et auraient été exécutés à l'époque de Saint Louis (13ᵉ s.).

Une fonderie de cloches du 12ᵉ s. existe encore ainsi que le moulin à huile des chanoines.

Béziers pratique

Adresse utile

Office du tourisme de Béziers – *29 av. St-Saëns - 34500 -* ☎ *04 67 76 84 00 - www. beziers-tourisme.fr - juil.-août : 9h-19h, dim. et j. fériés 10h-13h, 15h-18h ; sept.-juin : 9h-12h, 14h-18h (déc.-janv. : 17h) - fermé dim. et j. fériés (sf juil.-août).*

Visite

Visite guidée – *Juil.-août : visites-découvertes de la ville (canal du Midi, arènes…) tlj ; sept.-juin : sur demande (se renseigner à l'office de tourisme) - 5,60 € (enf. 3 €).*

Se loger

⊖ **Hôtel Champ de Mars** – *17 r. de Metz -* ☎ *04 67 28 35 53 - www.hotel-champdemars.com - fermé 12-20 fév. - 10 ch. 37/50 € -* ⊡ *6 €.* Petit hôtel familial bordant une ruelle tranquille (sauf le vendredi, jour de marché). D'ampleur moyenne, les chambres bénéficient d'un équipement complet.

⊖ **Hôtel des Poètes** – *80 allées Paul-Riquet -* ☎ *04 67 76 38 66 - www. hoteldespoetes.net - fermé 25 déc.-15 janv. -* P *- réserv. conseillée - 14 ch. et 1 suite 45/65 € -* ⊡ *7 €.* Idéalement situé face au parc des Poètes, ce petit hôtel propose des chambres simples, soignées à la décoration contemporaine. Fonctionnelles, elles sont aussi équipées Wi-Fi et certaines peuvent accueillir les familles. Au rez-de-chaussée, les petits-déjeuners sont servis face à la verdure en été, ou devant l'imposante cheminé en marbre l'hiver.

⊖⊖ **Chambre d'hôte Les Arbousiers** – *34370 Maureilhan - 9 km au nord-ouest de Béziers dir. Castres par D 612 -* ☎ *04 67 90 52 49 - www.gites.de.france34.com/les-arbousiers -* ⊘ *- 6 ch. 46/55 € -* ⊡ *- repas 20 €.* Les hôtes de cette grande maison aux chambres méditerranéennes (climatisées et bien tenues) vous accueilleront en amis… Chaque soir, vous trouverez sur leur table charcuteries maison, légumes du jardin et bien sûr, le petit vin de la propriété.

Se restaurer

⊖ **Cannelle** – *11 pl. de la Mairie -* ☎ *04 67 28 06 01 - fermé dim. - 8,90/12,90 €.* Ce sympathique salon de thé propose également à midi un menu ou quelques salades composées. Avec son décor contemporain, ses murs jaune et son mobilier en fer forgé et granit, la salle s'avère plaisante, tout comme la terrasse dressée au pied de l'hôtel de ville.

⊖ **Le Chameau Ivre** – *15 pl. Jean Jaurès -* ☎ *04 67 80 20 20 - fermé dim., lun. mat., mar. et merc. soir - réserv. conseillée - 10/20 €.* Jolie décoration en bois clair pour ce bar à vin-bar à tapas! On y propose pas moins de 3 200 références du monde entier. Mais région oblige, vous pourrez déguster, en terrasse à l'ombre des palmiers et des platanes centenaires pas moins de 1 000 crus sélectionnés avec passion, accompagnés de délicieuses assiettes charcutières ou fromagères.

⊖⊖ **Octopus** – *12 r. Boïeldieu -* ☎ *04 67 49 90 00 - www.restaurant. octopus.com - fermé dim. et lun., 1ᵉʳ au 8 mai, 16 août-4 sept., 24 déc.-6 janv. - 21/70 €.* Pour déguster des recettes au goût du jour bien tournées, prenez place au choix dans l'une des salles à manger contemporaines ou en terrasse, dressée dans la cour intérieure.

🍴🍴 **Le Val d'Héry** – *67 av. du Prés.-Wilson -* ℰ *04 67 76 56 73 - www.valdhery. com - fermé dim. et lun., 20 juin-11 juil. - 21/42 €.* Une balade apéritive sur le plateau des Poètes, joli parc du centre-ville, et vous voici parvenu dans ce restaurant aux murs égayés de tableaux : n'hésitez pas à complimenter le chef, car il est l'auteur de quelques-unes des toiles exposées… et maîtrise aussi parfaitement l'art d'accommoder les recettes au goût du jour.

🍴🍴 **La Potinière** – *15 r. Alfred-de-Musset -* ℰ *04 67 11 95 25 - www. lapotiniere-restaurant.com - fermé lun. midi et dim., 19 juin-19 juil. - 25/60 €.* Dans une petite rue de la ville, ce restaurant est apprécié des Biterrois. Sa salle coquette et son menu alléchant, composé de plats plutôt élaborés, sauront vous séduire à votre tour, vous, les gourmands de passage…

🍴🍴 **L'Amiranda** – *Av. de la Méditerranée - 34420 Villeneuve-lès-Béziers - 7 km au sud-est de Béziers par D 612, rte de Sérignan, près de l'hypermarché Champion -* ℰ *04 67 93 83 97 - fermé lun. soir et mar. - réserv. conseillée - formule déj. et dîner 14 € - 16/25 €.* Sur la route des plages, ce bâtiment à l'architecture moderne avec patio et terrasse, abrite un restaurant qui propose une cuisine savoureuse, copieuse et joliment présentée. Ajoutez un service souriant, une salle à manger confortable et cela devient l'adresse à ne pas manquer.

🍴🍴🍴 **Les Antiquaires** – *4 r. Bagatelle, bas des Allées Paul-Riquet -* ℰ *04 67 49 31 10 - fermé le midi et lun., 2 sem. en août pdt la Féria - réserv. obligatoire - 25,50/36 €.* Attablez-vous au milieu des faïences anciennes, photos noir et blanc, tableaux, instruments de musique et autres trésors de broc' qui font le charme de ce petit restaurant… Vous y dégusterez une cuisine de marché arrosée de crus de la région.

🍴🍴🍴 **La Compagnie des Comptoirs** – *15 pl. Jean Jaurès -* ℰ *04 99 58 39 29 - www. lacompagniedescomptoirs.com - fermé dim. - réserv. conseillée - formule déj. 19 € - 26/40 €.* Une adresse originale avec cette salle à manger à la décoration très contemporaine où l'on sert une cuisine inventive. Vos papilles seront surprises par le mariage des saveurs du Sud et de l'Orient. Belle carte des vins régionaux et, aux beaux jours, agréable terrasse en partie ombragée.

En soirée

👁 **Bon à savoir** – À Béziers, l'essentiel de l'activité se concentre autour des allées Paul-Riquet, avec la présence d'un ravissant marché aux fleurs les vendredis, de brasseries et de grands magasins.

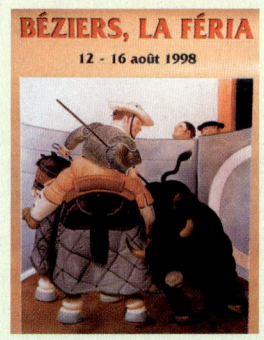

A. Thuillier / MICHELIN

Lieux de spectacles – Les **arènes** (av. Émile-Claparède) pour la tauromachie, les représentations lyriques et les variétés ; le **palais des Congrès** (congrès, séminaires, spectacles…) ; le **théâtre municipal** (théâtre, musique classique, danse, art lyrique) ; le **théâtre des Franciscains**.

Que rapporter

Marchés – Halles centrales (7h-13h) ouv. tlj sf lun. Autres marchés alimentaires (8h-12h30) : mar. mat. pl. Émile-Zola, merc. mat. dans le quartier de l'Iranget, vend. mat. pl. David-d'Angers, lun., merc., sam. mat. pl. du 11-Novembre, mar., jeu., sam. mat. la Devèze.

Les Caves de Béziers – *3 rte de Pézenas -* ℰ *04 67 31 27 23 - lescaves.debeziers@ wanadoo.fr - 9h-12h30, 15h30-19h30 - fermé dim. et j. fériés.* Cette cave coopérative propose à la vente des vins de pays d'Oc, des coteaux du Languedoc et des coteaux du Libron. Nombreux produits du terroir : huiles d'olives, eaux de vie…

Antolin Délices – *21 r. Martin-Luther-King -* ℰ *04 67 62 03 10 - glaces.antolin@ orange.fr - 9h-12h, 14h-18h - fermé w.-end et j. fériés.* Antolin est une enseigne que les Biterrois connaissent depuis 1916. Jadis situé en centre-ville, le laboratoire de fabrication a emménagé dans cette petite usine en 1979 avec sa trentaine d'employés. Les clients y achètent directement les glaces et sorbets à emporter (parmi les 120 parfums : calisson, rose, citron-basilic, etc.).

Événements

Féria – *1 av. Jean-Constans, Arènes de Béziers -* ℰ *04 67 76 13 45 - www.arenes-de-beziers.com - 14-17 août - de 31 à 94 €.*

Festa d'Oc – ℰ *04 67 31 76 76 - www. beziers-tourisme.fr - 9-13 juil.*

Fête des primeurs – ℰ *04 67 76 20 20 - oliviergrataloup@beziers-agglo.org.* À la fin du mois d'octobre, cette fête donne lieu à des manifestations telles les danses des treilles et du chevalet, la bénédiction du vin nouveau, etc.

Le Boulou

4 858 BOULOUNENCS
CARTE GÉNÉRALE B5 – CARTE MICHELIN DÉPARTEMENTS 344 I7
PYRÉNÉES-ORIENTALES (66)

Au pied des Albères, Le Boulou se situe sur la rive gauche du Tech, au carrefour des axes Perpignan-Espagne et Argelès-Amélie-les-Bains. Couronnée par son église au discret portail de marbre blanc, la ville combine les placettes ensoleillées, quelques boutiques colorées et une intense circulation. Cette petite station thermale est le point de départ de nombreuses excursions dans le Roussillon.

- **Se repérer** – À 27 km au sud de Perpignan par la D 900 ou l'A 9 (sortie « Le Boulou », la dernière en France) ou encore à 19 km à l'ouest d'Argelès-sur-Mer par la D 618.

- **À ne pas manquer** – Les vestiges médiévaux du Boulou, le musée d'Art moderne de Céret, les peintures murales de la chapelle St-Martin-de-Fenollar, le panorama depuis le Fort de Bellegarde et celui depuis le Pic des Trois Termes.

- **Organiser son temps** – Comptez 30mn pour faire le tour du Boulou.

- **Avec les enfants** – Le musée du Liège de Maureillas-las-Illas et le fort de Bellegarde.

- **Pour poursuivre la visite** – Voir aussi Argelès-Plage, Céret, Collioure, la côte Vermeille, Elne, Ille-sur-Têt, Perpignan, St-Génis-des-Fontaines et le prieuré de Serrabone.

Remarquez à St-Martin-de-Fenollar la vigueur du trait et la fraîcheur des tons.

Se promener

De son passé médiéval, la cité conserve à l'est, non loin du Tech, une tour quadrangulaire, vestige de l'enceinte du 14e s., ainsi que la chapelle St-Antoine, du début du 15e s.

Église Notre-Dame d'El Voló

De l'édifice roman du 12e s. subsiste le beau **portail** en marbre blanc du maître de Cabestany. Au-dessus de l'arc décoré d'entrelacs, sept corbeaux sculptés supportent une frise illustrant des scènes de l'enfance du Christ.

Remarquez, à l'intérieur, le retable baroque du maître-autel ainsi que sur le mur gauche de la nef une prédelle du 15e s., surmontée de deux panneaux représentant à gauche saint Jean Baptiste et à droite saint Jean l'Évangéliste (15e s.).

Circuits de découverte

LA ROUTE DES ALBÈRES 1

49 km – comptez une demi-journée. Quittez Le Boulou à l'ouest par la D 115.
Le massif des Albères constitue la dernière avancée de la chaîne pyrénéenne à l'est.

Cette montagne, à peine découpée, avant de s'engloutir dans la mer, isole deux compartiments affaissés : au nord, le Roussillon, au sud (en Espagne), l'Ampurdan. Le point culminant, le pic Neulos, atteint 1 256 m.

Céret★ *(voir ce nom)*

Quittez Céret au sud-ouest par la D 13ᶠ, route de Fontfrède. Laissant la route de las Illas au col de la Brousse (alt. 860 m), prendre à droite une route en sous-bois, très sinueuse. On atteint le **col de Fontfrède** (stèle juin 1940-juin 1944 : par cette montagne, les évadés de France rejoignirent l'armée de la Libération), puis la fontaine *(coin pour pique-niquer)*.

Revenez au col de la Brousse et prenez à droite vers las Illas. La route serpente à travers une végétation touffue. Puis des jardins en terrasses, des fermes éparpillées à flanc de pente, chacune avec son petit chemin d'accès, des troupeaux de chèvres à clarines signalent la présence humaine à chaque tournant. Le mas de la Case Nove, sur la gauche de la route, dans un grand virage, puis le mas Llansou, tout de suite après, sur la droite, sont caractéristiques de l'habitat traditionnel des Albères.

Après la traversée de las Illas, la route suit la rivière du même nom, parcours en corniche offrant de bonnes vues sur les gorges.

Maureillas-las-Illas

Dans cette agréable villégiature, située au milieu de forêts de chênes-lièges (appelées suberaies) et de vergers, d'anciens bouchonniers ont créé un **musée du Liège** retraçant le travail de cette matière, depuis la levée sur l'arbre jusqu'au marquage du bouchon. ℘ 04 68 83 15 41 - *de mi-juin à mi-sept. : 10h30-12h, 15h30-19h ; de mi-sept. à mi-juin : tlj sf mar. 14h-17h - fermé 1ᵉʳ janv., 1ᵉʳ Mai, 1ᵉʳ nov., 25 et 26 déc. - 3 € (8-15 ans 1 €).*

Chapelle St-Martin-de-Fenollar

℘ 04 68 87 73 82 - *de mi-avr. à mi-sept. : 10h30-12h, 15h30-19h ; reste de l'année : tlj sf mar. 14h-17h - fermé 1ᵉʳ janv., 1ᵉʳ Mai, 1ᵉʳ nov., 25-26 déc. - 3 € (enf. 1 €).*

Fondée au 9ᵉ s. par les bénédictins d'Arles-sur-Tech, elle conserve, dans le chœur, d'intéressantes **peintures murales★** du 12ᵉ s. illustrant le mystère de l'Incarnation : au registre inférieur, l'Annonciation, la Nativité, l'Adoration des mages et le Retour des mages dans leur pays ; au-dessus, les 24 vieillards de l'Apocalypse ; à la voûte, le Christ en majesté entouré des quatre évangélistes, figurés par des anges tenant chacun un livre et le symbole approprié. Ce décor peint, caractérisé par la vigueur du trait et la fraîcheur des tons ocre, rouge, vert et bleu, séduisit des artistes comme Picasso et Braque.

La D 900, passant devant les Thermes, ramène au Boulou.

LA VALLÉE DE LA ROME ②

53 km – comptez une demi-journée. Quittez Le Boulou au sud par la D 900, en direction du Perthus. Cette route est très encombrée en été par les touristes allant se ravitailler en alcools au Perthus…

La vallée de la Rome, empruntée depuis plus de 2 000 ans par la voie Domitienne (via Domitia, construite entre 177 et 120 av. J.-C.), reste toujours une voie de communication très importante entre la France et l'Espagne. Délaissant l'autoroute « La Catalane », on y découvre un ensemble de sites mégalithiques, gallo-romains et médiévaux dans de superbes paysages, où tous les verts de la végétation sont mêlés.

Chapelle St-Martin-de-Fenollar *(voir ci-dessus)*

Revenez à la D 900.

Les Cluses

Ce nom désigne un ensemble de hameaux situés de part et d'autre du défilé étroit (ou *clusa*, en latin) qu'empruntaient la voie Domitienne et la vallée de la Rome à cet endroit. De part et d'autre subsistent des vestiges de fortifications romaines des 3ᵉ-4ᵉ s. : sur la rive gauche, le **château des Maures** ou « Castell dels Moros » ; sur la rive droite, le **fort de la Cluse Haute**. Du belvédère aménagé sur la « Dressera » (ancienne voie de crête romaine), on surplombe les ruines d'une porte, peut-être ancien poste de péage où était perçu le « quarantième des gaules » sur les marchandises transitant entre la Narbonnaise et la Tarraconaise.

Contiguë à ce dernier fort, l'**église St-Nazaire** est une construction préromane à trois nefs (fin 10ᵉ-début 11ᵉ s.) se terminant par des absides en cul-de-four (restes de fresques dans la médiane : Christ Pantocrator dans une mandorle et un ange ailé, sans doute exécutés par le maître de Fenollar).

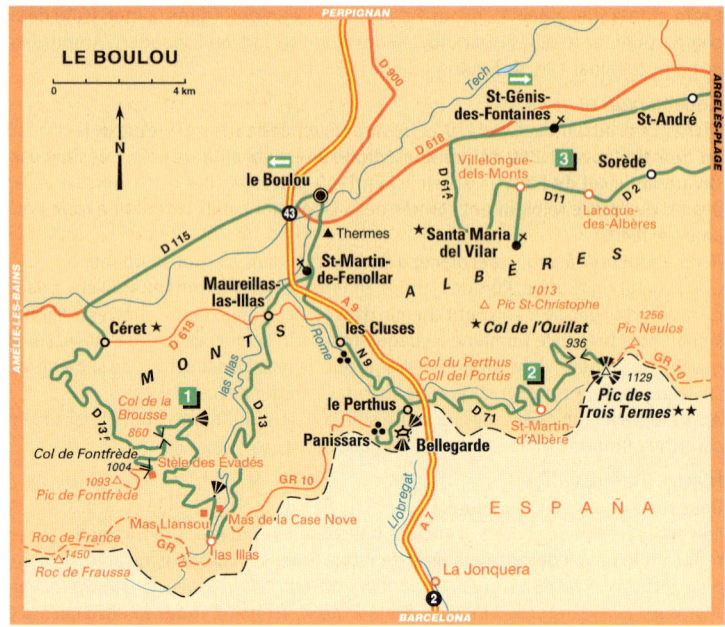

Le Perthus

Depuis la préhistoire, Le Perthus (mot dérivé d'un verbe latin signifiant « ouvrir à coups de pic ») n'a cessé de connaître le flux et le reflux des hordes, des armées, des réfugiés, des touristes enfin. Le bourg a succédé au 19ᵉ s. à un simple village de cabanes de douaniers.

Du centre du Perthus, prenez à gauche la direction du fort de Bellegarde.

Fort de Bellegarde

☎ 04 68 83 60 15 - juin-sept. : 10h30-18h30 - fermé 1ᵉʳ oct.-30 mai - 3 € (enf. 2 €).

Isolé sur un rocher au-dessus du Perthus, à 420 m d'altitude, cet ouvrage de grande puissance a été reconstruit par Vauban entre 1679 et 1688 à l'emplacement d'un fort espagnol. On accède au fort par un pont-levis suivi d'une rampe qui débouche sur la place d'armes, vaste cour intérieure. Le bastion St-André conserve dans une salle basse le puits utilisé depuis le 18ᵉ s., entièrement creusé dans le rocher et parementé sur 50 m de hauteur.

De la grande terrasse, vaste **panorama**★★ découvrant à l'ouest le Canigou et le pic de Fontfrède, au nord la vallée de la Rome et son étranglement au défilé des Cluses, la pyramide de Ricardo Bofill qui, en bordure de l'autoroute, symbolise la jonction des deux Catalognes, le village étiré du Perthus, au sud le site de Panissars, et en Espagne la vallée du Rio Llobregat avec, en arrière-plan, la ville de La Jonquera.

Site archéologique de Panissars

Le col de Panissars constitua dans l'Antiquité, sous le nom de « Summum Pyrenaeum », la voie principale de franchissement des Pyrénées. Il marque la limite de partage des eaux, la frontière franco-espagnole et le point de jonction des voies Domitienne et Augustéenne (la via Augusta rejoint Cadix en Espagne). On y a retrouvé en 1984 les soubassements d'un monument romain enjambant la voie tracée dans le rocher : on pense qu'il s'agit des vestiges du trophée de Pompée érigé au retour de sa campagne victorieuse en Espagne sur Sertorius (71 av. J.-C.). Les bâtiments de la cour intérieure abritent des expositions sur la via Domitia, l'histoire du fort ou encore les trophées de Pompée.

Faites demi-tour et, au nord du Perthus, prenez à droite la D 71 vers le col de l'Ouillat.

D'abord ombragée de châtaigniers, la route s'attarde un instant sur le replat cultivé de St-Martin-de-l'Albère (magnifiques chênes). La vue se dégage sur le Canigou et le versant sud des Albères ; au nord, la montagne St-Christophe dessine un profil humain regardant le ciel. Dans un virage à droite, vue sur le pic des Trois Termes.

Col de l'Ouillat★

Alt. 936 m. Lieu de halte en lisière de la forêt domaniale de pins laricio de Laroque-des-Albères, dans un site frais (terrasse belvédère).

Passant dans la zone du hêtre puis du pin, la route débouche au pied du pic des Trois Termes.

Pic des Trois Termes★★

Alt. 1 129 m. **Panorama** sur les ravins et les crêtes des Albères, la plaine du Roussillon et son chapelet d'étangs côtiers, les coupures du Conflent et du Vallespir.

Du côté de l'Espagne, vue sur la Costa Brava, au-delà du cap de Creus, jusqu'à la courbe de la baie de Rosas.

Faites demi-tour pour regagner Le Boulou, ou regagnez Le Boulou par Sorède, sachant que le chemin non revêtu entre le pic des Trois Termes et Sorède n'est accessible qu'aux véhicules tout-terrain.

AU PIED DES ALBÈRES ③

Circuit de 32 km au départ de St-Génis-des-Fontaines (voir ce nom).

Le Boulou pratique

Adresse utile

Office du tourisme du Boulou – *1 r. du Château - 66160 - ℘ 04 68 87 50 95 - www. ot-leboulou.fr - juil.-août : tlj sf dim. 9h30-12h30, 14h30-18h30 ; reste de l'année : tlj sf dim. 9h-12h, 14h-18h, sam. 9h-12h.*

Visite

Circuit culturel – Visite guidée du Boulou les jeu. à partir de 15h, départ de l'office de tourisme.

Visite guidée de la vallée de la Rome – Au dép. du Boulou, organisée par l'Association pour le patrimoine de la vallée de la Rome. Renseignements : ℘ 04 68 83 47 32.

Se loger

⊖ **Camping Les Bruyères** – *Rte de Céret - 66480 Maureillas-Las-Illas - ℘ 04 68 83 26 64 - www.campinglesbruyeres.com - ouv. mai-oct. -⚐ - réserv. conseillée - 95 empl. 20,50 €.* Cet agréable petit camping bien entretenu est installé sur un terrain planté de chênes-lièges. Emplacements en terrasses, bien ombragés et souvent délimités par des murets en pierre. La piscine ménage une belle vue sur les monts Albères. Parcours sportif et piste de bicross à proximité.

⊖⊜ **Relais des Chartreuses** – *106 av. d'En-Corbouner - 4,5 km au sud-est du Boulou par D 900, D 618 et rte secondaire - ℘ 04 68 83 15 88 - www.relais-des-chartreuses.fr - fermé 3 nov.-11 mars - ▣ - 10 ch. 60/150 € - ☲ 10 € - rest. 26 €.* La tranquillité est l'un des atouts de cette bâtisse dont les origines remonteraient au 17e s. Un charmant jardin et des chambres personnalisées grâce à des tissus fleuris et des meubles de style participent au charme de l'hôtel où l'on cultive avec bonheur une ambiance de maison d'hôte.

⊖⊜ **Village Catalan** – *66300 Banyuls-dels-Aspres - ℘ 04 68 21 66 66 - www.little-france.com/hcatalan - ▣ - 77 ch. 70/84 € - ☲ 10 €.* Sur une aire d'autoroute, hôtel d'étape doté de chambres fonctionnelles insonorisées, donnant parfois sur le jardin et la piscine. Garage privatif pour huit d'entre elles.

Se restaurer

⊖ **Hostal dels Trabucayres** – *66480 Las-Illas - 17 km au sud-est de Céret par D 618 et D 13 - ℘ 04 68 83 07 56 - fermé mar. et merc. hors sais., 6 janv.-15 mars, 25-30 oct. - 12,50/50 € - 5 ch. 31/35 € - ☲ 5,50 €.* Dans ce charmant village au milieu des chênes-lièges, cette auberge campagnarde accueille les voyageurs depuis le milieu du 19e s. Chambres modestes et menus régionaux simples contentent les randonneurs de passage sur le GR 10. Un gîte à louer.

⊖⊜ **Hostalet de Vivès** – *66490 Vivès - 5 km à l'ouest du Boulou par D 115 et D 73 - ℘ 04 68 83 05 52 - www.hostalet-vives. com - fermé merc., mar. hors sais., 11 janv.-6 mars - 22/32 € - 3 ch. 60/95 € - ☲ 11 €.* Un nom qui fleure bon le terroir pour cette jolie auberge de village nichée dans une maison catalane du 12e s. Vous pourrez y découvrir de copieuses spécialités du pays servies en costume traditionnel dans un cadre simple. Chambres fonctionnelles logées dans une annexe.

En soirée

Casino le Boulou – *Rte du Perthus - espace des Thermes - ℘ 04 68 83 01 20 - www.joa-casino.com - tlj à 10h.* 110 machines à sous, roulette anglaise et française, black-jack et stud poker. Deux restaurants et deux bars sur place.

Sports & Loisirs

Thermes du Boulou – *Rte du Perthus - ℘ 04 68 87 52 00 - www.chainethermale. fr - fév.-nov. : 7h-13h.* Soins des maladies de l'appareil digestif et cardio-artérielles.

Canet-Plage

10 182 CANÉTOIS
CARTE GÉNÉRALE C4 – CARTE MICHELIN DÉPARTEMENTS 344 J6
PYRÉNÉES-ORIENTALES (66)

C'est la station préférée des Perpignanais qui s'y précipitent dès les premiers rayons de soleil (la population peut être multipliée par huit l'été). Il faut dire que Canet-Plage n'est qu'à 15 km de la capitale catalane française et qu'elle bénéficie de belles et longues plages de sable fin. De quoi égayer les fins de semaine et, pour ceux qui viennent de plus loin, plusieurs semaines de vacances.

- **Se repérer** – À 13 km à l'est de Perpignan par la D 617. Traversez Canet-en-Roussillon pour gagner la station (dirigez-vous vers le port ou le front de mer).

- **Se garer** – Nombreux parkings au port (parkings Barcelone, Bastia et Ajaccio) et le long de la mer (Espace Méditerranée, parking de la côte Vermeille et parking du Front de Mer). L'été, inutile de vouloir se rendre à St-Cyprien en voiture : stress et bouchons sont garantis.

- **À ne pas manquer** – Les cabanes de pêcheurs de l'étang de Canet et le Centre d'art contemporain de St-Cyprien.

- **Organiser son temps** – Préférez la matinée pour la plage si vous craignez la foule. L'après-midi, filez au Centre d'art contemporain de St-Cyprien, ou faites un tour du côté du village ou des rives de l'étang.

- **Avec les enfants** – La plage, l'aquarium, le sentier de l'étang du Canet et les nombreuses activités qui ont valu à St-Cyprien le label « Station Kid ».

- **Pour poursuivre la visite** – Voir aussi Argelès-Plage, la côte Vermeille, Elne, Perpignan, le fort de Salses et Port-Barcarès.

Séjourner

La station classique des Perpignanais doit son animation intense à un port de plaisance très actif (voile), à de nombreux clubs sportifs et à son casino.

Plages

Location de parasols et de matelas sur toutes les plages.
Au nord du port, on trouve la plage du Sardinal qui accueille surtout les campeurs (terrains juste à côté). Au sud du port vous attend une succession de 7 plages : dans l'ordre, celles des Enfants, du Roussillon, centrale, du Grand Large (minigolf à proximité), de la Marenda, sud et du Marestang.
La voile se pratique au départ des plages du Grand Large, sud et du Marestang, qui disposent d'un chenal de navigation et de clubs de voile.

Aquarium

Bd de la Jetée, sur le port - ℘ *04 68 80 49 64 -* ⚹ *- juil.-août : 10h-20h ; sept.-juin : 10h-12h, 14h-18h ; 1er janv. et 25 déc. : 14h-18h - 5,90 € (enf. : 3,80 €).*
Espèces locales et tropicales. Toutes les couleurs et les formes du monde du silence.

Étang de Canet

À l'ouest de la station par la D 81 en direction de St-Cyprien - ℘ *04 68 80 89 78 et 06 10 75 70 41 - on peut se rendre à l'étang de Canet en voiture (parking), à pied ou à bicyclette - location de jumelles au point d'accueil (en saison), situé dans une des cabanes de pêcheurs - possibilité de visite guidée.*
D'une superficie de 956 ha, il est classé Zone naturelle protégée. Sur ses rives, un village de dix cabanes de pêcheurs en sanils (roseaux réputés pour leur solidité et leur étanchéité) a été reconstitué. Seule l'une d'entre elles se visite, les neuf autres étant louées à des professionnels, qui y abritent leur matériel hors saison (l'anguille se pêche dans l'étang entre mars et mai, puis entre octobre et décembre). Un sentier de 2,5 km permet de découvrir la faune (dont 300 espèces d'oiseaux) ainsi que la flore de l'étang. L'étang de Canet et plus particulièrement les roseaux qui y poussent nous éclairent sur l'étymologie du nom de la station : en effet, Canet vient du latin *canna*, qui signifie « roseau ».

Aux alentours

SAINT-CYPRIEN
La ville a deux visages bien distincts, l'ancien village à environ 3 kilomètres de la mer, et la station qui se développe autour du port.

St-Cyprien (village)
Cette pimpante petite cité résidentielle aux rues bordées de palmiers, un peu à l'écart de l'agitation estivale des stations voisines, a conservé un petit centre, l'ancien village, d'aspect très catalan.

Il y a deux lieux d'exposition dans le village, mais leur déménagement est prévu vers le site des Capellans à St-Cyprien-Plage.

Centre d'art contemporain – *Pl. de la République -* ✆ *04 68 21 32 07 - tlj sf mar. 10h-12h, 14h-18h - 5 € (- 12 ans gratuit).* Précédé d'une magnifique tonnelle, il présente des « installations » d'artistes contemporains.

Collections de St-Cyprien – *4 r. Émile-Zola, près de la mairie -* ✆ *04 68 21 06 96 ou 04 68 21 01 33 (office de tourisme) - www.collectionsdesaintcyprien.com - visite lors des expositions temporaires : se renseigner.*
Né en 1894 à Montauban, François Desnoyers, installé dans la région de Perpignan où il mourut en 1972, a voulu cette fondation aujourd'hui remise à neuf. Vous y verrez d'intéressantes expositions temporaires.

Jardin des Plantes de St-Cyprien

St-Cyprien-Plage
Trois quartiers constituent la station : un quartier résidentiel au nord, le port et le plan d'eau artificiel des Capellans, séparé de la mer par un cordon de plages. L'animation est surtout concentrée dans le quartier du port de plaisance, le 2e du bassin méditerranéen, et aux Capellans où ont poussé dans les années 1960 immeubles de 5 à 10 étages et marinas.

Les plages de sable (3 km) offrent tous les plaisirs de la baignade et des sports nautiques.

Jardin des Plantes des Capellans – *Suivre dir. ZA du Port, puis Jardin des Plantes.* ✆ *04 68 37 32 00 - tlj (sf lun. en hiver) 14h-19h (17h en hiver). Entrée libre.*
👬 Agréable lieu de découverte et de détente, ce jardin vous invite à découvrir quelques trésors du patrimoine naturel méditerranéen. De beaux arbres, bien sûr, comme un palmier jupe ou un troène du Japon centenaires, mais aussi une roseraie, une bambouseraie, une petite pièce d'eau et son incontournable pont rouge.
Le tableau serait incomplet sans les paons, blancs ou aux vifs couleurs, qui assurent parfois le spectacle.

Canet-Plage pratique

Adresse utile

Office du tourisme de Canet-en-Roussillon – *Pl. de la Méditerranée - 66140 Canet-en-Roussillon -* ✆ *04 68 86 72 00 - www.ot-canet.fr - juil.-août : 10h-19h ; sept.-juin : lun.-sam. 9h-12h, 14h-18h, dim. et j. fériés 9h30-12h30, 14h-17h - fermé 1ᵉʳ janv., 25 déc.*

Transports

Plages – *Desserte des plages en juil.-août en bus entre Cerbère et Barcarès, en tram et petit train dans Canet. Renseignements à l'office de tourisme. Le reste de l'année, bus n° 1 (CTP* ✆ *04 68 61 01 13).*

Se loger

⊖🍽🛏 **Hôtel La Lagune** – *66750 St-Cyprien - 9 km au sud de Canet sur D 81ᴬ -* ✆ *04 68 21 24 24 - www.hotel-lalagune. com - fermé 1ᵉʳ oct.-7 mai -* 🅿 *- 49 ch. 85/168 € -* 🍴 *12 € - rest. 26/32 €. Hôtel de vacances entre mer et terre. Accès direct à la plage, ambiance club et, en été, soirées musicales. Les chambres, sobres et fonctionnelles, s'ouvrent sur les piscines ou sur la lagune. Cuisine sans prétention.*

⊖🍽🛏🛏 **Chambre d'hôte La Vieille Demeure** – *4 r. de Llobet - 66440 Torreilles - 7 km au nord de Canet par D 11 à Torreilles-village -* ✆ *04 68 28 45 71 - www.la-vieille-demeure.com - fermé oct.-Pâques -* 🚭 *- 5 ch. 120 € -* 🍴 *5 €. Cette maison, située au cœur du village, a beaucoup de cachet : patio de style andalou, verger d'agrumes (oranges, citrons, pamplemousses), chambres raffinées et personnalisées*

mariant à merveille sols en terre cuite, tissus, bibelots et mobilier choisis. Certaines jouissent d'une terrasse privative donnant sur le jardin.

Se restaurer

⊖🍽 **Le Don Quichotte** – *22 av. de Catalogne - 66140 Canet-en-Roussillon -* ✆ *04 68 80 35 17 - www.ledonquichotte. com - fermé merc. midi en juil.-août, lun. et mar. (sf le soir en juil.-août), 10 janv.-9 fév. - 20 bc/45 bc €. Une jolie couleur saumonée et des expositions de tableaux égayent la salle à manger de ce restaurant situé à deux pas de la poste. Les recettes du patron restent dans un registre classique qui sied à une clientèle d'habitués et de touristes.*

Sports & Loisirs

Aéro Service Littoral – *Rte de Ste-Marie - par D 11 - 66440 Torreilles -* ✆ *04 68 28 13 73 - www.ulm-torreilles.com - 8h-12h30, 14h-19h. Cette société propose des cours d'ULM (multi-axes, pendulaire ou paramoteur) et de parapente motorisé ; elle organise également des baptêmes de l'air et des promenades touristiques.*

Club nautique Canet-Perpignan – *Zone technique - Le Port - 66140 Canet-en-Roussillon -* ✆ *04 68 73 33 95 - cncp66@ wanadoo.fr - été : 9h-19h ; w.-end : 9h-17h - fermé 20 déc.-24 janv. École de voile agréée par la fédération française de voile.*

Aqualand – 👥 *- Av. des Champs de Neptune, Les Capellans - au sud des Capellans - 66750 St-Cyprien -* ✆ *04 68 21 49 49 - www.aqualand.fr - 11 juin-7 sept. - 24,50 € (enf. 17 €). Piscine à vagues, bains bouillonnants, toboggans à virages.*

Le Canigou★★★

CARTE GÉNÉRALE B5 – CARTE MICHELIN DÉPARTEMENTS 344 F7
PYRÉNÉES-ORIENTALES (66)

Le Canigou dresse au-dessus des vergers sa cime enneigée, élégante variation de blancs entre neige et arbres colorés. Que l'on soit sur les sommets des Corbières, du Conflent, de la Cerdagne, dans la plaine perpignanaise et même sur les plages du Roussillon, on ne voit que lui. Emblématique des Pyrénées orientales, on le donna longtemps pour le point culminant de la chaîne, faute de relevés précis pour les autres massifs, mais surtout parce que sa grandeur majestueuse s'imposait comme une évidence. Qui aurait eu l'outrecuidance de dire que le Canigou n'était pas le plus haut, le plus beau ?

▶ **Se repérer** – À 69 km à l'ouest de Perpignan par la N 116 puis la D 27 ou à 24 km au sud de Prades par la D 27. Le sommet du Canigou ne peut être atteint qu'à pied ou en voiture tout-terrain car il n'y a pas de route goudronnée. Tant mieux, au moins sa beauté sauvage est à peu près protégée.

👁 **À ne pas manquer** – L'ascension jusqu'au sommet ; le panorama depuis le pic du Canigou et les vues depuis le Ras del Prat Cabrera.

🕐 **Organiser son temps** – Au début de l'été, quelques pans de neige subsistent sur le flanc nord et les rhododendrons fleurissent sur les hauteurs. L'automne est agréable pour la douceur des températures et pour la parfaite visibilité que l'on a en haut du pic. L'été est à éviter pour tous ceux qui redoutent la chaleur et la foule. Comptez une journée pour les circuits qui passent par le chalet des Cortalets.

👫 **Avec les enfants** – Vérifiez bien la durée et la distance de ces randonnées avant de partir avec vos enfants.

🍃 **Pour poursuivre la visite** – Voir aussi le Conflent, Mont-Louis, Prades, l'abbaye St-Martin-du-Canigou, l'abbaye St-Michel-de-Cuxa, Vernet-les-Bains et Villefranche-de-Conflent.

Les teintes de l'automne, comme celles du printemps, siéent au Canigou enneigé.

M.-H. Carcanague / MICHELIN

Comprendre

La montagne sacrée – Aussi intensément que le mont Fuji au Japon, le Canigou est lié à l'identité catalane. « Le Canigou est un immense magnolia/S'épanouissant sur un rameau des Pyrénées/Ses abeilles en sont les fées/Ses papillons les cygnes et les aigles/Ses crêtes écorchées forment un calice/D'argent l'hiver, et d'or l'été », écrivait le poète Jacint Verdaguer (1845-1902). Les Catalans viennent y allumer le premier des feux de la St-Jean et y cueillir, à l'aube du 24 juin, les herbes « de bonne aventure » : immortelle, orpin, millepertuis et feuilles de noyer sont assemblés en forme de croix ; placées sur la porte des maisons, ces croix fleuries assurent bonheur et protection.

Circuits de découverte

AU DÉPART DE VERNET-LES-BAINS, PAR MARIAILLES [1]

12 km – environ 45mn en voiture puis 10h à pied AR pour marcheur confirmé. Gagnez Casteil au sud par la D 116 puis le col de Jou. Prenez à pied la piste forestière jusqu'à Mariailles où se trouve un refuge. Continuez sur le sentier de la Haute Randonnée Pyrénéenne jusqu'au sommet du Canigou.

Pic du Canigou★★★

Alt. 2 784 m. Une croix et les décombres d'une cabane en pierre utilisée aux 18e et 19e s. pour les observations scientifiques couronnent le sommet. Au sud, les sonnailles des troupeaux montent du vallon du Cady.

Le **panorama** est immense, au nord-est, à l'est et au sud-est, vers la plaine du Roussillon et la côte méditerranéenne. Le faible écran des Albères, largement dominé, n'empêche pas la vue de porter très loin en Catalogne, le long de la Costa Brava. Au nord-ouest et à l'ouest se succèdent sur plusieurs plans les chaînons du socle cristallin des Pyrénées orientales (Madrès, Carlit, etc.), contrastant avec les crêtes calcaires plus tourmentées des Corbières (Bugarach).

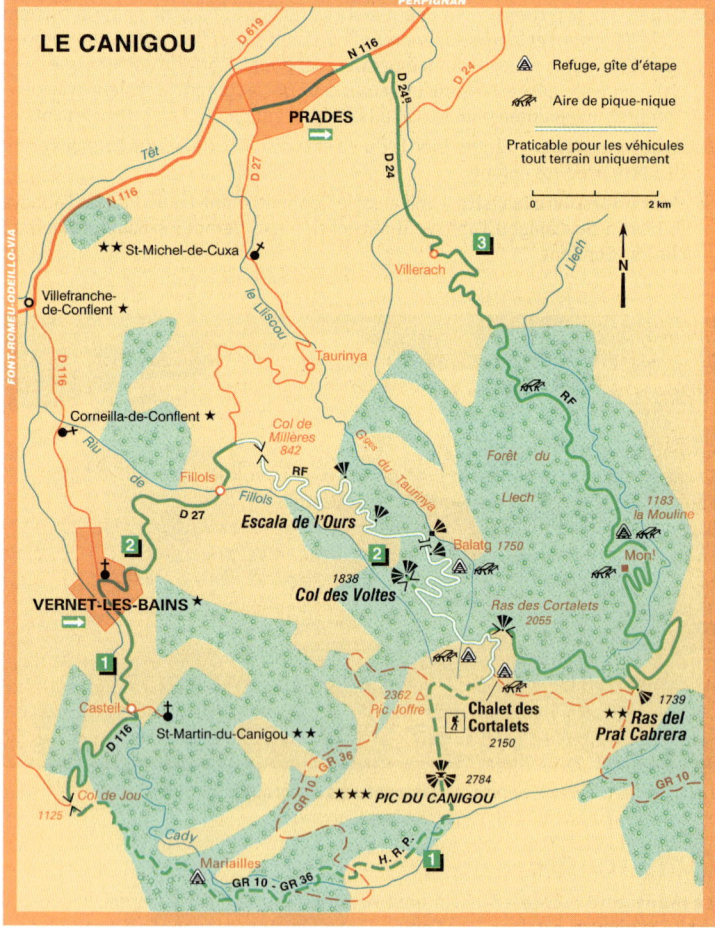

Le Canigou peut être identifié de N.-D.-de-la-Garde, à Marseille, à 253 km à vol d'oiseau, lorsque la montagne se détache sur le disque du soleil couchant (vers les 10 février et 28 octobre). Géant catalan, il répond au géant de Provence, le Ventoux : l'hiver, lorsque le mistral glacial a nettoyé le ciel de l'un, on peut apercevoir l'autre (et réciproquement !) comme deux vigies des terres d'oc.

Le saviez-vous ?

En catalan, *canigou* signifie « dent de chien ». Un détail pour les étymologistes qui retiendront plutôt la racine pré-indo-européenne *kan* – la montagne –, et une aubaine pour les industriels de l'alimentation animale. Aucun rapport pourtant entre la première marque de nourriture pour chien, déposée en même temps que son équivalent Ronron pour chat (1959) par une société basée à Strasbourg, bien loin du prestigieux emblème catalan.

AU DÉPART DE VERNET-LES-BAINS, PAR LE CHALET DES CORTALETS [2]

23 km – environ 1h30 en voiture et 3h30 à pied AR. La piste au départ de Fillols est interdite à la montée de 13h à 18h, à la descente de 8h à 15h. Route praticable uniquement en juillet et août et par temps sec, en voiture tout-terrain car la chaussée est dégradée. La partie la plus délicate, comportant une pente à 21 %, très étroite, est bordée d'un parapet. Elle compte 31 lacets.

La vieille route des Cortalets, construite en 1899 pour le Club alpin par l'administration des Eaux et Forêts, est un chemin de montagne accidenté mais ô, combien beau !

Prenez la D 27 vers Prades. Après Fillols, tournez à droite. Dès le départ du col de Millères (alt. 842 m), la route monte en lacets très rapprochés le long de la crête rocailleuse séparant les vallées de Fillols et de Taurinya. Sur la gauche, des vues se dégagent sur Prades et St-Michel-de-Cuxa. La route adopte un tracé hardi parmi les pins laricio et les chaos rocheux. Dans un grand lacet à gauche, vue grandiose sur la Cerdagne et le Fenouillèdes. Prades disparaît dans le lointain.

Escala de l'Ours

Parcours en haute corniche, le plus spectaculaire du tracé. La route franchit un passage rocheux, étroit, sous voûte, dominant de plusieurs centaines de mètres les gorges du Taurinya (rochers-belvédères de part et d'autre du tunnel).

Après le refuge forestier de Balatg, les arbres sont de moins en moins denses, de plus en plus pelés (pins arolles). La route pénètre dans l'étage pastoral des prairies.

Col des Voltes

Alt. 1 838 m. Vue sur le versant nord du Canigou et sur le bassin du Cady.

Au ras (col) des Cortalets (alt. 2 055 m), où se trouve une aire de pique-nique, laissez la route des gorges du Llech et prenez à droite.

Chalet des Cortalets

Il se dresse à 2 150 m d'altitude au débouché du cirque formé par le Canigou et ses deux contreforts nord : le pic Joffre et le pic Barbet.

Prenez à pied à l'ouest du chalet le GR 10, longeant un étang puis s'élevant sur le versant est du pic Joffre. Abando-nnez ce sentier à la fontaine de la Perdrix lorsqu'il redescend vers Vernet et continuez la montée à gauche sous la crête. 🥾 *Un sentier en lacet parmi les rochers permet l'ascension de la cime (3h30 à pied AR ; pour tout marcheur).*

Pic du Canigou★★★ *(voir ci-dessus)*

AU DÉPART DE PRADES PAR LE CHALET DES CORTALETS [3]

20 km – environ 2h en voiture et 3h30 à pied AR. Quittez Prades par la N 116, direction Perpignan, puis prenez à droite la D 24[B]. La route, praticable l'été seulement et par temps sec, devient raboteuse dans les gorges du Llech ; parcours en corniche de 10 km. En raison de l'état très accidenté de la chaussée, préférez les excursions en véhicule tout-terrain organisées à partir de Prades (voir l'encadré pratique).

Après Villerach, la route traverse les vergers du Conflent, puis domine le fond des gorges du Llech de 200 à 300 m. La route se poursuit en terrain plus accidenté, avant d'atteindre le refuge forestier de la Mouline (alt. 1 183 m – aire de pique-nique).

Ras del Prat Cabrera★★

Alt. 1 739 m. Beau lieu de halte (banc) au-dessus de la sauvage vallée de la Lentilla. Les crêtes de la serra del Roc Nègre limitent la vue en amont. Panorama sur la plaine du Roussillon, les Albères et la Méditerranée.

La route se déploie dans le cirque supérieur de la vallée du Llech boisée de pins de montagne. Elle procure des **vues**★★★ immenses : au nord, on reconnaît la barrière sud des Corbières, coupée par l'entaille des gorges de Galamus. Après avoir traversé les vergers du bas Conflent, on atteint les contreforts du Canigou.

Gagnez à l'ouest le chalet des Cortalets par la route dite « balcon du Canigou ».

Chalet des Cortalets *(voir ci-dessus)*

Pic du Canigou★★★ *(voir ci-dessus)*

Le Canigou pratique

♿ Voir aussi Vernet-les-Bains.

Transport

Rejoindre le Canigou en voiture

Quelques règles à respecter – L'accès au Canigou à partir des cols de Jou et de Vernet (circuits ① et ②) ou de Prades (circuit ③) est déconseillé aux voitures « de ville » : il s'agit de pistes où le croisement est difficile. On peut néanmoins les emprunter à bord de véhicules tout-terrain. Sachez toutefois que la piste empruntée par l'itinéraire ② n'est ouverte à la circulation que de 8h à 18h pendant l'été. Le stationnement est interdit en dehors des parkings aménagés et signalés. La circulation hors des pistes ouvertes est également réglementée. Sur les autres zones du massif, il est conseillé de contacter le syndicat mixte Canigou Grand - ℘ 04 68 96 45 86.

Pour des rens. complémentaires, office du tourisme de Vernet : ℘ 04 68 05 55 35.

La solution ? Des sociétés se chargent de vous amener au Canigou au départ de Vernet, Corneilla-de-Conflent et Prades :

Au départ de Vernet-les-Bains : *Garage Villacèque* : ℘ 04 68 05 51 14 - *JPB Transport* : ℘ 04 68 05 99 89 - *Tourisme Excursions - Taurigna* : ℘ 04 68 05 63 06.

Au départ de Corneilla-de-Conflent : *Transports Circuits Touristiques* – *M. Cullell* - ℘ 04 68 05 64 61 - *juin-sept. : dép. en 4 X 4 à 8h et 11h de Corneilla-de-Conflent et de Vernet-les-Bains - 16 € AR.*

Au départ de Prades : *Excursions La Castellane* – *M. Colas - rte Nationale - 66500 Ria-Sirach -* ℘ 06 14 35 70 64 *ou 04 68 05 27 08 - 15-30 juin : dép. à 9h15 ; de juil. à fin sept. : dép. à 8h et 11h15 ; de fin sept. à mi-oct. : 9h15 - 25 €/pers. de 1 à 4 pers. (tarifs dégressifs suivant nombre).*

Se renseigner à l'office de tourisme au sujet des autres possibilités.

Se loger

🛏 **Chambre d'hôte Las Astrillas** – *12 Carrer d'Avall - 66500 Taurinya -* ℘ 04 68 96 17 17 01 - *lasastrillas@yahoo.fr - fermé 15 nov.-1ᵉʳ mars -* 📠 *- 5 ch. 47 € 🛏 - repas 18 €.* Autrefois appelée la « maison du pauvre » cette ancienne ferme a été restaurée avec tant de soin qu'elle aurait presque des airs de musée rendant hommage au patrimoine régional. Ses 5 chambres, dont une suite familiale, dégagent beaucoup de personnalité. Table d'hôte d'inspiration catalane et méditerranéenne.

🛏🍽 **Chambre d'hôte Les Fenêtres du Soleil** – *R. de la Fontaine - 66320 Arboussols -* ℘ 04 68 05 56 25 *ou 06 11 08 60 41 - www.lesfenetresdusoleil.com -* 📠 *- 4 ch. 63/73 € 🛏.* Maison de village construite à même le flanc de la colline, comme en témoignent les blocs de roche présents dans la salle à manger. Les 4 chambres sont magnifiques, équipées à la pointe du progrès. Superbe vue sur le Canigou du jardinet fleuri. Exposition et vente de tableaux des peintres locaux.

Hébergement en montagne

Pour ceux qui envisagent l'ascension à pied, il peut être intéressant de faire une halte, soit pour le repas du midi, soit pour la nuit, dans un refuge. Il est conseillé de réserver à l'avance.

Refuge de Mariailles – *66820 Casteil -* ℘ 04 68 05 57 99 *- 55 pl. - mai-oct. : w.-end sur réservation et vac. scol. ; reste de l'année : sur réservation - fermé en janv. - repas assuré - réservation obligatoire.*

Refuge pastoral de Mariailles – *ONF, agence des Pyrénées-Orientales, Résidence le Khéops, 8 r. des Variétés - 66026 Perpignan Cedex -* ℘ 04 68 35 21 63 *- 20 pl.* Refuge non gardé, accès motorisé impossible en période hivernale (de déb. déc. à fin mai).

Chalet des Cortalets – *Club alpin français - 2 r. San-Juan-de-Porto-Rico - 66500 Prades -* ℘ 04 68 96 36 19 *- de fin mai à déb. oct. - chambres et dortoir (85 pl.).*

Refuge des Cortalets – ℘ 04 68 96 36 19 *-* plutôt destiné aux randonneurs - 19 pl. - tte l'année, gardé de mi-juin à mi-oct.

Refuge de Balatg – *ONF, agence des Pyrénées-Orientales, Résidence le Khéops, 8 r. des Variétés - 66026 Perpignan Cedex -* ℘ 04 68 35 21 63 *- 20 pl.* Refuge non gardé, se renseigner avant le départ sur la circulation motorisée des pistes forestières donnant accès au refuge. Accès motorisé impossible en période hivernale (de déb. déc. à fin mai). Le reste de l'année, l'accès motorisé est possible avec néanmoins des restrictions sur les horaires de circulation et les gabarits autorisés.

Se restaurer

👁 **Bon à savoir** – Les endroits pour se restaurer étant très rares, il est vivement recommandé d'emporter son panier repas. De nombreuses aires de pique-nique ont été aménagées sur le parcours des randonneurs pour d'agréables haltes.

Le Cap-d'Agde

19 988 AGATHOIS
CARTE GÉNÉRALE C4 - CARTE MICHELIN DÉPARTEMENTS 339 G9 – HÉRAULT (34)

À l'origine, le site du Cap-d'Agde est un promontoire formé par une coulée de lave descendue du mont St-Loup. Créée dans les années 1970, la station est devenue un pôle d'attraction touristique de premier plan sur le littoral méditerranéen ; elle s'agrémente en outre d'un important port de plaisance, d'un centre de thalassothérapie et d'un quartier naturiste. C'est enfin un site reconnu pour la pratique du cerf-volant.

▶ **Se repérer** – À 27 km à l'est de Béziers et à 67 km au sud-ouest de Montpellier par l'A 9, Le Cap-d'Agde s'atteint facilement soit par les terres et la Languedocienne (autoroute A 9) que vous quitterez sortie 34, soit par la côte que longe la D 612.

👁 **À ne pas manquer** – Les plages ; l'Île des Loisirs ; l'Éphèbe d'Agde et l'ancienne cathédrale St-Étienne.

🕐 **Organiser son temps** – Comptez 2h pour visiter le musée de l'Éphèbe et vous balader dans les ports, plus si vous voulez vous baigner.

👫 **Avec les enfants** – L'Île des Loisirs, l'aquarium et Aqualand complètent l'accueil, l'animation et les équipements garantis par le label « Station Kid ».

🌿 **Pour poursuivre la visite** – Voir aussi Béziers, Pézenas, le bassin de Thau et Sète.

Comprendre

Antiquité – Agde fut dès l'Antiquité un refuge pour les navigateurs qui repéraient le cap de loin grâce au mont St-Loup. De cette occupation nous sont parvenus de nombreux témoignages présents au musée de l'Éphèbe.

Premier projet de port – Richelieu décide de créer un port à cet endroit. Il fait donc construire un môle qui doit relier le cap à l'île Brescou et former ainsi une grande rade ; à sa mort, les travaux sont abandonnés.

Les années 1970 – La construction de la station balnéaire est décidée en 1963, période au cours de laquelle le littoral languedocien est assaini et aménagé pour le tourisme. Aujourd'hui, Le Cap-d'Agde est une des stations les plus fréquentées du Languedoc-Roussillon.

Le saviez-vous ?
Agde fut fondée il y a 2 500 ans par les Phocéens. Elle s'appelait alors Agathé Tyché, c'est-à-dire la « bonne fortune ».

Séjourner

La station
Depuis 1970, la station nouvelle du Cap-d'Agde tire parti de ce site exceptionnel sur la côte du Languedoc. Les travaux de dragage ont ouvert là un vaste havre abrité, dont les rives sinueuses n'accueillent pas moins de huit ports de plaisance, publics ou privés, pouvant héberger 1 750 bateaux. Le style architectural du centre urbain est inspiré de l'architecture languedocienne traditionnelle. Les immeubles de 3 ou 4 étages, aux toitures de tuiles, reflètent leurs teintes pastel dans l'eau des ports, ou se protègent du soleil le long de ruelles tortueuses aboutissant à des *piazzas*.

Les plages de la station
Quatorze kilomètres de sable fin sont accessibles par des sentiers piétonniers, ce qui exclut de votre séance de bronzage les désagréments des routes longeant habituellement les plages.
La plage **Richelieu** est la plus vaste ; celle du **Môle** la plus fréquentée ; celle de **Rochelongue** la plus à l'ouest ; la **Plagette**, près des falaises, la plus petite ; la **Grande Conque** est une plage de sable noir et enfin la **Roquille** est couverte de coquillages. Plus au nord, le **port Ambonne** et la plage naturiste font partie d'un quartier dont l'accès est réglementé.

Les plages aux alentours
Au **Grau-d'Agde** *(5 km à l'ouest, à l'extrémité du port)*, belle plage de sable fin où viennent surtout des familles.
De l'autre côté du chenal du Grau-d'Agde, plage de la **Tamarissière**, adossée à une pinède. Enfin, à l'est du Grau, petite plage de **St-Vincent**, dans une anse.

Étape au port du Cap-d'Agde.

Île des Loisirs

👥 Elle porte bien son nom puisqu'on y trouve largement de quoi occuper de jour comme de nuit les petits et les grands : discothèques, casino, cinéma, minigolf, parcs d'attraction, bars et restaurants.

Aquarium

☏ 04 67 26 14 21 - www.aquarium-agde.com - ♿ - juin-sept. : 10h-19h (juil.-août : 23h) ; oct.-mai : 14h-18h, dim. et j. fériés 11h-19h - fermé 1er janv. - 6,90 € (4-12 ans 4,90 €).

👥 Pieuvres, dorades, requins, murènes et coraux de toutes les couleurs évoluent sous vos yeux dans une trentaine de bassins. Un instant de calme et de contemplation dans ce monde silencieux, à deux pas du quai d'Honneur et de son tumulte. Activités pour les enfants en été.

Aqualand

☏ 04 67 26 85 94 - www.aqualand.fr - de mi-juin à mi-sept. : 10h-18h (juil.-août : 19h) - 24 € (enf. 17,50 €).

👥 S'étendant sur 4 ha, ce parc de loisirs aquatiques est un complexe de piscines à vagues où l'on plonge après de grisantes descentes sur des toboggans géants. Il comprend un ensemble de jeux et d'animations aquatiques pour adultes et enfants ainsi que des boutiques, une cafétéria, un snack, etc.

Visiter

Musée de l'Éphèbe (archéologie sous-marine)

Mas de la Clape - ☏ *04 67 94 69 60 -* ♿ *- 9h-12h, 14h-17h (juin-oct. : 18h) - fermé mar. et dim. matin (sf juin-oct.) 1er janv., 25 déc. - 4, 50 € (10-18 ans 1,80 €).*

En 25 ans, les fouilles du delta de l'Hérault ont livré une foule de trésors ; rassemblés ici, ils sont présentés dans les quatre départements : la Marine royale (canons, cargaisons d'épaves du 17e au 19e s.), la Navigation antique, les Bronzes antiques, la Protohistoire. Ils permettent de tout savoir sur l'histoire de la navigation, depuis l'Antiquité : entre autres, bateaux de la période gréco-romaine et belles amphores.

Mais le musée est surtout connu pour ses bronzes antiques. Au milieu des œuvres d'art étincelle le magnifique **Éphèbe d'Agde★★**, statue en bronze de style hellénistique repêchée par bonheur en 1964 et représentant Alexandre le Grand. L'autre statue emblématique du musée, l'Enfant royal, pourrait représenter selon plusieurs spécialistes **Césarion**, fils de Cléopâtre.

Aux alentours

Agde

5 km au nord par la D 32E. Agde est toute proche du mont St-Loup, butte d'origine volcanique, dont elle a largement utilisé la lave pour sa construction.

L'**ancienne cathédrale St-Étienne★** est une église fortifiée, reconstruite au 12e s. Ses murs, épais de 2 à 3 m, sont couronnés de mâchicoulis sur arcs et de créneaux. Le clocher, haut de 35 m, est un beau donjon carré à mâchicoulis, garni à ses angles d'une tourelle et d'échauguettes (14e s.). L'intérieur présente une nef couverte d'un berceau brisé soutenu par un seul arc-doubleau. On remarque dans la voûte un œil-de-bœuf par lequel, à l'aide d'une corde, les défenseurs montaient vivres et munitions. Dans le chœur rectangulaire, retable du 17e s. en marbre polychrome. Installé dans un ancien hôtel Renaissance, le **Musée agathois** rassemble d'importantes collections d'arts et de traditions populaires. Les activités traditionnelles (navigation, pêche, viticulture, artisanat) ainsi que la vie quotidienne des Agathois sont illustrées à l'aide de tableaux, faïences et costumes (collection de *sarrets*, coiffes en dentelle de la région), de reconstitutions d'intérieurs, maquettes de bateaux, œuvres d'artistes régionaux, souvenirs de navigateurs agathois, pièces liturgiques, ex-voto et une belle collection d'amphores provenant de l'ancien port grec et de l'ancienne pharmacie de l'hôpital. *5 r. de la Fraternité - ☎ 04 67 94 82 51 - 9h-12h, 14h-17h (juin-oct. : 18h) - fermé mardi et dim. matin (sf juin-oct.) 1er janv., 25 déc. - 4, 50 € (10-18 ans 1,80 €).*

Vias

8 km au nord-ouest par la D 612. Ancien bourg fortifié, Vias est un lieu de pèlerinage. On vient encore prier la Vierge antique et miraculeuse de Vias, belle statue de bois sculpté, recouverte de dorure sur plâtre. Elle aurait été rapportée de Syrie par des marins.

De style gothique (fin 14e-début 15e s.), l'**église** est construite en pierre noire d'origine volcanique. Sur la façade ouest, une très belle rose était encadrée autrefois de deux tourelles polygonales crénelées dont une seule subsiste. À l'intérieur, dans la chapelle du St-Sacrement (à droite du maître-autel), on trouve une Vierge miraculeuse.

Le Cap-d'Agde pratique

Adresses utiles

Office du tourisme du Cap-d'Agde – *Rond-point du Bon-Accueil - ☎ 04 67 01 04 04 - www.capdagde.com - juin-août : 9h-19h (juil.-août : 20h), nocturne sam. 20h-5h ; janv.-mai. et sept.-déc. : 9h-12h, 14h-18h (avr.-mai et sept. : 19h ; nov.-mars : w.-end et j. fériés 10h-12h, 14h-17h) - fermé 24 et 31 déc. apr.-midi, 25 déc. et 1er janv.*

Office de tourisme – *Pl. Molière - 34302 Agde Cedex - ☎ 04 67 94 29 68 - www.agde-herault.com - juil.-août : 9h-19h, dim. 10h-13h, 15h-18h ; reste de l'année : tlj sf dim. 9h-12h, 14h-18h.*

Visite

Petit train touristique – *Pl. du Barbecue, quai Jean-Miquel - ☎ 04 67 94 90 81 - avr.-oct. :* visite de la station avec commentaires historiques en deux circuits séparés de 1h chacun - *7 € le circuit (enf. 4,50 €).*

Se loger

⌂ **Chambre d'hôte « L'Oustal »** – *30 av. de la Victoire - 34550 Bessan - 7 km au nord d'Agde par D 13 - ☎ 04 67 77 40 07 -⊠ - 3 ch. 55 € ⊠.* Facile d'accès, cette maison de maître au cœur du village propose 3 chambres, dont 2 à l'étage. La plus grande, de type suite familiale, ouvre sur une terrasse. Une jolie petite cascade aménagée par le propriétaire rafraîchit le fond de la cour. Une adresse à petit prix, rare dans ce secteur assez proche du bord de mer.

⌂ **Camping Neptune** – *34300 Agde - 2 km au sud d'Agde près de l'Hérault - ☎ 04 67 94 23 94 - info@ campingleneptune.com - ouv. avr.-sept. - réserv. conseillée - 165 empl. 28,20 €.* Dans ce terrain boisé et fleuri près de l'Hérault, rien n'est laissé au hasard, et surtout pas le jardinage ! Piscine entourée d'une belle plage, jeux pour petits et grands. Locations de mobil-homes. Accostage en bateau possible.

⌂⌂ **Hôtel Gil de France** – *10 av. des Alizés - ☎ 04 67 26 77 80 - www.gildefrance. fr - ᴘ 48/90 € - ⊠ 8,50 € rest. pour résidents 20 €.* A deux pas du golf, cet hôtel a de nombreux atouts. Des chambres fonctionnelles, climatisées, équipées Wi-Fi et certaines assez grandes pour accueillir les familles. Un adorable patio, idéal pour les petits-déjeuners ou les repas du soir. Enfin un espace balnéo couvert (piscine, hammam, spa…) où l'on peut se relaxer été comme hiver.

⌂⌂ **Hôtel Les Grenadines** – *6 imp. Marie-Céleste - 34300 Agde - ☎ 04 67 26 27 40 - www.hotelgrenadines.com - fermé 16 nov.-31 janv. - ᴘ - 20 ch. 57/130 € - ⊠ 10 €.* Au bout d'une impasse, à 200 m de la plage Richelieu (accessible par un sentier piétonnier), cet hôtel familial bénéficie du calme du quartier résidentiel dans lequel il se trouve. Chambres nettes et pratiques, crépies de blanc et carrelées. Piscine partagée avec la résidence voisine.

Se restaurer

⌂ **Restaurant-bar Casa Pepe** – *29 r. Jean-Roger - 34300 Agde - ☎ 04 67 21 17 67 - www.casapepe.com - 13/23 €.* Petit bar populaire du centre d'Agde. Clientèle d'habitués, de pêcheurs, de rugbymen et de jouteurs qui en ont fait leur quartier général. Le patron, Aimé Catanzano, pêcheur de métier, est une figure de la ville. Derrière son bar, dans une petite salle pleine de charme au fond d'une cour, il propose une restauration de poissons et crustacés. Ambiance très chaleureuse.

⊝⊜ **La Pléiade** – *3 av. des Alizés -* ℘ *04 67 01 56 12 - pleiade34@orange.fr - 19/31 €.* Restaurant installé au sein de l'hôtel Palmyra Golf. La salle à manger, chaleureuse et raffinée, profite d'une agréable vue sur les greens. Registre culinaire traditionnel.

⊝⊜ **La Table de Stéphane** – *Imp. Marie-Céleste -* ℘ *04 67 26 45 22 - www.latabledestephane.com - fermé sam. midi, mar. et merc., vac. de fév., vac. de la Toussaint - 25/59 €.* Salle véranda ornée d'une fresque évoquant la vie en cuisine, plats au goût du jour et très beau choix de vins du Languedoc-Roussillon : l'adresse fait souvent salle comble.

En soirée

La Guinguette – *Rte de Marseillan-Ville, écluse de Prades - 34300 Agde -* ℘ *04 67 21 24 11 - 8h-0h - fermé oct.-mars.* Depuis sept ans, M. Sognos anime cette charmante guinguette située à l'écluse de Prades, au bord du canal du Midi et de l'Hérault, sur la route de Marseillan. Difficile de résister aux sortilèges de l'accordéon, aux tangos, valses et autres javas du diable…

Sports & Loisirs

Location de matériel – Sur les plages du Cap-d'Agde, on trouve des locations de pédalos, de planches à voile, de catamarans, de canoës, de scooters de mer, des terrains de volley-ball, des clubs pour les enfants. On peut aussi pratiquer le ski nautique et le parachute ascensionnel. Elles sont toutes équipées de postes de secours, de douches et WC ; certaines sont aménagées pour l'accès des handicapés au bord de l'eau (Roquille et plage du Grau-d'Agde).

Centre Archéologique de Plongée et d'Études sous-marines – *Av. Passeur-Challiès - bassin n⁰ 4 -* ℘ *04 67 26 40 14 - 8h30-19h - fermé déc.-fév.* Baptêmes ou stages de plongée.

Sentier sous-marin – *Adena (Association de défense de l'environnement et de la nature des pays d'Agde), aquarium du Cap-d'Agde - 11 r. des Deux-Frères -* ℘ *04 67 01 60 23.* Si les fonds marins vous attirent, suivez le sentier sous-marin partant des plages du Môle et de la Grande Conque ou encore du parking du Fortin. Un masque et un tuba suffisent. Deux possibilités : emprunter le sentier seul mais en suivant les instructions données sur une plaquette-guide imperméable, ou alors se faire accompagner par des guides de l'Adena, à partir de l'aquarium du Cap-d'Agde.

Centre nautique du Cap d'Agde – *Av. du Passeur-Challiés, Plage Richelieu-Est -* ℘ *04 67 01 46 46 - www.centrenautique-capdagde.com - juil.-août : 9h-20h ; reste de l'année : 9h-12h30, 14h-18h - fermé dim., 15 déc.-15 janv..* École française de voile. Stages, cours, location, baptême d'Optimist, planche à voile et catamaran habitable toute l'année.

Centre international du tennis – *3 av. de la Vigne -* ℘ *04 67 01 03 60 - www.ville-agde - 9h-20h - fermé 25 déc.-1ᵉʳ janv.* Ce club sportif ne se limite pas à la location de courts, ni aux stages de tennis : vous pourrez aussi pratiquer le badminton et le squash. Une boutique, un bar et un espace restauration avec terrasse et piscine sont également à votre disposition.

Golf – *4 av. des Alizés - 34300 Agde -* ℘ *04 67 26 54 40 - http://golf.ville-agde.fr/ - 50 € en basse sais. ; 60 € en haute sais.* Beau parcours de 18 trous situé à proximité de la mer. Exercez-vous sur le compact (9 trous), lieu privilégié pour apprendre toutes les astuces du « parfait golfeur ». Également sur place : practice, bar, restaurant, hôtel…

Balade sur le canal du Midi – *Renseignements : Les Bateaux du Soleil -* ℘ *04 67 94 08 79 - www.bateaux-du-soleil.com.* Balade en péniche (2h, dép. de Béziers) - 9 € (-10 ans 6 €) - croisière (6h, dép. d'Agde), à la découverte de l'écluse Ronde d'Agde et de l'étang de Thau - 25 € (croisière-repas 40 €).

SARL Trans.Cap.Croisière – *Quai Jean-Miquel - BP 631 -* ℘ *06 08 47 22 32 ou 06 08 31 45 20 - de déb. avr. à déb. nov.* Vision sous-marine jour et nuit, visite guidée du fort Brescou, remontée de l'Hérault jusqu'à Agde, pêche en mer jour et nuit, croisière et sortie à la voile.

Événements

Joutes nautiques d'Agde – Elles donnent lieu, comme à Sète, à des compétitions qui passionnent la population. *De juin à sept.*

Le Capcir ★

CARTE GÉNÉRALE B4,5 – CARTE MICHELIN DÉPARTEMENTS 344 D7
PYRÉNÉES-ORIENTALES (66)

Les montagnes du Capcir sont couvertes d'un épais manteau de pins constellé par le bleu profond des lacs. En toute saison, c'est un lieu paradisiaque pour les randonneurs : l'hiver, ils sillonnent les pistes du plus important domaine de ski de fond des Pyrénées et, l'été, ils lacent leurs chaussures de marche pour une aventure au cœur de la nature. Région la plus élevée de la Catalogne nord, à 1 500 m d'altitude, elle réserve de surprenantes rencontres avec des animaux sauvages comme l'isard et le mouflon.

▶ **Se repérer** – À 80 km à l'ouest de Perpignan, la région est comprise entre Quillan au sud et Mont-Louis à 10 km au nord.

👁 **À ne pas manquer** – Une balade à pied ou à skis dans les forêts de pins ; le lac des Bouillouses et le domaine de ski des Angles.

🕐 **Organiser son temps** – Prévoyez une journée pour vous imprégner de la nature environnante.

👫 **Avec les enfants** – Le parc animalier et le domaine de ski des Angles.

👌 **Pour poursuivre la visite** – Voir aussi la Cerdagne, le Conflent, le château de Puilaurens, Font-Romeu-Odeillo-Via, Mont-Louis, Quillan et Villefranche-de-Conflent.

E. Larribère / MICHELIN

Lac des Bouillouses.

Comprendre

Au Moyen Âge, le Capcir était connu sous le nom de « montagne d'Aude », à juste titre puisque le fleuve prend sa source à 2 377 m dans le massif du Carlit.

De la source calme au torrent impétueux – L'Aude prend naissance sur le versant est du Carlit et coule d'abord parallèlement à la Têt puis s'oriente au nord. Le col de la Quillane (alt. 1 714 m) marquant la ligne de partage des eaux, l'Aude traverse ensuite la haute plaine du Capcir que des montagnes boisées, longuement enneigées, isolent. Le torrent est soumis à des crues considérables. L'abondance du torrent, au moment de la fonte des neiges, a justifié l'aménagement de deux barrages réservoirs – Matemale et Puyvalador – régularisant le flot destiné à un escalier de centrales hydroélectriques.

Les forêts du bassin supérieur de l'Aude – Dans le Capcir, les arbres sont partout présents. Recouvrant des versants plus ou moins accidentés, les massifs boisés du Capcir, peuplés de pins à crochets, pins sylvestres ou sapins, sont desservis par des routes forestières offrant de multiples itinéraires d'excursions : étang de Balcère en forêt des Angles, étangs de Camporeils, à plus de 2 200 m d'altitude, route du col de Sansa par le col de Creu, en forêt de Matemale, etc.

Aux alentours

LES LACS ET PLANS D'EAU

Lac des Bouillouses★

14 km au nord-ouest de Mont-Louis par la route de Quillan (D 118) ; 300 m après un pont sur la Têt, tournez à gauche dans la D 60. En hiver, route enneigée, accès à ski de fond ou raquettes. En juil.-août, fermeture de la route d'accès au lieu-dit Pla de Barrès de 7h à 19h. Accès au site à pied, par télésiège de Font-Romeu/Pyrénées 2000 et de Formiguères ou par navettes routières (renseignements : 04 68 04 24 61). Alt. 2 070 m. Un barrage a transformé le lac en un impressionnant réservoir de 180 ha permettant d'alimenter les canaux d'irrigation et les usines hydroélectriques de la vallée de la Têt. Du lac démarre la randonnée au pic Carlit (*3h à pied pour tout marcheur : 14 km avec dénivelé de 340 m*).

Lac de Matemale

Retenue artificielle de 240 ha où l'on peut pratiquer quelques activités nautiques, la randonnée pédestre et équestre, la pêche (parcours aménagé). La forêt, tout à côté, est un atout supplémentaire pour quelques heures de détente en pleine nature.

Lac de Puyvalador

Retenue artificielle de 100 ha accueillant planches à voile et pédalos en été.

Circuit de découverte

DE MONT-LOUIS À PUYVALADOR

26 km au départ de Mont-Louis (voir ce nom) – comptez une demi-journée. Quittez Mont-Louis au nord par la D 118. S'élevant en douceur, la route offre une jolie vue sur la citadelle émergeant d'une couronne de bois, devant le massif du Cambras d'Azé.

La Llagonne

Le nom de ce village du haut Conflent (alt. 1 680 m) signifie « la lagune ». Et, de fait, avant la construction du barrage des Bouillouses, le terrain était souvent marécageux après l'arrivée des eaux de printemps. Près de l'église St-Vincent, fortifiée, qui abrite un superbe Christ romano-byzantin en bois, remarquez la tour à signaux avec son mur d'enceinte.
Au col de la Quillane marquant l'entrée dans le Capcir, prenez à gauche la D 32^F.

Les Angles

Surplombant le plateau du Capcir, cette importante station des Pyrénées (alt. 1 600-2 400 m) a été créée en 1964 autour d'un vieux village qui a conservé son clocher à campanile.
Parc animalier des Angles – 04 68 04 17 20 - juil.-août : 9h-18h ; reste de l'année : 9h-17h - fermé de la fin des vac. scol. de Toussaint à déb. déc. - 9 € (4-14 ans 7 €).
À l'entrée sud du village des Angles s'embranche, à gauche, le chemin d'accès au Pla del Mir. Un grand circuit de 3,5 km et un circuit de 1,5 km permettront de faire connaissance avec les animaux spécifiques de la faune pyrénéenne vivant dans leur cadre montagnard : mouflons, sangliers, bouquetins, ours bruns, etc.
Le **domaine de ski alpin** s'étend sur 40 km de pistes et comprend quatre secteurs pour skieurs de tous niveaux : débutants sur le plateau de Bigorre, amateurs de glisse sportive sur le Pla del Mir, les secteurs de Balcère et de Jassettes.
Les quatre secteurs de la Matte, de Calvet, de la Llose et du Galbe comptent 102 km de pistes de **ski de fond** auxquels s'ajoutent des pistes pour chiens de traîneaux et des sentiers de randonnée pédestre. L'intensité de l'ensoleillement est compensée par 255 canons à neige.
En outre, la station est équipée d'une « **base de l'extrême** » unique en France : plongée sous glace, ski *joering* (tiré par un cheval) et traction par cerf-volant, *skimbat* (tracté par une voile delta) ou *ice-surfing* (planche à voile sur neige).

Formiguères

Le long de la forêt de la Matte, la petite station (alt. 1 750-2 400 m) dispose de 18 pistes de ski alpin de tous niveaux avec 2 télésièges et 6 téléskis. Les pistes de ski de fond font partie de l'Espace nordique du Capcir.
L'église abrite un Christ roman.
Prenez à gauche la D 32^B et suivez la signalisation « Grotte de Fontrabiouse ».

Grotte de Fontrabiouse

04 68 30 95 55 - www.fontrabiouse.fr - visite guidée (dernière entrée 1h av. fermeture) - juil.-août : 10h-19h ; sept.-juin : 10h-12h, 14h-17h - fermé 1er janv., 25 déc. et de mi-nov. à mi-déc. - 7 € (enf. 4,50 €). Randonnée souterraine, se renseigner - 06 85 02 23 84.
Cette grotte a été découverte en 1962 lors de l'exploitation d'une carrière d'onyx d'où provient le revêtement qui orne les escaliers du palais de Chaillot à Paris et ceux du palais des Rois de Majorque à Perpignan. On y découvre des fistuleuses, des orgues, des draperies, des cascades de méduses, des disques-colonnes mais aussi des formations plus fines en forme de choux-fleurs ou de bouquets d'aragonites. D'ailleurs, une aragonite en forme de papillon sert de logo au site.

Puyvalador

Cette station (alt. 1 770-2 400 m), surveillant l'entrée du défilé de l'Aude et située au-dessus du barrage du même nom, mérite bien son nom catalan, signifiant « montagne sentinelle ». Ses 16 pistes de ski alpin, face au lac de Puyvalador, traversent une forêt de pins.

Le Capcir pratique

Adresses utiles

Maison du tourisme – *2 av. de l'Aude - 66210 Les Angles 04 68 04 32 76 - www.lesangles.com - de mi-juil. à mi-août et vac. scol. : 9h-12h30, 14h-19h ; reste de l'année : 9h-12h30, 14h-18h.*

Office du tourisme de Formiguères – *1 pl. de l'Église - 66210 Formiguères - 04 68 04 47 35 - www.formigueres.com.*

Se loger

Chambre d'hôte « Cal Simunot » – *23 bis r. de la Mouline - 66210 Matemale - 04 68 04 43 17 - www.calsimunot.mabulle.com - 4 ch. 43 € - repas 20 €.* Chacune des 4 chambres de cette ferme porte le nom catalan d'une saison. À deux pas du lac de Matemale, elles vous offrent décoration simple et confort actuel. Au rez-de-chaussée, salle de détente et petite cuisine à disposition. Fromages de chèvre de l'exploitation. Petits-déjeuners en terrasse.

Camping L'Enclave – *66800 Estavar - 04 68 04 72 27 - www.camping.lenclave.com - fermé 26 sept.-24 oct. - réserv. conseillée - 178 empl. 27,50 €.* Ce camping proche de la frontière espagnole offre des emplacements bien entretenus, mais aussi un parc de mobil-homes de qualité. Blocs sanitaires au confort actuel. Espace piscine clos, jeux pour enfants et courts de tennis, possibilité de séjours ski en hiver.

Se restaurer

Crêperie La Grange – *Pl. du Coq-d'Or - 66210 Les Angles - 04 68 30 90 98 - lagrange.lesangles.free.fr - fermé lun., juin, nov. - réserv. conseillée - 11,80/24,40 €.* Une ravissante terrasse en bois devance cette jolie bâtisse montagnarde située face à la mairie. Elle abrite un restaurant atypique où les clients peuvent voir les cuisiniers à l'ouvrage. Plats traditionnels assortis de nombreuses crêpes sucrées-salées. Ne partez pas sans faire un sort à la raclette maison et au camembert rôti !

Sports & Loisirs

Bureau des guides – *2 av. de l'Aude - 66210 Les Angles - 04 68 04 39 22 - www.guide-montagne-pyrenees.com.* Activités accompagnées (initiation ou perfectionnement) : ski de randonnée, escalade, canyoning, alpinisme, via ferrata, randonnées pédestres ou en raquette et parcours d'aventure. École de ski hors piste et de montagne.

École de parapente Vol'Aime – *92 r. Creu-de-Fé - 66120 Targassonne - 04 68 30 10 10 - www.volaime.com - 8h-17h.* Pour le parapente, boutique atelier à l'année - fermé nov.-mars. Stages de découverte ou d'apprentissage du parapente, ou simplement des baptêmes de l'air (pilotes brevetés d'État).

Aérodrome du col de la Quillane – *66210 La Llagonne - 04 68 04 28 02 - www.planeur-la-llagonne.com.* Survol de la Cerdagne et du Capcir en planeur. Stage de vol à voile de juillet à fin septembre.

Club nautique de l'Ourson – *Lac Matemale - 66210 Les Angles - 04 68 04 30 77 ou 06 08 88 44 03 - juin-sept. : 9h-19h.* Nombreuses activités nautiques (baignade surveillée, voile, planche à voile, catamaran) sur le lac de Matemale.

Équi'Sud – *Rte de la Forêt - 66210 Les Angles - 04 68 04 43 62 - www.equisud.com - tlj à partir de 9h.* Randonnées et raids équestres sur le Canigou, en Cerdagne, Capcir et dans le Conflent.

L'École de la Nature – *4 pl. de l'Église - 66210 Formiguères - 04 68 04 48 44 - www.ecole-de-la-nature.com.* Randonnées équestres organisées.

Les Chevaux de la Tramontane – *Carrer de la Quillane - 66210 La Llagonne - 04 68 04 17 98 - www.chevauxdelatramontane.com - 1h : 13 €, 2h : 26 €, 3h : 36 €.* Promenades et excursions montagnardes de plusieurs jours à cheval dans les Pyrénées.

Événements

Manifestations sportives – Tous les ans ont lieu plusieurs grandes manifestations sportives comme la **Trace Catalane** (Coupe de France de ski) ou l'unique étape pyrénéenne de la Coupe de France de surf.

Carcassonne★★★

43 950 CARCASSONNAIS
CARTE GÉNÉRALE B4 – CARTE MICHELIN DÉPARTEMENTS 344 F3 – AUDE (11)

C'est l'émerveillement ! Comment ne pas admirer cette cité qui s'impose d'emblée dans la plaine viticole, derrière laquelle se profile la garrigue des Corbières ? Tant pis pour les détracteurs qui pensent que Viollet-le-Duc n'a pas été fidèle à l'histoire lorsqu'il a reconstruit Carcassonne ; cette ville, inscrite au Patrimoine mondial de l'Unesco depuis 1997, reste dans la mémoire de tous ceux qui ont arpenté ses petites rues, longé ses remparts et pénétré son château.

- **Se repérer** – À 96 km au sud-est de Toulouse et 60 km à l'ouest de Narbonne par l'A 61. La cité médiévale se trouve sur la rive droite de l'Aude, au sommet d'une colline, tandis que la ville basse, la bastide St-Louis, est située sur la rive gauche, dans la plaine.

- **Se garer** – Laissez la voiture sur les nombreux parkings aménagés aux abords de la cité, notamment près de la Porte narbonnaise qui y donne accès.

- **À ne pas manquer** – Le château comtal, la promenade autour de la cité par les lices, les vitraux et statues de la basilique St-Nazaire.

- **Organiser son temps** – Prévoyez une demi-journée en ville (profitez de la lumière du matin pour admirer les vitraux de St-Nazaire), une journée pour le circuit.

- **Avec les enfants** – Le musée de l'École, celui de la Chevalerie, la Cité des oiseaux et des loups et le Parc australien.

- **Pour poursuivre la visite** – Voir aussi Castelnaudary, les Corbières, Fanjeaux, Lagrasse, Limoux, le canal du Midi et la Montagne noire.

Vue aérienne de la cité de Carcassonne.

Comprendre

Un cœur fier – Pendant 400 ans, Carcassonne reste la capitale d'un comté, puis d'une vicomté sous la suzeraineté des comtes de Toulouse. Elle connaît alors une époque de grande prospérité, interrompue au 13e s. par la croisade contre les Albigeois.

Les croisés du nord, descendus par la vallée du Rhône, pénètrent en Languedoc en juillet 1209, pour châtier l'hérétique. Le comte Raimond VI de Toulouse ayant été obligé, pour sauver l'essentiel, de se croiser, le poids de l'invasion retombe sur son neveu et vassal **Raimond-Roger Trencavel**, vicomte de Carcassonne. Après le sac de Béziers, l'armée des croisés investit Carcassonne le 1er août. Malgré l'ardeur de Trencavel – il n'a que 24 ans –, la place est réduite à merci au bout de quinze jours par le manque d'eau. Le Conseil de l'armée investit alors Simon de Montfort de la vicomté de Carcassonne, en lieu et place de Trencavel. L'année n'est pas terminée que ce dernier est trouvé sans vie dans la tour où il était détenu. Après la chute de

Joë Bousquet

Paralysé à la suite d'une grave blessure par balle en 1918, **Joë Bousquet** (1897-1950) se réfugie au 53 de la rue de Verdun, à Carcassonne, et ne bougera plus de sa « chambre aux volets clos ». Là, il partage son temps entre l'écriture, la réflexion et les entretiens avec de grands noms de la littérature (André Gide, Paul Valéry, Louis Aragon, Henry Michaux…) qui viennent lui rendre visite. Il s'intéresse très tôt au surréalisme et se lie d'amitié avec Paul Éluard et Max Ernst. Avec d'autres figures intellectuelles de Carcassonne, comme l'écrivain François-Paul Alibert, le philosophe Claude-Louis Estève et le poète René Nelli, Joë Bousquet forme le « groupe de Carcassonne » et collabore à une revue, les *Cahiers du Sud*. Il a laissé des recueils de poésie (*Traduit du silence*, 1936, *Le Meneur de lune*, 1946, *La Connaissance du soir*, 1947) ainsi qu'une importante *Correspondance*.

Carcassonne, ses habitants furent contraints à l'exode pendant sept années. Autorisés à revenir, ils bâtirent sur la rive opposée une ville nouvelle au plan quadrillé, celle qu'on appelle aujourd'hui la ville basse.

Une mère et cinq fils (13ᵉ s.) – En 1240, le fils de Trencavel tente en vain de recouvrer son héritage. Saint Louis fait alors raser entièrement les bourgs formés au pied des remparts pour construire une ville sur l'autre rive de l'Aude. La cité est remise en état et renforcée. L'œuvre est continuée par Philippe le Hardi. La place est désormais si bien défendue qu'elle passe pour imprenable. Cinq forteresses royales sont disposées le long de la frontière aragonaise avec mission de protéger la cité ; il s'agit des « cinq fils de Carcassonne » : « Il est de sçavoir que aux Marches, par-deçà sur la frontière d'Aragon, est la cité de Carcassonne, qui est la mère et a cinq fils, c'est de sçavoir, Puilaurens, Aguilar, Quierbus, Pierrepertuse et Terme… et sont à gages du Roy. » (Bib. nat., collection Doat, vol. 64, folio 165).

Décadence et résurrection – Après l'annexion du Roussillon suivant le traité des Pyrénées, le rôle militaire de Carcassonne se trouve amenuisé : cinquante lieues la séparent désormais de la frontière franco-espagnole. Perpignan prend la garde à sa place et la cité tombe en ruine. Mais le romantisme remet le Moyen Âge à la mode. Prosper Mérimée, inspecteur général des Monuments historiques, s'intéresse aux ruines. Un archéologue local, Cros-Mayrevieille, passe sa vie à plaider en faveur de sa ville. Viollet-le-Duc décide la commission des Monuments historiques à entreprendre, en 1844, la restauration de Carcassonne.

Découvrir

LA CITÉ★★★

Visite : 2h. La cité de Carcassonne est la plus grande forteresse d'Europe. Elle se compose d'un noyau fortifié, le Château comtal, et d'une double enceinte : l'enceinte extérieure, qui compte 14 tours, séparée de l'enceinte intérieure (24 tours) par les lices.

Elle garde une population résidante d'environ 130 habitants, échappant ainsi au sort des villes-musées uniquement animées par le tourisme.

Porte narbonnaise (B)

C'est l'entrée principale, la seule où passaient les chars. Un châtelet à créneaux, édifié sur le pont franchissant le fossé, et une barbacane percée de meurtrières précèdent les deux Tours narbonnaises, de part et d'autre de la porte, massives constructions à éperons (ou à becs) destinés à repousser l'assaillant ou à faire dévier les projectiles (à l'intérieur, expositions temporaires). Entre les tours, au-dessus de l'arche, statue de la Vierge.

Rue Cros-Mayrevieille (B)

Elle permet d'accéder directement au château.

À droite de la place du Château se situe un grand puits profond de près de 40 m.

Château comtal (A)

☏ 04 68 11 70 72 - www.monum.fr -*visite guidée* - avr.-sept. : 10h-18h30; oct.-mars : 9h30-17h (dernière entrée 45mn av. fermeture) - fermé 1ᵉʳ janv., 1ᵉʳ Mai, 1ᵉʳ et 11 Nov., 25 déc. - 7,50 €, (-18 ans gratuit), gratuit 1ᵉʳ dim. nov.-mars. Érigé au 12ᵉ s. par Bernard Aton Trencavel, le château était à l'origine le palais des vicomtes, adossé à l'enceinte gallo-romaine. Il fut transformé en citadelle après le rattachement de Carcassonne au domaine royal en 1226. Depuis le règne de Saint Louis, un immense fossé et une grande barbacane de plan semi-circulaire le protègent et en font une véritable forteresse intérieure. Du pont, remarquez les hourds, à droite.

La visite commence par le musée.

Des vestiges provenant de la cité et de la région sont réunis dans le **Musée lapidaire** : lavabo (12e s.) de l'abbaye de Lagrasse, **calvaire★** de Villanière (fin 15e s.), belles fenêtres du couvent des Cordeliers, petits personnages finement sculptés, bornes milliaires, stèles funéraires discoïdales du Lauragais, abusivement dites « cathares », et gisant d'un chevalier mort au combat. Salle d'iconographie de la cité.

Spacieuse, la **cour d'honneur** est entourée de constructions modernes. Du côté sud, le bâtiment présente une façade romane dans sa partie inférieure, gothique au milieu et Renaissance dans sa partie supérieure. Des colombages sont bien visibles. Sur la droite, portes de cachots.

À l'angle sud-ouest de la **cour du Midi** s'élève la plus haute des tours, la tour de Guet, très bien conservée, desservie par un unique escalier de bois.

Sortez du château pour prendre à gauche la rue de la Porte-d'Aude.

Porte d'Aude (A)

C'est l'élément majeur des lices. Un chemin fortifié, la Montée de la Porte d'Aude, qui part du pied de la colline (du côté ouest, où s'élève l'église St-Gimer) y donne accès depuis la ville basse. De tous côtés, elle est puissamment défendue : grand châtelet, petit châtelet, place d'armes et portes.

Lices basses (A/B)

Accès par la porte d'Aude à droite. Les lices sont la partie comprise entre les deux enceintes. Les lices basses se situent entre la porte d'Aude et la Porte narbonnaise, au nord-ouest. À l'ouest, elles se rétrécissent jusqu'à devenir inexistantes au niveau de la tour de l'Évêque qui barre le passage.

Rencontrez d'abord la **tour de l'Inquisition**. Comme son nom l'indique, elle était le siège du tribunal de l'Inquisition. Un pilier central, avec des chaînes, et un cachot sombre témoignent des tortures subies par les hérétiques.

Plus loin s'élève la **tour carrée de l'Évêque**. Elle est construite à cheval sur les lices, empêchant ainsi toute communication entre la partie nord et la partie sud de celles-ci. Comme elle était réservée à l'évêque – sauf le chemin de ronde supérieur –, elle fut aménagée plus confortablement. Depuis la deuxième salle, bonne vue sur le château.

Revenez vers la porte d'Aude et continuez dans les lices basses.

Vous êtes au pied de la **tour de la Justice** où les Trencavel, vicomtes de Béziers et de Carcassonne, protecteurs des cathares, se réfugièrent avec le comte de Toulouse pour échapper à l'armée de Simon de Montfort lors de la croisade contre les Albigeois. C'est une tour ronde dont les ouvertures étaient protégées par des volets roulants permettant de voir le pied des murailles sans être vu.

Passez ensuite devant le Château comtal pour circuler sur le front nord, wisigoth, partie la plus ancienne des lices. Là, les courtines et les tours de l'enceinte intérieure sont très élevées ; les toitures d'origine, plates, de style méridional, sont bien visibles sur les tours de l'enceinte extérieure (alors que celles refaites par Viollet-le-Duc sont pointues).

Passez sous le pont-levis, à hauteur de la Porte narbonnaise et continuez vers le sud-est.

Lices hautes (A/B)

Côté est, à la tour du Trésau (ou Trésor), elles sont très larges et bordées de fossés. Après la Porte narbonnaise, à gauche, remarquez sur l'enceinte extérieure la tour de

Viollet-le-Duc : sauveur ou rêveur ?

Lorsque Viollet-le-Duc, chargé de la restauration de la basilique St-Nazaire, découvre Carcassonne, la cité est en ruine, les lices encombrées de maisons et les tours coiffées de moulins à vent. Dès 1851, il entreprend une première campagne de travaux. Il commence à dégager les lices et à consolider les murailles. Cinq ans plus tard, six tours et les courtines correspondantes sont achevés. C'est à partir de 1862 que son projet prend toute son envergure. Bien qu'il n'ait aucune trace fiable de leur état d'origine, il décide de relever toutes les tours et de les couvrir. En 1865, la tour St-Nazaire est reconstruite quasi entièrement. Pour le front nord, Viollet-le-Duc envisage deux types de restauration : toits plats couverts de tuiles ou toits pentus couverts d'ardoise. Il opte pour la seconde solution, dans une région où la tuile a toujours dominé. Ce choix « nordique » d'un état plus imaginé qu'historique déclenche des critiques acharnées. Dans les années 1960, les Monuments historiques y répondront par quelques toitures en tuiles plates ou en bardeaux, ainsi que des couvertures en tuiles canal pour les tours romaines. Il reste que, une fois les travaux achevés, la cité était sauvée. Son classement au Patrimoine mondial de l'Unesco est une reconnaissance pour l'architecte controversé…

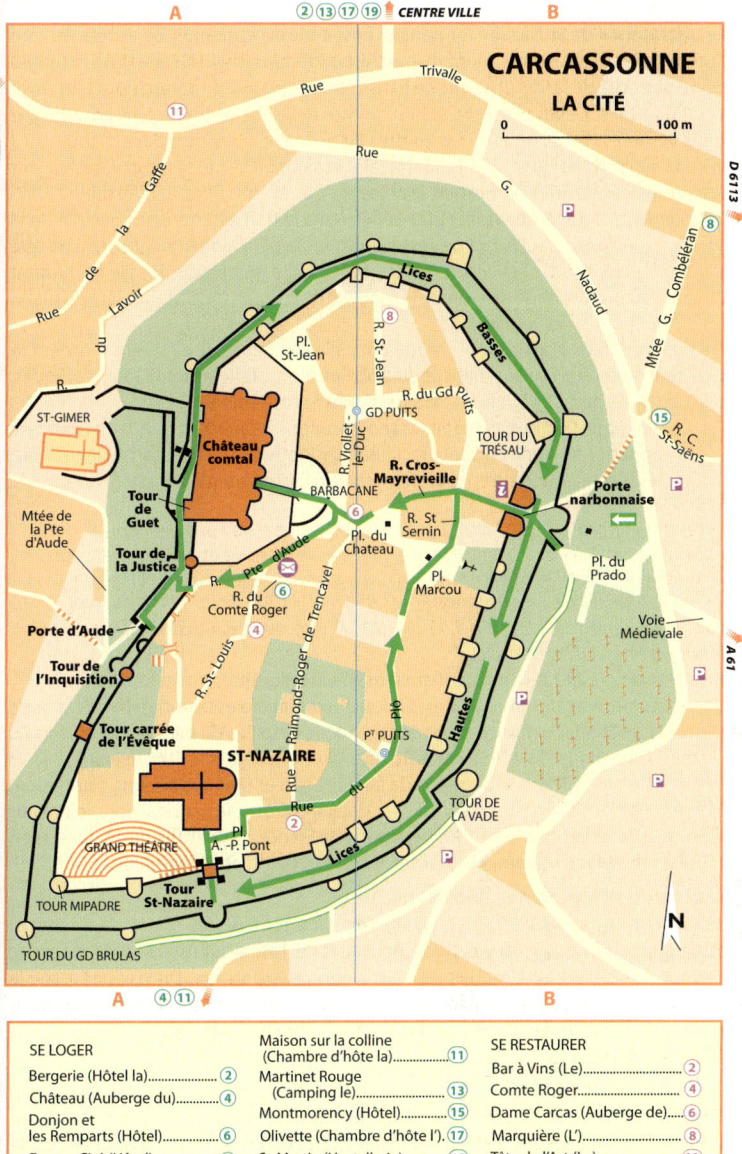

CARCASSONNE
LA CITÉ

SE LOGER

Bergerie (Hôtel la)....................②
Château (Auberge du)............④
Donjon et
les Remparts (Hôtel)................⑥
Espace Cité (Hôtel)..................⑧

Maison sur la colline
(Chambre d'hôte la)................⑪
Martinet Rouge
(Camping le)........................⑬
Montmorency (Hôtel)..............⑮
Olivette (Chambre d'hôte l')....⑰
St-Martin (Hostellerie)............⑲

SE RESTAURER

Bar à Vins (Le)........................②
Comte Roger...........................④
Dame Carcas (Auberge de)......⑥
Marquière (L')..........................⑧
Tête de l'Art (La).....................⑪

la Vade, donjon avancé, haut de trois étages, destiné à la surveillance de tout le côté est. La promenade sur le front sud jusqu'à la tour d'angle du Grand Brulas, face à la tour Mipadre, présente, elle aussi, beaucoup d'intérêt.

Tour St-Nazaire (A)

C'est là que se termine le tour des lices. Bel ouvrage de plan carré dont la poterne – masquée par une échauguette d'angle – n'était accessible qu'avec des échelles. La tour conserve un puits et un four (au 1er étage). Elle protégeait l'église, placée en arrière dans la cité. Table d'orientation au sommet.
Rentrez dans la cité par la porte St-Nazaire.

Basilique St-Nazaire★ (A)

De l'ancienne église consacrée en 1006 ne subsiste que la nef, mais la basilique reste une totale réussite architecturale *(voir ABC d'architecture p. 82)*. En pénétrant à l'intérieur, on est saisi par le contraste entre la nef centrale, échantillon d'art roman méridional, simple et sévère sous sa voûte en berceau, et le chevet gothique, illuminé par les baies de l'abside et de six chapelles. Cet ensemble, ajouré à l'extrême, présente des proportions parfaites, des lignes pures et légères joliment décorées.

Les **vitraux**★★ de St-Nazaire forment un ensemble exceptionnel, considéré comme l'un des plus intéressants du Midi. L'architecture tout en lumière est de la même veine que celle de la Ste-Chapelle de Paris, fenêtres et rosaces datant pour la plupart des 13e et 14e s. Le vitrail central (1280) du chœur illustre la vie de Jésus encadré par deux verrières (14e s.) figurant les apôtres Pierre et Paul. Toujours dans le chœur, les vitraux à grands personnages (saint Nazaire et saint Celse), jugés trop vétustes, ont été remplacés au 16e s. et portent les blasons des évêques Pierre d'Auxillon (1497-1512) et Martin de Saint-André (1521-1546). Dans le transept nord, la chapelle de la Vierge est éclairée par l'Arbre de Jessé, illustrant la généalogie du Christ, alors que dans le transept sud, c'est l'Arbre de Vie (14e s), arbre du paradis dont le fruit offrait l'immortalité, qui inonde de lumière la chapelle de la Croix. C'est à la lumière du matin qu'ils prennent toute leur beauté.

De remarquables **statues**★★ – rappelant celles de Reims et d'Amiens – ornent le pourtour du chœur. Dans la chapelle du croisillon droit, plusieurs tombeaux d'évêques, dont celui de Pierre Roquefort (14e s.), retiennent l'attention.

C'est à Viollet-le-Duc que l'on doit les modifications à l'ouest : il crut par erreur que l'église appartenait à une enceinte fortifiée « wisigothique » et s'autorisa donc à couronner le clocher-mur de créneaux. *Revenez à la Porte narbonnaise par la rue du Plô.*

Visiter

Musée des Beaux-Arts

1 r. de Verdun. Entrée sq. Gambetta - 📞 *04 68 77 73 70 - de mi-juin à mi-sept. : 10h-18h ; de mi-sept. à mi-juin : 10h-12h, 14h-18h, 1er dim. du mois 14h30-17h30, autres dim. fermé - fermé j. fériés - gratuit.*

Peintures des 17e et 18e s. (maîtres flamands et hollandais) présentées avec raffinement, en harmonie avec des porcelaines. La touche régionale est donnée par de grands portraits de Rigaud et Rivalz et par des scènes de batailles du peintre carcassonnais Jacques Gamelin (1738-1803). Peinture de Chardin, *Les Apprêts d'un déjeuner.*

Le musée rassemble des souvenirs de la famille Chénier, languedocienne d'adoption. La mère d'André Chénier est représentée dans son costume national grec : elle avait épousé, à Constantinople, M. Chénier, consul de France. La peinture du 19e s. est bien représentée avec notamment Courbet, Corot et des artistes académiques.

Maison des Mémoires Joë-Bousquet

53 r. de Verdun - 📞 *04 68 72 50 83 - ♿ - tlj sf dim., lun. et j. fériés 9h-12h, 14h-18h - gratuit.* Situé dans l'immeuble où vécut Joë Bousquet de 1918 à 1950, ce lieu de mémoire évoque la vie et l'œuvre de l'écrivain à travers une exposition. On visite à l'étage la fameuse « chambre aux volets clos » où l'on découvre les objets familiers qui peuplèrent l'univers de Joë Bousquet pendant près de trente années.

Musée de l'École

3 r. du Plô - 📞 *04 68 25 95 14 - ♿ - juil.-août : 10h-19h ; sept.-juin. : 10h-18h (déc.-janv. : 17h)- fermé 25 déc. et 1er janv. - 4 € (-12 ans gratuit).*

👪 Aménagé dans l'ancienne école, le petit musée présente une importante collection de documents, matériel et mobilier anciens. Pupitres, cartables et tableaux noirs s'agrémentent de vieilles affiches très instructives, et les armoires regorgent de flacons évoquant les savoirs d'autrefois. Dans l'une des classes reconstituées, vous pourrez vous laisser tenter par l'art de la plume, de quoi s'imaginer en écolier du 19e s. !

Musée de la Chevalerie

2 porte d'Aude - 📞 *04 68 72 75 51 - de mi-mars à mi-nov. : tlj sf lun. matin 10h-13h, 15h-19h - 5 € (enf. 3 €).* 👪 Œuvre d'un passionné, l'exposition abrite une série d'arcs, arbalètes, flèches et épées datant pour certaines du 11e s. Ici, vous pouvez essayer les casques, soupeser les cottes de maille et manipuler les armes des chevaliers, toujours avec la plus grande précaution et sous le contrôle bienveillant du maître des lieux.

Aux alentours

Parc australien

À 3 km vers l'est, en direction de Montlegun. Chem. des Bartavelles - 📞 *04 68 25 05 07 - www.leparcaustralien.com - de déb. avr. à mi-nov. : tlj 14h-18h ; vac. scol. et dim. : 10h45-19h - 8 € (enf. 6 €).* 👪 Autour des wallabies, autruches, cochons et kangourous, un parcours particulièrement ludique anime la visite, avec ruée vers l'or, initiation aux jeux traditionnels australiens, démonstrations de didgeridoo (instrument à vent) !

Circuit de découverte

LE CABARDÈS★

165 km. Comptez une journée. Schéma p. 304-305. Quittez Carcassonne par la D 118 (au nord) en direction de Mazamet. À Villegailhenc, prenez à gauche la D 935 vers Aragon.

Aragon

Fièrement dressé sur son éperon rocheux, ce petit joyau du Cabardès (vignoble AOC) offre aux visiteurs le charme de ses étroites ruelles et de son patrimoine préservé. Il faut gagner les hauteurs du village pour découvrir la façade de son château (16ᵉ s., chambres d'hôte), l'église (14ᵉ s.), l'**Espace Pierre Sèche**. Mairie - ☎ 04 68 77 17 87 - www.aragon-cabardes.com.fr.

Prenez la D 203 au nord-ouest vers Fraisse-Cabardès, puis la D 148 à gauche en direction de Montolieu.

Montolieu★

Dominant le confluent de la Dure et de l'Alzeau, Montolieu s'affirme fièrement comme le village du livre et la moindre maison recèle une librairie ou l'étal d'un bouquiniste. Consacré aux métiers du livre et aux rencontres autour du livre, ce village de pierres sèches du Cabardès est animé par une vingtaine de librairies (dont certaines anglophones), des artisans d'arts graphiques (relieur, copiste, calligraphe, graveur) et un **Conservatoire des arts et métiers du livre**. ☎ 04 68 24 80 04 - ♿ - avr.-déc. : 10h-12h, 14h-18h, dim. 14h-18h ; janv.-mars : 14h-17h, dim. 14h-17h - fermé 1ᵉʳ janv., 25 déc. - 1,50 € (-12 ans gratuit).

Une petite route (D 64) au sud du village mène à l'ancienne abbaye de Villelongue.

Ancienne abbaye de Villelongue

☎ 04 68 24 90 38 - www.abbaye-de-villelongue.com - de Pâques à Toussaint : 10h-12h, 14h-18h30 (sam. 16h) - fermé lun. (sf juil.-août) et nov.-avr. - 4 €.

Elle connut une période de prospérité au 13ᵉ s. puis le déclin. De l'ensemble monastique, il subsiste quelques vestiges intéressants : le réfectoire, grande pièce couverte de croisées d'ogives dont le mur sud est percé de trois baies surmontées d'un oculus, l'aile méridionale du cloître, la salle capitulaire. L'ancienne abbatiale de plan cistercien a été rebâtie à la fin du 13ᵉ s. et au début du 14ᵉ s., conservant de l'ancien édifice le chœur à chevet plat, flanqué de chapelles rectangulaires, deux croisillons, le carré du transept. Remarquez dans l'église la clef de voûte du chœur représentant l'Agneau pascal ainsi que les têtes au pilier sud-ouest de la nef. *Prenez la D 164 à droite en direction de Saissac.*

Saissac

L'arrivée sur Saissac ne manque pas d'attrait avec l'apparition, en contrebas du village, du **site★** de l'église et du château. L'idéal est de stationner sur le haut du village et de prendre le temps de le parcourir.

Pour contempler le panorama lointain, souvent délimité par les Pyrénées enneigées, montez à la plate-forme de la plus grosse tour de l'ancienne enceinte. Dans les salles de cette tour, un **musée des Vieux Métiers** présente divers objets et outils évoquant

A. de Valroger / MICHELIN

Château de Saissac.

Lastours, forteresse de quatre châteaux, fut un ultime refuge cathare.

l'histoire de Saissac et les métiers traditionnels qui y étaient pratiqués. ℘ 04 68 24 40 22 (mairie)- *provisoirement fermé, se renseigner.*

Il est alors temps d'emprunter le lacis de ruelles qui descendent vers l'**église**. L'édifice a été très remanié à partir du 17ᵉ s. Juste en contrebas, un petit escalier conduit au site du **château**. Les ruines sont impressionnantes et témoignent de la puissance de la famille de Saissac, vassaux des Trencavel. Ruiné dès le 18ᵉ s. il abrite une petite surprise. Dans le logis restauré est retracée la découverte, en 1979, d'un **trésor** de 2 000 deniers datés du 13ᵉ s. *Ouverture prévue en avril 2009, se renseigner.*
Prenez à l'est la D 103.

Brousses-et-Villaret

Un **moulin à papier** du 18ᵉ s. perpétue la fabrication manuelle de papier. Son musée Gutenberg témoigne de l'histoire de la typographie ainsi que de ses techniques ; des documents sont imprimés sur des presses anciennes. ℘ 04 68 26 67 43 - *juil.-août : visite guidée 11h, 12h, 13h, 14h, 15h, 16h, 17h et 18h ; sept. : 11h, 14h30, 15h30, 16h30, 17h30 ; oct.-juin : lun.-vend. à 11h et 15h30, w.-end, j. fériés et vac. scol. à 11h, 14h30, 15h30, 16h30, 17h30 - fermé 1ᵉʳ janv., 25 déc. - 6 € (enf. 3 €).*
Continuez sur la D 103 pour rejoindre la D 118 que l'on prend à droite. Après Cuxac-Cabardès, tournez à droite dans la D 73 puis la D 9 en direction de Mas-Cabardès.

Mas-Cabardès

Ce village a gardé une fière allure, blotti au pied des ruines de son château fort. Les rues étroites mènent à l'**église** dont le clocher, terminé par une tour octogonale, a conservé une empreinte romane, bien que datant du 16ᵉ s.

Remarquez en bas de la rue à gauche de l'église, au carrefour, la croix de pierre sur laquelle on distingue une navette sculptée, emblème des tisserands et témoignage de l'activité textile dans la vallée de l'Orbiel.
Prenez au sud la D 101.

Châteaux de Lastours★

Avant la visite des châteaux, il est conseillé d'aller au belvédère (même billet) situé à la sortie du village : très belle vue d'ensemble sur le site. Rejoignez ensuite l'ancienne usine Rabier (accueil) au centre du village. ℘ 04 68 77 56 02 - *juil.-août : 9h-20h ; avr.-juin : 9h-18h ; sept. : 10h-18h ; oct. : 10h-17h ; nov.-mars : w.-end et vac. scol. 10h-17h - fermé janv. et 25 déc. 5 € (enf. 2 €).*

Entre les profonds vallons de l'Orbiel et du ruisseau de Grésillou, une arête rocheuse porte les ruines de quatre châteaux dans un site sauvage. Nommés Cabaret, Tour Régine, Fleur d'Espine et Quertinheux, ces châteaux constituaient au 12ᵉ s. la forteresse de Cabaret dont le seigneur, Pierre-Roger de Cabaret, était un ardent défenseur de la cause cathare. Pendant la croisade contre les Albigeois, en 1210, Simon de Montfort dut reculer devant ces murailles, alors que Minerve puis Termes capitulaient. Les rescapés venaient se réfugier à Cabaret qui résistait à toutes les attaques. Simon de Montfort n'en prit possession qu'en 1211 à la suite de la reddition volontaire de Pierre-Roger de Cabaret.
Revenez à la D 701 en direction de Salsigne.

Salsigne

L'exploitation minière y est très ancienne. Déjà Romains et Sarrasins y extrayaient le fer, le cuivre, le plomb et l'argent. En 1892, on y découvrit de l'or. Actuellement, des concessions se trouvent sur les territoires de Salsigne, Lastours et Villanière. Depuis 1924, elles ont produit 10,5 millions de t de minerai qui ont donné 92 t d'or, 240 t d'argent, 30 000 t de cuivre et 400 000 t d'arsenic. Depuis 1992, la mine ne produit plus que de l'or et de l'argent.
À partir de Salsigne, suivez la signalisation vers la grotte de Limousis.

Grotte de Limousis

℘ 04 68 77 50 26 - visite guidée - juil.-août : 10h15-18h (dép. ttes les 45mn) ; mars-oct. : 14h30,15h30, 16h30, 17h30 (avr.-juin et sept. : visite suppl. 10h30, 11h30) ; nov. : dim. et j. fériés 14h30, 15h30, 16h30 - fermé reste de l'année - 8 € (4 €).
Son entrée se trouve dans un paysage calcaire, aride et dénudé, où poussent la vigne et l'olivier. Découverte en 1811, cette grotte présente une suite de salles qui s'étirent sur 663 m, où se succèdent concrétions curieusement ouvragées et miroirs d'eau limpide. Dans la dernière salle, un énorme **lustre**★ de cristaux d'aragonite de 10 m de circonférence, d'une remarquable blancheur, constitue le principal intérêt de la grotte.
Revenez, par la D 511, à la D 111 et là, prenez la direction de Villeneuve-Minervois.

Villeneuve-Minervois

👥 En arrivant à Villeneuve, la silhouette d'un **moulin à vent** (restauré) se détache au milieu des vignes. La visite offre l'occasion de voir sa restauration (vidéo) avant de découvrir les secrets de son fonctionnement grâce à d'intéressantes démonstrations.
℘/fax 04 68 26 57 56 - www.moulin-benazeth.fr - visite guidée - juil.-août : 10h-18h30 ; mai-juin et sept. : 10h-12h, 14h-17h30 - avr. : 14h-17h30 - 5 € (enf. 3 €).
Traversez le village et prenez la D 112 en direction de Cabrespine.

Gorges de la Clamoux

Elles permettent de saisir le contraste qui marque les deux versants de la Montagne noire. Jusqu'à Cabrespine, la route suit le fond du vallon cultivé en vergers et vignes.

Gouffre de Cabrespine

℘ 04 68 26 14 22 - ♿ - visite guidée - juil.-août : 10h-18h30 ; avr.-juin et sept.-oct. : 10h30, 11h30, 14h30, 15h30, 16h30, 17h30 ; de déb. nov. à mi-déc. et de mi-fév. à fin mars : 14h-17h30 - fermé reste de l'année - 8 € (enf. 4 €).
Ce gouffre constitue la partie supérieure d'un vaste ensemble de galeries souterraines drainées par les eaux de la Clamoux. Il doit à ses dimensions (hauteur atteignant jusqu'à 250 m) son appellation de « géant ».
Le long balcon de la visite en offre une spectaculaire vue générale alors que les concrétions composent à proximité des parois un ensemble spéléologique caractéristique : coulées de calcite colorées par des oxydes minéraux, stalactites et stalagmites, buissons ou rideaux éblouissants d'aragonite, excentriques paraissant défier les lois de la pesanteur, disques, etc. La visite des salles Rouges et de la salle aux Cristaux parachève la découverte.
Regagnez la D 112.
Elle atteint Cabrespine, dominé par le roc de l'Aigle à gauche, puis s'élève rapidement en lacet à travers les châtaigniers et surplombe de profonds ravins au creux desquels se nichent quelques rares hameaux.
À Pradelles-Cabardès, prenez la D 87 à droite vers le pic de Nore.

Pic de Nore★

Alt. 1 211 m. Point culminant de la Montagne noire, il émerge dans un paysage aux formes arrondies, couvert de lande. Non loin des installations de l'émetteur de télévision, une table d'orientation permet de jouir d'un **panorama**★ qui s'étend amplement des monts de Lacaune, de l'Espinouse et des Corbières jusqu'au Canigou, au massif du Carlit et au pic du Midi de Bigorre.
Redescendez à Pradelles-Cabardès et prenez à gauche la D 89 en direction de Castans. Tournez ensuite à droite dans la D 620, vers Caunes-Minervois.

Lespinassière

Bâti sur un piton, dans un cirque de montagne, Lespinassière est dominé par son château fort dont subsiste une imposante tour carrée du 15e s.

Gorges de l'Argent-Double

La rivière de l'Argent-Double, qui prend sa source près du col de Salette, a creusé des gorges profondes et sinueuses.

Caunes-Minervois

Le village a connu une certaine notoriété grâce à l'exploitation de son marbre rouge orangé, veiné de gris et de blanc, très recherché au 18e s. et qui fut utilisé pour la décoration du Grand Trianon à Versailles ainsi que pour le palais Garnier à Paris et la basilique St-Sernin à Toulouse. Deux beaux hôtels bordent la place de la Mairie : l'hôtel Sicard (14e s.), avec sa fenêtre d'angle à meneaux, et l'**hôtel d'Alibert** (16e s.), qui s'ouvre sur une ravissante cour Renaissance d'influence italienne présentant des galeries superposées décorées de bustes dans des médaillons.

Le chœur de l'abbatiale de l'**ancienne abbaye bénédictine** a été orné au 17e s. d'un **maître-autel★** baroque en marbre rouge local. En sortant de l'église, admirez le beau chevet roman (11e s.) orné de colonnes engagées et d'arcatures aveugles. Le clocher carré qui s'élève à l'extrémité du croisillon nord comporte trois niveaux de baies géminées reposant pour certaines sur des chapiteaux mérovingiens de réemploi.

𝒫 04 68 78 09 44 - juil.-août : 10h-19h ; avr.-juin et sept.-oct. : 10h-12h, 14h-18h ; nov.-mars : 10h-12h, 14h-17h - fermé 1er janv., 24, 25, 30 et 31 déc. - 4,50 € (enf. 2 €).

Dans la rue principale (avenue du Minervois), prenez à gauche la direction des carrières (fléchée).

Carrière du Roy – 🚶 *20mn AR.* Un sentier parmi les cistes, les chênes verts et les genévriers mène à flanc de coteaux vers les anciennes carrières de marbre, dont furent extraites les colonnes rouge sang du Grand Trianon à Versailles. Dans un site redevenu sauvage, les panneaux explicatifs aident à comprendre les diverses méthodes d'extraction et l'histoire d'une exploitation encore active.

Prenez au sud-ouest la D 620. Après Villegly, tournez à droite dans la D 35.

Conques-sur-Orbiel

Ce pittoresque village conserve quelques vestiges de fortifications, dont la porte méridionale surmontée d'une statue de la Vierge, du 16e s. Le clocher-porche de l'**église**, sous lequel passe une rue, a l'aspect d'une construction fortifiée. *𝒫 04 68 77 17 57 - de mi-juin à mi-sept. : lun.-vend. 14h-17h.*

Prenez la D 201 au sud pour rejoindre Carcassonne.

Carcassonne pratique

Adresses utiles

Office du tourisme de Carcassonne – *28 r. de Verdun - 11000 - 𝒫 04 68 10 24 30 - www.carcassonne-tourisme.com - juil.-août : 9h-19h ; sept.-juin : lun.-sam. 9h-18h, dim. et j. fériés 9h-13h (nov.-mars : 12h) - fermé 1er janv., 25 déc.*

Annexe Tour narbonnaise – *Cité médiévale - 𝒫 04 68 10 24 36 - juil.-août : 9h-19h; avr.-juin et sept. : 9h-18h; oct.-mars : 9h-17h - fermé 1er janv., 25 déc.*

Annexe port du Canal – *R. Maréchal-Joffre - 11000 Carcassonne - juil.-août : 9h-13h15, 14h15-19h ; avr.-juin et sept.-oct. : 14h-18h.*

Office de tourisme de Caunes-Minervois – *1 ruelle du Monestier - 11160 - 𝒫 04 68 78 09 44 - www.caunesminervois.com - juil.-août : 10h-19h ; nov.-mars : 10h-12h, 14h-17h ; avr.-juin, sept.-oct. : 10h-12h, 14h-18h - fermé 1er janv., 24, 25, 30 et 31 déc.*

Visite

Tour des remparts en petit train – *𝒫 04 68 24 45 70 - mai-sept. : visite guidée (dép. Pte narbonnaise), 10h-12h, 14h-18h - 7 € (enf. 3 €).*

Les calèches de la Cité – *3 r. du Prés.-Fallières - 𝒫 04 68 71 54 57 - www.carcassonne-caleches.com - découverte des remparts en calèche avec commentaires historiques (dép. porte principale) - juil.-août : 10h15-18h - avr.-juin et sept. : tlj sf sam. 11h-17h- oct. : dim.-merc. 11h-16h30 (vac scol. tlj) - 7 € (enf. 4 €).*

Se loger

⌂ **Camping Le Martinet Rouge** – *11390 Brousses-et-Villaret - 4,5 km au sud-ouest de St-Denis par D 103 et D 203 - 𝒫 04 68 26 51 98 - ouv. 24 mai-6 sept. - 🗗 - réserv. conseillée du 10 juil. au 20 août - 35 empl. 19 €.* Niché dans la Montagne noire, dans un paysage chaotique de roches et de chênes-lièges, ce camping est vraiment installé dans un lieu exceptionnel. Ses emplacements superbes font vite oublier les sanitaires un peu justes. Piscine.

⌂⌂ **Hôtel Espace Cité** – *132 r. Trivalle - 𝒫 04 68 25 24 24 - www.hotelespacecite.fr - 48 ch. 50/80 € - 🍽 8 €.* Cet hôtel situé au pied de la cité propose un hébergement économique et fonctionnel. Certaines chambres sont adaptées pour les familles. Accueil sympathique. Petit-déjeuner servi sous forme de buffet, avec quelques tables en terrasse.

⌂⌂ **Hôtel Montmorency** – *2 r. Camille-St-Saens - 𝒫 04 68 11 96 70 - www.hotelduchateau.net - 🅿 - réserv. conseillée en été - 20 ch. 65/95 € - 🍽 7 €.* Au pied de la cité, cette adresse est l'annexe de l'hôtel du Château. Vous bénéficierez ainsi des jardins, de la piscine, du jacuzzi et de la terrasse. Les chambres sont simples mais très coquettes et particulièrement bien tenues.

Spectacles et tournois dans la cité.

E.Larribère / MICHELIN

⊖🍽 **Chambre d'hôte L'Olivette** – *R. Pierre-Duhem - 11160 Cabrespine - ☎ 04 68 26 19 25 - marie-elisabeth. thomas@wanadoo.fr - fermé fév. - ⌷ - 3 ch. 50 € - repas 18 €.* Vous apprécierez la charmante simplicité de cette maison familiale située non loin du gouffre de Cabrespine. Trois chambres confortables et bien tenues, garnies de meubles anciens. La table d'hôte (le soir, sur réservation) rehaussée d'herbes aromatiques du pays, exprime de façon très juste un réel plaisir de recevoir.

⊖🍽 **Auberge du Château** – *Château de Cavanac - 11570 Cavanac - ☎ 04 68 79 61 04 - www.chateau-de-cavanac.fr - fermé janv.-fév. et 15 j. en nov - 24 ch. 78 bc/155 € - ⌷ 12 € - rest. 42 €.* Château du 17ᵉ s. sur un domaine viticole. Belles chambres personnalisées avec vue sur les vignes ou la campagne, plaisante salle des petits-déjeuners et billard. Écuries aménagées en restaurant; plats traditionnels, grillades et vins de la propriété.

⊖🍽🍽 **Hostellerie St-Martin** – *Hameau de Montredon - ☎ 04 68 47 44 41 - www. chateausaintmartin.net - fermé 15 nov.-13 mars - 🅿 - 15 ch. 95 € - ⌷ 9 €.* Cette bâtisse récente de style régional se situe dans un paisible parc entouré par la campagne. Les chambres, mi-provençales, mi-rustiques, sont plaisantes.

⊖🍽🍽 **Hôtel La Bergerie** – *Allée Pech-Marie - 11600 Aragon - ☎ 04 68 26 10 65 - www.labergeriearagon.com - fermé lun. et mar. sf j. fériés, 15 janv.-6 fév., 9-24 oct. - 🅿 - 8 ch. 90/110 € - ⌷ 10 € - rest. 25/60 €.* Cette maison neuve respectueuse du style local est située dans un pittoresque village. Les chambres, agréables et colorées, offrent une jolie vue sur le vignoble de Cabardès. Coquette salle à manger aux tons ensoleillés; cuisine et vins de la région.

⊖🍽🍽 **Chambre d'hôte La Maison sur la Colline** – *Mas de Ste-Croix - 2 km au sud de la Cité par rte de Ste-Croix - ☎ 04 68 47 57 94 ou 06 85 90 70 58 - www. lamaisonsurlacolline.com - fermé de fin déc. à mi-fév. - ⌷ - réserv. conseillée - 3 ch. et 2 suites 85 € ⌷ - repas 30 €.* Perchée au sommet d'une colline, cette vieille ferme restaurée offre un point de vue enchanteur sur la cité médiévale. Ses chambres, spacieuses pour certaines, meublées d'objets chinés dans les brocantes, possèdent chacune leur couleur : bleu, jaune, rose, blanc… Petit-déjeuner sous forme de buffet, servi au bord de la piscine si le temps le permet.

⊖🍽🍽 **Hôtel Donjon et les Remparts** – *2 r. du Comte-Roger - ☎ 04 68 11 23 00 - www.hotel-donjon.fr - 🅿 - 62 ch. 105/210 € - ⌷ 11 € - rest. 20/28 €.* En partie installé dans un orphelinat du 15ᵉ s. au cœur de la cité, cet hôtel marie vieilles pierres et décor rénové. Trois types de chambres vous y attendent : meubles cérusés ou rustiques et, à l'annexe les Remparts, un cadre plus moderne. Restaurant de type brasserie.

Se restaurer

⊖ **Le Bar à Vins** – *6 r. du Plo - ☎ 04 68 47 38 38 - philippe.calvet4@wanadoo.fr - 9h-2h - fermé nov.-janv. - 10/25 €.* Situé au cœur de la cité médiévale, ce bar à vin séduit, aux beaux jours, par son jardin ombragé et la vue qu'il offre sur la basilique St-Nazaire. Dans l'assiette, tapas sandwiches, et une belle carte des vins bien sûr !

⊖🍽 **Auberge de Dame Carcas** – *3 pl. du Château - ☎ 04 68 71 23 23 - www. damecarcas.com - fermé merc., 29 janv.-19 fév., 5-11 juin, 2-8 oct. - 14,50/26 €.* Une adresse sympathique dans la Cité. Ambiance bon enfant et carte copieuse contribuent à son succès et ses salles, installées sur deux niveaux, sont régulièrement bondées… Grill-rôtisserie au rez-de-chaussée.

⊖🍽 **La Tête de l'Art** – *37 bis r. Trivalle - ☎ 04 68 47 36 36 - tilcke@wanadoo.fr - fermé dim. en hiver - ⌷ - réserv. conseillée le w.-end - 16/32 €.* Tête de lard ou tête de l'art ? Les deux, puisque ici l'on fait ripaille autour de belles cochonnailles dans ce restaurant tenu par un amateur d'art qui expose dans ses salles tableaux et sculptures modernes… au milieu des figurines de l'animal fétiche !

⊖🍽 **La Marquière** – *13 r. St-Jean - ☎ 04 68 71 52 00 - perso.orange.fr/ lamarquiere - fermé merc. et jeu., 15 janv.-15 fév. - 23/50 €.* Maison crépie située près des remparts Nord. Pause gourmande à l'étage, dans un décor rustique et feutré, ou dans la petite cour-terrasse. Cuisine traditionnelle.

⊖🍽🍽 **Comte Roger** – *14 r. St-Louis - ☎ 04 68 11 93 40 - www.comteroger.com - fermé dim. et lun., 1ᵉʳ-10 mars - 33/60 €.* Vos flâneries dans la Cité vous méneront peut-être à cette terrasse ombragée dressée au bord d'une venelle animée. Intérieur moderne épuré et carte attentive au marché.

Que rapporter

Marché aux fleurs, légumes et fruits – *Pl. Carnot - ☎ 04 68 10 24 30 - mar., jeu. et sam. 8h-12h30.*

Cabanel – *72 allée d'Iéna -* 📞 *04 68 25 02 58 - cabanel.sarl@club.fr - 8h-12h, 14h-19h - fermé dim. et j. fériés.* Véritable institution, cette ancienne liquoristerie n'a jamais changé d'enseigne depuis 1868. Elle propose un grand choix de spiritueux originaux comme l'Or-Kina, à base de plantes et d'épices, la Micheline dont l'origine remonterait au Moyen Âge, l'Audoise appelée liqueur des Cathares.

Événements

Tournois de chevalerie – *En juil. et août dans les lices.*

Embrasement de la cité – *14 Juil. vers 22h30.*

Festival de la bastide – *En juil. dans la ville basse.*

Salon du livre ancien – *W.-end de Pâques* - renseignements : GLM - Yann Lartisien - Pl. des Tilleuls - 11170 Montolieu - 📞 *04 68 24 82 70.*

Castelnau-Pégayrols

282 CASTELLÉVÉZIENS
CARTE GÉNÉRALE C2 – CARTE MICHELIN DÉPARTEMENTS 338 J6 - AVEYRON (12)

Isolé sur le rude versant méridional du plateau du Lévézou, ce si petit village de grès rose s'enorgueillit d'un château et d'une belle église romane. C'est qu'il y a quelques siècles, Castelnau, qui s'appelait alors « du Lévézou », n'était rien de moins que la capitale de ce territoire ! Aujourd'hui, la patine des pierres ajoute au charme de ses étroites ruelles.

▶ **Se repérer** – À 20 km au nord-ouest de Millau par la D 911 et D 515.

🅿 **Se garer** – Le village est interdit aux voitures. Garez-vous à l'entrée.

👁 **À ne pas manquer** – La beauté sobre du prieuré de Comberoumal et le monde des insectes de Micropolis.

🕐 **Organiser son temps** – Comptez 30mn pour le village.

👪 **Avec les enfants** – Micropolis.

🔧 **Pour poursuivre la visite** – Voir aussi l'aven Armand, le Causse du Larzac, Millau, Roquefort-sur-Soulzon, St-Sernin-sur-Rance, Sévérac-le-Château, les gorges du Tarn.

Se promener

La première partie du nom vient de son « château neuf » *(castellum novum)*. Quant à « Pégayrols », il a plus tardivement été ajouté par le conseil municipal et viendrait de la famille de Pégayrolles, qui possédait le château.

Église St-Michel

Cette ancienne église (fin du 11e s.) a des allures de forteresse avec ses contreforts massifs et son clocher-tour carré. Seuls quelques motifs ornent les piliers de la nef. Dans la première travée, une tribune, ajoutée au 15e s., s'ouvre en deux étages sur la nef. Sous le chœur se trouve une crypte, fait rare en Rouergue.

Église Notre-Dame

Situé dans le cimetière, ce modeste édifice a été habilement disposé sur un terrain accidenté. Au chœur, voûté en cul-de-four (11e s.), une fausse croisée d'ogives témoigne de la volonté d'appliquer les règles gothiques.

Château

📞 *05 65 62 05 05 -juin-juil. : tlj sf mar. 14h30-18h30 - 5 € (enf. 3,50 €).*
L'ancien château des seigneurs de Lévézou (11e s.) puis d'Arpajon a été réaménagé au 18e s. par le marquis de Pégayrolles qui en fit son palais d'été. Dans les cuisines, deux immenses cheminées de pierre. Une terrasse s'ouvre sur le formidable paysage de la vallée de la Muse et, au-delà, sur les Cévennes et les causses.

Infos pratiques

Adresse utile

Point info tourisme de Castelnau-Pégayrols – Mairie - 📞 *05 65 62 05 05 - juil.-août : tlj sf lun. 10h-12h, 14h-18h.*

Visite

Visite guidée – *Juil.-sept. : tlj sf lun.* - Visite du village, du prieuré, des deux églises et du système hydraulique par l'association La Terrasse des Grands Causses - 📞 *05 65 62 05 05.*

A. Thuillier / MICHELIN

Perchées au-dessus de la Muse, les maisons caussenardes de Montjaux.

Circuit de découverte

VALLÉE DE LA MUSE
40 km – environ 2h. Quittez Castelnau au sud-ouest par la D 515.

Montjaux
Accroché au plateau, ce village possède quelques belles maisons anciennes le long des rues qui descendent vers l'église romane (12ᵉ s.), ornée de chapiteaux historiés. **Table d'orientation** – *Prenez la D 993 en direction de St-Beauzély*. À la première inter- section sur la droite (rte de Marzials, calvaire), un sentier monte vers le site de l'ancien château (attention, ruines non sécurisées) qui offre un magnifique **panorama** sur les monts environnants et jusqu'au viaduc de Millau.
Faites demi-tour. À Castelnau, prenez vers Estalane puis tournez à droite dans la D 30.

Prieuré de Comberoumal★
Laissez la voiture à l'entrée du chemin d'accès au prieuré.
D'époque romane, il se compose de quatre bâtiments disposés en carré autour d'un petit cloître malheureusement détruit. Au nord s'élève l'église. Une seule fenêtre, au fond, éclaire la nef, tandis que le chœur, plus large et percé de trois baies largement ébrasées, concentre la lumière. L'aile ouest, modifiée, était réservée aux hôtes (che- minée romane à conduit circulaire). L'aile sud, transformée lors de la construction de l'étage, conserve au rez-de-chaussée le réfectoire et la cuisine (un passe-plat ouvre encore sur le cloître). À l'est se succèdent depuis l'église un passage couvert vers le cimetière, la salle capitulaire et une salle commune – ou cellier.
Le prieuré dépendait de l'ordre des **Grandmontains**, fondé par Étienne de Thiers en 1076 à Muret. Du 12ᵉ au 14ᵉ s., cet ordre rayonna sur tout le royaume avant de s'éteindre au 18ᵉ s. Les principes de pauvreté et de recueillement firent naître un art sobre et beau.
Faites demi-tour et continuez sur la D 30.

St-Beauzély
Le centre du village est occupé par un château féodal réaménagé au 15ᵉ s. : c'est une grande bâtisse rectangulaire, qui abrite le **musée « Mémoire de la vie rurale »** (agriculture, métiers…). ℘ 05 65 62 03 90 - avr.-sept. : 14h30-18h30 - 3,50 € (-12 ans gratuit).
Quittez St-Beauzély au nord. Après la sortie, dans un virage, prenez à gauche une petite route longeant la Muse.

St-Léons
St-Léons est la ville natale de **Jean Henri Fabre,** dont on peut voir la **maison** qui présente sa vie et son œuvre, tandis qu'un sentier botanique a été aménagé sur les chemins parcourus jadis par le célèbre entomologiste. ℘ 05 65 58 80 54 - www.musee- jeanhenrifabre.com - juil.-août : 10h-19h ; juin et sept. : 10h-12h30, 13h30-18h ; fév.-mai et oct.-déc. : 11h-12h30, 13h30-17h - fermé lun. hors vac. scol., les j. fériés et de mi-déc. à fin janv. - 3,50 € (enf. 2 €).

Micropolis★ – ☏ 05 65 58 50 50 - www.micropolis.biz - ♿ - avr.-août : 10h-17h (juil.-août : 18h) ; reste de l'année : se renseigner ; fermé de mi-nov. à mi-fév. - 11,10 € (enf. 7,45 €).

👥 *Comptez 2h.* Bienvenue dans le monde des insectes, un monde étrange, méconnu, fascinant, auquel cet espace est consacré. Salle après salle, vous découvrirez ce qu'est un insecte, comment il se comporte, où il vit, ce qu'il mange, ce qu'il apporte à l'homme et à l'environnement. Tout cela, en le vivant, le touchant, l'entendant grâce à diverses animations et autres bornes interactives… Vous pouvez observer l'organisation d'une fourmilière ou d'une ruche géante sans craindre la moindre piqûre ; n'hésitez pas à rendre visite aux phasmes, scorpions et même aux impressionnantes mygales qui vous attendent sagement dans la salle voûtée des vivariums. Après la serre tropicale et un film extrait de *Microcosmos*, des hublots dévoilent les salles d'élevages des charmants petits pensionnaires du lieu. Bref, une véritable plongée dans le monde du très petit, pour apprendre à ne pas se croire trop grand. Avant de partir, faites un tour à l'extérieur où de gigantesques sculptures de métal jouent le carnaval des insectes. Les proportions s'inversent, donnant aux visiteurs l'impression d'être minuscules aux côtés des fourmis, mantes, papillons, cigales, abeilles et criquets devenus géants !

Castelnaudary

10 851 CHAURIENS
CARTE GÉNÉRALE A4 – CARTE MICHELIN DÉPARTEMENTS 344 C3 – AUDE (11)

Que serait Castelnaudary sans le cassoulet ? Une petite ville paisible, campée sur un patrimoine d'exception : le canal du Midi. C'est dans le Grand Bassin qu'elle plonge son reflet, entre les écluses St-Roch et l'île de la Cybèle. Aujourd'hui, le trafic commercial a laissé place à la navigation de plaisance, balisée d'une agréable série d'écluses et de petits ponts. Dans les hauteurs de la ville, le moulin du Cugarel domine le pays Lauragais…

▶ **Se repérer** – À 63 km au sud-est de Toulouse et 39 km à l'ouest de Carcassonne par l'A 61.

🅿 **Se garer** – Des parkings sont à votre disposition place de la République et place de la Liberté.

👁 **À ne pas manquer** – Les deux portails de la façade nord de l'église St-Michel ; la promenade le long des quais du Grand Bassin ; la vue depuis le moulin de Cugarel et l'incontournable dégustation de cassoulet.

🕐 **Organiser son temps** – Comptez 1h pour la ville.

👥 **Avec les enfants** – Le Musée archéologique du Présidial et les écluses dont les manœuvres sont toujours un spectacle.

👍 **Pour poursuivre la visite** – Voir aussi Carcassonne, Fanjeaux, le canal du Midi et la Montagne noire.

Se promener

Église St-Michel (B2)

Érigée en collégiale au début du 14ᵉ s., elle fut reconstruite à l'emplacement d'un édifice antérieur. Le clocher-porche haut de 56 m, la façade nord percée de deux portails (gothique et Renaissance) et ajourée de roses sont remarquables. Dans la deuxième chapelle de la nef gothique, à droite : belle croix de pierre sculptée du 16ᵉ s. Orgues (18ᵉ s.) de Cavaillé-Coll.
Prenez la rue du Collège puis à droite la rue Goufferand. Traversez la rue de Dunkerque et atteignez le Grand Bassin par la rue Paul-Riquet. On en fait le tour par les quais Edmond-Combes et Canelot.

Le Grand Bassin (B2)

Plan d'eau formé par le canal du Midi, il constitue une retenue pour les quatre écluses de St-Roch *(à l'extrémité est, en traversant l'avenue des Pyrénées et en suivant le chemin de halage)* et une base de navigation de plaisance.
Remontez un peu l'avenue des Pyrénées et prenez à droite la rue de la Haute-Baffe puis la rue des Batailleries. Tournez à gauche dans la rampe du Présidial.

Musée archéologique du Présidial (B2)

 04 68 23 00 42 - de déb. juil. à mi-sept. : tlj sf lun. 10h-12h30, 15h-18h30, dim. 15h-18h30 - 5 € (-18 ans 3 €), gratuit 1ᵉʳ dim. du mois.

Édifié à la fin du 16ᵉ s. à l'emplacement du château qui donna naissance à la ville, le présidial (tribunal sous l'Ancien Régime) fut en partie détruit sous Louis XIII. Sur la façade, seule la partie gauche aux trois grandes fenêtres à meneaux date du 16ᵉ s. Le musée retrace l'évolution de l'occupation du pays au cours de la protohistoire, de l'époque gallo-romaine, du Moyen Âge et de l'époque moderne (formes d'habitat, nécropoles, lieux de culte…). Une salle est également consacrée aux diverses productions et techniques céramiques régionales.

Reprenez la rue des Batailleries sur la gauche.

Chapelle N.-D.-de-la-Pitié (B2)

Elle abrite un bel ensemble de boiseries dorées du 18ᵉ s. qui évoque dans le désordre dix épisodes de la vie du Christ.

Par la rue de l'Hôpital, on rejoint l'église St-Michel. De là, reprenez la voiture pour gagner au nord le moulin.

Moulin de Cugarel (B1)

Au début du siècle, une dizaine de moulins était encore en activité sur les hauteurs de Castelnaudary. Le moulin de Cugarel, bâti sur la butte du Pech, offre une belle vue sur la plaine du Lauragais. Du 17ᵉ s., il a été restauré en 1962. La toiture mobile a été reconstituée.

Aux alentours

Abbaye de St-Papoul

5 km au nord-est par la D 103. 04 68 94 97 75 - www.saintpapoul.free.fr - - juil.-août : 10h-12h, 14h-18h30 ; avr.-juin et sept. : 10h-11h30, 14h-17h30 ; oct.-mars : sam., dim. après-midi et vac. scol. 10h-11h30, 14h-16h30 - fermé janv., 24 et 25 déc. - 3,50 € (enf. 1,75 €).

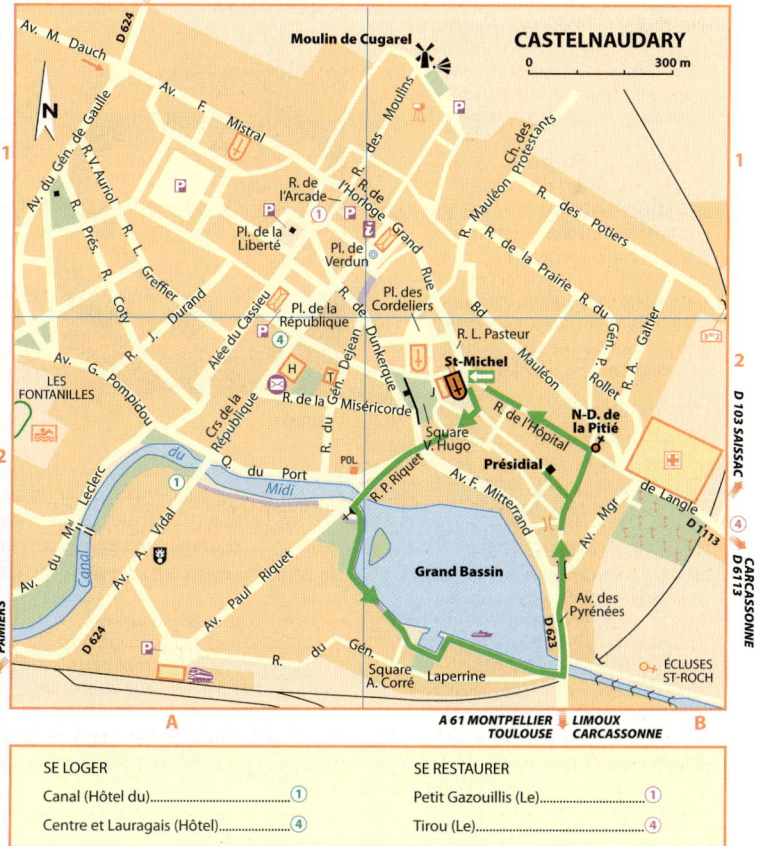

Fondée en 768 par Pépin le Bref, c'est en 1317 que l'abbaye fut érigée en cathédrale avant d'être reléguée au simple rang d'église paroissiale lors de la Révolution. Dans le cloître, au sud de l'abbatiale, les colonnettes jumelées sont ornées de chapiteaux assez bien conservés. Autour du chevet de l'église, les deux arcs sont supportés par des chapiteaux préromans. Tous deux relatent la fin du livre de Daniel, dans l'Ancien Testament. Sur le premier, le prophète Habaquq apporte un repas à Daniel, jeté par le roi Cyrus dans la fosse aux lions. Les fauves affectueux et soumis épargnent le condamné. Sur le second, les crocs acérés des fauves évoquent le châtiment des Babyloniens livrés en pâture par un roi discrédité. *Des moulages de ces chapiteaux sont visibles de plus près dans la salle d'exposition consacrée aux œuvres du maître de Cabestany.* Le narthex, le chœur et l'absidiole nord (12e s.) seraient les parties les plus anciennes de l'église. À droite du chœur se trouve le mausolée avec la statue en marbre blanc des Pyrénées de l'évêque François de Donnadieu, mort en 1626. En sortant de l'édifice, remarquez sur votre droite une partie du palais épiscopal (privé).

Castelnaudary pratique

Adresse utile

Office du tourisme de Castelnaudary – *Pl. de Verdun - 11400 - ☎ 04 68 23 05 73 - www.castelnaudary-tourisme.com - juil.-août : 9h-13h, 14h-19h ; hors saison : tlj sf dim. 9h-12h, 14h-17h, sam. 9h-12h - fermé 11 Nov., 25 déc., 1er janv., lun. de Pâques.*

Se loger

Hôtel Centre et Lauragais – *31 cours de la République - ☎ 04 68 23 25 95 - fermé dim. soir, 4 janv.-5 fév. - 16 ch. 50/70 € - ☑ 7 € - rest. 18/51 €.* Établissement familial situé au centre-ville. Chambres d'ampleur correcte, sobrement équipées d'un mobilier canné. Salle à manger lumineuse où l'on propose une cuisine traditionnelle enrichie de spécialités locales, dont le fameux cassoulet.

Hôtel du Canal – *2 ter av. Arnaut-Vidal - ☎ 04 68 94 05 05 - www. hotelducanal.com - ◻P◻ - 38 ch. 55/66 € - ☑ 8 €.* Non loin du centre, cette grande maison ocre, ancienne usine à chaux, vous accueille dans son joli jardin tranquille, le long du canal du Midi. Ses chambres modernes, sans avoir le cachet de la bâtisse, sont bien équipées. Quelques grandes chambres pour les familles.

Se restaurer

Le Petit Gazouillis – *5 r. de l'Arcade - ☎ 04 68 23 08 18 - fermé merc.-jeu. sf en sais. - réserv. conseillée - 12,50/22 €.* Si un petit gazouillis vous chatouille l'estomac vers midi, soyez sûr que cette table saura le faire taire. Le chef, après des pérégrinations en Guyane, s'est tourné vers les recettes de ce petit coin de France. Cuisine simple et bien faite, prix plus que raisonnables, agréable salle aux tons pastel : que demander de plus ?

Le Tirou – *90 av. Mgr-de-Langle - ☎ 04 68 94 15 95 - www.le-tirou.com - fermé le soir sf sam. hors sais. et lun., 28 juin-5 juil., 20 déc.-20 janv. - 18/33 €.* Certes, la situation de ce restaurant, derrière une station-service à la sortie de la ville, n'est guère engageante. Pourtant, sa salle à manger est largement ouverte sur un jardin et une terrasse… où il n'est pas désagréable de manger, entre autres, un cassoulet !

Que rapporter

Bon à savoir – Reconnue comme étant la capitale du cassoulet mais aussi de toute une tradition culinaire autour du canard, Castelnaudary rassemble naturellement les plus grands maîtres en la matière, notamment la **Maison Escourrou** (30 r. de Dunkerque, ☎ 04 68 23 16 88), **Castel Traditions** (7 av. Frédéric-Passy, ☎ 04 68 94 66 33) et la conserverie **Audary** (ZI d'Entourré, ☎ 04 68 94 45 80).

Cassoulet.

A. Thuillier / MICHELIN

Événement

Fête du cassoulet – Dernier week-end d'août. Des chapiteaux accueillent des milliers de convives venus fêter et déguster le cassoulet de Castelnaudary. Animations sur le canal, concerts gratuits sur plusieurs scènes en centre-ville, spectacles de rues, bodegas, marché gourmand, produits du terroir, corso fleuri… La tradition veut que la « cassole » (qui a donné son nom au cassoulet) soit en argile d'Issel, que les haricots aient poussé sur le sol de Lavelanet, qu'ils soient cuits dans l'eau très pure de Castelnaudary ; enfin, que des ajoncs de la Montagne noire alimentent le feu du four.

La Cerdagne★

CERDANAIS
CARTE GÉNÉRALE A5 – CARTE MICHELIN DÉPARTEMENTS 344 C/D 7/8
PYRÉNÉES-ORIENTALES (66)

Vous voici au cœur des Pyrénées catalanes ! Respirez ! Ici, l'air est pur et, pour ne rien gâcher, l'ensoleillement optimal. La Cerdagne s'affiche d'ailleurs pionnière en matière d'énergie solaire. Au nord, le massif du Carlit, au sud le chaînon de Puigmal. Ces majestueuses montagnes encadrent avec vigueur un damier de champs et de prairies. Craquelée de ruisseaux bordés d'aulnes et de saules, la plaine est écrasée par une lumière dorée, alors que, du haut des ravins, l'ombre des sapins s'étire à l'infini.

- **Se repérer** – Située au sud-ouest de Perpignan, la Cerdagne assure la transition entre la France et l'Espagne. La N 116, qui la traverse, relie Perpignan à la frontière espagnole en 1h. Attention, dans l'enclave de Llivia, on parle espagnol !

- **À ne pas manquer** – Le col de Puymorens ; les points de vue du col de l'Ombrée ; la route de la Soulane ou encore les retables des églises d'Angoustrine et d'Hix.

- **Organiser son temps** – Prévoyez au moins une journée pour visiter la région.

- **Avec les enfants** – Le four solaire à Odeillo, le musée de Cerdagne à Ste-Léocadie et celui de la Vall à Eyne ou encore les nombreuses animations proposées par les stations de ski.

- **Pour poursuivre la visite** – Voir aussi la principauté d'Andorre, le Canigou, le Capcir, Font-Romeu-Odeillo-Via et Mont-Louis.

Le grand miroir concave du four solaire d'Odeillo reflète le versant de la Soulane.

Comprendre

Meitat de Franca, meitat d'Espanya, « Moitié de France, moitié d'Espagne », la Cerdagne partage son histoire entre ces deux nations.

Le berceau de l'État catalan – Après la reconquête sur les Arabes du Roussillon et de la Catalogne, la Cerdagne est de moins en moins liée à l'administration franque de la marche d'Espagne. L'un de ses seigneurs, **Wilfred le Velu**, est investi en 878 des comtés de Barcelone et de Gérone. Au 10ᵉ s., ses héritiers contrôlent la haute vallée du Sègre, le Capcir, le Conflent, le Fenouillèdes et la plaine du Roussillon. Cette dynastie s'éteint en 1117.

Le souvenir des comtes de Cerdagne reste vif dans l'histoire religieuse : Wilfred le Velu avait fondé les abbayes de Ripoll, de Sant Joan de les Abadesses et l'évêché de Vic (en Catalogne espagnole) ; au 11ᵉ s., le comte Guifred agrandit l'abbaye St-Martin-du-Canigou ; son frère, l'abbé Oliva, fait de Ripoll et de St-Michel-de-Cuxa d'incomparables foyers de culture.

La Cerdagne française – En 1659, le traité des Pyrénées ne donne pas de détails précis sur la nouvelle frontière franco-espagnole en Cerdagne, un désaccord intervenant sur le choix des monts à délimiter. C'est en 1660, à Llivia, que le traité de division est signé : l'Espagne a la possession du comté, exception faite de la vallée du Carol et d'une portion ménageant aux Français la libre circulation entre la vallée du Carol, le Capcir et le Conflent. Trente-trois villages sont choisis parmi les plus proches de la frontière pour devenir français, mais Llivia, arguant de son statut de « ville », a échappé à ce décompte et est restée espagnole, formant depuis une **enclave** en territoire français.

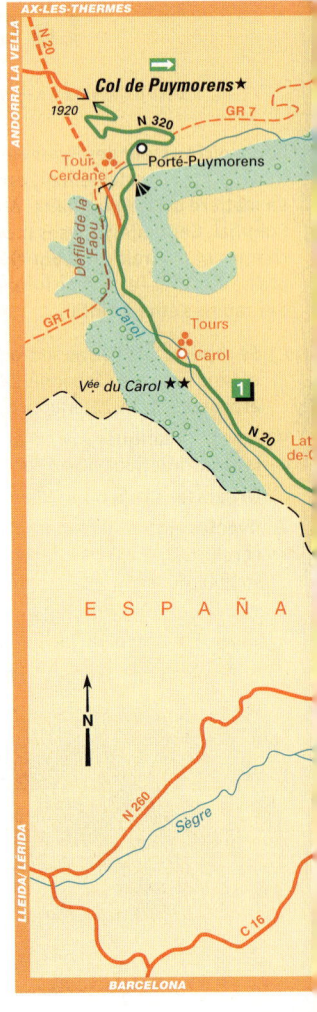

Séjourner

LES DOMAINES SKIABLES

Espace Cambre d'Aze
🛈 *Office de tourisme - 66800 Eyne -* ☎ *04 68 04 08 01.*
Alt. 1 640-2 400 m. Les stations d'Eyne et de St-Pierre-dels-Forcats se sont associées pour former l'Espace Cambre d'Aze. Les 25 pistes de ski alpin de tous niveaux s'étalent dans un très beau décor de forêts de pins.

Err-Puigmal 2600
🛈 *Mairie - 1 carrer del Ajuntament - 66800 Err -* ☎ *04 68 04 72 94 - www.puigmal.fr*
Alt. 1 850-2 520 m. Étagé sur les flancs du mont Puigmal, ce paisible centre de sports d'hiver comprend 18 pistes de ski alpin de tous niveaux, parmi lesquelles quelques belles pistes noires. Dix kilomètres de pistes de ski de fond occupent le bas du domaine, à la lisière d'une forêt de sapins.

Porté-Puymorens
🛈 *Chalet d'accueil - 66760 Porté-Puymorens - voir encadré pratique -* Alt. 1 600-2 500 m.
Étendu, le domaine comporte 16 pistes de ski alpin de tous niveaux. Les pistes de ski de fond totalisent 21 km répartis sur 3 boucles. Véloski et surf sont également pratiqués.

Circuits de découverte

Les circuits décrits ici vous feront découvrir de nombreuses églises romanes renfermant du mobilier baroque (des retables en particulier). Munissez-vous de pièces de monnaie pour pouvoir les éclairer.

VALLÉE DU CAROL★★ 1
Du col de Puymorens à Bourg-Madame – 27 km – environ 1h.

Col de Puymorens★
Alt. 1 920 m. Le col constitue le seuil de partage des eaux : celles de l'Ariège, tributaires de la Garonne, vont vers l'Atlantique, celles du Sègre, affluent de l'Èbre, coulent vers l'Espagne et la Méditerranée.
Depuis 1994, le **tunnel de Puymorens** permet d'éviter le col. Au-dessus de l'entrée du tunnel, côté Pyrénées-Orientales, la *Cascade de lumière*, sculpture en verre polychrome de 16 m de haut, est l'œuvre de Josette Rispal.
Après un pont sur un couloir d'avalanche, la route, en descente, permet d'apprécier le site ensoleillé du village de Porté-Puymorens, la vallée du Carol, plus humanisée, et le verrou glaciaire surmonté des ruines rousses de la tour Cerdane.

LA CERDAGNE

Au-delà de Porté, la route pénètre dans le défilé de la Faou. Jolie vue à gauche sur le hameau de Carol et les deux tours en ruine derrière le viaduc. Le parcours encaissé se termine aux abords d'Enveitg. On arrive dans une plaine riche, haut perchée (moyenne d'altitude : 1 200 m). Avant Bourg-Madame, on voit à gauche le Grand Hôtel de Font-Romeu, en avant, Llivia. Sur sa butte se hausse Puigcerdá.

Bourg-Madame
La localité a reçu ce nom en 1815 du duc d'Angoulême, fils du futur Charles X, en l'honneur de son épouse Madame Royale, fille de Louis XVI. Il rentra en France par cette route après le séjour qu'il fit en Espagne, à la chute de l'Empire. Auparavant, le hameau des Guinguettes d'Hix avait su tirer parti de sa situation au bord du ruisseau frontière de la Rahur pour développer ses activités : industrie, colportage et contrebande.

ROUTE DE LA SOULANE★ ②
De Bourg-Madame à Mont-Louis – 36 km – environ 2h. Quittez Bourg-Madame par le nord (N 20).

Ur
L'**église** possède un chevet roman à bandes lombardes surmontées d'une frise en dents d'engrenage. À l'intérieur, retable baroque de Sunyer.
À Ur, prenez à droite la D 618 et à Villeneuve-des-Escaldes prenez à gauche la D 10.

Dorres
Dans l'**église**, on peut voir à l'autel latéral de gauche un témoin typique du goût du peuple catalan pour les statuettes parées : une Vierge des Douleurs *(soledat)* ; dans la chapelle de droite, impressionnante et anguleuse Vierge noire.
Revenez à la D 618.

Angoustrine

Monter à pied à l'**église** haute, romane, pour admirer ses **retables★**, surtout celui dédié à saint Martin : cavalier de la niche centrale et, sur les panneaux peints, sauvetage d'un marin, d'un pendu, etc., prodiges du saint.

Chaos de Targasonne

Gigantesque amoncellement de blocs granitiques roulés par les glaciers quaternaires, ce chaos constitue un fantastique amas rocheux aux formes tourmentées.
En continuant vers Font-Romeu, une route sur la gauche conduit au site de l'ancienne centrale électrosolaire Thémis.

Thémis

Beaucoup d'expériences sur l'énergie solaire ont été menées dans la région comme en témoigne ce prototype d'**usine solaire à tour** fermé depuis 1986. Il reste d'imposants bâtiments dont une haute tour de 100 m qui domine le paysage catalan.

Odeillo

L'**église** d'Odeillo abrite, en dehors de la saison pastorale (juin-sept.), la Vierge de Font-Romeu, du 13e s. En été, la Vierge de l'Ermitage (15e s.) prend sa place.

Le **four solaire** a été conçu comme celui de Mont-Louis par le chimiste **Félix Trombe**. Sa mise en service date de 1969. Étagés à flanc de pente, 63 héliostats (miroirs plans orientables) dirigent les rayons solaires sur le miroir parabolique (près de 2 000 m^2) fait de 9 130 petites glaces concaves. L'énergie solaire (1 000 kW thermiques) est ainsi concentrée sur un foyer où la température peut dépasser 3 200 °C. L'installation permet de mener des études sur la mise au point de matériaux de haute performance pour l'espace, l'environnement et l'énergie. **Exposition** permanente sur le fonctionnement du four solaire et sur son rôle dans la recherche scientifique ; également des informations sur l'énergie renouvelable, la lumière et l'énergie solaire appliquée à l'habitat. *☎ 04 68 30 77 86 - ⚘ - juil.-août : 10h-19h ; sept.-juin : 10h-12h30, 14h-18h - fermé de mi-nov. à déb. déc., 1er janv., 25 déc. - 6 € (8-18 ans 3,50 €).*

Le député du train

Longtemps journaliste, **Emmanuel Brousse** fut député puis sous-secrétaire d'État (et non « ministre »). Sa rigueur lui valut de nombreux ennemis, et une relative indigence à la fin de sa vie. Il codirigea le prolongement jusqu'au plateau de Cerdagne de la ligne Perpignan-Prades, l'actuel Train jaune.

Font-Romeu★ *(voir ce nom)*

La route traverse la forêt de pins de **Bolquère**, dont on aperçoit la petite église perchée sur un promontoire. On atteint le plateau de Mont-Louis, point de départ pour la vallée de l'Aude et pour le Conflent.

Au carrefour de la N 116 s'élève le monument d'Emmanuel Brousse (1866-1926), député catalan : « le ministre mort pauvre » affirme une inscription.

Mont-Louis★ *(voir ce nom)*

ROUTE DE L'OMBRÉE ③

De Mont-Louis à Bourg-Madame – 112 km - une demi-journée.

Au départ de Mont-Louis *(voir ce nom)*, la N 116, en palier, atteint le large seuil herbeux du col de la Perche faisant communiquer, à 1 579 m d'altitude, les bassins de la Têt (Conflent) et du Sègre (Cerdagne). Au sud s'élève le Cambras d'Azé, évidé d'un cirque glaciaire très régulier. En progressant dans la haute lande le long de la route d'Eyne, le **panorama★** d'ensemble sur la Cerdagne prend de l'ampleur ; de gauche à droite on identifie la Sierra del Cadi, relativement dentelée, Puigcerdá sur sa butte morainique surgissant du fond du bassin, le massif frontière de l'Andorre (pic de Campcardos) et le massif du Carlit. *Tournez à gauche dans la D 29.*

Eyne

Ce joli site de village étagé dans une conque s'est reconverti en un petit centre de ski. À l'entrée du village, la Maison de la vallée d'Eyne, « **casa de la Vall d'Eina** », consacrée au thème de l'eau, est installée dans l'ancienne ferme Cal Martinet. On y trouve également un jardin ethnobotanique (plantes endémiques). *☎ 04 68 04 97 05 - vac. scol. : 10h-12h, 14h-18h ; hors vac. scol. : 14h-17h - fermé nov. - 3,50 € (enf. 1,50 €).*

Prenez la D 33 au sud en direction de Llo.

Llo★

Ce bourg hérissé de tours s'échelonne sur des pentes escarpées à la sortie d'un ravin affluent du Sègre. Une *atalaye*, ou tour de guet, domine le paysage.

En contrebas, l'église romane montre à son portail une voussure médiane décorée de motifs en tête de clou, de têtes d'hommes et de spirales.

Gorges du Sègre★

Partez de l'église de Llo.

Le Sègre s'échappe du massif du Puigmal par des gorges que l'on peut remonter jusqu'au troisième pont sur le torrent. Au passage, on admire un beau rocher, formant une aiguille, vu de l'aval.

Saillagouse

C'est l'un des centres de production des célèbres charcuteries cerdanes : *butifarre*, *fuet* et *llonganisse* : vous en conserverez un souvenir divin !

Continuez sur la N 116 en direction de Puigcerdá.

Ste-Léocadie

👥 La ferme Cal Mateu, qui abrite le **musée de Cerdagne** (antenne à Eyne), est le lieu par où passe l'histoire du rattachement de la Cerdagne à l'État français. Ce beau bâtiment des 17e-18e s. sert d'écrin à diverses expositions sur les bergers, la *matança* (tuée du cochon), la tradition d'élevage de chevaux, la fabrication des gourdes en peau. 📞 04 68 04 08 05 - fermé pour travaux. Réouverture prévue courant 2009.

Rejoignez à gauche la route de la station du Puigmal (D 89) : arrivant en lisière de la forêt, aussitôt après un lacet, prenez à droite la route forestière, revêtue.

Table d'orientation de Ste-Léocadie

Alt. 1 681 m. Elle se dresse à gauche, à l'entrée du virage, en contrebas. **Panorama★** sur la Cerdagne, face à la trouée de la vallée du Carol par laquelle apparaît le pic de Fontfrède.

Revenez à la D 89 et prenez à droite.

La route de montagne remonte la vallée de l'Err.

De retour à la N 116, prenez à gauche et encore à gauche (D 30).

Routes forestières d'Osséja★

En amont d'Osséja, laisser la route de Valcebollère pour suivre la route forestière qui se scinde à la lisière d'un des plus importants massifs de pins de montagne des Pyrénées. Par la branche de droite, on aboutit, après le col de Pradeilles, sur la croupe du Puigmal, à la borne 504 (cime de Courne Mourère, alt. 2 205 m environ).

Vues★ sur la Cerdagne, les montagnes frontières de l'Andorre et, au sud, les sierras catalanes.

Redescendez à Osséja par la branche de la route forestière non empruntée à la montée et prenez à droite la D 30.

Valcebollère

Perdu au bout d'une route en cul-de-sac, Valcebollère est le plus méridional des villages catalans. Agréablement restauré, il est dominé par d'anciennes ruines qui s'accrochent à une austère montagne de schiste. Les sportifs apprécient les lieux qui sont un bon point de départ pour des randonnées à pied ou à ski.

Revenez à la N 116 et prenez-la à gauche.

Hix

Ancienne résidence des comtes de Cerdagne et capitale commerciale du pays jusqu'au 12e s., Hix a été ravalée au rang de simple hameau lorsque le roi Alphonse d'Aragon fit transférer la ville sur le site moins vulnérable du « Mont Cerdan » (Puigcerdá), en 1177, et surtout après la consécration du quartier des « guinguettes » comme siège de la municipalité en 1815, sous le nom de Bourg-Madame.

Dédiée à saint Martin, la petite **église** du 12e s. est un joyau de l'art roman. À l'extérieur, le clocher carré s'élève du toit de lauzes et les fenêtres sont ornées de colonnettes. En entrant, remarquez les **retables★** naïf (16e s.) et baroque. Le second, du maître-autel, est l'œuvre de Pau Sunyer, frère de Josep *(voir p. 76)*, et de Lluis Baixa (1738). La niche abrite une Vierge du 13e s.

La Cerdagne pratique

Adresse utile

Office du tourisme de Porté-Puymorens – *Chalet d'accueil - 66760 -* ☏ *04 68 04 82 41 - www.porte-puymorens. net - avr.-nov. : lun.-vend. 9h-12h30, 14h-17h30 ; déc.-mars : 9h-17h30.*

Transports

Le Train jaune – *66500 Eus -* ☏ *08 36 35 35 35. Voir « Le Conflent pratique ».*

Se loger

⊜⊜ **Hôtel Marty** – *66760 Dorres -* ☏ *04 68 30 07 52 - www.hotelmarty.com - fermé 25 oct.-20 déc. -* 🅿 *- 21 ch. 53 € -* 🖵 *9 € – rest. 16/31 €.* Dans ce village perché, l'ambiance de cette pension de famille est appréciée des habitués. Chambres anciennes, parfois avec loggia ; celles du troisième étage offrent une vue dégagée. La grande salle à manger marie avec bonheur objets agraires, fresque murale et poutres. Terrasse d'été. Copieuse cuisine régionale.

⊜⊜ **Planotel** – *66800 Saillagouse - www. planotel.fr - fermé 6-24 mars et 2 nov.-15 déc. - 20 ch. 60/70 € -* 🖵 *8 € – rest. 22/49 €.* Bâtisse des années 1970, idéale pour se détendre au calme. Toutes les chambres bénéficient d'une récente rénovation et de balcons (sauf deux). Piscine avec toit coulissant.

⊜⊜ **Auberge Les Ecureuils** – *66340 Valcebollère -* ☏ *04 68 04 52 03 - www. aubergeecureuils.com - fermé 9-23 mai et 6 nov.-3 déc. - 16 ch. 70/98 € -* 🖵 *11 € – rest. 25/52 €.* Ex-bergerie convertie en coquette auberge rustique. Agréable chambres personnalisées. Jardin au bord du torrent. Organisation de randonnée ; skis et raquettes à disposition. Restaurant de caractère, carte classique et plats catalans. Petite crêperie.

Se restaurer

⊜⊜ **Brasserie de la Vieille Maison Cerdane** – *Pl. de Cerdagne - 66800 Saillagouse -* ☏ *04 68 04 72 08 - www. planotel.fr - fermé 3 nov.-19 déc. - 15 € - 19 ch. 55/70 € -* 🖵 *7 €.* À l'Hôtel Planes, installé dans un ancien relais de diligence,

La Brasserie propose une formule plus simple que son restaurant, qui a par ailleurs grand succès. Petits plats catalans, omelettes et salades.

Que rapporter

Charcuterie Bonzom – *Rte d'Estavar - 66800 Saillagouse -* ☏ *04 68 04 71 53 - www.bernard-bonzom.com - 8h-12h30, 15h-19h30 - fermé lun. et merc., 2 sem. en mai et nov.* Voici, au cœur du centre de production de charcuterie catalane, une boutique où vous trouverez de quoi remplir votre besace : saucissons secs, boles de picolat, fuets… À voir également salle d'exposition et séchoir naturel aux 1 500 jambons.

Sports & Loisirs

Bains chauds de Dorres – *66760 Dorres -* ☏ *04 68 04 66 87 - commune-dorres@ wanadoo.fr - janv. : 9h-20h, fév.-juin : 8h-20h, juil.-août : 8h-21h, sept. : 8h-20h30, oct. et w.-end de nov. : 8h-19h45, déc. : 8h30-19h45 - 3,90 €.* Descendant le chemin cimenté, en contrebas de l'hôtel Marty à Dorres, on atteint (30mn à pied AR) une source sulfureuse (41 °C) où les Cerdanais et les estivants viennent pratiquer le thermalisme de plein air.

L'Aventurine – *Av. Serrat-de-l'Ours - station de ski de Pyrénées 2000, au pied du télésiège - 66210 Bolquère -* ☏ *06 14 31 79 72 - www.aventurine-rando.com - ouv. de déb. juil. à fin avr. ; réserv. par téléphone pour le reste de l'année.* Activités proposées : randonnées pédestres, escalade, via ferrata, parcours aventure, canyoning, rafting, hydro speed…

Les Bains de Llo – *Rte des Gorges-de-Llo - 66800 Llo -* ☏ *04 68 04 74 55 - www. lesbainsdello.com - 10h-19h30 ; déc.-janv. et juil.-août : 10h-20h - fermé 19-30 mai et 6 nov.-19 déc. - 8,50 € (enf. 7 €).* Vous vous baignerez ici dans des sources d'eau sulfureuse à 37 et 35 °C. Également sur place, hammam, sauna, jacuzzi et sur rendez-vous, massages et soins. Snack avec crêpes et gaufres.

Événement

Grand Prix Porté-Puymorens – *En mars -* compétition de ski alpin.

Céret ★

7500 CÉRÉTANS
CARTE GÉNÉRALE B5 – CARTE MICHELIN DÉPARTEMENTS 344 H8 – SCHÉMA P. 134
PYRÉNÉES-ORIENTALES (66)

Amateurs d'art moderne, Céret est votre destination ! Marquée par les plus grands courants picturaux du 20e s., la petite cité du Vallespir peut s'enorgueillir de l'empreinte laissée par les artistes qui y ont séjourné. Parmi eux, les peintres cubistes qui surent si admirablement coucher sur leurs toiles les couleurs des vergers irrigués, où domine le rouge des cerises. Foyer vivant de la tradition catalane, la ville se met à vibrer au rythme des corridas et des sardanes. Aux terrasses des cafés, lieu de retrouvailles amicales, on se prend à rêver de ne plus repartir.

- **Se repérer** – À 33 km au sud-ouest de Perpignan par l'A 9 ou la D 900 puis la D 115. Pénétrez directement dans le Vieux Céret par la D 618.
- **À ne pas manquer** – Les vues depuis le vieux Pont qui enjambe le Tech et le musée d'Art moderne ; en juillet, la féria et le festival folklorique.
- **Organiser son temps** – Comptez 1h pour la ville (plus le samedi, jour de marché) et autant pour le musée.
- **Avec les enfants** – La visite du musée d'Art moderne est l'occasion de sensibiliser les plus jeunes aux chefs-d'œuvre du 20e s.
- **Pour poursuivre la visite** – Voir aussi Le Boulou, le Canigou, Ille-sur-Têt, Perpignan, Prades, Prats-de-Mollo, le prieuré de Serrabone, l'abbaye St-Michel-de-Cuxa et le Vallespir.

L'École de Céret

Au début du 20e s., les Cérétans virent accourir une foule d'artistes à la suite du sculpteur catalan **Manolo Hugué** (1872-1975) : le compositeur **Déodat de Séverac** (son monument avec médaillon, réalisé par Manolo, se dresse à côté de l'office de tourisme), **Pablo Picasso**, **Georges Braque**, **Juan Gris**, mais aussi **Auguste Herbin**, **Kisling** et **Max Jacob**, poète et peintre. L'école de Céret était née. Après l'interruption due à la Première Guerre mondiale, les séjours d'artistes encouragés par Manolo, Pierre Brune et Pinkus Krémègne reprennent avec **André Masson** et **Chaïm Soutine** en 1919, **Marc Chagall** en 1928-1929 et bien d'autres. Pierre Brune fut à l'origine de la création du musée d'Art moderne, qui ouvrit ses portes en 1950 avec un fonds constitué par les dons des artistes de passage à Céret. Depuis 1966 chaque été sont présentées d'importantes expositions d'art contemporain, faisant de Céret un haut lieu de la création artistique.

Se promener

Le Vieux Céret

Entre la place de la République et la place de la Liberté, les cours ombragés de gigantesques platanes sont favorables à la flânerie. Des remparts, il reste, place de la République, une porte fortifiée, la porte de France, et place Pablo-Picasso, un vestige restauré de la porte d'Espagne. Face aux arènes, *La Sardane de la paix*, en fer forgé soudé sur inox, a été édifiée en 1973 d'après un dessin de Picasso et lui est dédiée.

Vieux Pont ★

Nullement déprécié par le voisinage du pont routier moderne et du pont ferroviaire, ce « pont du Diable » (14e s.) à une seule arche de 45 m d'ouverture enjambe le Tech, à 22 m au-dessus de la rivière. Belle vue, d'un côté sur le massif du Canigou et, de l'autre, sur les Albères qui s'abaissent vers le col du Perthus. Descendre à pied, vers l'aval, à une scierie, pour admirer le pont.

Visiter

Musée d'Art moderne ★★

8 bd Mar.-Joffre - ☎ 04 68 87 27 76 - www.musee-ceret.com - ♿ - période exposition estivale (de mi-juin à fin-sept.) : 10h-19h ; autres mois de l'année : 10h-18h - fermé le mar. de déb. oct. à fin avr., et les 1er janv., 1er Mai, 1er nov., 25 déc. - 5,50 €, ou 8 € coll. permanente

+ *expo temporaire (-12 ans gratuit)*. Le bâtiment moderne, inauguré en 1993, a été conçu par l'architecte barcelonais Jaume Freixa. La porte d'entrée est flanquée d'un diptyque réalisé avec brio par Antoni Tàpies sur des plaques de lave émaillée.

À l'intérieur, les volumes spacieux se répartissent harmonieusement autour des patios. Consacré à l'art moderne, le rez-de-chaussée abrite quelques œuvres célèbres parmi lesquelles la *Femme oiseau* du peintre barcelonais Joan Miró (1893-1983), *Les Gens du voyage* de Marc Chagall (1887-1985) ou encore la provocante *Marianne en deuil* de Ben. Par le don d'une quinzaine d'œuvres, Matisse (1869-1954) a participé à la création de l'une des premières collections du musée, aux côtés de Picasso dont vous pourrez voir la série de coupelles tauromachiques et les vitrines de céramiques. Bien entendu, un hommage est également rendu aux œuvres du sculpteur catalan Manolo Hugué, pionnier à Céret, et à celles de Pierre Brune (1887-1956), fondateur du musée.

Au 1er étage, la collection d'art contemporain s'ouvre sur l'œuvre magistrale du sculpteur français Toni Grand (1935-2005). Aux portraits en pied de Vincent Bioulès succèdent les acryliques de Claude Viallat, ou encore les énigmatiques installations de Joan Brossa. L'accrochage change tous les ans.

Aux alentours

Amélie-les-Bains

Amélie, qui s'appelait autrefois « Bains-d'Arles », doit son nom à la reine Amélie, épouse de Louis-Philippe, qui lança la station thermale au 19e s. Ses habitants sont les Améliens.

Établissements thermaux – La station est alimentée par des eaux riches en soufre jaillissant à 63 °C et réputées pour le traitement des rhumatismes et des affections des voies respiratoires. Les thermes du Mondony, établis à la sortie des gorges du Mondony, et les thermes romains, qui abritent une piscine romaine restaurée, sont gérés par la même société. *Établissement thermal - Chaîne thermale du soleil - pl. Mar.-Joffre - 66113 Amélie-les-Bains -* ✆ *04 68 87 99 00.*

Gorges du Mondony

🥾 *30mn à pied AR. Partez des thermes romains et, longeant l'hôtel des Gorges, atteignez la terrasse dominant la sortie des gorges. Suivez alors le sentier en corniche et les galeries accrochées à l'escarpement.* Fraîche promenade, très agréable l'été.

Palalda★

À 3 km du centre d'Amélie. Jumelé administrativement avec la station, le bourg médiéval de Palalda est un très bel exemple de village catalan. Parcourez les petites rues fleuries, parfois en forte pente, au pied de la mairie. La placette bordée par l'**église St-Martin** (beau retable retraçant la vie de saint Martin), le musée et la mairie est le point le plus plaisant.

Musée de Palalda – ✆ *04 68 39 34 90 - mai-sept. : mar.-vend. 10h-12h, 14h-18h30, lun., sam. et j. fériés 14h-18h30 ; de mi-fév. à fin avr. et de déb. oct. à mi-déc. : mar.-vend. 10h-12h, 14h-17h30, lun., sam. et j. fériés 14h30-17h30 - fermé dim. et de mi-déc. à mi-fév. - 2,50 € (-12 ans gratuit)*. Il abrite deux sections. Le **musée des Traditions et Arts populaires** présente des outils de métiers aujourd'hui disparus ou mécanisés comme par exemple la fabrication des espadrilles. Remarquez le « truc », jeu de cartes catalan. Vingt mètres en contrebas, place de la Nation, deux salles reconstituent l'atmosphère d'une cuisine et d'une chambre au début du 20e s. On observera aussi l'évocation de la cargolade, plat d'escargots grillés, dégustés avec un aïoli et arrosés de rivesaltes ou de banyuls. On en a l'eau à la bouche !

Le **musée de la Poste en Roussillon** – Tableaux, documents, objets divers et reconstitution d'un bureau de poste de la fin du 19e s. retracent l'histoire de cette activité en Vallespir. Ainsi, les tours à feu et un code dans l'utilisation des fumées permettaient d'avertir l'ensemble de la région, en un quart d'heure, en cas d'invasion ennemie. Parmi les machines exposées : rare exemplaire de la « Daguin », machine à oblitérer. On remarquera enfin le costume du postillon avec ses imposantes bottes.

Vallée du Mondony★

6 km jusqu'à Mas-Pagris. Parcours de corniche impressionnant (garages de croisement sur les 2 derniers km).

Se détachant de l'avenue du Vallespir à la sortie amont de la localité, la route, signalée « Montalba », s'élève sur les pentes du piton du Fort-les-Bains. Tracée ensuite en palier, en vue des découpures du roc St-Sauveur, elle domine la vallée déserte, boisée uniformément de chênes verts. Laissant à gauche l'antenne de Montalba, poursuivez dans des gorges granitiques jusqu'au petit bassin de Mas-Pagris, base de promenades dans le haut vallon du Terme.

Céret pratique

Adresses utiles

Office du tourisme de Céret – *1 av. G.-Clemenceau -* 📞 *04 68 87 00 53 - www.ot-ceret.fr - juil.-août : lun.-sam. 9h-13h, 14h-19h, dim. 10h-13h ; mai-juin : lun.-sam. 9h-12h, 14h-18h ; oct.-avr. : lun.-vend. 10h-12h, 14h-17h, sam. 9h30-12h30 - fermé 1er janv., lun. de Pâques, 1er Mai, 25 déc.*

Office du tourisme d'Amélie-les-Bains – *22 av. du Vallespir -* 📞 *04 68 39 01 98 - www.amelie-les-bains.com - juil.-août : tlj sf dim. 8h-19h, sam. 8h-17h ; sept.-juin : tlj sf sam. apr.-midi et dim. 8h30-12h, 14h-18h - fermé j. fériés.*

Se loger

📖 **Hôtel Les Arcades** – *1 pl. Picasso -* 📞 *04 68 87 12 30 - www.hotel-arcades-ceret.com - 30 ch. 42/57 € -* 🍽 *7 €. Au cœur du village, cet hôtel familial tenu par deux frères a une amusante collection d'affiches, lithos et tableaux laissés ici par des peintres de passage… Préférez les chambres de derrière, plus calmes que celles de la façade.*

📖 **Hôtel des Bains et des Gorges** – *Pl. Arago - 66110 Amélie-les-Bains-Palalda -* 📞 *04 68 39 29 02 - www.hotel-restaurant-bains-gorges.com - fermé 15 déc.-15 fév. - 43 ch. 34/41 € -* 🍽 *5,50 € - rest. 14/18 €. L'intérêt de cet hôtel tient avant tout à sa proximité avec les thermes. Chambres sobres et propres, disposant parfois d'un balcon. Cuisine catalane dans une spacieuse salle à manger associant meubles rustiques et décor « seventies ».*

📖🍽 **Hôtel Le Roussillon** – *Av. Beau-Soleil - 66110 Amélie-les-Bains-Palalda -* 📞 *04 68 39 34 39 - fermé 28 nov.-20 mars - 30 ch. 60 € -* 🍽 *7 € - rest. 17/20 €. Aux portes d'Amélie, construction récente aux chambres bien rénovées, spacieuses et claires. Un beau bâtiment du 19e s., situé à côté, abrite les salons (billards).*

Se restaurer

📖 **Hostal dels Trabucayres** – *66480 Las-Illas - 17 km au sud-est de Céret par D 618 et D 13 -* 📞 *04 68 83 07 56 - fermé mar. et merc. hors sais., 6 janv.-15 mars, 25-30 oct. - 12,50/50 € - 5 ch. 31/35 € -* 🍽 *5,50 €. Dans ce charmant village au milieu des chênes-lièges, cette auberge campagnarde accueille les voyageurs depuis le milieu du 19e s. Chambres modestes et menus régionaux simples contentent les randonneurs de passage sur le GR 10. Un gîte à louer.*

📖🍽 **Le Chat qui Rit** – *À la Cabanasse, 1,5 km de Céret par rte d'Amélie -* 📞 *04 68 87 02 22 - lechatquirit@wanadoo.fr - fermé dim. soir, lun., mar. sf juil.-août, 3 janv.-1er fév., 22-30 nov. - 24/36 €. Cette maison bâtie en 1884 au bord de la route abrite aujourd'hui un restaurant où* l'on propose une cuisine traditionnelle complétée de copieux buffets de hors-d'œuvre et de desserts. Accueil attentionné et atmosphère conviviale.

📖🍽 **Palmarium Hôtel** – *av. Vallespir - 66110 Amélie-les-Bains-Palalda -* 📞 *04 68 39 19 38 - www.hotelpalmarium.fr - fermé 2 déc.-31 janv. - 18/32 €. Dans la rue principale, cet immeuble moderne où règne une ambiance « pension de famille » constitue une halte commode sans prétention. Restaurant néo-rustique avec poutres apparentes ; cuisine régionale et traditionnelle, buffets lors des soirées à thèmes.*

📖🍽🍽 **Del Bisbe** – *4 pl. Soutine -* 📞 *04 68 87 00 85 - bisbe@club-internet.fr - fermé merc., 18-28 fév., 1er-15 juin, 15-30 oct. - 28 € - 10 ch. 40 € -* 🍽 *6 €. Demeure du 18e s. dont l'enseigne signifie « maison de l'Évêque » en catalan. Authentique décor rustique, jolie terrasse sous une treille et cuisine du terroir. Bar à tapas.*

Faire une pause

La Rosquilla Fondante Séguéla (Pâtisserie Pérez-Aubert) – *12 r. des Thermes - 66110 Amélie-les-Bains-Palalda -* 📞 *04 68 39 00 16 - 8h-12h30, 15h-19h - fermé merc., 2 sem. en fév., 3 sem. en juil., j. fériés. Ici, en 1810, Robert Séguéla, pâtissier de son état, inventa la rousquille, biscuit parfumé au citron et enrobé d'un glaçage au sucre. L'établissement est aujourd'hui un salon de thé lumineux et calme proposant environ 50 références de thés, des infusions aux fruits, des glaces maison, etc.*

Que rapporter

Marché aux légumes – *Pl. de la République - 66110 Amélie-les-Bains-Palalda - 7h-12h.*

Les Caves du Roussillon – *10 r. des Thermes - 66110 Amélie-les-Bains-Palalda -* 📞 *04 68 39 00 29 - www.lescavesduroussillon.fr - tlj sf dim. apr.-midi 9h-12h30, 15h-19h30 ; ouv. mat. des j. fériés.*

Toutes fraîches, ce sont les premières de l'année, les cerises de Céret.

E. Larribère / MICHELIN

Les amateurs de bons vins peuvent venir déguster ici quelques crus régionaux : banyuls, collioure, rivesaltes… Avec plus de 300 vins du Roussillon et une centaine de banyuls, le choix serait plutôt cornélien sans les conseils avisés de l'équipe de l'établissement.

Sports & Loisirs

Établissement thermal – *Pl. Mar.-Joffre - A 9 sortie Le Boulou - 66110 Amélie-les-Bains-Palalda -* ☎ *08 25 82 63 66 - 7h-16h - fermé dim., du 21 déc. à fin janv.* Les eaux minérales bienfaisantes d'Amélie-les-Bains soulagent douleurs ostéo-articulaires, voies respiratoires, allergies, asthme. Deux forfaits « remise en forme » de 1 à 5 jours sont également proposés.

Golf - Compact – *Parc des Sports - 66110 Amélie-les-Bains-Palalda -* ☎ *04 68 39 37 66 - pour les horaires se renseigner.* Ce « compact golf » ombragé est situé à côté du Tech, dans un environnement arboré et fleuri. Il dispose d'un parcours de 7 trous par 21, pratique pour l'entraînement des joueurs débutants ou confirmés. Club house.

Événements

Céret de Toros – Céret de Toros, c'est le nom de la féria qui se tient durant le 2e week-end de juillet : lâchers de vachettes, animations diverses dans les rues, corridas (les Cérétans apprécient les élevages réputés difficiles).

Festival folklorique de sardane – Cette grande rencontre de colles (équipes de danseurs), qui a lieu durant la 2e quinzaine de juillet, en nocturne, est aussi un concours. Après le défilé dans les rues, les danseurs, réunis dans les arènes, exécutent différentes sardanes, pour lesquelles ils sont jugés, au son d'une cobla (orchestre catalan). Tout s'achève par la sardane de Germanor (de fraternité) où quelques centaines de danseurs se retrouvent en cercles concentriques pour célébrer l'amitié après la compétition. Depuis quelques années, cette dernière sardane se fait aux lampions.

Amélie-les-Bains devient un haut lieu du folklore durant la 2e sem. d'août avec le **Festival folklorique international**. Renseignements à l'office de tourisme.

Châteauneuf-de-Randon

536 CASTELRANDONNIERS
CARTE GÉNÉRALE D1 – CARTE MICHELIN DÉPARTEMENTS 330 K7 – LOZÈRE (48)

Perché au sommet d'une butte granitique, dans un site très pittoresque du versant sud-est de la verte Margeride, Châteauneuf-de-Randon offre des séjours agréables été comme hiver : à travers bois, entre genêts et bruyères, les randonnées à pied, à cheval ou les excursions à skis de fond vous imprègnent du paysage…

◗ **Se repérer** – À 171 km au nord de Montpellier et 30 km au nord-est de Mende.

◉ **À ne pas manquer** – Le mausolée à la mémoire de Du Guesclin et la très belle vue panoramique depuis le sommet du village (table d'orientation).

🕐 **Organiser son temps** – Comptez 30mn.

👫 **Avec les enfants** – Une promenade au bord du lac de Charpal.

♨ **Pour poursuivre la visite** – Voir aussi Langogne, Mende, Le Malzieu, Marvejols et le mont Lozère.

Comprendre

Un héros en pièces détachées – En 1380, l'Auvergne était en proie aux déprédations des compagnies de brigands et aux incursions anglaises. Les États demandèrent alors l'envoi d'une armée royale et St-Flour insista pour qu'elle fût confiée à Bertrand Du Guesclin. Ce dernier commença à mettre son projet à exécution en réduisant Chaliers après six jours de siège, puis il se rendit à Châteauneuf-de-Randon, tenu par les Anglais, pour investir la ville. C'est sous ses murs qu'il mourut le 14 juillet 1380.

> ### Le saviez-vous ?
> En haut du village, les ruines de la tour de l'Anglais sont les seules traces d'un ancien château, le nom de randon désignant une fortification à l'époque médiévale.
> Après avoir protégé la population des brigands, notamment aux 15e et 16e s., le château a été démantelé sous le règne de Louis XIII (vers 1632). Le village s'est développé au sud de son emplacement.

Avant de mourir, **Du Guesclin** avait demandé à être enterré près de sa terre natale, à Dinan, en Bretagne. Le cortège se met donc en route. Au Puy, le corps est embaumé ; les entrailles sont prélevées et enterrées dans l'église des Jacobins, aujourd'hui St-Laurent. Un gisant représente le connétable avec la barbe qu'il devait porter au moment de sa mort. À Montferrand, l'embaumement se révèle insuffisant : il faut faire bouillir les chairs pour les détacher des os et les ensevelir dans l'église des Cordeliers, détruite en 1793 par les révolutionnaires qui dispersèrent les cendres du connétable. Au Mans, qu'on gagne par voie d'eau, un officier du roi apporte l'ordre de conduire le corps à St-Denis : le squelette lui est alors remis et St-Denis offre au connétable un gisant (où il montre cette fois un visage imberbe). Enfin, le cœur, seul rescapé du voyage, arrive à Dinan où il est déposé dans l'église des Jacobins ; il est aujourd'hui dans la basilique St-Sauveur. Du Guesclin eut ainsi quatre monuments funéraires, donc plus que les rois de France qui n'avaient « que » trois tombeaux (cœur, entrailles et corps).

Découvrir

DU GUESCLIN À L'HONNEUR

Le **Centre socioculturel** abrite le **musée Du Guesclin** – ✆ 04 66 47 95 99 - ♿ - *juil.-août : 10h-12h, 14h30-18h30 - gratuit*. La statue du connétable, œuvre d'Henri Lemaire que l'État offrit à la commune en 1888, se dresse sur la grande place du bourg.

Mausolée

Au hameau de **L'Habitarelle**, un mausolée de granit à la mémoire du grand homme de guerre a été élevé. C'est à cet endroit même que, après la prise de Châteauneuf par les troupes de Du Guesclin, le représentant des Anglais aurait livré les clés de la ville. Il ne les remit pas au connétable, mais les déposa sur sa dépouille. Le connétable était décédé. Le responsable de sa mort ? La source de la Glauze qui coule près de là. Du Guesclin aurait contracté la congestion pulmonaire qui devait l'emporter en buvant de son eau glacée au cours d'un combat.

Aux alentours

Lac de Charpal

À 20 km à l'ouest par la D 1. 🥾 3h, 8,7 km. Aires de pique-nique. Au cœur du plateau du Roi, à 1 400 m d'altitude, cette réserve d'eau potable de la ville de Mende affiche une superficie de 277 ha. Si la baignade est interdite, la promenade est, quant à elle, de rigueur sur le sentier balisé et ses passerelles autour du lac.

Châteauneuf-de-Randon pratique

Adresse utile

Office du tourisme de Châteauneuf-de-Randon - *Av. Adrien-Durand - ☎ 04 66 47 99 52 - www.cantonchateauneufderandon. fr - sept.-juin : lun.-ven. 9h-16h30 ; juil.-août : lun.-sam. 9h-16h30, dim. 10h-12h - fermé j. fériés (sf 14 Juil. et 15 août).*

Se loger

🛏️🍴 **Hôtel de La Poste** – *48170 L'Habitarelle - ☎ 04 66 47 90 05 - www.*

hoteldelaposte48.com - fermé 22 oct.-3 nov. et 17 déc.-31 janv. - 🅿️ *- 16 ch. 46/53 € -* ☕ *7,50 € - rest. 16/35 €.* Une maison bien nommée… Ancien relais de poste, la tradition de l'accueil des voyageurs y est perpétrée. Les petites chambres blanches sont simples et dotées de meubles de bois. La grange s'est transformée en une originale salle à manger coiffée d'une charpente apparente.

Se restaurer

Aires de pique-nique – *Lac de Charpal.* Sur les rives du lac, des espaces sont aménagés pour les pique-niques.

Grotte de la **Cocalière** ★

CARTE GÉNÉRALE D2 – CARTE MICHELIN DÉPARTEMENTS 339 J3-K3 – GARD (30)

Sans petit train ni aménagements touristiques, nos ancêtres préhistoriques appréciaient déjà la Cocalière puisque la grotte a révélé une occupation très dense allant du paléolithique (40 000 av. J.-C.) à l'âge du fer (400 av. J.-C.) ! Avec sa galerie horizontale de 1 200 m, elle est sans doute l'une des plus faciles à visiter. À la surface, le superbe plateau de garrigue, qui regorge là aussi de témoignages préhistoriques, vous permet de prolonger agréablement la visite.

- ▶ **Se repérer** – À 68 km au nord de Nîmes et 26 km au nord d'Alès par la D 904.
- 👁 **À ne pas manquer** – Les nombreux gours ; les imposants disques et la perle de caverne.
- 🕐 **Organiser son temps** – Comptez 1h (visite guidée), ajoutez 30mn pour découvrir à pied le village de Courry, le hameau de Reboul et monter à la chapelle St-Sébastien.
- 👥 **Avec les enfants** – Le retour en petit train s'ajoute au plaisir de la visite souterraine comme le sentier de découverte qui serpente au cœur de la garrigue.
- 👍 **Pour poursuivre la visite** – Voir aussi Alès, Florac, La Garde-Guérin, le mont Lozère et St-Jean-du-Gard.

Visiter

☎ 04 66 24 34 74 - www.grotte-cocaliere.com - température : 14 °C. - juil.-août : 10h-19h ; de mi-mars à fin juin et sept.-nov. : 10h-12h, 14h-18h (dernier dép. des visites 1h15 av. fermeture) - fermé fin vac. scol. de la Toussaint jusqu'à mi-mars - 7,50 € (enf. 5,50 €).

La grotte se distingue par la richesse et la variété des concrétions se réfléchissant de part et d'autre de la piste dans des plans d'eau ou des petits bassins alimentés par des cascatelles. Ici, de nombreux **disques** (concrétions rares aux diamètres impressionnants) sont suspendus ou rattachés à la paroi en porteà-faux. Certaines voûtes présentent un cloisonnement géométrique de fines stalactites colorées par des oxydes métalliques ou d'une blancheur absolue, lorsqu'il s'agit de calcite pure.

Peu avant le Camp des spéléologues, observez la formation in situ d'une précieuse bille de calcaire appelée **perle de caverne★** et les niphargus (petits crustacés cavernicoles) se déplaçant sous l'eau. Après la salle du Chaos, vous pénétrez sous des voûtes tourmentées par l'érosion, dans le domaine des draperies et des excentriques, ces concrétions aux formes désordonnées. Prenez le temps d'admirer l'imposante **cascade de gours** (bassins naturels remplis d'eau) ainsi que les puits reliés aux étages inférieurs et à leurs rivières.

La sortie de la grotte se trouvant au cœur de la garrigue, c'est en petit train que s'effectue le retour au hall d'accueil.

🐾 20mn. À l'extérieur, après vous avoir offert une petite pause sur les agréables terrasses ombragées, suivez le sentier de découverte pour voir un dolmen, des tumulus (amas de terre ou de pierres élevés au-dessus des tombes), des capitelles, des abris préhistoriques et différents phénomènes karstiques (avens, lapiés, failles).

Aux alentours

Courry
À 2 km au sud par la D 904.

🐾 15 km, 4h. Au pied des Cévennes, le petit village de Courry, dominé par son église romane du 12e s., offre quelques agréables balades. C'est le cas de celle vers le charmant **hameau de Reboul** situé à deux kilomètres du centre du village : composé d'une unique ruelle dallée traversant une poignée de maisons, il marque le point de départ de nombreux sentiers de randonnées.

Autre balade possible : depuis la mairie, un **sentier balisé** serpente entre dolmens, four à chaux et capitelles. À la sortie du village, en direction du hameau Les Pierres Mortes, vous pouvez également emprunter le chemin Alexis-Raynard qui vous conduit jusqu'à la **chapelle St-Sébastien** édifiée en 1722. Là, découvrez le point de vue sur les Cévennes et le Vivarais *(table d'orientation)*.

Grotte de la Cocalière pratique

♿ Voir aussi Alès

Adresse utile

Office du tourisme « Cévennes Actives » – *50 r. de la République - 30160 Bessèges - 𝄞 04 66 25 08 60 - www. cevennes-montlozere.com - de mi-juin à mi-sept. : 9h-12h30, 15h30-19h, dim. 10h-12h ; reste de l'année : 9h-12h - 13h30-17h30, dim. 10h-12h - fermé j. fériés sf 14 Juil. et 15 août.*

Se loger

😋 **Chambre d'hôte Les Muriers** – *Pierregras - 07460 St-André-de-Cruzières - 𝄞 04 75 39 02 02 - www.ardeche.com/ tourism/les-muriers - fermé janv. - ⌀ - 4 ch. 44 € ⌷. L'ancienne magnanerie de cette bâtisse provençale abrite maintenant 4 chambres indépendantes. La salle à manger, mignonne et pleine de caractère, accueille les petits-déjeuners si le temps ne permet pas un service en terrasse. Table d'hôte mettant à l'honneur les légumes du potager et les viandes des producteurs locaux.*

😋😋 **Chambre d'hôte La Picholine** – *Courry - 30500 St-Ambroix - 5 km de St-Ambroix rte d'Aubenas et par D 904 rte de Courry - 𝄞 04 66 24 13 30 - www. lapicholine.net - (dîner seult) - 5 ch. 65 € - repas 25 €. Retrouvez le charme des vieilles pierres dans ce mas, parfaitement restauré, situé en bordure du village. Ses 5 chambres parées de mobilier ancien vous accueillent pour des séjours à thème mêlant activités physiques et séances de relaxation.*

Se restaurer

😋😋😋 **La Bastide des Senteurs - Bistrot de la Bastide** – *30500 St-Victor-de-Malcap - 8 km de la grotte de la Cocalière par D 904 et D 51ᶜ - 𝄞 04 66 60 24 45 - www.bastide-senteurs.com - fermé le midi en juil.-août sf dim., nov.-mars et j. fériés - 39/75 € - 14 ch. 67/135 € - ⌷ 10 €. De cette bastide à l'abandon, les jeunes propriétaires ont fait une étape de charme. Vous y apprécierez sa cuisine inventive, la sobriété élégante du décor et l'accueil chaleureux : ici, tout chante les saveurs et les couleurs du Sud ! Jolies chambres personnalisées, piscine et belle terrasse.*

Collioure★★

2 763 COLLIOURENCS
CARTE GÉNÉRALE C5 – CARTE MICHELIN DÉPARTEMENTS 344 J7 – SCHÉMA P. 457
PYRÉNÉES-ORIENTALES (66)

Ah! Collioure! Son église fortifiée, avançant si près de la côte qu'on la croirait dans la mer, ses deux petits ports séparés par le vieux château royal, avec leurs filets étendus et leurs barques catalanes aux couleurs vives et à la mâture typique, ses vieilles rues aux balcons fleuris, aux escaliers pittoresques, sa promenade du bord de mer, ses terrasses de cafés et ses boutiques aux vitrines colorées! Un véritable tableau où la rencontre du soleil avec le bleu du ciel et de la mer ne peut que faire rêver…

- **Se repérer** – À 31 km au sud de Perpignan par la D 914 puis la D 114 ou encore en suivant le littoral par la D 81 qui passe par les stations de St-Cyprien-Plage et Argelès-Plage.

- **À ne pas manquer** – La dégustation d'anchois salés; le vieux port; les retables de N.-D.-des-Anges; les paysages du chemin du fauvisme et l'atmosphère intimiste du musée d'Art moderne.

- **Organiser son temps** – Comptez 1h pour découvrir la ville, plus pour la savourer.

- **Avec les enfants** – Un baptême de plongée ou une promenade en mer avec le CIP *(voir l'encadré pratique).*

- **Pour poursuivre la visite** – Voir aussi Argelès-Plage, la côte Vermeille, Elne et St-Génis-des-Fontaines.

Le saviez-vous ?

Désespéré après la chute du régime républicain, le poète andalou **Antonio Machado** (1875-1939), chantre des rudes paysages castillans, s'est éteint à Collioure aux premiers jours de son exil. Il repose aujourd'hui dans le cimetière de sa ville d'accueil.

Comprendre

Un port fortifié – Le Collioure médiéval est avant tout le port de commerce du Roussillon, d'où s'exportent les fameux draps « parés » de Perpignan. C'est l'époque où la marine catalane règne sur la Méditerranée, jusqu'au Levant.

En 1463, l'invasion des troupes de Louis XI inaugure pour la ville une période troublée. Le château se développe sur l'éperon rocheux séparant le port en deux anses, autour du donjon carré élevé par les rois de Majorque. Charles Quint et Philippe II le transforment en une citadelle renforcée par le fort St-Elme et le fort Miradou.

Après la paix des Pyrénées, Vauban met la dernière main aux défenses : la cité enclose est rasée à partir de 1670 et laisse la place à un vaste glacis. La « ville » basse devient désormais l'agglomération principale.

L. Campion / MICHELIN

Le clocher, d'un cachet si particulier, de Notre-Dame-des-Anges était le phare du Vieux Port.

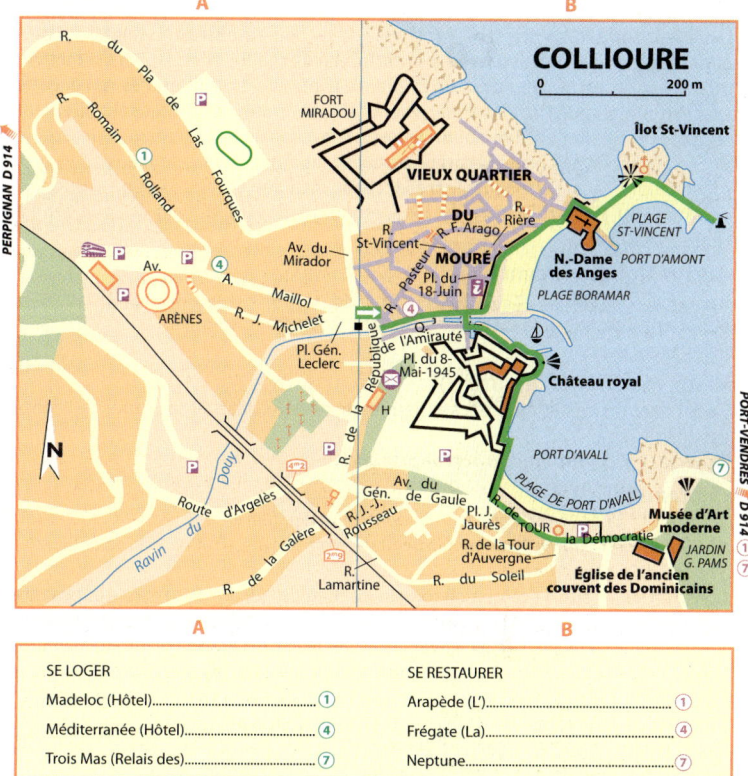

SE LOGER		SE RESTAURER	
Madeloc (Hôtel)......................................①		Arapède (L')......................................①	
Méditerranée (Hôtel)..........................④		Frégate (La)......................................④	
Trois Mas (Relais des)..........................⑦		Neptune......................................⑦	

Les anchois de Collioure – Le port abrite d'authentiques barques catalanes repérables à leurs couleurs vives. Ce sont là les derniers témoins de l'époque où la pêche à l'anchois battait son plein. L'anchois salé, spécialité de Collioure, est préparé de la même façon depuis des générations. Dès leur arrivée au port, les poissons sont brassés avec du sel. Étêtés et éviscérés, ils sont ensuite placés en saumure dans des tonneaux, de mai à août : une lente fermentation doit s'opérer. À maturation, les anchois sont lavés et leur arête centrale enlevée. Placés sur des buvards, ils sont égouttés. La dernière opération consiste à les ranger dans des boîtes ou des pots en verre avec de l'huile ou bien roulés autour d'une câpre. Face à la concurrence de produits venus, entre autres, du Maroc, deux dérivés de l'anchois ont vu le jour : la crème d'anchois en tube et les olives fourrées aux anchois. L'anchois salé de Collioure reste très utilisé dans la cuisine catalane.

Se promener

Gagnez à pied le Vieux Port ou « port d'Amont » par le quai de l'Amirauté, le long du ravin du Douy, généralement à sec.

Chemin du fauvisme

Visite libre ou guidée (vac. scol. : jeu.) - se renseigner à l'office de tourisme - ℘ 04 68 82 15 47 ou à l'Espace Fauve - ℘ 04 68 98 07 16.
De nombreux peintres, séduits par ses couleurs, ont immortalisé Collioure sur leurs toiles. Dès 1910, les premiers « **fauves** » s'y réunissaient : Derain, Braque, Friesz, Matisse… Plus tard, Picasso et Foujita y séjournèrent. Ce chemin permet de découvrir des vues peintes par Henri Matisse et André Derain. Chaque étape (20 au total) est signalée par la reproduction d'un tableau affichée sur un panneau.

Église N.-D.-des-Anges (B)

Le nom officiel de cette église est « Notre-Dame-de-l'Assomption ». Ce sont les anges qui entourent la statue de la Vierge qui lui ont valu le surnom de « Notre-Dame-des-Anges », sous lequel elle est couramment appelée par les Colliourencs. Son **clocher**, d'un cachet si particulier avec son dôme rose, était le phare du Vieux Port. Elle a été construite entre 1684 et 1691 pour succéder à l'église de la ville haute, rasée sur l'ordre de Vauban.

L'intérieur, sombre, surprend par la richesse de ses neuf **retables**★★ sculptés sur bois et dorés (*éclairage par minuteries, payant*). Celui du maître-autel (1698) est l'œuvre du Catalan Josep Sunyer. C'est un immense triptyque de trois étages qui occupe tout l'arrière-chœur, cachant entièrement l'abside. Toutes les statues sont finement sculptées et suscitent l'admiration. De Josep Sunyer également, remarquer le retable du St-Sacrement, à gauche du chœur, de taille plus modeste mais tout aussi délicatement sculpté. La sacristie abrite le **trésor** : beau meuble-vestiaire d'époque Louis XIII, peintures du 15e s., reliquaire du 16e s. et Vierge du 17e s. qui aurait appartenu à l'église sacrifiée.

Ancien îlot St-Vincent (B)

Il est relié à l'église par deux plages dos à dos. Derrière la petite chapelle, le vaste panorama s'étend sur la côte Vermeille. Une digue mène au phare.
Revenez sur vos pas.

Vieux quartier du Mouré (B)

Flâner dans les ruelles escarpées et fleuries de ce vieux quartier situé près de l'église est un vrai régal.
Traversez le Douy, au fond du port de plaisance.

Château royal (B)

℘ 04 68 82 06 43 - www.cg66.fr - juil.-août : 10h-19h ; juin et sept. : 10h-18h ; oct.-mai : 9h-17h (dernière entrée 30mn av. fermeture)- fermé 1er janv., 1er Mai, 15 et 16 août, 25 et 31 déc. - 4 € (-12 ans gratuit).

Construit sur un site d'occupation romain, ce château, qui dresse sa masse imposante au pied de la mer entre le port d'Amont et le port d'Avall, fut la résidence d'été des rois de Majorque entre 1276 et 1344 avant de revenir au roi d'Aragon. Vauban fit ajouter l'enceinte extérieure. La visite fait découvrir les souterrains, la place d'armes, la prison du 16e s. (présentation d'une forge catalane), la chapelle du 13e s., la cour d'honneur, la chambre de la reine, les salles hautes, les remparts et le chemin de ronde. Les casernements du 17e s. reçoivent des expositions de peinture en saison. Une partie de la visite est également consacrée au patrimoine maritime catalan.

On contourne alors, en suivant le quai, les impressionnantes murailles du Château royal. Du parking ouest, côté Douy, bonne **vue** sur la ville et le port ; en arrière, les Albères, au-dessus de la mer.
Poursuivez jusqu'à la plage de port d'Avall, dite du Faubourg.

Église de l'ancien couvent des Dominicains (B)

Elle est située à droite sur la route de Port-Vendres. Désaffectée, elle abrite désormais une cave coopérative.
Des terrasses du jardin public Gaston-Pams, dominé par un moulin à vent, très belle vue sur la baie de Collioure et la cité.

Musée d'Art moderne (B)

℘ 04 68 82 10 19 - juin-sept. : 10h-12h, 14h-18h ; oct.-mai : tlj sf mar. 10h-12h, 14h-18h - fermé 1er janv., 1er Mai, 1er nov., 25 déc. - 2 € (-12 ans gratuit).

Le succès artistique de Collioure justifiait bien un musée et c'est le peintre **Jean Peské** (1870-1949) qui en a été l'initiateur. Les collections ont trouvé place dans le cadre agréable de la villa Pams, au pied d'un jardin en terrasses où règnent les oliviers. Son fonds, enrichi régulièrement par des donations, est exposé dans d'intéressantes expositions.

Collioure pratique

Adresse utile

Office du tourisme de Collioure – Pl. du 18-Juin - ℘ 04 68 82 15 47 - www.collioure. com - juil.-août : 9h-20h, dim. 10h-18h ; avr.-juin et sept. : tlj sf dim. 9h-12h, 14h-19h ; oct.-mars : tlj sf dim. 9h-12h, 14h-18h - fermé 16 août.

Visite

Petit train touristique – De Collioure à Port-Vendres, en passant par le fort St-Elme - ℘ 06 15 15 66 04 - de Pâques au 11 Nov. : 10h-19h - dép. parking de la Poste - 6,50 € (4-12 ans 4 €).

Se loger

⊖⊖ **Hôtel Méditerranée** – Av. Aristide-Maillol - ℘ 04 68 82 08 60 - www. mediterranee-hotel.com - fermé de fin nov. à fin avr. - 23 ch. 63/97 € - ⊡ 10 €. Ce bâtiment des années 1970 propose des chambres sobres et pratiques, toutes pourvues de balcons. Jardin en terrasses. Solarium. Garage pratique.

⊖⊜ **Hôtel Madeloc** – *R. Romain-Rolland* – ☏ *04 68 82 07 56* – *www.madeloc. com* – *fermé 3 nov.-14 mars* – 🅿 – *27 ch. 65/108 € –* 🍽 *11 €.* Sur les hauteurs de la station, chambres meublées en rotin, dotées de terrasses aux derniers étages. Jardin à flanc de colline. Expositions de peintures et de sculptures.

⊖⊜⊜⊜ **Relais des Trois Mas** – *Rte Port-Vendres* – ☏ *04 68 82 05 07* – *www. relaisdestroismas.com* – *fermé 30 nov.-7 fév.* – 🅿 – *23 ch. 150/460 € –* 🍽 *18 €.* Ces trois mas rénovés ménagent une vue imprenable sur le port et la ville. Chambres personnalisées portant le nom d'un peintre. Jardin, piscine et jacuzzi complètent le décor. Cuisine du terroir actualisée servie en été sur l'agréable terrasse panoramique.

Se restaurer

⊖⊜ **La Frégate** – *24 quai Camille-Pelletan* – ☏ *04 68 82 06 05* – *www.fregate-collioure.com* – *fermé 27 nov.-3 fév.* – *formule déj. 16 € - 24/40 €.* Ici, c'est à l'intérieur que ça se passe, dans les deux jolies salles aux murs couverts d'*azulejos*, réalisés par des artisans espagnols et portugais. Pas de vue sur mer, certes, mais une jolie terrasse ! Côté cuisine, l'influence reste méditerranéenne. Quelques chambres.

⊖⊜ **L'Arapède** – *Rte de Port-Vendres* – ☏ *04 68 98 09 59* – *www.arapede.com* – *fermé déc.-janv. - 25/48 €.* Hôtel moderne bâti à flanc de colline. Joli mobilier de style catalan dans de grandes chambres tournées vers la mer et la piscine à débordement. Restaurant décoré de photos aériennes de Collioure, terrasse face à la mer et recettes du terroir.

⊖⊜⊜ **Neptune** – *Rte de Port-Vendres* – ☏ *04 68 82 02 27* – *smourlane@yahoo.fr* – *fermé lun. de juil. à sept. et merc. d'oct. à juin, 2 janv.-5 fév., 8-24 déc. - 38/105 €.* Vue imprenable sur le Vieux Port depuis les superbes terrasses de ce restaurant dont le décor panache couleurs du sud, touches contemporaines et expositions de tableaux. Dans l'assiette, beaux produits de la mer et spécialités régionales.

En soirée

Bar des Templiers – *12 quai de l'Amirauté* – ☏ *04 68 98 31 10* – *www.hotel-templiers.com* – *7h30-2h* – *fermé 5-20 nov.* L'hôtel des Templiers est l'établissement le plus prestigieux de Collioure : les plus grands artistes (Derain, Picasso, Matisse) y sont descendus. Les nombreuses toiles qui couvrent les murs du bar témoignent de cette époque. Un lieu authentique et plein de poésie.

Que rapporter

Cave Le Dominicain – *Rte de Port-Vendres* – ☏ *04 68 82 05 63* – *www. dominicain.com* – *8h-12h, 14h-18h* – *fermé dim. de sept. à avr.* Installée dans un ancien couvent de Dominicains du 13ᵉ s., cette cave coopérative propose des vins de Banyuls et de Collioure. Accueil sympathique et dégustation.

Anchois Desclaux – *3 rte Nationale* – ☏ *04 68 82 05 25* – *anchois.desclaux@ wanadoo.fr* – *9h30-12h30, 14h-19h, dim. 9h-12h30, 15h-19h.* Depuis plus d'un siècle, le savoir-faire se transmet ici de père en fils. Visite commentée des ateliers de salaison et de conserverie d'anchois. Dégustation gratuite et magasin d'usine (vente également grand choix de produits catalans).

Maison Roque – *17 Rte d'Argelès* – ☏ *04 68 82 22 30* – *www.anchois-roque. com* – *8h-19h30 ; visite de l'atelier et dégustation gratuite : tlj sf w.-end et j. fériés 8h-12h, 14h-17h.* Fondée en 1870, la Maison Roque perpétue la tradition de la préparation artisanale des célèbres anchois de Collioure. Une boutique vous accueille au rez-de-chaussée, mais il serait dommage de ne pas monter à l'atelier du premier étage pour observer les mains expertes qui manipulent les savoureux petits poissons.

Fresque au-dessus du bar des Templiers.

Sports & Loisirs

👁 **Bon à savoir** – En juillet et août, l'office de tourisme de Collioure propose - chaque lundi, mercredi et vendredi - des sorties nature sous forme de randonnées commentées. L'occasion idéale pour oublier sa voiture le temps d'une promenade.

C I P de Collioure – *15 r. de la Tour-d'Auvergne - 25 km au sud de Perpignan, sur D 914* – ☏ *04 68 82 07 16* – *www.cip-collioure.com* – *9h-12h, 14h-18h.* Ce centre de plongée met à disposition un équipement et un encadrement professionnel. Baptêmes de plongée, enseignement, mais aussi promenades en mer.

Le Conflent

**CARTE GÉNÉRALE B4,5 – CARTE MICHELIN DÉPARTEMENTS 344 E/F/G7
PYRÉNÉES-ORIENTALES (66)**

Intrépide, le petit Train jaune saute de part et d'autre de la vallée sur de vertigineux ouvrages d'art, semblant montrer du doigt des églises méconnues, petits bijoux d'art roman. Rivières et torrents abondants serpentent cette région bariolée de cultures maraîchères et de vergers. La plus longue vallée du département s'enfonce ainsi inexorablement dans la montagne, jusqu'à atteindre la Cerdagne.

- ▶ **Se repérer** – À 50 km à l'ouest de Perpignan par la N 116 qui longe la vallée de la Têt sur toute la partie du Roussillon formant le Conflent.

- 👁 **À ne pas manquer** – L'arrivée pittoresque en Train jaune ; les Vierges et le retable gothique de l'église Ste-Marie ; l'architecture de St-Michel-de-Cuxa, le charmant village d'Eus et le mobilier de l'église d'Espira-de-Conflent.

- 🕐 **Organiser son temps** – Comptez un peu plus d'une journée si vous souhaitez faire les deux circuits. Vous passerez la nuit à Villefranche-de-Conflent ou Vernet-les-Bains.

- 👫 **Avec les enfants** – Le prieuré de Marcevol et le Train jaune.

- 🌿 **Pour poursuivre la visite** – Voir aussi le Canigou, Céret, le Fenouillèdes, Ille-sur-Têt, Mont-Louis, Prades, l'abbaye St-Martin-du-Canigou, Vernet-les-Bains et Villefranche-de-Conflent.

Circuits de découverte

VALLÉE DE LA TÊT

De Mont-Louis à Villefranche-de-Conflent

30 km – environ 4h. Quittez Mont-Louis (voir ce nom) par la N 116 en direction de Prades. La route, tracée en corniche entre Mont-Louis et Olette, connaît, en fin de semaine surtout, une circulation intense.

Dans la descente, à chaque virage, apparaissent les hauts sommets de la rive droite de la Têt : Cambras d'Azé, pic de Gallinas et pic Redoun, sommets aux lignes calmes encadrant la courbe pure du col Mitja, le Canigou au dernier plan.

Pont Gisclard

Ce pont ferroviaire suspendu à 80 m au-dessus de la rivière, d'une hardiesse remarquable, porte le nom de son créateur, officier du génie, tué accidentellement au cours des essais (monument en bordure de la route).

La route, en forte descente, devient plus sinueuse. À droite, au milieu des cultures en terrasses, s'étagent les hameaux de St-Thomas et de Prats-Balaguer. On passe à **Fontpédrouse**, village qui dévale la paroi rocheuse.

Pont Séjourné

Viaduc élégant et robuste, dédié à son constructeur, l'ingénieur Paul Séjourné (1851-1939). Si l'on a la chance d'y voir passer le petit Train jaune, le spectacle est particulièrement pittoresque.

Poursuivez la route jusqu'à Thuès-entre-Valls.

Gorges de la Carança

🥾 *Quittez le hameau de Thuès-entre-Valls par un chemin longeant la rivière Carança ou garez-vous au parc auto (payant). Début des circuits en haut du parking, après le pont de la voie ferrée. Attention, les circuits parfois vertigineux peuvent être dangereux ; bonnes chaussures recommandées, animaux interdits.*

Une petite boucle d'environ 1h30 longe les gorges, passe devant une cascade et par une passerelle. Le chemin assez raide grimpe sur l'autre rive jusqu'à un croisement où l'on prend à droite *(fléché « parc auto par chambre d'eau »)*. Après un passage assez étroit en corniche, le chemin redescend le long d'une conduite forcée vers le parking.

Une grande boucle de 3h est réservée aux bons randonneurs, bien équipés et peu sujets au vertige. Longer également la rivière jusqu'à la première passerelle mais au lieu de la traverser, continuer tout droit par un chemin qui monte sur les hauteurs. La principale difficulté est le retour sur l'autre rive : pont de singe et parcours sur une corniche assez vertigineuse, équipée de mains courantes.

D'autres parcours, d'une journée et plus, sont balisés dans le secteur.

Thuès-les-Bains

Modeste station où s'est implanté un centre thermal de rééducation et de réadaptation fonctionnelles.

La route pénètre dans le défilé des Graüs. Sur la droite, la rivière de Mantet a creusé un étroit vallon. La vigne et les derniers agaves disparaissent. On traverse **Olette**, village-rue aux hautes maisons adossées au rocher.

On aperçoit bientôt l'usine et les ruines du château de la Bastide. Jusqu'à Serdinya, le paysage change de caractère : les hameaux s'étagent en terrasses.

A. Thuillier / MICHELIN

Entre fleurs et blocs de granit, les maisons étagées d'Eus se tournent vers le sud.

De Villefranche-de-Conflent à Ille-sur-Têt

68 km – environ 6h. Quittez Villefranche-de-Conflent (voir ce nom) au sud par la D 116.

Corneilla-de-Conflent

Église Ste-Marie★ – Cette belle église romane appartenait à un ancien prieuré de chanoines réguliers de St-Augustin. Flanquée d'un clocher carré en moellons de granit, la courte façade est percée d'un portail de marbre à six colonnes du 12ᵉ s. Les trois fenêtres du chevet, sous une bande en dents d'engrenage, sont embellies de colonnettes, de chapiteaux à décor floral ou animal richement sculptés, et de voussures comprimées dans les embrasures. Le chœur conserve trois **Vierges★** assises romanes en bois sculpté, la plus ancienne, N.-D.-de-Corneilla, est caractéristique de l'école catalane du 12ᵉ s. ; la seconde, la « Barcelonaise », date du 13ᵉ s. et la dernière (14ᵉ s.) provient de la chapelle de Cuxa où elle était vénérée au Moyen Âge. Dans le bas-côté gauche, remarquer l'ancien **retable gothique★** du maître-autel, daté de 1345, bel ensemble sculpté en marbre blanc illustrant la vie de la Vierge et de Jésus. À noter, quelques détails insolites…

La route remonte la vallée du Cady, domaine des vergers de pommiers et de poiriers. Le torrent s'épanche sur un lit cailouteux.

Vernet-les-Bains★ *(voir ce nom)*

Dans la descente vers le col d'Eusèbe, la D 27, encadrée de pommiers puis de chênes, procure de très jolies vues sur la vallée du Cady. Après Fillols, on atteint le col de Millères, d'où part la route vers le Canigou *(voir ce nom)*.

La descente s'accentue dans la vallée de la Taurinya, avec de belles échappées sur St-Michel-de-Cuxa et Prades.

Abbaye St-Michel-de-Cuxa★★ *(voir Prades)*

Prades *(voir ce nom)*

Traversez Prades et allez jusqu'à Catlar par la D 619. Prenez ensuite la D 14 jusqu'à Mosset.
Pour finir votre circuit dans le Conflent, faites demi-tour.
À Catlar, prenez à gauche la D 24.

Eus★

Le village s'étage entre la grande église supérieure bâtie au 18e s. et la chapelle romane St-Vincent gardant le cimetière au fond de la vallée. On fera quelques pas dans les ruines de la cité fortifiée, autour de l'église. Par les brèches des murailles, belles échappées sur le Canigou et la plaine du Conflent.

Poursuivez le parcours le long de la D 35 en laissant à droite le pont de Marquixanes enjambant la Têt.

Prieuré de Marcevol

℘ 04 68 05 75 27 ou 04 68 05 24 25 - www.prieure-de-marcevol.fr - juil.-sept. : 10h30-12h30, 14h30-19h ; avr.-juin et oct.-nov. : tlj sf lun. 10h30-12h30, 14h30-18h ; déc.-mars : visite sur demande - fermé 1er janv., 1er Mai et 25 déc. - 3 € (-12 ans gratuit).

En contrebas d'un minuscule village de bergers et de viticulteurs se trouve un ancien prieuré (12e s.) fondé par les chanoines du St-Sépulcre. Sa façade de marbre rose est surmontée d'un curieux clocher mur et les vantaux ont conservé leurs pentures à décor de volutes. À l'intérieur, fresque représentant le Christ en majesté.

Cinq kilomètres au-delà de Marcevol, prendre à droite la D 13 qui, par une gorge granitique fleurie de cistes au début de l'été, ramène à la vallée de la Têt en passant au-dessus du **barrage de Vinça** (1977).

Prenez à droite la N 116 et encore à droite la D 25 puis la D 55.

Espira-de-Conflent

Le **mobilier★** intérieur de la petite **église** romane d'Espira (1165) illustre la grande époque de la sculpture baroque entre 1650 et 1730 : retables, panneaux de la nef inspirés de la suite des *Sept Sacrements* d'après Poussin, retable sculpté *Le Massacre des Innocents* d'après Rubens, confessionnaux, chaire. Le retable du maître-autel, avec son décor architectonique, est une œuvre de Louis Generès. Au fond de l'église, on peut admirer une **Mise au tombeau** de Sunyer (18e s.), dont les personnages sont habillés avec des vêtements du 19e s. sur lesquels on a appliqué de la peinture.

Vinça

Cette autre cité fortifiée possède une **église** du 18e s., construite dans le style gothique méridional, dont l'intérieur surprend par la richesse de sa décoration : neuf retables baroques, dont celui de Notre-Dame-du-Rosaire par Sunyer, une pietà et une Mise au tombeau du 15e s. ainsi qu'un imposant maître-autel dédié à la Vierge de l'Assomption.

Le Conflent pratique

Adresse utile

Point information tourisme de Villefranche-de-Conflent – *Pl. de l'Église - 66500 - 𝒫 04 68 96 22 96 - juil.-août : 10h-12h, 14h-18h ; avr.-juin et sept. : tlj sf dim. 10h-12h, 14h-17h ; reste de l'année : tlj sf dim.10h-12h - fermé j. fériés.*

Visite

Visites-découvertes – La vallée de la Têt, qui porte le label Pays d'art et d'histoire, propose des visites-découvertes des villages (patrimoine religieux et découvertes architecturales), animées par des guides-conférenciers agréés par le ministère de la Culture et de la Communication. *Renseignements au Pays d'art et d'histoire « Vallée de la Têt » - 𝒫 04 68 84 57 95 ou sur www.vpah.culture.fr.*

Transports

Le Train jaune – *66500 Eus - 𝒫3635.* Le Conflent et la Cerdagne peuvent se visiter en train : une ligne SNCF à voie métrique rejoint les gares de Villefranche-de-Conflent et de Latour-de-Carol (21 stations dont 13 arrêts facultatifs), sur un parcours de 62 km. La section de Mont-Louis à Olette est la plus pittoresque, empruntant le pont Gisclard et le viaduc Séjourné. Construit à l'instigation du député Emmanuel Brousse, ce train touristique aux couleurs catalanes (jaune et rouge), surnommé le « Canari », existe depuis 1910 – services réguliers assurés – dépliants disponibles dans les gares SNCF de la région.

Se loger

⊖⊜ **Chambre d'hôte La Forge** – *Mas Lluganas - 66500 Mosset - 𝒫 04 68 05 04 84 - www.maslluganas.com - 3 ch. 47/50 € ⌷.* Structure atypique appartenant à 4 associés, cette exploitation agricole abrite une ferme auberge ouverte les week-ends d'avril à octobre et tous les jours en juillet et août. Cuisine du terroir servie dans une salle à manger très rustique. Chambres d'hôte simples mais au confort actuel dans une habitation à l'écart.

⊖⊜ **Chambre d'hôte La Casa del Gat** – *Rte de Campôme, hameau de Brezes - 66500 Mosset - 𝒫 04 68 05 07 50 -⌷- 3 ch. 52/57 € ⌷.* Maison de style contemporain, nichée au cœur d'une vallée verdoyante, ouvrant sur un bel espace arboré et fleuri autour d'une piscine et d'une terrasse ensoleillée. Grand choix de guides de randonnées dans la bibliothèque. Cuisine équipée complète à disposition. À l'étage, 3 belles chambres. Site très calme.

Le Train jaune.

L. Campion / MICHELIN

Sports & Loisirs

Baignade – Après Vinça, la partie droite de la retenue de la Têt est aménagée pour la baignade.

Bains sauvages – Les sources d'eau chaude de **Thuès-entre-Valls** *(accès par un chemin communal fléché au départ du parking de la Carança),* de **Prats-Balaguer** et de **Canaveilles** ne sont pas aménagées.

Bains de St-Thomas – *Village de St-Thomas - À 2 km de Fontpédrouse - 66360 Fontpédrouse - 𝒫 04 68 97 03 13 - www. bains-saint-thomas.com - 10h-20h (juil.-août : 21h) - fermé 17 nov.-5 déc. et 1er Mai - adulte 5 €.* Source d'eau chaude naturelle aménagée en bains de plein air et couverts. Espace hammam et spa oriental ; massages et soins.

Établissement thermal de Molitg-les-Bains – *66500 Molitg-les-Bains - 𝒫 04 68 05 00 50.* Rhumatologie, voies respiratoires, dermatologie. Séjour remise en santé, forfaits (avec hébergement) de 3 à 12 jours. « Thermes découvertes » forfaits (sans hébergement) de 1 à 6 jours.

Les Corbières★★

CARTE GÉNÉRALE B4 – CARTE MICHELIN DÉPARTEMENTS 344 F/H 5/6 – AUDE (11)

Les Corbières, région montagneuse de l'Aude mordant sur les Pyrénées-Orientales, dominent de leurs hautes barres le sillon du Fenouillèdes. C'est là que se dressent les « citadelles du vertige », théâtres d'épisodes fameux du drame cathare. La garrigue épineuse et parfumée est à l'image de la vie de ses habitants : belle, austère et sans artifice… mais bien arrosée. Le vignoble a en effet conquis le fond des vallées qui sont balisées de caves-coopératives.

- ▶ **Se repérer** – Les Corbières forment un quadrilatère délimité au sud par la D 117 qui relie Perpignan à Quillan, à l'ouest par la D 118 entre Quillan et Carcassonne, au nord par l'A 61 entre Carcassonne et Narbonne et à l'est par l'A 9 qui rejoint Perpignan.

- 👁 **À ne pas manquer** – Bien sûr, les châteaux de Peyrepertuse, Quéribus et Puilaurens ; le panorama depuis le grau de Maury.

- 🕐 **Organiser son temps** – N'oubliez pas de faire le plein avant de partir, les pompes à essence étant rares. Comptez deux jours. Prenez le temps d'emprunter les toutes petites départementales qui s'enfoncent dans la garrigue. Mais attention, ça tourne et ça monte !

- 👥 **Avec les enfants** – Les châteaux cathares et le théâtre de poche Achille-Mir à Cucugnan.

- ✋ **Pour poursuivre la visite** – Voir aussi Carcassonne, le Fenouillèdes, les châteaux de Peyrepertuse, Puilaurens et Quéribus, Quillan et Rennes-le-Château.

Comprendre

Le rempart du Languedoc – Position de repli des Wisigoths refoulés du Haut-Languedoc vers le sud, puis champ de bataille ensanglanté par des combats épiques entre Francs et Sarrasins, les Corbières deviennent sous l'Empire carolingien une « marche » dont les péripéties relèvent surtout des rivalités de vassaux. Mais après l'intégration au domaine royal français en 1229, la prise des châteaux acquis à la cause des Albigeois et la renonciation du roi d'Aragon à ses droits de suzeraineté sur les territoires du nord de l'Agly en 1258, la frontière entre la France et l'Espagne se stabilise. Les « cinq fils de Carcassonne » deviennent pour cinq siècles des garnisons royales faisant face à la menace espagnole. L'annexion du Roussillon leur fera perdre leur rôle militaire.

Les abbayes – Les Corbières ont attiré les fondations monastiques et toutes leurs dépendances : prieurés, « granges », moulins à huile ou à blé, hospices, etc. Les Bénédictins étaient fixés à Alet, St-Polycarpe, St-Hilaire et Lagrasse ; les Cisterciens tenaient Fontfroide.

> **Le saviez-vous ?**
> Au 8ᵉ s., la région était dite *Vallis Corbaria*, soit « vallée fréquentée par les corbeaux ».

Circuits de découverte

LES CORBIÈRES CATHARES★★ ①

Circuit au départ de Duilhac-sous-Peyrepertuse – 177 km – prévoyez une étape d'un soir.
Le vent peut, lors de la visite des châteaux, souffler très fort, en particulier le « cers », vent du sud-ouest. En été, se protéger du soleil (chapeau et crème solaire) et emporter de l'eau à boire car l'accès aux châteaux est parfois rude. Une paire de bonnes chaussures est recommandée. Des jumelles peuvent être utiles pour regarder le paysage alentour et observer les rapaces.
Ce circuit au cœur des Corbières permet de visiter plusieurs châteaux ayant participé à l'épopée cathare. Parmi eux se trouvent les « cinq fils de Carcassonne » : Peyrepertuse, Aguilar, Termes, Puilaurens et Quéribus sont les fleurons des châteaux dits « cathares » par la grandeur et la poésie de leurs ruines. Leur situation, tout en haut de pitons rocheux imprenables, leur histoire, souvent tragique, ajoutent à l'immanquable attraction que subit tout visiteur, lancé à l'assaut de ces « citadelles du vertige ».

Duilhac-sous-Peyrepertuse

À la sortie nord du bourg, allez voir la fontaine communale, alimentée par une source d'un débit surprenant pour la région.

Château de Peyrepertuse★★★ *(voir ce nom)*
Revenez à Duilhac et continuez jusqu'à Cucugnan.

Cucugnan
Dominé par le moulin restauré, le village est bien connu pour le sermon de son curé, pièce d'anthologie du folklore d'oc (version provençale par Roumanille, adaptation française par Alphonse Daudet, traduction en vers occitans par Achille Mir).

Dans le théâtre de poche Achille-Mir, place du Platane, est donné un spectacle de théâtre virtuel sur le thème du **« Sermon du curé de Cucugnan »** selon la version d'Achille Mir, avec la voix de l'écrivain Henri Gougaud. ℘ *04 68 45 03 69 - juil.-août : 10h-20h30 ; nov.-déc. : 10h-18h ; fév. : 10h-18h30 ; mars : 10h-19h ; avr.-juin et sept. : 10h-20h ; oct. : 10h-19h30 - fermé janv. (hors vac. scol.), 1er janv., 25 déc. - 5 € (6-15 ans 3 €), billet combiné avec le château de Quéribus.*
Continuez sur la D 14.

Le village de Cucugnan parmi les vignes.

E. Larribère / MICHELIN

Château de Padern
Pour monter au château, suivez les balises jaunes du « sentier cathare » (20mn à pied AR). Attention aux ruines dangereuses par endroits. Aujourd'hui en ruine, l'ancienne propriété des abbés de Lagrasse jusqu'en 1579 a été totalement reconstruite au 17e s. On voit encore les vestiges d'une tour circulaire qui donnait accès aux étages du donjon, aujourd'hui ruiné, ainsi qu'un des murs du logis, percé de fenêtres. Belle vue sur le village et le Verdouble.
Au terme de la D 14, prenez à gauche la D 611.

Tuchan
Vous voici dans le centre de production de vins d'appellation fitou. Le vignoble du bassin de Tuchan, que l'on peut parcourir par la pittoresque D 39, fait une tache, verte ou mordorée suivant la saison, au pied de l'imposante mais désolée montagne de Tauch.
Un chemin de vignes goudronné, s'embranchant à gauche de la D 39, à l'est de Tuchan, mène au château d'Aguilar.

Château d'Aguilar
Du parking, 10mn à pied AR. Pénétrez dans l'enceinte par le sud-ouest. Aguilar, qui appartenait à la famille de Termes, devint forteresse royale en 1257, sans avoir été l'enjeu de combats avec les croisés. Construite sur un modeste pog (éminence) émergeant d'un océan de vignes, elle fut renforcée au 13e s., sur l'ordre de Louis IX, par une deuxième enceinte hexagonale flanquée de six tours rondes ouvertes à la gorge et renforcées à la base par un glacis construit en pierre à bossage. Dans l'enceinte primitive, le logis est défendu par des archères ébrasées à l'intérieur et couvertes en plein cintre. Vue agréable sur le vignoble du bassin de Tuchan et, à l'ouest, sur les ruines du château de Donneuve dont on distingue l'enceinte polygonale presque entière.
Revenez à Tuchan et prenez la D 611 à droite vers Durban.

Durban-Corbières

Durban compte peu dans l'histoire cathare puisque dès 1229, Guillaume de Durban jure fidélité au roi de France. Situé en haut du village, le château se compose d'un bâtiment rectangulaire à deux étages, percé de fenêtres géminées (13ᵉ s.) ou à meneaux (16ᵉ s.), et crénelé. Quelques autres éléments (pans de courtine, tours, citerne) sont visibles. Sur la route qui mène à Albas, un charmant **jardin botanique méditerranéen** est aménagé à flanc de colline. Sur 8 000 m², le sentier, quelque peu labyrinthique, serpente au milieu de multiples essences botaniques.
Quittez Durban à l'ouest par la D 40.

Villerouge-Termenès

Au cœur du village médiéval s'élève le **château** (12ᵉ et 14ᵉ s.), cantonné de quatre tours. Propriété des archevêques de Narbonne, il fut le théâtre en 1321 du bûcher du dernier parfait cathare connu, Guillaume Bélibaste, dont la vie de « bonhomme » traqué a été retracée dans un très beau roman d'Henri Gougaud (*Bélisbaste*, Le Seuil, coll. Points). Le château a été réhabilité pour recevoir une exposition audiovisuelle sur la vie de Bélibaste, sur l'archevêque de Narbonne, Bernard de Farges, bailli, et la gestion de sa circonscription, le dernier étage étant consacré à la vie quotidienne du bailli au Moyen Âge. Du chemin de ronde, vue sur le village et les alentours. Une aile du château abrite un restaurant médiéval (la Rôtisserie) qui propose des mets des 13ᵉ et 14ᵉ s. dans le même décorum. ✆ 04 68 70 09 11 - juil.-août : 10h-19h30 ; avr.-juin, de déb. sept. à mi-oct. : 10h-13h, 14h-18h, w.-end et vac. scol. 10h-18h ; de mi-oct. à fin mars : w.-end, j. fériés 10h-17h, vac. scol. Toussaint 10h-13h, 14h-17h (dernière admission 1h av. fermeture) - fermé lun. (sf juil.-août et si j. férié), de mi-déc. à fin fév. - 6 € (enf. 2 €).
Prenez au sud-ouest de Villerouge la D 613. Au col de Bedos, tournez à droite dans la D 40.

Col de Bedos

Il est situé sur la D 40, **route de crête★** entre des ravins boisés. Dans l'échancrure de la gorge inférieure du Sou se découpent, sur leur rocher, les ruines du château de Termes.

Château de Termes

Le bureau d'accueil du château de Termes se trouve en bas de la colline, après le pont du village. Pour accéder au château : 30mn à pied AR par un chemin en forte rampe puis en gravissant les gradins marquant les enceintes successives. ✆ 04 68 70 09 20 - www.chateau-termes.com - juil.-août : 9h30-19h30 ; avr.-juin et sept.-oct. : 10h-18h ;

mars et nov.- déc : w.-end, j. fériés et vac. scol. 10h-17h - fermé janv.-fév. - 3,50 € (enf. 1,50 €). Tenu par Raymond de Termes, hérétique notoire, le château ne tomba entre les mains de Simon de Montfort qu'à l'issue d'un siège de quatre mois, d'août à novembre 1210. La garnison, exposée au tir de nombreuses machines et minée par la dysenterie, ne survécut pas à une tentative de sortie générale. Le château fut cédé au roi de France en 1228, fortifié durant la seconde moitié du 13e s. ou au début du 14e s., puis détruit en 1653.

Défendu par le formidable fossé naturel du Sou (gorges du Terminet), le site du promontoire a plus d'intérêt que les ruines de ce « fils de Carcassonne » qui couvrait 16 000 m² de superficie.

Le château est composé de deux enceintes. À l'ouest, à l'intérieur de la 2e enceinte, se trouve la chapelle castrale dont la voûte s'est écroulée. On voit, sur le mur ouest, une ouverture cruciforme ébrasée vers l'intérieur. Parmi les vestiges, peu d'éléments sont antérieurs à la croisade.

Des abords de la poterne nord-ouest *(pentes dangereuses)* et du sommet du roc, vues impressionnantes sur les **gorges du Terminet**.

Revenez au col de Bedos et prenez à droite la D 613.

Laroque-de-Fa

Site pittoresque d'éperon fortifié, rafraîchi par le ruisseau du Sou dont on va suivre, de loin, la plongée vers l'Orbieu.

Après Mouthoumet, au pont d'Orbieu, prenez à gauche la D 212 passant devant les ruines du château d'Auriac. À Soulatgé, prenez la D 14 à droite vers Cubières. Juste avant Bugarach, tournez à gauche dans la D 45.

Pic de Bugarach

Par des vallons relativement frais mais déserts, on admire les différentes faces de la montagne (alt. 1 230 m) aux escarpements tourmentés. La montée au col du Linas à travers la vaste combe du haut Agly est particulièrement imposante. En arrière, les ruines de St-Georges – éperon ouest de la citadelle de Peyrepertuse – se confondent avec leur socle rocheux.

Avant St-Louis, la D 46 à gauche rejoint la D 9 en direction de Caudiès-de-Fenouillèdes.

Forêt domaniale des Fanges

Massif de 1 184 ha connu pour ses sapins de l'Aude exceptionnels. Le **col de St-Louis** (alt. 687 m) est un point de départ de promenades (terrain calcaire souvent chaotique).

Allez jusqu'à Caudiès et tournez à droite dans la D 117 jusqu'à Lapradelle.

Château de Puilaurens★ *(voir ce nom)*
Revenez à la D 117 que l'on suit à droite jusqu'à Maury. Là, prenez à gauche la D 19.

Grau de Maury★★
Ce petit col offre un admirable **panorama**. Les chaînes s'échelonnent en profondeur derrière la crête dentelée qui domine, au sud, la dépression du Fenouillèdes.
Tournez à droite dans une petite route en forte montée.

Château de Quéribus★★ *(voir ce nom)*
Rejoignez Cucugnan et tournez à gauche dans la D 14 pour retourner à Duilhac.

LE RAZÈS CATHARE ②
Circuit de 120 km au départ de Limoux (voir ce nom).

Les Corbières pratique

Adresse utile

Office du tourisme de Cucugnan – *Chemin de Padern - 11350 - ℘ 04 68 45 69 40 - www.corbières-sauvages.com - juil.-août : 10h-19h ; mars-juin et sept.-nov. : tlj sf dim. 10h-17h ; déc. et fév. : tlj sf dim. 10h-16h - fermé janv.*

Visite

Centre d'études cathares – Centre de recherche et de documentation sur le catharisme et les dissidences médiévales. *Maison des mémoires - 53 r. de Verdun - BP 197 - 11004 Carcassonne Cedex - ℘ 04 68 47 24 66 -*

Carte inter-sites Pays cathare – Association des sites du Pays cathare - *℘ 04 68 11 37 97 - www.payscathare.org.* Elle permet de bénéficier de réductions pour la visite de 19 sites du Pays cathare : voir p. 31.

Se loger

Camping La Bernède – *11190 Rennes-les-Bains - ℘ 04 68 69 86 49 - ouv. 12 mai-sept. - 34 empl. 16 €.* Situé dans la station thermale de Rennes-les-Bains, le camping « La Bernède » est un havre de tranquillité et de bien-être. Locations de mobil-homes.

Les gîtes La Capelle – *R. La Capelle - 11540 Roquefort-des-Corbières - ℘ 04 68 48 82 80 - www.gitelacapelle.com - -12 gîtes 240/320 €/sem. pour 6 pers.* Disposées autour d'une piscine et de son solarium, douze maisonnettes de bon confort vous attendent pour un séjour de farniente sous les palmiers. Nombreuses activités sur place.

Chambre d'hôte La Giraudasse – *2 pl. de la Fontaine - 11330 Soulatgé - 8 km à l'ouest du château de Peyrepertuse par D 14 - ℘ 04 68 45 00 16 - www.giraudasse.com - fermé de mi-nov. à mi-mars - 5 ch. 65 € - repas 25 €.* Monsieur Somoza vous reçoit chaleureusement dans cette maison de maître datant de 1670, bâtie au pied d'un petit cours d'eau. Chambres spacieuses à dominante blanche, jardin incluant un verger et excellente table d'hôte concoctée à partir de produits frais. Dégustation de vins de la région.

Chambre d'hôte du Château de Haut Gléon – *11360 Villesèque-des-Corbières - ℘ 04 68 48 85 95 - www.hautgleon.com - 6 ch. 70 €.* Aménagées dans d'anciennes maisons de bergers et de vendangeurs, les chambres de cette propriété viticole possèdent chacune une décoration différente, mais toujours atypique. Alicante, la plus insolite, avec sa salle de bains en mezzanine, ravira les amateurs. Dégustation des vins du domaine dans le caveau.

Chambre d'hôte du Domaine Grand Guilhem – *1 chemin du Col-de-la-Serre - 11360 Cascastel - ℘ 04 68 45 86 67 - www.grandguilhem.com - 4 ch. et 2 gîtes 88 €.* Superbe propriété de vignerons datant du 19e s. entourée d'un parc aux arbres centenaires. Intérieur décoré avec goût, beaux meubles de famille, teintes chaleureuses, terre cuite, carrelages anciens… Soirées « vin et musique », week-ends et séjours à thème (initiation à la dégustation, à la viticulture, etc.).

La Tourette – *4 passage de la Vierge - 11350 Cucugnan - ℘ 04 68 45 07 39 - www.latourette.eu - 115 €.* La propriétaire a décoré cette maison avec un goût sûr et les chambres Prune, Turquoise et Indigo sont insolites et réellement exquises. Jacuzzi sous un olivier, dans le patio.

Se restaurer

Cave d'Agnès – *29 r. Gilbert-Salamo - 11510 Fitou - ℘ 04 68 45 75 91 - restocavedagnes@orange.fr - fermé 13 nov.-31 mars - réserv. obligatoire - 16/38 €.* Une fois que vous aurez goûté à la douceur de vivre de cette vieille grange retranchée sur les hauteurs du village, vous aurez du mal à la quitter. Outre les grillades préparées sous vos yeux dans la salle à manger rustique, le chef mitonne de généreuses recettes régionales. Un bon fitou en constituera l'escorte idéale…

Le Clos de Cascastel – *Quai de la Berre - 11360 Cascastel - ℘ 04 68 45 06 22 - leclosdecascastel@orange.fr - fermé mar. hors sais., 1er-20 mars, 1er-21 nov. - 17/39 €.* Le village, entouré par le vignoble des Corbières, est proche des « citadelles du vertige ». Salle à manger égayée d'une fresque marine, cuisine du marché et vins du cru.

⊖⊜ **Auberge de Cucugnan** – *2 pl. de la Fontaine - 11350 Cucugnan - ☏ 04 68 45 40 84 - contact@auberge-cucugnan.com - fermé 1er janv.-15 mars - 18/44 € - 9 ch. 46 € - ⊑ 6,50 €.* Il faut parcourir, plutôt à pied qu'en voiture, un dédale de ruelles pour parvenir jusqu'à cette grange aménagée. Son cadre authentique, son atmosphère campagnarde et sa cave à vin riche de crus régionaux permettent d'apprécier pleinement la généreuse cuisine mi-terroir, mi-traditionnelle mitonnée par le chef.

⊖⊜ **Auberge du Vigneron** – *2 r. Achille-Mir - 11350 Cucugnan - ☏ 04 68 45 03 00 - www.auberge.vigneron.com - fermé dim. soir, lun. sf le soir en juil-août, 13 nov.-28 fév. - 22/38 € - 7 ch. 49/65 € - ⊑ 7 €.* Une maison de village où l'on compte bien vous faire découvrir les plaisirs d'une table simple, d'un vin des Corbières et des petites chambres chaleureuses… Son restaurant, dans un ancien chai, s'installe en été sur une belle terrasse avec vue sur les montagnes…

Que rapporter

👁 **Bon à savoir** – La marque « **le Pays cathare** », déposée à l'INPI propriété du Département, s'appuie sur des critères de qualité stricts définis par les professionnels et constitue une garantie pour le consommateur.

Cave des Vignerons de Fitou – *Les Cabanes - D 6009 - 11510 Fitou - ☏ 04 68 45 71 41.* Créée en 1933, cette cave-coopérative produit vins de table et mousseux. On peut leur préférer le fameux muscat de Rivesaltes, le maccabéo ou encore le Fitou cuvée Référence, tous trois médaillés d'or, et enfin le Terre natale plusieurs fois primé, vedette parmi les vedettes.

Cellier du palais abbatial – *5 Les Courtals - 11160 Caunes-Minervois - ☏ 04 68 78 00 98 - juin-sept. : tlj sf sam. et dim. 10h-12h, 16h-18h ; oct.-mai : mar. et vend. 14h-18h.* C'est dans l'abbaye du 13e s. que se trouve le caveau où se déroulent dégustations commentées et visites, pour tout savoir du minervois, son histoire et son élaboration. L'occasion de découvrir également le costos roussos et la cuvée du palais abbatial, issus de cépages syrah, carignan et grenache.

Les Vignerons de Cucugnan – *11350 Cucugnan - ☏ 04 68 45 41 61.* Disposant d'un caveau ouvert à la dégustation, cette coopérative produit quelques petits trésors dont la cuvée Guilhem, primée au concours général agricole. On peut également citer les vins AOC Corbières, rouge ou rosé, avec une mention spéciale pour la cuvée Seigneur de Quéribus.

La Couvertoirade★

153 COUVERTOIRADIENS
CARTE GÉNÉRALE C2 – CARTE MICHELIN DÉPARTEMENTS 338 L7 – AVEYRON (12)

Au milieu du plateau du Larzac, il est un vestige de l'histoire templière et hospitalière : La Couvertoirade, ancienne dépendance de la commanderie de Ste-Eulalie. L'enceinte presque intacte qui la protège fut élevée en 1439 par les chevaliers de St-Jean de Jérusalem. Et pour ne rien gâcher, de belles demeures aux encadrements de portes remarquables ajoutent au charme des lieux. Une flânerie intemporelle dans un minuscule bourg fortifié.

Les fortifications de La Couvertoirade dominent le plateau du Larzac.

▶ **Se repérer** – À 81 km au nord-ouest de Montpellier et à 42 km au sud de Millau par la D 809 puis l'A 75.

🅿 **Se garer** – Parking payant obligatoire, à durée illimitée (2 €).

👁 **À ne pas manquer** – La vue sur le village des remparts ; l'église fortifiée et la charmante lavogne.

🕐 **Organiser son temps** – Le matin avant 10h, le lieu désert n'est qu'à vous mais boutiques et point info sont fermés ; après 10h, le village s'anime et se partage… Comptez 1h pour en faire un tour audioguidé (le commentaire est de qualité).

👫 **Avec les enfants** – Le musée d'Automates de Sauclières mais aussi le panorama sur le Larzac depuis le signal de Montaymat, tout près de La Couvertoirade (alt. 870 m).

🌿 **Pour poursuivre la visite** – Voir aussi le massif de l'Aigoual, les gorges de la Dourbie, le causse du Larzac, Lodève, Millau, le cirque de Navacelles, Roquefortsur-Soulzon, St-Guilhem-le-Désert et l'ancienne abbaye de Sylvanès.

Se promener

Remparts

✆ 05 65 58 55 59 - www.lacouvertoirade.com - juil.-août : 10h-19h ; avr.-juin et sept. : 10h-12h, 14h-18h ; mars et de déb. oct. à mi-nov. : 10h-12h, 14h-17h - fermé de mi-nov. à déb. mars - 3 € - possibilité de visite guidée sur demande, combinant remparts et église fortifiée, en juil.-août (6 €).

Franchir la porte nord et prendre l'escalier qui s'amorce au pied de la maison Scipione (Renaissance). La tour nord, très haute, de plan carré, semble avoir joué le rôle de tour de guet. Elle abrite une exposition permanente sur l'histoire locale.

En suivant le chemin de ronde, à gauche, jusqu'à la tour ronde, vue curieuse sur le bourg et la rue Droite.

Revenez au pied de la tour nord et pénétrez dans le bourg en appuyant sur la gauche.

Église fortifiée

☎ 05 65 58 55 59 - mêmes conditions de visite que les remparts.

Légèrement en hauteur, à l'extrémité de la place d'armes, elle offre un joli **point de vue★** sur le village. Édifiée au 14ᵉ s. par les Hospitaliers, elle participait à la défense de la cité (une archère canonnière est visible dans la tour de l'extérieur du village). Dans le cimetière clos, moulages de stèles discoïdales.

Passez la brèche dans l'enceinte à la hauteur du cimetière pour repérer, à droite, les vastes ruines de l'ancienne grange et des écuries du château : elles donnent une idée de l'importance du site, qui comptait au 14ᵉ s. plus d'habitants que Ste-Eulalie et La Cavalerie.

> **Le saviez-vous ?**
> En occitan, *Cubertoirada* signifie « eau couverte » ou « citerne ». Celle-ci était indispensable à la survie du village étant donné l'aridité du causse !

Château

Construit par les Templiers aux 12ᵉ et 13ᵉ s., le donjon a perdu ses deux étages supérieurs.

Prenez à gauche jusqu'à une vaste place, ancienne mare asséchée, et là, par la droite, contournez un ensemble de maisons pour gagner la rue Droite.

Rue Droite

Aujourd'hui investies par des artisans (émaux, poterie, verrerie, savonnerie, sculpture), ses maisons sont typiquement caussenardes, avec leurs escaliers extérieurs desservant le balcon d'accès aux pièces d'habitation, et la voûte abritant la bergerie du rez-de-chaussée. Repérez aussi plusieurs citernes.

Franchir la porte sud (porte d'Aval), dont la tour s'est effondrée, pour voir un bel exemple de **lavogne★** (mare dallée, conçue pour recueillir les eaux de pluie et abreuver le bétail). Celle-ci a été transférée au 19ᵉ s., par les Couvertoiradiens, pour des raisons sanitaires. Elle occupait à l'origine la petite place sur laquelle ouvre la porte sud.

Longez extérieurement les remparts sur la droite pour regagner la voiture.

Aux alentours

Musée d'Automates de Sauclières

13 km au sud-est. Sur la D 7, près du croisement avec la D 999. ☎ 05 65 62 11 81 - www. musee-automates-santons.fr - ♿ - juil.-août : 10h-19h ; avr.-juin et sept.-oct. : 10h-12h, 14h-18h ; fév.-mars : tlj sf w.-end 14h-17h - nov.-déc. : tlj sf sam. 14h-17h - fermé janv. - 3,80 € (enf. 2,50 €). Petite boutique de santons et automates.

Plus que des automates, ce sont des santons que vous pourrez découvrir ici. Deux salles sont en effet consacrées à de minutieuses reconstitutions des villages et des métiers d'autrefois. Quelques automates grandeur nature s'animent en fin de parcours.

La Couvertoirade pratique

♿ Voir aussi les gorges de la Dourbie et Lodève.

Adresse utile

Point info tourisme de La Couvertoirade – *☎ 05 65 58 55 59 - juil.-août : 10h-19h ; avr.-juin et sept. : 10h-12h, 14h-18h ; mars et de déb. oct. à mi-nov. : 10h-12h, 14h-17h - fermé de mi-nov. à déb. mars.*

Se restaurer

La Crêperie Montes – *R. Droite - ☎ 05 65 58 10 71 - www.larzac-meridional. fr - fermé de fin vac. de Toussaint aux vac. scol. de printemps - 15/18 €.* Au programme, des crêpes, bien sûr, mais avec huile d'olive et herbes de Provence ! Une petite dégustation sera la bienvenue pour agrémenter la visite du bourg historique. Vous serez bien accueilli dans sa jolie salle voûtée, décorée de gravures, dessins et vieux outils.

Grotte de **Dargilan**★★

CARTE GÉNÉRALE C2 – CARTE MICHELIN DÉPARTEMENTS 330 I9 – LOZÈRE (48)

Du nom du hameau voisin, la grotte de Dargilan reçoit sa première visite sérieuse en 1888 quand Édouard Alfred Martel et ses compagnons l'explorent de fond en comble. La Société des gorges du Tarn, sous la direction de Louis Armand, aménage ensuite des escaliers de fer, des rampes et des passerelles, puis, en 1910, des éclairages électriques qui permettent, aujourd'hui encore, de circuler sans danger dans ce ventre de la terre.

A. Cassaigne / MICHELIN

- ◗ **Se repérer** – À 36 km à l'est de Millau par la D 907 puis la D 996 et à 43 km au sud-ouest de Florac. Depuis Meyrueis, prenez la D 39, puis la D 139. Vous pouvez aussi y aller à pied par le GR 62A.

- ◉ **À ne pas manquer** – La grande salle du Chaos, les stalagmites de la salle de la Mosquée, la draperie de calcite dans le couloir des Cascades pétrifiées.

- ◷ **Organiser son temps** – Comptez 1h (visite guidée).

- ♟ **Avec les enfants** – La visite, sans aucune difficulté d'accès, séduira même les plus jeunes.

- ♺ **Pour poursuivre la visite** – Voir aussi le massif de l'Aigoual, l'aven Armand, les gorges de la Dourbie, Florac, Meyrueis, Millau, le chaos de Montpellier-le-Vieux, et les gorges du Tarn.

Ne manquez pas le « clocher ».

Visiter

☏ 04 66 45 60 20 - juil.-août : 10h-18h30 ; avr.-juin et sept. : 10h-17h30 ; oct. : 10h-16h30 - fermé reste de l'année - 8,50 € (6-18 ans 5,80 €).

En 1880, le berger Sahuquet voit entrer un renard dans une fissure : il agrandit l'ouverture, s'y avance et se retrouve dans une immense salle obscure. Aïe ! il se croit dans le vestibule de l'Enfer et détale : la grotte de Dargilan venait d'accueillir son premier visiteur.

Cette cavité est aussi baptisée « grotte rose » à cause de la couleur de ses concrétions. On pénètre directement dans la **grande salle du Chaos**, qui se présente comme un chaos souterrain sur lequel se trouvent des concrétions en cours d'édification.

Au fond de la grande salle : la salle de la Mosquée, de dimensions plus réduites, est très riche en belles stalagmites. La Mosquée, représentée par une masse de stalagmites aux reflets nacrés, est flanquée du Minaret, belle colonne de 20 m de hauteur.

La salle Rose contiguë à la Mosquée doit son nom à la couleur de ses concrétions. Revenu dans la grande salle, on entreprend alors la descente, par des escaliers, dans les profondeurs de la grotte.

Un puits naturel de descente conduit au couloir des Cascades pétrifiées où une **magnifique draperie**★★ de calcite, d'un brun rouge taché d'ocre jaune et de blanc, se déploie sur 100 m de longueur et 40 m de hauteur.

La salle du Lac tire son nom d'une nappe d'eau peu profonde. Elle est ornée de draperies translucides minces et repliées. Par le Labyrinthe et la salle des Gours, autrefois parcourus par un courant d'eau qui a laissé des traces sous forme de gours, on accède à la salle du Clocher, au centre de laquelle jaillit une pyramide élancée, haute de 20 m : le Clocher.

Dargilan pratique

♿ Voir Meyrueis.

Bon à savoir – Pensez à prendre une petite laine, il ne fait que 10 °C à l'intérieur de la grotte, même en été !

Grotte des **Demoiselles**★★★

CARTE GÉNÉRALE D2 – CARTE MICHELIN DÉPARTEMENTS 339 H5
SCHÉMA P. 221 – HÉRAULT (34)

On pourrait l'imaginer trou béant s'enfonçant dans les entrailles de la terre, elle est anfractuosité dans le plateau de Thaurac dominant la vallée de l'Hérault. Si bien que, chose peu banale, pour atteindre le cœur de cette grotte, il ne faut pas descendre mais monter! Un funiculaire évite tout effort pour gagner l'intérieur où, si vous vous mettez dans la peau des premiers visiteurs, l'émerveillement sera complet.

▶ **Se repérer** – À 43 km au nord de Montpellier par la D 986 et à 9 km au sud de Ganges. À St-Bauzille-de-Putois, prenez la route à sens unique qui s'élève en lacet à flanc de montagne et conduit aux deux terrasses près de l'entrée de la grotte.

🅿 **Se garer** – Les terrasses sont aménagées en vastes parkings plantés d'arbres encore jeunes. De là, belle vue sur la montagne de la Séranne et la vallée de l'Hérault. Les escaliers en terrasses menant du parking à l'entrée de la grotte sont plantés de sauge, verveine, iris, ciste, lavatère, agave, cyprès, etc.

👁 **À ne pas manquer** – La grande salle et la stalagmite de la Vierge à l'Enfant.

🕐 **Organiser son temps** – Comptez 1h (visite guidée). En saison, prévoyez un petit temps d'attente avant de rentrer dans la grotte, et n'oubliez pas la petite laine de rigueur…

👫 **Avec les enfants** – Tout leur plaira, arrivée en petit train comprise.

♿ **Pour poursuivre la visite** – Voir aussi Ganges, le cirque de Navacelles, St-Guilhem-le-Désert, St-Hippolyte-du-Fort, St-Martin-de-Londres et le Vigan.

Visiter

📞 04 67 73 70 02 - www.demoiselles. fr - température : 14 °C - visite guidée (dernier départ 1h av. fermeture) - juil.- août : 10h-18h ; avr.-juin et sept. : 10h-17h30 ; mars et oct. : dép. à 10h, 11h, 14h, 14h45, 15h30, 16h30 ; nov.- fév. : tlj sf sam. 14h, 15h et 16h (dim. et vac. scol. dép. suppl. à 10h et 11h) - fermé 3 sem. en janv., 1ᵉʳ janv. et 25 déc. - 8,50 € (enf. de 1 € à 5 €).

👫 De la gare supérieure du funiculaire, forée en pleine montagne au niveau de la voûte, on gagne, par une série de salles, l'orifice naturel de l'aven. L'aménagement de la grotte, étant donné la date de sa découverte,

> ### Quelles demoiselles ?
>
> Si la grotte fut officiellement découverte à la fin du 18ᵉ s., on raconte qu'un des premiers explorateurs, un dénommé Jean, aurait dégringolé dans la grande salle. À son arrivée un peu bousculée, il ne vit pas « 36 chandelles » mais mille et une demoiselles, petites fées dansant tout autour de lui… La légende fit le reste.

est un peu trop voyant. Mais on l'oublie vite, frappé dès l'abord par l'abondance et les dimensions des concrétions qui tapissent les parois. La sensation d'écrasement que l'on éprouve devant cette grandiose architecture persiste durant toute la visite.

De l'aven, par une série de couloirs étroits, on débouche en surplomb sur la partie centrale de la grotte proprement dite : une immense salle longue de 120 m, large de 80 m et haute de 50 m. Ces dimensions imposantes, les énormes colonnes qui semblent soutenir la voûte, un silence impressionnant et jusqu'à la légère brume qui flotte dans l'atmosphère composent le saisissant tableau d'une gigantesque « cathédrale ».

On fait le tour de cette salle magnifique en descendant par paliers jusqu'à la légendaire stalagmite de la **Vierge à l'Enfant** juchée sur son piédestal de calcite blanche. On se retourne alors pour admirer l'imposant buffet d'orgue qui décore la paroi nord de la grotte.

Le cheminement se poursuit entre de belles draperies, soit translucides, soit formant tribunes pour de curieux personnages de théâtre.

À la sortie de la grotte, le sentier en surplomb offre un beau panorama sur la vallée de la Jonte.

Grotte des Demoiselles pratique

Adresse utile

Office du tourisme de Ganges – *Plan de l'Ormeau - 34190 - www.ot-cevennes.com - ✆ 04 67 73 00 56 - juil.-août : 9h-12h30, 14h-19h ; sam. 9h30-12h30, 15h-19h, dim. 9h30-12h30 ; sept.-juin : tlj sf dim. 9h-12h, 14h-18h, sam. 9h30-12h30 - fermé j. fériés sf 14 Juil. et 15 août.*

Se loger

🍴🛏 **Hôtel du Domaine de Blancardy** – *34190 Moulès et Baucels - ✆ 04 67 73 94 94 - www.blancardy.com - fermé 15 janv.-9 mars - 12 ch. 55/95 € ⌷ - rest. 13/39 €.* Entre vignes et garrigue, sur un immense domaine à flanc de coteau, cet établissement compte 12 chambres alliant grand confort et caractère, réparties entre le mas du 12e s. et les anciennes écuries. Délicieuse table d'hôte à base, principalement, de produits du domaine ; spécialité de foies gras et de confits.

Se restaurer

🍴 **Restaurant des Grottes** – *34190 St-Bauzille-de-Putois - 2,5 km à l'ouest de la grotte des Demoiselles - ✆ 04 67 73 70 28 - fermé le soir sf juil.-août, de fin sept.-à déb. oct. -✉ - 12/26 €.* Après les ténèbres de la grotte, installez-vous sur cette terrasse, à l'ombre du marronnier et du micocoulier séculaires. À l'intérieur, le temps semble s'être arrêté au moment de la création du restaurant en 1951… Bon rapport qualité/prix.

🍴🛏 **Auberge de Tourres** – *Lieu-dit Tourres - 30170 Pompignan - 2 km à l'est de Pompignan par D 181 et D 181B - ✆ 04 66 77 76 57 - www.aubergedetourres.com - ouv. le soir en juil.-août - 20 € - 4 ch. 45/50 € ⌷.* Cette ancienne ferme entièrement restaurée abrite 4 chambres (dont une accessible aux personnes à mobilité réduite) propres et bien entretenues. Côté restauration, l'auberge propose une carte restreinte mais d'excellente qualité. Grande simplicité pour un prix vraiment très correct.

Événements

Messe de minuit dans la grotte chaque 24 décembre et quelques concerts programmés.

Gorges de la **Dourbie**★★

CARTE GÉNÉRALE C2 – CARTE MICHELIN DÉPARTEMENTS 338 L6
AVEYRON (12) ET GARD (30)

Bien moins fréquentées que les gorges du Tarn mais recélant des sites tout aussi pittoresques, les gorges et le canyon se longent par des routes sinueuses, à fleur de vertige. Le plus souvent étroite et encaissée, la Dourbie garde toute la fraîcheur sauvageonne de ses eaux à truites tandis que, écrasés de soleil, les villages de pierre sèche se perchent à mi-hauteur, à flanc de coteaux.

- ◗ **Se repérer** – Les circuits partent de Nant, à 34 km au sud-est de Millau par la D 809 puis la D 999 qui longe le camp militaire du Larzac.

- ◉ **À ne pas manquer** – La route en elle-même, pour ses charmants lacets et ses vues époustouflantes ; pour ceux qui aiment manger avec les doigts, déguster des écrevisses à Nant.

- ◷ **Organiser son temps** – Comptez 30mn pour visiter Nant, 2h pour l'ensemble des circuits.

- 👪 **Avec les enfants** – Le musée d'Automates à Sauclières et l'Espace de l'eau à Noria.

- ⚘ **Pour poursuivre la visite** – Voir aussi le massif de l'Aigoual, La Couvertoirade, la grotte de Dargilan, le causse du Larzac, Millau, le chaos de Montpellier-le-Vieux, et Meyrueis.

Découvrir

NANT

Ce fertile « Jardin de l'Aveyron » a été créé par les moines du monastère de Nant, dont la fondation remonte au 7e s. À peine installés dans cette région marécageuse, les moines commencent les travaux d'assèchement de la vallée. Mais, vers 730, le monastère est détruit par les Sarrasins ; les religieux sont dispersés.
Deux siècles plus tard, le couvent est reconstruit et la tâche d'assèchement est reprise :

le Durzon est canalisé (les canalisations subsistent encore). La région, autrefois couverte d'ajoncs, devient un véritable jardin planté de vignes, entouré de belles prairies.

En 1135, le pape Innocent II érige le monastère en abbaye. L'église St-Pierre est reconstruite, plusieurs églises sont édifiées aux environs : St-Martin-du-Vican, N.-D.-des-Cuns, etc. Les abbés attirent un noyau de population qui forme peu à peu une petite ville dont ils sont les seigneurs. Cette ville, entourée de fortifications, devient aux 14e et 15e s. une solide place forte qui, au cours des guerres de Religion, sera un pilier du catholicisme. Son collège, créé en 1662, qui enseigne les belles-lettres et la philosophie, est le plus fréquenté du Rouergue.

Église abbatiale St-Pierre

12e s. Elle offre le caractère sévère d'une forteresse dominée par son donjon. Celui-ci, après la démolition en 1794 du clocher qui s'élevait à la croisée du transept, fut surmonté d'une flèche, refaite en 1960.

Un narthex s'ouvrait par trois grandes arcades. Dans celle du centre a été inséré un portail gothique. Une arcature trilobée plaquée sur la façade le surmonte.

Remarquez les **chapiteaux★** historiés ou à motifs géométriques et floraux, le chœur et sa série d'arcatures, deux tribunes, l'une au-dessus du narthex, l'autre sur pendentifs au carré du transept.

Vieille halle

Elle faisait partie de la cour de l'ancien monastère. Ses cinq arcades trapues datent du 14e s. Elle abrita un marché qui fut longtemps prospère.

Pont de la Prade

14e s. Très belle arche ; on en aura une bonne vue depuis la chapelle du Claux (mémorial érigé en souvenir des Nantais victimes des guerres de Religion).

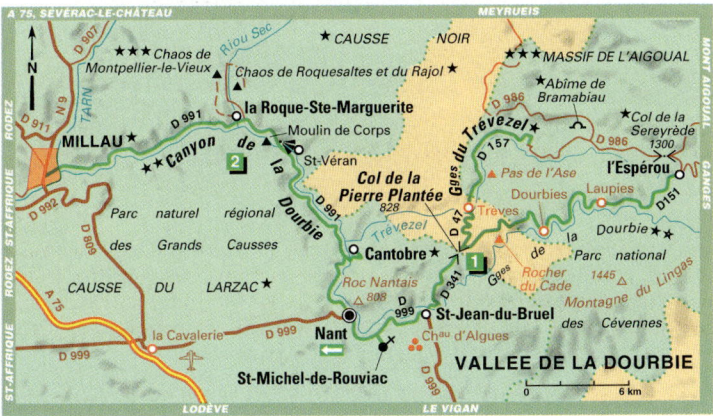

Circuits de découverte

LES GORGES★★ 1

De Nant à l'Espérou – 35 km – environ 1h. Quittez Nant au sud-est par la D 999. De nombreux virages brusques et des croisements souvent difficiles obligent à une prudence accrue, en particulier entre le village de Dourbies et le hameau des Laupies.

Entre Nant et St-Jean-du-Bruel, la vallée de la Dourbie est large et riante. Sur la gauche apparaissent les quatre tours du château de Castelnau, transformé en ferme. *Laissez la voiture au panneau « St-Michel », à droite de la route, et montez à pied le petit chemin qui mène à la chapelle.*

St-Michel-de-Rouviac

Formant un ensemble harmonieux avec le cimetière et le presbytère, la charmante chapelle romane apparaît sur un fond de verdure. Ancien prieuré dépendant de l'abbaye de Nant au 12e s., on y voit les mêmes types de décorations : chapiteaux avec entrelacs et palmettes.

La vallée est dominée au sud par les ruines du château d'Algues, au nord par les escarpements du causse Bégon qui lance au-dessus de Nant un éperon rocheux, appelé le roc Nantais.

St-Jean-du-Bruel

À l'entrée des gorges de la Dourbie, c'est le point de départ de nombreuses randonnées. Un vieux pont du 15ᵉ s., en dos d'âne, passe au-dessus de la rivière. Du Pont neuf, vue pittoresque sur les rives de la Dourbie ; à côté, belle halle du 18ᵉ s.

Noria – L'Espace de l'eau★ – ✆ 05 65 62 20 32 - www.noria-espacedeleau.com - ♿ - juil.-août : 10h-19h ; avr.-juin et sept.-oct. : tlj sf lun. 13h30-18h - fermé reste de l'année - 7 € (enf. 5 €).

👥 Sur les bords de la Dourbie, l'ancien moulin a connu bien des reconversions et de redoutables crues depuis le 13ᵉ s. Il a beaucoup travaillé pour la fabrication de bas au 18ᵉ s. et s'est même mis, plus récemment, à la production d'électricité. Il est aujourd'hui au cœur d'un espace pédagogique passionnant qui explique de manière interactive et ludique l'importance de l'eau pour l'homme, pour la vie, que ce soit dans les causses, sur la terre, dans l'univers. Parmi les nombreuses animations, une intéressante présentation du système hydroélectrique de la vallée du Tarn. Espace de jeux.

> **Le saviez-vous ?**
>
> Ici, manger des écrevisses est une tradition bien ancrée et, ma foi, recommandée, à tel point que les Nantais, aujourd'hui au nombre de 846, étaient surnommés les *manja-escarabissas*.

L'agréable village de St-Véran domine le canyon de la Dourbie.

A. Cassaigne / MICHELIN

Col de la Pierre Plantée

Alt. 828 m. La vue se dégage sur la vallée de la basse Dourbie et, au-delà, sur la montagne du Lingas et le causse du Larzac.

Prenez à gauche la D 47.

Gorges du Trévezel★

Entre le massif de l'Aigoual et la vallée de la Dourbie, le Trévezel coule dans un lit chaotique. La vallée se rétrécit peu à peu pour devenir un défilé entre des versants escarpés que surmontent de hautes falaises de 400 m aux colorations changeantes. Dans sa partie la plus étroite, appelée dans la langue du pays le « Pas de l'Ase » (le pas de l'âne), le canyon ne dépasse pas une trentaine de mètres de largeur.

Revenez au col de la Pierre Plantée et tournez à droite dans la D 151. Jusqu'à Dourbies, la route, parfois étroite et sinueuse, domine d'une très grande hauteur les **gorges de la Dourbie★★** (d'environ 300 m au rocher du Cade – du genévrier – situé à 5 km de Dourbies). C'est un splendide parcours en corniche, souvent impressionnant et offrant des vues plongeantes de toute beauté sur le gouffre boisé, hérissé de roches granitiques et schisteuses, au fond duquel coule la rivière.

L'Espérou *(voir massif de l'Aigoual)*

LE CANYON★★ 2

De Nant à Millau – 32 km – environ 1h.

En aval de Nant, la vallée s'encaisse de nouveau, cette fois entre les calcaires des Grands Causses.

Cantobre★

Ce pittoresque village, situé au confluent du Trévezel et de la Dourbie, se dresse sur un promontoire du causse Bégon.

Canyon de la Dourbie★★

Ses versants s'élèvent et se hérissent de roches calcaires, curieusement sculptées par l'érosion.

À hauteur de **St-Véran**, perché dans un site pittoresque, la route offre une belle **vue★** sur le village aux maisons restaurées et sur la tour, seul témoin de l'ancien château du **marquis de Montcalm** (1712-1759) qui mourut à Québec, au Canada, en défendant la ville assiégée par les Anglais ; en contrebas se dresse l'église de Treilles.

On passe devant le **moulin de Corps**, alimenté par une résurgence, dans un site enchanteur.

La Roque-Ste-Marguerite

Ce village s'étage à l'entrée du ravin du Riou Sec, au pied de la tour à mâchicoulis d'un château (17e s.) dont la chapelle romane sert aujourd'hui d'église (accès par des ruelles tortueuses). Le village est dominé par les rochers ruiniformes du Rajol *(voir Meyrueis)* et de Montpellier-le-Vieux *(voir ce nom)*.

Gorges de la Dourbie pratique

Adresse utile

Office du tourisme de Nant – *Chapelle des Pénitents -12230 Nant - ℘ 05 65 62 24 21 - www.ot-nant.fr - juin.-sept. : 9h30-12h30, 14h30-19h ; oct.-mars : lun.-vend. 9h30-12h30, 14h30-17h30 ; avr.-mai : lun.-sam. 9h30-12h30, 14h30-17h30 - fermé j. fériés d'oct. à mars.*

Se loger

☎ **Hôtel Midi-Papillon** – *12230 St-Jean-du-Bruel - ℘ 05 65 62 26 04 - fermé 12 nov.-2 avr. -* 🅿 *- 18 ch. 35/62 € - ⊑ 5,50 € - rest. 14/39 €.* Cet hôtel de village est tenu par la même famille depuis quatre générations. Une longévité qui rime ici avec bon accueil et professionnalisme. Ses confortables chambres sont soignées et la cuisine du terroir généreuse. Piscine dans le joli jardin.

☎ **Hôtel des Gorges** – *Pl. de la Bories - 12230 St-Jean-du-Bruel - 7 km à l'est de Nant par D 999, le long de la Dourbie - ℘ 05 65 62 07 99 - www.hotel-des-gorges. com - fermé de mi-nov. à Pâques -* 🅿 *- 8 ch. 42/50 € - ⊑ 6 €.* Au cœur du bourg, près de la Poste, ce petit hôtel propose des chambres simples, fonctionnelles toutes équipées d'un agréable balcon. Pour les petits-déjeuners, en été, vous bénéficierez d'un coquet jardin verdoyant et ombragé.

☎☺ **Gîtes et chambre d'hôte - Catherine et Thierry Schreiber** – *10 r. Damade - au centre du village, près de l'église - ℘ 05 65 62 26 73 - www.gites-nant. com -* 🖃 *- 3 ch. 59 € ⊑.* Trois maisons du vieux bourg, adossées aux anciens remparts. Les chambres, rénovées, sont très agréables et arborent une jolie décoration associant poutres apparentes, sol en pierre d'époque et touches contemporaines. Les réservations peuvent s'effectuer en séjour gîte ou en chambre d'hôte.

☎☺ **Chambre d'hôte L'Hermitage St-Pierre** – *St-Pierre-de-Revens - 11 km au nord-ouest de Nant dir. Millau sur D 991 - ℘ 05 65 62 27 99 - madeleine.macq@ wanadoo.fr -* 🖃 *- 5 ch. 69/79 € ⊑.* Cette belle maison fut successivement une chapelle aux 10e et 11e s., un relais des Templiers, puis une église. Retapée par un couple de retraités, elle abrite maintenant des chambres aménagées avec goût. Vous profiterez des eaux pures de la Dourbie pour vous baigner...

Elne ★

6 410 ILLIBÉRIENS
CARTE GÉNÉRALE C5 – CARTE MICHELIN DÉPARTEMENTS 344 I7
PYRÉNÉES-ORIENTALES (66)

Cette petite ville emprisonnée par des remparts est la capitale spirituelle mais aussi la cité la plus ancienne du Roussillon. Elle a eu le privilège d'en abriter le siège épiscopal (du 6e s. à 1602) ce qui lui a valu de briller, plus intensément même que Perpignan. Vestige de cette splendeur : le superbe cloître de sa cathédrale. Aujourd'hui, le regard aime à dévaler les collines orangées couvertes d'abricotiers et de pêchers.

▶ **Se repérer** – À 14 km au sud de Perpignan par la D 914 et à 6 km de la mer, entre les vergers d'abricotiers et de pêchers qui bordent la D 4 et la D 612, Elne est une ville-étape sur le chemin de l'Espagne.

👁 **À ne pas manquer** – Le cloître et les chapiteaux historiés de la cathédrale.

🕐 **Organiser son temps** – Comptez 2h pour visiter la cathédrale et les musées.

👪 **Avec les enfants** – Le Tropique du Papillon.

🍃 **Pour poursuivre la visite** – Voir aussi Argelès-Plage, Le Boulou, la côte Vermeille, Perpignan, St-Génis-des-Fontaines et le prieuré de Serrabone.

Le saviez-vous ?

Baptisée Illibéris au temps des Ibères, Elne hérite son nom de l'ancien Castrum Helenae, choisi en l'honneur de l'impératrice Hélène, la mère de Constantin.

Visiter

Cathédrale Ste-Eulalie-et-Ste-Julie★

Sa construction remonte au 11e s. puis fut complétée aux 14e-15e s., montrant les trois phases d'évolution de l'art gothique. Le plan primitif prévoyait deux clochers : seul fut réalisé le clocher carré de droite, en pierre.

Dans la chapelle à côté du portail sud (chapelle n° 3), retable peint par un maître catalan du 14e s. : les apparitions et les miracles de saint Michel ; en face de la porte d'entrée sud-est, sous la croix de la passion dite des « Impropères », intéressant bénitier de marbre cannelé en creux, évidé dans une vasque antique décorée d'une large feuille d'acanthe.

Cloître★★ – *Accès au cloître en contournant le chevet de l'église par la gauche -* 📞 *04 68 22 70 90 - juin-sept. : 9h30-18h45 ; avr.-mai : 9h30-17h45 ; oct. : 9h30-12h15, 14h-17h45, nov.-mars : 9h30-11h45, 14h-16h45 - fermé 1er janv., 1er Mai, 25 déc. - 5 € (enf. 2 €), billet combiné avec le musée Terrus.*

👪 La galerie sud, adossée à la cathédrale, fut élevée au 12e s. Les trois autres furent bâties du 13e au 14e s. (mais partie gothique copiée sur la partie romane).

Les **chapiteaux historiés★★** des colonnes jumelées s'illustrent, particulièrement sous les tailloirs des piliers quadrangulaires, par un fantastique décor dans lequel les griffons, sirènes, béliers et lions entourent les personnages de la Genèse. La galerie sud, romane, est la plus remarquable ; le chapiteau n° 12, relatif à Adam et Ève, est la pièce maîtresse du cloître.

Finesse et grâce au cloître d'Elne.

De la galerie est (où sont exposés des sarcophages des 6e et 7e s.), un escalier à vis monte à une terrasse d'où l'on découvre une partie du cloître, les clochers de la cathédrale, au sud les Albères et la Méditerranée à l'est.

Musée d'Archéologie – *Accès par l'escalier au fond de la galerie est (ancienne chapelle St-Laurent).* Poteries du 15e au 17e s., céramiques attiques (4e s. av. J.-C.) et céramiques sigillées d'Illibéris. Au fond, une vitrine sur la culture de Véraza (Aude) avec des reconstitutions de cabanes en bois et roseaux.

Musée d'Histoire – *Accès par la galerie ouest (salle Louis-Bessède, ancienne salle capitulaire).* Archives, sceaux de la ville. Dans une vitrine : Vierge des Tres Portalets (13e s.) et Vierge du portail de Perpignan (14e s.).

Musée Terrus

℘ 04 68 22 88 88 - &. - *juin-sept. : 9h30-19h ; avr.-mai : 9h30-18h ; oct. : 9h30-12h30, 14h-18h ; nov.-mars : 9h30-12h, 14h-17h - fermé 1er janv., 1er Mai, 25 déc. - 2,50 € (enf ; 1,20 €), 5 € billet combiné avec le cloître.*
Vous pourrez y voir les œuvres d'un enfant du pays, **Étienne Terrus** (1857-1922), ainsi que celles d'artistes amis comme Maximilien Luce, Aristide Maillol, Guillaume de Monfreid (gravures sur bois). Influencé par les impressionnistes et les fauves, Terrus a toutefois adopté un style personnel qu'on retrouve dans ses paysages roussillonnais (*Vue d'Espira-de-Conflent* ou *Mas d'Adal*) ou ses natures mortes.

Le Tropique du Papillon

Accès par l'avenue Paul-Reig, au carrefour de la route Argelès-Perpignan (D 914) - ℘ 04 68 37 83 77 - www.tropique-du-papillon.com - &. - juin-août : 10h-19h ; de mi-avr. à fin mai et sept. : 10h-12h30, 14h30-18h - fermé reste de l'année - 6 € (enf. 4 €).
Hétérocères ou rhopalocères ? Papillons de nuit comme de jour volettent en liberté dans la moiteur de cette serre tropicale où ont été aménagées une salle pédagogique et une nursery. Vous y apercevrez quelques spécimens aux ailes délicatement colorées.

Elne pratique

Adresse utile

Office du tourisme d'Elne – *Pl. Sant-Jordi - ℘ 04 68 22 05 07 - www.ot-elne.fr - juil.-août : 9h-19h, w.-end et j. fériés 9h-12h, 14h-18h ; juin et sept. : 9h30-12h, 14h-18h, sam ; 9h30-12h ; oct.-mai : 9h30-12h, 14h-17h - fermé j. fériés sf 14 Juil. et 15 août.*

Se loger

⊖ **Chambre d'hôte du Mas de la Couloumine** – *Rte de Bages - ℘ 04 68 22 36 07 - www.mas-couloumine.com - ⌷ - 6 ch. 44/54 € ⊠.* C'est aux portes du village, au cœur d'une plantation de kiwis et d'arbres fruitiers, que se trouvent ces 6 chambres, très simples mais bien tenues et toutes pourvues d'une salle d'eau. Cuisine d'été et barbecue à la disposition des hôtes. Petits-déjeuners avec gâteaux, confitures maison et fruits du verger en saison.

⊖⊖ **Chambre d'hôte Can Oliba** – *24 r. de la Paix - dir. Cloître Cathédrale - ℘ 04 68 22 11 09 - www.can-oliba. com - ⌷ - 6 ch. 60/70 € ⊠.* Belle maison catalane du 17e s. postée près de la cathédrale et de son cloître. La décoration intérieure est originale et soignée : meubles chinés, couleurs fortes et tableaux modernes. Chambres de bon confort desservies par un superbe escalier en pierre. Accueil charmant. Jardinet et piscine.

Oppidum d'**Ensérune**★★

**CARTE GÉNÉRALE C4 – CARTE MICHELIN DÉPARTEMENTS 339 D9 – SCHÉMA P. 286-287
HÉRAULT (34)**

À Ensérune somnolent les vestiges mystérieux d'une ville fortifiée où se super-
posent de nombreuses couches de civilisations préromaines. L'oppidum domine
légèrement la plaine biterroise et cet emplacement de choix, bercé par l'influence
méditerranéenne, piqué d'une belle pinède, renforce encore l'intérêt du site.

- ▶ **Se repérer** – À 15 km au sud-ouest de Béziers par la D 11 et à 28 km au nord de
  Narbonne par la D 609.

- 🅿 **Se garer** – En basse saison, possibilité de monter en voiture jusqu'à l'entrée de
  l'oppidum ; sinon, de mai à août, garez la voiture sur les parkings aménagés et
  montez à pied.

- 👁 **À ne pas manquer** – Les silos ; la citerne ; les poteries et le mobilier funéraire du
  musée ; le point de vue sur l'ancien étang de Montady.

- 🕐 **Organiser son temps** – Comptez 1h30.

- 👥 **Avec les enfants** – Le parcours au milieu des fouilles et le musée.

- ⚘ **Pour poursuivre la visite** – Voir aussi Béziers, le canal du Midi, Le Cap-d'Agde,
  Gruissan, Olargues, Narbonne et St-Pons-de-Thomières.

Vue de l'oppidum sur l'étang asséché de Montady.

Comprendre

De cabanes en oppidum – L'étymologie d'Ensérune se rapporte à sa situation :
le préceltique *set*, qui a évolué en *seduna* signifie « hauteur ». Au 6e s. av. J.-C., des
cabanes, probablement en pisé, s'étalaient sur la partie haute de la colline ; il ne reste
de cette époque que des fonds de cabanes.
En relation commerciale avec la Grèce par l'intermédiaire de Marseille, Ensérune
se développe. Le vieux village devient une véritable cité aux maisons de pierre.
Dans le sol de chaque maison, on enfonce une grande jarre *(dolium)* destinée
aux provisions. Un vaste espace est réservé aux incinérations funéraires. À partir
du milieu du deuxième âge du fer, la cité s'agrandit, les pentes de la colline sont
aménagées en terrasses. Sur le versant sud-est, on installe un grenier constitué de
nombreux silos. Détruit à la fin du 3e s. av. J.-C., l'oppidum retrouve la prospérité
avec les Romains qui, en 118 av. J.-C., fondent leur première colonie à Narbonne :
construction de citernes, aménagement des égouts, pavage des sols, peinture des
murs… L'oppidum se dépeuple progressivement et disparaît définitivement au
cours du 1er s. apr. J.-C., la Paix romaine permettant aux populations de s'installer
sans danger dans les plaines.

Visiter

☏ 04 67 37 01 23 - visite libre ou avec audioguide - mai-août : 10h-19h ; avr. et sept. : tlj sf lun. 10h-12h30, 14h-18h ; oct.-mars : tlj sf lun. 9h30-12h30, 14h-17h30 (dernière entrée 1h av. fermeture)- fermé 1er janv., 1er Mai, 1er et 11 Nov., 25 déc. - 6,50 € (-18 ans gratuit).
Un parcours balisé (plan ou audioguide) présente les principaux éléments découverts au cours des fouilles.

Musée★

Bâti sur l'emplacement de la vieille cité, il rassemble les objets trouvés au cours des fouilles évoquant la vie quotidienne du 6e s. av. J.-C. au 1er s. apr. J.-C.
Au rez-de-chaussée sont exposés des *dolia* (jarres) trouvés dans le sol des maisons, des céramiques, coupes, vases, amphores, des poteries d'origines phocéenne, ibérique, grecque, étrusque, romaine et indigène. Le 1er étage abrite le mobilier funéraire de la nécropole, du 5e au 3e s. av. J.-C. : vases, cratères grecs ayant servi d'urnes à incinération ou à offrande (dans la vitrine centrale de la salle Mouret, un œuf, trouvé dans une tombe, symbolise la vie qui renaît). Dans une petite vitrine, remarquez la célèbre coupe attique de « Procris et Céphale ».

Panorama

Des tables d'orientation aménagées aux quatre points cardinaux de l'oppidum, on découvre un vaste panorama, des Cévennes au Canigou, sur toute la plaine côtière. La vue sur l'ancien **étang de Montady★** asséché depuis 1247 est exceptionnelle. La division rayonnante des parcelles est due à des fossés qui drainent ses eaux dans un collecteur. De là, par un aqueduc passant sous la colline *(Malpas, voir canal du Midi)*, elles s'écoulent dans les bas-fonds de l'ancien étang de Capestang, asséché au 19e s. En fonction des cultures et de la période de l'année, le tableau est parfois vraiment superbe.

Ensérune pratique

Adresse utile

Office du tourisme de Béziers – *29 av. St-Saëns - 34500 -* ☏ *04 67 76 84 00 - www. beziers-tourisme.fr - juil.-août : 9h-19h, dim. et j. fériés 10h-13h, 15h-18h ; sept.-juin : 9h-12h, 14h-18h (déc.-janv. : 17h) - fermé dim. et j. fériés (sf juil.-août).*

Se loger

⌂ **Chambre d'hôte Le Plô** – *7 av. de la Cave - 34440 Nissan-lez-Enserune -* ☏ *04 67 37 38 21 - www.bedbreakfast-nissan.com - fermé janv.-mars -* 🚭 **P** *- 4 ch. 45/80 € -* ⊡ *9,50 €.* Au centre du bourg, imposante maison de maître dont les chambres se caractérisent par de beaux volumes, un décor zen et une grande luminosité. Accueil très courtois.

⌂ **Chambre d'hôte Villa les Cigalines** – *R. de Terre-Rousse - 34440 Nissan-lez-Enserune - 1 km à l'est d'Ensérune par D 609 -* ☏ *04 67 37 16 20 ou 06 86 44 77 62 - www.les-cigalines.com -* 🚭 *- 4 ch. 48 € ⊡.*

La maison se trouve un peu à l'écart du village, mais reste facile à trouver. Ses 4 chambres, bien tenues, sont climatisées (bien utile par grosse chaleur) et la terrasse ombragée agrémente petits-déjeuners et barbecues. Et comme les propriétaires adorent recevoir, on se sent vite à son aise…

⌂⌂ **Hôtel Résidence** – *34440 Nissan-lez-Enserune -* ☏ *04 67 37 00 63 - www. hotel-residence.com - fermé 15 déc.-14 janv. - 18 ch. 65/75 € -* ⊡ *10 € - rest. 21/48 €.* Demeure bourgeoise située au cœur d'un petit village. Chambres souvent garnies de meubles anciens, plus spacieuses à l'annexe aménagée dans une maison de vigneron du 19e s. Aux beaux jours, les repas sont servis sur la jolie terrasse ombragée, près de la piscine.

Fanjeaux

775 FANJUVÉENS
CARTE GÉNÉRALE A4 – CARTE MICHELIN DÉPARTEMENTS 344 D3 – AUDE (11)

Lieu sacré dès l'époque romaine (son nom vient de *Fanum Jovis*, le temps de Jupiter), le bourg garde de beaux témoignages des premières prédications de saint Dominique en pays cathare. Vieilles ruelles, halles du 18ᵉ s. et sentiers ombragés s'ajoutent au charme de cette bourgade joliment perchée. En effet, bâti sur un promontoire rocheux, non seulement Fanjeaux se repère de loin mais il permet aussi de lancer son regard dans le lointain. Par beau temps, la vue depuis la terrasse du Seignadou s'étale jusque dans les Pyrénées !

- **Se repérer** – À 35 km à l'ouest de Carcassonne par l'A 61. Empruntez la sortie n° 22 en direction de Bram, puis la D 4 et la D 119.
- **À ne pas manquer** – La maison de saint Dominique ; le panorama depuis le Seignadou ; la collégiale de Montréal.
- **Organiser son temps** – Comptez 30mn.
- **Avec les enfants** – Le décryptage des vitraux de la maison de saint Dominique.
- **Pour poursuivre la visite** – Voir aussi Carcassonne, Castelnaudary, Limoux et le canal du Midi.

Comprendre

Saint Dominique et l'Inquisition – Missionné en terres cathares en 1206, Dominique de Guzmán, le futur saint Dominique, avait choisi d'évangéliser les « bonshommes » à la manière des apôtres : celle de la pauvreté et de la non-violence. En avril 1207, après la célèbre dispute qui eut lieu à Montréal avec les cathares, Dominique se fixe au pied de la colline de Fanjeaux, foyer actif de l'hérésie, et fonde à Prouille une communauté de femmes converties. Hélas, la croisade de Simon de Montfort, déclenchée deux ans plus tard, marque la fin de son entreprise de conversion. Il part ensuite pour Toulouse, où naîtra, en 1215, l'ordre des frères prêcheurs ou ordre dominicain, solidement formés en théologie. Saint Dominique décède en 1221.

Saint Dominique, mosaïque de Seignadou.

En 1235, le pape retire aux évêques la responsabilité de l'Inquisition, qu'il confie aux théologiens les plus reconnus de l'époque, les Dominicains. Ironie du sort, qui éloigne gravement l'ordre du pacifisme évangélique de ses débuts.

Découvrir

SOUVENIRS DE SAINT DOMINIQUE

Maison de saint Dominique

Lors de ses séjours à Fanjeaux, Dominique s'installait dans la sellerie du château aujourd'hui disparu. La « chambre de saint Dominique » a gardé ses vieilles poutres et une cheminée. Transformée en oratoire en 1948, elle a été dotée de vitraux de Jean Hugo représentant les miracles de la mission du saint.

Église

C'est un grand édifice méridional de la fin du 13ᵉ s. Le chœur, raffiné, présente un bel ensemble décoratif de six peintures du 18ᵉ s. La chapelle de saint Dominique *(2ᵉ à gauche)* abrite la poutre, témoin du « miracle du feu ». Remarquer encore les vitraux et le beau bénitier.

Dans le **trésor**, bustes reliquaires de saint Louis d'Anjou, l'un des patrons de l'ordre franciscain (vers 115), et de saint Gaudéric, protecteur des paysans (1541).

Le Seignadou★

À 5mn à pied de l'église. C'est le promontoire-belvédère d'où saint Dominique vit par trois fois un globe de feu descendre sur le hameau de **Prouille** *(au premier plan).* Ce prodige le décida à fonder là sa première communauté, perpétuée par un couvent de dominicaines (contemplatives). Du haut de cette colline, vues lointaines sur le Lauragais, la Montagne noire, les Corbières et les Pyrénées.

Aux alentours

Montréal

À 11 km à l'est par la D 119.

Ce village, qui surplombe les vignobles de Carcassès et les vastes plaines du Razès et du Lauragais, est dominé par la superbe **collégiale St-Vincent** (14e s.) de style gothique méridional. Composé d'une nef unique jalonnée de treize chapelles latérales, l'intérieur de l'église est entièrement revêtu de motifs polychromes. Remarquez la chaire (17e s.) placée à gauche du grand portail et le grand orgue qui date du 18e s. Autour de la collégiale, observez quelques belles façades de maison anciennes et en face de l'hôtel de ville (18e s.), une belle porte gothique marque l'entrée de la rue du puits banal.

Fanjeaux pratique

Adresse utile

Office du tourisme intercommunal – *Pl. du Treil - 11270 Fanjeaux -* ☎ *04 68 24 75 45 - avr.-sept. : 10h-12h30 (juil.-août : 13h), 14h-19h - fermé reste de l'année.*

Se loger

⌂ **Chambre d'hôte Les Tisseyres** – *Les Tisseyres, rte de Carcassonne -* ☎ *04 68 79 04 78 - www.les-tisseyres.fr -* ✉ *- réserv. obligatoire - 3 ch. 50/60 € ⌂ - repas 20 €.* Trois chambres d'hôte simples et bien tenues, dans un paisible hameau. À l'heure des repas, vous aurez la chance de découvrir les plaisirs d'une cuisine régionale préparée par de vrais passionnés. Dehors, nature et grand air faciliteront votre digestion si vous avez trop joué de la fourchette… Oubliez les régimes !

⌂⌂ **Chambre d'hôte Le Relais St-Dominique** – *Prouilhe - 3 km au nord-est de Fanjeaux par D 802, carrefour D 623, D 4 et D 119 -* ☎ *04 68 24 68 17 - www. lerelaisdesaintdominique.com - 6 ch. 60/70 € ⌂.*

À deux pas du village médiéval, cette maison de campagne vous séduit par son intérieur rustique, à la fois simple et charmant. Les chambres, confortables et bien tenues, disposent de salle de bains et WC privés. Petits-déjeuners servis dans le patio. Jolie piscine et boutique de produits régionaux.

Se restaurer

⌂ **Au Deux Acacias** – *D 6113 - 11350 Villepinte - 14 km au nord-est de Fanjeaux par D 4 puis D 6113 -* ☎ *04 68 94 24 67 - www.lesdeuxacacias.com - 13/26 € - 10 ch. 50/65 € - ⌂ 6,50 €.* La simplicité du décor s'oublie vite lorsque vous découvrirez le contenu de votre assiette. Sachez que la vedette ici est le fameux cassoulet maison, savamment mitonné avec des produits frais. Accueil chaleureux. Fait aussi des plats à emporter.

Le Fenouillèdes★★

CARTE GÉNÉRALE B5 – CARTE MICHELIN DÉPARTEMENTS 344 F/G6
PYRÉNÉES-ORIENTALES (66)

Entre Corbières méridionales et Conflent, le Fenouillèdes surprend par sa beauté sauvage. À partir d'Estagel, le sillon évidé se consacre aux vignobles de maury et des côtes-du-roussillon. Entre Sournia et Prades, c'est un visage plus dur que présente le massif : ici, les garrigues de chênes verts et d'épineux côtoient les rangs de vignes. La région, dont le passé tumultueux a laissé de nombreux vestiges, abrite également quelques ravissants chemins de traverse.

▶ **Se repérer** – À 24 km à l'ouest de Perpignan par la D 117, Estagel marque l'entrée du Fenouillèdes.

👁 **À ne pas manquer** – Le pont-aqueduc romain d'Ansignan ; l'église gothique de l'ancien ermitage N.-D.-de-Laval ; la vue sur le Canigou depuis le terre-plein de l'ermitage St-Antoine-de-Galamus.

🕐 **Organiser son temps** – Prévoyez une bonne demi-journée avec une halte pour déjeuner à St-Paul-de-Fenouillet, ou à Cubières pour pique-niquer.

👫 **Avec les enfants** – L'ermitage St-Antoine-de-Galamus offre l'occasion d'une agréable promenade.

🕯 **Pour poursuivre la visite** – Voir aussi le Conflent, les Corbières, Ille-sur-Têt, Perpignan, le château de Peyrepertuse, Prades, le château de Quéribus, Quillan et l'abbaye St-Michel-de-Cuxa.

L'ermitage St-Antoine se confond avec la paroi des gorges de Galamus.

Circuit de découverte

Circuit au départ de St-Paul-de-Fenouillet – 60 km – environ 4h.

St-Paul-de-Fenouillet
Bourg de la rive gauche de l'Agly, peu avant son confluent avec la Boulzane.

Clue de la Fou
Cluse forée par l'Agly. Franchir la rivière ; un violent courant d'air souffle en permanence. La D 619 suit la rivière de près.

Pittoresque et tout en virages, la route court face au sillon du Fenouillèdes viticole avec, à l'arrière-plan, l'aiguille rocheuse du château de Quéribus. Dans le lointain surgit le Canigou. On passe tout près du pont-aqueduc romain d'**Ansignan**, bien conservé et toujours en service. La route, de plus en plus sinueuse, atteint Sournia par Pézilla-de-Conflent.

Prenez à droite la D 7 vers Prats-de-Sournia. La vue se développe sur les Corbières, au nord, et sur la Méditerranée visible, en deux pans, par la trouée du bas Agly.

Après Le Vivier, prenez à gauche la D 9 vers Caudiès.

N.-D.-de-Laval

L'église gothique de cet ancien ermitage dresse sur une esplanade plantée d'oliviers son vaisseau au toit rose flanqué d'une tour à couronnement octogonal et toiture de briques en éteignoir. Au pied de la rampe, la porte inférieure forme un oratoire abritant une statue de la Sainte Parenté, du 15ᵉ s. ; la porte supérieure dédiée à Notre-Dame « de Donne-Pain » (Vierge à l'Enfant, également du 15ᵉ s.) montre des colonnes et chapiteaux romans réemployés.

De jolies vues sur l'ermitage N.-D.-de-Laval et, à l'horizon, sur le pic de Bugarach se succèdent au cours de la montée vers **Fenouillet**, village dominé par deux ruines, et qui a donné son nom à la région. On atteint **Caudiès-de-Fenouillèdes**, porte du Fenouillèdes.

Continuez au nord sur la D 9. Au col de St-Louis, prenez à droite la D 46 et encore à droite la D 45.

Pic de Bugarach *(voir les Corbières)*

Tournez à droite dans la D 14.

Cubières offre un terrain privé aménagé pour la halte et le pique-nique, dans un site frais au bord de l'Agly ombragé.

Prenez à droite la D 10 qui suit le ruisseau de Cubières puis l'Agly.

Gorges de Galamus★★

La route, en corniche, très étroite (2 m), est accrochée à la verticale de la paroi rocheuse. On n'aperçoit que très rarement le torrent tant le trait de scie au fond duquel il coule est étroit et abrupt.

Ermitage St-Antoine-de-Galamus – 🥾 *Laissez la voiture au parking de l'ermitage situé avant le tunnel. 30mn à pied AR.* On y descend depuis le terre-plein de l'ermitage (vue sur le Canigou). La construction de l'ermitage masque la chapelle aménagée dans la pénombre d'une grotte naturelle.

La D 7 vers St-Paul suit un tracé sinueux avant de se faufiler parmi les vignes. Dans un grand virage, vue à droite sur le Canigou.

Le saviez-vous ?

À Estagel se trouve la maison natale du grand François Arago (1786-1853). Il œuvra au ministère de la Guerre et de la Marine pour l'abolition de l'esclavage tandis que ses travaux sur l'électromagnétisme laissaient une profonde marque sur le monde scientifique : un homme complet !

Le Fenouillèdes pratique

Adresse utile

Office du tourisme de St-Paul-de-Fenouillet – *26 bd de l'Agly - 66220 - ☎ 04 68 59 07 57 - www.st-paul66.com - juil.-août : tlj sf dim. 10h-12h, 15h-19h ; sept.-juin : tlj sf dim. et lun. 10h-12h, 14h-18h - fermé de mi-déc. à mi-janv. et j. fériés.*

Se loger

😊😴 **Chambre d'hôte du Domaine de Coussères** – *66220 Prugnanes - à 5 km au nord-ouest de St-Paul-de-Fenouillet par D 117 et D 20 - ☎ 04 68 59 23 55 - www.cousseres.com - fermé 15 oct.-1ᵉʳ avr. - ⌹ - 5 ch. 83 € ⌣ - repas 25 €.* Posée sur une butte au milieu des vignes, cette superbe bastide domine un majestueux paysage de montagne et de garrigue. Grandes chambres personnalisées, joliment décorées et accueillante table d'hôte. Calme absolu, beau jardin, piscine et multiples terrasses ajoutent au charme du lieu.

Se restaurer

😊😴 **Le Relais des Corbières** – *10 av. Jean-Moulin - 66220 St-Paul-de-Fenouillet - ☎ 04 68 59 23 89 - relaisdescorbieres.com - fermé dim. soir et lun. sf juil.-août, 2-28 janv., j. fériés - 17/45 € - 9 ch. 47 € - ⌣ 8,50 €.* Certes la route est proche, mais poussez la porte, vous ne serez pas déçu. Un accueil charmant et une cuisine sans chichis vous attendent dans une salle aux allures rustiques. Terrasse sur le côté de la maison. Une adresse qui rend bien service dans la vallée.

Florac

1 908 FLORACOIS
CARTE GÉNÉRALE D2 – CARTE MICHELIN DÉPARTEMENTS 330 J9 – LOZÈRE (48)

Cette jolie petite ville s'élève au pied des falaises dolomitiques de Rochefort. Elle est à la fois au contact du causse Méjean, des Cévennes et du mont Lozère, à l'entrée des gorges du Tarn. Véritable carrefour, cette ancienne capitale d'une des huit baronnies du Gévaudan a donc été choisie comme siège de la direction et de l'administration du Parc national des Cévennes. Florac est aujourd'hui une bourgade sympathique, renommée pour sa table, son animation estivale et son site naturel.

- ▶ **Se repérer** – À 38 km au sud de Mende par la N 88 puis la N 106 et à 65 km au nord-ouest d'Alès par la N 106. La vieille ville de Florac se concentre autour du château, la ville moderne se trouve en contrebas.

- 🅿 **Se garer** – Grands parkings accessibles depuis la N 106 et parking près du château.

- 👁 **À ne pas manquer** – Le sentier des menhirs de la cham des Bondons ; les berges escarpées des gorges du Tapoul ; le tombant de la cascade de Rûnes.

- 🕐 **Organiser son temps** – Prévoyez deux jours avec une nuit à Florac pour découvrir la nature environnante et vous offrir quelques belles promenades. Vous redescendrez vers St-Jean-du-Gard par la corniche des Cévennes.

- 👫 **Avec les enfants** – Les dinosaures de St-Laurent-de-Trèves.

- 👣 **Pour poursuivre la visite** – Voir aussi le massif de l'Aigoual, le causse Méjean, Mende, Meyrueis, le mont Lozère, Ste-Enimie et les gorges du Tarn.

Se promener

Château

☏ 04 66 49 53 01 - juil.-août : 9h-18h ; de Pâques à fin juin et sept. : 9h30-12h15, 13h30-17h30 ; d'oct à Pâques : tlj sf w.-end 9h30-12h15, 13h30-17h30 - fermé 25 déc. et 1ᵉʳ janv. - gratuit. Cette longue bâtisse du 17ᵉ s., flanquée de deux tours rondes, abrite le **centre d'information** du Parc national des Cévennes : exposition sur les paysages, la faune, la flore et les activités ; renseignements sur la randonnée, les visites accompagnées, les sites de l'écomusée du Parc et l'hébergement.

Couvent de la Présentation

Ancienne commanderie des Templiers ; belle façade et portail monumental datant de 1583.

Source du Pêcher

À proximité, le sentier dit « de la Source », balisé de panneaux explicatifs, permet de découvrir l'environnement naturel de la source. Au pied du rocher de Rochefort, c'est l'une des principales résurgences du causse Méjean ; elle jaillit à gros bouillons (jusqu'à 7 000 l/s) au moment de fortes pluies ou de la fonte des neiges. Les eaux alimentent des bassins de pisciculture (truite), gérés par la Fédération départementale de pêche.

Aux alentours

Sentier des menhirs de la cham des Bondons

12 km au nord par Cocurès. Parking au croisement de la D 35 et de la route des Combes. Sentier réalisé par le Parc national des Cévennes (doc. disponible au Pont-de-Montvert). 🚶 Deux circuits (2h ou 6h) invitent à découvrir cet exceptionnel ensemble de 150 menhirs. Le premier parcours descend jusqu'aux Combettes et remonte vers le site de « Pierre des trois paroisses » où se trouvent les blocs les plus importants. La promenade dévoile des paysages de causse dominés par d'étranges reliefs : l'Eschino d'Ase (dos-d'âne) et les « puechs » des Bondons.

Gorges du Tapoul★

Attention ! La route des gorges du Tapoul peut être obstruée par la neige de la mi-décembre à fin mars entre Massevaques et Cabrillac.
25 km. Quittez Florac au sud par la D 907 puis prenez à droite la D 996 en direction de Meyrueis. Aux Vanels, prenez à gauche la D 907 jusqu'à Rousses. Là, tournez à droite dans la D 119. Le petit ruisseau du Trépalous, descendu de l'Aigoual, a creusé dans le granit rose un lit très profond aux berges escarpées, entre Massevaques et son confluent avec le Tarnon. Ce sont les gorges du Tapoul, où se glisse la D 119, route étroite et impressionnante par endroits.

En suivant le ravin, on voit de belles cascades bondissantes, les Escouffourens, et des excavations géantes creusées dans le lit de la rivière. Le ruissellement de l'eau sur le granit coloré donne des tons très particuliers.

Cascade de Rûnes

🌿 *15 km à l'est. De Florac, prenez la N 106 vers Mende puis à droite la D 998. Tournez à gauche vers Ruas, que vous traversez pour atteindre Rûnes.*

Cette route bordée de frênes offre de jolies vues sur la vallée du Tarn. Au sud de Rûnes, un sentier *(45mn à pied AR)* conduit à une belle cascade sur le Mirals, tombant de 58 m.

Mont Lozère★★ *(voir ce nom)*

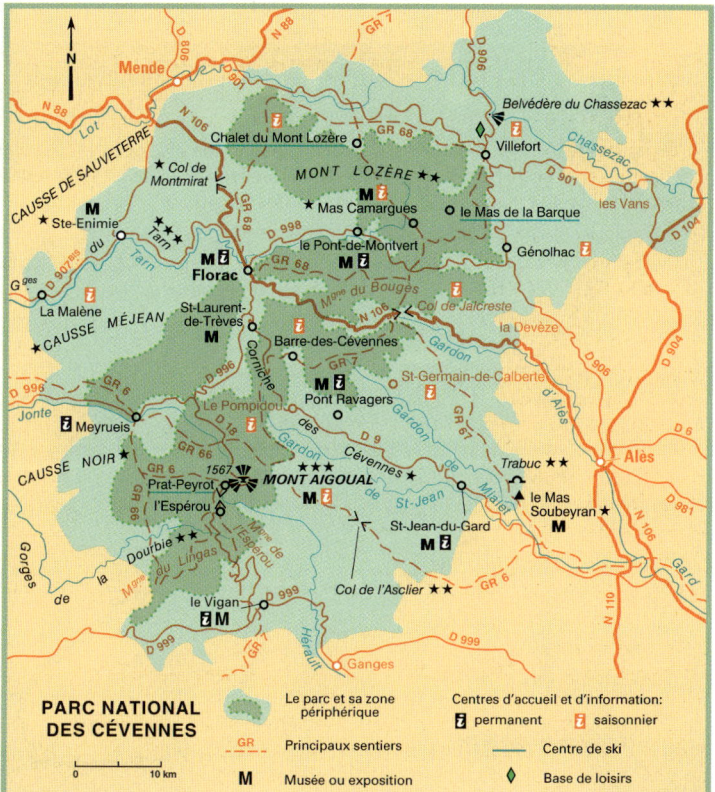

Découvrir

LE PARC NATIONAL DES CÉVENNES

Maison du mont Lozère

Au Pont-de-Montvert - ☎ 04 66 45 80 73 - &. - juin-sept. : 10h30-12h30, 14h30-18h30 ; avr.-mai et oct. : 14h-18h ; reste de l'année : sam. 15h-18h - 3,50 € (6-18 ans 2,50 €).
Chef-lieu de l'écomusée du mont Lozère mis en place par le Parc national des Cévennes au Pont-de-Montvert, ce grand bâtiment moderne abrite une exposition permanente relatant l'histoire naturelle et humaine du mont Lozère, et un gîte pour les randonneurs pédestres.

Sentier de l'Hermet

🌿 *6 km à pied au départ de la tour de l'Horloge, au centre du Pont-de-Montvert. Prévoir 3h AR.*
Cette promenade jalonnée de 12 points d'observation fait découvrir les paysages, la flore et la faune de la vallée du Tarn, l'architecture traditionnelle du hameau de l'Hermet, divers types de bergeries et un panorama sur le flanc sud du mont Lozère.

Écomusée de la Cévenne

Créé sous l'impulsion du Parc national des Cévennes pour conserver la mémoire des Cévennes et mettre en valeur son patrimoine naturel et culturel, l'écomusée de la Cévenne propose la découverte d'un ensemble de sites répartis sur un territoire d'un abord parfois difficile. Quelques lieux aménagés parmi d'autres : le site paléontologique de St-Laurent-de-Trèves et le sentier du paysage de Barre-des-Cévennes, le musée des Vallées cévenoles à St-Jean-du-Gard *(voir ce nom)*, le musée de la Soie à St-Hippolyte-du-Fort *(voir ce nom)*.

Regroupés en association ou agissant à titre personnel, les habitants du canton du Pont-de-Montvert réhabilitent le patrimoine traditionnel : c'est ainsi que d'entre les ronces ont ressurgi un *ferradou* (métier à ferrer les bœufs) à **Finialettes**, un four à pain à **Racoules**, ainsi qu'une *clède* à châtaignes à **St-Andéol-de-Clerguemont**.

Circuits de découverte

LA CORNICHE DES CÉVENNES★ 1

De Florac à St-Jean-du-Gard – 58 km – environ 2h. Quittez Florac au sud par la D 907. Partez de préférence par temps clair, en fin d'après-midi, à l'heure où l'éclairage oblique fait le mieux ressortir les découpures des crêtes, la profondeur des vallées. Sous un ciel orageux, le spectacle est encore plus impressionnant.

La route de la corniche des Cévennes a été aménagée au début du 18e s. pour permettre le passage des armées de Louis XIV pénétrant dans les Cévennes pour lutter contre les camisards. Elle remonte d'abord la vallée du Tarnon, au pied des escarpements du causse Méjean, puis s'élève vers St-Laurent-de-Trèves.

St-Laurent-de-Trèves

Sur le promontoire calcaire qui domine le village ont été découvertes des traces de dinosaures datant de 190 millions d'années. À cette époque s'étendait là une lagune où vivaient des « grallators », bipèdes d'environ 4 m de haut. Vous découvrirez leurs empreintes en suivant le sentier d'interprétation équipé de panneaux explicatifs.

De ce site s'offre une très belle **vue★** sur le causse Méjean, les monts Aigoual et Lozère.

Au col du Rey commence la corniche des Cévennes proprement dite. La route s'engage sur le plateau calcaire, balayé par les vents, de la **Can de l'Hospitalet**. C'est dans ce paysage sauvage de landes parsemées de rochers que se réunissaient les camisards au 18ᵉ s. Puis la route suit le rebord du plateau dominant la vallée Française qu'arrose le Gardon de Ste-Croix. Au **col des Faïsses**, flanqué d'un à-pic des deux côtés, belle vue sur les Cévennes.

> ### Sur la route de Stevenson
> L'écrivain écossais Robert Louis Stevenson, auteur de *L'Île au trésor*, a parcouru la contrée en 1878, en compagnie de sa sympathique ânesse Modestine, suivant un itinéraire qui est aujourd'hui devenu le GR 70. Son œuvre *Voyage avec un âne dans les Cévennes* raconte ce périple qui les conduisit du Monastier-sur-Gazeilles à St-Jean-du-Gard ! *Voir p. 240.*

On traverse l'Hospitalet. Du plateau dénudé où la roche affleure, on a ensuite une vue magnifique sur le mont Lozère, la petite ville de Barre-des-Cévennes, la vallée Française et le massif de l'Aigoual. Au Pompidou, on laisse les calcaires pour les schistes. Puis la route suit une crête, à travers des bois de châtaigniers et de maigres prairies où fleurissent au printemps des narcisses.

Avant St-Roman-de-Tousque, prenez à gauche la D 140 puis à droite la D 983.

On pénètre alors dans la **vallée Française** qu'empruntèrent Robert Louis Stevenson et Modestine ; il faut lire le récit qu'il en fit dans son *Voyage avec un âne à travers les Cévennes*. Côté « histoire de France », la vallée Française constituait une enclave franque en territoire wisigoth, d'où son nom ; enfin, elle fut et reste une vallée protestante.

N.-D.-de-Valfrancesque

Autrefois dédiée à la foi catholique, aujourd'hui temple protestant, cette petite église romane (11ᵉ s.) reste bien charmante, surtout aux jours fleuris du printemps.

La route qui descend vers St-Jean-du-Gard en longeant le Gardon de Mialet passe par St-Étienne-Vallée-Française puis devant la grande ferme de Marouls *(gîte d'étape)*.

LE PAYS CÉVENOL ②

75 km – environ 3h. Quittez Florac par la D 907 et la N 106 au sud en direction d'Alès.

Vallées profondes et enchevêtrées dominées par des serres ravinées, toitures de schiste, routes bordées de châtaigniers, villages qui tous gardent un souvenir de la guerre des Camisards, voilà le paysage que l'on découvre en suivant ce circuit au cœur du pays cévenol.

La route suit d'abord la vallée de la Mimente, entre des falaises de schiste. Après les ruines perchées du château de St-Julien-d'Arpaon, à gauche de la route, jeter un coup d'œil à gauche sur la montagne du Bougès qui culmine à 1 421 m d'altitude.

Au col de Jalcreste, prenez à droite la D 984 vers St-Germain-de-Calberte.

Aussitôt une vue intéressante s'offre sur la vallée naissante du Gardon de St-Germain.

A. Thuillier / MICHELIN

La route de la corniche des Cévennes fut aménagée pour permettre la lutte contre les camisards.

Passé le col, la descente vers **St-Germain-de-Calberte** commence parmi les châtai-gniers, les chênes verts et les genêts. Des maisons cévenoles aux toitures de lauzes, surmontées d'une cheminée décorative, bordent la route. Dans un virage apparaît le château de Calberte juché sur un piton.

Au-delà de St-Germain-de-Calberte, prenez à droite la D 13.

Plan de Fontmort

Alt. 896 m. Dans la forêt domaniale de Fontmort, à un croisement, s'élève l'obé-lisque qui a été inauguré en 1887 pour fêter le centenaire de l'édit de Tolérance, signé par Louis XVI. Belle vue à l'est sur les serres cévenoles.

Du plan de Fontmort à Barre-des-Céven-nes, on suit une crête étroite offrant de belles vues sur les vallées cévenoles au sud, avec, au premier plan, des landes de bruyère.

Guerre des Camisards

L'**abbé du Chayla** fut assassiné au Pont-de-Montvert le 24 juin 1702, puis jeté dans la rivière, par **Abraham Mazel** et **Esprit Séguier**. Il est vrai que l'abbé n'était pas tendre avec ses prisonniers huguenots. Cet épisode marqua le début de la guerre des Camisards.

Barre-des-Cévennes

Cette petite ville commande l'accès à toutes les routes des Gardons. Sa position en a fait un centre de défense et de surveillance important pendant la guerre des Cami-sards. Sur la colline du Castelas, on voit encore des vestiges d'anciens retranchements. Empruntant le sentier de Barre-des-Cévennes, long de 3 km, le visiteur découvre le passé du village et la nature de son environnement.

Vous rejoignez la Route de la corniche des Cévennes (voir circuit précédent) au col du Rey où vous prenez à droite la D 983 qui offre des vues à gauche sur le massif du Mont-Aigoual et à droite sur la massive dorsale du mont Lozère.

Regagnez Florac par St-Laurent-de-Trèves et la vallée du Tarnon.

Florac pratique

⚐ Voir aussi Causse Méjean, Meyrueis.

Adresses utiles

Office du tourisme de Florac – *33 av. Jean-Monestier - 48400 -* ✆ *04 66 45 01 14 - www.mescevennes.com - juil.-août : 9h-19h, sam. 9h-18h, dim. 10h-13h ; fév.-juin et sept. : tlj sf dim. 9h-12h, 14h-18h, sam. 9h-12h, 13h-17h30, j. fériés 10h-13h - oct.-janv. : tlj sf w.-end et j. fériés 9h-12h, 14h-18h.*

Maison du parc national des Cévennes – ✆ *04 66 49 53 01. www.cevennes-parcnational.fr - Le Château - 6 bis pl. du Palais - 48400 Florac - juil.-août : 9h-18h30 ; de pâques à fin juin et sept. : 9h30-12h30, 13h30-18h ; reste de l'année : tlj sf w.-end 9h30-12h30, 13h30-18h.*

Office du tourisme de Pont-de-Montvert – *Le Quai - 48220 Pont-de-Montvert -* ✆ *04 66 45 81 94 - www.cevennes-lozere.com - mai-sept. : 10h-12h30, 16h-18h30, dim. et j. fériés 10h-12h30 - fermé 1ᵉʳ Mai. www.cevennes-payscevenol.com.*

Se loger

⊖⊜ **Hôtel des Gorges du Tarn** – *48 r. du Pêcher -* ✆ *04 66 45 00 63 - www.hotel-gorgesdutarn.com - fermé de la Toussaint à Pâques et merc. soir sf juil.-août -* 🅿 *- 30 ch. 46/70 € -* ⊏ *8,50 €.* Vous êtes à l'entrée (ou à la sortie) des gorges du Tarn. Chambres rénovées dans l'habitation principale, moins fraîches, mais plus spacieuses à l'annexe. Petite salle de restaurant égayée de chaudes couleurs méditerranéennes. Quant aux savoureuses spécialités, elles content le pays cévenol.

⊖⊜ **Hôtel Lozerette** – *48400 Cocurès - 5,5 km au nord-est de Florac par D 806 et D 998 -* ✆ *04 66 45 06 04 - www.lalozerette. com - fermé de la Toussaint à Pâques -* 🅿 *- 21 ch. 55/82 € -* ⊏ *8 € - rest. 19/49 €.* Dans un petit village au cœur du Parc des Cévennes, cette grande maison a bien du charme. Au bord de la route, elle jouit pourtant du calme environnant et ses chambres proprettes sont agréablement meublées. Menu d'un bon rapport qualité/prix.

Se restaurer

⊖⊜ **Auberge Cévenole - Chez Annie** – *48400 La Salle-Prunet - 2 km au sud de Florac dir. Alès -* ✆ *04 66 45 11 80 - fermé dim. soir et lun. hors sais., de mi-nov. à déb. fév. - formule déj. 13,50 € - 19,80/32 € - 8 ch. 33/43 € -* ⊏ *6 €.* Cette vieille maison cévenole cache en son cœur une jolie salle campagnarde avec cheminée. La cuisine est bien ancrée dans le terroir, une bonne occasion de découvrir le fameux aligot. Agréable terrasse et quelques chambres simples et proprettes.

Que rapporter

Marchés – Au Pont-de-Montvert, un marché régulier, ouvert aux producteurs et artisans locaux, a lieu le mercredi matin de mi-juin à mi-septembre.

Atelier du sucre et de la châtaigne – *64 av. Jean-Monestier -* ✆ *04 66 45 28 41 - atelierdusucreetdelachataigne@wanadoo. fr - tlj sf lun. hors sais. 9h-12h, 15h-19h - fermé dim. apr.-midi et de mi-janv. à fin fév.* Fabrication artisanale de produits cévenols à base de châtaigne, miel, fruits rouges… Ne manquez pas le pain à la châtaigne.

La Maison du Pays Cévenol – *3 r. du Pêcher -* ✆ *04 66 45 15 67 - www. payscevenol.com - juil.-août : 9h-19h30 ; le reste de l'année : tlj sf dim. et lun. 9h30-12h30, 15h-19h - fermé janv.-mars.* M. Digaro choisit lui-même ses fournisseurs : producteurs de miels, de conserves à base de gibier, d'escargots ou de truites, de fromages, de vins, d'huiles. Tous ne travaillent qu'avec les matières premières de la région. Les confitures, sirops et champignons séchés ou en bocaux sont fabriqués par le patron en personne.

Sports & Loisirs

Chemin de Stevenson – *Voir p. 240.*

Ânes en Vallée française – *Le Pont de Burgen - 48330 St-Étienne-Vallée-Française -* ✆ *04 66 45 75 30 - gites-rando.cevennes@ wanadoo.fr - 8h-18h - janv.-fév - 40 €/j. la location de l'âne.* Location d'ânes pour la randonnée… sur les pas de Stevenson et de Modestine, dans le Parc national des Cévennes.

Gentiâne – *Castagnols-Vialas - 48220 Le Pont-de-Montvert -* ✆ *04 66 41 04 16 - http://anegenti.free.fr - 8h-19h - fermé 15 nov.-15 mars.* Location d'ânes pour la randonnée en famille (l'âne peut porter des bagages et un enfant).

Tramontâne – *La Rouvière - 48110 St-Martin-de-Lansuscle -* ✆ *04 66 45 92 44 - chantal.tramontane@nomade.fr - 40 €/j.* Louer un âne : la solution idéale pour vos randonnées pédestres, en particulier avec vos enfants. Formules très souples avec itinéraires adaptés à la demande.

Événement

« Les 160 km de Florac » – Course d'endurance équestre : les cavaliers parcourent le mont Lozère, l'Aigoual et le causse Méjean – *Chaque année en juil.*

Font-Romeu-Odeillo-Via★

2 003 ROMEUFONTAINS
CARTE GÉNÉRALE A5 – CARTE MICHELIN DÉPARTEMENTS 344 D7 – SCHÉMA P. 166
PYRÉNÉES-ORIENTALES (66)

La station occupe un site admirable en Cerdagne, protégé des vents du nord, à la lisière d'une forêt de pins. Son altitude, son ensoleillement, la qualité exceptionnelle de son air, tout a concouru à ce qu'elle soit choisie dès l'origine pour des séjours climatiques de grande qualité. Ses imposantes installations sportives (piscine, patinoire, centre équestre, etc.) permettent aux athlètes du monde entier de s'y entraîner. Font-Romeu est un bel exemple de création touristique artificielle (1920).

- **Se repérer** – À 89 km à l'ouest de Perpignan et 9 km à l'ouest de Mont-Louis par la D 618.

- **À ne pas manquer** – La Vierge de l'Invention de l'Ermitage ; le retable de la chapelle, le camaril et le panorama depuis le calvaire ; l'ancienne pharmacie du Musée municipal de Llivia.

- **Organiser son temps** – Prévoyez une demi-journée pour découvrir Font-Romeu et l'enclave de Llivia, où vous pourrez vous offrir un déjeuner à l'espagnole.

- **Avec les enfants** – En hiver, les domaines skiables de Font-Romeu et Pyrénées 2000. Pour les beaux jours, de nombreuses activités de plein air sont proposées dans la région *(voir l'encadré pratique)*.

- **Pour poursuivre la visite** – Voir aussi la principauté d'Andorre, le Canigou, le Capcir, la Cerdagne, le Conflent, Mont-Louis, St-Martin-du-Canigou, Vernet-les-Bains et Villefranche-de-Conflent.

Séjourner

Domaines skiables de Font-Romeu et Pyrénées 2000

Accessibles par route *(2,5 km par la route des pistes, après le calvaire)* ou par télécabine depuis le centre de Font-Romeu, les domaines associés de Font-Romeu et de Pyrénées 2000 s'étagent entre 1 600 m et 2 250 m d'altitude, dans un paysage de forêts de pins. Grâce aux 460 canons à neige, qui couvrent 85 % de la superficie, les skieurs ne manquent pas de neige. Les 40 pistes de ski alpin présentent tous les niveaux, du plateau des Airelles, idéal pour les débutants, au versant des Bouillouses, plus difficile. Une piste est éclairée.

À la station Pyrénées 2000, des moniteurs sont spécialisés dans l'enseignement du ski aux handicapés.

Les stations de Font-Romeu et de Pyrénées 2000 possèdent par ailleurs l'un des plus grands domaines de ski nordique des Pyrénées. Quatre-vingt-dix kilomètres de pistes de fond de tous niveaux sont réparties sur 18 boucles. En février, Pyrénées 2000 accueille la **Transpyrénéenne**, épreuve de ski de fond ouverte à tous les amateurs.

Découvrir

LA FONTAINE DU PÈLERIN

Ermitage★

Il abrite la Vierge de l'Invention et attire, les jours d'*aplech* (pèlerinage), une foule considérable. Le 8 septembre (ou le dimanche le plus proche), fête del Baixar (« de la descente »), la Madone est portée solennellement à l'église d'Odeillo où elle reste jusqu'au dimanche de la Trinité (fête del Pujar, « de la montée »), date à laquelle elle est ramenée à la chapelle de l'Ermitage avec la même solennité.

Le saviez-vous ?

Font-Romeu signifie « fontaine du Pèlerin », nom donné à l'ermitage qui se trouve entre l'agglomération touristique et le lycée. Selon la légende, c'est justement près d'une fontaine que Notre-Dame de Font-Romeu a été « inventée » (trouvée) par un bouvier. Son taureau restait près de l'eau, grattant le sol et poussant des beuglements retentissants. Intrigué et lassé, l'homme finit par examiner le lieu et découvrit, dans une anfractuosité, une statue de la Vierge.

Chapelle★ – Elle date des 17ᵉ et 18ᵉ s. La fontaine miraculeuse encastrée dans le mur, à gauche, alimente un bassin dans lequel se baignaient les pèlerins, situé à l'intérieur du bâtiment au pignon dirigé vers la montagne.

À l'intérieur, on voit un magnifique **retable★★** de Josep Sunyer datant de 1707 : la niche centrale abrite la statue de Notre-Dame de Font-Romeu ou, quand celle-ci est à Odeillo, celle de la Vierge dite de l'Ermitage (15ᵉ s.).

Camaril★★★ – Prendre, à gauche du maître-autel, l'escalier qui conduit au camaril, le petit « salon de réception » de la Vierge, aménagement typiquement espagnol, d'une inspiration touchante ; c'est le chef-d'œuvre de Sunyer. L'autel, aux panneaux peints, est surmonté d'un Christ encadré par la Vierge et saint Jean. Deux délicats médaillons, la Présentation au temple et la Fuite en Égypte, ornent les dessus-de-porte.

Calvaire

Alt. 1 857 m. À 300 m de l'ermitage, vers Mont-Louis, prendre à droite un sentier jalonné par les stations d'un chemin de croix. Du calvaire érigé au sommet, le **panorama★★** est très étendu sur la Cerdagne et les montagnes environnantes.

Le domaine de ski de fond de Font-Romeu est l'un des plus grands des Pyrénées.

M.-H. Carcanague / MICHELIN

Aux alentours

Col del Pam★

Du calvaire, prenez au nord la route des pistes, puis 15mn à pied AR. Alt. 2 005 m.

Du balcon d'orientation aménagé au-dessus de la vallée de la Têt, belle **vue** sur le massif du Carlit, le plateau des Bouillouses, le Capcir (haute vallée de l'Aude) et le Canigou.

Llivia

9 km au sud de Font-Romeu par la D 33ᴱ.

L'existence de cette **enclave espagnole** (12 km²) en territoire français résulte d'une fantaisie de langage administratif. Le traité des Pyrénées stipulait que 33 villages de Cerdagne devaient être cédés à la France en même temps que le Roussillon. Ayant rang de ville, Llivia ne fut donc pas comprise dans la cession.

La ville possède de pittoresques ruelles, les restes d'un château médiéval sur une colline qui surplombe la ville, et quelques tours anciennes.

Musée municipal – ✆ *(00 34 972) 89 60 11 - fermé pour travaux, se renseigner pour date de réouverture.*

Il abrite, parmi d'autres pièces intéressantes, la célèbre **pharmacie de Llivia★** qui est l'une des plus anciennes qui soient conservées en Europe. Les pots en céramique et tout le matériel d'apothicaire (flacons, récipients et balances des 17ᵉ et 18ᵉ s.) méritent un intérêt particulier.

Dans l'**église fortifiée** au portail orné de ferronneries typiquement catalanes, beau retable de 1750.

Font-Romeu pratique

Adresse utile

Office du tourisme de Font-Romeu-Odeillo-Via – 38 av. Emmanuel-Brousse - 66120 - ℘ 04 68 30 68 30 - www.font-romeu.fr - vac. scol. : 8h30-18h30 ; hors vac. scol. : 9h-12h, 14h-18h - fermé 1er Mai.

Se loger

⊝⊜ **Hôtel Clair Soleil** – Rte d'Odeillo - ℘ 04 68 30 13 65 - www.hotel-clair-soleil. com - fermé 16 avr.-20 mai et 22 oct.-18 déc. - 🅿 - 29 ch. 50/59 € - ⊡ 7,50 € - rest. 22 €. Cette sympathique pension de famille bénéficie d'une très bonne exposition face au four solaire d'Odeillo. Les chambres sont cependant modestes. Salle à manger et véranda jouissent d'une vue sur les Pyrénées ; cuisine régionale et accueil aux petits soins.

⊝⊜ **Hôtel de la Poste** – 2 av. Emmanuel-Brousse - 66120 Font-Romeu - ℘ 04 68 30 01 88 - http://hoteldelaposte.free.fr - réserv. conseillée - 23 ch. 49/58 € - ⊡ 7 € - rest. 17 €. La façade de cet hôtel familial est ornée de peintures figurant des animaux de montagne. Les chambres rénovées et bien tenues offrent calme et confort. Au restaurant, la cuisine est généreuse et s'inspire du terroir. Le personnel entretient ici une ambiance bon enfant et une vraie convivialité.

⊝⊜⊜ **Hôtel Sun Valley** – Av. d'Espagne - 66120 Font-Romeu - ℘ 04 68 30 21 21 - www.hotelsunvalley.fr - fermé 20 oct.-30 nov. - 41 ch. 88/116 € - ⊡ 11 € - rest. 21 €. En pleine station, bâtisse où toutes les chambres – vastes et avec balcon orienté au sud – profitent du soleil. Salon avec cheminée, inséparable des soirées montagnardes.

Se restaurer

⊝⊜ **Complexe Casino** – 46 av. Emmanuel-Brousse - 66120 Font-Romeu - ℘ 04 68 30 01 11 - www.casino-font-romeu. com - restaurant fermé lun. et mar. hors sais., oct. - 15,50/36 €. Casino, cinéma, discothèque et restaurant vous attendent dans cette construction moderne de type chalet, située au centre-ville. À table, on savoure une cuisine traditionnelle soignée dans un cadre agréable. Formule déjeuner à prix serrés.

Sports & Loisirs

Bureau des Guides École de la Montagne – 9 r. Maillol - 66120 Font-Romeu - ℘ 04 68 30 23 08 - nosaumasson@hotmail.com - tlj sf dim. 10h-12h, 16h-18h30 - fermé nov. Le bureau des guides organise des randonnées, un parcours vertige, du rafting, de l'hydrospeed, du canyoning, de la spéléologie et encadre les activités d'escalade à Font-Romeu. En hiver, randonnées en raquettes et canyoning dans des cascades d'eau chaude.

Drakkar Traineau Aventure – Les Airelles - ℘ 06 08 62 87 45. Après une visite commentée du parc et des chiens (1h), vous pourrez vous initier à la conduite d'un attelage de chiens de traîneaux.

Ozone 3 Séjours Montagne et Loisirs – 40 av. Emmanuel-Brousse - 66120 Font-Romeu - ℘ 04 68 30 36 09 - ozone3-montagne.com - 10h-13h, 16h-20h. Sorties en VTT, randonnées pédestres, raquettes, ski de fond, via ferrata, escalade. Sports d'eaux vives (rafting, hydrospeed…) sur l'Aude et vols en montgolfière. Également organisation de séjours et séminaires.

Abbaye de **Fontfroide**★★

CARTE GÉNÉRALE C4 – CARTE MICHELIN DÉPARTEMENTS 344 I4 – AUDE (11)

Cette ancienne abbaye cistercienne, restaurée avec goût, est secrètement nichée au creux d'un vallon des Corbières. Elle occupe un site paisible, peuplé de cyprès, digne d'un paysage toscan. Au couchant, la rude luminosité qui écrase couleurs et reliefs se retire progressivement. Les belles tonalités ocre et rose des pierres taillées dans le grès des Corbières se réveillent, s'enflamment et chantent un temps avant la nuit.

Se repérer – À 14 km au sud-ouest de Narbonne.

À ne pas manquer – Le cloître ; les proportions de la nef ; les vitraux du 20ᵉ s. ; la vue sur les toits des bâtiments qu'offre la promenade en direction de la tour.

Organiser son temps – Dans l'idéal, tâchez d'assister à un concert ou de participer à un des rares offices religieux pour apprécier l'acoustique de la nef. En dehors de ces manifestations, comptez 1h15 (visite guidée). Sachez que le circuit en saison diffère de celui hors saison (salles chauffées).

Avec les enfants – Décryptez avec eux les messages des vitraux et repérez les réemplois.

Pour poursuivre la visite – Voir aussi Lagrasse, le canal du Midi, Narbonne et la réserve africaine de Sigean.

Vue aérienne de l'abbaye de Fontfroide, entourée de cyprès.

Comprendre

Moines et papes – Fondée en 1093, peu de temps après la première croisade, l'abbaye se voit attribuer ses terres par Aymeric Iᵉʳ, vicomte de Narbonne. Comme c'est en général le cas avec les fondations monastiques, les terres comptent une source, *fons* en latin, qui donne son nom au lieu. L'abbaye se rattache en 1145 à la famille en pleine expansion de l'ordre de Cîteaux, dominée par la personnalité de saint Bernard. Commence alors pour elle une période de prospérité et de rayonnement tant régional qu'ecclésial : cinq ans seulement après ce rattachement, elle peut envoyer 12 moines fonder en Catalogne le monastère de Poblet. En 1203, le pape Innocent III demande à Fontfroide deux de ses moines pour lutter contre le catharisme qui environne l'abbaye. C'est l'assassinat de l'un des deux, Pierre de Castelnau, qui déclenche la croisade contre les Albigeois en 1209. Environ un siècle plus tard, c'est un ancien abbé de Fontfroide, évêque de Pamiers, qui est élu pape sous le nom de Benoît XII. Il construira le palais des Papes à Avignon, où il meurt en 1342.

Déclin – Au 15ᵉ s., Fontfroide, comme la plupart des abbayes cisterciennes, tombe en commende : elle n'est plus dirigée par des religieux mais par des abbés commendataires qui n'y résident pas et vivent d'une partie de ses revenus. Sur place, la vie des moines n'a plus grand-chose de commun avec l'idéal cistercien ; de cette époque datent quelques somptueux aménagements des bâtiments (cour d'honneur). Trois siècles de ce régime entraînent l'extinction des vocations : leur nombre est divisé par quatre. La Révolution chasse un dernier moine en 1791.

Sauveurs de pierres – Les bâtiments échappent de justesse à la destruction. En 1833, une première famille (les Saint-Aubin) s'attelle à leur restauration et Viollet-le-Duc obtient leur classement partiel. Une communauté de Cisterciens reprend possession des lieux en 1858, mais s'exile en 1901 devant la montée de l'anticléricalisme républicain.

En 1908, l'abbaye est une nouvelle fois sauvée par l'achat et les travaux d'aménagement de la famille Fayet d'Andoque, aujourd'hui encore propriétaire des lieux.

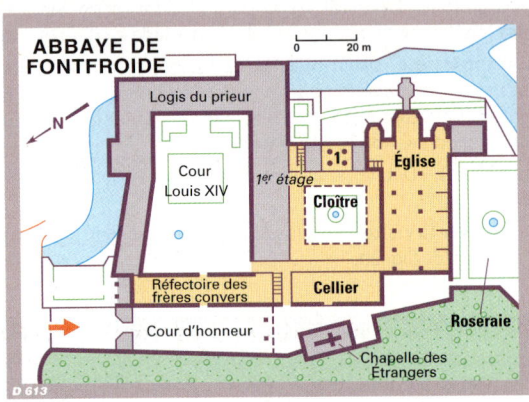

Visiter

L'accueil est situé dans la ferme de l'abbaye, à une centaine de mètres en contrebas de celle-ci. Ce bâtiment, édifié à partir du 13ᵉ s., comprend la billetterie, une librairie, une cave et un restaurant. ☎ 04 68 45 11 08 - www.fontfroide.com - *visite guidée - de mi-juil. à fin août : 10h-18h (dép. ttes les 30mn) ; de déb. avr. à mi-juil. et sept.-oct. : dép. 10h, 10h15, 11h30, 12h15, 13h45, 14h30, 15h15, 16h, 16h45, 17h30 ; nov.-mars : dép. 10h, 11h, 12h, 14h, 15h et 16h , - fermé 25 déc. - 9 € (10 -18 ans, 2 €).*

L'essentiel des bâtiments a été érigé aux 12ᵉ et 13ᵉ s. Les bâtiments conventuels ont été restaurés aux 17ᵉ et 18ᵉ s. Des cours fleuries, bien entretenues, et des jardins en terrasses en font un cadre enchanteur.

La visite commence par la cour d'honneur, œuvre des abbés commendataires au 17ᵉ s. Dans le réfectoire des Convers (13ᵉ s.) voûté d'ogives, on remarque une belle grille en fer forgé du 18ᵉ s. et une cheminée monumentale.

On visite ensuite les bâtiments du Moyen Âge, remarquables par la beauté de leur appareil très régulier.

Cloître★★★

Sa sobriété est d'une extrême élégance. Les galeries sont voûtées d'ogives : celle qui jouxte l'église est la plus ancienne (milieu du 13ᵉ s.). Elles s'ouvrent par des arcades reposant sur de fines colonnettes de marbre décorées de chapiteaux à motifs végétaux (feuilles de roseau, de chêne, d'acanthe, d'érable) et encadrées d'un arc de décharge. Des marbres de différentes origines ont été utilisés ; le rose vient de Caunes-Minervois, le rouge, des Pyrénées. Les tympans s'ajourent d'oculi ou d'une rose. Au-dessus des galeries courent des toits en terrasses.

Église abbatiale★★

Commencée au milieu du 12ᵉ s., elle est à la fois de grande taille (50 m sur 20) et de proportions admirables ; l'élégante simplicité cistercienne est rarement plus émouvante. La nef, en berceau brisé, est flanquée de collatéraux voûtés en quart de cercle. Dans le transept gauche s'ouvre la tribune qui permettait aux pères malades d'assister aux offices.

Salle capitulaire (1)

Elle est couverte de neuf voûtes romanes disposées sur des croisées d'ogives décoratives reçues par de délicates colonnettes de marbre.

Vitraux modernes

Parce que le style cistercien se reconnaît à sa sobriété, à son dépouillement, illuminé par des vitraux au teint d'albâtre, on peut considérer que ceux installés au début du 20e s. sont un anachronisme, une erreur, au même titre que les superbes grilles, portes, pierres sculptées et lanternes de procession rajoutées à la même époque. Et pourtant, que ces **vitraux★★** sont beaux ! Lorsque Gustave et Madeleine Fayet les commandent aux maîtres verriers René Billa (alias Richard Burgsthal), ils optent ensemble pour la couleur, toutes les couleurs ou, du moins, toutes celles du Moyen Âge. Admirez leur chatoiement dans les dessins modernes illustrant la glorification du Christ à l'ouest, la mort, ou les vies de la Vierge et de saint François. Un second type de vitrail réemploie avec art les débris des verrières bombardées en 1914-1918 dans l'escalier de jour et le dortoir des convers. L'ensemble forme, en soi, une splendide œuvre d'art.

Dortoir des moines

Il est situé au-dessus du cellier et couvert d'une belle voûte du 12e s. en berceau brisé. Réaménagé pour accueillir des concerts, il est orné de vitraux réalisés par René Billa (*voir ci-dessus*).

Cellier

Belle salle, de la fin du 11e s., séparée du cloître par une étroite ruelle, voûtée probablement au 12e s.

Extérieur

À l'emplacement de l'ancien potager, plus de 3 000 plants font de la **roseraie** une masse odorante.

Prenez de la hauteur par le sentier qui grimpe entre cistes et genêts en direction de la **tour** : la vue embrasse l'ensemble des bâtiments, et leur harmonieuse toiture.

Aux alentours

Abbaye N.-D.-de-Gaussan

8 km à l'ouest de Fontfroide sur la D 423. Messe chantée en grégorien à 10h - vente de vins et de productions monastiques à l'accueil.

Les bâtiments d'origine de cette ancienne métairie de l'abbaye de Fontfroide furent édifiés aux 12e, 13e et 14e s. Les moines y demeurèrent jusqu'à la Révolution. Au 19e s., une restauration importante fut entreprise sous l'égide d'un disciple de Viollet-le-Duc qui nantit les façades de créneaux et autres décorations de style néogothique. Une communauté monastique bénédictine l'occupe depuis 1993.

Abbaye de Fontfroide pratique

♿ Voir aussi Narbonne

Se loger

⬭🍽 **Chambre d'hôte Domaine de St-Jean** – *11200 Bizanet - 10 km au sud-ouest de Narbonne par N 9, N 113, D 613 puis D 224 -* ☎ *04 68 45 17 31 - www.domaine-de-saint-jean.com -*⊬*- 4 ch. 60/75 € .* Cette grande maison vigneronne ouvre ses portes aux amateurs de calme et d'authenticité. Ses chambres confortables s'agrémentent de motifs peints à la main sur meubles et murs. Celle dotée d'une terrasse privative offre une jolie vue sur le massif de Fontfroide. Plaisant jardin entretenu par le patron pépiniériste.

⬭🍽🍽 **Chambre d'hôte Demeure de Roquelongue** – *53 av. de Narbonne - 11200 St-André-de-Roquelongue -* ☎ *04 68 45 63 57 - www.demeure-de-roquelongue.com - fermé 16 nov.-28 fév. -*⊬ 🅿 *- 5 ch. 90/130 € - rest. 30 €.* Cette élégante maison de vigneron (1885) renferme de ravissantes chambres agrémentées de mobilier ancien et de belles salles de bains. Salon « cosy » à l'atmosphère jazzy.

Se restaurer

👁 **Bon à savoir** – Restaurant et restauration rapide à l'entrée de l'abbaye.

Ganges

3 943 GANGEOIS
CARTE GÉNÉRALE D2 – CARTE MICHELIN DÉPARTEMENTS 339 H5 – HÉRAULT (34)

La petite ville industrielle de Ganges est un bon centre d'excursions, au confluent de l'Hérault et du Rieutord. Autrefois, au contraire, on ménageait ses jambes pour les couvrir des bas de soie confectionnés ici même. Les mûriers ont aujourd'hui disparu et c'est sous les « belles platanes » (localement féminins) des promenades que le visiteur flâne, nonchalant.

- ▶ **Se repérer** – À 47 km au nord de Montpellier par la D 986 et à 52 km à l'est de Lodève par la D 25.

- 👁 **À ne pas manquer** – Les gorges de la vallée de l'Hérault ; le village et l'église abbatiale de St-Guilhem-le-Désert ; les cristallisations fines de la grotte de Clamouse et les imposantes colonnes de la grotte des Demoiselles.

- 🕐 **Organiser son temps** – Ganges marque le point de départ d'une excursion d'une journée dans la vallée de l'Hérault.

- 👫 **Avec les enfants** – La visite d'une des trois grottes leur plaira, de même que le village préhistorique de Cambous et les nombreuses activités aquatiques proposées dans la vallée *(voir l'encadré pratique)*.

- 🚶 **Pour poursuivre la visite** – Voir aussi le massif de l'Aigoual, Anduze, la grotte des Demoiselles, le cirque de Navacelles, St-Guilhem-le-Désert, St-Hippolyte-du-Fort, St-Jean-du-Gard, St-Martin-de-Londres et Le Vigan.

Comprendre

Le bas de luxe et les camisards – Le bas de soie naturelle a fait la gloire de Ganges depuis l'époque de Louis XIV. Une main-d'œuvre hautement qualifiée s'y consacrait de père en fils, utilisant la matière première fournie par la région, et un savoir-faire de tissage et de culture répandu. On raconte ainsi que c'est à Ganges que les protestants, après avoir saccagé à leur usage une fabrique de chemises, auraient pris le surnom de « camisards ». Avec le temps, la rayonne puis le nylon ont remplacé la soie naturelle, et de petites industries diverses maintiennent aujourd'hui péniblement l'emploi à une partie de la main-d'œuvre.

Circuit de découverte

LA VALLÉE DE L'HÉRAULT★

94 km – environ une journée. Quittez Ganges au sud-ouest par la D 4.

Brissac

En arrivant, une belle vue s'offre sur ce village pittoresque dont la partie la plus ancienne est dominée par un château des 12e et 16e s.
La D 4 rejoint l'Hérault qui coule entre des escarpements calcaires. De la route, on aperçoit, à gauche, la chapelle romane de **St-Étienne-d'Issensac** et un pont du 12e s. qui enjambe la rivière. Après Causse-de-la-Selle, la route s'engage dans une combe creusée par un cours d'eau aujourd'hui disparu. Par les journées torrides de plein été, ce paysage d'éboulis de rochers, sans eau, est empreint d'une désolation intense.

Il fait bon se baigner aux plages de l'Hérault.

Gorges de l'Hérault★

Dominées par des versants escarpés, ces gorges, encore assez évasées jusqu'à St-Guilhem-le-Désert, se rétrécissent de plus en plus jusqu'au pont du Diable. L'Hérault creuse, au fond de la vallée, un canyon dans lequel il coule étroitement encaissé. Çà et là, une petite terrasse soutenue par un mur, quelques pans de vigne, un petit pré ou quelques oliviers accrochés au-dessus du fleuve représentent les seules cultures.

St-Guilhem-le-Désert★★ *(voir ce nom)*

Grotte de Clamouse★★★ *(voir St-Guilhem-le-Désert)*

On traverse l'Hérault sur un pont moderne construit près du **pont du Diable**, œuvre de moines bénédictins au début du 11ᵉ s. Vue sur les gorges de l'Hérault et le pont aqueduc qui permet d'irriguer les vignobles de la région de St-Jean-de-Fos.
Prenez la D 27.

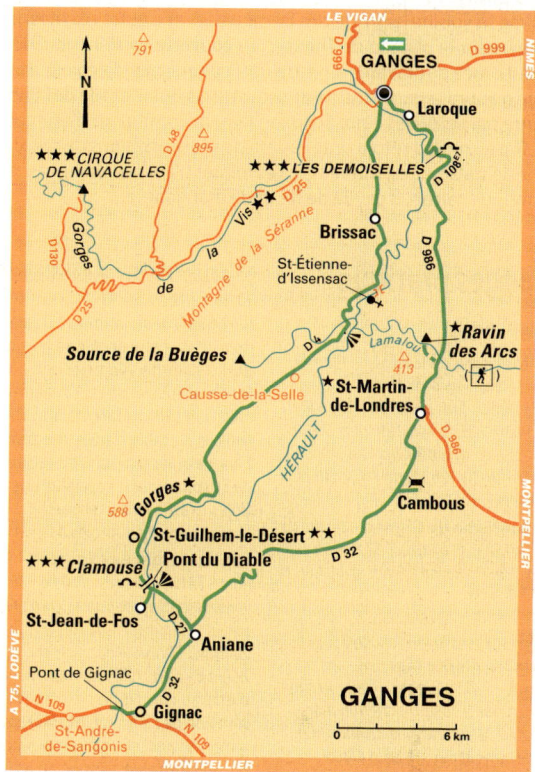

Aniane

Petite cité viticole tranquille, Aniane ne conserve plus rien de la prospère abbaye fondée au 8ᵉ s. par saint Benoît. En flânant dans les ruelles, on découvre l'église St-Jean-Baptiste-des-Pénitents, ensemble architectural hétéroclite abritant des expositions temporaires, l'église St-Sauveur à la façade solennelle (17ᵉ s.) et l'hôtel de ville du 18ᵉ s. aux fenêtres d'angle galbées.

Gignac

De cet ancien *castrum* médiéval, il ne reste aujourd'hui que la massive **tour** carrée de **Gignac** (13ᵉ s., 18 m de haut), et la **tour** semi-cylindrique **de l'Horloge**, vestige de l'enceinte moyenâgeuse. Surplombant Gignac, la **chapelle N.-D.-de-Grâce**, construite au 17ᵉ s., possède une superbe façade ocre rappelant les couleurs de la Renaissance et une belle entrée en anse de panier. Face à la chapelle, sur un promontoire qui domine la route de Lodève, un chemin de croix de quatorze chapelles de dévotion fut édifié au 19ᵉ s (la première date du 18ᵉ s.). En direction de Lodève, l'A 750 franchit l'Hérault sur le **pont** de Gignac. Construit au 18ᵉ s. sur les plans de l'architecte Garipuy, cet ouvrage est considéré comme l'un des plus beaux ponts français de l'époque. D'une plate-forme située sur la rive gauche, admirer sa grande arche, en anse de panier.
Faites demi-tour. À Aniane, prenez la D 32 vers St-Martin-de-Londres.

Cambous *(voir St-Martin-de-Londres)*

St-Martin-de-Londres★ *(voir ce nom)*
Suivez au nord la D 986 vers Ganges.

Ravin des Arcs★ *(🐾 voir St-Martin-de-Londres)*

Grotte des Demoiselles★★★ *(voir ce nom)*

La route s'engage dans un gorget, véritable canyon aux parois très abruptes.

Laroque

Une flânerie à travers les ruelles pavées fait découvrir le beffroi coiffé d'un campanile, le château, et, surplombant la rivière, l'ancienne magnanerie percée de baies en plein cintre.

Grotte des Lauriers

Fermé. Comme sa voisine la grotte des Demoiselles et d'autres cavités, la grotte des Lauriers s'ouvre sur le plateau de Thaurac. Découverte en 1930 par Édouard Alfred Martel, elle est ornée de gravures rupestres de l'époque magdalénienne (non visibles). On découvre d'abord la partie fossile de la grotte : la grande salle de l'Éboulis, la salle du Lac. L'autre partie, où les eaux de ruissellement continuent d'exercer leur travail d'érosion, offre au regard l'étonnante variété de ses concrétions de calcaire : salle des Gours, dôme de stalagmites, fistuleuses. Les teintes blanches, orangées et noires sont des formations de calcite, d'oxyde de fer et de manganèse.

Ganges pratique

Adresses utiles

Office du tourisme de Ganges – *Plan de l'Ormeau - 34190 - www.ot-cevennes.com -* 📞 *04 67 73 00 56 - juil.-août : 9h-13h, 14h-19h ; sam. 9h30-12h30, 14h-18h, dim. 9h30-12h30 ; mars-juin : tlj sf dim. 9h-12h, 14h-18h, sam. 9h30-12h30 ; nov.-fév. : tlj sf w.-end et j. fériés 9h-12h, 14h-18h.*

Office du tourisme de Gignac – *3 parc de Camalcé - 34150 -* 📞 *04 67 57 58 83 - 9h-12h30, 14h-17h30 - fermé j. fériés sf 14 Juil. et 15 août.*

Se loger

😊🛏 **Chambre d'hôte Mas Cambounet** – *34150 Gignac - 4 km au sud-est de Gignac par N 109 puis chemin à dr. -* 📞 *04 67 57 55 03 - www.mas-cambounet. com - fermé janv. et déc. - 4 ch. 64/80 € -* 🍽 *8 € - repas 18/30 €.* Outre un hébergement de charme, dans des chambres indépendantes et pleines de caractère, ce superbe mas, entouré de vignes et de garrigue, propose une excellente restauration. Les plats, préparés avec les produits de l'exploitation et accompagnés de vins de la propriété, font le bonheur des connaisseurs, hôtes de passage comme habitués.

Se restaurer

😊 **Auberge Domaine de Blancardy** – *34190 Moulès-et-Beaucels - 7 km à l'est de Ganges par D 999 et rte secondaire -* 📞 *04 67 73 94 94 - www.blancardy.com - 13/48 € - 12 ch. 55/95 €* 🍽*.* Entre vignes et garrigue, sur un immense domaine à flanc de coteau, cette ancienne ferme fortifiée du 12e s. abrite, réparties entre le mas et les anciennes écuries, 12 chambres qui allient grand confort et caractère. Délicieuse table d'hôte, mettant à l'honneur les produits du terroir et les vins de l'exploitation : spécialités de canard (foies gras, confits, terrines) et vins (également disponibles à la vente).

😊😊😊 **Jardin aux Sources** – *30 av. du Parc - 34190 Brissac -* 📞 *04 67 73 31 16 - www.lejardinauxsources.com - fermé dim. soir et merc. midi hors sais. et lun., 8-20 janv., 13 nov.-4 déc. - réserv. conseillée - 26/64 € - 5 ch. 100/135 €* 🍽*.* Maison en pierre au cœur d'un pittoresque village de la vallée de l'Hérault. Restaurant voûté garni de meubles contemporains et paisible terrasse. Cuisine au goût du jour.

Sports & Loisirs

Canoë le Moulin – *Av. du Chemin-Neuf - 34190 St-Bauzille-de-Putois -* 📞 *04 67 73 30 73 - www.canoesud.com - 9h30-19h - fermé lun. hors sais.* Activités de plein air : via ferrata, canyoning, escalade, etc. Location de canoës-kayaks pour découvrir les gorges de l'Hérault au fil de l'eau.

Envol Nature – *Mas de la Bruyère - 34190 Montouliou -* 📞 *04 67 73 36 96 - www. envol-nature.com - 8h-20h - fermé 15 nov.-1er mars pour l'école de parapente.* École de parapente. Assure l'hébergement en gîte et chambres d'hôte.

La Garde-Guérin ★

CARTE GÉNÉRALE D1 – CARTE MICHELIN DÉPARTEMENTS 330 L8 – LOZÈRE (48)

Une imposante tour signale aux alentours ce vieux village fortifié et escarpé du plateau lozérien. Cernée par une multitude de ruisseaux chantants, La Garde-Guérin est au contact des majestueux blocs de granit du mont Lozère et des schistes de l'Ardèche.

- ▶ **Se repérer** – À 109 km au nord-ouest de Nîmes et à 57 km à l'est de Mende par la N 88 puis la D 6 et la D 906.

- 👁 **À ne pas manquer** – Les demeures des pariers dans le village ; le panorama depuis le sommet du donjon et la balade jusqu'au belvédère du Chassezac.

- 🕐 **Organiser son temps** – 30mn suffisent pour faire le tour du village.

- 👪 **Avec les enfants** – Le donjon.

- 🔑 **Pour poursuivre la visite** – Voir aussi Alès, Châteauneuf-de-Randon, la grotte de la Cocalière, Florac, Langogne, le mont Lozère et Mende.

Comprendre

L'ancienne **voie Régordane**, créée par les Romains, fut longtemps la seule voie de communication entre le Languedoc et l'Auvergne. Au 10ᵉ s., pour débarrasser la région des brigands qui détroussaient les voyageurs, les évêques de Mende décidèrent d'établir, dans la partie la plus sauvage du plateau, un poste de garde, comme l'évoque encore le nom du village. Une communauté de nobles, les « pariers », disposant d'un statut original, se fixa ici. Au nombre de 27, ils escortaient les voyageurs moyennant un droit de péage. Ils possédaient chacun, à La Garde, leur maison forte ; l'ensemble, entouré d'une enceinte, était défendu par un château fort. Aujourd'hui le **chemin de Régordane (GR 700)** est balisé et connaît un réel essor chez les randonneurs.

Se promener

Le village

L'ensemble des maisons de ce village, où seuls habitent quelques éleveurs de bétail, bâties en gros moellons de granit, présente un caractère montagnard accusé. Vous reconnaîtrez les demeures des pariers : ce sont des logis plus élevés, percés de fenêtres à meneaux. L'église montagnarde, à clocher-peigne, est de construction particulièrement soignée.

Donjon

Accès par un porche à gauche de l'église. C'est le seul vestige important du château fort primitif. Du sommet, vue sur le village et la trouée du Chassezac.

Belvédère du Chassezac ★★

🚶 *15mn à pied AR. Laissez la voiture au panneau « belvédère », à gauche de la D 906. Un sentier mène à une étroite plate-forme.* Le site est saisissant : le regard plonge à pic au-dessus des gorges du Chassezac ; le grondement des eaux répercuté par les parois, l'aspect chaotique ou déchiqueté des roches, la profondeur de l'abîme vertical laissent une impression très vive.

La Garde-Guérin pratique

Se loger

🍴🛏 **Auberge Régordane** – ☎ 04 66 46 82 88 - www.regordane.com - fermé 4 oct.- 9 avr. - 16 ch. 55/66 € - 🍽 8 € - rest. 20/37 €. Dans un village qui domine une nature extraordinaire, cette demeure du 16ᵉ s. est très pittoresque avec ses solides murs de granit gris. Ses petites chambres pastel sont nettes. Le restaurant installe ses tables dans la belle cour en été. Pour les amateurs : pêche, canyoning, escalade…

🍴🛏 **Chambre d'hôte La Butinerie** – *Lieu-dit « Albespeyre » - 48800 Prévenchères - 2 km au nord de La Garde-Guérin par D 906 puis petite rte à dr. -* ☎ 04 66 46 06 47 - www.labutinerie. com - 🚫 - 5 ch. 53 € - 🍽 6 € - repas 16 €. Au cœur d'un petit lieu-dit, ces bâtiments très bien restaurés ont conservé une certaine authenticité. Calme et tranquillité tant pour les chambres, bien équipées et meublées de façon simple, que dans l'ancienne bergerie, transformée en salle à manger au style campagnard joliment mis en valeur. Cuisine du terroir et séjours à thème.

⌨☎ **Chambre d'hôte Le Domaine de l'Affenadou** - *Mas de l'Affenadou - 48800 Villefort - ✆ 04 66 49 27 42 - www.gite-lozere.com/chambre_hote.htm - fermé nov.-avr. -🞢 - 4 ch. 73 € ☐.* Sur le haut du village, en bordure du GR 68, cette ancienne auberge muletière du 16e s. constitue un joli point de départ à des promenades dans le Parc national des Cévennes. Les 4 chambres, récemment refaites, disposent de tout le confort actuel. Table d'hôte fermière servie dans une salle à manger pleine de caractère.

Sports & Loisirs

Grandeur Nature – *Pourcharesses - 48800 Villefort - ✆ 04 66 46 80 62 - www.grandeurnature48.com - fermé nov.-mars.* Bénéficiant de la proximité des gorges de Chassezac et du lac de 127 ha, cette structure propose une gamme complète d'activités sportives et aquatiques. Canyoning, spéléologie et escalade, mais aussi canoë en eaux vives ou tout simplement randonnée, pour découvrir la région sous tous ses angles, d'avril à octobre.

La Grande-Motte

8 202 GRANDS-MOTTOIS
CARTE GÉNÉRALE D3 – CARTE MICHELIN DÉPARTEMENTS 339 J7 – HÉRAULT (34)

Réalisation-phare de l'aménagement concerté du littoral en Languedoc-Roussillon, La Grande-Motte, installée contre vents et marées, fait désormais partie de la physionomie du littoral pour le meilleur comme pour le pire. Ses hautes pyramides frappent le regard habitué au paysage horizontal du rivage languedocien, mais donnent aussi toute son identité à cette station balnéaire devenue la destination week-end des Montpelliérains.

- ▶ **Se repérer** – À 23 km au sud-est de Montpellier par la D 66 puis la voie rapide D 62. Depuis l'A 9, empruntez la sortie 29 qui débouche sur cette même voie rapide (D 62). Suivez les panneaux « Les plages ».

- 🅿 **Se garer** – Vastes parkings en centre-ville.

- 👁 **À ne pas manquer** – L'architecture signée Jean Balladur de la station et l'immense plage de sable fin.

- 🕐 **Organiser son temps** – Comptez 30mn pour découvrir les principales curiosités architecturales de la station.

- 👥 **Avec les enfants** – L'Espace Grand Bleu et les nombreuses activités nautiques proposées *(voir l'encadré pratique)*.

- 👍 **Pour poursuivre la visite** – Voir aussi Maguelone, Montpellier, Palavas-les-Flots, Sète et Sommières.

Les pyramides de La Grande-Motte surveillent les bateaux alignés dans le port.

Séjourner

La station

Dans cette station créée de toutes pièces en 1967, les bâtiments principaux se présentent comme des **pyramides** alvéolées exposées au midi tandis que les **villas**, disséminées dans une verdure qui apparaît aujourd'hui comme la vraie réussite de la station, adoptent un style provençal ou s'ordonnent autour de cours intérieures.

Son développement se poursuit vers l'ouest par le quartier piéton de la Motte du Couchant dont l'architecture présente des conques arrondies tournées vers la mer, et vers le nord autour du plan d'eau du Ponant. De nombreux espaces verts ont été aménagés un peu partout pour la circulation piétonne.

L'architecte **Jean Balladur** (à l'époque le membre le plus célèbre de la famille) dessina les immeubles d'habitation et dirigea l'équipe d'ingénieurs et d'architectes qui conçut la station, audacieuse pour l'époque. Elle prit le nom d'un mas parmi les vignes qui a aujourd'hui cédé la place aux « pyramides ».

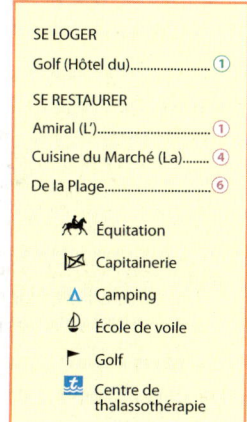

La plage

L'immense plage de sable fin s'étend sur 6 km, avec accès direct à la ville. Elle est équipée de sanitaires avec douches. L'accès aux chiens est, en principe, interdit (il existe cependant une plage les accueillant) : mais comme ils ne savent pas lire les panneaux…

Le port et les plans d'eau

Encadré par les pyramides, le port peut accueillir 1 410 bateaux. Le plan d'eau du Ponant est dévolu aux sports nautiques, l'étang de l'Or à la pêche.

Espace Grand Bleu

04 67 56 28 23 - de fin juin à déb. sept. : 10h-20h, w.-end 10h-19h ; de mi-sept. à mi-juin : mar., jeu. et vend. 12h-14h, 16h-20h, lun. et merc. 12h-20h, w.-end et j. fériés 10h-18h ; vac. scol. : 10h-20h, w.-end. 10h-18h - fermé 1er janv., 25 déc. - 4,20 € (-12 ans 3,70 €) basse sais., 9,50 € (-12 ans 7,50 €) haute sais.

Espace de loisirs aquatiques avec toboggan géant, rivière à bouées, piscine à vagues (ouvert à partir de mi-juin), jacuzzi, sauna ou aquagym.

Aux alentours

Carnon-Plage

8 km à l'ouest.

Entre La Grande-Motte et Palavas-les-Flots, cette station est très appréciée des Montpelliérains, grands et petits (Station Kid). La plage est séparée de la route par des dunes. Port de plaisance avec accès au canal du Rhône à Sète.

La Grande-Motte pratique

Adresse utile

Office du tourisme de La Grande-Motte – *Pl. du 1er-Octobre-1974 (pl. de la Mairie) - 34280 - ☎ 04 67 56 42 00 - www.ot-lagrandemotte.fr - juil.-août : 9h-20h ; avr.-juin et sept. : 9h30-12h, 14h-18h30 ; oct.-mars : 9h30-12h, 14h-18h - fermé 1er janv, 25 déc.*

Se loger

☕🍴🛏 **Hôtel du Golf** – *1920 av. du Golf - ☎ 04 67 29 72 00 - www.bestwestern-golfhotel34.com -* 🅿 *- 45 ch. 87/197 € - ☕ 14 €. D'un côté le golf, de l'autre l'étang du Ponant, faites votre choix pour l'orientation de votre chambre. Elles disposent toutes d'un balcon pour lézarder au soleil et profiter du calme. Le style est plutôt récent et les pièces sont régulièrement rafraîchies.*

Se restaurer

☕🍴 **L'Amiral** – *117 av. du Casino - ☎ 04 67 56 65 53 - lamiral.restaurant@wanadoo.fr - réserv. conseillée en été - 15 € déj. - formule déj. et dîner 16 € - 20/42 €. À deux pas du casino, cette brasserie vient d'être rénovée dans un style très baroque ! Surprenant mais chaleureux et confortable. Côté cuisine, les plats sont généralement tournés vers la mer avec une belle carte de poissons grillés. À cela s'ajoute un service jeune et efficace pour des tarifs très abordables.*

☕🍴 **De la Plage** – *Allée du Levant - ☎ 04 67 29 93 00 - www.hp-lagrandemotte.fr - fermé 3 déc.-fin fév. - 22 €. L'établissement se trouve dans un quartier résidentiel, face à la plage. Au restaurant, chaises et nappes aux tons ensoleillés vous convient à un repas simple, orienté « poisson ». Toutes les chambres, spacieuses et lumineuses, ont une loggia côté Méditerranée.*

☕🍴🛏 **La Cuisine du Marché** – *89 r. du Casino - ☎ 04 67 29 90 11 - fermé lun. de sept. à mai - réserv. conseillée - 28/37 €. Il faut repérer ce petit restaurant avec sa façade modeste. La patronne y cuisine de bons produits et limite le nombre de tables dans ses deux petites salles pour bien servir ses clients. Menus plus abordables que la carte. Bouillabaisse à emporter.*

Que rapporter

Marché provencal – *Pl. de la Mairie - ☎ 04 67 29 03 01 - www.lagrandemotte.fr - dim. 7h30-14h ; juin-sept. : jeu. 7h-14h.*

Sports & Loisirs

Blue Dolphin – *71 quai Eric-Tabarly, centre commercial Le Miramar - ☎ 04 67 56 03 69 - www.bluedolphin.fr - 9h-12h, 14h-19h - fermé merc. hors sais., janv.-fév. Club de plongée : encadré par des professionnels. Après un bon briefing dispensé par Pascal Jard, plongeur très expérimenté et maître des lieux, vous pourrez goûter au spectacle des fonds marins. Du simple baptême au stage de niveau 4.*

Centre nautique - École de Voile – *Espl. Jean-Baumel - ☎ 04 67 56 62 64 - www.centrenautique-lagrandemotte.com - été : 8h30-20h ; le reste de l'année 9h-18h - fermé 1er w.-end de déc.-1er fév., 1er w.-end de sept., 1er Mai. Location et stages de planche à voile, catamaran et Optimist.*

Port de Carnon – *Capitainerie - 34280 Carnon-Plage - ☎ 04 67 68 10 78 - www.portdecarnon.com. Idéalement située entre mer et étang, proche de Montpellier, la charmante station balnéaire de Carnon abrite en son centre ce port de plaisance d'une capacité de 700 places à quai. Tout l'été, nombreuses activités sportives, manifestations culturelles et animations.*

Étrave croisières – *Quai d'Honneur - ☎ 04 67 29 10 87 - www.etrave-croisieres.com - 7h-20h - fermé nov.-fév - balade (1h15) 8,50 € (enf. 4 €). Depuis une trentaine d'années, Étrave Croisières vous embarque pour des croisières-découvertes du littoral. Vous sont également proposées des pêches en mer, des locations de bateaux sans permis et des croisières-safari en Camargue.*

Thalasso Mediterranée la Grande-Motte – *Le Point Zéro - ☎ 04 67 29 13 13 - www.thalasso-grandemotte.com - 9h-18h, dim. 9h-13h - fermé 21 déc.-26 janv. Ouv. j. fériés. On se presse des quatre coins de l'Hexagone pour passer quelques jours… ou plusieurs semaines à l'institut de la Grande Motte. Si vous êtes de passage, vous pouvez vous offrir une simple journée de remise en forme, profiter de la piscine d'eau de mer chauffée, du hammam, des salles de massages et des cabines de relaxation.*

Gruissan ★

4 267 GRUISSANAIS
CARTE GÉNÉRALE C4 – CARTE MICHELIN DÉPARTEMENTS 344 J4 – AUDE (11)

Autour des ruines du château s'enroulent avec cachet les maisons des pêcheurs et des vignerons. Gruissan n'est plus isolé au milieu des étangs comme autrefois, lorsqu'il défendait l'accès au port de Narbonne. Aujourd'hui, un chenal relie la terre à la mer, où une station nouvelle, au bord de l'étang du Grazel, déploie ses terrasses de café pour les estivants assoiffés.

▶ **Se repérer** – À 20 km au sud-ouest de Narbonne par la D 32.

👁 **À ne pas manquer** – Les maisons sur pilotis de Gruissan-Plage ; les ruines de la tour Barberousse et la Cité de la vigne et du vin.

🕐 **Organiser son temps** – Comptez 30mn pour la station, autant pour Gruissan-Plage, où vous pourrez découvrir quelques façades originales. Attention, si vous quittez Gruissan en fin d'après-midi, le trafic est particulièrement dense en direction de Narbonne-Plage !

👫 **Avec les enfants** – Gruissan bénéficie du label « Station Kid », mais vous pouvez également décider de leur faire visiter les salins de l'Île St-Martin ou encore la Cité de la vigne et du vin qui propose quelques animations pour les enfants.

🕯 **Pour poursuivre la visite** – Voir aussi l'oppidum d'Ensérune, l'abbaye de Fontfroide, Narbonne et la réserve africaine de Sigean.

Le saviez-vous ?

Vous vous souvenez sans doute de ces maisons sur pilotis dans *37°2 le matin* ? Eh bien, c'est ici, à Gruissan-Plage, que Jean-Jacques Beineix planta le décor de son film. Quasiment posés sur la plage, près de 1 300 chalets, ordonnés en des dizaines de pâtés de maisons, dévoilent chacun un style bien particulier.

Séjourner

La station balnéaire

👫 Elle s'est développée à la suite de l'ouverture d'un chenal maritime faisant communiquer l'étang du Grazel avec la mer. De petits immeubles disposés autour du bassin d'honneur du nouveau port de plaisance (voile, pêche) en forment, depuis 1975, le noyau. Leur crépi ocré, leurs toitures à faîtes multiples dessinés en berceau les caractérisent. L'attrait de la station nouvelle réside non seulement dans son ouverture vers le grand large mais aussi dans son site favorable aux promenades dans la montagne de la Clape (*voir Narbonne*).

Gruissan-Plage

Cette station balnéaire conserve un curieux lotissement de maisons montées sur pilotis, afin qu'elles ne soient pas inondées par la mer. Construites à la fin du 19e s., elles servaient d'habitations aux pêcheurs.

P. Blot / MICHELIN

Le vieux village de Gruissan, tel un escargot enroulé autour du château.

Se promener

Le vieux village

Le vieux village de pêcheurs et de sauniers, aux maisons emboîtées en cercles concentriques, est dominé par les ruines de la tour Barberousse. À l'écart de la côte, entre les eaux dormantes des étangs, il semble définitivement tourner le dos à la mer. Pourtant ce fut un port d'une certaine importance dont les bateaux partaient pêcher au large de l'Espagne et de l'Algérie. Les pêcheurs fêtent toujours la St-Pierre fin juin.

Aux alentours

Cimetière marin

4 km, puis 30mn à pied AR. Sortez de Gruissan par la D 32 vers Narbonne ; au carrefour suivant les tennis, prenez la route signalée N.-D.-des-Auzils qui pénètre dans le massif de la Clape. Continuez toujours à gauche. Laissez la voiture au parking (avant la pépinière du Rec d'Argent) et montez à pied jusqu'à la chapelle. Ou bien prendre, en voiture, la piste forestière des Auzils sur 1,5 km ; laissez la voiture sur un terre-plein, puis continuez à pied. Le long d'un chemin pierreux, parmi les genêts, les pins parasols, les chênes verts et les cyprès, d'émouvantes stèles rappellent le souvenir des marins disparus en mer. De la **chapelle N.-D.-des-Auzils**, au sommet de la montée, au cœur d'un bosquet, vue étendue sur le site de Gruissan et la montagne de la Clape.

Cité de la vigne et du vin

Sur la D 332 en direction de Narbonne-Plage. Domaine INRA de Pech Rouge - ☎ 04 68 75 22 62 - juil.-août : 10h-20h ; reste de l'année : 14h-18h - fermé janv., 25 et 31 déc. - 6 € (enf. 3 €). Implanté au cœur du vignoble languedocien, sur le domaine de l'Institut national de la recherche agronomique, cet espace muséographique comprend plusieurs niveaux de lecture, du plus généraliste au plus technique. La visite s'articule autour de différents thèmes de la viticulture à l'œnologie. Une serre évoque l'évolution de la vigne au fil des saisons, un vignoble de 5 000 m^2 présente les différents cépages ainsi que les techniques d'irrigation ou de taille, enfin une salle équipée de machines manipulables par le visiteur dévoile les secrets de la vinification. Projections vidéo, bornes interactives et jeux sensoriels rendent la visite particulièrement ludique. Ici, vous pouvez voir, sentir, toucher, expérimenter mais aussi déguster !

Gruissan pratique

Adresse utile

Office du tourisme de Gruissan – Bd du Pech-Meynaud - 11430 - ☎ 04 68 49 09 00 - www.gruissan-mediterranee.com - juil.-août : 9h-20h ; avr.-sept. : 9h-12h, 14h-18h ; oct.-mars : 9h-12h, 14h-18h, w.-end 10h-12h, 14h-16h - fermé 1er janv. et 25 déc.

Visite

Salins de l'Île St-Martin – Rte de l'Ayrolle - ☎ 04 68 49 59 97 - visite guidée juil.-août : dép. 9h30, 11h, 14h30, 16h, 17h30 ; mai-juin et sept. : dép. 10h30, 14h30 ; mars et oct. : sur demande - 7,60 € (enf. 4,50 €) - écomusée juil.-août : 9h30-12h30, 14h-19h (18h reste de l'année) - fermé nov.-fév. - écomusée gratuit - L'eau de mer chemine environ 35 km à travers les salins pour venir y déposer son or blanc. La récolte se fait en septembre.

Se loger

Hôtel du Port – Bd de la Corderie - ☎ 04 68 49 07 33 - www.gruissan-hotel-du-port.com - ouv. de mi-oct. à Pâques - 48 ch. 52/65 € - ☐ 8 € - rest. 20 €. L'extérieur cubique un peu austère contraste avec le nouvel aménagement intérieur, gai et accueillant. Mobilier en bois peint et teintes méridionales dans les chambres. Esprit du sud au restaurant (fer forgé, tons ensoleillés), jolie terrasse sous une treille.

Hôtel de la Plage – R. Bernard-l'Hermite, à la plage - ☎ 04 68 49 00 75 - www.hotel-de-la-plage.com - fermé 6 nov.-31 mars - ☐ - 17 ch. 60/64 € ☐. De la terrasse de cet hôtel logé dans un petit immeuble des années 1960, on aperçoit les fameuses maisons sur pilotis immortalisées par le film de Jean-Jacques Beineix 37°2 le matin. Chambres claires et bien tenues, mais modestement meublées. Accueil sympathique.

Se restaurer

L'Estagnol – 12 av. de Narbonne - ☎ 04 68 49 01 27 - fermé dim. soir et lun., d'oct. à fin mars - 16/31 €. Retrouvez toute la vie du vieux village dans cette ancienne maison de pêcheur faisant face à l'étang : décor provençal, spécialités de poissons, bonhomie méridionale.

🍽 **Le Lamparo** – *Au village -*
📞 04 68 49 93 65 - restaurant.lelamparo@
wanadoo.fr - fermé lun. et mar. hors sais.,
15 déc.-28 janv. - 23/39 €. Modeste
restaurant situé sur les quais, au pied du
village de pêcheurs, face aux étangs. Salle
à manger simplement aménagée où l'on
sert une cuisine bien tournée qui met le
poisson à l'honneur. Prix doux.

Sports & Loisirs

Centre Nautique - Gruissan Windsurf –
Étang de Mateille - 📞 04 68 49 88 31 - www.
gruissan-windsurf.com - 9h-19h - fermé
déc.-fév. Stages et cours de voile, planche à
voile, char à voile, canoë, catamaran de
sport (tous niveaux et tous âges). Location
également possible.

Gruissan Thon Club – *Quai des Palmiers -*
📞 04 68 49 14 41 - www.gruissanthonclub.
fr - 7h-19h - fermé oct.-mai. Les amateurs
de pêche au gros en mer pourront
apprendre les techniques de pêche à la
traîne et participer à des compétitions.
Thons, requins et espadons, soyez sur vos
gardes ! Sous réserve de l'état de la mer,
dép. 7h retour 19h. Saison de pêche : de
mi-juin à mi-oct.

Ille-sur-Têt

4 993 ILLOIS
CARTE GÉNÉRALE B5 – CARTE MICHELIN DÉPARTEMENTS 344 G6
PYRÉNÉES-ORIENTALES (66)

Au cœur de la plaine, les toits de tuiles rouges surgissent des remparts. Vous êtes
à Ille-sur-Têt (prononcez [ij], comme pour « fille »), petite ville de plaine postée au
cœur d'un immense verger. Ici, abricotiers, pêchers et cerisiers sont irrigués par
la Têt et le Boulès, son affluent. Rien d'étonnant donc si le marché aux fruits et
légumes est des plus animés ! Pour des excursions fortes en émotions, empruntez
la route du Conflent vers Prades ou celle des Aspres vers Amélie-les-Bains. De
belles surprises architecturales et naturelles en perspective…

▶ **Se repérer** – Sur la N 116, à 26 km à l'ouest de Perpignan et à 21 km à l'est de
Prades.

👁 **À ne pas manquer** – Les tableaux et sculptures de l'Hospici d'Illa ; les cheminées
de fées des Orgues d'Ille et le circuit des Aspres arides.

🕐 **Organiser son temps** – Prévoyez 1h pour la ville, au moins autant pour le cirque
et 3h pour les Aspres.

👪 **Avec les enfants** – Les pièces d'orfèvrerie de l'Hospici d'Illa et les paysages des
Orgues d'Ille.

🔑 **Pour poursuivre la visite** – Voir aussi le Conflent, les Corbières, le Fenouillèdes, les
châteaux de Peyrepertuse et Quéribus, Perpignan, Prades, le prieuré de Serrabone,
l'abbaye St-Michel-de-Cuxa, Tautavel et Villefranche-de-Conflent.

Comprendre

La Vénus d'Ille – En 1834, lors d'une mission d'inspection des Monuments historiques, **Prosper Mérimée** séjourna à Ille-sur-Têt. Il en fit alors le cadre de l'une
de ses plus célèbres nouvelles, *La Vénus d'Ille*. Dans ce récit fantastique, un jeune
homme, à la veille de son mariage, dispute une partie de jeu de paume avec des
Aragonais de passage. Pour plus d'aisance, il a passé sa bague au doigt d'une statue
de Vénus. Quand il veut reprendre son anneau, il n'y parvient pas. Le lendemain
matin, le jeune homme est trouvé mort : tout laisse supposer – mais comment y
croire ? – qu'il a été étouffé par l'étreinte de la Vénus de bronze !

Se promener

La ville

*Suivez la « ligne verte » qui vous permettra de vous promener sans omettre aucune de
ses richesses.* Remarquez l'imposante silhouette de l'église St-Étienne-de-Padraguet,
à façade baroque ; voir en ville, à l'angle de la rue des Carmes et de la rue Deljat,
« les Énamourats », sculpture médiévale, et place del Ram une magnifique croix
sculptée gothique du 15e s.

Les Orgues d'Ille-sur-Têt, admirable cirque aux parois blanches ravinées et déchiquetées.

Église des Carmes
Édifiée au 17ᵉ s., l'église des Carmes abrite un ensemble de peintures de l'atelier des Guerra, dynastie d'artistes baroques perpignanais.

Hospici d'Illa
10 r. de l'Hôpital – ☎ 04 68 84 83 96 - de mi-juin à fin sept. : 10h-12h, 14h-19h, w.-end et j. fériés 14h-19h ; fév.-mars et oct.-nov. : tlj sf mar., w.-end et j. fériés 14h-18h ; avr.-juin : tlj sf mar. 14h-18h - fermé déc., janv. et 1ᵉʳ Mai - 3,50 € (-12 ans gratuit).

Dans l'ancien hospice St-Jacques (corps de logis des 16ᵉ et 18ᵉ s.), une série d'alcôves abritent des tableaux, sculptures et pièces d'orfèvrerie romans et baroques. La sacristie expose les fresques (11ᵉ s.) de l'église de Casesnoves. Dans le fond du jardin, l'église romane de la Rodona (11ᵉ, 12ᵉ et 14ᵉ s.) s'ouvre par un portail en arc brisé.

Les Orgues d'Ille★
Au nord d'Ille-sur-Têt ; 15mn à pied pour accéder au site - ☎ 04 68 84 13 13 - juil.-août : 9h30-20h ; avr.-juin et sept. : 10h-18h30 ; fév.-mars : 10h-12h30, 14h30-17h30, vac. scol. 10h-17h30 ; oct. : 10h-12h30, 14h-18h ; nov.-janv. : 14h-17h - 3,50 € (-10 ans gratuit).

Pour mieux vous imprégner de la nature environnante, suivez le sentier d'interprétation qui vous conduit jusqu'à cet amphithéâtre minéral, sculpté par la Têt. C'est lors de l'affaissement des Pyrénées, il y a plus de cinq millions d'années, que l'ancienne colline s'est transformée en cirque de sable. Au centre de ce décor fragile et éphémère, remarquez la « Sibylle », la plus imposante des cheminées de fées, ces colonnes de roches tendres érodées par les pluies et couronnées d'un conglomérat de galets, plus résistant à l'érosion.

Complétez votre visite en poursuivant vers l'ouest, en direction de Montalba. Sur votre gauche, vous apercevrez d'autres formations, d'une couleur plus ocre. Après 1 km, au débouché d'une série de virages, un **belvédère** *(table d'orientation)* vous permet d'embrasser du regard le site des Orgues et, à l'horizon, Ille-sur-Têt.

Aux alentours

Musée de l'Agriculture catalane
À St-Michel-de-Llotes. 3 km au sud d'Ille par la D 2.
Vous saurez tout sur le temps des labours, la taille des vignes, l'élevage… grâce aux multiples outils exposés - ☎ 04 68 84 76 40 - juin-sept. : 10h-12h, 14h-18h ; oct.-juin : 14h-18h - fermé mar., w.-end et j. fériés. - 3 € (- 12 ans gratuit).

Circuit de découverte

LES ASPRES★
56 km d'Ille-sur-Têt à Amélie-les-Bains (voir Céret) – environ 3h. Quittez Ille-sur-Têt au sud (D 2) pour rejoindre Bouleternère par la D 16.
La D 618, prise à gauche, au sortir des vergers de la vallée de la Têt, s'enfonce dans les garrigues, le long des gorges du Boulès.
À 7,5 km, prenez à droite vers Serrabone.

A. Thuillier / MICHELIN

Prieuré de Serrabone★★ *(voir ce nom)*

Col Fourtou

Alt. 646 m. Vue en arrière sur le Buga-rach, point culminant des Corbières (alt. 1 230 m), en avant sur les monts frontière du Vallespir : roc de France et, plus à droite, pilon de Belmatx, à l'arête dentelée. À droite apparaît le Canigou.

Prunet-et-Belpuig

La **chapelle de la Trinité** s'ouvre par une porte à pentures à volutes. À l'intérieur, Christ habillé du 12ᵉ s. et retable baroque de la Trinité, représentant le Saint-Esprit sous l'aspect d'un adolescent, à côté du Christ, adulte, et du Père Éternel, vieillard. *Tlj sf mar. 9h-18h.*

*De la chapelle, traversez la lande (30mn à pied AR). Le village est dominé par les ruines sombres du **château** (13ᵉ s.), très bien situé sur un piton commandant un vaste **panorama**★ : Canigou, Albères, côtes du Roussillon et du Languedoc, Corbières (pic de Bugarach).*

Après le col Xatard, la route descend vers Amélie-les-Bains, jalonnée par les seuls villages de St-Marsal et de Taulis, et contourne le bassin supérieur de l'Ample, sur des pentes où foisonnent les chênes verts et les châtaigniers.

Le saviez-vous ?
Les Aspres doivent leur nom à l'aridité, à l'« âpreté » de leurs terres pierreuses couvertes de garrigues.

Ille-sur-Têt pratique

Adresse utile

Office du tourisme d'Ille-sur-Têt – *Sq. de la Poste - 66130 - ☎ 04 68 84 02 62 - www.ille-sur-tet.com - juil.-août : 9h-12h, 14h-18h30, dim. 9h-12h ; sept.-juin : lun., mar. et jeu. 9h-12h, 14h-18h, vend. 9h-12h, 14h-17h - fermé j. fériés (sf juil.-août).*

Se restaurer

☞ **Chambre d'hôte du Domaine du Moulin** – *66300 Caixas - 6 km à partir de l'église de Fontcouverte dir. Fourques - ☎ 04 68 38 87 84 - fermé le soir, lun.-jeu., de fin nov. à mars - réserv. conseillée - 25/40 € - 6 ch. 40/65 € - ☐ 12 €.* Dans la montagne, cette ancienne maison de meunier est le rendez-vous préféré des gargantuas ! Avec son menu de 23 plats, le patron vous fait découvrir la cuisine régionale… en grand. Pour digérer, une promenade dans les chênes-lièges ou une sieste dans le jardin s'impose…

Lagrasse

615 LAGRASSIENS
CARTE GÉNÉRALE B4 – CARTE MICHELIN DÉPARTEMENTS 344 G4 – AUDE (11)

Posée sur les rives de l'Orbieu, la ville fait face à la majestueuse abbaye, intégrée dans un site défensif au 14e s., puis embellie au 18e s. Vénérables ponts, vestiges de remparts et maisons anciennes à pans de bois font le charme cette bourgade médiévale. L'été, la place pavée du centre s'anime au rythme des foires d'artisanat et des marchés de produits régionaux.

- ▶ **Se repérer** – À 42 km au sud-ouest de Narbonne et à 51 km au sud-est de Carcassonne par l'A 61. À la sortie n° 25, empruntez la D 611 en direction de Fabrezan, puis la D 212, qui offre, dans sa descente finale, une belle vue d'ensemble sur Lagrasse.

- 🅿 **Se garer** – C'est avec insistance que les visiteurs sont invités à se garer en périphérie sur deux terre-pleins goudronnés.

- 👁 **À ne pas manquer** – La promenade sur les rives de l'Orbieu ; l'architecture de l'abbaye Ste-Marie d'Orbieu et le panorama depuis le plateau de Lacamp.

- 🕑 **Organiser son temps** – Si 30mn suffisent pour découvrir la cité médiévale, le samedi matin, le marché des producteurs locaux invite à prolonger la visite.

- 👫 **Avec les enfants** – Les visites pédagogiques organisées par le musée de la Vigne et du Vin de Lézignan.

- ⌛ **Pour poursuivre la visite** – Voir aussi Carcassonne, les Corbières, l'abbaye de Fontfroide, Limoux, le canal du Midi, Narbonne et la réserve africaine de Sigean.

Se promener

LA CITÉ MÉDIÉVALE

Vous prendrez d'autant plus plaisir à flâner dans les ruelles de la cité, dont le tracé, par sa régularité, laisse supposer qu'elle a été créée de toutes pièces autour du monastère, que quelques artisans se sont installés dans les échoppes des maisons médiévales.

Pénétrez à l'intérieur des remparts par la porte du Consulat, suivez la rue du même nom, puis prenez à gauche la rue Paul-Vergnes.

Église St-Michel

Gothique à nef unique voûtée d'arêtes, dotée de neuf chapelles latérales. Remarquez, aux clés de voûtes, les emblèmes des corporations.

Revenez sur vos pas et prenez à gauche la rue de l'Église, puis la place de la Bouquerie et la rue des Mazels (maison Lautier, du 16e s.).

Le clocher abrite un escalier à vis de 150 marches.

Place de la Halle

Au centre s'élève la Halle (14e s.), constituée de dix piliers de pierre soutenant une charpente. Tout autour, façades médiévales, dont certaines à pans de bois. Remarquez en particulier la **maison Maynard** (14e s.).
Après avoir jeté un coup d'œil, rue Foy, à la maison Sibra (16e s.), prendre directement la rue des Deux-Ponts qui conduit au **Pont vieux**, donnant accès à l'abbaye.

Visiter

Abbaye Ste-Marie d'Orbieu

Fondée au 8e s., l'abbaye reçoit une charte de protection de Charlemagne. Lagrasse devient au 12e s. la tête d'une congrégation qui s'étend du Languedoc à la Catalogne.

J. Winter / photo12.com-F1Online

L'abbaye Ste-Marie d'Orbieu et les charmants quais de Lagrasse.

Elle s'inscrit plus tard dans l'histoire de la croisade contre les cathares grâce à l'abbé de Lagrasse qui, jouant les négociateurs, obtient la soumission de Carcassonne au roi. À la Révolution, l'édifice est vendu en deux lots, une division qui demeure aujourd'hui. L'abbaye se visite donc en deux parties distinctes.

Logis abbatial (Palais vieux)
04 68 43 15 99 - juil.-sept. : 10h-18h ; avr.-juin et oct. : 10h30-11h30, 14h-17h ; fév.-mars et de déb. nov. à mi-déc. : 10h-11h30, 14h-16h - fermé reste de l'année - 4 € (6-15 ans 1 €). Vidéos (9 et 11mn) dans la chapelle St-Barthélemy.

Les bâtiments sont ordonnés autour d'une **cour** que délimitent deux galeries aux chapiteaux romans réemployés. Remarquez le seul **chapiteau historié** de la cour, attribué au maître de Cabestany : ses personnages grotesques évoquent la luxure.
Bien que remanié, le Palais vieux comprend les parties les plus anciennes de l'abbaye. Par la **tour préromane**, un escalier vous conduit au niveau supérieur où le **dortoir** des moines s'abrite sous une belle charpente posée sur des arceaux de pierre. La partie supérieure de la chapelle St-Barthélemy présente un précieux pavement de céramique à motifs géométriques du 14e s.
Une salle est consacrée à l'œuvre du **maître de Cabestany** *(voir p. 75)* et la salle des gardes, pourvue d'une cheminée Renaissance, abrite une exposition de photographies dédiée au patrimoine local.

Monastère
L'entrée se fait par le grand portail à droite du logis abbatial. Les visites sont assurées par la communauté de chanoines réguliers de la Mère de Dieu, qui s'attachent à la restauration des lieux. 04 68 58 11 50 - www.chanoines-lagrasse.eu - juin-sept. : tlj sf jeu. 15h15-17h25 ; reste de l'année : w.-end et j. fériés 15h15-17h25 - 4 € (enf. 2,50 €), visite guidée 5 €.

De style classique, la **cour d'honneur** s'ouvre sur la façade du monastère édifié au 18e s. sous la direction d'Armand Bazin de Bezons, évêque de Carcassonne. À l'abri de l'édifice, le **cloître** présente un bel ensemble de grès rose du Minervois. Il fut construit en 1760, à l'emplacement de celui de 1280 dont ne subsistent que quelques vestiges. L'**église**, quant à elle, est bâtie sur des fondations carolingiennes. La tradition veut que Charlemagne ait loti l'abbaye après avoir assisté ici à un miracle de multiplication des pains par un ermite. Dans la nef, à droite, une porte ouvre sur le transept sud roman, greffé au 11e s. sur l'église préromane. Il comporte **trois absidioles** voûtées en cul-de-four et décorées à l'extérieur de bandes lombardes. L'ensemble architectural est dominé par la **tour-clocher**, édifiée en 1537, de manière à s'intégrer aux fortifications du 14e s. Haute de 42 m, elle s'achève par un couronnement octogonal évidé de baies auquel il manque la flèche terminale. Un escalier à vis (150 marches) mène à une galerie où vous découvrez le chapiteau du maître de Cabestany représentant Adam et Ève et une jolie vue sur la campagne alentour.

Aux alentours

St-Martin-des-Puits
8 km au sud de Lagrasse par la D 23 puis la D 212.

L'**église** possède un chœur d'époque préromane avec son chevet plat et son arc triomphal outrepassé retombant sur des impostes et des colonnes à chapiteau de type mérovingien (utilisés en réemploi). Sur les murs est et sud du chœur apparaissent des peintures murales du 12e s. représentant une Annonciation.

Plateau de Lacamp★★
27 km au sud-ouest de Lagrasse par la D 23 puis D 212.

Entre Lairière et Caunette-sur-Lauquet, sur la D 40, le col de la Louviéro permet d'accéder au chemin de la « forêt » des Corbières occidentales. Le chemin court, sur 3 km, près du rebord sud du plateau de Lacamp : **vues** immenses sur le bassin de l'Orbieu, le Bugarach et le Canigou, le St-Barthélemy, l'avant-pays du Lauragais, la Montagne noire.

Villar-en-Val
17 km à l'ouest de Lagrasse par la D 3 puis, à gauche, la D 603 vers Servès-en-Val et la D 10.

Le village natal de **Joseph Delteil** (1894-1978) honore désormais l'enfant du pays grâce à un **Sentier en poésie**, tracé entre forêt et garrigue autour de la clairière où Delteil passa ses premières années chez son aïeul *bouscassier* (bûcheron). Des citations de l'écrivain viennent illustrer ce parcours que l'on ne manquera pas de compléter par une lecture de *La Delteillerie*, texte savoureux, sensuel et noueux comme un sarment de sa terre natale.

Une plume atypique

Rares sont les écrivains qui, ayant atteint aussi rapidement le succès, renoncent à une carrière toute tracée au sein de l'intelligentsia parisienne. Tel fut pourtant le cas de **Joseph Delteil**, compagnon de route des surréalistes, auteur en 1920 de *Sur le fleuve Amour* puis d'une *Jeanne d'Arc* assez peu conventionnelle, qui lui valut le prix Femina en 1925. Après avoir épousé Caroline Dudley, la créatrice de *La Revue nègre* qui avait fait connaître Joséphine Baker, Delteil renia une partie de son œuvre, se retira près de Montpellier afin de cultiver la vigne et mener une vie qu'il qualifiait volontiers de « paléolithique », ne reprenant la plume qu'en 1968 pour publier *La Delteillerie*.

Circuit de découverte

LE PAYS DE LÉZIGNAN
52 km – environ 2h. Quittez Lagrasse par la D 212 au nord, en direction de Lézignan.

Fabrezan
Dominant la vallée caillouteuse de l'Orbieu, ce village typique aux rues étroites et tortueuses abrite, dans la mairie, le petit **musée** dédié à **Charles Cros** (1842-1888). Ce scientifique et poète mena parallèlement son œuvre littéraire d'inspiration lyrique, la fréquentation de la bohème parisienne et ses travaux scientifiques. On lui doit en effet l'invention du paléophone, précurseur du phonographe d'Edison : en son honneur, l'Académie du disque, qui décerne chaque année des prix prestigieux, l'équivalent du Goncourt des musiciens, a pris son nom. ℰ 04 68 27 81 44 - tlj sf w.-end et j. fériés 9h-12h, 14h-18h (vend. 17h)- gratuit.

Prenez deux fois à gauche la D 212, puis la D 111 en direction de Moux. Avant cette localité, tournez à droite en direction de Lézignan. À Conilhac, prenez à gauche la D 165.

La route gravit une colline puis débouche sur le vignoble de **Montbrun-des-Corbières** que l'on domine.

Continuez vers Escales en faisant un arrêt près de la charmante chapelle romane de **N.-D.-de-Colombier**.

*Les D 127 et D 611 mènent à **Lézignan**.*

Regagnez Lagrasse par la D 611, puis la D 212 au sud.

Lagrasse pratique

Adresses utiles

Office du tourisme de Lagrasse – *6 bd de la Promenade - 11220 - ℘ 04 68 43 11 56 - www.lagrasse.com - juil.-août : 10h30-12h30, 14h30-19h ; sept.-juin : tlj sf dim. 10h30-12h30, 14h30-17h30 - fermé 25 déc.*

Office du tourisme de Lézignan-Corbières – *9 cours de la République - 11200 - ℘ 04 68 27 05 42 - juil.-août : 9h-19h, dim. 10h-12h30 ; reste de l'année : tlj sf w.-end et j. fériés 9h-12h, 14h-17h30.*

Se loger

⊜⊜ **Hôtel Fargo** – *11220 St-Pierre-des-Champs - ℘ 04 68 43 12 78 - www.lafargo. fr - fermé 16 nov.-26 mars -* 🅿 *- 6 ch. 68/160 € - ⊑ 7 € - rest. 32/51 €.* Ancienne forge catalane nichée dans un magnifique parc boisé, bâtie au bord d'une petite rivière. Cette adorable maison entièrement rénovée, dispose de chambres de grand standing, pourvues de meubles de style colonial. Accueil prévenant et restaurant ouvert uniquement le soir.

⊜⊜ **Chambre d'hôte La Bastide de Donos** – *11200 Thézan-des-Corbières - 15 km à l'est de Lagrasse par D3 et D613 - ℘ 04 68 43 32 11 - www.chateaudonos. com - fermé fêtes de fin d'année -*🍽*- 4 ch. et 2 suites 90/110 € ⊑.* Cette bastide du 17e s. entièrement rénovée, abrite 4 chambres et 2 suites, mêlant confort raffiné et décoration soignée : pierres apparentes et poutres anciennes mises en valeur par les murs clairs, ornés de tissus aux couleurs assorties. Vue superbe sur le vieux lavoir et le château. Accès à l'étang privé pour baignade et canotage. Dégustation des vins de la propriété.

⊜⊜ **Chambre d'hôte M. et Mᵐᵉ Tenenbaum** – *5 av. du Minervois - 11700 Azille - 16 km au nord-ouest de Lézignan, dir. Homps puis Carcassonne et D 806 - ℘ 04 68 91 56 90 - www. pierreetclaudine.com - fermé 1ᵉʳ-15 nov. -*🍽*- 4 ch. 59/65 € ⊑.* Accueil charmant, piscine protégée par de hauts murs et terrasse-jardin sont les atouts de cette maison de maître bâtie en 1835. Chambres climatisées garnies d'un mobilier varié ; 2 avec salon et 1 avec terrasse privative donnent sur l'église du 14e s.

Se restaurer

⊜ **La Balade Gourmande** – *Bd Léon-Castel - D 6113 - 11200 Lézignan-Corbières - ℘ 04 68 27 22 18 - fermé le w.-end - réserv. conseillée - formule déj. 15 € - 12/30 €.* Cette maison moderne de couleur rose abrite deux salles à manger au décor méridional (murs jaunes et tissus provençaux). Cuisine traditionnelle et bons produits du pays - pour les amateurs, cassoulet de rigueur ! - à déguster dans une ambiance animée et conviviale.

⊜⊜ **Hostellerie des Corbières** – *9 bd de la Promenade - ℘ 04 68 43 15 22 - www. hostelleriecorbieres.com - fermé 2 sem. fin janv., 1 sem. déb. fév. et 2 sem. fin nov. - formule déj. 18 € - 22/37 € - 6 ch. 75/95 € - ⊑ 8 €.* Cette petite maison située au cœur de ce ravissant village de Lagrasse abrite des chambres rénovées et bien équipées. La terrasse du restaurant s'ouvre sur un beau paysage de vignes, d'oliviers et de garrigue. Cuisine traditionnelle.

⊜⊜ **Le Tournedos** – *Pl. de Lattre-de-Tassigny - 11200 Lézignan-Corbières - ℘ 04 68 27 11 51 - tournedos@wanadoo.fr - fermé dim. soir et lun., 24 janv.-7 fév., 26 sept.-12 oct. - 14,50/44 € - 19 ch. 45/47 € - ⊑ 7,50 €.* Généreuse cuisine traditionnelle avec, entre autres, tournedos et grillades préparés dans la cheminée où crépitent les sarments de vignes. Lumineuse salle à manger méridionale et accueil sympathique. Quelques chambres simples, à choisir de préférence sur l'arrière.

⊜⊜ **Le Clos des Souquets** – *11200 Fabrezan - 10 km au nord-est par D 212 - A 61 sortie 25 - ℘ 04 68 43 52 61 - www.le-clos-des-souquets.com - fermé mi-nov.-déb. mars - réserv. conseillée - 23/35 € - 9 ch. 65/90 € - ⊑ 9 €.* Au centre du village, cette petite auberge propose une cuisine traditionnelle et copieuse dans de petites salles à manger au bord de la piscine. Pour l'hébergement, vous aurez le choix entre l'hôtel et une formule chambres d'hôte. Accueil jeune, dynamique et souriant.

Lamalou-les-Bains

2 256 LAMALOUSIENS
CARTE GÉNÉRALE C3 – CARTE MICHELIN DÉPARTEMENTS 339 D7
SCHÉMA P. 344 – HÉRAULT (34)

Lamalou-les-Bains est une station thermale dont l'exploitation remonte au 13ᵉ s., lorsqu'on s'aperçut du pouvoir sédatif de ses eaux. Mais Lamalou n'est pas uniquement intéressante pour les vertus de sa source, c'est également un bon point de départ pour des excursions dans le Caroux où marche, balades à VTT ou à cheval sont de rigueur.

▶ **Se repérer** – À 38 km au nord de Béziers par la D 909 et à 60 km au sud-est de Lodève par l'A 75 et la D 908. Pour atteindre le centre-ville, passez sous la voie de chemin de fer. La station s'étale ensuite le long d'un axe principal que représente la D 22. Les établissements thermaux sont situés à la sortie nord de la ville, sur cette même route.

👁 **À ne pas manquer** – L'abside décorée et les chapiteaux de St-Pierre-de-Rhèdes ; la coulée de cloches à la fonderie d'Hérépian.

🕐 **Organiser son temps** – Comptez 30mn pour découvrir la ville, une demi-journée pour les alentours.

👫 **Avec les enfants** – La Maison des arts à Bédarieux et la fonderie de cloches à Hérépian.

🕯 **Pour poursuivre la visite** – Voir aussi Béziers, Lodève, le cirque de Mourèze, Olargues, Pézenas, St-Pons-de-Thomières.

Se promener

Lamalou s'enorgueillit d'avoir reçu d'illustres curistes comme Mounet-Sully, Alphonse Daudet ou André Gide… Aujourd'hui, la station est spécialisée dans les soins des maladies de la mobilité, notamment la poliomyélite et les séquelles des accidents de la route.

St-Pierre-de-Rhèdes★

À 200 m à l'ouest de l'entrée de la ville, vers St-Pons. Située dans l'enceinte du cimetière, cette ancienne **église** paroissiale fut construite en grès rose dès la première moitié du 12ᵉ s. C'est un bel exemple de l'architecture romane rurale du midi de la France. À l'extérieur, élégante abside décorée d'arcatures lombardes, avec un archaïque personnage sculpté. Qui est-ce ? Peut-être un pèlerin de Compostelle, avec son sac et son bâton, ou, plus probablement, saint Pierre, le patron de la paroisse, avec crosse, croix et Bible ouverte. Sur la façade sud, le linteau du portail répète en caractères arabes le monogramme de Dieu, fleurissant en un crucifix.
L'intérieur présente des chapiteaux de facture mozarabe et deux bas-reliefs de l'école toulousaine du 12ᵉ s. : un visage de Christ en majesté et un saint Pierre.

Aux alentours

Sanctuaire de Notre-Dame-de-Capimont

Au nord-ouest d'Hérépian par la D 13. Laissez la voiture sur le parking aménagé et montez à pied au sanctuaire. Cette modeste et paisible chapelle de pèlerinage offre une belle vue sur la vallée de l'Orb, d'Hérépian au Poujol. Depuis la chapelle Ste-Anne (située derrière N.-D.-de-Capimont), la vue porte amplement sur les monts de l'Espinouse au nord-ouest avec Lamalou et la vallée du Bitoulet au premier plan ; au sud sur le pic de la Coquillade et les ruines de St-Michel.

Maison des arts de Bédarieux

À 9 km à l'ouest par la D 908. 📞 04 67 95 08 79 - lun., merc. et jeu. 15h-17h30 - fermé janv. - 3 € (enf. 1,50 €).
👫 Installée dans l'ancien hospice St-Louis, la Maison des arts présente le patrimoine du pays d'Orb. Découvrez les peintures et sculptures de **Pierre-Auguste Cot** (1837-1883) et **Francisque Duret** (1804-1865) avant de pénétrer dans la salle dédiée à l'écrivain **Ferdinand Fabre** (1827-1898) qui abrite quelques reproductions de manuscrits. En face, l'espace **Arts et Traditions populaires** présente une reconstitution d'un intérieur bourgeois du 19ᵉ s. et la salle du **musée du Rail** retrace l'histoire du chemin de fer grâce à une maquette animée et de nombreux objets anciens. Il faut dire que la ville est dotée d'un beau viaduc. Construit en 1853, il

est le plus long pont (710 m) de la ligne de chemin de fer Graissessac-Béziers. Le rez-de-chaussée, quant à lui, est consacré à l'**art contemporain** *(tlj 9h-12h, 14h-18h, w.-end 15h-18h - fermé janv. - gratuit)*. Les œuvres de Corneille, Claude Viallat ou encore Leccia ont fait l'objet d'expositions temporaires.

Circuits de découverte

ENTRE ORB ET MARE
40 km – 2h. Quittez Lamalou à l'est par la D 908.

Hérépian
Hérépian conserve une **fonderie artisanale de cloches** (l'une des dernières) que l'on peut visiter. Vous y apprendrez la différence entre sonnailles, grelots, clarines et cloches d'église, et y découvrirez comment ces instruments aux sons si divers sont fabriqués et quelles sont leurs utilisations. *Sur le site de l'ancienne gare - ℘ 04 67 95 07 96 - &. - visite guidée juil.-août : tlj sf dim. 10h-12h, 14h-18h ; reste de l'année : sur demande - 2 €.*
Prenez la D 922 au nord.

Villemagne-l'Argentière
Villemagne fut le siège d'une abbaye bénédictine du 7e s. à la fin du 18e s. Il doit son nom à ses mines de plomb argentifère.
Dans la rue Droite, belle maison romane du 12e s., à la décoration raffinée, improprement nommée « hôtel des Monnaies ». L'**église St-Grégoire**, qui a conservé son portail roman, abrite une exposition archéologique.

Pont du Diable
Ce petit pont assez délabré, datant probablement des 12e-13e s., enjambe la Mare en une arche très prononcée. *Continuez sur la D 922. Avant St-Étienne-Estréchoux, prenez à droite la D 23^E, puis la D 23 vers Boussagues.*

Boussagues
Dominé par les ruines de sa citadelle, ce village plein de charme, dont on peut faire le tour en suivant un parcours fléché, a conservé son château du 14e s., son église romane ainsi que l'élégante **maison du bailli** (16e s.), reconnaissable à sa tour ronde, qui aurait appartenu à Toulouse-Lautrec.
Revenez sur vos pas et gagnez St-Étienne-Estréchoux. Continuez sur la D 922 vers l'ouest jusqu'à St-Gervais-sur-Mare.

St-Gervais-sur-Mare
Il faut prendre le temps de découvrir ce paisible village qui a connu des périodes de prospérité grâce aux richesses de son sous-sol (charbon) et aux châtaigniers. Voir notamment les alentours de l'église, la petite chapelle des Pénitents blancs, le clocher de l'ancienne église de Neyran *(direction Plaisance)*. Pour en savoir plus, renseignements et expositions à la **Maison cévenole** - ℘ 04 67 23 68 88 - www.stgervaissurmare.free.fr - juil.-août : 10h-12h30, 14h-19h ; avr.-juin et de déb. sept. à mi-nov. : tlj sf mar. et merc. 9h-12h, 14h-18h - possibilité de visite guidée sur demande pdt fermeture - fermé nov.-mars - visite libre, gratuit ; visite guidée, 5 € (enf. 2 €).
Revenez à Lamalou par la D 22. La route, très sinueuse, est bordée de châtaigniers.

MONTS DE L'ESPINOUSE★
80 km au départ d'Olargues (voir ce nom).

Lamalou-les-Bains pratique

Adresses utiles

Office du tourisme de Lamalou-les-Bains – 1 av. Capus - 34240 - ℘ 04 67 95 70 91 - www.ot-lamaloulesbains.fr - de déb. juin. à mi-sept. : 9h-12h, 13h30-18h30, sam. 9h15-12h, 14h-17h, dim. 10h-12h ; janv.-fév. et 2e quinz. de déc. : lun.-vend. 9h-12h, 14h-17h, sam. 9h15-12h ; de mi-fév. à fin mai et de mi-sept. à mi-déc. : lun. - vend. 9h15-12h, 14h-18h, sam. 9h15-12h - fermé j. fériés sf 14 Juil. et 15 août.

Point info tourisme de St-Gervais-sur-Mare – 12 r. du Pont - 34610 - ℘ 04 67 23 68 88 - www.stgervaissurmare.free.fr - juil.-août : 10h-12h30, 14h-19h ; avr.-juin et de déb. sept. à mi-nov. : tlj sf mar. et merc. 9h-12h, 14h-18h - fermé nov.-mars.

Se loger

🥄🍽 **Hôtel L'Arbousier et Paix** – ℘ 04 67 95 63 11 - www.arbousierhotel. com - fermé 15 janv.-28 fév. - 🅿 - 31 ch. 49/85 € - ☑ 8 € - rest. 23/36 €. Cette grosse maison légèrement excentrée est accueillante avec sa façade pimpante peinte en jaune et ses boiseries vert d'eau. Certes, les chambres sont plus banales que les pièces de réception, claires et joliment décorées, mais elles sont proprettes.

🥄🍽🛏🍽 **Hôtel-Résidence Le Couvent** – 2 r. du Couvent - 34600 Hérépian - ℘ 04 67 23 36 30 - www. couventherepian.com - 🅿 - réserv. conseillée - 13 ch. ou suites 110/220 € - ☑ 10 € - rest. 20/30 €. En plein cœur du village, cet ancien couvent du 17ᵉ s. vient d'être transformé en hôtel. Les chambres, de belles dimensions, ont été aménagées sobrement pour garder l'aspect monacal du lieu, mais sans oublier le confort et la décoration très soignée. Pour la détente, une jolie salle voûtée et, dans l'ancienne salle de prière, un immense spa. Enfin, le jardin verdoyant sera idéal pour les petits déjeuners.

Se restaurer

🥄 **Les Marronniers** – 8 av. Capus - ℘ 04 67 95 76 00 - restolesmarronniers@ free.fr - fermé sam. midi, dim. soir et lun., 2-23 janv. - 13/59 €. Une halte revigorante après de saines excursions dans le Caroux ou sur le parcours du chemin de fer touristique Bédarieux-Mons. Cuisine classique aux accents du sud, choix de vins régionaux.

🥄🍽 **Ferme Piscicole du Pont des 3 Dents** – 34610 St-Gervais-sur-Mare - 15 km au nord de Lamalou par D 22 puis rte de Castanet - ℘ 04 67 23 65 48 - fermé mar. sf juil.-sept. et lun., janv. - 🍽 - réserv. obligatoire - 16/26 €. Au menu de cette ferme, truites, saumons de fontaine et surtout écrevisses… Vous pouvez les pêcher ou vous installer directement à table, pour les déguster cuits au feu de bois. Et comme le patron connaît 29 recettes de truites, vous ne risquez pas de vous ennuyer.

En soirée

Casino – 26 av. Charcot - ℘ 04 67 95 77 54 - www.joa-casino.com - lun.-jeu. 11h-2h, vend.-sam. 11h-3h, dim. 11h-2h - rest. : fermé mar.-merc. de nov. à mai. Machines à sous, restaurant, bar, repas dansants.

Sports & Loisirs

Établissement thermal – Av. Georges-Clemenceau - ℘ 0825 825 007 - forfait remise en forme à partir de 49 €/j. - visite guidée mar. 14h30 - 2 €.

Balladânes – Mas de Riols - 34260 La Tour-sur-Orb - ℘ 04 67 23 10 53 - www. balladanes.com - de Pâques à la Toussaint. Randonnées d'une semaine dans le Parc naturel régional du Haut-Languedoc, dans les monts de l'Espinouse, les monts d'Orb et autour du lac du Salagou à pied, avec des ânes sans accompagnateurs. Circuits de gîte en gîte ou en liberté.

Langogne

3 071 LANGONAIS
CARTE GÉNÉRALE D1 – CARTE MICHELIN DÉPARTEMENTS 330 L6 – LOZÈRE (48)

Ici, différentes époques cohabitent. Le Moyen Âge se dévoile dans une des « perles du Gévaudan », la petite église enchevêtrée dans un entrelacs de ruelles et de maisons basses, tandis que le 18ᵉ s. s'affirme dans les hautes halles à grains, aux piliers ronds et aux toits de lauzes, qui abritent aujourd'hui le marché. Située au confluent de l'Allier et du Langouyrou, Langogne s'est développée au fil de l'eau.

▶ **Se repérer** – Langogne se trouve au nord de la Lozère, à 100 km au nord d'Alès et à 50 km au nord-est de Mende par la N 88.

👁 **À ne pas manquer** – Les chapiteaux de l'église St-Gervais-et-St-Protais ; l'incroyable mécanique de la Mull Jenny au musée de la Filature des Calquières.

🕐 **Organiser son temps** – Prévoyez 1h30 pour découvrir Langogne.

👪 **Avec les enfants** – Le musée de la Filature des Calquières et les nombreuses activités nautiques proposées autour du lac de Naussac.

🏃 **Pour poursuivre la visite** – Voir aussi Châteauneuf-de-Randon, La Garde-Guérin, Le Malzieu, Mende et le mont Lozère.

Se promener

Halle

Construite en 1742 comme abri pour le bétail, elle est devenue un marché aux grains. Soutenue par 14 colonnes de granit galbées, elle est coiffée d'un toit de lauzes conservant des lignolets dépassant de son arête faîtière.

Église St-Gervais-et-St-Protais

Cet édifice roman (10e s.), remanié du 15e au 17e s., est construit extérieurement en moellons de grès, mêlés de matériau volcanique. L'intérieur est en bel appareil de granit. La façade, fin 16e s.-début 17e s., montre un portail à voussures inscrit sous un arc en anse de panier, surmonté lui-même d'une baie flamboyante.

À l'intérieur, de nombreux **chapiteaux**★ sculptés, à thèmes historiés au riche décor végétal, animent cet édifice austère. Les plus remarquables ornent les piliers de la nef, notamment, première travée à gauche : les anges gardiens, et troisième travée à droite : la luxure. La première chapelle à droite abrite une statue de la Vierge à l'Enfant (Notre-Dame-de-Tout-Pouvoir), objet d'une vénération séculaire, qui aurait été rapportée de Rome au 11e s.

Plan d'eau de Naussac

1 km. Quittez Langogne par la D 34. 1 080 ha.
Afin de contrôler l'Allier, on a construit un barrage qui a enseveli le vieux village de Naussac. Base nautique importante.

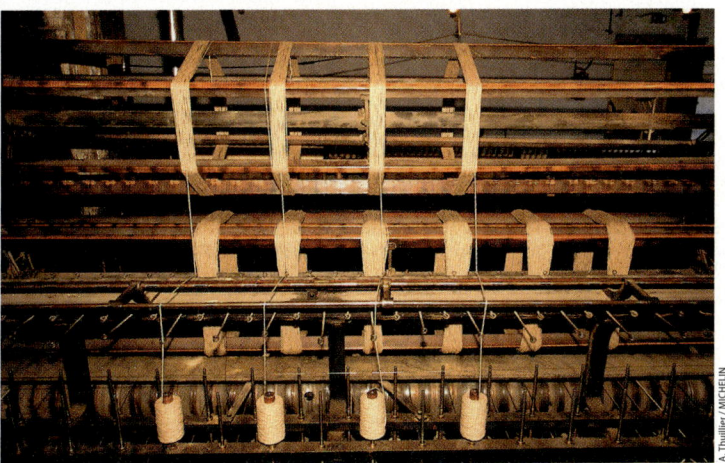

Ancien métier à tisser des filatures Engles-Boyer (filature des Calquières).

Visiter

Filature des Calquières★

📞 04 66 69 25 56 - www.musee-lozere.com - *juil.-août : 9h-12h30, 13h30-18h30 ; avr.-juin et sept.-nov. : 9h-12h, 14h-18h ; de mi-janv. à fin mars : 9h-12h, 13h30-17h30, sam. 9h-12h, 14h-18h - fermé 1er Mai, 1er et 11 Nov. et de déb. déc. à mi-janv. - 6 € (enf. 4 €).*

👥 Devenue « musée vivant », l'ancienne filature Engles-Boyer, dont les machines sont demeurées en parfait état de marche, renoue avec les procédés traditionnels de transformation de la laine, en commençant par le dessuintage (dégraissage) de la toison de mouton fraîchement tondue pour aller jusqu'à l'agencement du fil en écheveaux, prêt à être tricoté ou tissé.

Dans la première salle, les anciennes machines semblent se remettre à fonctionner grâce aux sons et lumières qui accompagnent la visite. Le bassin de lavage, l'essoreuse et les batteurs s'animent alors que la grande roue du moulin, véritable moteur de toute la filature, reprend son mouvement ancestral. À l'étage, les cardes transforment la laine en nappes, en bobines puis en fil non retordu. Enfin, le clou de la visite reste sans aucun doute l'incroyable **mécanique** de la Mull Jenny qui remplaça le travail de vingt fileuses. Un voyage au cœur de la révolution industrielle.

Aux alentours

Le Chemin de Stevenson★★

Le 22 septembre 1878, un Écossais de santé fragile mais déterminé, **Robert Louis Stevenson** (1850-1894) entreprend la traversée des Cévennes sur les traces des camisards. Il quitte Le Monastier-sur-Gazeille pour un long périple qui va le conduire, avec son ânesse Modestine, à St-Jean-du-Gard. Talentueux dessinateur, le futur auteur de *L'île au trésor* est avant tout un écrivain qui n'a pas son pareil pour croquer en quelques mots bien tournés les paysages et les situations parfois cocasses auxquelles il est confronté. Le récit de cette aventure, *Voyage avec un âne à travers les Cévennes* (1879), devient rapidement un best-seller et ouvre la voie aux nombreux randonneurs qui veulent partir sur ses pas.

👁 Le Chemin de Stevenson (ou GR 70), randonnée d'une dizaine de jours à travers les Cévennes, est de plus en plus fréquenté. Les gîtes fleurissent et, dans les principales haltes, des ânes attendent des randonneurs ou des familles à accompagner.

Langogne peut être un point de départ pour cette belle expérience, que nous vous conseillons d'organiser au printemps ou à l'automne. Vous trouverez, dans l'encadré pratique ci-dessous, quelques références de sites ou d'ouvrages, pour bien préparer votre parcours.

Langogne pratique

 Voir aussi Florac.

Adresse utile

Office du tourisme de Langogne – *15 bd des Capucins - 48300 Langogne -* 📞 *04 66 69 01 38 - www.langogne.com - juil.-août : 9h-12h30, 14h-18h, dim. 10h-12h ; sept.-juin : tlj sf dim. et j. fériés 9h-12h, 14h-17h.*

Se loger

🍽🛏 **Hôtel de la Poste** – *13 av. Foch -* 📞 *04 66 69 00 02 - www.hotel-poste.fr - fermé fév. -* 🅿 *- 14 ch. 73 € -* ☕ *7 € - rest. 17/32 €.* Le choix en matière d'hébergement restant un peu limité dans la région, vous serez heureux de pouvoir compter sur cet hôtel, très simple et traditionnel. Les chambres, insonorisées et équipées de mobilier d'artisan dans un style un peu vieillot, demeurent fort correctes. Petits-déjeuners servis façon buffet.

Que rapporter

Marché – Un marché nocturne aux produits paysans a lieu mi-juillet et mi-août.

Sports & Loisirs

Les Terrasses du Lac – *Lac de Naussac - A 75, RN 88, RN 102, D 26 -* 📞 *04 66 69 29 62 - www.naussac.com - 8h-22h - fermé nov.-mars.* Nombreuses activités de plein air (randonnées, VTT, tennis, golf, pêche…) et nautiques sur le lac de Naussac ou en eaux vives (rafting, canyoning, kayak).

Train touristique des gorges de l'Allier – Évasion garantie dans ce train qui ne ménage pas ses efforts pour offrir le magnifique spectacle d'une nature restée sauvage, de Langeac à Langogne. En 1h45, il lui faut traverser pas moins de 53 tunnels, affronter des pentes et des tournants difficiles, mais le résultat en vaut la peine - retour sur train régulier SNCF - *se renseigner à la boutique du train touristique de Langeac -* 📞 *04 71 77 70 17 - www.trainstouristiques-ter.com/auvergne. htm - www.auvergnevacances.com (réservation en ligne) - contact@train-touristique.fr.*

Chemin de Stevenson

Association Sur le Chemin de R. L. Stevenson – Elle fournit la liste des prestaires et tous les conseils utiles pour la randonnée - 📞 *04 66 45 86 31 - www. chemin-stevenson.org.*

Pour les balades avec un âne, reportez-vous à l'encadré pratique de Florac

Autres sites Internet
- *www.gr70-stevenson.com*
- *www.lozere-tourisme.com*

Livres et topoguides
R.L. Stevenson, Journal de route en Cévennes, texte intégral aux éditions Privat (2002).

Topo-guide *Le chemin de Stevenson, GR 70,* édité par la FFRP et Chamina (2007).

Sur le chemin de Stevenson, texte d'Hervé Bellec et photographies de Bruno Colliot, aux éditions Ouest-France (2007).

Sur les pas de Robert Louis Stevenson, carnet d'aquarelles, illustrations et texte d'Anne Le Maire, éditions du Rouergue (2004).

Causse du **Larzac** ★

CARTE GÉNÉRALE C2 – CARTE MICHELIN DÉPARTEMENTS 338 J/L 6/8 – AVEYRON (12)

Terre de résistance paysanne, le causse du Larzac s'élève en une véritable forteresse de calcaire, où sont disséminés villages et commanderies templières. Avec 1 000 km² de plaines arides peuplées de rochers ruiniformes, ce territoire est le plus étendu des grands causses aveyronnais. Tous les ans, pendant la première semaine de juillet, revivez à cheval le parcours emprunté au Moyen Âge par les caravanes de sel venues de Thau, d'Aigues-Mortes ou de St-Gilles pour vendre leur précieuse marchandise dans le Massif Central. Un trajet haut en couleurs au cœur d'une nature des plus sauvages.

▶ **Se repérer** – Le Larzac est le premier causse atteint depuis Montpellier puisqu'il n'est qu'à 75 km par la N 109 puis l'A 75 (sortie 49, Le Caylar). Si vous venez de Millau situé au nord, il vous faut parcourir 43 km sur la D 809 et l'A 75.

👁 **À ne pas manquer** – La visite des caves de Roquefort ; la commanderie templière de Ste-Eulalie-de-Cernon ; La Couvertoirade ; la vue depuis le Pas de l'Escalette.

🕐 **Organiser son temps** – Prévoyez une journée pour parcourir le causse.

👫 **Avec les enfants** – Le reptilarium de Ste-Eulalie-de-Cernon.

🌿 **Pour poursuivre la visite** – Voir aussi Castelnau-Pégayrols, La Couvertoirade, les gorges de la Dourbie, Lodève, Millau, le chaos de Montpellier-le-Vieux et Roquefort-sur-Soulzon.

Comprendre

Le grand causse – « Énormes rochers pensifs, aux épaules lourdes, aux têtes de lion ou de philosophes, votre échine s'est accoutumée au mauvais temps ». C'est ainsi que l'écrivain occitan Max Rouquette voit la rude terre de ses aïeux. S'étendant sur près de 1 000 km², c'est le plus grand des causses et son altitude varie de 560 à 920 m. C'est une succession de plateaux calcaires arides et de vallées verdoyantes. Sur les plateaux, des sotchs argileux tapissés de terres rouges ont permis l'installation de domaines agricoles. Les eaux qui tombent sur le Larzac réapparaissent au fond des vallées qui l'entament, en près de soixante résurgences. De même que les autres causses, le Larzac est troué d'avens ; celui de **Mas Raynal**, à l'ouest du Caylar, exploré en 1889 par une équipe réunissant Martel, Armand, G. Gaupillat et E. Foulquier, s'avéra être un « regard » sur le trajet d'une rivière souterraine qui alimente la Sorgue.

Templiers et Hospitaliers – Au 12ᵉ s., l'ordre des Templiers avait reçu en donation une partie du Larzac et installé une commanderie à Ste-Eulalie-de-Cernon avec des dépendances à La Cavalerie et à La Couvertoirade. En 1312, à la suite de la dissolution de l'ordre des Templiers, les Hospitaliers de St-Jean-de-Jérusalem prirent possession de leurs biens. Au 15ᵉ s., période d'instabilité et de troubles, les Hospitaliers élevèrent des fortifications, dont les enceintes, les tours et les portes hérissent encore les paysages du Larzac.

Quand le Larzac faisait la une des journaux – En 1970, les habitants du Larzac apprennent que la surface occupée par le camp de manœuvres militaires de La Cavalerie (créé en 1903) doit passer de 3 000 ha à 17 000 ha, ce qui signifie l'expropriation d'une centaine d'exploitations agricoles, de 500 paysans et quelque 15 000 brebis. Les paysans se rebellent, montent à pied et en tracteur à Paris pour manifester, construisent la bergerie de la Blaquière sur le territoire revendiqué par l'armée, occupent les fermes déjà achetées, brûlent les dossiers d'enquête… De grands rassemblements les soutiennent. Pendant 10 ans, le Larzac fait la une des médias. Puis, en 1980, la Cour de cassation annule une grande partie des expropriations ; en 1985, une convention est signée, qui permet à la Société civile des terres du Larzac d'exploiter 6 400 ha de terrains dont l'État reste propriétaire. En 2003, le Larzac est revenu sous les feux de l'actualité en accueillant un grand rassemblement altermondialiste.

Les moutons

Le Larzac est le royaume du roquefort, fabriqué avec du lait de brebis. Ces dernières sont partout présentes sur le causse, rassemblées en troupeaux de 300 à 1 000 têtes. Ce qui revient à dire qu'elles sont plus nombreuses que les humains (du moins lorsque ceux-ci ne sont pas en train d'effectuer leur transhumance annuelle vers les plages sur la voie rapide qui traverse le plateau) sur ce bout de terre voué à l'élevage.

Les plateaux calcaires des causses offrent aux moutons la maigre nourriture qui leur convient.

Circuit de découverte

TEMPLIERS ET HOSPITALIERS

166 km au départ de Millau (voir ce nom) – comptez une journée. Quittez Millau par la D 809 en direction de Béziers.

La route franchit le Tarn et s'élève sur le flanc nord du causse du Larzac, offrant de superbes panoramas sur Millau, le causse Noir, le canyon de la Dourbie. Après un virage au-dessus de la falaise, on découvre l'immense surface dénudée du causse.

Maison du Larzac

05 65 60 43 58 ou 06 77 38 13 01 (hors saison) - ♿ - avr.-mai : w.-end 10h-19h ; juin-sept. : 10h-19h30 - fermé reste de l'année - gratuit.

Sur la droite de la D 809 s'élève une vaste bergerie couverte de lauzes appelée La Jasse (de l'occitan *jaç* signifiant bergerie). C'est le centre d'accueil de l'**écomusée du Larzac**. Créé en 1983, il a pour but de présenter le patrimoine naturel, historique et culturel du causse à travers différentes curiosités dispersées sur un territoire de 35 km de long et 25 km de large. On peut ainsi voir une ferme traditionnelle, une bergerie ultramoderne avec un rotolactor pouvant traire 700 brebis à l'heure, la bergerie de la Blaquière construite au moment des événements des années 1970, des expositions sur l'architecture caussenarde, l'archéologie, les Templiers, etc.

Poursuivez sur la D 809 jusqu'à La Cavalerie. La route longe le camp du Larzac.

La Cavalerie

Créé par les Templiers puis fortifié par les Hospitaliers, ce gros bourg rappelle le souvenir de la « chevalerie » et conserve encore d'imposants remparts superbement restaurés. Il est animé par le camp du Larzac dont on peut voir les installations en prenant la route vers Nant.

De la D 809 prenez à droite la D 999 vers St-Affrique. Après 3,4 km, prenez à gauche la route de Lapanouse-de-Cernon.

Ste-Eulalie-de-Cernon

Ste-Eulalie fut le siège de la commanderie des Templiers dont dépendaient La Cava-lerie et La Couvertoirade. De son passé de place médiévale fortifiée, Ste-Eulalie a conservé la plupart de ses remparts, ses tours et ses portes (celle qui s'ouvre à l'est est remarquable). L'église, dont la porte d'entrée est surmontée d'une Vierge en marbre du 17e s., donne sur une charmante place ornée d'une fontaine.

Au 18e s., le tribun révolutionnaire Mirabeau se rendit souvent à Ste-Eulalie, en visite chez son oncle l'amiral de Riqueti-Mirabeau, le dernier des commandeurs.

Reptilarium – *05 65 61 32 08 - www.reptilarium-larzac.com - juil.-août : 10h30-19h ; de mi-avr. à fin juin et sept.-oct. : tlj sf vend. 14h-18h ; de déb. nov. à mi-avr. : dim., j. fériés et vac. scol. 14h-18h - fermé 25 déc.-1er janv. - 7 € (enf. 5 €).*

Derrière les vitrines, boas, pythons, caïmans et lézards offrent leurs couleurs éclatantes. Sous le regard médusé des tortues africaines, reines des lieux, les bébés reptiles s'agitent du côté de la nurserie en attendant leur pitance. L'équipe d'éleveurs, qui nourrit les animaux la journée, répond à toutes vos questions.

Prenez la D 561 au sud puis à droite la D 23. La route passe par un autre village créé par les Templiers, **Viala-du-Pas-de-Jaux**.

Roquefort-sur-Soulzon★ *(voir ce nom)*
Quittez Roquefort au sud par la D 93 vers Fondamente puis tournez à droite au panneau « St-Jean-d'Alcas ».

St-Jean-d'Alcas
Ce beau village fortifié possède une église romane, elle aussi fortifiée, enclose dans les remparts. Certaines maisons, aux porches arrondis et aux fenêtres à meneaux, ont été bien restaurées ; on peut apercevoir de belles voûtes à l'intérieur.
Par la D 516 et la D 7, passez au-dessus de l'autoroute A 75. Continuez tout droit par la D 185 vers La Couvertoirade.

La Couvertoirade★ *(voir ce nom)*
Suivez la D 55 au sud et poursuivez vers Le Caylar. La route, en légère montée, offre un joli coup d'œil sur le site extrêmement curieux du Caylar et sur le massif de l'Aigoual au loin à gauche.

Le Caylar
De loin, on pourrait croire à une ville aux remparts et aux donjons impressionnants mais en approchant, on s'aperçoit que ce « château » est fait de roches sculptées par les eaux. Du rocher le plus élevé, une vue à ne pas manquer sur les roches dolomitiques. Parmi ces rochers est blottie la petite chapelle romane **N.-D. de Roc-Castel**.
Au pied des rochers, la vieille ville a gardé sa **tour de l'Horloge**, dernier vestige des remparts. Quelques portes et fenêtres datant des 14e et 15e s. ornent les maisons anciennes. Enfin, dans l'**église**, on peut voir un Christ mutilé, en bois (17e s.) et, dans la chapelle de la Vierge, un beau retable en pierre sculptée du 14e s. dont les panneaux relatent l'enfance du Christ.
Quittez Le Caylar au sud puis prenez la voie parallèle à l'A 75 puis la D 155E jusqu'à St-Félix-de-l'Héras. De là, empruntez la D 155. À la bifurcation de la D 9, laissez la voiture et continuez à pied jusqu'au Pas de l'Escalette.

Pas de l'Escalette★
Alt. 616 m. Ce passage, brèche rocheuse dominée par de hautes falaises, était appelé ainsi car il permettait de descendre du Larzac par des marches taillées dans le rocher. Du Pas, **vue** sur les cascades de la Lergue.
Retournez à l'échangeur du Caylar-nord pour prendre l'A 75 vers Millau.

Causse du Larzac pratique

Adresse utile
Office du tourisme de Millau – *1 pl. du Beffroi* - ☎ 05 65 60 02 42 - www.ot-millau. fr - *juil.-août : lun.-sam. 9h-19h, dim. 9h30-16h ; reste de l'année : lun.-vend. 9h-12h30, 14h-18h30, sam. 9h-18h30, dim. et j. fériés 9h30-16h - fermé 1er janv., 25 déc.*

Visites
Visites guidées – *En juil.-août, à 11h, 15h et 17h sur tous les sites :*
La Cavalerie ☎ 05 65 62 78 73 ;
La Couvertoirade ☎ 05 65 58 55 59 ;
Ste-Eulalie-de-Cernon ☎ 05 65 62 79 98 ;
Viala-du-Pas-de-Jaux ☎ 05 65 58 91 89 ;
St-Jean-d'Alcas ☎ 05 65 97 61 07 - *tarification selon les sites. Visites-privilèges d'un ou plusieurs sites avec un guide-interprète - rens. :* ☎ 05 65 59 12 22.

👥 **Pour les enfants** – Le Conservatoire Larzac (www.conservatoire-larzac.fr) templier et hospitalier distribue gratuitement des livrets, *Hugues, chevalier du Larzac, Hugues part en croisade* et *Hugues dans la nef des croisés* aux enfants de 6 à 12 ans pour leur permettre de faire une visite ludique des sites du Larzac. Diplôme de chevalier et récompenses jalonnent le circuit « Découverte du Larzac templier et hospitalier ». Le parcours réussi donne la possibilité d'adhérer au club des « Chevaliers du Larzac » et de recevoir la carte de membre qui offre des avantages aux enfants lors des animations.

Se loger
🛏 **Chambre d'hôte Domaine de la Barraque** – *12230 Ste-Eulalie-de-Cernon - 4 km de Ste-Eulalie par D 561 puis suivre les indications* - ☎ 05 65 62 77 33 - www. domaine-barraque.com - *fermé janv.-Pâques - 6 ch. 40/70 € -* 🍽 *7 € - repas 18/50 €.* En pleine nature, cette grande ferme a du caractère… Vous y serez accueilli sans chichi dans des chambres simples et claires, meublées à l'ancienne ou, solution économique, dans des dortoirs. Possibilité de louer des chevaux et de loger les vôtres.

Chambre d'hôte Chez Mme Vinas – *Les Clauzets - 12230 Ste-Eulalie-de-Cernon - A 75 sortie 47 ou 48 - ✆ 05 65 62 71 26 - ✉ - 3 ch. 42 € .* Dans un lotissement aéré à la sortie du village, cette maison de construction contemporaine compte 3 chambres de plain-pied, très simples, d'accès direct à un agréable espace verdoyant et sa tonnelle. Pas de table d'hôte, mais de bons conseils sur les restaurants des environs. Barbecue à disposition.

Chambre d'hôte le Barry du Grand Chemin – *88 fg St-Martin - 34520 Le Caylar - A 75 sortie 49 - ✆ 04 67 44 50 19 - www.le-barry.fr - ✉ - réserv. conseillée - 5 ch. 55/65 € - repas 22 €.* Cette maison de 1850 à la façade de pierre se prolonge par une aile qui abrite des chambres de plain-pied fort bien tenues. Dans la petite salle voûtée, appréciée pour sa fraîcheur en été, les maîtres des lieux préparent plats régionaux et grillades pour la table d'hôte.

Hôtel Le Moulin de Gauty – *12250 St-Jean-d'Alcas - ✆ 05 65 97 51 90 - www. moulindegauty.com - ✉ 🅿 - 3 ch. 75/120 € .* En pleine nature, ancien moulin propice au repos et à la détente. Chambres de style contemporain épuré et beau jardin traversé par une rivière. VTT à disposition et piscine.

Se restaurer

Restaurant de la Gare – *Av. de la Gare - 12490 St-Rome-de-Cernon - ✆ 05 65 62 39 78 - fermé sam., 2 sem. en août, 3 sem. à Noël - réserv. obligatoire à midi - formule déj. 10,50 € - 12/22 €.* Quand un restaurant fait rimer qualité et simplicité, il ne tarde pas à bénéficier d'une solide réputation ! C'est le cas de celui-ci : un accueil convivial, sans chichi, un service impeccable, une salle à manger rustique, sans surcharge, une cuisine à briser tous les régimes, sans torpiller le porte-monnaie.

Ferme-auberge de Jassenove du Larzac – *12100 Millau - 16 km au sud-est de Millau par D 809 puis à gauche par rte secondaire dir. Jassenove - ✆ 05 65 60 71 80 - fermé merc. en juil.-août, 2 sem. en sept. - ✉ - réserv. obligatoire - 18/25 €.* Dans un coin boisé du causse du Larzac, cette belle ferme-auberge a le charme des lieux qui ont gardé leur authenticité. On s'y attable dans une ambiance chaleureuse pour savourer, entre autres, le soufflé au roquefort dont la réputation n'est plus à faire dans la région !

Événements

Route du sel – Début juillet, randonnée équestre, à pied ou à VTT, de la Méditerranée à Rodez - ✆ 05 65 76 56 26.

Les Estivales du Larzac – Animations culturelles sur l'ensemble des sites. Reconstitution de camps médiévaux et animations à La Cavalerie, La Couvertoirade, St-Jean-d'Alcas et Viala-du-Pas-de-Jaux en juil.-août - également animations artistiques en sept. avec Journées du patrimoine - *Renseignements : Conservatoire Larzac Templier et Hospitalier, ✆ 05 65 59 12 22 - www. conservatoire-larzac.fr.*

Limoux

9 709 LIMOUXINS
CARTE GÉNÉRALE B4 – CARTE MICHELIN DÉPARTEMENTS 344 E4 – SCHÉMA P. 188
AUDE (11)

À Limoux, le carnaval est affaire de tradition ! Tous les dimanches, de janvier à avril, les cortèges de masques (les « fécos ») dansent sous les arcades, place de la République. Sous l'égide de l'élégante flèche gothique s'animent les rues étroites enserrées dans l'enceinte élevée au 14e s. Et lorsque la nuit se met à tomber, la ville entière pétille… aux couleurs de sa célèbre blanquette !

▶ **Se repérer** – À 26 km au sud de Carcassonne et à 28 km au nord de Quillan par la D 118. L'Aude, franchie par un Pont neuf du 14e s., donne une certaine noblesse aux perspectives urbaines.

👁 **À ne pas manquer** – La fontaine miraculeuse de l'église N.-D.-de-Marceille ; l'église abbatiale Ste-Marie-de-Rieunette ; le chevet roman de l'abbaye d'Alet-les-Bains ; la dégustation *in situ* de blanquette de Limoux.

🕐 **Organiser son temps** – Venez de préférence pour le carnaval de janvier à avril. En dehors de cette période, comptez une demi-journée pour Limoux et les alentours et prévoyez une journée supplémentaire pour le circuit du Razès cathare.

👪 **Avec les enfants** – Les projections audiovisuelles de Catha-Rama, le donjon d'Arques, les activités aquatiques et les parcours acrobatiques forestiers à Alet *(voir encadré pratique)*.

🌿 **Pour poursuivre la visite** – Voir aussi Carcassonne, les Corbières et les châteaux de Peyrepertuse et Quéribus, Fanjeaux, Lagrasse, le canal du Midi, Puivert, Rennes le-Château et Quillan.

Carnaval de Limoux.

Comprendre

Un carnaval débridé – Les événements se déroulent sur une longue période : dix semaines, avant la fête des Rameaux. Chaque dimanche matin, les *fécos*, personnages masqués déguisés en pierrots, envahissent la place du Commerce, dansant dans les cafés des arcades au son de musiciens revêtus de la *bloda* (blouse). Deuxième sortie en fin d'après-midi avec force consommations, dégustées aux comptoirs de chacun des cafés, à la paille puisqu'il est interdit de se dépouiller de son masque. Munis d'une *carabène* (roseau), les *fécos* tapent le front de ceux qu'ils reconnaissent dans la foule des consommateurs en prononçant les mots « Te coneissi » (« je te reconnais ! »). Enfin, la 3e sortie de ces journées, décidément très chargées, a lieu aux alentours de 22h, à la lueur des *entorches* : il ne faut pas manquer ces moments où la cité baigne dans une atmosphère des plus étranges, créée par les flammes, les incantations et la musique extrêmement lente jouée par l'orchestre.

Visiter

Jardin aux plantes parfumées La Bouichère

Domaine de Flassion, r. Dewoitine-
☎ 04 68 31 49 94 - www.labouichere.
com - de mi-juin à mi-août : 10h-18h ; de
déb. mai à mi-juin et de mi-août à début
oct. : 13h-18h - fermé lun. et mar. - 6 €
(enf. 3 €) - Production et vente de plantes
en fin de parcours. Stages, manifestations
dans l'année, ateliers de jardinage pour
enfants en juin-juil.

Les différents espaces de ces 2 ha s'appa-
rentent à des terrains d'expérimentation
de plantes : ici celles à parfums, là celles
des terrains secs, plus loin le verger, le
jardin carolingien, les légumes oubliés, ou le jardin du clair de lune qu'il faudrait
voir à la nuit tombée. Les 2 500 variétés de vivaces (belle collection de plantes à
parfums, dont les thyms, sauges, mélisses, origans et pélargoniums) sont étiquetées
en rappelant leur usage ou leur histoire, et savamment agencées suivant leur couleur,
leur texture, leur intérêt ou leur mode de vie.

Musée Petiet

Prom. du Tivoli - ☎ 04 68 31 85 03 - ♿ -juil.-août : 9h-12h30, 14h-19h ; sept.-juin : 9h-12h,
14h-18h, w.-end 10h-12h, 14h-17h (dernière entrée 30mn av. fermeture) - fermé 1ᵉʳ janv.,
1ᵉʳ Mai, 25 déc. - 3 € (enf. 2 €), 4,50 € billet combiné avec musée du Piano.

Installé dans l'ancien atelier de la famille Petiet, il rassemble des œuvres de la 2ᵉ moitié du 19ᵉ s. : peintures limouxines, délicates et intimistes comme *Les Repasseuses*
de Marie Petiet (1854-1893), scènes de batailles de la guerre de 1870 par Étienne
Dujardin-Beaumetz. On remarque aussi les travaux d'Henri Lebasque *(La Lecture)* et
d'Achille Laugé *(Notre-Dame de Paris)*.

Musée du Piano

Place du 22-Septembre, dans le prolongement du Pont neuf et à côté de l'hôpital psychia-
trique - ☎ 04 68 31 85 03 - ♿ - de mi-juin à fin septembre : tlj sf mar. 10h-12h, 14h-17h
(18h en juil.-août) - sur demande le reste de l'année - 2,50 € (enf. 1,50 €), 4,50 € billet
combiné avec musée Petiet.

L'ancienne église St-Jacques accueille une intéressante exposition de pianos, principalement français, de la fin du 18ᵉ s. à nos jours. Droits, *forte*, carrés, à queue, mécaniques…, ils présentent les principales évolutions techniques de cet instrument.
Parmi les pièces rares, un Pleyel droit (1825) est le seul au monde à bénéficier du
brevet unicorde de ce facteur.

Aux alentours

N.-D.-de-Marceille

2 km au nord de Limoux par la D 104. Cette église de pèlerinage a été reconstruite au
14ᵉ s. dans le style gothique. Vignobles et cyprès conservent au site son caractère
languedocien. À l'intérieur, la Vierge noire apparaît dans l'unique chapelle latérale de
gauche, protégée par une grille Louis XIV. On verra de nombreux et touchants ex-voto
dans les absidioles encadrant le chœur. Grands tableaux de peintres carcassonnais.
À mi-pente de la « voie sacrée », rampe empruntée par les pèlerins, un édicule abrite
la fontaine miraculeuse. André Chénier enfant parcourut ce chemin et laissa une
description élégiaque de cette promenade.

St-Hilaire

12 km au nord-est. Sortez de Limoux par la D 104. La tradition attribue aux moines
bénédictins de St-Hilaire la découverte de la montée en mousse de la **blanquette**.
Du pied de l'abside de l'église, prendre une rampe aboutissant au cloître. En forme
de trapèze, ce cloître gothique aux colonnettes géminées soudées au niveau des
chapiteaux par un motif en forme de tête d'homme laisse une impression de gracilité.
Du cloître, on passe dans l'**église** romane – très remaniée – pour y voir surtout, dans
la chapelle orientée de droite, l'« ossuaire de saint Sernin », sarcophage à l'antique
exécuté au 12ᵉ s. par le maître de Cabestany : vie et martyre du fondateur de l'église
de Toulouse vers le milieu du 3ᵉ s.

La blanquette

Ce vin effervescent AOC provenant
des cépages mauzac, chenin et chardonnay, plantés dans 41 communes
de la région de Limoux, doit son
nom au fin duvet blanc couvrant le
dessous des feuilles du plant mauzac.
Dès le 16ᵉ s., les documents attestent
que la blanquette était livrée en
« flascons » bouchés. Élaborée selon
le procédé de la méthode champen-
oise, elle jouit d'une faveur croissante
en France et à l'étranger.

Abbaye Ste-Marie-de-Rieunette

19 km au nord-est. Sortez de Limoux par la D 104. Sur la D 110, continuez sur 6 km après Ladern.

Depuis 1994, Ste-Marie-de-Rieunette reprend vie grâce à une communauté cistercienne de cinq religieuses missionnée par l'abbaye de Boulaur (Gers). Elles vous font découvrir l'église abbatiale (12ᵉ s.) dont l'architecture, exempte de tout remaniement, présente un plan rectangulaire et une belle voûte en berceau brisé. Nichée au cœur de la forêt des Corbières, cette fondation des filles de Cîteaux, mentionnée dès 1162, fut durant des siècles l'enjeu de batailles avec les abbés de Villelongue. Hormis quelques épisodes de retour à la vie religieuse, l'abbaye était désertée depuis 1528. Vous pourrez également visiter une partie du nouveau cloître reconstruit au 20ᵉ s.

St-Polycarpe

8 km au sud-est par la D 129. L'**église fortifiée** montre son chevet roman dont des bandes lombardes forment la membrure. Sous le maître-autel sont exposées des pièces de l'ancien trésor : chef-reliquaire (tête nue) de saint Polycarpe, chef-reliquaire de saint Benoît, reliquaire de la Ste-Épine, toutes œuvres du 14ᵉ s. ; tissus du 8ᵉ s. Les deux autels latéraux présentent un décor carolingien sculpté d'entrelacs et de palmettes. Sur les murs et les voûtes, vestiges de fresques, restaurées, du 14ᵉ s.

Circuit de découverte

LE RAZÈS CATHARE ②

120 km – schéma p. 188 – comptez la journée.

Les châteaux cathares de ce parcours sont peu élevés, contrairement aux « citadelles du vertige » des Corbières montagneuses. Ils n'en constituèrent pas moins de bons sites de défense lors de la croisade contre les Albigeois.

Les eaux d'Alet

Elles se déclinent en eau minérale, pour les cures d'amincissement ou de remise en forme à l'établissement thermal et en canoë, kayak, rafting ou nage en eau vive dans le cours de l'Aude *(voir l'encadré pratique).*

Quittez Limoux au sud par la D 118. À l'entrée d'Alet, l'Aude écorne un pli du massif des Corbières et la vallée s'encaisse à nouveau : c'est l'**étroit d'Alet**.

Alet-les-Bains

Encore enserré dans ses remparts du 12ᵉ s., le vieil Alet ne manque pas de charme. Sur la minuscule **place de la République** se dressent de belles façades à pans de bois, restaurées, et de nobles maisons de pierre du 16ᵉ s., à portiques, composant un ensemble plein d'harmonie. De là partent en étoile des rues étroites dont deux, les rues Calvière et la Cadène, aboutissent aux portes des mêmes noms.

Les vestiges de l'**ancienne abbaye** de style roman s'élèvent tout près de la D 118. Triste sort que celui de l'**église abbatiale** : son chœur gothique resté inachevé, elle fut dévastée en 1577 par les huguenots avant d'être amputée des chapelles de son déambulatoire pour laisser place à la route au 18ᵉ s., si bien qu'il ne subsiste de l'époque gothique que la tour nord *(à droite, en regardant le chevet)*. Heureusement pour nous, le **chevet roman★** en beau grès rouge ou ocre est, lui, resté en place et lorsque la caresse du soleil couchant vient faire resplendir les pierres, il est absolument magnifique. Dans la salle capitulaire, sur les élégants chapiteaux romans de la porte et des baies, vous reconnaîtrez sans peine une scène de chasse, *La Fuite en Égypte*, deux capricornes qui s'affrontent…

À partir de la D 118, tournez à gauche dans la D 70. Dans un virage, prenez à droite une petite route allant vers Arques.

Donjon d'Arques

À 500 m du village d'Arques, sur la D 613 - ℘ 04 68 69 82 87 - www.chateau-arques.fr - juil.-août : 9h30-19h30 ; avr.-juin et sept. : 10h-18h ; mars, oct. et nov. : 10h30-12h30 *(dernière entrée 30mn av. fermeture)* - 5 € *(enf. 2 €).*

👥 Arques fut d'abord un site fortifié qui fut confié à Pierre de Voisins après la croisade contre les Albigeois. L'ensemble que l'on voit aujourd'hui a été construit aux 13ᵉ et 14ᵉ s. Il s'agit d'une enceinte rectangulaire percée d'une porte en arc brisé et agrémentée en son angle sud-ouest d'une tour-logis (14ᵉ s.) carrée. Au centre s'élève un donjon quadrangulaire (13ᵉ s.) de 25 m de haut. Bâti en beau grès doré et pourvu de très nombreuses meurtrières, il est curieux par le dispositif de ses tourelles d'angle montées sur des socles évidés et s'orne, dans sa partie supérieure, d'un appareil à bossage *(voir définition p. 83).*

Au village, la maison de **Déodat Roché**, grand spécialiste du catharisme et, peut-être, quelque peu cathare lui-même, abrite une exposition sur la religion cathare.
Peu après le donjon d'Arques, à gauche, une route forestière permet de pénétrer dans la forêt de Rialsesse.

Forêt de Rialsesse

Elle fut plantée il y a un siècle. La D 613, route du col de Paradis, permet de voir nettement, au cours de la montée quand on arrive par l'ouest, le passage de la futaie de pins d'Autriche aux couverts de feuillus, sur le versant opposé de la vallée.

La D 613 passe par **Coustaussa** et les ruines *(inaccessibles et dangereuses)* de son château. Construit au 12e s. par Raimond-Roger Trencavel, il subit les assauts de Simon de Montfort en 1210 et 1211. La présence de cathares dans le village a été attestée jusqu'au 14e s.

Couiza

Ville industrielle (chaussures, chapeaux). L'**ancien château des ducs de Joyeuse**, du milieu du 16e s., cantonné de tours rondes, se distingue par sa silhouette et par son bon état de conservation. Très restauré, il abrite une hôtellerie *(voir adresse à Rennes-le-Château).*
Prenez à gauche une route étroite en forte montée.

Rennes-le-Château *(voir ce nom)*
Revenez à Couiza et prenez la D 118 vers Quillan.

Espéraza *(voir Quillan)*

Quillan *(voir ce nom)*
Prenez la D 117 à l'ouest vers Puivert.

Puivert *(voir ce nom)*
Revenez à Limoux par la D 12 jusqu'à Chalabre, puis par la D 620.

Limoux pratique

Adresse utile

Office du tourisme de Limoux – *Prom. du Tivoli - 11300 - ✆ 04 68 31 11 82 - juil.-août : 9h-12h, 14h-19h ; sept.-juin : 9h-12h, 14h-18h, w.-end 9h-12h, 14h-17h - fermé 1er janv., 1er Mai, 25 déc.*

Se loger

☻ **Hôtel Le Mauzac** – *9 av. Camille-Bouche - RD 118 - ✆ 04 68 31 12 77 - www.hotel-le-mauzac.com - ⓟ - 21 ch. 43/48 € - ☲ 7 €.* Étape pratique sur la route de Carcassonne, cet hôtel bâti à flanc de colline propose des chambres de bon confort, garnies de meubles en pin, climatisées et insonorisées. Préférez celles tournées vers l'arrière. Coquette salle des petits-déjeuners. Accueil charmant.

☻☻☻ **Grand Hôtel Moderne et Pigeon** – *1 pl. du Gén.-Leclerc - ✆ 04 68 31 00 25 - www.grandhotelmodernerpigeon.fr - fermé 15-20 janv. - ⓟ - 11 ch. 98/102 € - ☲ 14,50 € - rest. 27/88 €.* Sur la place des Halles, un peu difficile d'accès, cet hôtel particulier du 17e s. a gardé quelques éléments de décor ancien comme les fresques et les vitraux de son bel escalier. Ses chambres sont plus spacieuses au premier étage. Restaurant avec terrasse.

Se restaurer

☻☻ **La Maison de la Blanquette** – *46 bis prom. du Tivoli - ✆ 04 68 31 01 63 - fermé merc. soir hors sais. - 18 bc/55 bc €.* Les boissons sont incluses dans les menus de ce restaurant : une bonne occasion de découvrir, ou de redécouvrir, la blanquette de Limoux et autres crus locaux, tout en dégustant de pétillantes recettes du terroir. Avant de repartir, prévoyez un crochet par la boutique des vins, richement pourvue.

Que rapporter

Blanquette de Limoux – Pour connaître les adresses des viticulteurs qui font visiter leurs caves, s'adresser à l'office du tourisme de Limoux ou au syndicat des vins AOC de Limoux *(20 av. du Pont-de-France - ✆ 04 68 31 12 83).* Les Vignerons du Sieur d'Arques *(av. du Mauzac - ✆ 04 68 74 63 45)* s'occupent des réservations des visites de caves.

Sports & Loisirs

Alet Eau Vive – *Allée des Thermes - 11 580 Alet-les-Bains - ✆ 04 68 69 92 67 - aleteauvive@libertysurf.fr - 9h-19h.* Sport d'eau vive sur l'Aude (hydrospeed, rafting, canoë, kayak).

Lodève★

7 400 LODÉVOIS
CARTE GÉNÉRALE C3 – CARTE MICHELIN DÉPARTEMENTS 339 E6 – HÉRAULT (34)

Terre de transition entre le pays des causses et la vallée de l'Hérault, Lodève est à la fois proche de la montagne, à deux pas des monts de l'Orb et de la plaine, et à quelques minutes du lac du Salagou. Une grande diversité de paysages qui laisse présager quelques sympathiques balades. En ville, il y en a pour tous les goûts ! Des dinosaures aux manufactures drapières, en passant par les sculptures de Paul Dardé ou l'art contemporain au musée Fleury…

▶ **Se repérer** – À 60 km au sud de Millau et à 58 km au nord-ouest de Montpellier par l'A 75, Lodève se trouve en bordure de l'A 75 reliant Millau à Béziers.

🅿 **Se garer** – En venant du nord, quittez la nationale pour entrer dans Lodève par l'avenue de la République qui mène directement aux parkings publics, tout proches du centre-ville.

👁 **À ne pas manquer** – Le chœur de l'ancienne cathédrale St-Fulcran ; le panorama depuis le parc du prieuré St-Michel-de-Grandmont ; la collection d'art contemporain et les grandes expositions temporaires du musée Fleury.

🕐 **Organiser son temps** – Prévoyez 1h30 pour la visite de la ville, autant pour les alentours, et une demi-journée pour le Lodévois rouge.

👥 **Avec les enfants** – Le musée Fleury et la mine de cuivre de Pioch-Farrus.

👍 **Pour poursuivre la visite** – Voir aussi La Couvertoirade, Ganges, Lamalou-les-Bains, le causse du Larzac, le cirque de Mourèze, le cirque de Navacelles, St-Guilhem-le-Désert et l'ancienne abbaye de Sylvanès.

Comprendre

Lodève est une ville très ancienne : Néron y faisait frapper la monnaie nécessaire à la paye et à l'entretien des légions romaines. Au Moyen Âge, la cité et le diocèse ont pour seigneurs les évêques. Parmi eux, au 10ᵉ s., Fulcran s'illustre par sa sainteté. Très riche, il nourrit les pauvres, soigne les malades. C'est aussi un guerrier qui construit des forteresses et défend la ville contre les brigands. Au 12ᵉ s., l'un de ses successeurs introduit l'industrie à Lodève : il installe un des premiers moulins utilisés pour la fabrication du papier de chiffons. Mais c'est au 18ᵉ s. qu'**Hercule André de Fleury**, né à Lodève en 1653, devenu cardinal et ministre de Louis XV, offre à sa ville natale le monopole de la fourniture du drap nécessaire à l'habillement de l'armée royale. La prospérité de Lodève est assurée pour quelques décennies jusqu'au déclin, survenu au 19ᵉ s.

Le saviez-vous ?

Comme Lutèce, Lodève, en latin *Luteva*, doit son nom aux carrières d'argile (*lutum* signifie « boue ») qui furent exploitées dès la nuit des temps.

Visiter

Le **pont gothique de Montifort** enjambe la Soulondres en faisant un dos-d'âne très prononcé ; on en a une jolie vue depuis le pont piéton en aval.

Ancienne cathédrale St-Fulcran★

La cathédrale primitive constitue la crypte actuelle. L'édifice fut reconstruit une première fois au 10ᵉ s. par saint Fulcran et, à nouveau, au 13ᵉ s., mais pour l'essentiel, cette église date de la première moitié du 14ᵉ s.

La façade est encadrée de deux tours à échauguettes. À l'intérieur, le chœur, très lumineux, est entouré de boiseries du 18ᵉ s. et d'une balustrade de marbre ; il est couvert à son extrémité par une élégante voûte en rayons. À l'opposé, orgues du 18ᵉ s. Dans la 1ʳᵉ chapelle du bas-côté droit reposent les 84 évêques de Lodève. Dans la 3ᵉ chapelle, placée sous le vocable de N.-D.-des-Sept-Douleurs et voûtée en réseau, caractéristique du gothique finissant, une porte donne accès à l'ancien cloître (14ᵉ-17ᵉ s.).

Musée Fleury★

Sq. Georges-Auric - ✆ *04 67 88 86 10 - tlj sf lun. 9h30-12h, 14h-18h - fermé j. fériés (sf en juil.-août) - 3,50 € (enf. 2 €), 6,50 € lors des expositions estivales.*

👥 Installé dans l'ancien hôtel du cardinal de Fleury (17ᵉ-18ᵉ s.), il renferme à la fois une belle **collection d'art contemporain** et de nombreux témoignages historiques

Le drap en quelques mots

Les moutons de la région de Lodève ont longtemps constitué la principale ressource du pays. Aussi l'industrie de la laine y fut-elle prospère dès le 13e s. Plus tard, Henri IV transfère à Lodève les fabriques de drap de Semur, avant que Louvois n'adopte ses tissus pour l'habillement des troupes. Sous Louis XV, le cardinal de Fleury accorde à sa ville natale le monopole des fournitures militaires.

Mais la qualité se ressent de cette haute protection. Les surveillants de la fabrication ferment les yeux sur les malfaçons. Les tissus de Lodève se déprécient peu à peu. Un rapport de 1754 s'exprime ainsi à leur sujet : « Ces draps habillent plutôt qui veut être couvert que qui veut être paré. » La fabrication a cessé en 1960. Cette industrie traditionnelle est relayée aujourd'hui par d'autres branches du textile, comme la bonneterie.

du pays lodévois. Au rez-de-chaussée, les sculptures de **Paul Dardé** (1888-1963), originaire de Lodève, côtoient une quarantaine de tableaux représentatifs de l'histoire de la peinture au cours de la première moitié du 20e s. **Courbet**, **Braque**, Camoin, **Dufy**, **Caillebotte**, Vlaminck, **Léger**, Soutine ou encore **Poliakoff** comptent parmi les artistes exposés. Le 1er étage est, quant à lui, réservé aux expositions temporaires (Utrillo, les fauves, Derain et Vlaminck, etc.).

La seconde partie du musée est consacrée à la ville et à sa région : vestiges préhistoriques et présentation de l'histoire locale depuis l'époque gallo-romaine jusqu'à nos jours. Une belle collection de **fossiles** de flore, d'empreintes de reptiles, de batraciens et de grands dinosaures est visible au 2e étage. La visite s'achève avec les **stèles discoïdales** (12e-15e s.) d'Usclas-du-Bosc.

Manufacture nationale de tapis

Av. du Gén.-de-Gaulle (au sud, route de Montpellier) - 📞 *04 67 96 40 40 -* ♿ *mar.-jeu. 13h30-15h30, sur demande à l'office de tourisme -* 📞 *04 67 88 86 44 - fermé j. fériés - 3,20 € (enf. gratuit).* C'est l'unique annexe de la manufacture des Gobelins à Paris où sont tissées, en particulier, des copies d'anciens modèles destinés aux services du Mobilier national. Visite technique de l'atelier de tissage.

Aux alentours

Prieuré St-Michel-de-Grandmont★

8 km. Sortez au nord en direction de Millau et tournez à droite dans la D 153 vers St-Privat. 📞 *04 67 44 09 31 - www.prieure-grandmont.fr - juin-sept. : 10h-19h ; oct.-mai : 10h-18h - 5,60 € (enf. 3,80 €).* Fondé au 12e s., ce prieuré est un des mieux conservés des 150 monastères grandmontains (ordre fondé en 1125 par les disciples d'Étienne de Muret). L'ensemble architectural se compose, entre autres, d'une **église** à la remarquable acoustique, d'un **cloître** roman surmonté d'un charmant clocheton, d'une salle capitulaire aujourd'hui réunie avec le cellier.

Au pied du Larzac, à quelque 450 m d'altitude, le **parc**★ bénéficie d'une position panoramique exceptionnelle sur la région et jusqu'à la mer. On y trouve d'intéressants dolmens (Coste-Rouge), cupules, pierres sacrées et autres vestiges mégalithiques qui recèlent bien des mystères.

Grotte de Labeil

12 km. Sortez au nord vers Millau. Quittez l'A 75 en direction de Lauroux et prenez la D 151 menant à Labeil. 📞 *04 67 96 49 47 - visite guidée juil.-août : 10h-19h ; de mi-mars à fin juin et sept.-oct. : 11h, 14h, 15h et 16h - 7,40 € (enf. 3,80 €).* Constituant le contrefort sud du plateau du Larzac, le cirque de Labeil offre une belle vue *(depuis l'entrée de la grotte, à 500 m au-dessus de Labeil)* sur la vallée de Lauroux venant se terminer au pied du belvédère.

Le parcours suit sur 300 m le lit d'une rivière souterraine. Dans cette grotte très humide, qui servait autrefois de cave à roquefort, stalagmites, stalactites et draperies constituent l'essentiel des concrétions, dont une belle cascade ocre et gris colorée par des oxydes métalliques.

Avène

30 km à l'ouest par la D 35 puis la D 8. Niché dans les méandres de l'Orb, ce village au plan circulaire a conservé son authenticité. Les ruelles étroites surmontées de magnifiques porches sont dominées par l'église St-Martin, construite en 1835, à l'emplacement du château dont il ne subsiste que peu de vestiges. C'est ici qu'en 1736 est découverte la source Ste-Odile dont l'eau chargée d'oligoéléments soigne les maladies de peau, la station ayant donné son nom à une marque de produits dermatologiques. Son rachat par les laboratoires Fabre a permis l'installation d'une unité de production. L'activité thermale d'Avène-les-Bains participe aujourd'hui à la renommée du village *(voir l'encadré pratique)*.

Circuits de découverte

LE LODÉVOIS ROUGE

65 km – une demi-journée. Quittez Lodève au sud par l'A 75 que l'on laisse après 5 km (sortie 54). Vous voici dans le pays de la ruffe ! Ici, ces grès rouges très fins donnent toute leur identité aux paysages. C'est à la fin de l'ère primaire, lors de phases d'assèchement ou d'envahissement lagunaire du bassin, que remonte l'origine de cette roche composée d'une épaisse couche de sédiments argileux chargés d'oxydes de fer. Les anciens volcans environnants ont recouvert de lave la majeure partie de ces ruffes, c'est pourquoi vous apercevez, ici ou là, quelques incrustations noires de basalte.

Lac du Salagou★

À la suite de l'édification d'un barrage, une vaste nappe d'eau (750 ha) a envahi le bassin où coulait le Salagou, modeste affluent de la Lergue, créant un paysage insolite. Ses berges, aménagées pour accueillir les pêcheurs, des campings, des bases nautiques, des plages, en font un lieu de détente particulièrement agréable, où l'on peut en outre pratiquer l'équitation. Le village de Celles, abandonné depuis la mise en eau, revit pendant l'été.

Vous pourrez faire le tour du lac en voiture en empruntant la D 148 qui procure des **vues★** superbes sur la vaste étendue d'eau où se reflètent les collines coniques de grès rouge ; ou bien en prenant la route forestière après Celles, à droite juste avant le camping.

À Salasc, prenez sur la gauche la D 8.

Cirque de Mourèze★★ *(voir ce nom)*

Reprenez la D 8^{F1} jusqu'à la D 908 que vous empruntez à gauche sur 500 m environ, puis prenez à droite la D 15 vers Cabrières. À l'entrée du village, prenez sur la gauche un chemin revêtu, signalisé « Mine de cuivre de Pioch-Farrus » et suivez-le sur 1 km.

Mine de cuivre de Pioch-Farrus

✆ 06 14 91 46 02 - ♿ - *visite guidée avr.-oct. : 14h-19h (dernier dép. 1h av. fermeture) - 8 € (enf. 4 €).*

Si le casque (indispensable, surtout pour les plus grands !) est fourni aux visiteurs, vous aurez soin de vous munir d'une petite laine : il ne fait que 14 °C dans la mine !

👥 Trois grandes périodes marquent l'exploitation de cette mine : la préhistoire, l'époque romaine et enfin le 19ᵉ s. C'est à cette époque que l'on doit la galerie horizontale qui permet d'accéder à la mine depuis la cabane d'accueil. Au cours de la visite guidée, vous découvrirez les différentes techniques d'extraction, des marteaux de pierre du 3ᵉ millénaire av. J.-C. jusqu'à la dynamite du 19ᵉ s. en passant par les

A. Thuillier / MICHELIN

Le lac du Salagou, aux contours sinueux, baigne des collines de couleur pourpre.

pointerolles et herminettes de l'époque gallo-romaine. Vous apprendrez également à repérer les filons, à identifier les différents minerais (azurite et malachite) mais surtout vous comprendrez combien les conditions de travail ont pu y être difficiles (obscurité, exiguïté des conduits, montée des eaux, raréfaction de l'oxygène…). Seule la beauté de ce puits romain dont l'eau forme un superbe miroir vert de gris apporte un peu douceur aux lieux.

Revenez à la D 908, que vous prenez en direction de Clermont-l'Hérault.

Villeneuvette

$\mathscr{C}$ 04 67 96 06 00 - visite guidée de la cité juil.-sept. : mar.-ven. 10h30 et 15h30, lun. et w.-end 15h30 uniquement ; oct.-juin : sur demande à la mairie - 4 € (enf. 2 €).

Une allée bordée de platanes, donnant sur la D 908, conduit à la porte d'honneur de Villeneuvette marquée de l'inscription : « Honneur au travail ». Cette **ancienne manufacture textile royale** fut fondée au 17e s. par Colbert. Sa principale activité consistait à transformer la laine des causses languedociens en draps fins destinés au commerce avec l'Orient. Au début du 19e s., la production se spécialise dans la fabrication de draps militaires réservés à l'armée, puis à l'administration. Les ateliers fermèrent en 1954.

La cité a conservé son unité architecturale. L'entrée débouche sur la **place Louis-XIV**, agrémentée d'une fontaine. La place, la rue principale et les abords des maisons d'ouvriers ont été repavés comme au 17e s. et ces dernières, transformées en résidences, s'ornent de jardins agréablement fleuris. La maison du Directeur, avec sa porte et ses fenêtres encadrées de bossages, et d'anciennes fabriques témoignent de la révolution industrielle du 19e s. Ancien pigeonnier et vestiges du réseau hydraulique, comprenant à l'ouest, le grand vivier et au nord, le buffet d'eau.

Clermont-l'Hérault

Les ruelles très étroites du vieux quartier, resté presque intact, escaladent, souvent par des degrés, la colline couronnée des ruines d'un château du 12e s. d'où l'on a une vue agréable sur la ville et les environs. Comme Lodève, Clermont-l'Hérault fut longtemps spécialisé dans la fabrication de draps militaires. C'est actuellement un important centre viticole et un marché de raisins de table.

Construite entre 1276 et 1313 sur l'édifice roman précédent, l'**église St-Paul★** fut fortifiée pendant la guerre de Cent Ans (mâchicoulis, échauguettes) ; longtemps, elle fut réunie par deux murs aux remparts de la ville. Au 15e s., la façade occidentale s'orna d'une belle rose ; un porche précéda le portail nord sur lequel fut édifié le clocher octogonal. L'impression de puissance, accentuée à l'extérieur par la présence d'arcs-boutants, conjuguée à la grande harmonie intérieure et à l'élégance de la nef principale, en font un intéressant spécimen de l'architecture gothique de l'Hérault.

Retour à Lodève par la D 609/A 75.

DU PIÉMONT AU CIRQUE DE NAVACELLES

45 km – une demi-journée. Quittez Lodève par la D 151 puis suivez la D 25 en direction de Soubès.

Soubès

En entrant dans le village, remarquez sur votre gauche le beau porche roman de la chapelle St-Cyprien qui jouxte le cimetière, puis le monument aux morts du sculpteur lodévois Paul Dardé qui évoque la tragédie de la guerre. Construit sur un ensemble de tuf, Soubès abrite quelques belles maisons anciennes qui ont intégré cet élément naturel à leur construction. Leur charme s'ajoute à celui des ruelles pittoresques et des passages voûtés de cet ancien village fortifié dominé par la tour du 12e s.

🐾 *De la place du Terral, 1,5 km.* Le **chemin des Capitelles**, permet d'observer cinq cabanes en pierres sèches des 18e et 19e s., assemblées sans mortier avec le produit de l'épierrement du sol pour l'extension des cultures. Certaines d'entre elles ont été transformées en réservoir d'eau. *Le chemin des Capitelles rejoint le sentier botanique.*

🐾 *De la place du Terral, boucle de 2 km sur le GR 71.* Le **sentier botanique de Font d'Amas** créé en 1989 présente 82 espèces végétales significatives de la région : corroyère à feuille de myrte, ronce arbrisseau, garance voyageuse, bruyère arborescente… sont signalées grâce à des panonceaux mentionnant les noms scientifiques et usuels de chaque variété. La balade est agrémentée d'une ancienne mine de fer, d'une source et d'un belvédère sur le carrefour des vallées de la Lergue et de la Brèze avec vue sur Soubès, Lodève et les villages du Lodévois.

Empruntez la D 25 sur 4,3 km puis bifurquez à droite sur la D 25E1.

Cirque du Bout du Monde★

Au pied des falaises calcaires, dans le lit du ruisseau de la Bronzinadouïre, les plaines fertiles recouvrent de leur tendre verdure la pierre de tuf. Ce Cirque du Bout du Monde, creusé par l'érosion dans les contreforts du Larzac, offre un paysage exceptionnel au cœur duquel siège une ferme fortifiée. Remarquez également la belle demeure bourgeoise (privée) édifiée en 1845.

Rejoignez la D 25 à 1 km au sud.

Cette route reprend le tracé de l'ancien chemin royal nº 9 achevé en 1779 qui donna à **St-Étienne-de-Gourgas** un élan économique sans précédent, nombre de marchandises transitant ici, entre Méditerranée et le sud du Rouergue. La commune abrite aujourd'hui les vestiges d'un château édifié au 14e s. dont seule une tour reste visible.

À 1,2 km par la D 25ᴱ.

Chapelle St-Michel d'Aubaygues

Érigée au 12e s., elle offre un bel exemple de l'art roman languedocien, avec l'arc en plein cintre à double rouleau de son porche, sa nef unique et son abside en cul-de-four. Remarquez le beau bénitier roman.

Parcourez 5 km sur la D 25 en direction de St-Pierre-de-la-Fage et bifurquez à droite sur la D 25ᴱ⁴.

Parlatges

En bordure de la superbe forêt de pins noirs de N.-D.-de-Parlatges, le hameau est doté d'une chapelle, anciennement accolée à un château du 11e s., lieu de pèlerinage pour la guérison des difficultés d'élocution. À l'intérieur, un retable en pierre du 14e s. représente des scènes de la vie de la Vierge pendant l'enfance du Christ. En 1926, Paul Dardé *(voir p. 250)* lui ajoute la partie basse (une prédelle en ciment décorée d'ondes) et greffe un nouveau buste de la Vierge, l'original se trouvant à l'entrée de l'édifice.

Suivez la D 25 sur 5 km.

St-Pierre-de-la-Fage

Un moulin à vent marque l'entrée du village dont l'église est un bel exemple d'architecture caussenarde ; pierres grises et toit de lauzes subliment la simplicité de son architecture. Seule la partie entre le clocher et le transept serait d'époque préromane, le reste de l'édifice datant du 19e s.

Continuez sur 3 km sur la D 25 puis la D 9.

La Vacquerie

Ici, le paysage se transforme en plateau parsemé de rochers ruiniformes. Situé sur l'ancien axe de circulation reliant Millau à Montpellier, le village connut des heures de prospérité comme en témoigne la maison dite « du Bailly » datant du 17e s., qui affiche en surplomb sur la rue une très belle galerie à arcades. Le moulin à vent des Brésilliers, qui fonctionna au 19e s., domine le village. Dans ce pays de calcaire, puits, citernes et abreuvoirs sont légion.

Continuez sur la D 9 jusqu'à La Trivalle avant d'emprunter à gauche la D 130 (4,2 km).

Dolmens de Ferrussac et menhirs du Coulet

Ce vaste plateau est riche de monuments mégalithiques érigés entre 2 500 et 2 000 ans avant notre ère. À proximité de la ferme de Ferrussac, quelques dolmens sont visibles du bord de la route. Si le premier est de petite taille, vous serez surpris par l'envergure du second (table : 4,6 m de long pour 13 t.) Avant d'arriver au Coulet, il vous reste cinq menhirs à découvrir. Pour vous faciliter la tâche, des panneaux d'information sont installés à leur périphérie.

Parmi les sept menhirs de la plaine du Coulet, seuls quatre d'entre eux ont été redressés, vous les verrez de part et d'autre de la route.

Poursuivez sur 5 km la D 130. À l'approche de St-Maurice, appréciez la vue qui embrasse les gorges de la Vis et s'étend jusqu'au Cévennes.

St-Maurice-Navacelles

Établi dans l'ancien lit de la Vis, le village enserre le château (17e s.) flanqué de tours cylindriques. C'est ici, à la sortie du village, que le sculpteur Paul Dardé installa son atelier.

En continuant sur la D 130, vous approchez de la ferme fortifiée de la Prunarède qui date du 17e s. et dont vous remarquerez la tour cylindrique et les fenêtres à meneaux.

Toujours sur la D 130, poursuivez sur 5 km.

La Baume-Auriol

À proximité de l'auberge, le belvédère offre un somptueux panorama sur le cirque de Navacelles. Point d'informations touristiques et boutique de produits du terroir. *La D 130 serpente sur la paroi sud du canyon.*

Le cirque de Navacelles★★★ *(Voir ce nom)*

Lodève pratique

Adresses utiles

Office du tourisme de Lodève – *7 pl. de la République - 34700 -* ✆ *04 67 88 86 44 - www.lodeve.com - juin-sept. : 10h-12h30, 14h30-18h30, sam. 9h30-13h, 15h30-18h, dim. 10h-12h30 ; janv.-avr. : tlj sf dim. 9h30-12h30, 14h30-18h30, sam. 9h30-12h30 ; mai et oct. : tlj sf dim. 9h30-12h30, 14h30-18h30, sam. 9h30-12h30, 15h30-18h - fermé j. fériés sf 14 Juil. et 15 août.*

Office du tourisme de Clermont-l'Hérault – *9 r. Doyen-René-Gosse -* ✆ *04 67 96 23 86 - www.ot-clermont-salagou.com - tlj sf lun. mat. et dim. 9h-12h, 14h-18h, sam. 9h-12h, 14h-17h - fermé j. fériés sf 14 Juil. et 15 août.*

Visite

Visite guidée – Lodève s'est vu attribuer le label Ville d'art et d'histoire. Un programme de visites-découvertes animées par des guides-conférenciers agréés par le ministère de la Culture et de la Communication est donc mis sur pied. *Renseignements à l'office de tourisme.*

Se loger

⊝ **Hôtel du Nord** – *18 bd de la Liberté -* ✆ *04 67 44 10 08 - www.hotellodeve.com - fermé 8-31 janv. - 24 ch. 44/51 € -* ⊠ *6 €.* Le compositeur Georges Auric est né en 1899 dans ce vieil hôtel du centre. Aujourd'hui entièrement refait, il abrite des chambres sobres et insonorisées.

⊝ **Hôtel Akéna** – *Espace Jules Millau - 34800 Clermont-l'Hérault -* ✆ *04 67 44 91 90 - www.hotels-akena.com -* 🅿 *- réserv. conseillée - 40/47 € -* ⊠ *6,50 € - rest. 15/36 €.* Situé à l'entrée de la ville, cet hôtel de chaîne économique offre des chambres fonctionnelles, bien équipées, climatisées. Attenant, le restaurant propose une cuisine simple avec des formules variées pour tous les budgets.

⊝⊜ **Chambre d'hôte La Missare** – *9 rte de Clermont - 34800 Brignac -* ✆ *04 67 96 07 67 - http://la-missare.free.fr -* 🞴 *- 4 ch. 70 €* ⊠*.* Les chais de cette ancienne maison de maître du 19ᵉ s. ont été aménagés en 4 chambres spacieuses et indépendantes, donnant sur le jardin. Le charme rustique des meubles anciens s'allie à un confort très actuel. Dans le hall d'accueil, belle collection de tableaux. Ambiance apaisante garantie.

Se restaurer

⊝⊜ **Le Petit Sommelier** – *3 pl. de la République - centre-ville -* ✆ *04 67 44 05 39 - fermé dim. soir et lun., merc. soir sf juil.-août, vac. de Noël - formule déj. 16 € - 18/40 €.* Sur une place ombragée près de l'office de tourisme, cette ancienne maison de maître s'est transformée en bistrot à la mode parisienne… Vivement colorée, la salle à manger est le théâtre d'une cuisine traditionnelle rehaussé de touches inventives.

⊝⊜ **Le Fontenay** – *Rte du Lac de Salagou - 34800 Clermont-l'Hérault -* ✆ *04 67 88 04 06 - www.restaurant-fontenay.com - fermé sam. midi, dim. soir et merc. soir, 3-16 juill. - 15/49 €.* Au cœur d'un quartier résidentiel, dans un environnement fleuri, façade de style méditerranéen protégeant des regards une belle terrasse intérieure et une lumineuse salle à manger agrémentée d'expositions de tableaux, où l'on s'applique à satisfaire la clientèle en mettant au goût du jour les recettes languedociennes.

Sports & Loisirs

Centre Aquapêche – *Mas Carles - 34800 Octon -* ✆ *04 67 96 59 19 - www.pecheherault.com - ouv. tte l'année à tout pêcheur détenteur de la carte de pêche.* Ce centre d'initiation à la pêche et de découverte du milieu aquatique propose des stages pour adultes hors périodes scolaires. 👫 Pour les enfants : stages à la journée durant les vacances de printemps et de la Toussaint et séjours en juillet-août. École de pêche le mercredi, animations scolaires, centre aéré…

Établissement thermal d'Avène – *34260 Avène-les-Bains -* ✆ *04 67 23 41 87 -* Ses eaux bicarbonatées complexes sont prescrites en dermatologie.

Mont **Lozère** ★★

CARTE GÉNÉRALE D1 – CARTE MICHELIN DÉPARTEMENTS 330 J/K8 – LOZÈRE (48)

Point de ralliement des amateurs de randonnée, ce puissant massif granitique dresse sa masse majestueuse dans le paysage cévenol. Entre Florac, Mende, Génolhac et Villefort, il est le symbole de la Lozère, à laquelle il a d'ailleurs donné son nom. Le long de ses rivières sauvages et fraîches, vous découvrirez quelques petits coins de paradis.

- **Se repérer** – Situé au nord-est de Florac et au sud-est de Mende, le mont Lozère est constitué de hauts plateaux s'alignant sur 35 km. Vous pouvez soit le contourner par les D 901, 906, 998 et N 106, soit le traverser du nord au sud par la D 20.

- **À ne pas manquer** – La vue depuis le col de Finiels ou depuis le sommet pour les plus courageux, le panorama du pic Cassini et celui du col de Montmirat, le village médiéval du château d'Aujac et enfin une incontournable dégustation de miel de bruyère.

- **Organiser son temps** – Comptez au moins une journée et demie pour faire les deux circuits dans leur totalité.

- **Avec les enfants** – Le château d'Aujac et le Vallon du Villaret.

- **Pour poursuivre la visite** – Voir aussi Châteauneuf-de-Randon, la grotte de la Cocalière, Florac, La Garde-Guérin, Langogne, le causse Méjean, Mende, Ste-Enimie et les gorges du Tarn.

Comprendre

Le « mont Chauve » – Le mont Lozère culmine à 1 699 m au sommet de Finiels. Celui-ci est le point le plus haut du Massif Central qui ne soit pas d'origine volcanique. Autrefois, il était couvert de hêtres ; aujourd'hui, on rencontre un paysage de landes d'où surgissent quelques chaos de granit, ce qui lui vaut son surnom. Ses versants, reboisés au cours des dernières décennies, ont retrouvé une parure de pins, sapins et hêtres au sud (montagne du Bougès), à l'est (versant Vivarois) et au nord. Quelques bornes de granit marquées de la croix de Malte rappellent que les Hospitaliers de St-Jean-de-Jérusalem, devenus plus tard les chevaliers de Malte, y possédaient des terres. Mais la pierre a surtout servi à construire de robustes maisons capables d'affronter le vent et la neige qui balaient les plateaux. Les clochers de tourmente, dont le son de la cloche était le seul repère pour le voyageur perdu dans la tempête de neige, sont là pour en témoigner.

Autrefois, les troupeaux transhumants peuplaient ces grandes étendues durant l'été. Évalués à une centaine de milliers de têtes au 19e s., ils sont moins d'une dizaine de milliers aujourd'hui, et les drailles, chemins de transhumance, ont tendance à disparaître sous la végétation. Les moutons ont été remplacés par les troupeaux de vaches des villages du versant sud, qui viennent paître sur les hauts plateaux du mont Lozère.

A. Cassaigne / MICHELIN

Paysage du mont Lozère.

Écomusée du mont Lozère

Créé sous l'égide du **Parc national des Cévennes**, l'écomusée a pour but de présenter le milieu naturel et humain du mont Lozère. Il se compose d'un chef-lieu, la Maison du mont Lozère au Pont-de-Montvert *(voir Florac)*, et de divers éléments d'intérêt architectural et naturel dispersés sur l'ensemble du massif. L'accent est mis sur l'architecture et le fonctionnement d'une exploitation agricole du 19e s. à la ferme de **Mas Camargues**. Les clochers de tourmente, les bornes marquées de croix de Malte ont été recensés. Plusieurs sentiers de découverte ont été aménagés, dont celui du **Mas de la Barque**. La plupart des curiosités de l'écomusée sont décrites dans les circuits ci-dessous.

Circuits de découverte

LE MONT LOZÈRE ORIENTAL★ 1

150 km au départ du Pont-de-Montvert (voir Florac) – une journée. Prenez au nord la D 20 et tournez tout de suite à droite à la sortie du Pont-de-Montvert.
La route *(étroite, croisements difficiles en saison estivale)* traverse les paysages dénudés de pâtures et de landes parsemées de rochers.

L'Hôpital

Ce hameau fut une commanderie des Hospitaliers de St-Jean-de-Jérusalem. Quelques estivants restaurent ses bâtisses de granit et l'écomusée a réaménagé le moulin à eau et une vieille grange avec leurs antiques toits de chaume.
Le GR 7 qui traverse L'Hôpital permet d'accéder à Pont-du-Tarn.

Pont-du-Tarn

De L'Hôpital, 1h à pied AR. Suivant la draille de la Margeride qu'emprunte le GR 7, cette promenade offre de belles vues sur les paysages de la plaine du Tarn, nom donné à ce plateau où s'écoule la rivière naissante. Un très joli pont enjambe la rivière qui se faufile à travers les rochers polis, au pied du bois du Commandeur.

Mas Camargues★

04 66 45 80 73 – juil.-août : 10h30-12h30, 14h30-18h30, dim. 14h30-18h30 - fermé sam., 14 Juil., 15 août (matin) - 3,50 € (6-18 ans 2,50 €), billet combiné avec la Maison du mont Lozère au Pont-de-Montvert.
C'est une maison de maître de vastes dimensions, dont la façade est constituée de blocs de granit taillés. Un **sentier d'observation** *(momentanément inaccessible)* a été aménagé alentour pour expliquer les différents éléments d'une exploitation agricole dans cette région : bergerie, moulin, *béal* (petit canal), réservoir d'eau, ainsi que les paysages qui l'entourent (chaos de boules de granit, hêtraies).
Après avoir visité le mas Camargues, on peut poursuivre à pied jusqu'à **Bellecoste** (1 km), exemple intéressant d'architecture rurale où subsistent un four banal et une chaumière traditionnelle habitée l'été par un berger.
Revenez à la D 20 que vous prenez à droite.
La route, bordée de sorbiers, s'élève sur le versant méridional vers le col de Finiels. Après le village de ce nom, elle traverse de grandes étendues désertes jonchées çà et là de blocs de granit. L'horizon est fermé au sud par la montagne du Bougès et par le causse Méjean.

Col de Finiels★

Alt. 1 548 m. Des abords du col, et particulièrement des « sommets » qui encadrent le passage, la **vue★** peut par temps clair porter jusqu'à l'Aigoual et aux causses.
Au début de la descente, le massif du Tanargue (Vivarais cévenol) est visible en avant et à droite.

Chalet du mont Lozère

Parmi de jeunes boisements de sapins s'élèvent le chalet-refuge, un hôtel, un vaste bâtiment de l'UCPA et un **centre d'information du Parc national des Cévennes** (*04 66 48 66 48*) accueillant randonneurs à pied et à cheval en été. De décembre à avril, le site devient un centre de ski connu surtout pour le ski de fond.

Sommet de Finiels★

3h à pied AR. Du chalet du mont Lozère, prendre le sentier balisé entre la D 20 et la chapelle qui suit une rangée de pierres plantées jusqu'à la crête. Prendre à droite jusqu'à une cabane de pierre en ruine. De là, une **vue**★★ étendue vers le sud-est montre la succession de sommets arrondis des hauts plateaux jusqu'au pic Cassini, tandis que vers le nord, le plateau granitique de la Margeride barre l'horizon. Suivre la ligne de crête jusqu'à la borne indiquant 1 685 m et rejoindre, en descendant, la route des Chômeurs qui ramène au point de départ.

Après le chalet du mont Lozère, au moment où la D 20 va quitter le ravin de l'Altier pour repasser sur le versant de l'Atlantique, les monts de la Margeride se déploient au nord. Au lieu-dit **Le Mazel** se dressent les bâtiments désaffectés d'une mine de plomb et de zinc dont l'exploitation a duré du début du 20e s. jusqu'en 1952. Plus loin, le village du **Bleymard** conserve de solides demeures aux toitures de lauzes et une église du 13e s.

Prenez à droite la D 901 en direction de Villefort.

Les paysages deviennent plus sauvages et dénudés. La route quitte la vallée du Lot pour suivre, après le col des Tribes, celle de l'Altier sinueuse et boisée. Les tours du **château de Champ** (15e s.) apparaissent en contrebas de la route, sur la droite. Quelques kilomètres après **Altier**, ancienne place forte, on arrive au bord du lac de Villefort où gisent les ruines du **château** (Renaissance) **de Castanet**.

Lac et barrage de Villefort

Le barrage, long de 190 m à la crête, s'élève à 70 m au-dessus du lit du torrent ; il alimente l'usine de Pied-de-Borne située à 9 km en aval.

Après le barrage, sur la route de Langogne, une base nautique et une **plage**, très fréquentées l'été, ont été aménagées.

Villefort

La situation de ce bourg accueillant permet d'entreprendre de nombreuses excursions à pied dans les Cévennes, le bas Vivarais et le mont Lozère. Villefort possède en saison un **point d'information sur le Parc national des Cévennes** au syndicat d'initiative. ✆ 04 66 46 87 30 - juil.-août : 9h30-12h30, 15h-19h, dim. 10h-13h ; sept.-juin : tlj sf w.-end 10h-12h, 15h-18h - fermé 1er Mai.

À la sortie nord de Villefort, empruntez la D 66.

La route s'élève au-dessus d'un ravin ombragé de châtaigniers en procurant de très belles vues sur Villefort et sa vallée. On traverse les villages de **Paillères** et de **Costeilades**, entourés de jardinets en terrasses et dont les maisons sont couvertes de lauzes ; remarquer la disposition en épi des lauzes faîtières.

Peu à peu se dégagent au nord-est les plateaux qu'entaillent les gorges de la Borne et du Chassezac. Lors de la traversée d'un chaos de blocs granitiques, les échappées portent jusqu'aux massifs du Tanargue et du Mézenc, avec les Alpes à l'horizon.

Peu après le Pré de la Dame se détache, à droite, la route du Mas de la Barque.

Mas de la Barque

Cette maison forestière, gîte d'accueil pour randonneurs, s'élève dans un cadre reposant de prairies et de taillis cernés par la forêt. En hiver, c'est un centre de ski.

Au départ du mas, un sentier *(2h AR)* monte au **pic Cassini**, qui offre, par temps clair, un **panorama**★★ sur la chaîne alpine et le mont Ventoux au loin.

A. Thuillier / MICHELIN

Le lac de Villefort, un miroir d'eau encastré dans les montagnes cévenoles.

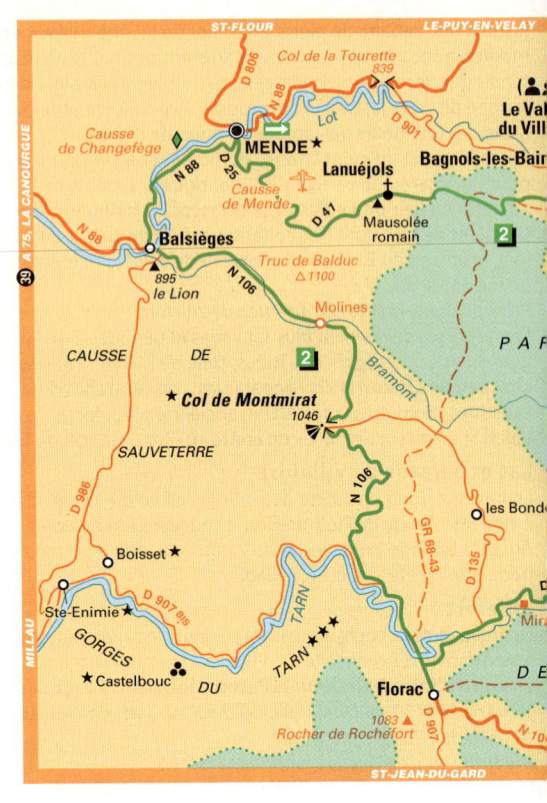

Revenez au Pré de la Dame et poursuivez vers Génolhac.

Belvédère des Bouzèdes★

Alt. 1 235 m. La route décrit ici un lacet sur le flanc d'une croupe plongeant sur Génolhac, 800 m en contrebas. Vue sur les toits de tuiles à l'aspect méridional.

Génolhac

Génolhac est une coquette cité médiévale fleurie, située dans la vallée de la Gardonnette, au pied du mont Lozère.

Dans la Grand'Rue, **point d'information sur le Parc national des Cévennes** (documentation et archives). ℘ 04 66 61 19 97 - www.pnc.fr - 9h-12h, 15h30-19h30 - *gratuit.*

Remontez au nord par la D 906. À la sortie de Génolhac prenez la direction de Concoules sur 2 km ; des panneaux vous signalent un chemin (800 m) à droite vers le jardin.

Jardin du Tomple

À Concoules - ℘ 04 66 61 11 31 - 04 66 61 19 49 - mai, sept.-oct. : mar., jeu., sam., dim. : 13h-19h ; juin-août : tlj 10h-20h - 5 € (enf. 3,50 €).

Nichée au fond du vallon, une yourte annonce l'entrée du jardin où rosiers, vivaces et arbustes s'étagent sur les terrasses cévenoles. Les hydrangeas côtoient viornes et pivoines au son enchanteur des eaux ruisselantes. Ici, l'esprit est à l'anglaise. Dans le désordre organisé, chaque espèce végétale est identifiée par son nom latin.

Après Concoules, prenez à droite la D 451, puis encore à droite la D 51 avant de prendre à gauche la D 313 en direction de Ponteils-Village.

Prenez le premier chemin à gauche.

Jardin du Mas de l'Abri

À Ponteils. ℘ 04 66 61 17 61 - mai-oct. 10h-19h - 5 € (enf. 3,50 €).

Sur les flancs d'un joli vallon traversé par une source, les jardins se succèdent entre rosiers anciens élevés en arceau, vivaces, et collection d'arbustes. Le long des sentiers, de petits coins intimes invitent à la rêverie comme ce vieux banc près du bassin de plantes aquatiques où les libellules offrent un somptueux ballet alors qu'en arrière-plan, le mont Lozère se dévoile majestueusement. Dans le plus grand respect de la nature, la propriétaire chérit son trésor végétal et en livre les secrets.

MONT LOZÈRE

Revenez sur la D 51 pour prendre à gauche en direction de Bessèges.

La route débouche à **Brésis**, dominé par les ruines de son **château** médiéval à l'élégant donjon crénelé. Continuez sur la D 51 jusqu'à Aujac.

Château d'Aujac★

Dans Aujac, prenez à gauche une petite route montant au château. Laissez la voiture au parking et montez à pied (10mn) - ☎ 04 66 61 19 94 - www.chateau-aujac.com - visite guidée -juil.-août : tlj sf lun. 11h-19h ; de Pâques à Toussaint : dim. et j. fériés 14h-18h - 5 € (enf. 3 €).

Planté sur un éperon rocheux, au carrefour du Gard, de la Lozère et de l'Ardèche, ce château fort surveille, depuis le 11e s., la vallée de la Cèze où passe la voie Régordane qui joint St-Ambroix à Villefort. Une équipe de bénévoles s'est attelée à sa restauration, ainsi qu'à celle du village.

La visite débute souvent au pied de la tour ronde, dans le **village médiéval** fortifié. Situé en contrebas et sous la protection du château, il témoigne de l'activité qu'entraînait la présence d'un site défensif. Composé de deux cours et quatre corps de bâtiments regroupés autour d'une rue centrale, il est aujourd'hui le lieu de travail et d'exposition de quelques artisans.

Avec ses massives tours carrée et ronde, son corps de logis en L, le **château** d'Aujac, encore habité aujourd'hui, est un des édifices médiévaux les mieux conservés de la région.

Prenez à l'ouest la D 134 en direction de Génolhac puis la route d'Alès à gauche et enfin tournez à droite dans la D 998 vers Florac.

L'itinéraire, pittoresque jusqu'à St-Maurice-de-Ventalon, suit la vallée du Luech.

2 km après Les Bastides, une route, sur la droite, mène à la ferme de Troubat.

Ferme fortifiée de l'Aubaret

Elle apparaît au pied d'un vaste chaos de rochers, sur le tracé de la draille de la Margeride. Ses robustes murs de granit rose ont été percés de fenêtres à meneaux.

Revenez à la D 998 que vous prenez à droite pour rejoindre Le Pont-de-Montvert.

LE MONT LOZÈRE OCCIDENTAL★★ 2

100 km au départ de Mende (voir ce nom) – une demi-journée. Quittez Mende par la D 25 au sud-est en direction de l'aérodrome.
À Langlade, prenez à gauche la D 41.

Lanuéjols

Cette localité est bien connue des archéologues pour le **mausolée romain**, situé à la sortie ouest du village, en contrebas de la route de Mende. Il a été érigé par de riches citoyens romains à la mémoire de leurs deux jeunes fils qui, d'après l'inscription latine gravée sur le linteau, seraient morts d'une même maladie de langueur.

L'**église St-Pierre**, romaine, ne manque pas de charme quand le soleil couchant illumine ses pierres ocre. À l'intérieur, la nef principale voûtée en plein cintre se termine par une élégante abside en cul-de-four. Quelques chapiteaux intéressants.

Continuez sur la D 41 jusqu'à Bagnols-les-Bains.

A. Cassaigne / MICHELIN

Même s'ils sont moins nombreux qu'autrefois, les moutons font partie du paysage.

Bagnols-les-Bains

Vous trouverez les coordonnées de l'établissement thermal dans l'encadré pratique.
Bagnols-les-Bains, station hydrominérale indiquée pour les rhumatismes et les affections ORL, est bâtie en amphithéâtre sur les pentes de la montagne de la Pervenche et descend jusqu'à la rive gauche du Lot. Les eaux de la source thermale qui y est exploitée furent captées et aménagées par les Romains.

Victime du surmenage, vous serez ici bien soigné : air salubre et vivifiant dû à l'altitude (913 m) et à la proximité des forêts de sapins, calme du pays et régularité de la température sont pour vous.

Prenez une route au nord de Bagnols, en direction du Villaret.

Le Vallon du Villaret

℘ 04 66 47 63 76 - juil.-août : 10h-18h45 (dernière visite 16h30) ; avr.-juin : 10h30-18h45 de mi-sept. à fin oct. : w.-end 11h-18h ; vac. de la Toussaint : 11h-18h (dernière visite 2h avant fermeture) - 9 à 11 € selon période (gratuit pour enf. moins d'un mètre).

👫 Parc de loisirs sur le thème de la découverte de la nature : en entrant par la Grande Porte, on empruntera le Chemin des Filets, puis celui des Troncs avant de pénétrer tour à tour dans le Pays des Sons et dans celui de l'Eau. Le village du Villaret (ateliers d'artistes, expositions, lieu de spectacles et de concerts) se trouve tout au bout de ce vallon interactif.

Revenez à Bagnols et prenez à gauche vers Le Bleymard.
La vallée s'encaisse en défilés rocheux et boisés. Les ruines du château du Tournel se campent fièrement sur un éperon rocheux que contourne le torrent.

Le Bleymard *(voir ci-dessus, circuit 1)*

Prenez à droite la D 20 vers le Pont-de-Montvert. Entre Le Bleymard et Le Pont-de-Montvert, voir dans le circuit 1 la description du parcours en sens inverse.

Le Pont-de-Montvert *(voir Florac)*

Prenez à droite la D 998 vers Florac.

La route suit la haute vallée du Tarn qui se resserre en gorges sauvages. Sur un promontoire apparaît le château de Miral avec ses vestiges de fortifications du 14e s.

Florac *(voir ce nom)*

Prenez au nord la N 106 en direction de Mende.

Un fois dépassée la route des **gorges du Tarn★★★** *(voir ce nom)* vers Ispagnac, la route monte en corniche au-dessus de Florac.

Col de Montmirat★

Alt. 1 046 m. Il s'ouvre entre le mont Lozère, granitique, et le causse de Sauveterre, calcaire. Vers le sud, on embrasse un immense **panorama★** : au premier plan se creusent les *valats* qui vont rejoindre la vallée du Tarn, au-delà de laquelle apparaissent les escarpements du causse Méjean ; plus à gauche se dessinent les crêtes des Cévennes ; par temps clair, on aperçoit l'Aigoual.

On descend la vallée du Bramon qui se rétrécit et offre des vues lointaines sur le **truc** de Balduc, petit causse aux escarpements abrupts, puis sur les contreforts du mont Lozère.

Balsièges

Le village est dominé au sud par les falaises du causse de Sauveterre au sommet duquel se dressent deux gros rochers calcaires dont l'un est appelé, en raison de sa forme, le lion de Balsièges.

La N 88 longe le Lot entre les escarpements boisés des causses de Mende et de Changefège avant de rejoindre Mende.

Mont Lozère pratique

Adresse utile

Office du tourisme de Génolhac – ☏ 04 66 61 18 32 - www.cevennes-montlozere.com - mar.-sam. : 10h-12h30, 16h-19h - fermé dim., lun. et j. fériés.

Se loger

⛺ **Camping Morangiès - Le Lac** – 48800 Villefort - ☏ 04 66 46 81 27 - www.camping-lac-cevennes.com - ouv. mai-sept. - ✉ - réserv. obligatoire - 75 empl. 16,60 €. La partie haute de ce camping, installé au bord du lac, est réservée aux mobil-homes. Un autre secteur, partagé entre les chalets et les emplacements traditionnels, disponibles à la nuitée, trouve sa place en contrebas. Le bloc sanitaire, un peu vieillissant, demeure néanmoins opérationnel grâce à un bon entretien.

Se restaurer

👁 **Bon à savoir** – Dès le mois d'août, le mont Lozère se couvre de bruyères formant un tapis mauve à perte de vue. Profitant de l'aubaine, les abeilles viennent butiner le pollen de la callune (bruyère). Goûter le **miel** de bruyère fera partie de votre découverte de la région.

⛺ **Randals Bison Ferme-auberge** – 30750 Lanuéjols - 6 km au sud-ouest de Lanuéjols par D 47, dir. Trèves et D 159, rte de Revens - ☏ 04 67 82 73 74 - www.randals-bison.com - fermé oct.-avr. - réserv. conseillée - 11/26 € - 3 ch. 55/59 € ☑. Cette ferme caussenarde se trouve au cœur d'un domaine de 300 ha (élevage de bisons, vaches américaines et chevaux). Visite en chariot de l'exploitation et « show » façon Grand Ouest. L'ancienne bergerie propose un bon choix de grillades. Chambres d'hôte dans une maison de bois.

Sports & Loisirs

Randonnée pédestre – Les paysages du mont Lozère se prêtent aux promenades à pied et de nombreux sentiers de Grande Randonnée le sillonnent. Pour le tour du **mont Lozère**, décrit par le topoguide du GR 68, comptez 6 j. Le **GR 7**, ancienne draille de la Margeride, traverse le mont par son centre, permettant de découvrir paysages et hameaux caractéristiques (surtout dans le tronçon entre le col de Finiels et la ferme de l'Aubaret). Renseignements : centre d'information du Parc national des Cévennes à Florac.

Thermalisme à Bagnols-les-Bains – Pl. des Thermes - 48190 - ☏ 04 66 47 60 02 - www.bagnols-les-bains.com - rhumatologie, affections ORL et espace de remise en forme.

Domaine skiable du Mas de la Barque – 48220 Vialas - alt. 1 340-1 650 m. 28 km de pistes de ski de fond. Pistes raquettes et randonnées. Info station, ☏ 04 66 46 92 72.

Domaine skiable du Mont Lozère-Le Bleymard – 48190 Le Bleymard - ☏ 04 66 48 66 48 - alt. 1 350-1 560 m. Pour les amoureux des grands espaces à parcourir en ski de randonnée ou ski de fond (22 km). Itinéraires pour raquettes. Ski alpin : 5 remontées mécaniques, 8 km de pistes tous niveaux.

Maguelone ★

CARTE GÉNÉRALE D3 – CARTE MICHELIN DÉPARTEMENTS 339 I7 – HÉRAULT (34)

Une cathédrale sur une île, perdue parmi les étangs, voilà une image d'une beauté aussi insolite que sereine ! C'est Maguelone dont les restes des bâtiments se dressent sur une légère éminence, au milieu d'un bouquet de pins parasols, de cèdres et d'eucalyptus. Le canal du Rhône à Sète, tracé à travers les étangs, a interrompu le chemin qui, jusqu'en 1708, unissait Maguelone à la terre ferme. Aujourd'hui, un mince chemin la relie à Palavas.

- **Se repérer** – Située à 15 km au sud de Montpellier par la D 986, la cathédrale se trouve à l'extrémité d'une route en cul-de-sac, longue de 4 km, qui part de Palavas-les-Flots à l'extrémité de la rue Maguelone.

- **À ne pas manquer** – Le linteau et le tympan de l'église ; les vitraux de Robert Morris.

- **Organiser son temps** – Comptez 30mn.

- **Avec les enfants** – En période estivale, le petit train qui conduit jusqu'au site fait le bonheur des plus jeunes.

- **Pour poursuivre la visite** – Voir aussi La Grande-Motte, Montpellier, Palavas-les-Flots, Sète et l'abbaye de Valmagne.

> **Le saviez-vous ?**
> Charles Martel avait repris Maguelone aux Sarrasins. C'est par crainte de la voir à nouveau utilisée comme port d'attache par les infidèles, qu'il la détruit en 737.

Comprendre

Après une occupation phénicienne ou grecque, l'invasion sarrasine et enfin la destruction par Charles Martel, l'île est investie par l'évêque Arnaud Ier qui édifie en 1030 la cathédrale à l'emplacement de l'église antérieure, détruite par Martel, et qui la fortifie ; il construit un chemin jusqu'à Villeneuve, ainsi qu'un pont de 2 km, et ferme le grau du port sarrasin, afin de se protéger des attaques. En 1085, le comte Pierre de Melgueil, se plaçant sous la protection du pape, fait hommage de son comté et des droits dont il jouissait dans l'évêché. Maguelone devient alors fief pontifical. En 1096, le pape Urbain II se rend sur l'île et proclame l'église de Maguelone « la seconde après Rome ». L'évêque Galtier (1104-1129) s'attachera, pour sa part, à renforcer les fortifications. Si, au 13e s., la cité occupée par une communauté d'une soixantaine de chanoines est en plein essor, au 14e s., les évêques lui préfèrent le plus souvent Avignon et les chanoines, Montpellier. L'évêché de Maguelone connaît une période de crise. Tour à tour aux mains des protestants et des catholiques durant les guerres de Religion, Maguelone finit par être démantelée en 1622, sur l'ordre de Richelieu. Seuls la cathédrale et l'évêché ont subsisté.

Lors de la construction du canal, Maguelone fut vendue et rachetée plusieurs fois, et ses ruines dispersées ou englouties au fond des étangs. En 1852, Frédéric Fabrège l'acquiert et la restaure. L'église est rendue au culte en 1875.

Visiter

Ancienne cathédrale★

☎ 04 67 50 63 63 - www.espace-maguelone.com - 9h-19h (21h de juin à sept.) - (de mi-mai à déb. sept. : halte obligatoire au parking et poursuite du trajet en petit train - voir encadré) - gratuit.

L'église était rattachée à un mur d'enceinte, avec portes fortifiées et tourelles, que Richelieu a fait sauter. Les hautes murailles très épaisses (jusqu'à 2,50 m sur le côté méridional) sont percées d'étroites meurtrières asymétriques. Un parapet crénelé surmontait l'édifice dont il ne reste que quelques mâchicoulis. On pénètre dans l'église par un remarquable portail sculpté : le linteau est une ancienne colonne milliaire romaine gravée. Le tympan est composé de claveaux de marbre (13e s.) ; il porte un Christ entouré de saints : Marc (le lion), Matthieu (l'être humain ailé), Jean (l'aigle) et Luc (le bœuf).

À l'intérieur, dans le mur droit ont été encastrés des fragments de pierres tombales romaines et de sépultures médiévales ; au 11e s., en effet, le pape Urbain II accorda la rémission de leurs péchés à ceux qui demandaient à être ensevelis ici. Trop heureux de l'aubaine, nombre de Montpelliérains profitèrent de l'occasion de gagner à peu de frais le paradis. La nef, faite de blocs calcaires, est couverte en partie par une vaste tribune qui masque sa voûte en berceau brisé.

Le chœur est sobrement décoré. L'abside s'orne d'arceaux aveugles et s'ajoure de trois baies en plein cintre. Un fin bandeau en dents d'engrenage la surmonte. Très discrets, peu colorés mais en relief (thermoformés), les vitraux qui éclairent la cathédrale ont été créés par l'artiste contemporain américain Robert Morris.

Maguelone pratique

♿ Voir aussi Montpellier, Palavas-les-Flots.

Accès

Par la route – Hors-saison, accès possible depuis Palavas-les-Flots.

Par le petit train de Maguelone – ☎ 04 67 69 75 87 - parking du Pilou (par la passerelle) - *juil.-août : 8h-20h30 ; juin : 9h-20h ; mai et sept. : 10h-19h ; oct.-avr. : 13h-17h, w.-end et j. fériés 10h-18h.*

Loisirs

Plages – Les plages à proximité sont naturistes.

Le Malzieu

970 MALZÉVIENS
CARTE GÉNÉRALE C1 – CARTE MICHELIN DÉPARTEMENTS 330 I5 – LOZÈRE (48)

« La perle de la vallée de la Truyère », c'est ainsi qu'est surnommé ce village situé au cœur de la Haute Margeride, à près de 860 m d'altitude. Quelques vestiges des murailles du 14e s., des maisons anciennes aux toits de tuile rénovées avec soin et une bondissante Truyère font le charme de cette bourgade. Près de 1 000 habitants à l'année, cinq fois plus l'été pour cette station verte : Le Malzieu et la Haute Margeride environnante ne cessent d'attirer les visiteurs.

▷ **Se repérer** – À 50 km au nord de Mende par la D 806 puis la D 989, qui promet le dépaysement.

👁 **À ne pas manquer** – Les maisons à tourelles d'angle et les dispositifs défensifs de la porte de Saugues ; l'exposition sur la bête du Gévaudan à Malzieu ; les bisons.

🕐 **Organiser son temps** – Comptez 30mn pour Le Malzieu, 3h pour les alentours.

👪 **Avec les enfants** – La visite en calèche ou en traîneau de la réserve de bisons d'Europe.

🌿 **Pour poursuivre la visite** – Voir aussi Châteauneuf-de-Randon, Langogne, Marvejols et Mende.

Se promener

Le bourg

Hautes de 8 à 10 m, les murailles, flanquées de tours massives et ceintes de fossés, formaient au 14e s. un hexagone qui a compté jusqu'à 2 000 habitants.

Légende matrimoniale

À proximité de la ville, il y a la porte des Fées. Et sachez que si vous êtes célibataire, il vous suffit de passer sous cette porte pour que l'âme sœur se manifeste enfin…

Il en subsiste plusieurs vestiges. De charmantes rues permettent d'apprécier des **maisons à tourelles d'angle**, mais surtout plusieurs encadrements de portes conçus par des maçons italiens après que des mesures de désinfection maladroites eurent provoqué un grand incendie suite à la terrible épidémie de peste de 1631. Ne manquez pas également la **porte de Saugues** et ses dispositifs défensifs, la **tour de l'Horloge**, ancien donjon du **château** détruit, la **place de Rozières**, avec son ancien couvent et les bâtiments privés bordant le chemin de ronde ; à l'angle de cette place, on peut encore voir le **Trou de Merle** du nom du terrible capitaine huguenot qui s'introduisit ici dans la ville pour la mettre à feu et à sang en 1573.

Église

Contrairement à la plupart des églises de la région, elle ne possède pas de clocher-peigne. Les coquilles de St-Jacques-de-Compostelle sont visibles sur le mur extérieur du transept sud. Beau Christ en bois du 13e s.

Mairie

Ancienne chapelle des Pénitents restaurée, l'actuelle mairie abrite une petite **exposition sur la bête du Gévaudan**.

Aux alentours

Fournels

25 km à l'ouest. Dominé par un imposant château (privé), le village a gardé son église romane et de belles maisons à toits de lauzes.

Un peu plus au nord (environ 5 km), le site d'**Arzenc-d'Apcher** occupe un éperon rocheux au confluent de l'Apcher et du Bès. La chapelle (13e-18e s.) et la tour ruinée d'Arzenc (16e s.) sont les principaux vestiges du château (en 1766, le marquis d'Apcher entreprit des battues pour traquer la bête du Gévaudan, qui sévissait sur la commune) ; derrière la chapelle, très beau **panorama★** sur les gorges sauvages du Bès et la Margeride.

Massif du Truc de l'Homme

60 km de pistes forestières notamment au départ de Fournels. Aires de pique-nique. Situé au sein des monts de la Margeride, ce massif de 4 300 ha offre de nombreuses balades à l'ombre des pins sylvestres. Sur le site, des panneaux d'explication vous font découvrir la faune et la flore et des sentiers balisés vous guident pour randonner à pied, à VTT ou à cheval.

St-Juéry

29 km à l'ouest par la D 989.

Niché au cœur des gorges du Bès, le village abrite quelques belles maisons anciennes. Le pont, reconstruit après la Seconde Guerre mondiale, est une copie de l'original du 18e s. Remarquez, au bout de celui-ci, la croix en basalte (12e s.). Si le château du 13e s. a disparu, retenez cependant que c'est entre ses murs que naquit Marie-Angélique de Fontanges, favorite du Roi-Soleil, triste rivale de la moins angélique Montespan, qui fut soupçonnée de l'avoir empoisonnée.

Circuit de découverte

LA HAUTE MARGERIDE

45 km – environ 2h. Quittez Le Malzieu à l'est par la D 4 puis prenez à gauche la D 14 puis la D 587 et la D 14 à nouveau jusqu'à Ste-Eulalie ; prenez enfin la D 7 vers Le Chayla.

Réserve de bisons d'Europe

À Ste-Eulalie. ☎ 04 66 31 40 40 - www. bisoneurope.com - ouvert toute l'année, 10h-18h ou 19h selon la saison - 12 € (enf. 6,50 €) - réservation recommandée.

Dans un parc couvrant plus de 200 ha, vit en semi-liberté un troupeau de bisons d'Europe originaires de Pologne, seul pays dans lequel l'espèce prospère encore à l'état sauvage. Une promenade en calèche d'environ une heure permet de découvrir avec un guide les bisons d'Europe dans leur habitat naturel : la forêt. La visite se poursuit au musée, où l'on découvre les origines et l'histoire de cette espèce méconnue et oubliée, au travers de supports audio-visuels, d'une reconstitution de grotte préhistorique et d'un espace ludique.

Revenez vers Ste-Eulalie, reprenez la D 14 puis à gauche la D 987.

Bisons originaires de Pologne, en Margeride.

A. Thuillier / MICHELIN

St-Alban-sur-Limagnole

Sur la route de St-Jacques (voir les coquilles sur l'un des chapiteaux de l'église), St-Alban tire son nom du premier martyr de l'Angleterre. Au cœur d'un hôpital psychiatrique « ouvert », le **château**, construit en 1245, a hébergé Paul Éluard en 1944. Remarquer le portail et les belles galeries de la cour intérieure, magnifiés par un grès rose local malheureusement très friable. ℘ 04 66 31 57 01 - horaires d'ouverture de l'office de tourisme (voir encadré) - gratuit.
Prenez la D 987, à l'ouest, vers Rimeize ; avant ce village, prenez à droite la D 75, le long du Chapouillet.

St-Chély-d'Apcher

Cette ville industrielle (fabrication de tôles magnétiques pour transformateurs), connue pour ses foires aux cèpes, propose un **musée de la Métallurgie**. ℘ 04 66 31 29 38 - ₤ - juin-sept. : mar.-sam. 14h-18h - 4 € (enf. 1 €).
Retour au Malzieu par la D 989.

Le Malzieu pratique

Adresses utiles

Office du tourisme du Malzieu – *Mairie* - ℘ 04 66 31 82 73 - mar.-sam. : 9h30-12h ; mar. et jeu. : 15h-17h.

Office de tourisme de St-Alban-sur-Limagnole – *Le Château - 48120* - ℘ 04 66 31 57 01 - 9h-12h, 14h-16h (juin-sep. : 18h), sam. 10h-12h - fermé dim.

Se loger

Chambre d'hôte La Narce - M. Chalvet – *48310 Termes - A 75 sortie 33 ou 34 prendre D 989 dir. Fournels* - ℘ 04 66 31 64 12 - lanarce@orange.fr - ₤ - 4 ch. 47 €. Cette ancienne ferme restaurée compte 4 chambres, à la fois simples et lumineuses, toutes situées à l'étage de l'habitation principale. La familiale, installée sous les combles, offre en plus des dimensions confortables. Organisation de randonnées équestres, ou à VTT, de 2h à plusieurs jours. Table d'hôte le week-end.

Hôtel des Voyageurs – *Rte de Sauges* - ℘ 04 66 31 70 08 - perso.orange. fr/hotel.des.voyageurs - fermé dim. soir sf juil.-août, 15 déc.-28 fév. - ₱ - 19 ch. 55 € - ₤ 9 € - rest. 15/25 €. Dans un joli village de la Margeride, bâtisse des années 1970 aux chambres fonctionnelles : une étape pratique si vous avez entrepris la découverte de la région. Plats traditionnels et lozériens servis dans une salle à manger d'inspiration rustique.

Chambre d'hôte Les Sapins Verts – *Chazeirolettes - 48700 Fontans* - ℘ 04 66 48 30 23 - www.lessapinsverts. com - fermé de mi-oct. à Pâques - ₤ - 5 ch. 58/62 € - repas 12,50/26 €. Intégré à une exploitation agricole toujours en activité, cette ancienne ferme auberge s'est transformée en chambre et table d'hôte. Les chambres au mobilier fait maison allient confort actuel et bonne tenue. Belle salle à manger avec cheminée et poutres apparentes. Cuisine familiale.

Se restaurer

Auberge du Verdy – *48310 Termes* - ℘ 04 66 31 60 97 - fermé 19 déc.-1er avr. - ₱ - 10 ch. 38/45 € - ₤ 6 € - rest. 11/23 €. Cette auberge occupe une grosse maison de pays située au pied du village. Restaurant réchauffé en hiver par une cheminée typiquement lozérienne ; viandes grillées « à la pierrade » et spécialités régionales. Chambres pratiques et sobrement meublées.

La Petite Maison – *Av. de Mende - 48120 St-Alban-sur-Limagnole - 10 km au sud du Malzieu sur D 4* - ℘ 04 66 31 56 00 - www.la-petite-maison.fr - fermé merc. midi en été, lun. sf le soir en juil.-août et mar. midi, 4 oct.-7 avr. - 28/69 €. Les amateurs d'insolite ne résisteront pas : le restaurant du charmant Relais St-Roch sert de la viande de bison ! Les autres pourront se rabattre sur la cuisine régionale authentique et généreusement servie. Décor rustique et trophée de bison, bien sûr !

Sports & Loisirs

Ski de fond – *À la station des Bouviers - 17 km au sud-est de St-Alban - 48700 St-Denis-en-Margeride* - ℘ 04 66 47 41 54 - www.lesbouviers.com - 9h-12h, 15h-19h - fermé de mi-nov. à mi-déc. et mar. 45 km de pistes, itinéraire pour raquettes, chiens de traîneaux.

Établissement thermal – *Centre thermal et Espace forme de La Chaldette - 48310 Brion, à 40 km à l'ouest du Malzieu* - ℘ 04 66 31 68 00. Voir p. 270.

Marvejols

5 501 MARVEJOLAIS
CARTE GÉNÉRALE C1 – CARTE MICHELIN DÉPARTEMENTS 330 H7 – LOZÈRE (48)

Si la petite cité médiévale a aujourd'hui retrouvé le sourire, ses portes fortifiées semblent encore retentir des cris de son passé tourmenté. Faite ville royale en 1307 par Philippe le Bel, Marvejols abrita les protestants en 1586, ce qui entraîna sa destruction par l'amiral de Joyeuse. L'époque est aujourd'hui plus clémente, l'ancienne capitale du Gévaudan se niche dans la jolie vallée de la Colagne entourée des hauts plateaux de l'Aubrac et du massif granitique de la Margeride. De belles échappées en perspective !

- **Se repérer** – À 180 km au nord-ouest de Montpellier, 69 km au nord de Millau par l'A 75 et 28 km à l'ouest de Mende par la N 88 qu'il vous faut quitter à la hauteur de Barjac pour emprunter la D 808.

- **À ne pas manquer** – Les trois portes de la ville fortifiée et son centre piétonnier ; la balade jusqu'à la cascade de Déroc ; les décors du château de la Baume et les loups du parc du Gévaudan.

- **Organiser son temps** – Comptez une journée pour les alentours.

- **Avec les enfants** – Les loups du Gévaudan.

- **Pour poursuivre la visite** – Voir aussi Le Malzieu, Mende, le causse de Sauveterre et les gorges du Tarn.

Statue en bronze évoquant la bête du Gévaudan (Auvers, Margeride).

J. Damase / MICHELIN

Comprendre

Un temps de célébrité – Nasbinals eut, à la fin 19e s., son heure de célébrité. **Pierre Brioude**, dit « **Pierrounet** », cantonnier du village, avait acquis dans l'art de *pétasser* (raccommoder) les membres brisés ou luxés, une réputation qui s'étendait bien au-delà des limites du canton et du département. De toute l'Auvergne, du Languedoc et du Rouergue affluaient les éclopés, les infirmes et jusqu'aux malades, car les clients du célèbre « rhabilleur » lui attribuaient des dons universels. La gare d'Aumont, où les gens débarquaient par dizaines pour gagner en diligence ou en carriole le domicile du rebouteux, était devenue la plus fréquentée de la ligne. Pierrounet, assure-t-on, recevait jusqu'à 10 000 clients par an. Mort en 1907, il a laissé un souvenir vivace à Nasbinals où un monument, dont le socle représente des béquilles, lui a été élevé.

La bête du Gévaudan – « Loup y es-tu ? ». Entre 1764 et 1768, cette comptine prend un tour tragique. Plus d'une centaine de personnes sont tuées ou portées disparues, accréditant l'existence d'une mystérieuse bête féroce qui échappe avec flair aux chasseurs. Chose étrange, gourmet, l'animal semble préférer la chair fraîche et tendre, celle des jeunes filles et des petits enfants.

Des prières publiques sont ordonnées par l'évêque de Mende, en vain. On murmure que la bête est un instrument de la colère divine ; la cour de Louis XV s'émeut. Le roi dépêche son premier arquebusier : las, la mission s'achève sans succès. En définitive, le massacre est attribué à un loup-cervier, ou lynx, qu'un paysan finit par tuer près de St-Flour. L'histoire de ce « grand méchant loup » animera longtemps les veillées populaires et suscite encore de nombreuses hypothèses.

Se promener

Portes fortifiées

Constituées par deux grosses tours rondes reliées par une courtine faisant office de logis, elles commandent les trois entrées de la vieille ville. La **porte du Soubeyran★** conserve une inscription relatant la reconstruction de la cité par Henri IV – la reconnaissance des Marvejolais a valu à la place, que la porte ferme sur un côté, d'être gratifiée d'une très originale statue du bon roi, œuvre du sculpteur Auricoste.

Les deux autres portes sont la **porte du Théron** et la **porte de Chanelles**, autrefois appelée porte de l'Hôpital. Elles aussi conservent des inscriptions rappelant les bienfaits d'Henri IV.

Circuits de découverte

L'AUBRAC LOZÉRIEN

97 km au nord-ouest de Marvejols – environ 4h. Attention, le col de Bonnecombe est obstrué par la neige de décembre à avril. Quittez Marvejols par la D 900 au nord-ouest.

Au cours de la montée, la D 900 offre une vue dégagée sur Marvejols, la Margeride, le mont Lozère, les causses et, à l'horizon, les Cévennes ; elle pénètre ensuite dans des bois de pins. Puis leur succèdent champs et prés, bientôt remplacés par les pâturages, très caractéristiques de l'Aubrac.

Nasbinals

Nasbinals, dont la petite **église** romane (12e-14e s.) mérite une halte, est un lieu très fréquenté par les randonneurs et les pèlerins. Le commerce des bestiaux y est très actif et des foires animées ont lieu plusieurs fois par an.

Reprenez en sens inverse la D 900 et à Montgrousset, tournez à droite dans la D 52.

Grotte et cascade de Déroc

30mn à pied AR. Parking à droite sur la D 52. Traversez la route et prenez, à gauche de la buvette, un chemin bordé de murets en direction d'une ferme. Ce chemin aboutit à un ruisseau qu'on longe à gauche, puis que l'on franchit pour atteindre le bord

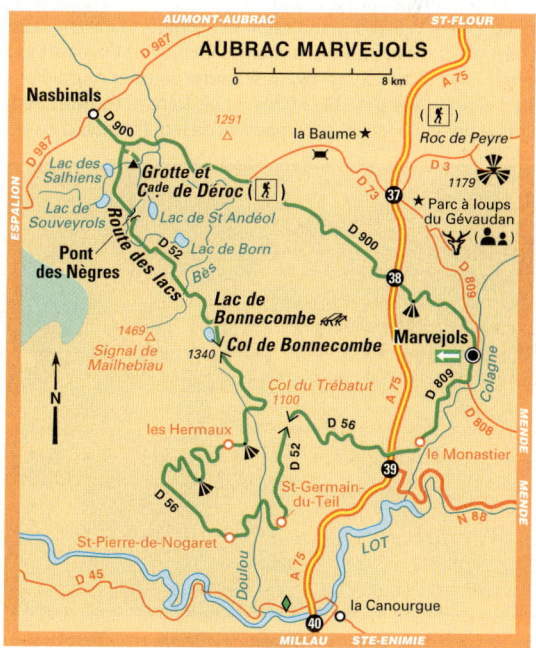

du ravin où se précipite un affluent du Bès. La cascade (chute de 32 m) tombe d'un rebord de basalte en avant d'une grotte dont la voûte est formée par les prismes de la roche. Pour descendre, passer par la gauche. Attention aux enfants, les abords ne sont pas sécurisés !

Route des lacs

La D 52 s'élève bientôt vers la sauvage région des lacs *(privés)* souvent bordés de zones marécageuses impénétrables. La route longe le lac des Salhiens, passe près de celui de Souveyrols et arrive peu après au **pont des Nègres**. Le site doit son nom aux blocs prismatiques de basalte noir qui forment de petites cascades dans le ruisseau. Plus loin, une route à gauche conduit au lac de St-Andéol où flottent quelques barques de pêcheurs. Au bord du lac suivant, découvrez le **buron de Born** *(voir l'encadré pratique)*. La route traverse les pâturages pour gagner le **col de Bonnecombe**.

Lac de Bonnecombe

5mn, aire de pique-nique. Ce petit lac est l'un des seuls aménagés en Aubrac. Des passerelles permettent d'approcher ses berges et des parties de pêche y sont organisées *(se renseigner à l'office de tourisme)*.

La descente sur St-Pierre-de-Nogaret, par les Hermaux, offre de jolies **vues★** sur la vallée du Lot et sur toute la région des causses. Par un parcours très sinueux et très pittoresque qui traverse, au milieu des bois, le vallon du Doulou, la route atteint St-Germain-du-Teil.

Prenez à gauche la D 52 pour gagner le col du Trébatut puis tournez à droite dans la D 56 pour rejoindre la vallée de la Colagne. Au Monastier, empruntez la D 809 jusqu'à Marvejols.

LE GÉVAUDAN

52 km au nord de Marvejols – environ 3h30. De Marvejols, rejoignez l'A 75 que vous prenez en direction de Clermont-Ferrand. Sortez à l'échangeur 37, passez au-dessus de l'autoroute et suivez les panneaux « Château de la Baume ».

Château de la Baume★

Commune de Prinsuejols. 📞 *04 66 32 51 59 - juil.-août : visite guidée tlj sf mar. 10h-12h, 14h-18h (dernière entrée 30mn av. fermeture) ; sept.-juin : sur demande. 6 € (enf. 4,50 €).*
Au nord, le château, surnommé le « Versailles du Gévaudan », présente une rude façade (17e s.) en granit avec des toits à la Mansart couverts de lauzes. Au sud, le corps de bâtiment (18e s.) surplombe une vaste terrasse bordée d'un parc ombragé, inattendue sur ces plateaux.

Intérieur – L'austérité de l'édifice contraste avec les fastueuses décorations intérieures qui mêlent le style rustique du Gévaudan du début du 17e s. avec celui plus raffiné du 18e s. Si la plupart des pièces ont conservé leur parquet d'origine, remarquez particulièrement celui du grand salon qui comporte en son centre une belle **marqueterie★** articulée autour des armoiries incrustées d'ivoire. Les **cheminées** sont sculptées dans du châtaignier ayant séjourné dans les tourbières de l'Aubrac, ce qui a rendu le bois imputrescible et très foncé. Dans le **cabinet de travail★**, les lambris, peints et dorés à la feuille, se composent de motifs traités dans les tons pastel.

Surnommé le « Versailles du Gévaudan », le château de la Baume est un des plus beaux de la région.

Tableaux de scènes mythologiques, tapisseries d'Aubusson et boiseries sorties des ateliers versaillais complètent la décoration. La famille de Las Cases racheta la propriété en 1858. Une pièce est consacrée au comte du même nom, compagnon de Napoléon à Ste-Hélène.

Revenez vers l'autoroute que la route enjambe. Au 2e rond-point, prenez la 3e route à droite puis tournez à droite dans la D 53 vers St-Sauveur-de-Peyre. Suivez la signalisation « Roc de Peyre ».

Roc de Peyre

15mn à pied AR. Aucune trace notable ne permet d'imaginer qu'une forteresse occupait jadis ce piton à l'intérêt stratégique exceptionnel. Pourtant, il ne fallut pas moins de 2 500 boulets à l'amiral de Joyeuse pour abattre, en 1586, le donjon de ce fief protestant. Le temps fit le reste.

Du sommet (1 179 m, table d'orientation) que l'on atteint par un chemin et un escalier, on jouit d'un remarquable panorama sur l'Aubrac, le Plomb du Cantal, la Margeride, le mont Lozère, l'Aigoual et les causses.

B. Dumort B / Parc à loups du Gévaudan

L'hiver, leur pelage est à son summum.

Faites demi-tour pour rejoindre la D 809 que vous prenez à gauche. Tournez ensuite à gauche en direction de Ste-Lucie et tout de suite à droite en montée (suivez les panneaux).

Parc des loups du Gévaudan★

L'automne et l'hiver sont les meilleures saisons pour visiter le parc : les loups ont un pelage plus fourni. Ils sont nourris trois fois par semaine (lun., merc. et vend. vers 16h30). 04 66 32 09 22 - www.loupsdugevaudan. com - juil.-août : 10h-19h ; avr.-juin et sept.-oct. : 10h-18h ; fév.-mars et nov.- déc. : 10h-17h. Du 11 Nov. à fin mars ouvert pendant les vac. scol., w.-end et j. fériés (fermé le 25 déc.) - fermé en janv. 7 € (enf. 4 €).

Aménagé à flanc de montagne, dans un cadre forestier, cet exceptionnel parc animalier de 20 ha présente plus de 100 loups artiques, mongols, canadiens, polonais et sibériens. Un film tourné dans le parc, commenté par Jean-Pierre Chabrol et Gérard Ménatory, est visible dans les salles d'exposition sur le loup. Le parcours pédestre de 30mn environ permet de se familiariser avec les loups et offre une belle vue depuis la table d'orientation. Expositions de photos exceptionnelles de loups.

La D 809 ramène à Marvejols.

Marvejols pratique

Adresse utile

Office du tourisme de Marvejols – *Pl. du Soubeyran - 48100 -* 04 66 32 02 14 - www.ville-marvejols.fr - juil.-août : 9h-12h, 14h-19h, dim. 10h-12h, 16h-18h ; sept.-juin : tlj sf dim. et lun. 9h-12h, 14h30-18h, sam. 9h-12h, 14h-17h30 - fermé j. fériés.

Se loger

Relais de l'Aubrac – *Au Pont de Gournier (carrefour D 12-D 112) - 48250 Nasbinals - 4 km au nord de Nasbinals par D 12 -* 04 66 32 52 06 - www.relais-aubrac.com - fermé de mi-nov. à mi-mars - 27 ch. 49/61 € - 8 € - rest. 18/36 €. En pleine nature, grande maison estimée des randonneurs et des pêcheurs. Chambres de tailles variées ; les plus récemment aménagées sont modernes et fonctionnelles. Restaurant rustique et charmante terrasse. Cuisine régionale et service des plus aimables.

Se restaurer

Aire de pique-nique aménagée – *Au col de Bonnecombe.*

Bon à savoir – Le Buron de Born (route des lacs) prépare l'aligot, traditionnel plat régional des pèlerins à base de fromage et de pommes de terre en purée. Roboratif !

« L'Auberge » Domaine de Carrière – *Quartier de l'Empery - 2,5 km à l'ouest de Marvejols, rte de Montrodat -* 04 66 32 47 05 - ramon.carmona@ wanadoo.fr - fermé dim. soir, merc. soir, hors sais. et lun., 1er-24 janv. - 18/32 €. Les anciennes écuries d'un ravissant château servent de décor à ce restaurant. Sa belle salle à manger, décorée de meubles de différentes époques, est en partie en mezzanine. En été, vous pourrez profiter du parc après un déjeuner en terrasse.

Auberge des Violles – *48100 Chirac - 14 km à l'ouest de Marvejols par D 809 et rte secondaire -* 04 66 32 77 66 - www.lesviolles.org - fermé janv.-fév. - réserv. obligatoire - 17/23 €. Au bout d'une longue route sinueuse, ces maisons à toit de lauze plairont aux amoureux de la nature. Les tables, œuvres du patron à la fois berger et ébéniste, sont en bois brut. Cuisine du marché. Piscine et chambres.

Que rapporter

Marchés – Vente de produits locaux samedi matin sur la pl. du Soubeyran.

Sports & Loisirs

Les Ailes des Trucs Lozériens – *48100 Le Monastier* - 𝄞 *04 66 32 74 70 - bj.burlot@ wanadoo.fr.* Parapente, cerf-volant et cage de pilotage (planeur ultraléger composé d'une aile et d'un cadre métallique). S'adresse aux amateurs déjà expérimentés.

Skier Fer à Cheval – *Rte d'Aubrac - 3 km de Nasbinals, dir. du village Aubrac - 48250 Nasbinals - se renseigner à l'office de tourisme :* 𝄞 *04 66 32 55 73.* 15 km de pistes de ski de fond, un itinéraire de randonnée nordique, une piste de chiens de traîneaux, 2 parcours de raquettes, 3 pistes de ski alpin, une piste de luge pour les enfants et un téléski. Location de matériel à la station.

Centre thermal et Espace forme de La Chaldette – *48310 Brion* - 𝄞 *04 66 31 68 00* - *www.chaldette.com.* Balnéothérapie, remise en forme, soins des pathologies respiratoires, digestives et métaboliques. Forfait à la demi-journée ou sur plusieurs jours.

Causse **Méjean** ★

CARTE GÉNÉRALE C2 – CARTE MICHELIN DÉPARTEMENTS 330 H/I9 – LOZÈRE (48)

C'est le causse le plus élevé, et il est connu pour la rudesse de son climat : les hivers y sont rigoureux et les étés torrides, si bien que le thermomètre s'affole continuellement, même entre le jour et la nuit. Le calcaire et la dolomie affleurent successivement sur le plateau. Dans les sotchs, une terre rouge donne une belle alternance de prairies et de labours, arrêtés ici ou là par d'impromptus mégalithes. Très peu peuplé, le causse Méjean s'étend à l'est en un immense désert tandis qu'à l'ouest, des ravins profonds viennent l'échancrer. Ici, la brebis est reine, et il n'est pas rare qu'on se trouve nez à nez avec quelque troupeau. Avec les chevaux de Przewalski, les sculptures ruiniformes et les vautours fauves qui planent, on se croirait volontiers dans un inquiétant western.

▶ **Se repérer** – À 30 km au nord-est de Millau par la D 907. La D 16 traverse longitudinalement le causse, et la D 986 transversalement.

👁 **À ne pas manquer** – Les chevaux de Przewalski au Villaret ; la Forêt Vierge de l'aven Armand ; le chaos de Nîmes-le-Vieux et la randonnée sur les corniches du causse.

🕐 **Organiser son temps** – Pensez à faire le plein de carburant avant de monter sur le causse. Prévoyez au moins deux jours surtout si vous souhaitez randonner. N'oubliez pas les indispensables bouteilles d'eau, chapeau ou pull de laine pour la nuit.

👫 **Avec les enfants** – La ferme caussenarde à Hyelzas.

🕯 **Pour poursuivre la visite** – Voir aussi l'aven Armand, la grotte de Dargilan, Florac, Meyrueis, Ste-Enimie, le causse de Sauveterre et les gorges du Tarn.

Circuit de découverte

87 km au départ de Florac (voir ce nom) – 3h. Quittez Florac à l'ouest par la D 16 (direction « Causse Méjean » indiquée dans Florac). Puis tournez à gauche dans la D 63.
Au croisement entre ces deux routes, alors que tout autour n'est qu'étendues désertiques, on est surpris de trouver un aérodrome, également base de vol à voile. Plus loin sur la D 63, on traverse le hameau du **Villaret** où a été implanté un élevage expérimental de **chevaux de Przewalski** ; on peut voir ces petits chevaux sauvages originaires de Mongolie galoper dans les prairies alentour. Avec un peu d'imagination, on se croirait en pleine steppe orientale…

Aven Armand★★★ *(voir ce nom)*

Hyelzas, ferme caussenarde d'autrefois

𝄞 *04 66 45 65 25 - www.ferme-caussenarde.com – juil.-août : 10h-19h ; avr.-juin et sept.-oct. : 10h-12h, 14h-18h - fermé de fin vac. de la Toussaint au 1ᵉʳ avr. - 5,50 € (enf. 2,20 €).*

Cette ferme restaurée est un excellent exemple de l'architecture traditionnelle des causses : des voûtes en pierres sèches supportant une lourde couverture en lauzes calcaires. On y visite les pièces d'habitation, au dallage de pierre, où le mobilier et les ustensiles ont retrouvé leur place de jadis. Dans les bâtiments d'exploitation sont regroupés des outils et machines agricoles marquant les grandes évolutions dans l'agriculture. On y apprend l'importance de l'eau dans ce pays où elle est si rare… et l'extraordinaire faculté d'adaptation des hommes dans ces terres caillouteuses. Des photos d'époque, des reconstitutions miniatures de monuments (tour de l'Horloge de Meyrueis, pont et vieux moulin de Millau) et d'habitats traditionnels (fermes caussenardes, maisons de Lozère), le film *Lou Mèjio*, et quelques animaux… agrémentent cette balade dans ce passé pas si lointain.

Faites demi-tour jusqu'au croisement avec la D 986 où vous tournez à droite.

Meyrueis *(voir ce nom)*

Prenez la D 996 en direction de Florac. Le contraste est saisissant entre les étendues arides du causse Méjean (à gauche) et le massif très boisé de l'Aigoual (à droite).
Au col de Perjuret, tournez à gauche. Après le col, se diriger soit vers le Veygalier, soit vers L'Hom ou Gally, où vous laissez la voiture.

Chaos de Nîmes-le-Vieux★

Promenade déconseillée par temps de pluie, de brouillard et de vent en hiver (températures pouvant alors descendre à –15 °C).

Au départ du Veygalier – Avr.-sept. : visite libre au dép. de L'Hom ou de Gally.
Dans Veygalier, beau village caussenard, une maison a été aménagée pour présenter une **exposition** sur la géologie du causse. Là commence l'itinéraire qui mène à travers des « rues » de pierre surmontées de rochers de 10 à 50 m de haut aux formes étranges. En montant sur la colline au-dessus de Veygalier, belles vues sur le cirque hérissé des rocs dolomitiques, où les maisons de pierre se confondent avec leur curieux décor.

Au départ de L'Hom ou de Gally – *Accès gratuit. De Gally au Veygalier : 1h30 à pied.* Un intéressant sentier de découverte a été mis en place par le Parc national des Cévennes. Les différentes « tables d'interprétation » permettent de saisir toute l'originalité de ce milieu naturel si typique des causses. De loin surgit une cité ruiniforme sur l'étendue dénudée du causse Méjean. On raconte que, durant les guerres de Religion, les troupes royales à la recherche des protestants avaient enfin cru atteindre leur but, Nîmes.

Redescendez vers Florac par la D 907.

Randonnées

CORNICHES DU CAUSSE MÉJEAN★★★

Circuit pédestre au départ du Rozier (voir les Gorges du Tarn) – environ 7h. Derrière l'église du Rozier, prenez le sentier à la jonction des deux routes (GR 6A balisé de marques rouge et blanc) – Sentier sans grande difficulté mais comportant certains passages en corniche impressionnants. Prévoyez des provisions et de l'eau pour la journée. Chaussures

Au cœur du causse Méjean, le temps semble suspendu au pied de la ferme caussenarde d'Hyelzas.

A. Thuillier / MICHELIN

de marche indispensables. *Attention, par temps pluvieux ou neigeux : terrain glissant. En juillet et août, sentier surpeuplé.*
Après 30mn de montée, on atteint le pittoresque hameau de **Capluc**, déserté.

Rocher de Capluc

Déconseillé aux personnes sujettes au vertige. Prenez à gauche, en direction du rocher de Capluc ; repérable grâce à la croix métallique qui le surmonte, il forme l'extrême pointe d'un promontoire qui termine, au sud-ouest, le causse Méjean. Après avoir gravi un escalier de pierre, vous laissez sur la droite une maison appuyée à la paroi rocheuse. Puis une rampe métallique et de nouveau un escalier de pierre conduisent à la plate-forme en terrasse autour du rocher. La montée au sommet au moyen d'échelles métalliques est vertigineuse ; d'en haut, la vue plonge sur Peyreleau, et le confluent de la Jonte et du Tarn. Très belle vue en face, sur les villages perchés de Liaucous et Mostuéjouls.
Regagnez Capluc.

Montée au col de Francbouteille

Deux cents mètres après le hameau de Capluc, deux possibilités s'offrent pour accéder au col de Francbouteille.
Le sentier dit du « ravin des Échos » *(accessible à tous – section du GR 6A)* s'élève doucement en plusieurs lacets en découvrant de belles vues sur le causse.
Le sentier Jacques-Brunet *(escarpé, quelques passages à réserver aux marcheurs expérimentés. Balises : ronds orange et rouge)*, qui s'amorce par un escalier, s'élève parmi les genévriers, les buis et les pins. Il se faufile à travers de petites cheminées, atteint le sommet d'une crête d'où la vue est merveilleuse sur les deux canyons du Tarn et de la Jonte. Parmi de fantastiques murailles se détache l'« Enclume », que l'on contourne. Après un passage rafraîchissant en sous-bois où les échappées sur la vallée du Tarn sont nombreuses, le sentier atteint le col.

Col de Francbouteille

Encore appelé col des Deux Canyons, il est marqué d'une stèle du Club alpin. À droite, telle une gigantesque proue, s'élève le rocher de Francbouteille.

Suivez les flèches conduisant au GR 6A. Bientôt, à gauche, sourd la fontaine du Teil. Les sources sont rares sur le plateau du causse Méjean et celle-ci est particulièrement appréciée des marcheurs.

Au col de Cassagnes, laissez à gauche le sentier Martel menant au rocher de Cinglegros (voir ci-dessous) et obliquez à droite vers le village isolé de Cassagnes. La traversée du causse commence, monotone ; seul le cri du vautour fauve, réintroduit sur le Méjean, rompt de temps à autre le silence. Laissez sur la droite une plantation de pins, puis vous prenez à droite le sentier des corniches de la Jonte.

Belvédère du Vertige

Après 1h de marche environ s'offre une vision grandiose. D'un belvédère, protégé par une rambarde, la vue plonge dans le canyon de la Jonte ; la rivière coule à plus de 400 m en contrebas. Légèrement en amont, on distingue les belvédères des Terrasses, minuscules au bord de la route de la vallée. Au premier plan, tout un énorme roc est détaché de la paroi.

On passe ensuite devant une grotte, naguère aménagée en bergerie, puis entre deux ponts naturels. La descente raide, barrée en son milieu par une grille destinée à protéger les brebis d'un saut dans le ravin, porte le nom de **Pas du Loup**. Aussitôt celui-ci franchi, le **Vase de Chine**, situé à la sortie même du défilé, puis le **Vase de Sèvres** apparaissent, récompense inestimable à l'effort fourni pour les atteindre. Au loin : Peyreleau et Le Rozier, le rocher de Capluc, les escarpements du causse Noir au-dessus de la rive gauche de la Jonte.

Reprenez le sentier qui descend dans un ensemble de blocs dolomitiques extraordinairement déchiquetés. Laissez à droite le sentier qui joint le col de Francbouteille puis, par le ravin des Échos et la Brèche Magnifique, regagnez Capluc et Le Rozier.

ROCHER DE CINGLEGROS

Déconseillée aux personnes peu alertes ou sujettes au vertige – au départ du Rozier (voir les gorges du Tarn) – une journée. Suivez l'itinéraire des corniches du causse Méjean décrit ci-dessus jusqu'au col de Cassagnes et prenez à gauche en direction du rocher de Cinglegros.

Le sentier, bien tracé, offre d'abord d'excellentes vues sur les falaises qui surplombent la rive droite du Tarn. Après 20mn environ de marche, un **belvédère** naturel de rochers révèle une vue plongeante dans un ravin impressionnant. Puis vous arrivez à la source de la Sartane (quelquefois à sec) et, aussitôt après, le sentier s'élargit. De nouveau, à gauche du sentier, une petite mare : c'est la source du Bindous.

À l'embranchement suivant, laissez à droite le sentier vers Volcégure et prenez à gauche dans un sous-bois, en direction du Pas des Trois Fondus. On atteint bientôt, après un passage en descente, une terrasse d'où la vue est très belle sur la brèche de Cinglegros.

Prenez le sentier en descente abrupte, sur la gauche. Le **Pas des Trois Fondus** permet de descendre au fond du ravin qui isole le rocher de Cinglegros. On commence par franchir deux échelles métalliques puis deux passages faits de crampons fixés dans le roc, et des escaliers taillés dans la pierre.

A. Cassaigne / MICHELIN

Rude, austère, désertique, le causse Méjean dévoile pourtant de superbes paysages.

Un sentier en sous-bois conduit au pied du rocher. Les installations qui permettent de monter au sommet sont très bien entretenues, mais le trajet n'en est pas moins impressionnant. Il s'effectue grâce à neuf échelles métalliques et six mains courantes, entre lesquelles s'intercalent des escaliers taillés dans le roc ou des crampons de fer fixés au rocher. Une fois parvenu là-haut, on peut à loisir se promener sur la plate-forme qui occupe le sommet du rocher, d'où la vue est incomparable sur le canyon du Tarn.

Revenez par un sentier descendant vers le hameau de Plaisance et rejoignez Le Rozier par le chemin de la Sablière.

ARCS DE ST-PIERRE★

1h30 à pied AR. Balisé en bleu. Deux accès sont possibles. Soit par la D 63 qui s'embranche sur la D 986 à Hures-la-Parade ; à 3 km, prenez à droite vers St-Pierre-des-Tripiers, puis 1 km après ce village de nouveau à droite, dans le chemin non revêtu face à l'embranchement vers La Viale. Soit par la route étroite, sinueuse et en montée qui s'embranche sur la D 996, au Truel en direction de St-Pierre-des-Tripiers, dans la vallée de la Jonte. À hauteur de l'embranchement vers La Viale, prenez à gauche le chemin non revêtu.

S'engager dans le sentier en descente *(balisé en rouge)* qui gagne d'abord la **Grande Place**. Au centre de ce cirque rocheux se dresse une colonne monolithe haute de 10 m. Le sentier s'élève sur la gauche et atteint la grotte de la **Baumelle**. On peut encore y voir des murs de pierres sèches, longtemps entretenus par les bergers qui abritaient là leurs brebis.

Revenir à la Grande Place d'où le sentier balisé conduit à la **caverne de l'Homme mort** ; cinquante squelettes s'apparentant à celui de l'homme de Cro-Magnon y furent découverts ; la plupart d'entre eux avaient été trépanés au moyen de silex.

On découvre ensuite sur la gauche d'énormes rochers aux formes évocatrices : l'un d'eux a été surnommé la **Poule de Houdan** ; un autre la **République au bonnet phrygien**. Le sentier décrit un coude à gauche et, 300 m plus loin environ, vous arrivez sur les lieux d'un **village préhistorique** dont il reste quelques pans de murs ruinés ou à demi enfouis dans le sol. Les cavités que l'on peut distinguer dans les parois ont été identifiées par les préhistoriens comme des encoches destinées à fixer les poutrelles du toit.

On atteint enfin les trois arches naturelles des **Arcs de St-Pierre** : la première, munie d'un éperon en avancée, compte parmi les plus belles des causses. Le vent et les intempéries les ont quelquefois courbées ou brisées. C'est que les terres sur le causse Méjean ne sont jamais bien épaisses.

Causse Méjean pratique

♿ Voir aussi Florac, Meyrueis.

Adresse utile

Office de tourisme du Rozier – *Rte de Meyrueis - 48150 - ☏ 05 65 62 60 89 - www.officedetourisme-gorgesdutarn.com - juil.-août : 9h-12h, 15h-18h, sam. 9h-12h, 15h-19h, dim. 9h-12h ; sept.-juin : mar.-vend. 9h30-11h30, merc. et sam. 9h30-12h30 - fermé j. fériés.*

Se loger

⌂ **Hôtel Doussière** – *48150 Le Rozier - ☏ 05 65 62 60 25 - www.hotel-doussiere. com - fermé 12 nov.-Pâques -* 🅿 *- 20 ch. 37/60 € -* ⊡ *8 €. Dans le village, deux bâtiments situés de part et d'autre de la Jonte. Les chambres rénovées sont mieux insonorisées. La salle des petits-déjeuners offre une plaisante vue.*

⌂ **Camping Le Pont du Tarn** – *48400 Florac - ☏ 04 66 45 18 26 - fermé oct.-mars - 181 empl. 15 €. Au bord du Tarn, ce camping dispose d'emplacements ombragés et spacieux. Les après-midi*

d'été, profitez de la piscine et de son bassin pour enfants ou de la plage au bord de la rivière. Location de mobil-homes.

⌂⊠ **Hôtel de Mont Servy** – *48210 Mas St-Chély - ☏ 04 66 48 52 14 - www.hotel-montservy.com - fermé janv.-mars -* 🅿 *- 7 ch. 53 € -* ⊡ *12 € - rest. 25/35 €. Sur le causse Méjean, établissement en deux parties : le restaurant, très classique, qui vous propose un alléchant menu terroir, et l'hôtel, dans le bâtiment le plus récent. Les 7 chambres contemporaines sont bien équipées et offrent un confort actuel. Adresse correcte.*

Se restaurer

⌂⊠ **Auberge du Chanet** – *Hameau de Nivoliers - 48150 Hures-la-Parade - ☏ 04 66 45 65 12 - lechanet@aol.com - fermé 20 nov.-25 mars - 4 ch. 42/46 € -* ⊡ *6 €. Cette auberge occupe une ancienne ferme restaurée située en plein causse. Vous dégusterez une cuisine plutôt traditionnelle auprès de la cheminée dans une jolie salle voûtée, ou sur la terrasse aux beaux jours. Chambres d'hôte confortables et gîte d'étape.*

Mende

12 600 MENDOIS
CARTE GÉNÉRALE C1 – CARTE MICHELIN DÉPARTEMENTS 330 J7 – SCHÉMA P. 258
LOZÈRE (48)

Préservé par son enceinte de boulevards, Mende garde le fier aspect d'un gros bourg rural veillé par son imposante cathédrale. Vous vous perdrez avec bonheur dans ses rues étroites et tortueuses, bordées de vieilles maisons qui, pudiques, dévoilent à qui sait le mériter une belle porte en bois, un portail ou des oratoires. Ce chef-lieu de la Lozère, département le moins peuplé de France, connaît un petit boom démographique grâce à ses fonctions administratives, scolaires et commerciales.

▶ **Se repérer** – À 95 km au nord-est de Millau par l'A 75 et la N 88, et à 104 km d'Alès par la N 106 où l'on aborde Mende par un raidillon.

🅿 **Se garer** – Nombreux petits parkings. Les jours de marché, inutile de briguer celui de la cathédrale.

👁 **À ne pas manquer** – Les stalles et les tapisseries d'Aubusson de la cathédrale ; les toits en carène de vaisseau renversé aux abords du pont Notre-Dame et le panorama depuis la croix du Mont-Mimat.

🕐 **Organiser son temps** – Comptez 1h30.

👥 **Avec les enfants** – Mimat Aventures *(voir l'encadré pratique)*.

⚲ **Pour poursuivre la visite** – Voir aussi Châteauneuf-de-Randon, Florac, le mont Lozère, Le Malzieu, Marvejols, Ste-Enimie, le causse de Sauveterre et les gorges du Tarn.

Aux abords du pont Notre-Dame, maisons typiques de la vallée du Lot.

Comprendre

À l'époque romaine, de belles villas occupaient déjà la rive droite du Lot. Au 3e s., l'évangélisateur du Gévaudan, saint Privat, poursuivi par des barbares, vint se réfugier dans une grotte sur le mont Mimat. Il y fut capturé et mis à mort. La grotte qu'il avait habitée et la crypte où il fut enterré devinrent des lieux de pèlerinage très fréquentés autour desquels la ville se développa.

Au moment des guerres de Religion, Mende connut un des épisodes les plus marquants de son histoire quand le capitaine **Merle**, un protestant stratège, profita de la nuit de Noël de 1579 pour l'attaquer. Quelques mois plus tard, les catholiques, voulant réintégrer leur cité, mirent le siège devant Mende, mais le capitaine Merle, décidément spécialiste des attaques de nuit, les tailla en pièces pendant leur sommeil. Cependant, Merle avait fait des envieux et un autre chef protestant, Châtillon, profita de son absence pour s'emparer de Mende. Merle reprit la ville et le futur Henri IV l'en nomma alors gouverneur.

Se promener

Cathédrale★

Plusieurs églises ont précédé la cathédrale actuelle, construite en majeure partie au 14e s. par le pape Urbain V, mais grandement retouchée par la suite. En effet, lorsque le capitaine Merle s'empara de la ville en 1579, il s'attaqua au site en faisant sauter ses piliers, ne laissant debout que les clochers (du début du 16e s.), les murs latéraux du nord et les chapelles du chevet. La cathédrale possédait la plus grande cloche de la chrétienté, « la Non Pareille », qui pesait 20 t. Brisée par les hommes de Merle en 1579, il n'en reste que l'énorme battant, haut de 2,15 m, placé sous les orgues (17e s.), à côté de la porte du clocher de l'Évêque. La cathédrale a été restaurée au début du 17e s. La façade ouest, précédée d'un porche construit en 1900 dans le style flamboyant, est encadrée par deux clochers. Celui de gauche, le « clocher de l'Évêque », qui culmine à 84 m, présente dans les parties hautes une fine colonnade qui semble inspirée de la Renaissance italienne, et contraste nettement avec la sobriété du clocher de droite, dit « clocher des Chanoines ».

À l'intérieur *(éclairage payant, au fond à droite)*, les trois nefs sont entourées de quinze chapelles latérales. Les restes du jubé décorent actuellement la chapelle des fonts baptismaux *(2e chapelle latérale gauche)*. Au même niveau, de l'autre côté, un escalier descend à la **crypte de saint Privat** *(interrupteur à gauche en descendant)*. Ne manquez pas d'admirer les **orgues** des frères Eustache (1653) avant de remonter vers le chœur orné de belles **stalles** (1692). Au-dessus, huit **tapisseries** d'Aubusson (1706) reproduisent les principales scènes de la vie de la Vierge. La chapelle du chevet sur la gauche *(près de la sacristie)*, dédiée à Notre-Dame de Mende, abrite la **Vierge noire**, sculpture du 11e s. que les croisés, dit-on, auraient rapportée d'Orient où les moines du mont Carmel l'auraient sculptée dans un bois très dur.

Prenez, à droite de la cathédrale, la rue de l'Arjal. La rue débouche sur la **place du Griffon** dont la fontaine servait à nettoyer les rues.

Prenez à gauche la rue du Soubeyran, puis à droite, face au chevet de la cathédrale, la très étroite rue de la Jarretière qui débouche sur la place au Blé.

Tour des Pénitents

C'est un vestige de l'enceinte du 12e s. qui occupait l'emplacement des boulevards actuels.

Revenez sur la place au Blé et prenez à droite des halles la rue Charlier-Hugonnet. Prenez ensuite à gauche la rue Basse.

À l'angle des rues Basse et d'Angiran se trouve le **lavoir de la Calquière** : il servait jadis aux tanneurs à nettoyer leurs peaux avec de la chaux, d'où son nom.

Remontez la rue Basse. Au-delà de la place du Mazel, tournez à droite dans la rue du Chou-Vert. Traversez le boulevard et prenez en face la rue de Chanteronne.

Pont Notre-Dame★

Construit au 13e s., ce pont très étroit, en dos-d'âne, a résisté aux terribles crues du Lot grâce à son arche principale largement ouverte. On observe, aux abords du pont Notre-Dame, des maisons à toits en carène de vaisseau renversé dits « à la Philibert Delorme », du nom de l'architecte Philibert Delorme (16e s.). Cette forme est typique de la vallée du Lot.

Faites demi-tour ; au bout de la rue du Chou-Vert, prenez à droite la rue du Collège, puis à gauche la rue Notre-Dame.

Le pape de Mende

Mende avait autrefois une devise : *Tenebrae eam non comprehenderum* (« Les ténèbres ne l'ont pas envahie ») ; en effet, la ville demeura fermée aux influences protestantes, alors que le reste du Gévaudan leur était acquis. Rare distinction en France, Mende a son pape, **Urbain V**. Il naquit près du Pont-de-Montvert vers 1310, fit ses études au Monastier, à côté de Marvejols et entreprit la construction de la cathédrale de Mende. Il a désormais sa statue devant le portail.

A. de Valonger / MICHELIN

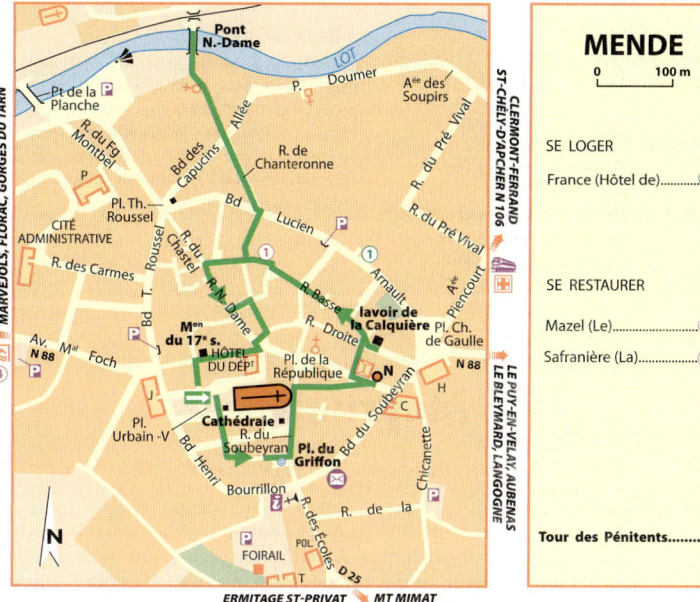

MARVEJOLS, FLORAC, GORGES DU TARN

ERMITAGE ST-PRIVAT — MT MIMAT

En remontant la rue, un petit détour à gauche par la rue Traversière-Notre-Dame permet de découvrir l'ancienne maison consulaire et un mur en trompe l'œil.
Place René-Estoup, prenez à droite la rue d'Aigues-Passes.

Rue d'Aigues-Passes (n° 7) se trouve une **maison du 17e s.** avec de faux balustres aux fenêtres. Mandrin, célèbre brigand du 18e s., y aurait caché un fabuleux trésor. Une pietà rappelle la procession qu'on y faisait pour bénir les pains (la statue porte d'ailleurs le nom de « Vierge des Panets »).
Regagnez la place Urbain-V par la rue de l'Ormeau, à gauche.

Aux alentours

Sentier d'interprétation des causses

Deux boucles : 10,2 km - 4h30, ou 4,5 km - 2h. Départ place du Foirail. Pensez à être bien chaussé et à prendre de l'eau. Pas de passages difficiles mais un environnement forestier, donc pas de poussette ! Le long du sentier, des panneaux présentent la faune et la flore du causse. Parmi les étapes-clés, ne manquez pas l'**ermitage St-Privat** (petite chapelle et grotte) et le **panorama** depuis la croix du Mont-Mimat qui offre un point de vue exceptionnel sur la ville de Mende dominée par sa grandiose cathédrale.

Mende pratique

Adresse utile

Office du tourisme de Mende – *Pl. du Foirail - 48000 -* ℰ *04 66 94 00 23. www.ot-mende.fr - juil.-août : 9h-12h30, 14h-19h, dim. 10h-12h, 14h-16h ; reste de l'année : tlj sf dim. 9h-12h, 14h-18h, sam. 9h-12h - fermé 1er janv., 25 déc.*

Visite

Visite guidée – Mende, qui porte le label Pays d'art et d'histoire, propose des visites-découvertes (1h30 à une demi-journée) animées par des guides-conférenciers agréés par le ministère de la Culture et de la Communication. *Juil.-août : horaires et tarifs selon période - renseignements à l'office de tourisme ou sur www.ot-mende.fr - 3 €.*

Se loger

⊖⊗ **Hôtel de France** – *9 bd Lucien-Arnault -* ℰ *04 66 65 00 04 - www.hoteldefrance-mende.com - fermé janv. -* 🅿 *- 24 ch. 58/100 € -* �??? *8,50 € - rest. 26/34 €.* Cet ancien relais de poste situé au cœur de la ville borde un axe assez fréquenté. L'adresse abrite des chambres assez confortables ; préférez toutefois celles récemment rénovées. Salle à manger plaisante et cuisine régionale.

Se restaurer

⊖⊗ **Le Mazel** – *25 r. du Collège -* ℰ *04 66 65 05 33 - fermé 8 nov.-29 mars - 16/28 €.* Une fresque en mousse d'argile de Loul Combes, artiste reconnu, orne le mur de la salle de restaurant : œuvre de terre célébrant la cuisine du terroir.

◎◎ **La Safranière** – *À Chabrits - 5 km au nord-ouest de Mende par D 42 - ☏ 04 66 49 31 54 - fermé dim. soir et lun., mars - réserv. obligatoire - 23/47 €. Le jeune chef, après avoir fait ses armes chez les autres, est revenu au pays pour ouvrir son restaurant. Dans la maison de son enfance, il a aménagé une pièce au décor contemporain et y reçoit les gourmets avisés de la région, fort contents de trouver là une table qui a de l'allant…*

Sports & loisirs

👥 **Mimat Aventures** – *À 3 km de Mende vers l'aérodrome - ☏ 04 66 45 00 24 - juil.-août : 9h30-19h30, avr.-juin et sept. : w.-end et merc. 13h30-19h - 19 € (enf. + d'1,40 m 16 €, enf. -1,40 m 12 €). Parc acrobatique en forêt, location VTT, aires de jeux pour enfants, parcours de santé…*

Meyrueis

909 MEYRUEISIENS
CARTE GÉNÉRALE C2 – CARTE MICHELIN DÉPARTEMENTS 330 I9 – SCHÉMA P. 100 LOZÈRE (48)

Sous les platanes centenaires, place Sully, de ce petit bourg baigné par les ruisseaux, l'ambiance méridionale est de mise. À l'horizon se profile l'entrée profonde du canyon de la Jonte, aux confins des causses Méjean et noir. L'air pur qu'on y respire, la robe verte qui lui sied à ravir, les activités qui y sont proposées…, tout semble ici avoir été organisé par une main bien attentionnée, soucieuse du bon déroulement des séjours.

▶ **Se repérer** – À 43 km à l'est de Millau et à 58 km au nord du Vigan, Meyrueis est posé au carrefour de deux voies traversant les causses et les Cévennes : la D 996 qui donne accès à Millau et Florac et la D 986 qui, elle, part de Ste-Enimie et aboutit à Ganges.

🅿 **Se garer** – Pour se garer facilement, mieux vaut rester aux abords des D 996 et 986.

👁 **À ne pas manquer** – Pléthore de sites naturels spectaculaires : le mont Aigoual, les gorges de la Jonte, l'aven Armand, la grotte de Dargilan et le chaos de Montpellier-le-Vieux.

🕐 **Organiser son temps** – Prenez Meyrueis comme base de départ, éventuellement de ravitaillement, pour la découverte des circuits.

👥 **Avec les enfants** – Le Belvédère des vautours, l'aven Armand et la grotte de Dargilan.

👆 **Pour poursuivre la visite** – Voir aussi les gorges de la Dourbie, Florac, le causse du Larzac, le causse Méjean et les gorges du Tarn.

Se promener

En flânant sur le quai Sully, aux vieux platanes, et dans les ruelles, on pourra voir la maison Belon, qui a conservé de très élégantes fenêtres Renaissance, la **tour de l'Horloge**, vestige des anciennes fortifications, et un rarissime temple octogonal.

Aux alentours

Château de Roquedols
2 km au sud. Prenez la D 986 et, peu après la sortie de Meyrueis, une petite route à gauche. Laissez la voiture sur le parking et rendez-vous au château par le sentier de la forêt (15mn) bordé de beaux arbres. Ce château (15e-16e s.), vaste quadrilatère flanqué de quatre tours rondes, se pare de la couleur dorée de sa pierre, grès rose taché d'ocre.

Circuits de découverte

MASSIF DE L'AIGOUAL★★★ *(voir ce nom)*

GORGES DE LA JONTE★★
De Meyrueis au Rozier – 21 km – environ 1h. De Meyrueis vers Le Rozier, le canyon devient de plus en plus impressionnant à mesure qu'on s'approche du confluent avec le Tarn.

En aval de Meyrueis, la route descend le canyon de la Jonte dont les versants sont surmontés de hautes murailles calcaires bizarrement façonnées par l'érosion. À 5 km environ de Meyrueis, on aperçoit successivement, sur la droite, l'entrée de deux grottes dans la falaise du causse Méjean : la **grotte de la Vigne** et la **grotte de la Chèvre**. Le canyon devient ensuite plus étroit et la Jonte disparaît en été dans les crevasses de son lit.

Aux approches du hameau des Douzes, la rivière, après un long trajet souterrain, réapparaît dans un second canyon si profond que l'on aperçoit à peine les grands peupliers qui l'habitent.

Un gros roc isolé domine le hameau des Douzes, c'est le **roc St-Gervais**, qui porte la chapelle romane de St-Gervais.

A. Thuillier / MICHELIN

L'impétueuse Jonte se fraie un chemin à travers les gorges.

Arcs de St-Pierre★

4,5 km puis 1h30 à pied AR. Accès au départ du Truel ; voir les randonnées du causse Méjean.

Le Belvédère des vautours

1 km en aval du Truel - ☎ 05 65 62 69 69 - www.vautours-lozere.com - ♿ - juil.-août : 10h-19h ; de fin mars à mi-juin et de déb. sept. à déb. nov. : 10h-17h - 6,50 € (enf. 3 €). Retransmissions sur grand écran 5 fois par jour.

Les vautours, des sales bêtes ? Si tel est votre avis, il changera vite en allant visiter l'exposition du Belvédère. On y apprend à connaître le mode de vie, de nutrition ou encore de reproduction de ces charmants oiseaux, réintroduits ici dès les années 1970. Près des colonies d'oiseaux ont été postées des caméras. Les images, projetées sur écran géant, appuient les commentaires spécialisés.

Sur le belvédère, un poste d'observation doté de longues vues a été aménagé pour l'observation des vautours ; il offre également une vue imprenable sur les gorges de la Jonte dont les versants présentent deux étages de murailles calcaires, séparés par des pentes marneuses, les « **terrasses du Truel★** ».

Sur le bord de la corniche du causse Méjean se détache un bloc très curieux, en forme de vase : le Vase de Sèvres. Le rocher de Capluc, à droite, puis le village de Peyreleau, à gauche, et celui du Rozier apparaissent enfin.

Le Rozier *(voir les gorges du Tarn)*

CAUSSE NOIR★

75 km au départ de Peyreleau – environ 4h.

On a peine à le croire aujourd'hui, mais d'épaisses forêts de pins couvraient jadis le causse de leur ombre. D'où son nom. Même si c'est le moins étendu des Grands Causses, il sait se distinguer par la puissance des paysages qui l'entourent – les gorges de la Jonte et la vallée de la Dourbie – et la beauté inégalée du chaos de rochers ruiniformes qu'il abrite (Roquesaltes).

Le trésor de Triadou

Au 17e s., Simon d'Albignac pilla le trésor des troupes protestantes du duc de Rohan afin de financer la construction d'une nouvelle aile pour son château. On raconte qu'il cacha une partie de son butin sous une marche du grand escalier. À la Révolution, les paysans, alléchés par la légende du « trésor de Triadou », font une descente au château, sondent l'escalier marche par marche et découvrent deux caisses de plomb contenant des pièces d'or et d'argent. Pendant ce temps, émigré à Londres, le marquis d'Albignac se remet très bien de la perte de son château et du trésor. Il gagne en effet largement sa vie, grâce à son talent particulier pour assaisonner la salade. Il court de dîner en dîner et, les manches retroussées, brasse à pleines mains, dans une sauce savante, la scarole ou la laitue.

Peyreleau

Sa position à l'entrée des gorges des deux rivières en fait un lieu de séjour intéressant. Étagé sur les pentes escarpées d'une butte, il est dominé par son église moderne et une vieille tour carrée et crénelée, dernier vestige d'un château fort.

De la D 29 montant sur le causse Noir, on aperçoit le **château de Triadou** (commencé en 1470) qui appartient à la famille d'Albignac jusqu'à la Révolution.

Rejoignez le causse Noir par la D 29 au sud de Peyreleau. Après 7 km, tournez à droite dans la D 110.

Chaos de Montpellier-le-Vieux★★★ *(voir ce nom)*

Revenez sur la D 110 pour prendre à droite la D 29.

St-Jean-de-Balmes

Sur votre gauche, un terre-plein annonce l'arrivée sur le site. Il suffit de s'enfoncer de quelques mètres dans le causse pour découvrir l'édifice.

Au cœur du causse s'élève le clocher carré de cet ancien prieuré roman de l'ordre de Saint-Benoît, construit au 11e s. à l'emplacement d'un site gallo-romain. Les vestiges de la chapelle édifiée au 14e s. laissent encore apparaître quelques cintres et de belles ouvertures. Une association œuvre actuellement à sa sauvegarde.

Après La Roujarie, prenez à droite la D 124 menant à St-André-de-Vézines. En entrant, suivez la rue à droite et empruntez la route en direction de Roquesaltes. À un croisement avec un chemin non revêtu, laissez la voiture et suivez le fléchage à droite.

Chaos de Roquesaltes et du Rajol★

🚶‍♂️ *2h à pied. Voir ci-dessous la rubrique « randonnées ».*

Revenez à St-André-de-Vézines et prenez à droite vers Veyreau. Après 7 km, tournez à gauche dans la D 139.

Grotte de Dargilan★★ *(voir ce nom)*

Randonnées

Corniche du Causse noir★★

🚶‍♂️ *Au départ de Peyreleau – 6h – Faites bien attention sur les passages en corniche. Laissez la voiture au hameau des Rouquets (à l'est de Peyreleau – 1re route à gauche en venant du Rozier) et prenez à pied une route partant à gauche en direction de la Jonte. Suivez les balises rouges.* Le large chemin longe la Jonte puis grimpe vers la droite à travers les hêtres puis les pins pour atteindre l'ermitage St-Michel *(Les 3 échelles métalliques sont à gravir avec la plus extrême prudence).*

Reprenez le sentier (balises rouges). On atteint le « Point Sublime », promontoire rocheux s'avançant sur le canyon de la Jonte. **Vue★★** imprenable.

Toujours en suivant les balises rouges, le sentier monte à travers les bois. Des plates-formes permettent de s'avancer au bord de la falaise, procurant des vues sur le sévère canyon de la Jonte et le paisible village du Rozier. Puis le sentier, balisé cette fois en jaune et rouge (GR de pays), passe devant le rocher appelé « Champignon préhistorique ».

Continuez sur le GR de pays. Vous arrivez au relais de télévision d'où l'on a une belle **vue★** sur Peyreleau, au confluent de la Jonte et du Tarn.

Continuez sur le sentier jusqu'à une clairière en replat. Là, prenez à droite. Le sentier descend entre les buis et les rochers puis longe le ravin de Costalade, en corniche. La descente continue à travers une forêt de pins sylvestres et débouche sur un chemin longeant une vigne aux abords du hameau des Rouquets.

Chaos de Roquesaltes et du Rajol★

2h à pied. Difficulté moyenne. À St-André-de-Vézines, prenez à droite la route en direction de Roquesaltes. À un croisement avec un chemin non revêtu, laissez la voiture et prenez à droite ce chemin indiqué « Roquesaltes ». Le chemin de terre descend à travers les pins sylvestres et les genévriers.

À la ferme de Roquesaltes, suivez le GR 62 à gauche en direction de Montméjean.

Des remparts que forme le chaos de **Roquesaltes,** la vue porte sur Montpellier-le-Vieux. Ces « roches hautes », véritable donjon naturel, haut d'une cinquantaine de mètres, dominent le hameau du même nom.

En poursuivant à pied vers le sud *(par le GR 62 en suivant les traces rouge et blanche),* on atteint le **chaos du Rajol**. Un Dromadaire, le menton délicatement appuyé sur un rocher, accueille le visiteur. Parmi les rochers fantastiques, il y a aussi la Colonne égyptienne, la Statue sans bras… D'un belvédère naturel, la vue plonge dans l'extraordinaire vallée de la Dourbie.

Au pylône de télécommunication, prenez à gauche un chemin de terre ; ce chemin aboutit à la route goudronnée qu'on avait empruntée au départ de St-André ; prenez alors à gauche pour rejoindre la voiture.

Meyrueis pratique

Adresse utile

Office du tourisme de Meyrueis – *Tour de l'Horloge - 48150 - 𝄞 04 66 45 60 33 - www.meyrueis-office-tourisme.com - des Rameaux à la Toussaint : 9h-12h, 15h-18h30 (juil.-août : 9h-20h) ; de la Toussaint aux Rameaux : tlj sf w.-end 9h30-12h, 15h-18h - fermé 25 déc.-1ᵉʳ janv.*

Visite

Visite guidée de la ville – Découverte (2h) des vieux quartiers, du temple et de l'église - *juil.-août : lun., merc. et vend. 17h - gratuit - s'adresser à l'office de tourisme.*

Se loger

⊖ **Family Hôtel** – *𝄞 04 66 45 60 02 - www.hotel-family.com - fermé 4 nov.-31 mars -* 🅿 *- 48 ch. 38/49 € - 🍽 7,50 € - rest. 12,50/32 €.* L'esprit familial et l'ambiance conviviale qui règnent en cet hôtel bordant la Jonte ne contrediront pas l'enseigne. Chambres pratiques sobrement rustiques et vaste restaurant où l'on propose une copieuse cuisine lozérienne. Empruntez la passerelle pour rejoindre la piscine et le jardin situés sur la berge, mais de l'autre côté de la route et de la rivière.

⊖🍽 **Hôtel du Mont Aigoual** – *R. de la Barrière - 𝄞 04 66 45 65 61 - www.hotel-mont-aigoual.com - fermé 3 nov.-31 mars -* 🅿 *- 30 ch. 55/75 € - 🍽 8 € - rest. 20/40 €.* Derrière une façade ordinaire, cet hôtel cache des délices qu'il serait dommage de manquer : comme son joli jardin en pente, sa cuisine gourmande aux saveurs cévenoles, ou encore son décor rénové avec soin par la propriétaire… Piscine.

⊖🍽 **Chambre d'hôte Ermitage** – *21 r. de l'Église - 𝄞 05 65 62 61 91 ou 06 08 51 23 65 - www.ermitage-peyreleau.fr - fermé oct.-Pâques -🍴 - 3 ch. 68/83 € 🍽.* Repos garanti dans cet ancien couvent de 1850, décoré des œuvres du propriétaire, artiste sculpteur. Les 3 belles chambres, dont une suite, offrent une vue sur les gorges ou les ruelles de ce village du 12ᵉ s. Petits-déjeuners en terrasse, à base de produits « bio » et gâteaux maison.

Se restaurer

⊖ **Auberge du Maubert** – *12720 Peyreleau - 𝄞 05 65 61 25 28 - fermé 10 nov.-1ᵉʳ avr. - 9,50/16,50 €.* La maman aux fourneaux, la fille au service, voilà une vraie maison familiale. La cuisine d'inspiration locale est simple. Mobilier de bois, lambris et cheminée pour réchauffer l'atmosphère. Vue sur le plateau du Larzac depuis la terrasse. En-cas à toute heure.

Canal du Midi★

**CARTE GÉNÉRALE ABC4 – CARTES MICHELIN DÉPARTEMENTS 344 A/K 1/3 ET 339 A/F9
AUDE (11), HÉRAULT (34)**

Quelle est la raison de son succès actuel ? Outre la prouesse technique, c'est la beauté de ses berges, la tranquillité de son cours et la richesse de son itinéraire qui fait traverser, de bout en bout, tout le Languedoc, de Sète à Toulouse, de la Méditerranée au Lauragais, happant au passage de bucoliques paysages et des cités pleines d'histoire et de monuments intéressants. Enfin, le canal est inscrit au Patrimoine mondial de l'Unesco. Vous faut-il d'autres arguments pour vous inciter à venir flâner au fil de l'eau, à goûter à un rythme de vie hors du temps qui vous fera oublier jusqu'au plus petit de vos tracas ?

- **Se repérer** – Le canal du Midi part de l'étang de Thau et rejoint Toulouse. La partie que nous vous proposons de découvrir ici s'étend du seuil de Naurouze (à 12 km à l'ouest de Castelnaudary par la D 6113) jusqu'à Béziers. Elle se divise en deux circuits de part et d'autre de Carcassonne.

- **À ne pas manquer** – La balade ombragée dans l'arboretum du seuil de Naurouze ; l'incomparable cité de Carcassonne ; l'original plan circulaire de l'église de Rieux-Minervois ; le port du Somail ; le trésor de l'église de Quarante ; l'oppidum d'Ensérune ; les trois tunnels du Malpas et les écluses de Fonséranes.

Organisation des Nations Unies pour l'éducation, la science et la culture

- **Organiser son temps** – Les plus pressés trouveront ici des circuits en voiture de 1h, ou d'une demi-journée. Pour capter la douceur de vivre du canal, vous préférerez suivre ses berges à pied, à vélo ou en péniche !

- **Avec les enfants** – L'écluse de l'Aiguille, l'oppidum d'Ensérune ou une croisière familiale sur le canal *(voir l'encadré pratique)*.

- **Pour poursuivre la visite** – Voir aussi Béziers, Castelnaudary, Fanjeaux, Lagrasse, la Montagne noire et Narbonne. La partie ouest du canal, du seuil de Naurouze à Toulouse, est décrite dans *Le Guide Vert Midi-Pyrénées*.

Comprendre

Le projet d'un visionnaire acharné – Dans les projets de construction d'un canal « des Deux-Mers », le franchissement du seuil de Naurouze (alt. 194 m) était un obstacle insurmontable. En explorant le site dans tous ses détails, Riquet, homme de réflexion,

Sous la douce lumière de l'automne, le canal du Midi.

M.-H. Carcanague / MICHELIN

trouva la solution : au seuil de Naurouze sourdait la fontaine de la Grave (disparue après les travaux) dont les eaux se séparaient immédiatement en deux ruisseaux coulant l'un vers l'ouest, l'autre vers l'est. Il suffisait donc d'accroître ce flot pour constituer un bief de partage suffisamment alimenté, permettant l'aménagement d'écluses sur l'un et l'autre versant. Pour ce faire, Riquet eut l'idée d'utiliser le réseau hydrographique de la Montagne noire. Avec l'aide du fils d'un fontainier de Revel, il capta et amena les eaux de l'Alzeau, de la Bernassonne, du Lampy et du Sor par la rigole de la Montagne jusqu'au barrage de St-Ferréol, puis à Naurouze par la rigole de la Plaine.

En 1662, il réussit à intéresser Colbert à son projet. L'autorisation est accordée en 1666. Riquet engloutit dans cette œuvre gigantesque le tiers des dépenses des travaux, soit plus de 5 millions de livres, contractant les emprunts les plus onéreux, sacrifiant les dots destinées à ses

Le saviez-vous ?

Grandiose idée que celle de relier l'Océan et la Méditerranée, déjà évoquée à l'époque romaine. Les études successives de François Ier, Henri IV et Richelieu ne suffirent pas à faire aboutir le projet. C'est finalement à Pierre Paul Riquet, baron de Bonrepos (1604-1680) et fermier de la gabelle de Languedoc, qu'en revient le mérite.

Ce fameux canal a eu plusieurs noms : appelé canal royal en Languedoc puis canal des Deux-Mers, il fut enfin baptisé canal du Midi après 1789.

Saluons ici le courage et la ténacité des quelque 12 000 ouvriers, femmes et enfants compris, qui, durant quatorze ans, mirent la main à la pâte pour bâtir ce gigantesque monument.

filles. Épuisé, il meurt en 1680, six mois avant l'inauguration du canal. Rétablis dans leurs droits sous la Restauration, les représentants de la famille consentent en 1897 au rachat, par l'État, du canal, désormais administré sous le régime du service public.

Chiffres-clés – Long de 240 km, ce canal prend son origine à Toulouse et débouche dans l'étang de Thau. Quatre-vingt-onze éclusages sont nécessaires pour un cubage de 300 millions de m^3 d'eau par an. Malgré toute cette infrastructure, il fallait encore huit jours au 19e s. pour aller d'Agde à Toulouse avec une barque de 120 t.

L'héritage et l'avenir – Concurrencé par le train, le trafic commercial a déserté le canal ; ses écluses, calculées à l'époque pour les navires de mer les plus courants en Méditerranée, n'admettent pas les bateaux de plus de 30 m de long. La modernisation du canal a commencé par la section Toulouse-Villefranche-de-Lauragais (43 km).

Ce canal historique a une physionomie attrayante avec ses nombreuses courbes serrées, ses écluses aux bassins ovales, son cours rétréci par de gracieux ponts de briques, ses allées d'eau bordées de platanes et, plus spécifiquement sur le versant méditerranéen, de cyprès et de pins parasols. Aussi, le tourisme fluvial a aujourd'hui investi le canal, dont les eaux permettent également d'irriguer 40 000 ha de terres dans le Lauragais.

ABC DU CANAL

Le canal du Midi présente une véritable architecture constituée tout d'abord par le canal lui-même, par son paysage, mais également par tous les ouvrages qui ont été construits autour, servant à son fonctionnement ou à son exploitation.

L'alimentation en eau – Les eaux d'alimentation sont rassemblées loin du bief de partage par des petits canaux, les « **rigoles** ». La rigole de la Montagne alimente le bassin de St-Ferréol d'où part la rigole de la Plaine qui se déverse dans le bief de partage du canal au seuil de Naurouze.

Pour rassembler les eaux, on a d'abord créé des étangs artificiels, comme celui de Naurouze, puis des **réservoirs** contenus par des barrages en maçonnerie, comme celui de St-Ferréol, afin d'alimenter le canal durant la saison sèche.

Les **déversoirs** ou **épanchoirs** servent à évacuer le trop-plein d'eau du canal dû aux variations saisonnières ou encore à vider un bief, un bassin ou un réservoir pour le nettoyer, le réparer. L'épanchoir coupe parfois le chemin de halage ; on construit alors un pont à arcades au-dessus de l'épanchoir, comme on l'a fait pour celui de l'Argent-Double. Dans le système de l'épanchoir « à fond », l'eau excédentaire s'écoule par l'action d'une vanne, comme à Gailhousty ; les deux systèmes sont réunis dans l'épanchoir « à siphon » (Ventenac-en-Minervois).

Les franchissements – Pour franchir un ruisseau, le canal passe sur un aqueduc voûté. Pour franchir une rivière, on préfère utiliser un **pont-canal**, véritable pont enjambant la rivière. Le premier à avoir été construit en Europe est le pont-canal de Répudre ; il en existe également au-dessus de la Cesse, du Fresquel ou de l'Orbiel.

Grâce aux **souterrains**, le canal peut traverser une montagne ou une colline sans que son niveau en soit élevé ; c'est le cas du tunnel de Malpas, près de l'oppidum d'Ensérune, et celui de la percée des Cammazes (ou voûte de Vauban), creusée dans la Montagne noire et permettant à l'eau de la rigole de la Montagne de venir alimenter le bassin de St-Ferréol.

Les **écluses** permettent de passer d'un plan d'eau (bief) à un autre situé plus haut ou plus bas. Le bateau qui descend vers l'aval entre dans l'écluse au sas rempli d'eau ; la porte amont se ferme et le bateau descend avec l'eau du sas qui s'écoule dans le bief inférieur ; la porte aval s'ouvre alors pour laisser passer le bateau. Les écluses du canal du Midi ont

Pierre Paul Riquet, héros du canal du Midi.

été construites en ellipse (elles sont ovales), forme qui offre une meilleure résistance à la poussée des terres. Pour monter ou descendre une forte pente ont été créées des échelles d'écluses : celle de St-Roch, à la sortie de Castelnaudary, comporte quatre écluses, celle de Fonséranes huit.

Les architectures du canal – Les **maisons éclusières** sont toutes identiques ; ce sont des bâtisses rectangulaires, comportant une ou deux pièces, de plain-pied. Sur leur façade est apposée une plaque indiquant la distance qui sépare l'écluse amont de l'écluse aval.

Les **ports** servent à l'exploitation du canal. On les reconnaît à leur quai de pierre. Certains ne sont que des relais où l'on trouve le plus souvent une auberge (la « dînée ») avec des écuries pour les chevaux de halage, parfois un lavoir, une chapelle ou une glacière, comme c'est le cas au Somail. D'autres possèdent une cale de radoub, plan incliné à sec où l'on peut réparer la coque du bateau. Ces derniers ports, nécessitant plus de place, forment un véritable bassin, comme à Castelnaudary.

Les plantations – Elles servent tout d'abord à l'agrément des haleurs, mais elles apportent également un ombrage au canal afin d'éviter l'évaporation de l'eau. On plante plus volontiers des arbres à croissance rapide : platanes, peupliers, pins maritimes (canal de jonction vers la Robine). Aux abords des ouvrages les plus imposants, on a parfois créé de véritables promenades : ainsi, le bassin de Naurouze est planté d'essences diverses, formant un arboretum très agréable à parcourir.

Circuits de découverte

DU SEUIL DE NAUROUZE À CARCASSONNE [1]

52 km – 1h.

Seuil de Naurouze★

Laissez la voiture au parking situé près de l'obélisque.

C'est à cet endroit que les eaux captées dans la Montagne noire viennent alimenter les deux versants, méditerranéen et atlantique, du canal du Midi. Sur ce site, Riquet voulait créer une ville ; son projet n'a pas abouti ; les constructions furent uniquement consacrées à l'entretien et à l'exploitation du canal.

Contournez le bassin à gauche. Un agréable sentier ombragé fait le tour du bassin de décantation, de forme octogonale, creusé en 1669-1673. On voit successivement la station de pompage destinée à l'irrigation du Lauragais, l'épanchoir permettant d'évacuer le trop-plein du bassin vers le Fresquel, le **bief de partage** des eaux, l'écluse qui déverse l'eau de la rigole de la Montagne noire dans le bief et enfin l'écluse de l'Océan (1671). Le bassin est entouré d'un **arboretum** planté de pins d'Alep, de micocouliers, d'érables sycomores, de cèdres de l'Atlas (allée menant à l'écluse de l'Océan), de merisiers, etc. *Revenez au parking par une allée de platanes traversant le bassin.*

L'**obélisque de Riquet**, élevé en 1825 par les descendants de Riquet, se dresse dans un enclos sur le socle naturel des « pierres de Naurouze », entre le col de Naurouze (D 113) et le canal. Il est entouré d'une double couronne de cèdres. Selon la légende, quand les fissures qui strient les pierres de Naurouze viendront à se fermer, la société sombrera dans la débauche et la fin du monde surviendra. Vue à l'ouest sur la butte de Montferrand.

Quittez le seuil de Naurouze au sud et gagnez **Le Ségala**, joli port du canal du Midi.
Remontez par la D 217 à Labastide-d'Anjou. Prenez ensuite la D 6113 à droite.

Castelnaudary *(voir ce nom)*
Prenez la D 6113 vers l'est, direction Carcassonne. Après Villepinte, prenez à droite la D 4.

Bram
Ville natale du journaliste et écrivain Jean Cau (1925-1993), Bram est un représentant typique de l'urbanisme languedocien des « **circulades** », villages construits en cercles concentriques autour de l'église. Bram fut le théâtre d'un des plus terribles épisodes de la croisade contre les Albigeois. En 1210, ayant pris Bram d'assaut, Simon de Montfort fait trancher le nez et crever les yeux à 99 habitants de la ville ; plus chanceux, le centième est « seulement » éborgné, afin qu'il puisse conduire les autres à Cabaret et effrayer ainsi les défenseurs locaux.
Faites demi-tour par la D 4 et tournez à droite dans la D 6113.

Pézens
Pézens a gardé quelques vestiges de remparts dont une porte fortifiée. L'église (clocher à flèche ornée de crochets – 19e s.) date du 18e s.

Carcassonne★★★ *(voir ce nom)*

LA PLAINE DU MINERVOIS [2]
De Carcassonne à Béziers – 120 km – une demi-journée. Quittez Carcassonne au nord par la D 118.
La route longe le canal du Midi et passe au-dessus du Fresquel, également enjambé par le canal sur le **pont-canal du Fresquel**.
Au carrefour de Bezons, prenez la 1re route à droite, la D 620, puis la D 201. Après Villedubert, tournez à gauche dans la D 101.
Peu avant Trèbes, à droite de la route, le canal du Midi passe au-dessus de l'Orbiel sur un **pont-canal** à trois arches construit par Vauban en 1686.
Quittez Trèbes à l'est par la D 610.

Marseillette
C'est à partir de cette bourgade que vous pourrez partir à la découverte de l'étang asséché de Marseillette. À l'ère tertiaire, la mer recouvrait cette vaste plaine ; en se retirant, elle a laissé place à un étang pullulant de moustiques, vecteurs de nombreuses maladies. En 1808, après quatre années de travaux, l'assèchement est décidé. Aujourd'hui, les 2 000 ha se couvrent de vergers, vignobles et **rizières**. En effet, l'arrivée de l'eau douce via le canal de Naudy en 1851 ouvre la voie à la riziculture et aujourd'hui, ce sont près de 1 100 t de riz qui sont récoltées chaque année. La pisciculture est également au rendez-vous avec une trentaine de bassins répartis sur 25 ha de terrains dans lesquels grandissent sarasas et shunbunkins, poissons d'ornements destinés, entre autres, à l'exportation. Toutes ces activités participent à la physionomie de ce site que quadrillent de minuscules routes parfois chaotiques.
Après Marseillette, prenez à droite la D 157.

Blomac
L'**église St-Étienne** est remarquable avec son clocher-mur et son chevet arrondi (fin 11e s.) orné de bandes lombardes.
Regagnez la D 610.

Puichéric
D'agréables ruelles, dont certaines cachent des maisons anciennes, mènent à l'église (13e s.) et au château du 11e s., incendié par le Prince Noir en 1355, relevé depuis de ses ruines et où Pierre Paul Riquet séjourna.
Revenez sur la D 610 pour prendre tout de suite à droite la D 111 en direction de Rieux-Minervois.

Écluse de l'Aiguille
La route traverse le canal du Midi à l'écluse de l'Aiguille aux abords de laquelle l'éclusier expose ses sculptures sur bois, animaux et personnages filiformes.

Rieux-Minervois

Ce gros village viticole trône au cœur du vignoble minervois. L'**église**★ romane du 12ᵉ s.tient son originalité d'un plan circulaire. Elle est surmontée d'un clocher heptagonal remanié au cours des siècles. L'intérieur est construit sur un plan polygonal à quatorze côtés. Le centre de l'édifice est occupé par une coupole soutenue par sept colonnes, symbolisant la sagesse et commémorant la phrase du livre des Proverbes : « La Sagesse a bâti sa maison, elle a taillé ses sept colonnes. » On peut y admirer de très beaux chapiteaux historiés sculptés par le maître de Cabestany *(voir p. 77)*, dont la mandorle (Vierge de l'Assomption) et une statue de saint Jacques de Compostelle. La chapelle à gauche de la porte sud abrite une belle Mise au tombeau de l'école bourguignonne du 15ᵉ s.

Empruntez la D 11 en direction de La Redorte.

La Redorte

Ce village viticole est situé dans une boucle du canal. À 100 m du pont-canal jeté au-dessus de l'Argent-Double, un épanchoir en pierre a été construit en 1693 par Vauban ; il sert à vider dans la rivière les eaux excédentaires du canal lors des crues.

🥾 *2 boucles : 3,2 km (1h30) et 12,3 km (3h).* Depuis le pont de la Fabrique, le sentier de l'Épanchoir et des Douze Ponts emprunte l'ancien chemin de halage qui passe au-dessus de l'épanchoir de l'Argent-Double, entre le canal du Midi et les vignobles du Minervois. *Continuez sur la D 11 avant de prendre à gauche la D 610.*

Homps

Siège jusqu'en 1792 d'une commanderie des chevaliers de Malte, Homps fut détruit lors de la croisade contre les Albigeois, puis lors des guerres de Religion. Rebâti, il prit son essor au 17ᵉ s. avec la construction du canal des Deux-Mers : il devint alors un important port de commerce pour les vins du Languedoc, et l'un des rares ports du canal assez grand pour que les péniches puissent y faire demi-tour.

Sortez à l'est de Homps par la D 65. À 1,5 km, prenez à droite la D 124, tout de suite avant le pont enjambant le canal.

La route longe le chemin de halage. En amont de l'écluse de Pechlaurier, un **aqueduc** a été érigé en 1689 par Goudet sur les plans de Vauban. On peut aller à pied sous les arches.

Argens-Minervois

Le village s'accroche à une butte sur laquelle trône le château remanié au 14ᵉ s. *(attention, ruines non entretenues)*, après sa prise par Montfort. Port en bas du village.

Rejoignez Lézignan-Corbières au sud par la D 611.

Lézignan-Corbières *(voir Lagrasse)*

Par la D 67 au nord-est, puis, dans son prolongement, la D 124, gagnez Paraza. Laissez la voiture et suivez à pied le chemin de halage vers Ventenac (🚶 2,5 km à pied AR).

Pont-canal de Répudre

C'est le premier pont-canal réalisé en France. On en doit l'invention à Riquet, en 1676, qui imagina faire passer l'eau du canal sur un aqueduc de 300 m de long, posé transversalement au-dessus du Répudre.

Ventenac-en-Minervois

Le château *(privé)*, perché en haut du village, offre une vue sur le canal et, au-delà, sur Lézignan-Corbières et la plaine. En redescendant au port par des ruelles, on peut aller visiter la cave-coopérative située dans une ancienne tour-donjon.
Prenez au nord la D 26.

Ginestas

Entouré de vignes, ce village possède une **église** qui renferme quelques belles pièces dont un retable en bois doré du 17e s., la statue de N.-D.-des-Vals, une Vierge à l'Enfant d'une facture simple et une sainte Anne, naïve statue polychrome du 15e s.
Quittez Ginestas par la D 926. Tournez à droite dans la D 607 jusqu'au port du Somail.

Le Somail★

C'est l'un des plus agréables ports du canal : il conserve son pont en dos-d'âne flanqué d'une chapelle, sa glacière et son auberge de 1773.
À la sortie du village, le **musée de la Chapellerie** expose chapeaux, coiffes de tous les continents, de 1885 à nos jours. ☎ *04 68 46 19 26 - ♿ - mars-oct. : 10h-12h, 14h-19h ; nov.-fév. ; 14h-18h - 3,20 € (enf. 1,55 €). Rejoignez la D 607 vers le nord puis tournez à droite dans la D 36e3 vers Bize-Minervois et Quarante.*

Quarante

Quarante est un village perché, probablement construit sur un oppidum, aujourd'hui situé en plein pays de la vigne. Son nom aurait pour origine les quarante martyrs qui furent vénérés dans le premier sanctuaire (10e s.), sur lequel se trouve l'église actuelle. Bâtie sur un édifice antérieur dont on a conservé les murs des bas-côtés, l'**église Ste-Marie★** fut consacrée en 1053. Les absidioles du chevet sont décorées de bandes lombardes typiques de l'art roman primitif languedocien. Le clocher du croisillon droit a été ajouté à l'époque gothique. On pénètre dans l'église par un massif porche rectangulaire.

La croisée du transept et le croisillon droit sont surmontés d'une coupole sur trompes. Deux belles tables d'autel décorées de lobes ont été réutilisées, l'une, de 1053, au maître-autel, l'autre, romane, dans le bras gauche du transept. Dans l'abside, devant d'autel en marbre représentant la Cène (18ᵉ s.).

Dans le **trésor** *(à côté du croisillon gauche)*, sarcophage antique du 3ᵉ s. avec, au centre de la face antérieure, un médaillon représentant un couple en buste. À l'étage, chef-reliquaire de saint Jean Baptiste en feuilles d'argent rehaussées de vermeil (barbe et cheveux), exécuté en 1440 par Jacques Morel, orfèvre de Montpellier.
Prenez la D 37 à l'est en direction de Nissan-lez-Enserune.

On pourra s'arrêter un moment à **Capestang**, un des ports les plus actifs du canal, pour le tourisme fluvial.

Nissan-lez-Enserune

L'**église**, du 14ᵉ s., est de style gothique méridional. Sous le porche est exposée une pierre du 13ᵉ s. portant une inscription funéraire en langue d'oc. À l'intérieur *(accès par la cour du presbytère)*, belle Vierge de Miséricorde en pierre polychrome du 14ᵉ s. *(chapelle à droite du chœur)* et autel à lobes en marbre datant de l'époque carolingienne. La chapelle des fonts baptismaux a été constituée à l'aide d'éléments anciens, une vasque et des colonnes en marbre.

Dans le flanc nord, un **musée** renferme des objets d'archéologie antique et médiévale, parmi lesquels le produit des fouilles de la ville romaine de Vivios, près de Lespignan ; le 1ᵉʳ étage est réservé à l'art sacré (chasubles du 16ᵉ s., calices du 17ᵉ s.). *Visite sur demande au ☎ 04 67 37 14 12 - gratuit.*
Traversez, au nord du village, la D 609 et prenez en face la D 162ᵉ (fléchage « Oppidum d'Ensérune »).

Oppidum d'Ensérune★★ *(voir ce nom)*
En revenant sur vos pas, arrêtez-vous sur le site de Malpas qui réserve quelques surprises.

Le Malpas

Il est difficile d'imaginer, en franchissant le modeste col de Malpas (mauvais passage), l'importance du lieu qui réunit l'ancienne voie Domitienne (disparue), et trois **tunnels**★ superposés : celui du canal (165 m de long, 17ᵉ s.), prouesse technique de l'époque, celui du chemin de fer (19ᵉ s.) et, encore en dessous, la galerie d'évacuation des eaux (13ᵉ s.) de l'étang asséché de Montady *(voir oppidum d'Ensérune)*.

Maison du Malpas – ☎ 04 67 32 88 77 - www.lemalpas.com - &. - mai-août : 10h-19h30 ; mars-avr. : tlj sf lun. 10h-18h30 ; sept. et oct. : 10h-18h30 ; nov.-fév. : tlj sf lun. 10h-17h - fermé vac. scol. de Noël - 4 € (12-18ans ans 2 €).

L'intérêt touristique et historique des lieux justifie le rôle de ce centre qui organise des visites guidées et propose des expositions temporaires. Vidéo, bornes interactives sur la découverte de la région.
Continuez vers Colombiers.

La commune de **Colombiers** a aménagé un agréable petit port où l'on peut louer des bateaux.
De là, prenez la D 162ᴱ à l'est, puis à gauche la D 609. Suivez les panneaux « Écluses de Fonséranes ».

Écluses de Fonséranes★
Cette impressionnante et rare série de huit sas accolés présentant l'aspect d'un escalier de 312 m de longueur permet de rattraper une différence de niveau de 25 m.

Pont-canal de l'Orb
🐾 *Accès piéton par le chemin de halage, en bas des écluses.*
Depuis 1857, un pont-canal en aval, faisant passer le canal du Midi au-dessus de l'Orb, évite le passage redouté de la rivière.

Béziers★ *(voir ce nom)*

Les huit écluses de Fonséranes, un des clous du spectacle sur le canal du Midi.

A. Thuillier / MICHELIN

Canal du Midi pratique

Adresse utile

Office du tourisme de Nissan-lez-Enserune – *Sq. René-Dez - 34440 - ℘ 04 67 37 14 12 - www.canalmidi.com - lun.-vend. 9h-12h - fermé w.-end et j. fériés.*

Embarquement immédiat

Quand naviguer ? – De déb. mars à fin nov. La pleine saison (juil.-août) engendre un certain nombre d'inconvénients : plus un seul bateau à louer, circulation intense à certaines écluses, tarifs plus élevés, etc. En mai-juin, berges fleuries d'iris et de diverses plantes aquatiques, en sept.-oct. (arrière-saison souvent magnifique), couleurs fauves assurées. Les écluses sont ouvertes de juin à août (9h-12h30, 13h30-19h30). Certaines sont automatiques, d'autres encore manuelles, ce qui permet de faire un brin de causette avec l'éclusier (passage 15mn).

Où naviguer ? – Le grand bief de 54 km entre l'écluse d'Argens et celle de Fonséranes constitue une des portions du canal les plus agréables.

À emporter sur le bateau – Chaussures antidérapantes, lampe de poche pour retrouver son bateau lorsqu'on rentre tard le soir à bord, éventuellement matériel de pêche (gardons, carpes, perches, sandres – permis obligatoire), cartes nautiques et cartes-guides, vendues par les loueurs de bateaux.

🚹🚺 Louer un bateau – La location de « bateaux habitables » (house-boats) aménagés en général pour 6 à 8 personnes, permet une approche insolite des sites parcourus sur les canaux. Il s'agit de bateaux sans permis ; une initiation est généralement proposée par les loueurs avant le départ. Vitesse maximum : 6 km/h.

On peut louer à la semaine ou au week-end, pour un aller simple (si le loueur a plusieurs bases sur le parcours) ou pour un aller-retour. Pour naviguer en été, réserver à l'avance, si possible à la base d'où l'on souhaite partir.

Les vélos sont fortement conseillés pour se déplacer de temps en temps hors du canal (location chez certains loueurs).

Société Crown Blue Line – Le Grand Bassin - BP 1201 - 11492 Castelnaudary - ℘ 04 68 94 52 94 ; Port Cassafières - 34420 Portiragnes - ℘ 04 67 90 91 70 - www.crownblueline.com. Centrale de réservation : ℘ 04 68 94 52 72.

C'est la première société de location de bateaux sans permis à s'être installée sur le canal du Midi dans les années 1970. Bateaux habitables de 2 à 12 personnes. Elle offre deux bases de départ pour ce canal avec un total de 124 bateaux.

Nicols – *Port du Somail - allée de la Glacière - 11120 Le Somail - ℘ 04 68 46 00 97 - centrale de réservation : rte du Puy-St-Bonnet - 49300 Cholet - ℘ 02 41 56 46 56 - www.nicols.com. Location de bateaux habitables de 2 à 12 personnes, canal du Midi et de la Robine.*

Luc Lines – 35 quai des Tonneliers -BP 2 - 11200 Homps - ℘ 04 68 91 33 00 - Location de bateaux à la journée et à la semaine.

Locaboat Plaisance – Centrale de réservation : Port au Bois - BP 150 - 89303 Joigny Cedex - ℘ 03 86 91 72 72 - www.locaboat.com - Location de pénichettes de 2 à 12 personnes. Cette société possède une base sur le canal du Midi (Port Occitanie - 11120 Argens-Minervois - ℘ 04 68 27 03 33), ainsi qu'une base à Lattes, à côté de Montpellier (℘ 04 67 20 24 12) et à Agen (℘ 05 53 66 00 74).

Connoisseur – Canal du Midi à partir de Trèbes (Port de plaisance - 11800 Trèbes - ℘ 04 68 78 73 75) et sur le canal de la Robine depuis Narbonne (7 quai d'Alsace - 11100 Narbonne - ℘ 04 68 65 14 55). Centrale de réservation : Le Grand Bassin - BP 1201 - 11492 Castelnaudary - ℘ 04 68 94 09 75 -www.connoisseurafloat.com.

Rives de France – Base pour le canal du Midi et le canal du Rhône à Sète : port de plaisance - 34440 Colombiers - ℘ 04 67 37 14 60. Centrale de réservation : ℘ 0810 808 080 - www.rivedefrance.com - Bateaux de 2 à 10 personnes.

Amica Tour – La Maison du canal - 80 Grand'rue - 34290 Servian - ℘ 06 75 23 77 95 - www.adnavis.com. Location à la journée ou à la semaine pour le canal du Midi.

Camargue Plaisance – Base fluviale de Carnon - 34280 Carnon - ℘ 03 85 53 76 77 - www.camargueplaisance.com - autre base fluviale à Homps (11200). Canal du Midi et canal du Rhône à Sète.

Caminav – Base fluviale - CD 62 - 34280 Carnon - ℘ 04 67 68 01 90 - www.caminav.com. Location de bateaux de 2 à 12 personnes, canal du Midi et le canal du Rhône à Sète - forfaits 1/2 journée, journée et semaine. Location de vélo.

Visite en bateau

Béziers Croisières – Port neuf - 34545 Béziers - ℘ 04 67 49 08 23. Croisière-promenade et croisière-déjeuner sur le canal du Midi de Béziers à Poilhes - horaires, tarifs et réservation par téléphone.

Croisières du Midi (Luc Lines) – *35 quai des Tonneliers - BP 2 - 11200 Homps - ℘ 04 68 91 33 00 - d'avr. à la Toussaint - sur réservation. Croisière (2h) commentée en gabare sur le canal du Midi au départ de Homps.*

Se loger

😋😋 **Chambre d'hôte Villa les Cèdres** – *2 r. des Écoles - 11170 Alzonne - ℘ 04 68 76 93 43 ou 06 25 98 03 28 - www.villalescedres.*

com - fermé janv. - 🗑 - 3 ch. et 2 suites 59/80 € 🛏 - repas 25 €. La décoration soignée souligne le cachet et l'authenticité de cette maison de maître du 19e s. Les chambres personnalisées (tissus choisis, mobilier de famille, etc.) bénéficient d'un confort douillet. Un dîner aux chandelles sous la tonnelle du jardin apportera sa touche finale à une charmante journée en pays Cathare.

😊😊 **Chambre d'hôte La Marelle** – 19 av. du Minervois - 11700 La Redorte - ☎ 04 68 91 59 30 - www.chambres-lamarelle.com - 🗑 - 5 ch. 60 € 🛏. Cette demeure du 16e s. abrita une école au 19e s. avant de devenir cette ravissante maison d'hôte. Les chambres, garnies de meubles chinés, sont décorées selon la couleur dont elles portent le nom. Si le soleil ne fait pas l'école buissonnière, vous petit-déjeunerez dans la cour. Table d'hôte le soir, sur réservation.

😊😊 **Chambre d'hôte Le Domaine du Parc** – 3 r. du Barri - 11700 Douzens - ☎ 06 77 88 48 53 - www.ledomaineduparc. com - 🗑 - 5 ch. 82 € 🛏. Dans un parc de 5 000 m², cette ancienne maison de viticulteur compte 5 chambres de grand confort, insonorisées et climatisées. Une décoration subtile rehausse le caractère de la demeure. Chaises longues, hamac et boulodrome agrémenteront un peu plus les journées ensoleillées. Table d'hôte orientée terroir.

😊😊 **Chambre d'hôte La Baïsa** – Le Port - 11120 Argeliers - ☎ 06 07 88 18 30 - www. peniche-chambres-hotes.com - 🗑 - 3 ch. 85 € 🛏 - repas 30 €. Offrez-vous un séjour au fil de l'eau à bord de cette jolie péniche. Chaque cabine dispose de sanitaires privatifs et le « roof » aménagé en solarium (avec chaises longues) garantit d'agréables moments de détente. Petits-déjeuners traditionnels avec gâteaux et confitures maison ; table d'hôte le soir.

😊😊😊😊 **L'Appart des Anges** – 34420 Cers - 4 km au sud-est de Béziers, par ancienne RN 112, route d'Agde - ☎ 04 67 26 05 57 - www.appartdesanges.com - 🗑 - réserv. indispensable - 3 ch. 125 € 🛏. Sur le canal du Midi, à l'ombre des platanes centenaires, cette péniche abrite 3 chambres d'hôtes à la décoration particulièrement soignée. Bois clair, linge douillet et salles d'eau très confortables, voilà une adresse où l'on se sent bien. Aux beaux jours, les brunchs se prennent sur la terrasse au bord de la petite piscine !

Se restaurer

😊 **Le Relais de Riquet** – 12 espl. du Canal - 11320 Le Ségala - 10 km à l'ouest de Castelnaudary par D 6113 puis D 217 - ☎ 04 68 60 16 87 - www.lerelaisderiquet. com - 13/28 €. Arrêtez-vous ici le temps d'un repas, vous ne le regretterez pas ! Ce relais, à la fois restaurant et bar, vous accueille dans une ambiance un peu « rétro », soulignée par de vieilles photos du canal du Midi tout proche. Cassoulet et confit

maison. Belle terrasse au bord du canal.

😊😊 **Château de Colombiers** – 1 r. du Château - 34440 Colombiers - ☎ 04 67 37 06 93 - www.chateau-colombiers.com - fermé janv., 1er-10 janv., 2-8 nov. - 20/55 €. Bâti sur des caves voûtées du 12e s., ce château fut édifié aux 16e et 17e s. Plaisanciers, un ponton sur le proche canal du Midi vous attend. Comme les « terriens » appréciez la belle terrasse sous les marronniers et l'atmosphère châtelaine du restaurant.

😊😊 **Ferme-auberge du Pigné** – 11150 Bram - 2 km au sud-est de Bram dir. Montréal - ☎ 04 68 76 10 25 / 06 85 40 01 99 - www.ferme-auberge-du-pigne. com - réserv. obligatoire - 24/50 € - 2 ch. 53 € 🛏. Cette jolie ferme du 18e s. est à la tête d'un vaste domaine agricole. La salle à manger occupe une dépendance et donne sur une terrasse ouverte sur le jardin arboré. Petits plats préparés avec les produits de l'élevage et les plantes aromatiques du potager, charcuteries et desserts maison. Piscine privée à disposition de la clientèle.

Que rapporter

Coopérative L'Oulibo – Hameau de Cabezac - 11120 Bize-Minervois - ☎ 04 68 41 88 88 - www.loulibo.com - hiver : tlj sf w.-end 8h-12h, 14h-18h ; été : 8h-12h, 14h-19h (sam. 9h, dim. 10h) - fermé 1er janv., 25 déc. Vente d'huile d'olive, d'olives (lucques et picholines) et produits du terroir tels que vins, miel, nougats, confitures, objets d'artisanat, etc. Visite guidée et gratuite de la coopérative, toute l'année sur réservation, pour les groupes ; toutes les heures en juillet-août.

Librairie ancienne – 28 allée de la Glacière - 12 km de Narbonne par D 607 - 11120 Le Somail - ☎ 04 68 46 21 64 - www. le.trouve-tout-du-livre.fr - de mai à mi-nov. : 10h-12h30, 14h30-18h30 ; déc.-avr. : 14h30-18h30 - fermé mar. sf juil.-août, 15-30 nov., 1er janv., 25 déc. Sur un site pittoresque, sur le canal du Midi, « Le Trouve tout du Livre » propose un impressionnant choix d'ouvrages de toutes les époques, sur tous les thèmes. Également revues, quelques gravures et affiches.

Événement

Festival Convivencia – ☎ 05 62 19 08 08 - de mi-juin à déb. août. Ce festival itinérant suit le canal. Aux escales, guinguette, musiques languedociennes, gasconnes et méditerranéennes.

Millau ★

21 900 MILLAVOIS
CARTE GÉNÉRALE C2 – CARTE MICHELIN DÉPARTEMENTS 338 K6 – AVEYRON (12)

Millau a désormais acquis une réputation internationale grâce à son élégant viaduc qui détient le record mondial de la plus haute pile ! Formidable atout pour la circulation et la communication, ce magnifique ouvrage d'art ne doit pas cacher la ville qui s'est développée au cours des siècles autour de la poterie, puis de la mégisserie et de la ganterie. Carrefour stratégique au croisement des routes d'Albi, de Clermont-Ferrand et de Montpellier, la ville se refait une beauté et mérite une halte approfondie car elle combine avec bonheur patrimoine culturel et activités de plein air. Amateurs de randonnées, de sports d'eau vive ou de vol libre, la proximité des gorges du Tarn et des causses vous susurre des promesses de moments inoubliables.

▶ **Se repérer** – À 116 km au nord de Montpellier par l'A 75 ; la sortie 47 à la hauteur de la Cavalerie permet de rejoindre la D 809 qui s'élève sur le causse du Larzac. Là, un belvédère offre une belle vue sur le **site**★ de Millau et son vieux moulin bâti au 15e s. sur l'ancien pont du 12e s., dont subsistent deux arches.

P **Se garer** – Le parking couvert de la place Emma-Calvé se situe en plein centre.

👁 **À ne pas manquer** – Le viaduc ; les fouilles du village de potiers de la Graufesenque ; la section paléontologie du musée de Millau ; toutes les étapes de fabrication des gants de cuir au musée de la Peau et du Gant ; l'église troglodytique du charmant village de Peyre.

🕐 **Organiser son temps** – Prévoyez une bonne demi-journée pour visiter Millau et consacrez votre après-midi à la découverte des alentours.

👪 **Avec les enfants** – La découverte du viaduc et les nombreuses activités proposées par la ville labellisée « Station Kid » *(voir l'encadré pratique)*.

🔥 **Pour poursuivre la visite** – Voir aussi Castelnau-Pégayrols, les gorges de la Dourbie, le causse du Larzac, Lodève, le causse Méjean, Meyrueis, le chaos de Montpellier-le-Vieux, Roquefort-sur-Soulzon, Sévérac-le-Château et les gorges du Tarn.

A. de Valroger / MICHELIN

Place des Halles à Millau.

Comprendre

Nos ancêtres les potiers – Au 1er s. de notre ère, Condatomagus (« le marché du confluent »), ancêtre de Millau, occupe une quinzaine d'hectares à l'emplacement du confluent du Tarn et de la Dourbie. C'est en ces lieux et à cette époque que l'atelier de la Graufesenque, l'un des plus grands ateliers gallo-romains, fort de 600 potiers, produit une vaisselle de luxe dite sigillée parce qu'en terre cuite rouge et décorée de sceaux et de poinçons. Certaines de ces poteries étaient faites au tour et restaient lisses tandis que d'autres, moulées, s'ornaient de décors floraux, géométriques ou historiés d'influence hellénistique. En 150 ans environ, ce sont près de 600 millions de pièces, cuites dans une quarantaine de fours, qui ont été exportées à travers toute l'Europe, le Moyen-Orient et jusqu'en Inde.

Une cité du gant – Dans cette région des causses où les brebis abondent, le travail de la peau devait nécessairement se développer. Dès le 12e s., Millau devint le centre du gant d'agneau.

La fabrication comporte trois phases : la mégisserie ou préparation de la peau, la teinturerie, la ganterie ou confection du gant lui-même. Avant d'être achevé, un gant doit passer par… 70 mains différentes ! Gant « glacé » et « suède », gants de sport « tannés lavables » et « fourrés », gants de protection, Millau fabrique environ 200 000 paires de gants par an exportées dans le monde entier. Mais les modes passent et le déclin du gant a entraîné, après la dernière guerre, une diversification des débouchés : aujourd'hui, les mégisseries millavoises ne destinent plus leur production à la seule ganterie : vêtements (dans la haute couture notamment), chaussures, maroquinerie et ameublement ont pris le relais.

Découvrir

LE VIADUC★★★

Spectaculaire, le viaduc multi-haubané conçu par l'architecte anglais Norman Foster prend son envol au-dessus du Tarn. Sur 7 piles de béton, un fin tablier métallique et 7 pylônes d'acier donnent à l'ensemble une réelle élégance. D'une longueur totale de 2 460 m, culminant à 343 m au-dessus du Tarn, le viaduc détient le record mondial de hauteur. Il a été mis en service en décembre 2004.

Découverte

Halle Millau Viaduc – *Pl. de la Capelle.* ✆ *05 65 60 95 05 - www.millau-halle-viaduc. com - avr.-oct. : 10h-19h (20h juil.-août) ; reste de l'année merc.-dim. (tlj vac. scol.) 10h-12h30, 14h-18h. 4 €.*
Point d'accueil pour les visites du viaduc, ce nouvel espace éclaire un peu sur la ville et la région avant de plonger le visiteur dans les prouesses techniques des ouvrages d'art dans le monde. Film symbolique sur les ponts qui relient les hommes…

Espace des ponts et ouvrages d'art – *4 pl. des Halles.* ✆ *05 65 59 01 08 - de mi-juin à mi-sept. : 14h-18h ; reste de l'année : merc.-dim. 14h-18h - gratuit.*
Remarquez, à l'entrée, l'imposant translateur qui a permis de déplacer le tablier du viaduc de Millau. Le musée abrite quelques modèles réduits de grands ouvrages de travaux publics comme celui du pont d'Iéna à Paris ou du pont Neuf à Toulouse.

Viaduc Espace Info – *Situé sous le viaduc, à proximité de Creissels sur la D 992 reliant Millau à St-Affrique.* ✆ *05 65 58 80 65 - de fin mars à fin octobre : 10h-19h ; reste de l'année : 10h-17h.*
Une maquette de l'ouvrage est exposée et un film (10mn) retrace les différentes étapes des travaux de construction. Visite guidée du **Jardin des Explorateurs** (expo plein air, reconstitution base pile P2) sur réservation.

En plus des espaces cités ci-dessus, de nombreuses possibilités de visites sont organisées par l'office de tourisme ou des prestataires, en bus cabriolet, en bateau ou même en ULM *(voir Millau pratique)*. Si vous souhaitez l'utiliser en voiture, il vous en coûtera 7,40 € en été, 5,60 € le reste de l'année. Pour le régal des yeux, de nombreux belvédères ont été aménagés autour de la ville, dont celui de l'Aire du Viaduc.

Se promener

Départ de la place de la Capelle où vous pouvez visiter la **Halle Millau Viaduc** *(voir ci-dessus). Prenez la rue de la Capelle.*

Place du Maréchal-Foch

C'est la partie la plus pittoresque du vieux Millau, avec son « couvert » aux arcades (12e-16e s.) soutenues par des colonnes cylindriques. On y voit encore une pierre rectangulaire, reste de l'ancien pilori *(entre la 2e et la 3e colonne en venant du nord).* La 3e colonne porte l'inscription (assez peu distincte) : *Gara qué faras,* « Attention à ce que tu vas faire ». Si cet avertissement vous fait hésiter, nous vous conseillons de visiter l'**église** et le **musée de Millau★** *(voir « Visiter »).*

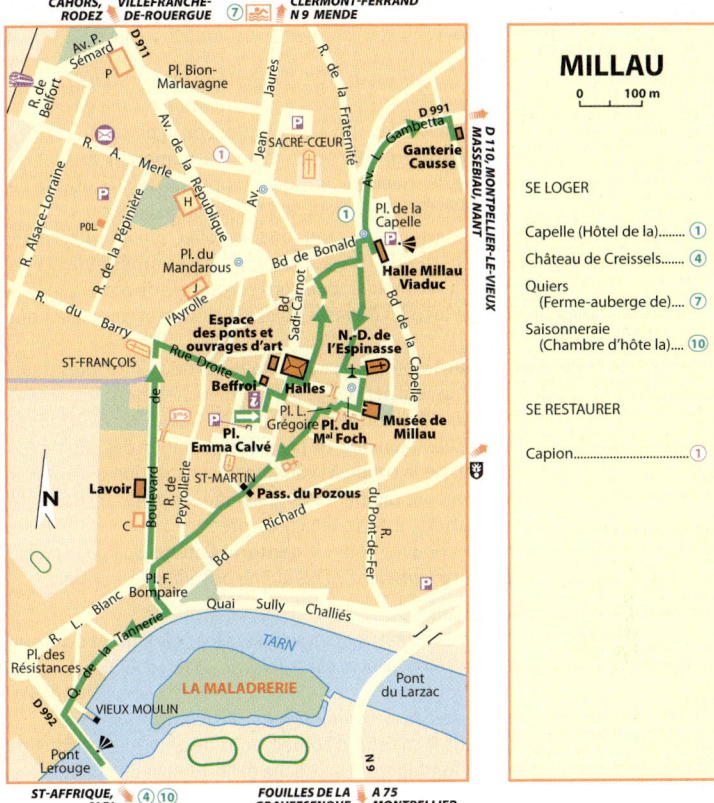

MILLAU

0   100 m

SE LOGER

Capelle (Hôtel de la)........ ①
Château de Creissels........ ④
Quiers
(Ferme-auberge de).... ⑦
Saisonneraie
(Chambre d'hôte la).... ⑩

SE RESTAURER

Capion................................. ①

Église N.-D.-de-l'Espinasse – Elle possédait autrefois une épine de la Sainte Couronne, d'où son nom. Lieu de pèlerinage important au Moyen Âge, l'édifice, roman à l'origine, fut reconstruit au 17ᵉ s. Les fresques du chœur (1939) sont dues à Jean Bernard et les vitraux de la nef (1984) à Claude Baillon.

À droite de la place, prenez la rue des Jacobins.

On passe sous le **passage du Pozous**, ancienne porte fortifiée du 13ᵉ s. La rue du Voultre, avec ses passages voûtés très bas, débouche sur le boulevard de l'Ayrolle. Par le quai de la Tannerie vous pouvez rejoindre le pont d'où vous avez une belle **vue** sur la ville et les kayakistes.

Remontez le boulevard.

Lavoir

Curieuse construction de plan hémisphérique que ce lavoir du 18ᵉ s. Il est surmonté d'un joli toit.

Passez devant le château de Sambucy (17ᵉ s.). *Continuez sur le boulevard jusqu'à l'église St-François ; prenez en face la rue Droite.*

Beffroi

℘ 05 65 60 02 42 - juil.-août : 10h-12h, 14h30-18h ; de mi-juin à fin juin et sept : 14h30-18h - 2,70 € visite libre (-18 ans gratuit), 3,50 € visite guidée.

Dans la rue Droite, une des plus commerçantes de la ville, cette tour gothique est un reste de l'ancien hôtel de ville. La tour carrée (12ᵉ s.) servit de prison.

Un peu plus loin à droite se trouve une place d'architecture résolument contemporaine, immortalisant la cantatrice **Emma Calvé**. De là, jolie vue sur le beffroi.

De retour dans la rue Droite, prenez presque en face vers les halles. De la fin du 19ᵉ s. les **halles** ne sont pas sans rappeler le fameux style Baltard et accueillent le marché couvert.

Regagnez la place de la Capelle par les rues Thilhorier, Rey et des Commandeurs.

De la place, vous pouvez assez rapidement rejoindre *(10mn à pied)* par le boulevard Gambetta le **gantier Causse**, le seul qui reste à Millau. Installé au 5 boulevard des Gantières, il bénéficie de superbes locaux réhabilités par J.-M. Wilmotte. Visite de l'atelier sur demande, boutique. ℘ 05 65 60 03 05 - www.causse-gantier.fr.

Visiter

Musée de Millau★

Pl. du Mar.-Foch. ☏ 05 65 59 01 08 - juil.-août : 10h-18h ; reste de l'année : 10h-12h, 14h-18h - fermé dim. et j. fériés d'oct. à mai - 5 € (-18 ans gratuit), gratuit 1er sam. du mois.
Il est installé dans l'hôtel de Pégayrolles (18e s.), au sud-est de la place. Au rez-de-chaussée, la **section de paléontologie** abrite, au milieu de nombreux fossiles de faune et de flore du secondaire, le squelette, presque complet, d'un plésiosaure de Tournemire, reptile marin de 4 m de long datant de 180 millions d'années…
Les caves voûtées du musée abritent une remarquable collection de **poteries★** gallo-romaines, trouvées sur le site de la Graufesenque : vases ornés et lisses de toutes les périodes de construction, moules, poinçons et comptes de potiers, atelier et four reconstitués. Remarquez les piles de vases collés à la cuisson et complètement déformés. Ce sont des « ratés » !
Le **musée de la Peau et du Gant★** présente, au 1er étage, les deux industries tradi-tionnelles de Millau : la mégisserie, qui permet de transformer une peau périssable et brute en un produit imputrescible de haute qualité *(montage audiovisuel de 12mn)*, et la ganterie. Nombreux outils, échantillonnage de peaux, présentation des différentes étapes de fabrication d'un gant de la coupe à la finition (reconstitution d'un atelier du 19e s.). L'histoire du gant, avec ses raffinements (magnifiques paires de gants de soirée) et ses différentes utilisations, est très bien présentée.
♿ Pour prolonger la visite vous pouvez visiter la **ganterie Causse** *(voir page précé-dente)* ou la **mégisserie Richard** *(renseignements auprès de l'office de tourisme).*

Fouilles de la Graufesenque

1 km au sud de Millau. Sortez en direction de Montpellier et Albi, puis tournez à gauche au rond-point suivant immédiatement le pont sur le Tarn. ☏ 05 65 60 11 37 - ♿ - juil.-août : 10h-12h30, 14h30-19h ; mai, juin et sept. : 10h-12h, 14h-18h ; oct.-avr. : 10h-12h, 14h-17h - fermé lun. et j. fériés - 4 € (-18 ans gratuit), gratuit 1er dim. du mois.
Après une vidéo, projetée dans la maison d'accueil, vous découvrirez les fouilles qui ont permis de dégager les fondations d'un village gallo-romain de potiers avec sa rue centrale, son canal, les ateliers, les maisons des esclaves et l'un des énormes fours où l'on pouvait cuire jusqu'à 40 000 vases dans la même fournée. Il est vrai que celle-ci durait presque un mois !

Parc naturel régional des Grands Causses

Le parc s'étend sur 315 640 hectares. Il englobe 94 communes rassemblant une population de plus de 64 000 habitants. Il a pour but la valorisation du patrimoine naturel et architectural, le soutien d'une agriculture gestionnaire de l'espace et des activités économiques (conservation des races ovines menacées : raïole, caussenarde des garrigues et rouge du Roussillon, développement de l'hébergement rural), la promotion des produits agroalimentaires et artisanaux. Concernant le patrimoine rural disséminé sur les Grands Causses, une action de sauvegarde de témoins du passé, comme les fours à pain, les cazelles, les lavognes, les pigeonniers, les lavoirs ou les fontaines, est engagée.

Circuit de découverte

LES RASPES ET LE SAINT-AFFRICAIN

120 km – environ 4h. Quittez Millau au sud-ouest par la D 41.

Peyre★

Accroché aux falaises où nichent chauves-souris et corbeaux, le village est des plus pittoresques. Dans les ruelles étroites, les façades de tuf des maisons sont ornées de belles ferronneries. L'**église semi-troglodytique** (11e s.) présente sur sa façade quelques éléments défensifs : bretèches, bouches à feu et assommoirs. C'est à l'heure des incursions huguenotes (17e s.) qu'elle fut fortifiée.
Continuez sur la D 41 avant de traverser St-Rome-de-Tarn, étagé au-dessus de la rivière pour rejoindre à l'ouest la D 31. La vallée s'encaisse dans un passage appelé les « raspes » du Tarn, portion de la rivière où les rochers déchiquetés se mêlent aux genêts et aux châtaigniers.

St-Victor-et-Melvieu
Centre d'interprétation de l'art mural et de la fresque – ☎ 05 65 62 58 21 - mai-oct. : 10h15-12h, 14h-18h ; nov.-déc. : tlj sf lun. 14h-17h ; des vac. scol. de Noël à fin avr. : 10h15-12h, 14h-17h - fermé le w.-end de déb. nov. à fin avr. (sf vac. de Noël)- 4 € (enf. 2 €) - visite commentée de l'église sur RV 3 € (-12 ans gratuit).

Bornes interactives et projections vidéo vous permettent de découvrir l'art de la peinture murale au fil des siècles. Le village caussenard, dominé par sa tour de guet (16e s.), abrite en effet un surprenant joyau : surnommée « la chapelle Sixtine rouergate », la petite église romane comporte de magnifiques **fresques**★ de Nicolaï Greschny (1912-1985). Né en Estonie, ce peintre d'icônes, héritier d'une tradition familiale, connaîtra l'exil dès la révolution russe. Ses voyages à travers l'Europe l'emmènent jusque dans le Tarn où il s'installe définitivement en 1948. Il réalisa près de 10 000 m² de fresques dans de nombreuses églises du sud-est. À St-Victor, l'ensemble se compose de 25 scènes bibliques dans lesquelles se glissent Nicolaï Greschny (en culottes courtes !) mais aussi quelques figures locales choisies par le peintre.

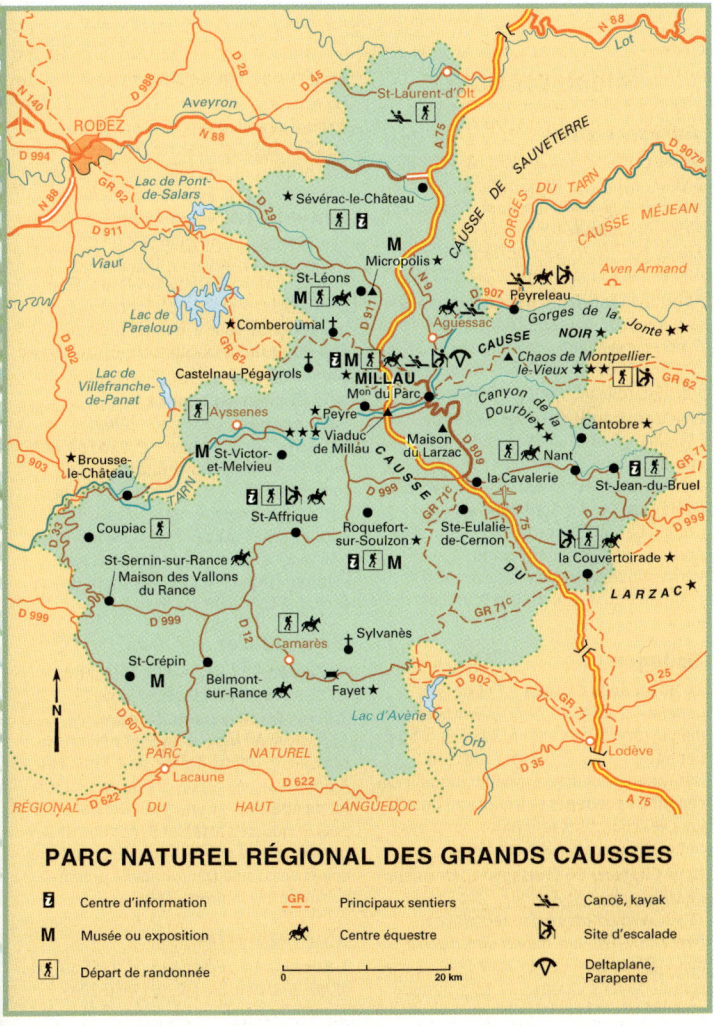

PARC NATUREL RÉGIONAL DES GRANDS CAUSSES

🅸 Centre d'information	**GR** Principaux sentiers	🛶 Canoë, kayak
M Musée ou exposition	🐎 Centre équestre	🧗 Site d'escalade
🅧 Départ de randonnée	0 ────── 20 km	🪂 Deltaplane, Parapente

Après St-Victor, prenez à droite la D 510 puis à gauche la D 73.
Gagnez **Le Pouget**, ce site très verdoyant est le siège d'une des plus importantes **centrales hydroélectriques** du sud-ouest.
Partez vers l'ouest. Au-delà du village du Truel, remontez sur le plateau puis prenez à droite la D 25.

Lac de Villefranche-de-Panat

C'est un des grands lacs du sud Aveyron (197 ha), où pêcheurs et baigneurs (deux plages avec baignade surveillée) se retrouvent en été. Construit sur l'Alrance, un affluent du Tarn, il est alimenté par les eaux des lacs de Pont-de-Salars, du Bage, de Pareloup. Ses eaux sont ensuite dirigées vers le barrage de St-Amans, pour actionner l'usine du Pouget.

Revenez au Truel et traversez le Tarn pour rejoindre la D 527 vers Les Costes-Gozon. Dépassez ce village et prenez à droite la D 50. À un croisement planté d'une croix, tournez à droite puis encore à droite vers Crassous. Sur le côté gauche de la route, après Crassous, beau dolmen.

Faites demi-tour jusqu'au croisement à la croix. Prenez à droite vers Tiergues. Un autre dolmen se trouve dans un champ, à 200 m de la route.

Rejoignez la D 993 après Tiergues.

St-Affrique

(voir Roquefort-sur-Soulzon). Revenez à Millau par les D 999 et D 992.

Millau pratique

Adresses utiles

Office du tourisme de Millau – *1 pl. du Beffroi - 12100 -* ☎ *05 65 60 02 42 - www.ot-millau.fr - juil.-août : lun.-sam. 9h-19h, dim. 9h30-16h ; reste de l'année : lun.-vend. : 9h-12h30, 14h-18h30, sam. 9h-18h30, dim. et j. fériés : 9h30-16h - fermé 1er janv., 25 déc.*

Point info tourisme des Cazalous – *Situé sous le viaduc, à proximité de Creissels sur la D 992 reliant Millau à St-Affrique -* ☎ *05 65 58 80 65 - de fin mars à fin octobre : 10h-19h ; reste de l'année : 10h-17h.*

PNR des Grands Causses – *71 bd de l'Ayrolle -* ☎ *05 65 61 35 50 - www.parc-grands-causses.fr - mai-sept. : 9h-12h30, 14h-18h ; reste de l'année : 9h-12h, 14h-17h - fermé 1 sem. en fin d'année, w.-end et j. fériés.* Le Parc donne des adresses utiles pour trouver un hébergement authentique, pratiquer des activités originales ou découvrir le patrimoine local.

Se loger

⚄ **Hôtel de la Capelle** – *7 pl. de la Capelle -* ☎ *05 65 60 14 72 - www.hotel-millau-capelle.com - 45 ch. 30/48 € -* 🛌 *6 €.* Cet hôtel a deux avantages : des prix raisonnables et une certaine tranquillité. À ce tarif il ne faut pas s'attendre au grand luxe, les chambres sont plutôt simples et ont gardé un cadre années 1960.

⚄⚁ **Château de Creissels** – *2 km au sud de Millau, rte de St-Affrique -* ☎ *05 65 60 16 59 - www.chateau-de-creissels.com - fermé janv.-fév., lun. midi et dim. d'oct. à avr. -* 🕯 *- 30 ch. 63/96 € -* 🛌 *9 € - rest. 23/50 €.* Ce château du 12e s. domine agréablement la ville de Millau. La bâtisse principale abrite un salon bourgeois, deux salles à manger coiffées de jolies voûtes en pierre, une belle terrasse panoramique et des chambres garnies de meubles anciens. Une aile construite en 1971 propose un hébergement au décor plus sobre.

⚄⚁ **Ferme-auberge de Quiers** – *Hameau de Quiers - 12520 Compeyre - 12 km au nord de Millau par D 809 et D 907 -* ☎ *05 65 59 85 10 - www.quiers.net - ouv. de déb. avr. aux vac. de Toussaint -* ✉ *- réserv. obligatoire - 5 ch. 54 € -* 🛌 *- repas 20/23 €.* Dans un hameau agrippé aux contreforts des causses, cette vieille grange restaurée abrite des chambres confortables et fonctionnelles (certaines avec arches en pierres apparentes ou plafond voûté), et une coquette salle à manger rustique. Superbe vue sur la vallée et les plateaux et calme absolu...

⚄⚁ **Chambre d'hôte La Saisonneraie** – *Luzençon - 12100 St-Georges-de-Luzençon -* ☎ *05 65 62 58 86 ou 06 84 47 18 72 - www.lasaisonneraie.com -* ✉ *- 4 ch. 79 € -* 🛌*. Dans un village perché sur la colline, cette bâtisse du 11e s. compte 4 belles chambres offrant toutes une vue superbe sur le vaste paysage alentour. Trois d'entre elles offrent un accès indépendant sur l'extérieur.

Se restaurer

⚄ **Capion** – *3 r. Jean-François-Alméras -* ☎ *05 65 60 00 91 - fermé 2-7 janv., 1er-20 juil., mar. soir et merc. sf en août - 13,50/36 €.* Au Moyen Âge, les pèlerins se pressaient à Notre-Dame-de-L'Espinasse. Aujourd'hui, le Capion draine vers lui son lot de fidèles... gourmands. Serait-ce pécher que de s'attabler dans l'une de ses petites salles à manger pour déguster une copieuse cuisine traditionnelle préparée « comme à la maison » ? Mais résister...

Que rapporter

J. Bonami – *4 r. Peyssière -* ☎ *05 65 60 07 40 - tlj sf dim. 6h-13h30, 15h30-20h - fermé 2 sem. en fév. ; 3 sem. apr. le 15 août et j. fériés.* Monsieur et Madame Bonami n'en démordent pas : « Nous sommes définitivement anti-artificiel, anti-mauvaise qualité et pour la tradition : les cerises, c'est en juin, le raisin, en septembre, et ce n'est pas autrement ! ». Découvrez dans cette pâtisserie le véritable gâteau à la broche cuit au feu de bois et les échaudés, élaborés selon une recette ancienne.

Cave des Vignerons des gorges du Tarn – *Av. Causses - 5 km de Millau - 12520 Aguessac -* ☏ *05 65 59 84 11 - tlj sf dim. 8h-12h, 14h-18h - fermé j. fériés.* La cave des Vignerons des gorges du Tarn regroupe les appellations d'origine « Vin délimité de qualité supérieure » (VDQS) côtes de Millau donnant des vins rouges et rosés. Elle présente également le Cerno, apéritif élaboré à partir de gamay et d'extraits naturels de plantes.

Sports & Loisirs

Évasion Parapente et Randonnées – *Chemin des Terrasses, rte de Paulhe -* ☏ *06 09 14 46 94 - www.millau-evasion. com - ouv. tte l'année - à partir de 55 €.* Parapente (baptême de l'air, stages), raquettes à neige en hiver et randonnées pédestres.

Horizon Millau – *6 pl. Lucien-Grégoire -* ☏ *05 65 59 78 60 - www.horizon-millau. com - mars-nov. : 9h-12h, 14h-19h, fév. et déc. : 10h-12h, 14h-18h - fermé janv.* Au cœur du Parc régional naturel des Grands Causses, vous pourrez, grâce à ce centre, pratiquer le parapente, ou encore le canyoning, la via ferrata et l'escalade, la spéléologie. Propose également un parcours aventure. Boutique de matériel spécialisé.

Roc et Canyon – *55 av. Jean-Jaurès -* ☏ *05 65 61 17 77 - www.roc-et-canyon. com - juil.-août : 9h-19h ; accueil : 9h-19h.* Escalade, spéléo, VTT, rafting, randonnées, canyoning, canoë, aventure aquatique, frenzy, hot dog, via ferrata, biplace parapente, parcours aventure… Ces activités vous sont proposées sous le contrôle de moniteurs diplômés d'État.

Centre International de Vol libre – *Cabrières - 12520 Aguessac -* ☏ *05 65 59 84 44 - www.cabrieres.net.* À l'entrée des Gorges du Tarn, cette école de deltaplane dispense ses cours aux débutants, et propose aussi des stages de cuisine et des séjours à thème. Gîte de séjour pour l'hébergement.

Centre Permanent d'Initiatives pour l'Environnement (CPIE) du Rouergue – *La Maladrerie -* ☏ *05 65 61 06 57 - www. cpie-rouergue.com - 8h30-12h, 14h-17h30 ; w.-end sur RV - fermé j. fériés.* Il propose des randonnées de découverte de la nature et du patrimoine.

Escapade – *Rte des Gorges-du-Tarn - 12520 Aguessac -* ☏ *05 65 59 72 03 - sais. : 8h-20h30 ; reste de l'année sur RV - 15 à 45 €.* Canoë, kayak, canyoning, escalade, spéléologie et VTT.

Promenade en bateau – Le Héron des Raspes – ☏ *05 65 62 59 12/52 49 - de mi-juil. à fin août : 15h30, 16h45 ; 1re sem. de juil. et dernière sem. d'août : 15h30 ; avr.-juin et sept. : sur demande - 10 € (-12 ans, 6,50 €) - promenade en bateau au dép. du Viala-du-Tarn.*

Petit train des Raspes – ☏ *05 65 62 58 21 - au dép. de N.-D.-du-Désert (12400 St-Victor-et-Melvieu).*

Les Bateliers du Viaduc – *3 pl. des Baoumas - 12100 Creissels -* ☏ *05 65 59 12 41 - www.bateliersduviaduc.com - 9h-12h, 13h30-18h - 22 € (enf. 9,50 €).*

Minerve★

112 MINERVOIS
CARTE GÉNÉRALE B4 – CARTE MICHELIN DÉPARTEMENTS 339 B8 – HÉRAULT (34)

Minerve s'étire sur un promontoire rocheux, véritable île détachée du causse sous les effets conjugués de l'érosion glaciaire puis fluviale. Dominant un passage aride et comme brûlé, entaillé de gorges sauvages, la cité bénéficie d'un site très pittoresque, truffé de curiosités rares, tels ses ponts naturels. De la fière forteresse qui se dressait sur cet éperon au Moyen Âge, il ne reste plus rien. L'écho de la tragédie cathare causée ici par Simon de Montfort est à présent assourdi par un océan de vignobles.

- ▶ **Se repérer** – À 32 km au nord-ouest de Narbonne par la D 607.
- 🅿 **Se garer** – L'accès au village est réservé aux riverains. Laissez la voiture sur le parking, de l'autre côté du pont qui permet d'accéder au village. Attention, en été, il y a foule.
- 👁 **À ne pas manquer** – Les deux ponts naturels sculptés par la Cesse ; la tour octogonale du château de Minerve ; le décor de l'abside de la chapelle St-Germain et les fresques de la chapelle de Centeilles.
- 🕐 **Organiser son temps** – Comptez 2h.
- 👫 **Avec les enfants** – Le musée Hurepel.
- 👍 **Pour poursuivre la visite** – Voir aussi Carcassonne, l'oppidum d'Ensérune, Lagrasse, le canal du Midi, la Montagne noire, Olargues et St-Pons-de-Thomières.

Se promener

Il faut prendre le temps de flâner au hasard des ruelles et des *calades* du village… Une promenade hors du temps, surtout lorsqu'en fin d'après-midi le flot des touristes abandonne la cité qui, dès lors, comme endormie, vous appartient…

Les ponts naturels★

La D 147 au sud-ouest du village offre de belles vues sur les deux ponts naturels. Ils ont été ouverts au début du quaternaire quand la Cesse a abandonné les deux méandres qu'elle décrivait avant de rencontrer le Briant, pour attaquer la paroi calcaire. En empruntant les failles qui la sillonnaient et qu'elle a agrandies, elle a percé deux véritables tunnels : le **Grand Pont**, le premier, que traverse la rivière, mesure 250 m de long et se termine par une ouverture d'une trentaine de mètres de hauteur ; le **Petit Pont**, que la Cesse emprunte en amont sur une longueur de 110 m pour une quinzaine de mètres de hauteur. En période de sécheresse, on peut suivre à pied le lit de la rivière. Montez jusqu'à la rue des Martyrs, étroite et pittoresque, où se sont ins-

Ne manquez pas les ponts naturels.

tallés quelques artisans et nombre d'échoppes de viticulteurs. Remarquer sur la droite la porte dite de la maison des Templiers (13ᵉ s.).

Église St-Étienne

Cette petite église romane possède une abside en cul-de-four construite au 11ᵉ s. en petits moellons réguliers. La nef, voûtée en berceau brisé, a été élevée quant à elle au 12ᵉ s.

Poursuivez vers la tour au nord du village.

Cette tour octogonale appelée la « **Candela** » (chandelle) forme avec des pans de murs surplombant la vallée du Briant à l'est les derniers vestiges du château de Minerve, établi sur le passage qui relie la cité au causse. Remanié plusieurs fois, il a été démantelé en même temps que les fortifications sur l'ordre de Louis XIII en 1636. La Candela, avec ses parements, date du milieu du 13e s.

Redescendez la rue des Martyrs puis prenez à gauche une ruelle étroite grossièrement empierrée, qui descend vers les remparts. Il reste quelques vestiges de la double enceinte qui protégeait Minerve au 12e s., dont la poterne sud, pourvue d'un arc brisé.

Suivez le chemin à gauche qui longe le bas du village.

Puits St-Rustique

Relié aux remparts par un chemin couvert, il devait assurer le ravitaillement en eau des assiégés au cours du siège de 1210. Simon de Montfort le détruisit grâce à une puissante catapulte installée de l'autre côté de la rivière, ce qui entraîna la chute de Minerve.

La vallée du Briant

Un sentier étroit contourne le village en suivant la vallée encaissée du Briant. Il remonte jusqu'à la Candela.

> **Le saviez-vous ?**
> Minerve, qui fut très tôt une ville de cathares, a emprunté son nom à Minerva, la déesse romaine de la guerre et des sciences.

Visiter

Musée

℘ 04 68 91 22 92 - de déb. mars à mi-nov. : 10h-12h30, 13h30-18h - fermé reste de l'année. - 1,70 € (enf. 1 €).

Consacré essentiellement à la préhistoire et à l'archéologie jusqu'à la période romaine et wisigothique, il abrite notamment le relevé des traces de pas humains découvertes en 1948 dans l'argile de la **grotte d'Aldène**, qui seraient celles d'un homme du début du paléolithique supérieur (15 000 ans environ, période aurignacienne).

Musée Hurepel

℘ 04 68 91 12 26 - juil.-août : 10h-13h, 14h-19h ; avr.-juin et sept.-oct. : 10h30-12h30, 14h-18h - 3 € (+ 14 ans 2 €).

👪 Il retrace, sous forme de maquettes miniatures, les principaux épisodes de l'épopée cathare.

Circuit de découverte

LE HAUT MINERVOIS★

35 km. Prenez la D 10^{E1} à l'ouest en direction de Fauzan.

Canyon de la Cesse

Au début du quaternaire, les eaux de cette rivière ont creusé la vallée en canyon, agrandi les grottes existantes et en ont percé de nouvelles. En amont de Minerve, la vallée se resserre, les eaux, abandonnant les terrains primaires imperméables, s'infiltrent sur une longueur de 20 km, ne reprenant leur lit superficiel qu'en période de gros orages en hiver.

Prenez à gauche la route de Cesseras qui descend vers la plaine et les vignes. Traversez Cesseras et prenez à droite la D 168 vers Siran. 2 km plus loin, tournez de nouveau à droite.

Chapelle de St-Germain

Nichée dans un bouquet de pins, cette chapelle romane est remarquable pour le décor de son abside.

Revenez à la D 168 et poursuivez vers Siran.

Après un peu moins de 1 km, une colline plantée de pins se détache sur la gauche.

🚶 *Arrêtez la voiture après le pont qui enjambe un chemin et prenez le sentier qui monte vers le sommet de la colline.* Là se trouve un intéressant **dolmen** de type allée couverte appelé **Mourel des Fades** (dolmen des Fées).

Chapelle de Centeilles★

Au nord de Siran.

Entourée de cyprès, de chênes verts et de vignes, cette chapelle du 13e s., située à la limite entre le causse de Minerve et la plaine, embrasse un vaste panorama sur le vignoble, la Livinière et le curieux clocher de sa basilique surmonté d'une coupole. À l'intérieur, belles **fresques★** du 14e s. et du début du 15e s. représentant un Arbre de Jessé, saint Michel et saint Bruno. Dans le transept a été déposée une mosaïque romaine du 3e s. exhumée à Siran.

Aux alentours de la chapelle de Centeilles, on aperçoit quelques constructions en pierres sèches appelées ici des *capitelles*.

Prenant appui sur les rives rocheuses de la Cesse, ce pont est le seul accès au village de Minerve.

Revenez au village de Siran et empruntez, à gauche après le château d'eau, une petite route qui contourne le pic St-Martin et rejoint au nord la D 182 en surplombant les gorges de la Cesse. Tournez à droite vers Minerve. Peu après le hameau de Fauzan, prenez un chemin à gauche.

Après 1,5 km, près des bâtiments d'une usine désaffectée, un vaste terre-plein donne sur les gorges de la Cesse et procure de belles vues sur les **grottes** qui trouent la falaise. C'est dans l'une de ces grottes, celle d'**Aldène**, que furent découvertes en 1948 les traces d'un homme du paléolithique. Un petit chemin entre deux rochers mène à la **grotte de Fauzan** où furent aussi relevées d'autres traces de pas préhistoriques. Revenez à Minerve par le canyon de la Cesse.

Minerve pratique

Adresse utile

Office du tourisme de Minerve – *9 r. des Martyrs - 34210 - ℘ 04 68 91 81 43 - www. minerve-tourisme.com - juil.-août : 9h-12h, 14h-18h ; sept.-oct. : mar.-sam. 9h-12h, 14h-18h ; nov.-juin : lun.-vend. 9h-12h, 14h-18h - fermé vac. de Noël.*

Se restaurer

Lo Cagarol – *Pl. La Fontaine - 34210 Aigne - ℘ 04 68 27 84 22 - fermé jeu. de sept. à juin et merc., janv. - réserv. conseillée le midi - 13,50/44 €.* Qu'est-ce qui séduit le plus les clients de ce restaurant ? Son cadre plein de caractère, dans la salle à manger rustique et sur la terrasse ombragée ? Ou sa très belle carte, qui change régulièrement, pour surprendre même les connaisseurs ? Cessez de vous poser des questions et dévorez votre assiette, ça va refroidir.

Relais Chantovent – *17 Grand-Rue - ℘ 04 68 91 14 18 - relais.chantovent@ orange.fr - fermé dim. soir et lun., 16 déc.-14 mars - 20/38 € - 5 ch. 45 € - ☐ 6 €.* Interdit aux voitures : c'est donc à pied que vous atteindrez ce village cathare étiré sur un promontoire rocheux. Au Relais Chantovent, sympathique auberge dont la terrasse offre une vue imprenable sur les gorges du Brian, vous goûterez de bons petits plats régionaux arrosés comme il se doit de vins du Minervois.

Loisirs

Manifestations culturelles – L'été, le site du Grand Pont naturel sert de décor aux manifestations culturelles.

Mont-Louis★

284 MONT-LOUISIENS
CARTE GÉNÉRALE A5 – CARTE MICHELIN DÉPARTEMENTS 344 D7
PYRÉNÉES-ORIENTALES (66)

Au sommet d'un tertre, Mont-Louis est à la fois une superbe porte d'accès à la Cerdagne et la plus haute place forte de France. Créée en 1679 par Vauban pour défendre la nouvelle frontière du traité des Pyrénées signé entre la France et l'Espagne (1659), la ville devait faire office de verrou mais n'eut jamais à tenir de rôle militaire… si ce n'est, de nos jours, à un centre d'entraînement de défense mobile et d'instruction ! Le long des remparts, le village présente un visage adouci, chauffé par le soleil et irradié par les mille miroirs d'un grand four solaire.

▶ **Se repérer** – À 36 km au sud-ouest de Prades par la N 116 et à 9 km à l'est de Font-Romeu-Odeillo-Via par la D 618.

👁 **À ne pas manquer** – La citadelle et le puits des Forçats, le curieux plan en polygone étoilé de l'église de Planès et les randonnées aux abords du lac des Bouillouses.

🕐 **Organiser son temps** – Comptez 1h pour faire le tour de la cité.

👥 **Avec les enfants** – Le four solaire.

🔥 **Pour poursuivre la visite** – Voir aussi la principauté d'Andorre, le Canigou, le Capcir, la Cerdagne, le Conflent, Font-Romeu-Odeillo-Via, St-Martin-du-Canigou et Villefranche-de-Conflent.

Visiter

La cité, édifiée par Vauban, adopta le nom du souverain régnant alors sur la France, Louis XIV. Elle est classée au Patrimoine mondial de l'Unesco au titre des Sites majeurs de Vauban.

La place forte

Elle se compose d'une citadelle et d'une ville en contrebas, entièrement close de remparts. La citadelle adopte un plan carré dont les angles coupés sont prolongés par des bastions. Trois demi-lunes protègent les courtines. Remarquer le **puits des Forçats**, ouvrage en bois du 18ᵉ s., qui servait à alimenter en eau les défenseurs en cas de siège. 📞 04 68 04 21 97 - visite guidée de déb. juil. à mi-sept. : 10h, 11h, 14h, 15h et 16h ; reste de l'année : 11h et 14h - fermé dim. et de mi-déc. à mi-janv - 4,50 € (enf. 1,50 €). N'ayant jamais subi de siège, la cité a conservé ses remparts intacts, de même que la porte de France par laquelle on y accède, les bastions et les échauguettes.

Sur la terrasse de l'église, la cité honore la mémoire du **général Dagobert**, maître dans l'art de la guerre en montagne, qui, en 1793, aux heures sombres de l'invasion du Roussillon, chassa les Espagnols de Cerdagne.

Four solaire

📞 04 68 04 14 89 - www.four-solaire.fr - ♿ - juil.-août : visite guidée ttes les 30mn, 10h-11h30, 14h-18h ; mars-juin et sept.-oct. : 10h, 11h, 14h, 15h, 16h et 17h (de mi-juin à mi-sept. 18h) ; nov.-fév. : 10h, 11h, 14h, 15h et 16h - fermé 1ᵉʳ janv. et 25 déc. - 6 € (7-17 ans 4 €).

👥 Il fut installé en 1953. Le concentrateur, modifié en 1980, comporte 860 miroirs concaves, l'héliostat, 546 miroirs plans. Cette structure concentre le rayonnement solaire en son foyer où peuvent être obtenues des températures de 3 000 à 3 500 °C. Avancée prometteuse vers l'exploitation des énergies nouvelles, le four solaire est passé, depuis juillet 1993, au stade de mise en production. Il est notamment utilisé pour la production de céramique d'art.

Le four solaire de Mont-Louis, un des premiers en France.

L. Campion / MICHELIN

Aux alentours

Planès

6,5 km au sud par la route de la Cabanasse et St-Pierre-dels-Forcats. Laissez la voiture devant la mairie-école de Planès et prenez, à droite, le chemin de l'église. Des abords de l'église qu'entoure un petit cimetière, belle **vue** sur le massif du Carlit. L'**église**★ est curieuse par son plan en polygone étoilé aux branches alternativement anguleuses et émoussées en absidioles semi-circulaires. On a beaucoup épilogué sur l'origine de l'église de Planès, d'une structure très rare dans l'Occident médiéval, et que la tradition locale a attribuée aux Sarrasins : dans le pays, on aurait appelé l'église la *mesquita* (la mosquée). Il s'agit, sans doute, d'un édifice roman inspiré par le symbole de la Trinité. ℘ 04 68 04 83 87 - M*me* Alliès, clé disponible au gîte « Le Malaza », à Planès.

Lac des Bouillouses★

14 km au nord-ouest de Mont-Louis par la route de Quillan (D 118) ; 300 m après un pont sur la Têt, tournez à gauche dans la D 60 (voir le Capcir).

Mont-Louis pratique

♿ Voir aussi Font-Romeu-Odeillo-Via

Adresse utile

Office du tourisme de Mont-Louis – *3 r. Lt-Pruneta - 66210 - 04 68 04 21 97 - www. mont-louis.net - juil.-août : 10h-12h, 14h-18h ; sept.-juin : tlj sf dim. 10h-12h, 14h-17h (avr.-juin 18h) - fermé 1er janv., 1er Mai, 25 déc.*

Se loger

☐ **Hôtel Lou Roubalou** – *R. des Écoles-Laïques -* ℘ *04 68 04 23 26 ou 06 81 49 49 98 - www.mont-louis.com - fermé mai et nov., le midi - 7 ch. 40/60 € - ⊑ 7 €.* Sur les hauteurs de la ville, dans les fortifications, cette maison ancienne aux balcons fleuris séduira les amateurs d'adresses authentiques.

☐ **Hôtel Corrieu** – *66210 La Llagonne -* ℘ *04 68 04 22 04 - www.hotel-corrieu. com - ouv. 11 juin-19 sept., 22 déc.-5 janv. et 12 janv.-15 mars ; rest. fermé jeu. midi sf vac. scol. -* 🅿 *- 24 ch. 36/80 € - ⊑ 9 € - rest. 23/36 €.* La même famille vous accueille depuis 1882 dans cet ancien relais de diligences. Chambres calmes et sobrement meublées, avec les Pyrénées en toile de fond. Tennis flambant neuf. Dans la salle à manger rénovée, on sert une cuisine traditionnelle simple.

La Montagne noire★

CARTE GÉNÉRALE B3 – CARTE MICHELIN DÉPARTEMENTS 344 E/F2 – AUDE (11)

À l'extrême sud-ouest du Massif Central, la Montagne noire est le repaire des forêts sombres et des rochers brunis par les ans. Elle s'élève brusquement au-dessus du Thoré, au nord, puis s'incline avec docilité vers les plaines du Lauragais et du Minervois. Les vents y jouent un véritable festival : gonflés de pluie à l'ouest, violents et secs sur le bassin du Bas-Languedoc, « marins » à l'est et vent d'autan sec en Haut-Languedoc. Après ces bourrasques, si la tête tient toujours aux épaules, on découvre les jaunes du maquis, les blancs des châteaux et les bleus des lacs, comme autant d'éclaircies heureuses sur cette montagne… peut-être pas si noire au fond.

▶ **Se repérer** – La Montagne noire constitue l'arrière-pays de Carcassonne dont elle est distante d'environ 35 km par la D 118, et de Castelnaudary, qui se trouve à une vingtaine de kilomètres par la D 624.

👁 **À ne pas manquer** – La palette automnale de la forêt de la Montagne noire ; la promenade sur les rives du bassin de St-Ferréol ; les ateliers d'art de Revel et le seuil de Naurouze.

🕐 **Organiser son temps** – Prévoyez deux jours, vous pourrez passer la nuit près du lac de St-Ferréol.

👪 **Avec les enfants** – L'arboretum du Lampy et la plage du bassin de St-Ferréol.

♿ **Pour poursuivre la visite** – Voir aussi Carcassonne, Castelnaudary, le canal du Midi, Minerve et St-Pons-de-Thomières. La partie nord de la Montagne noire est décrite dans *Le Guide Vert Midi-Pyrénées*.

Circuits de découverte

LE CABARDÈS★ 1
Circuit au départ de Carcassonne (voir ce nom).

LES EAUX CAPTIVES★ 2
De la prise d'Alzeau au seuil de Naurouze – 75 km – environ 5h.

Cet itinéraire suit le système d'alimentation du canal du Midi imaginé au 17e s. par Pierre Paul Riquet, puis amélioré au cours des siècles suivants. La Montagne noire représentant un formidable château d'eau, Riquet eut l'idée de rassembler les eaux de ses ruisseaux (principalement l'Alzeau, la Bernassonne, le Lampy et le Sor) et de les conduire par un petit canal (la rigole de la Plaine) jusqu'au bief de partage, à Naurouze.
Atteignez la prise d'Alzeau par la D 353 au départ de St-Denis et en direction de Lacombe, puis par une route forestière à droite.

Prise d'Alzeau

Un monument élevé à la mémoire de Pierre Paul Riquet retrace les étapes de la construction du canal du Midi. Il marque l'origine de la rigole de la Montagne qui capte les eaux de l'Alzeau puis, au cours de son cheminement, celles de la Coudière, de Cantemerle, de las Nobiès, de la Bernassonne, de la Falquette, du Lampy et enfin du Rieutord, et les conduit au bassin régulateur du Lampy. On peut voir, derrière la maison de garde, le départ de la rigole de la Montagne.
Faites demi-tour et continuez jusqu'à Lacombe. Tournez à gauche et suivez, par les routes forestières, la direction du Lampy.

Forêt domaniale de la Montagne noire

Forêt de 3 650 ha, essentiellement peuplée de hêtres et de sapins. C'est début novembre qu'il faut admirer ses couleurs flamboyantes.

> ### Le saviez-vous ?
> On dit cette montagne « noire » car son **versant nord**, le plus arrosé, est couvert de sombres forêts (chênes rouvres, hêtres, sapins, épicéas).
> Le versant sud a quant à lui un aspect méditerranéen, âpre et dénudé, où se mêlent garrigues, genêts, châtaigniers, vignes et oliviers.

Bassin du Lampy

Cette retenue de 1 672 000 m³ d'eau sur le Lampy se déverse dans la rigole de la Montagne qui, de la prise d'Alzeau, se poursuit jusqu'au bassin de St-Ferréol. Riquet avait installé un bassin régulateur de 6 ha environ (le Lampy-Vieux) qui s'avéra très vite insuffisant. À la fin du 18e s., l'ouverture de l'embranchement de la Robine imposa l'aménagement d'un bassin de plus grande capacité (le Lampy-Neuf). Le barrage actuel fut ainsi construit de 1776 à 1780 par l'ingénieur Garipuy.

De magnifiques hêtraies, sillonnées de sentiers ombragés, font du bassin du Lampy un but de promenade apprécié.

Arboretum du Lampy - *Le Lampy - 11310 Saissac - ℘ 04 68 24 46 07 - avr.-nov. : 10h-12h30, 14h-18h30 - fermé déc.-mars - visite commentée 5 € (-8 ans gratuit).*
La bâtisse fin 19e s. marque l'entrée de ce domaine de 3,5 ha où se côtoient une soixantaine d'essences différentes dont certaines firent l'objet d'essais botaniques pour les bords du canal. Parmi les seigneurs des bois : séquoias, thuyas géants, cyprès de Lawson, tulipiers de Virginie, gingko biloba, érables negundo… Maître des Eaux et Forêts et contemporain de Pierre Paul Riquet, La Fontaine est ici à l'honneur grâce à un parcours aménagé autour de fables illustrées.
Prenez la D 4 en direction de Saissac, puis tournez à droite dans la D 629. Avant Les Cammazes, prenez à droite la route conduisant au barrage.

Barrage des Cammazes

Constituée par un barrage-voûte de 70 m de hauteur, la retenue alimente le canal du Midi, fournit de l'eau potable à 116 communes et a permis l'irrigation de toute la plaine du Lauragais à l'est de Toulouse. Des sentiers permettent de descendre au bord du Sor, dans un beau site boisé.
Reprenez la D 629 à droite.

Dans un site verdoyant, la route se poursuit en longeant la rigole de la Montagne.

Voûte de Vauban

À l'entrée du village des Cammazes se trouve la voûte de Vauban, sous laquelle passe la rigole de la Montagne avant de se déverser dans le bassin de St-Ferréol.
Cette galerie souterraine de 122 m de long permet à la rigole de changer de bassin versant.

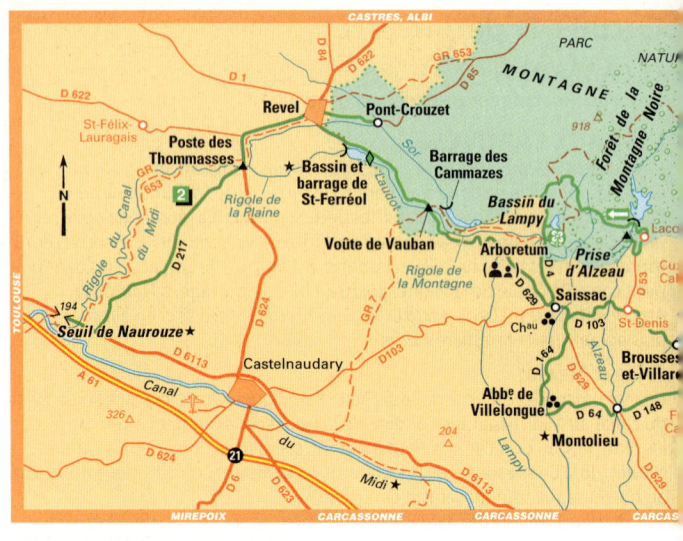

Bassin et barrage de St-Ferréol★

Avant d'entrer dans le bassin, les eaux sont divisées en deux par une vanne épan-choir : une partie entre dans le bassin, l'autre est dirigée dans la « rigole de ceinture » qui contourne le bassin et rejoint le Laudot moyen en aval du barrage. La vanne épanchoir sert à évacuer les eaux du Laudot supérieur lors de la vidange du bassin, environ tous les dix ans.

Le bassin et son barrage constituent le principal réservoir du canal du Midi, sur le versant océanique.

Encadré de collines boisées, le **bassin** s'étend sur 67 ha. Il est alimenté par le Laudot supérieur et par la rigole de la Montagne, venue du bassin du Lampy. Un sentier permet aux promeneurs d'en faire le tour et une plage a été aménagée sur la rive nord : il est possible en été de s'adonner à la pratique de la voile et de la baignade.

Le **barrage** a été construit par Riquet de 1667 à 1672 ; un millier d'ouvriers, femmes et enfants compris, y travaillèrent. Il se compose de trois murs parallèles : le mur amont, immergé sous l'eau du bassin, le « grand mur » (35 m de haut) et le mur aval. Entre le mur amont et le « grand mur » passe la « voûte d'enfer » et, au-dessus d'elle, la « voûte du tambour » ; entre les murs amont et aval sont situées la voûte de vidange et, juste au-dessus, la voûte des robinets. L'espace entre les trois murs a été comblé par un remblai de 120 m d'épaisseur.

Musée et jardins – *05 61 80 57 57 - juil.-août : 10h-19h ; avr.-juin et sept.-oct : tlj sf lun. 10h-12h30, 14h-18h ; janv.-mars et nov.-déc. : tlj sf lun. 14h-17h - fermé 1er janv., 1er Mai et 25 déc. - 4 € (enf. + 12 ans : 2 €).*

Ouvert fin juin 2008 dans l'ancienne maison de l'ingénieur, ce musée retrace l'incroyable histoire de ce canal depuis les premières étapes du projet imaginé par Pierre-Paul Riquet. La présentation des contextes technique, géographique et historique permet de mesurer les défis de ce chantier titanesque qui a mobilisé 12 000 ouvriers. La performance a également été de parfaitement s'intégrer à son environnement et devenir, aujourd'hui encore, un magnifique lien entre les hommes et les territoires traversés.

En contrebas du musée, le **parc** romantique, aménagé au milieu du 19e s., permet de mieux comprendre les principes hydrauliques qui régissent l'alimentation en eau du canal : suivez la « voûte des robinets » qui conduit au cœur du barrage, vous verrez ainsi le système de régulation et ses vannes installées en 1829.

Revel

Son passé de bastide (fondée en 1342) lui vaut un réseau de rues disposées géomé-triquement autour de la place centrale à couverts. La **halle** du 14e s., dont la taille est impressionnante, a conservé sa charpente de bois et son beffroi (remanié au 19e s.) ; tout autour, les galeries (17e s., 18e s.) du Nord, du Levant, du Midi et du Couchant complètent le charme de la place.

Des fabriques de meubles, des ateliers d'ébénisterie et de marqueterie, le travail du bronze, de la dorure et de la laque ainsi que des distilleries sont les principales activités de Revel.

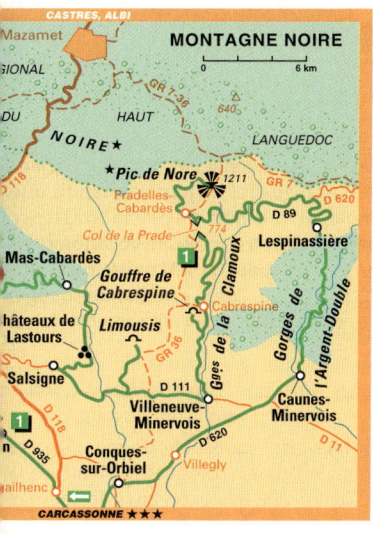

Non loin de l'angle nord-est de la place, **Sylvea** offre un panorama très complet de la filière bois, de l'exploitation de la forêt et de l'arbre aux nombreux métiers du bois, certains disparus (charron, sabotier), d'autres toujours vivants (charpentier, menuisier, tonnelier, luthier). Les ateliers d'art présentent leur savoir-faire (création et meubles de style). 🕿 05 61 27 65 50 - www.sylvea.com - ♿ - avr.-sept. : 9h-12h, 14h-18h, w.-end et j. fériés 14h-18h ; oct.-mars : tlj sf dim. et j. fériés 9h-12h, 14h-18h - fermé 1ᵉʳ janv., 1ᵉʳ Mai, 25 déc. - 4 € (-15 ans gratuit).

Prenez la D 85 à l'est en direction de Pont-Crouzet.

Pont-Crouzet

C'est le point de départ de la rigole de la Plaine, canal qui conduit les eaux du Sor vers le poste des Thommasses où elles rejoignent le Laudot moyen, lui-même venu du bassin de St-Ferréol.

Revenez à Revel et prenez la D 622 au sud puis la D 624 vers Castelnaudary.

Poste des Thommasses

Il sert à capter les eaux du Laudot moyen arrivant de St-Ferréol ainsi que celles du Sor, elles-mêmes captées à Pont-Crouzet et acheminées par la rigole de la Plaine. Les eaux ainsi réunies sont ensuite dirigées vers le seuil de Naurouze.

Seuil de Naurouze★ *(voir canal du Midi)*

La Montagne noire pratique

♿ Voir aussi Carcassonne.

Adresse utile

Office du tourisme de Carcassonne – *28 r. de Verdun - 11000 - 🕿 04 68 10 24 30 - www.carcassonne-tourisme.com - juil.-août : 9h-19h ; sept.-juin : lun.-sam. 9h-18h, dim. et j. fériés 9h-13h (nov.-mars : 12h) - fermé 1ᵉʳ janv., 25 déc.*

Se loger

Hôtel Le Pavillon des Hôtes – *81540 Sorèze - 6 km à l'est de Revel par D 85 - www.hotelfp-soreze.com -* 🅿 *- 20 ch. 55/65 € -* ☕ *12 € - rest. 21/50 €.* Cette annexe de l'hôtel occupe les anciens dortoirs de filles de l'abbaye-école. Les chambres, simples et de bon goût, sont réparties autour d'un joli patio et ouvrent soit sur le beau parc soit sur le village de Sorèze. De nombreuses activités culturelles sont également proposées sur le site.

Hôtel La Comtadine – *Lac de St-Ferréol - 31250 St-Ferréol - 🕿 05 61 81 73 03 - www.lacomtadine.com -* 🅿 *- 9 ch. 72/84 € -* ☕ *9 € - rest. 25 €.*

À quelques pas du lac, tranquille petit hôtel restauré. Lumineuses chambres contemporaines agrémentées de meubles chinés. Au restaurant, la cuisine prend l'accent du terroir.

Chambre d'hôte La Rougeanne – *11170 Moussoulens - 🕿 04 68 24 46 30 ou 06 61 69 99 - www.larougeanne.com -* ✄ *- 4 ch. 80/90 €* ☕. Goûtez au calme dans cette ancienne propriété de vigneron. Les chambres, décorées avec soin dans les tons pastel, ouvrent sur le parc arboré et, au-delà, la chaîne des Pyrénées. Au rez-de-chaussée, « Verveine » et « Tomette » disposent d'un salon en mezzanine et sont idéales pour un séjour en famille.

Se restaurer

Midi – *34 bd Gambetta - 31250 Revel - 🕿 05 61 83 50 50 - www.hotelrestaurantdumidi.com - 23/45 €.* Il fait bon vivre dans cet ancien relais de poste du 19ᵉ s. réhabilité en hôtel-restaurant familial. Un petit couloir rustique dessert un salon orné d'une ravissante fresque murale représentant Saint-Guilhem-le-Désert. Plats traditionnels gorgés de soleil et produits du terroir se marient parfaitement avec les bons crus du pays.

Montpellier★★★

AGGLOMÉRATION DE 287 981 MONTPELLIÉRAINS (VILLE : 248 000)
CARTE GÉNÉRALE D3 – CARTE MICHELIN DÉPARTEMENTS 339 I7 – HÉRAULT (34)

Capitale de la région Languedoc-Roussillon, Montpellier impressionne par son dynamisme. Baignés par la douce lumière méditerranéenne, ses quartiers anciens et ses superbes jardins agrémentent les promenades en journée, tandis que théâtres, cinémas et opéra animent longuement la nuit. En pleine croissance démographique, la ville, qui semble perpétuer son ancestrale vocation pour la médecine et la recherche, se transforme peu à peu, faisant naître quelques nouveaux quartiers à l'architecture audacieuse. Population estudiantine oblige, les visages sont jeunes aux terrasses des cafés tandis que l'air humecté de sel annonce déjà la mer toute proche…

- ▶ **Se repérer** – Située sur l'arc méditerranéen, à 170 km à l'ouest de Marseille, Montpellier est facilement accessible par l'A 9 ou l'A 75 si vous venez du nord.

- ▣ **Se garer** – La circulation en centre-ville relève de l'impossible. Un conseil, garez votre voiture quelque part (grands parkings Antigone ou Esplanade) et marchez, la ville n'est pas si grande que cela… Hors centre-ville, utilisez les bus et le tramway flambant neuf.

- 👁 **À ne pas manquer** – L'illustre place de la Comédie ; la balade dans la vieille ville ; la vue depuis la promenade du Peyrou ; l'architecture néoclassique du quartier Antigone et les « folies » de Montpellier.

- 🕐 **Organiser son temps** – Prenez le temps d'un week-end *(voir p. 20)* pour découvrir Montpellier.

- 👫 **Avec les enfants** – Le planétarium Galilée, l'aquarium, le parc zoologique, Agropolis Museum et le domaine de Restinclières à Prades-le-Lez.

- 🌶 **Pour poursuivre la visite** – Voir aussi la grotte des Demoiselles, La Grande-Motte, Maguelone, Palavas-les-Flots, Pézenas, Sète, St-Guilhem-le-Désert, St-Martin-de-Londres, Sommières, le bassin de Thau et l'abbaye de Valmagne.

Place de la Comédie à Montpellier.

Comprendre

Le Moyen Âge – Montpellier n'apparaît dans l'histoire que vers le 10ᵉ s. Deux villages, Montpellieret, fief de l'évêque de **Maguelone**, et Montpellier, propriété des seigneurs de **Guilhem**, sont à l'origine de la future agglomération. En 1204, le mariage de Marie de Guilhem avec le roi Pierre II d'Aragon fait de la ville une enclave aragonaise… ce qui lui permet d'échapper à la fureur de Simon de Montfort. Vendue ensuite au roi de France, la ville est rattachée à la couronne en 1349.

Aux 12ᵉ s. et 13ᵉ s., la cité s'est beaucoup développée grâce au commerce des épices et des plantes tinctoriales avec l'Orient. De nombreuses communautés marchandes y résident. Au 14ᵉ s., Montpellier connaît une période de crise. Mais, au 15ᵉ s., le commerce redevient florissant, notamment grâce aux activités économiques de **Jacques Cœur**, l'argentier du roi Charles VII. Cependant, après la réunion de la Provence à la France en 1481, la ville subit la forte concurrence de Marseille, qui devient alors le grand port à destination de l'Orient.

Le prestige de Montpellier, au Moyen Âge, est essentiellement dû à la renommée de son université et surtout à celle de sa faculté de médecine. Dès le 12ᵉ s., on atteste l'existence d'« écoles » de médecine, de droit et d'art. Elles sont regroupées en une université au 13ᵉ s. En 1289, une bulle du pape Nicolas IV constitue la charte de fondation de l'**université de Montpellier**. Des élèves prestigieux viennent y étudier : **Rabelais** y termine ses études de médecine vers 1530.

Montpellier capitale – Au 16ᵉ s., la **Réforme** y est introduite. Devenue fief protestant, la ville est le théâtre d'affrontements violents : églises et couvents sont en grande partie détruits. En 1622, Louis XIII organise le siège de Montpellier qui capitule. Richelieu fait alors construire la citadelle pour surveiller la cité rebelle. Un grand nombre de protestants quittent la ville pour se réfugier dans les Cévennes et ailleurs en Europe.

Louis XIV fait de Montpellier la capitale administrative du Bas-Languedoc. Redevenue prospère, la ville est alors l'objet de nombreux travaux d'embellissement réalisés par de grands architectes comme **d'Aviler** et les **Giral** : la promenade du Peyrou, l'Esplanade et de riches hôtels particuliers.

Montpellier aujourd'hui – Avec la Révolution, la ville devient la préfecture du département de l'Hérault. L'université garde toute son importance et Montpellier devient une **capitale viticole**.

Après le retour des Français d'Afrique du Nord en 1962, la ville connaît un regain de dynamisme avec le développement du quartier de la **Paillade**.

Pour étendre le champ de ses activités économiques et touristiques, Montpellier crée divers pôles d'activités : **Euromédecine** avec ses nombreux laboratoires de recherche médicale ; **Agropolis**, où sont établies des entreprises agroalimentaires ; **Antenna** et ses maisons de production audiovisuelle ; **Héliopolis** qui concentre les activités touristiques et culturelles. Le dynamisme actuel de la cité se traduit par plusieurs réalisations d'architecture contemporaine : le **Corum**, centre de congrès ; le quartier **Antigone**, relié au vieux Montpellier par les centres commerciaux du Triangle et du Polygone, et le petit dernier, le quartier **Odysseum** (au sud, en direction des plages). Montpellier se réapproprie sa rivière, le Lez, renouant ainsi avec un passé séculaire, et affiche ouvertement son ambition : se développer jusqu'à la mer !

Se promener

LE VIEUX MONTPELLIER★★

Promenade : 3h. Entre la place de la Comédie et l'arc de triomphe du Peyrou, de part et d'autre de la trouée de la rue Foch, s'étendent les vieux quartiers de Montpellier, aux rues tortueuses et étroites, selon le plan de la cité médiévale. Le long de ces rues se sont édifiés au 17ᵉ et au 18ᵉ s. de superbes hôtels particuliers qui cachent leurs façades principales et leurs remarquables escaliers à l'intérieur des cours.

Place de la Comédie (F2-3)

Centre animé de Montpellier, elle fait le lien entre les quartiers anciens et les réalisations modernes. La façade 19ᵉ s. du théâtre sert de toile de fond à la fontaine des Trois Grâces, du sculpteur Étienne d'Antoine. Autour de cette fontaine, un tracé ovale rappelle les limites d'un ancien terre-plein qui a valu à la place d'être surnommée « l'Œuf ».

Le saviez-vous ?

Lou clapas, autrement dit le tas de cailloux, c'est ainsi que les gens de la région surnomment Montpellier. Pourtant son nom officiel vient de *Mons Puellarum* ou « Mont des jeunes filles », une appellation séduisante à laquelle le héros de François Truffaut, incarné par Charles Denner, rend hommage dans le film *L'homme qui aimait les femmes* en affirmant que les Montpelliéraines sont les plus belles femmes du monde ! Une ville mise à l'honneur également dans l'art pictural par **Frédéric Bazille** (1841-1870), ami de Renoir, de Sisley et de Monet, qui s'attacha avec talent à coucher sur ses toiles la lumière des étés languedociens. Tué lors des combats de la guerre de 1870, ce fils d'un riche propriétaire terrien, viticulteur et notable de Montpellier, devait disparaître à l'âge de 28 ans, ce qui l'empêcha sans doute d'atteindre la renommée de ses camarades !

Elle se poursuit au nord par l'**Esplanade**, promenade plantée de beaux platanes où, l'été, les Montpelliérains flânent parmi les terrasses de café et viennent écouter les musiciens qui se produisent dans les kiosques ; la perspective est fermée par le **Corum**, vaste complexe de forme allongée en béton et granit rouge de Finlande conçu par l'architecte Claude Vasconi. Le joyau en est l'opéra Berlioz, salle à l'acoustique très soignée pouvant contenir 2 000 spectateurs.

♿ *Visite guidée (45mn) sur demande écrite auprès de la Direction générale. Les visites du Corum et celle de l'opéra Berlioz sont soumises aux réservations et aux modifications de planning - gratuit.* ☏ *04 67 61 67 61.*

De la **terrasse du Corum**, la **vue** porte sur les toits de la ville, la cathédrale St-Pierre, l'ancien collège des Jésuites, et la flèche, toute blanche, de l'église Ste-Anne. *Mai-oct. : 10h-22h ; nov.-avr. : 10h-19h - gratuit.*

SE LOGER

Citéa Citadelle
(Hôtel Résidence)...... ①
Citéa Palais d'Hadrien
(Hôtel Résidence)...... ④
Domaine du Parc
(Chambre d'hôte)........ ⑥
Troënes (Hôtel les)....... ⑧

MONTPELLIER
plan I

0   400 m

À l'est, on rencontre la dalle du **Triangle** et le complexe du **Polygone**.
Prenez la rue de la Loge, dont le nom évoque la loge des marchands, toute-puissante au
15ᵉ s. *Tournez à droite dans la rue Jacques-Cœur.*

Hôtel des Trésoriers de France (F2)

7 r. Jacques-Cœur. Voir description du Musée languedocien dans « visiter ». Cet hôtel particulier
répond à plusieurs appellations selon l'ancien propriétaire que l'on évoque. Ce fut l'hôtel
Jacques-Cœur quand celui-ci y résidait au 15ᵉ s. : de cette époque datent les sous-sols voûtés
et les plafonds à caissons polychromes qui ornent certaines salles. Au 17ᵉ s., il devint l'hôtel
des Trésoriers de France, hauts magistrats chargés d'administrer les domaines royaux en
Languedoc, qui firent édifier le grand escalier à trois volées et la majestueuse façade sur
cour à colonnades superposées. Enfin, l'appellation de Lunaret rend hommage à Henri de
Lunaret qui en fit don à la Société archéologique de Montpellier.

Les juifs de Montpellier

Si la présence des juifs à Montpellier remonte sans doute à la fondation de la ville en 985, c'est en 1140 que le Languedoc se fait terre d'accueil : les exilés juifs andalous fuient alors les persécutions des Almohades, ces souverains berbères qui envahissent l'Espagne. Au 12e s., la région autorise la liberté de culte et la célébration des fêtes religieuses, valide le mariage juif et permet l'accès à la propriété : elle accueille donc une large communauté juive. La présence d'un **mikvé** (établissement de bains) médiéval au 2 r. de la Barralerie rappelle cette implantation *(visite guidée par l'office de tourisme)*. Cependant, au 13e s., l'intégration du Languedoc dans le royaume de France complique la situation. Des directives antijuives sont alors promulguées et en 1306, Philippe le Bel décide d'expulser la communauté du royaume de France, et donc du Languedoc. Ces derniers trouvent alors refuge en Catalogne et dans le Comté de Provence voisin.

Sur la droite de l'hôtel, la **chapelle des Pénitents Blancs**, ancienne église Ste-Foy, rebâtie au 17e s., présente un portail à fronton triangulaire.
Tournez à gauche dans la rue Valedeau puis à droite dans la rue Embouque-d'Or.
Sur la gauche s'élèvent l'hôtel de Manse et, en face, l'**hôtel Baschy du Cayla**, à la façade Louis XV, jouxtant l'hôtel de Varennes.

Hôtel de Manse (F2)
4 r. Embouque-d'Or. Le comte de Manse, trésorier du roi de France, avait fait appel à des artistes italiens pour dessiner cette façade intérieure à double colonnade formant les baies d'un très bel escalier que l'on appelait « le degré de Manse ».

Hôtel de Varennes★ (F2)
2 pl. Pétrarque. Renseignements à l'office de tourisme.
On pénètre sous une voûte qui mène à plusieurs salles gothiques sous croisées d'ogives – l'une d'elles abrite des colonnes et chapiteaux romans de la 1re église N.-D.-des-Tables. Des fenêtres géminées, des portes de château ont été incorporées dans les murs, formant un ensemble très harmonieux. La **salle Pétrarque**, du 14e s., voûtée d'ogives, est utilisée comme lieu de réception par la municipalité.
Tournez à droite dans la rue de l'Aiguillerie.
C'était l'ancienne rue des métiers au Moyen Âge. Dans certaines boutiques subsistent de belles voûtes des 14e et 15e s.
Prenez à droite la rue Glaize et continuez dans la rue Montpellieret.

Hôtel de Cabrières-Sabatier d'Espeyran (F2)
Fermé pour travaux. Haut lieu de festivités au 19e s. cette riche demeure (fin du 19e s.) doit devenir le pôle Arts décoratifs du musée Fabre d'ici 2009-2010.
Revenez dans la rue de l'Aiguillerie, puis tournez à gauche dans la rue de la Carbonnerie.

Hôtel Baudon de Mauny (F2)
1 r. de la Carbonnerie. Élégante façade Louis XVI décorée de guirlandes de fleurs.

Rue du Cannau (F2)
Elle est bordée d'hôtels du 17e s. : au n° 1, l'**hôtel de Roquemaure** s'orne d'un portail de pierres en pointe de diamant et de pilastres cannelés ; au n° 3, l'**hôtel d'Avèze** ; au n° 6, l'**hôtel de Beaulac** avec sa porte en anse de panier décorée de cornes d'abondance ; au n° 8, l'**hôtel Deydé** présente un arc surbaissé ou « davilerte » et un fronton triangulaire montrant les innovations architecturales introduites à la fin du 17e s. par d'Aviler.
Revenez sur vos pas et prenez à droite la rue de Girone puis la rue Fournarié.

Hôtel de Solas (F2)
1 r. Fournarié. Hôtel du 17e s. au portail Louis XIII. Remarquer les gypseries ornant le plafond du porche.

Hôtel d'Uston (F2)
3 r. Fournarié. De la 1re moitié du 18e s., il s'ouvre par un portail dont l'arc est décoré de guirlandes (une figure féminine orne la clef) et le fronton de chérubins encadrant un vase de fleurs.
Prenez la rue de la Vieille-Intendance.
Au n° 9 se trouve l'**hôtel de la Vieille Intendance**, qui fut habité par le philosophe Auguste Comte, puis par le poète Paul Valéry.

Place de la Canourgue★ (E2)

Au 17e s., c'était le centre de Montpellier, et de nombreux hôtels subsistent autour du jardin orné de la fontaine des Licornes, la dernière des trois fontaines installées pour distribuer l'eau acheminée par l'aqueduc St-Clément. De la place, vue plongeante sur la cathédrale St-Pierre.

L'**hôtel Richer de Belleval** *(annexe du palais de justice)* a longtemps abrité l'hôtel de ville. La cour carrée s'orne de bustes et de balustrades caractéristiques de la fin du 18e s. La façade de l'**hôtel de Cambacérès**, œuvre de Giral, montre l'élégance et la richesse des décorations du 18e s. (mascarons).

À l'angle sud-ouest de la place, l'**hôtel du Sarret** est surnommé « maison de la Coquille » à cause des trompes qui le caractérisent, véritable tour de force architectural qui consiste à faire soutenir une partie du bâtiment par une portion de voûte.

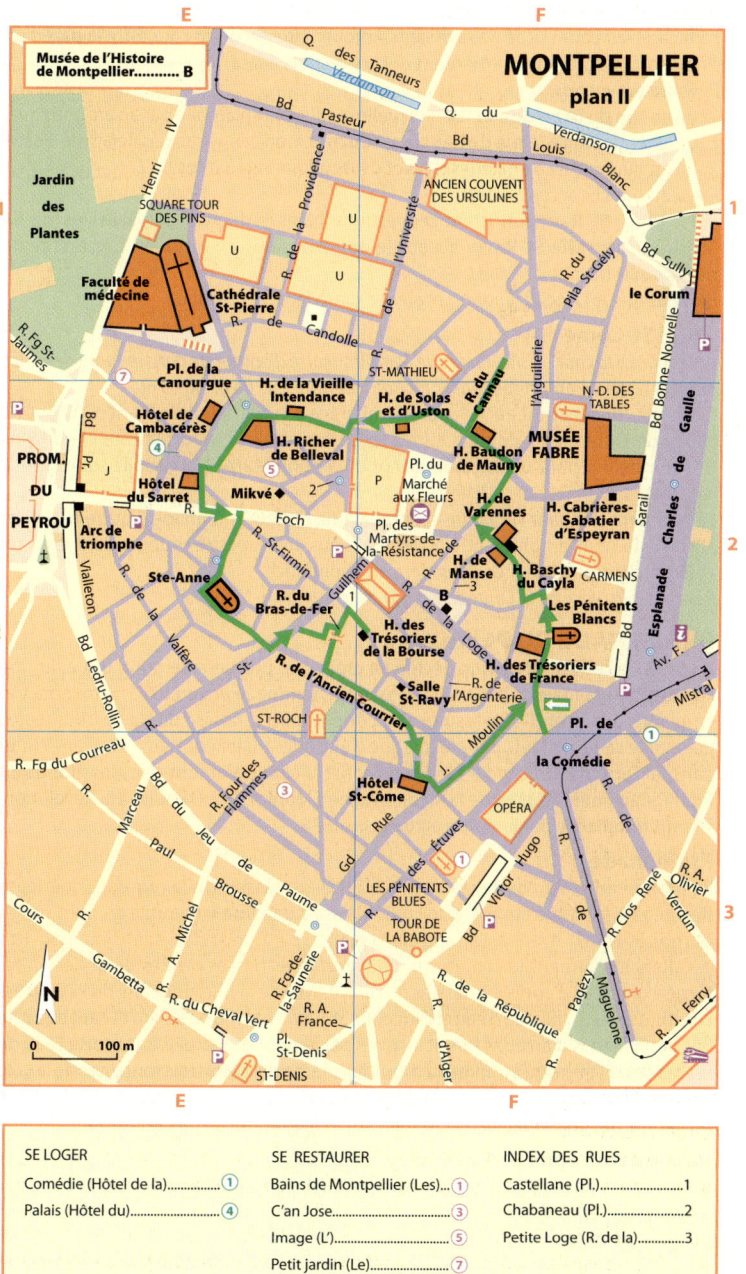

Prenez la rue Astruc et traversez la rue Foch.

On pénètre alors dans le quartier de l'**Ancien Courrier**, la partie la plus ancienne de Montpellier, aux rues piétonnes étroites où se sont installés les commerces de luxe.

De la rue Foch, s'engager dans la rue du Petit-Scel. L'**église Ste-Anne**, du 19e s., est surmontée d'un haut clocher. Désaffectée, elle abrite des expositions temporaires. Face au porche, des vestiges d'un petit édifice, remonté ici, montrent un décor anti-quisant (début 17e s.).

Par la rue Ste-Anne et la rue St-Guilhem, gagnez la rue de la Friperie. Prenez ensuite à gauche la rue du Bras-de-Fer puis à droite la rue des Trésoriers-de-la-Bourse.

Hôtel des Trésoriers de la Bourse★ (F2)

4 r. des Trésoriers-de-la-Bourse. On peut entrer librement dans la cour. Appelée aussi hôtel Rodez-Benavent, cette réalisation de l'architecte Jean Giral frappe par son escalier à degrés entouré d'un arc rampant, transition entre l'escalier à vis et l'escalier à degrés. La façade sur cour s'orne de ravissants Amours. Une seconde cour offre la paix d'un grand jardin dont le mur arrière est décoré de pots à feu.

Revenez sur vos pas.

L'étroite **rue du Bras-de-Fer** est une ruelle médiévale enjambée par un arc gothique. Elle descend jusqu'à la **rue de l'Ancien-Courrier★**, ancienne rue des Relais-de-Poste, aujourd'hui bordée de galeries d'art et de boutiques élégantes.

Prenez à gauche la rue Joubert.

Sur la **place St-Ravy** subsistent des vestiges (baies gothiques) du palais des rois de Majorque. La **salle St-Ravy**, qui abrite des expositions temporaires, présente de belles voûtes ornées de clefs.

Revenez rue de l'Ancien-Courrier et prenez la rue Jacques-d'Aragon.

Hôtel St-Côme (F3)

Accès libre à la cour - visite guidée de l'amphithéâtre d'anatomie dans le cadre de visites guidées à thème organisées par l'office de tourisme - ☎ 04 67 60 60 60.

Cet hôtel fut construit au 18e s. par Giral grâce à la donation de François Gigot de Lapeyronie, chirurgien de Louis XV, qui légua une partie de sa fortune aux chirurgiens de Montpellier pour qu'ils construisent un amphithéâtre d'anatomie semblable à celui de Paris.

Le bâtiment donnant sur la rue est orné d'une double colonnade. L'autre bâtiment abrite le fameux amphithéâtre polygonal, sous une superbe coupole dont les oculi et lanternons procurent de la lumière en abondance.

Revenez à la place de la Comédie par la grand-rue Jean-Moulin.

PROMENADE DU PEYROU★★

En 1688, le conseil de la ville décide de créer une promenade pour accueillir une statue monumentale de Louis XIV. Cette statue, fondue à Paris en 1692, n'atteindra son emplacement qu'en 1718 à la suite d'un périple qui la conduisit du Havre à Bordeaux, puis sur le canal du Midi, périple marqué d'épisodes malencontreux, dont une chute dans la Garonne. Un chenal fut même construit spécialement dans les étangs du Frontignan pour l'amener de la Méditerranée à Montpellier. Détruite à la Révolution, elle fut remplacée par la statue actuelle en 1838.

Promenade (AB2)

La promenade *(1h)*, comporte deux étages de terrasses. De la terrasse supérieure décorée de la statue équestre de Louis XIV, on a une **vue★** étendue au nord sur les Garrigues et les Cévennes, au sud sur la mer et, par temps clair, sur le Canigou. Des escaliers monumentaux conduisent aux terrasses basses ornées de grilles en fer forgé exécutées d'après les dessins de Giral. La partie la plus originale du Peyrou est constituée par le château d'eau et l'aqueduc St-Clément long de 880 m et haut de 22 m. Ses deux étages d'arcades furent inspirés par le pont du Gard. Il transporte l'eau de la source du Lez jusqu'au château d'eau, lui-même relié aux trois fontaines de la ville édifiées à la même époque : la fontaine des Trois Grâces (pl. de la Comédie), la fontaine de Cybèle (pl. Chabaneau) et la fontaine des Licornes (pl. de la Canourgue).

L'arc de triomphe (A2)

Construit à la fin du 17e s., il est décoré de bas-reliefs figurant les victoires de Louis XIV et de grands épisodes de son règne. Vers la ville : au nord, la jonction des deux mers par le canal du Midi, au sud, la révocation de l'édit de Nantes ; vers le Peyrou : au nord, Louis XIV en Hercule, couronné par la Victoire, au sud, la prise de Namur en 1692, et les provinces des Pays-Bas pliant genou devant Louis XIV.

QUARTIER ANTIGONE★ (C2)

Promenade : 45mn.

En partant de la place de la Comédie (extrémité est), on peut rejoindre le quartier Antigone en passant par le centre commercial Le Polygone.

Adossé au complexe de commerces et de bureaux du Polygone, le quartier Antigone est une réalisation de l'architecte catalan **Ricardo Bofill**, également auteur des Arcades du Lac à St-Quentin-en-Yvelines, des immeubles de l'Axe Majeur à Cergy-Pontoise ou de la place de Catalogne à Paris.

S'étendant sur les 40 ha de l'ancien polygone de manœuvre de l'armée, ce vaste ensemble néoclassique allie la technique de la préfabrication (le béton précontraint a ici le grain et la couleur de la pierre) à la recherche d'une harmonie rigoureuse et gigantesque. Il abrite, derrière une profusion d'entablements, de frontons, de pilastres et de colonnes, des logements sociaux, des équipements collectifs et des commerces de proximité, disposés autour de multiples places et patios agrémentés de jets d'eau. La recherche d'harmonie transparaît dans le moindre détail, aussi bien dans le dessin du pavement que dans les structures de l'éclairage public.

La **place du Nombre-d'Or**, dont les proportions reflètent un concept antique d'architecture, foisonne de courbes et de décrochements ordonnés autour d'un vaste plan agrémenté d'arbres.

Elle est prolongée par la **place du Millénaire**, long mail bordé de cyprès, la place de Thessalie puis la place du Péloponnèse. La longue perspective de près de 1 km, qui s'étire depuis les « Échelles de la ville » (escaliers adossés au Polygone), aboutit, au-delà de l'**esplanade de l'Europe**, bordée par des immeubles en arc de cercle, à l'**hôtel de région**, dont les parois de verre se mirent dans le Lez, aménagé en bassin du port Juvénal en cet endroit.

A. de Valroger / MICHELIN

Place de Thessalie, quartier Antigone, Montpellier.

QUARTIER DE LA FACULTÉ

Cathédrale St-Pierre (E1)

S'élevant telle une forteresse, cette cathédrale paraît d'autant plus massive qu'elle est prolongée par la façade de la faculté de médecine. C'est la seule église de Montpellier qui n'ait pas été complètement détruite pendant les guerres de Religion. Malgré son style gothique, elle rappelle les églises romanes, à une seule nef, du littoral. Le porche est formé de deux tourelles du 14e s. qui précèdent une voûte s'appuyant sur la façade.

À l'intérieur, le chœur et le transept, reconstruits au 19e s., contrastent avec la sévère nef du 14e s. L'autel et l'ambon (chaire, tribune) dans l'avant-chœur ainsi que l'autel et la porte du tabernacle dans la chapelle du St-Sacrement, à gauche du chœur, sont des sculptures de Philippe Kœppelin. Le buffet d'orgue du 18e s. est dû à Jean-François Lépine.

Faculté de médecine (E1)

La faculté de médecine de Montpellier occupe un ancien monastère bénédictin, créé au 14e s. sur l'ordre du pape Urbain V. La façade, refaite par Giral au 18e s., est couronnée de mâchicoulis. Deux statues en bronze, représentant les médecins montpelliérains Barthez et Lapeyronie, en gardent l'entrée. Dans le hall, les bustes exposés représentent des médecins célèbres.

Parmi les élèves prestigieux, il faut citer Jean Astruc (1684-1766), médecin personnel de Louis XV et co-initiateur avec Robert Lowth des premières études scientifiques de la Bible. Son ouvrage *Conjectures sur la Genèse*, démontre que la Genèse a été composée à partir de plusieurs sources et documents, une théorie documentaire qui sera plus largement développée à la fin du siècle suivant.

Jardin des Plantes (E1)

☎ 04 67 63 43 22 - juin-sept. : tlj sf lun. 12h-20h ; oct.-mai : tlj sf lun. 12h-18h - visite guidée sur demande 4 €. Fondé en 1593, le plus ancien jardin botanique de France s'étendait alors jusqu'au Peyrou. Il est doté de serres tempérées et tropicales. Diverses essences méditerranéennes y

Jardin des Plantes.

F. Gégot / MICHELIN

sont rassemblées : micocouliers, chênes verts, filaires. La partie sud est occupée par un jardin botanique où 3 000 espèces sont présentées. Il s'agit de l'« **école systématique** », créée par le botaniste Candolle au début du 19e s. et consacrée à l'étude de la classification des plantes. L'orangerie en occupe une extrémité ; les bustes de célèbres naturalistes de l'école de Montpellier s'alignent le long du jardin. Un grand ginkgo biloba, planté en 1795, est une bouture du premier pied de ginkgo introduit en France quelques années plus tôt par Antoine Gouan.

Visiter

Musée Fabre★★ (F2)

13 rue Montpelliéret, entrée du public 39 bd Bonne-Nouvelle - ☎ *04 67 14 83 00 -* ♿ *- mar., jeu., vend. et dim. 10h-18h, merc. 13h-21h, sam. 11h-18h - fermé lun. et j. fériés - 6 € (6-18 ans 4 €).*

Le musée fut créé en 1825 grâce à la générosité du peintre montpelliérain **François-Xavier Fabre** (1766-1837) qui y rassembla plusieurs collections. Largement enrichi par la suite, en particulier grâce aux donations d'artistes locaux comme Bazille ou Soulages, il compte, après sa rénovation achevée en 2007, plus de 800 œuvres originales témoignant de diverses périodes de la création artistique européenne. L'ensemble du parcours a été repensé et suit une ligne chronologique qui mène de la Renaissance à nos jours.

En guise d'introduction, le visiteur pourra s'initier aux œuvres des **peintres flamands et hollandais** (Ruysdael, Rubens, Teniers le Jeune), avant de plonger dans l'univers plus large de la peinture et de la sculpture européennes du 15e au 18es. Des peintures espagnoles (*L'Ange Gabriel* par Zurbarán), italiennes (Véronèse, Allori, le Guerchin), et de nombreux artistes de l'école française des 17e et 18e s comme Bourdon, Poussin, Vouet, David *(Hector)*, Greuze *(Le Petit Paresseux, Le Gâteau des rois)*, ainsi que des sculptures de Houdon *(L'Été, L'Hiver)*. Les deux salles suivantes sont consacrées aux périodes néoclassique et classique, où l'on retrouvera les toiles de maîtres tels que Vernet, Denis, Géricault ou Delacroix. La première moitié du 19e s est bien illustrée par la collection d'Alfred Bruyas et les œuvres des « luminophiles », surnom des peintres du Languedoc qui s'appliquèrent à rendre la superbe lumière de leur région. À côté des portraits de Bruyas sont présentées d'autres œuvres de Delacroix *(Femmes d'Alger dans leur intérieur, Fantasia)*, de Courbet, dont *La Rencontre, Les Baigneuses* qui firent scandale au salon de 1853 et le *Pont d'Ambrussum* ; du Montpelliérain Frédéric Bazille, on admirera la *Vue de village*, avec son remarquable rendu de la lumière crue d'un paysage languedocien écrasé de chaleur, *Les Remparts d'Aigues-Mortes*, ses contrastes et ses plans successifs et *La Négresse aux pivoines*, tout de sensualité, œuvres qui laissent deviner le talent précoce de ce peintre trop tôt disparu.

Parmi les sculptures de Bourdelle, Maillol et Richier *(La Chauve-Souris)* sont exposées des pièces de Van Dongen *(Portrait de Fernande Olivier)*, de Staël, Marquet, Dufy, Soulages, Vieira da Silva, Viallat, du Montpelliérain Vincent Bioulès *(Place d'Aix-en-Provence – Hommage à Auguste Chabaud)* et de Jean Hugo (1894-1984 – *L'Imposteur)*.

Une mention toute particulière pour l'importante **collection Soulages★**. La trentaine de tableaux, des petits mais aussi de très grands formats, sont particulièrement mis en valeur dans un large espace (600 m²) conçu pour l'accueillir dans la nouvelle aile : éclairage, possibilité de circuler au milieu des tableaux.

Musée languedocien★ (F2)

Hôtel des Trésoriers de France - 7 r. Jacques-Cœur - ✆ 04 67 52 93 03 - de mi-juin à mi-sept. : tlj sf dim. 15h-18h ; reste de l'année : tlj sf dim. et j. fériés 14h30-17h30 - 6 € (10-18 ans 3 €).

La salle médiévale abrite des sculptures romanes de l'abbaye de Fontcaude et du cloître de St-Guilhem-le-Désert. Dans la salle gothique du 1er étage se côtoient une cuve baptismale en plomb, de la vaisselle en bois et d'amusants panneaux de bois peints. La grande salle d'apparat, décorée de tapisseries flamandes du 17e s., abrite un tableau de l'école de Fontainebleau, du mobilier languedocien et une sphère céleste de Coronelli. Avec ses marqueteries et ses porcelaines de Sèvres, le salon jaune restitue bien l'esprit du 18e s. La salle et le salon suivants sont consacrés à de belles pièces de faïence. Traversant les anciens appartements de la famille de Lunaret, on accède au 2e étage consacré aux fouilles archéologiques et aux arts et traditions populaires.
Remarquer les curieuses plaques muletières cévenoles (16e-18e s.), dites « lunes ».

Musée du Vieux Montpellier (F2)

Hôtel de Varennes - 2 pl. Pétrarque - Au 1er étage - ✆ 04 67 66 02 94 - tlj sf dim. et lun. 9h30-12h, 13h30-17h - fermé j. fériés - gratuit.

Parmi les gravures, portraits de notables, plans anciens et objets religieux, on remarque la Vierge reliquaire de N.-D.-des-Tables, des bâtons de pénitents et des documents de l'époque révolutionnaire.

Musée Fougau (F2)

Hôtel de Varennes - 2 pl. Pétrarque - au 2e étage - merc. et jeu. 15h-18h (visite guidée, dernière entrée 30mn av. fermeture) - fermé de mi-juil. à mi-août - gratuit.

Son nom est dérivé de l'expression languedocienne *lou fougau* (le foyer). Objets, meubles et décors témoignent des arts et traditions populaires au 19e s.

Musée de l'Histoire de Montpellier (10e s.-16e s.) (F2)

Pl. Jean-Jaurès (par la r. de la Loge). Cette incursion souterraine peut être un intéressant prélude à votre découverte de Montpellier (en été, il y règne une fraîcheur des plus agréables !). ✆ 04 67 54 33 16 - 10h30-12h30, 13h30-18h - fermé lun., dim. et j. fériés - 1,53 € (-16 ans gratuit).

La crypte de la première **église N.-D.-des-Tables**, une des plus anciennes églises de Montpellier, détruite pour la dernière fois en 1794, accueille une animation multimédia sur l'histoire et le devenir d'une cité qui n'hésite pas à s'appeler elle-même la « surdouée » : munis d'écouteurs, vous irez de reconstitutions en 3D en diaporamas, au cours d'une véritable immersion dans le passé de la ville.

Musée Atger★ (E1)

Faculté de médecine -2 r. de l'École-de-Médecine - au 1er étage, accès (signalisé) par l'escalier Houdan - ✆ 04 67 41 76 30 - lun., merc., vend. 13h30-17h45 - fermé août, vac. de Noël et j. fériés - gratuit.

Consacré surtout à la collection de dessins légués par Xavier Atger (1758-1833) de 1813 à 1833 à la faculté de médecine, il rassemble des œuvres d'artistes méridionaux, représentant l'école française des 17e et 18e s. (Bourdon, Puget, Mignard, Rigaud, Lebrun, Subleyras, Natoire, Vernet, Fragonard, J.-M. Vien), l'école italienne des 16e, 17e et 18e s. (Tiepolo) et l'école flamande des 17e et 18e s. (Brueghel de Velours, Van Dyck, Rubens, Martin de Vos).

Musée d'Anatomie (E1)

Faculté de médecine - 2 r. de l'École-de-Médecine - au 1er étage, accès signalisé - fermé pour travaux.

La salle, très vaste, rassemble d'importantes collections d'anatomie normale et pathologique.

Musée de l'Infanterie (A3)

École d'application de l'Infanterie, av. Lepic - ✆ 04 67 16 50 43 - ♿ - tlj sf mar. 14h-17h30 - fermé j. fériés sf 8 Mai, 14 Juil. et 11 Nov. - 4 € (-18 ans gratuit).

Entièrement rénové, ce musée évoque l'histoire de l'infanterie française, depuis le 15e s. jusqu'à la guerre du Golfe. De nombreux mannequins en costume se succèdent à travers plus d'une dizaine de salles. Ils sont accompagnés d'animations vidéo. Les vitrines les plus intéressantes concernent l'infanterie coloniale et celle de l'armée d'Afrique.

QUARTIER ODYSSEUM

Accès direct du centre-ville par la ligne 1 du tramway.

Le complexe Odysseum est un petit monde à part, consacré aux loisirs, à la culture et au commerce. Un cinéma multiplexe créé en 1998 a été le point de départ d'Odysseum, qui compte aujourd'hui de nombreux restaurants, une patinoire, les désormais célèbres planétarium Galilée et aquarium Mare Nostrum et devrait enrichir son offre de loisirs avec un circuit de karting, un bowling et quantité de nouvelles enseignes réunies dans un grand centre commercial moderne.

Aquarium Mare Nostrum

Allée Ulysse - ✆ 04 67 13 05 50 - ♿ - juil.-août : 10h-22h ; sept.-avr. : 10h-20h (fermé lun.) ; mai-juin : 10h-20h - 12,50 € (-12 ans 8,50 €) - possibilité de billet combiné avec le planétarium Galilée.

👥 À quelques encablures de la Méditerranée, l'aquarium révèle quelques trésors des mers du globe. Sans surprise les méduses proposent leur ballet gracieux, les murènes dévoilent leurs impressionnantes mâchoires. Mais ici, il faut affronter une tempête dans les 40e Rugissants avant de découvrir les talents de plongeurs des manchots du Cap. Les stars incontestées restent comme toujours les requins gris ou taureaux qui paradent dans un aquarium géant, laissant parfois entrevoir leur remarquable dentition. La visite se termine en beauté et en couleur dans la chaleur d'un climat tropical.

Planétarium Galilée

100 allée Ulysse, à proximité de l'aquarium Mare Nostrum - ✆ 04 67 13 26 26 - www.planetarium-galilee.com - ♿ - vac. scol. zone A : ouverture 13h30, séances à 14h, 15h, 16h, 17h (suppl. merc. 18h30 et sam. 18h30 et 20h) ; hors vac. scol. zone A : merc. et w.-end 13h30, séances à 14h, 15h 16h, 17h (suppl. sam. 18h30 et 20h) - fermé 1re quinz. sept. - 6,30 € (-12 ans 5,30 €).

👥 Confortablement installé sous un dôme écran de 360° et de 15 m de diamètre, vous assistez à une projection « pleine voûte » simulant l'effet 3D. Dans ce véritable théâtre des étoiles, vous découvrez d'une manière ludique et spectaculaire la magnificence du monde stellaire. Une excellente idée de sortie, même pour les jours de pluie !

Aux alentours

Parc zoologique de Montpellier★ (Lunaret)

6 km au nord du quartier Hôpitaux-Facultés. Depuis le centre, suivez d'abord la direction Millau, puis « Hôpitaux Facultés » et le fléchage « Zoo Lunaret ». Ou bien prenez le tram (il est superbe !) jusqu'à la station St-Éloi et de là, la navette en direction d'Agropolis Lavalette - ✆ 04 67 54 45 23 - www.zoo.montpellier.fr - de mi-mai à mi-sept. : 9h-19h ; reste de l'année : 9h-17h (18h printemps et automne) (dernière entrée 30mn av. fermeture) - fermé lun. mat. de mi-sept. à mi-mai (sf j. fériés et vac. scol. zone A) - zoo gratuit, serre 5 € (-6ans gratuit).

👥 Sur ce vaste domaine de 80 ha *(demander plan à l'accueil)* légué à la ville par Henri de Lunaret, les animaux, en semi-liberté, s'ébattent dans un paysage de garrigues et de sous-bois. C'est un lieu de promenade très prisé des Montpelliérains où l'on peut facilement passer d'un continent à l'autre et contempler tout à loisir des zèbres, des bisons, des élans du Cap, des alpagas, des mouflons, des loups, des ours, d'impressionnants rhinocéros, etc.

Serre amazonienne★ – Il fallait bien plus de 2 500 m² pour présenter le plus vaste écosystème naturel de la planète. Les caïmans à lunettes vous accueillent dans cet environnement humide et luxuriant, paradis d'étranges animaux tels le grand fourmilier, le serpent anaconda, les piranhas ou les singes hurleurs. Soyez patient et attentif pour profiter au mieux des animaux. Un espace pédagogique complète la visite. Le parcours se termine à l'extérieur avec la grande volière des ibis rouges.

Agropolis Museum★

951 av. Agropolis - à 500 m de la Serre amazonienne et du zoo de Montpellier. Parking sur la droite de la route. ☎ 04 67 04 75 00 – www.museum.agropolis.fr - tlj 10h-12h30, 14h-18h – fermé w.-end (10-18 ans 2,50 €).

Il faut se donner le temps de visiter ce passionnant musée consacré aux agricultures et aux nourritures du monde, et présenté de façon aussi attrayante que didactique. Une fresque historique présente les **trois âges de l'alimentation humaine** (de la cueillette pratiquée par nos lointains ancêtres au bouillon Kub !). Vous vous familia-riserez avec la vie quotidienne, les outils et les pratiques des agriculteurs du monde (le rapprochement entre le berger du Haut-Atlas marocain et le producteur de maïs de l'Illinois est particulièrement saisissant !).

Vous accéderez au **banquet de l'humanité** : la diversité comme l'inégalité alimen-taire y sont clairement montrées et expliquées. Une section fait l'inventaire des **aliments et boissons du monde**, de leur infinie variété, due tant aux possibilités des terroirs qu'aux interdits des différentes civilisations. Des expositions thématiques, un cyber-museum et des animations pour les plus jeunes complètent ce lieu, outil de communication du complexe de recherche scientifique Agropolis.

Lattes

6 km de Montpellier. Sortez au sud de Montpellier, puis sortez de Lattes au sud-est par la D 132 direction Pérols.

Lattara, du 6e s. avant notre ère au 3e s. après J.-C., fut un port florissant ; installé à l'embouchure du Lez, il alimentait l'arrière-pays et Sextantio, l'antique Castelnau-le-Lez. Les indigènes importaient du vin, de l'huile, des céramiques de luxe, des objets manufacturés et exportaient les ressources du pays : poissons des étangs, laine et peaux, résine, minerais… De nombreux vestiges ont révélé que le port devint un centre de redistribution du commerce marseillais jusqu'à la chute de la cité phocéenne, en 49 av. J.-C. Devenu port fluvial à l'époque gallo-romaine, le site fut abandonné suite à un envasement et à une remontée de la nappe phréatique.

Installé dans l'ancien mas de Frédéric Bazille, le **musée archéologique Henri-Prades** présente des expositions temporaires d'archéologie régionale et des découvertes faites sur place. Tout, vous saurez tout sur l'urbanisation du site au 2e âge du fer, la création du port, la vie quotidienne à Lattara et le monde des morts. Une dernière partie présente la nécropole St-Michel des 3e et 4e s. où furent découvertes 76 tombes. ☎ 04 67 99 77 20 - www.musee.lattes.free.fr - ♿ - tlj sf mar. 10h-12h, 13h30-17h30 - fermé 1er janv., lun. de Pâques, 1er Mai, 14 Juil., 25 déc. - 3,50 € (-18 ans gratuit), gratuit 1er dim. du mois.

Château de Castries

12 km au nord-est de Montpellier. Ne se visite pas. De style Renaissance, ce château du 16e s. comprend une vaste cour d'honneur ornée d'un buste de Louis XIV par Puget. L'une des ailes a été détruite pendant les guerres de Religion et ses pierres forment les terrasses donnant accès aux jardins de Le Nôtre.

Après le château, en prenant la D 26 vers Guzargues à partir de la D 610, vous pourrez apercevoir l'aqueduc construit par Riquet pour approvisionner le château en eau.

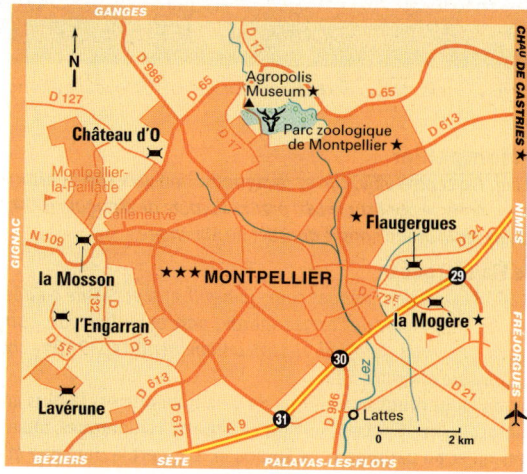

Domaine départemental de Restinclières

à Prades-le-Lez, 14 km au nord de Montpellier par la D 65 et la D 17. Aires de jeux et de pique-nique.

👥 Ce domaine de 215 hectares abrite la Maison départementale de l'environnement et ses expositions. Depuis la terrasse du château datant du 17e s., vous pourrez admirer le jardin à la française et la garrigue aménagée. Deux cours d'eau, le Lirou et le Lez (qui prend sa source ici) traversent le domaine. Ce lieu d'expérimentation en agroforesterie compte 54 espèces d'arbres (cyprès chauve, gingko, chêne pédonculé, magnolia…). Une signalétique aide à repérer la faune et la flore.

Parc du Terral

À St-Jean-de-Védas, 7 km au sud-ouest de Montpellier par la D 613.
Mars-oct. : merc., j. fériés et vac. scol. 13h30-17h30, w.-end 13h30-18h ; nov.-fév. : merc., w.-end, j. fériés et vac. scol. 13h-17h - fermé août - gratuit.

C'est l'un des plus anciens domaines des environs de Montpellier puisqu'il est mentionné dès le 9e s. en tant que résidence d'été des évêques de Maguelone. Après de multiples saccages et réhabilitations, il ne s'étend plus aujourd'hui que sur trois hectares où se côtoient une bambouseraie, un jardin des senteurs, un jardin de pierres et d'eau.

Circuits de découverte

LES « FOLIES » DE MONTPELLIER

Montpellier est entouré d'élégantes « folies », que les aristocrates ou grands bourgeois montpelliérains se firent construire au 18e s. comme résidences d'été. Certaines se retrouvent aujourd'hui cernées par la banlieue tandis que d'autres se détachent encore sur un paysage de vignobles. Souvent dissimulées parmi les frondaisons, elles ont le charme des vieilles demeures de campagne agrémentées de jardins, de bassins et de fontaines.

Avec sa façade sobre à trois niveaux, le château de Flaugergues évoque une villa italienne.

À l'est de Montpellier

Circuit de 9 km. Du centre-ville, suivez la signalisation vers l'aéroport « Montpellier-Méditerranée ». Après le pont sur le Lez, prenez la route de Mauguio (D 24). Le château se trouve à 2 km sur la droite dans le quartier du Millénaire.

Château de Flaugergues★

📞 04 99 52 66 37 - www.flaugergues.com - *juin-juil. et sept. : visite guidée du château tlj sf lun. 14h30-18h30 ; reste de l'année sur rdv ; parc et jardins : lun.-sam. 9h-12h30, 14h30-19h, dim. et j. fériés (juin-juil. et sept. uniquement) 14h30-19h - château 7,50 € (-12 ans gratuit), parc et jardins 5 €.*

Le château de Flaugergues aux allures de villa italienne est la plus ancienne des « folies » de Montpellier. C'est en 1696 qu'Étienne de Flaugergues, financier à Montpellier et conseiller au parlement de Toulouse, acquiert le domaine établi sur une éminence dominant la plaine. Dressée sur son perron, la façade, qui s'élève sur trois niveaux, présente sept travées de fenêtres.

Intérieur – Un escalier monumental, surmonté d'une voûte à clefs pendantes, est décoré d'une série de magnifiques tapisseries de Bruxelles du 17e s. représentant la vie de Moïse. Un mobilier de qualité ainsi que des gravures et des tableaux anciens parent les différentes pièces d'habitation.

Parc – Les **jardins**★ sont une splendeur. La terrasse surplombe un magnifique parterre à la française que dessinent près de 10 000 buis. Sur votre droite, la grande allée d'oliviers s'étend sur 400 m de long et à son extrémité sud, le belvédère offre une belle perspective sur le château et la campagne environnante. Au sud-ouest, le jardin à l'anglaise créé en 1850 accueille bambous et bananiers. À l'est, les vignes rappellent l'activité viticole du château.

Rejoignez à droite la route de Mauguio, contournez le château de Flaugergues, passez sous l'autoroute puis gagnez le château de la Mogère.

Château de la Mogère★

🕽 04 67 65 72 01 - www.lamogere.fr - visite libre du jardin, visite guidée du château - juin-sept. : 14h30-18h30 (sam., se renseigner avant) ; oct.-mai : w.-end et j. fériés 14h30-18h30, les autres jours sur demande- 6 € (enf. 3 €), jardin seul 3 €.

Dessinée par Jean Giral, cette élégante folie du 18e s. présente une façade harmonieuse surmontée d'un fronton dont la silhouette se découpe sur un fond de pins. À l'intérieur, nombreux portraits de famille, meubles et peintures du 18e s. (Hyacinthe Rigaud, Jacques Louis David, Jouvenet). Le grand salon est orné de délicates gypseries.

Dans le parc, belle fontaine baroque de style italien décorée de coquillages et surmontée de groupes de chérubins.

Regagnez le centre-ville par la D 172E.

À l'ouest de Montpellier

Circuit de 22 km. Du centre-ville, prenez la route de Ganges (D 986) pendant 6 km puis tournez à gauche vers Celleneuve ; prenez ensuite à droite la D 127.

Un peu plus loin se détachent deux piliers surmontés de lions annonçant l'allée du château d'O.

Château d'O

Pdt les expositions et les manifestations culturelles.

Appartenant au conseil général de l'Hérault, le château d'O, bâtiment du 18e s. est entouré d'un très beau parc, animé par des statues provenant du château de La Mosson.

Continuez vers Celleneuve. Prenez la direction de Juvignac, puis à gauche la route d'accès au château de La Mosson.

Château de La Mosson

Ce fut la plus somptueuse demeure des environs de Montpellier, bâtie de 1723 à 1729 par un richissime banquier, Joseph Bonnier, fait baron de La Mosson. Le fronton de la façade sur jardin a été sculpté par le Lorrain Adam. Le parc était décoré de belles statues qui furent dispersées et seule la fontaine baroque rappelle la décoration fastueuse de ce parc, devenu jardin public.

Revenez sur la N 109 et prenez la première route à gauche vers Lavérune.

Château de l'Engarran

Derrière la superbe grille d'entrée qui provient du château de La Mosson se détache un bâtiment de style Louis XV.

Poursuivez en direction de Lavérune. Le château se trouve à l'extrémité ouest du village.

Château de Lavérune

🕽 04 99 51 20 00 (mairie) ou 04 99 51 20 25 (musée) - w.-end 15h-18h - fermé j. fériés - 2 € (-12 ans 1 €).

Ancienne résidence des évêques de Montpellier, cette imposante bâtisse des 17e et 18e s. s'élève au milieu d'un parc planté de cyprès, de platanes, de magnolias et de marronniers. Au 1er étage, le **musée Hofer-Bury** présente par roulement un fonds de peintures et de sculptures d'artistes contemporains, où l'on relève, entre autres, les noms d'Henri de Jordan, Bernard Calvet, Robert Combas, Hervé Di Rosa et le peintre chinois Wang Wei-Xin. Au rez-de-chaussée, le salon de musique à l'italienne, avec sa balustrade en fer forgé, est décoré de gypseries. À l'est du château subsiste un portail du 16e s., d'allure défensive *(en face du porche de l'église)*.

Regagnez le centre-ville par la D 5.

Montpellier pratique

Adresse utile

Office du tourisme de Montpellier – *30 allée de-Lattre-de-Tassigny (esplanade Comédie) - 34000 - ☏ 04 67 60 60 60 - www. ot-montpellier.fr - juil.-sept. : lun.-vend. 9h-19h30, sam. 9h30-18h, dim. et j. fériés 9h30-13h, 14h30-18h ; oct.-juin : lun.-vend. 9h-18h30, sam. 10h-18h, dim. et j. fériés 10h-13h, 14h-17h - fermé 25 déc, 1ᵉʳ janv.*

Forfaits touristiques

City Card Montpellier – Décliné en trois formules (24h, 48h et 72h), ce forfait combine des entrées gratuites pour de nombreux sites, des réductions pour des spectacles et des activités de loisir, une carte de transport pour vos déplacements. *Renseignements à l'office de tourisme.*

Le Pass Campagne de l'Hérault – Édité par les gîtes de France de l'Hérault, il donne droit à des réductions dans les sites et musées, des tarifs préférentiels pour des activités de pleine nature et des avantages lors des achats de produits du terroir.

Renseignements – *Centrale de réservation des gîtes de France de l'Hérault - ☏ 04 67 67 62 62 - www.gites-de-france-herault.fr*

Le tram bleu de Montpellier.

TAM, Montpellier

Visite guidée

Accès facilité aux hôtels particuliers – Les visites guidées pédestres organisées par l'office de tourisme sont particulièrement recommandées pour découvrir des lieux habituellement fermés au public : cours intérieurs des hôtels particuliers, mikvé, arc de triomphe - *visite du centre historique (2h) juil.-août : 10h et 17h ; sept.-juin : merc., sam. 15h - visites thématiques : programme trimestriel disponible auprès de l'office de tourisme - minimum de visiteurs requis : 7 ; dép. de l'office de tourisme (esplanade Comédie) réservation obligatoire - ☏ 04 67 60 60 60/19 27 - www.ot-montpellier.fr.*

Transports

Tramway – Il permet d'aller un peu partout, dans et hors centre-ville, en quelques minutes. Finis les embouteillages et la quête d'une place gratuite où garer sa voiture ! Même chose, bien sûr, avec le réseau de bus. *Transports de l'Agglomération de Montpellier - ☏ 04 67 22 87 87 - www.montpellier-agglo.com/tam.*

Montpellier à vélo – Location de vélo (4h/1 €, une journée/2 €) pour éviter de prendre sa voiture dans un centre-ville où les sens uniques abondent. *S'adresser à TaM Vélo - ☏ 04 67 22 87 82 - www.montpellier-agglo.com/tam.*

Se loger

⌧⌧ Hôtel Les Troènes – *17 av. Émile-Bertin-Sans - ☏ 04 67 04 07 76 - www.hotel-les-troenes.fr - 14 ch. 56/58 € - ⌷ 8 €.* Reliée au centre-ville par le tramway, modeste maison des années 1960 rénovée, où l'on se sent comme chez soi. Chambres agréables, sans équipement superflu.

⌧⌧ Hôtel Résidence Citéa Citadelle – *357 r. du Professeur Antonelli - Tram Moulares - ☏ 04 99 51 36 00 - www.citea.com - Ⓟ - réserv. indispensable - 52 ch. et 16 appart. 62/86 € - ⌷ 7,50 €.* Tout prêt du quartier Antigone, desservi par le tram, cet hôtel offre tout le confort moderne (Internet, climatisation). De plus, toutes les chambres (ou appartements) au mobilier contemporain sont équipées de kitchenette. Possibilité de tarif dégressif pour les séjours supérieurs à 7 nuits.

⌧⌧ Hôtel de la Comédie – *1 bis r. Baudin - ☏ 04 67 58 43 64 - hoteldelacomedie@cegetel.net - 20 ch. 69 € - ⌷ 6 €.* À une enjambée de la place du même nom, derrière une belle façade du 19ᵉ s., les chambres de cet hôtel récemment refait affichent une douce modernité. Idéal pour partir à la découverte de Montpellier, il est au cœur de l'animation. Ambiance décontractée.

⌧⌧ Hôtel du Palais – *3 r. du Palais - ☏ 04 67 60 47 38 - www.hoteldupalais-montpellier.fr - 26 ch. 69/81 € - ⌷ 11 €.* Cet hôtel familial est une bonne adresse au cœur de la ville historique, à deux pas des jardins du Peyrou et de la place de la Canourgue. Ses petites chambres sont coquettement arrangées et bien tenues.

⌧⌧ Hôtel Résidence Citéa Palais d'Hadrien – *1035 av. Léonard de Vinci - 34970 Lattes - 8 km au sud de Montpellier par D 132, quartier « Port Ariane » - ☏ 04 99 51 35 00 - www.citea.com - Ⓟ - réserv. obligatoire en été - 42 appartements 68/108 € - ⌷ 7,50 €.* Situé entre Montpellier et les plages, cet hôtel-résidence propose des appartements du 2 au 5 pièces. Idéal pour les familles, les longs séjours, on peut aussi opter pour la formule hôtelière classique. Confort moderne, mobilier fonctionnel et balcon pour profiter du petit lac de Port Ariane.

⌂⊜ Chambre d'hôte Domaine Du Parc – 8 r. Achille-Bège - ☎ 04 67 41 16 49 - www.hotelduparc-montpellier.com - 🅿 - 19 ch. 50/83 € - � 10 €.
Ancienne demeure seigneuriale (18ᵉ s.) voisine du centre historique. Plaisantes chambres personnalisées ; cour-terrasse où l'on petit-déjeune l'été.
Accueil aimable.

Se restaurer

⊜ C'an Jose – 8 bis r. du Petit-Saint-Jean - ☎ 04 67 60 70 71 - fermé dim. et lun., 14 Juil.-15 août - 14/21,50 €. Toute la Catalogne et les Baléares dans cette maison du vieux Montpellier… Habillée de jaune et de rouge bien sûr, la salle est parée de photos de l'île de Minorque. Tapas mais aussi cuisines catalane, espagnole et des Baléares. *Buen provecho !*

⊜⊜ L'Image – 6 r. du Puits-des-Esquilles - ☎ 04 67 60 47 79 - fermé midi, dim. et j. fériés - réserv. conseillée - 16/25 €.
À deux pas de l'Arc de Triomphe et de la Promenade du Peyrou, caché dans une toute petite rue, ce restaurant propose une cuisine régionale soignée. La décoration reste simple, mais la salle voûtée en sous-sol a gardé un certain caché.
Pour les amateurs de viande et les gros appétits, on conseillera les diverses « planchas » (canard, bœuf…) !

⊜⊜ Les Bains de Montpellier – 6 r. Richelieu - ☎ 04 67 60 70 87 - www.lesbains-de-montpellier.com - fermé dim. et lun. midi, vac. de fév., de la Toussaint, de Noël - réserv. conseillée - 22/32 €.
Dépaysement garanti dans ce restaurant qui a pour cadre les anciens « Bains de Paris », leur terrasse ombragée de palmiers et leurs anciennes cabines transformées en charmants petits salons sous verrières où l'on déguste d'appétissants plats au goût du jour : pistou de tomates et jambon serrano, seiche à la plancha, etc.

⊜⊜ Le Petit Jardin – 20 r. Jean-Jacques-Rousseau - ☎ 04 67 60 78 78 - www.petit-jardin.com - fermé lun., janv. - 22/45 €.
Dans une ruelle du quartier rénové de l'Écusson, cette charmante maisonnette accueille ses hôtes, dès les beaux jours, dans son séduisant jardin-terrasse. Installé sous les arbres, vous pourrez admirer la cathédrale et vous restaurer d'une cuisine régionale.

Faire une pause

L'Heure Bleue – 1 r. de la Carbonnerie - ☎ 04 67 66 41 05 - heurebleue.laboutique@orange.fr - tlj sf dim. et lun. 12h-19h.
Situé dans un hôtel du 18ᵉ s., ce salon de thé littéraire revendique également le statut de galerie d'art et de brocante, d'où un décor somptueux composé de sculptures et d'objets insolites. Pâtisseries maison et près de 50 variétés de thé.

En soirée

👁 Bon à savoir – À Montpellier, ville étudiante, de nombreux cafés-concerts suivent les nouvelles tendances musicales et il n'est pas rare de découvrir, au détour d'un hôtel particulier, une salle de concert diffusant des groupes de rap. Mais cette ville nous offre un paysage culturel très métissé avec ses passionnés de jazz, ses fous d'accordéon et ses amoureux de salsa ou de musique classique. Un programme des spectacles est gracieusement offert par l'office de tourisme.

Grand Café Riche – 8 pl. de la Comédie - ☎ 04 67 54 71 44 - 6h30-1h ; été : 6h30-2h.
Créé en 1893, ce café, sûrement le plus ancien de la ville, est une institution à Montpellier. Sa grande terrasse vous permet d'être aux premières loges pour assister aux spectacles de rue qui animent parfois la place de la Comédie.

Que rapporter

Marchés – Tous les matins, dans le centre-ville, les halles Castellane et Laissac, l'esplanade Charles-de-Gaulle, les nouvelles halles Jacques-Cœur (quartier Antigone) et le plan Cabannes accueillent des marchés alimentaires. À découvrir également dans le quartier Antigone (avenue Samuel-Champlain), le **marché paysan** du dimanche matin et place des Arceaux le **marché biologique** du samedi matin. Le 4ᵉ samedi du mois, les **bouquinistes** se donnent rendez-vous rue des Étuves. Le **marché aux puces** se tient tous les dimanches de 6h à 13 sur l'Esplanade de la Mosson (parking du stade).

Aux Gourmets – 2 r. Clos-René - ☎ 04 67 58 57 04 - gourmets.patisserie@neuf.fr - 7h30-19h - fermé lun., août. Cette boutique officiant à deux pas de la place de la Comédie compte déjà quelque 45 années d'existence et a toujours été gérée par la famille Fournier.
La magnifique gamme d'entremets glacés ne peut laisser aucun gourmand indifférent. Macarons et nougatine se déclinent de manière originale dans plusieurs pâtisseries. Calissons carrés et pâtes de fruits élaborées à partir de pulpes fraîches maison couronnent cette offre de qualité.

Réglisserie Deleuze – 39 av. de Toulouse - ☎ 04 67 42 50 68 - 9h-12h, 14h-18h30 - fermé dim., 3 sem. en août et j. fériés.
Depuis 1889, la famille Deleuze est restée fidèle aux techniques de fabrication à l'ancienne. Réglisses, guimauves, pastillages à la gomme, dragées et chocolats se choisissent dans une boutique joliment agencée dont le décor évoquent les années 1940. Les papilles apprécient les traditionnels réglisses, ou la dernière née des dragées surnommée Séduction, aux glaçages multicolores et à la forte proportion de chocolat.

Maison régionale des vins et produits du terroir – *34 r. St-Guilhem - face à la préfecture - ☎ 04 67 60 40 41 - contact@ maison-regionale-des-vins.com - 9h30-20h - fermé dim.* On trouve le meilleur du Languedoc-Roussillon dans cet ancien hôtel particulier transformé en espace d'exposition-vente de vins (1 200 crus référencés) et de produits du terroir : cassoulet, olives, champignons, truffes, miels, chocolats, etc. Les producteurs proposent également des dégustations tous les samedis.

Librairie Sauramps – *Pl. Comédie (Le Triangle) - 34967 Montpellier Cedex 2 - ☎ 04 67 06 78 78 - www.sauramps.com - 10h-19h - fermé dim. et j. fériés.* Cette immense librairie fondée en 1946 se trouve à deux pas de la place de la Comédie. De nombreuses manifestations – lectures, débats, signatures et rencontres avec les auteurs – y sont régulièrement organisées. À proximité, vaste espace réservé à la jeunesse : livres, jeux, jouets, loisirs créatifs.

Événements

Montpellier et sa région sont riches en festivals et spectacles en tout genre.

Festival Montpellier Danse – Le rendez-vous de la Nouvelle danse depuis 1981 - représentations dans une douzaine de salles comme la salle Berlioz du Corum, l'opéra Comédie, l'ancien couvent des Ursulines ou le chai du Terral à St-Jean-de-Védas - Cité internationale de la Danse - *☎ 0 800 600 740 (appel gratuit) - www. montpellierdanse.com - de fin juin à déb. juil.*

Festival de Radio France et Montpellier Languedoc-Roussillon – Art lyrique, concerts symphoniques, musique de chambre, jazz, musique du monde, musique électronique - *04 67 02 02 01 - www.festivalradiofrancemontpellier.com - 3 dernières sem. de juil.*

Festival cinéma méditerranéen – Au Corum, au centre Rabelais et salle Louis-Feuillade - *☎ 04 99 13 73 73 - www. cinemed.tm.fr - de fin oct. à déb. nov.*

Pèlerinage St-Roch – Roch (14e s.) est né à Montpellier, rue de la Loge. Aujourd'hui, un important pèlerinage, où se rendent nombre d'Italiens, a lieu le jour de sa fête à Montpellier : processions et expositions des reliques et du bâton de saint Roch, animations de rue, visites guidées dans la ville sur les pas du saint (organisée par l'office de tourisme *☎ 04 67 60 60 60) - le 16 août.*

Le Printemps des Comédiens – En juin, le château d'O sert de cadre aux représentations théâtrales du festival.

Chaos de **Montpellier-le-Vieux**★★★

CARTE GÉNÉRALE C2 – CARTE MICHELIN DÉPARTEMENTS 338 L6 – AVEYRON (12)

Montpellier-le-Vieux n'est pas une ville mais un extraordinaire ensemble rocheux dû à la corrosion et au ruissellement des eaux de pluie s'exerçant sur la roche dolomitique du Causse noir dont il recouvre environ 120 ha. « Tout cet enchevêtrement de rues, de voûtes, de cheminements, de saillies sur corniches, tantôt se croisant à angle droit comme une ville tirée au cordeau, tantôt formant un vrai labyrinthe où l'on erre quelquefois avec un grand embarras, tout cet ensemble comme ces détails ne peuvent se décrire », dit M. de Malafosse, un de ses inventeurs en 1883.

▶ **Se repérer** – À 18 km au nord-est de Millau par la D 110 ; depuis Le Rozier ou Peyreleau par la D 29 et la D 110 (10 km) ; depuis Nant par la D 991. L'accès au parc du chaos de Montpellier-le-Vieux se fait par le hameau du Maubert, d'où vous empruntez la route privée (1,5 km) qui passe devant une table d'orientation puis aboutit au parking.

👁 **À ne pas manquer** – Le panorama depuis la plate-forme du donjon ; la porte de Mycènes ; la grotte de Baume Obscure et l'Aven.

🕐 **Organiser son temps** – Comptez 3h.

👪 **Avec les enfants** – Le petit train permet de découvrir le site sans fatigue.

⚲ **Pour poursuivre la visite** – Voir aussi le massif de l'Aigoual, l'aven Armand, la grotte de Dargilan, les gorges de la Dourbie, le causse du Larzac, Millau, Meyrueis, Sévérac-le-Château et les gorges du Tarn.

Porte de Mycènes : surprenante arche naturelle qu'on dirait suspendue dans les airs.

Comprendre

Ce sont les bergers des troupeaux transhumants du Languedoc qui auraient donné ce nom à ce gigantesque amas de roches qui, vu de loin, évoque une grande ville ruinée. Jusqu'en 1870, ce chaos, masqué par une forêt impénétrable, était considéré par les habitants d'alentour comme une « cité maudite », hantée par le diable. Les brebis et les chèvres qui s'aventuraient un peu trop près disparaissaient à la nuit, happées par les nombreux loups qui y avaient élu domicile. Les coupes qui ont été effectuées par la suite, dégageant la « ville », ont fait disparaître ces hôtes indésirables. En 1931, la Société de l'aven Armand achète les terrains et entreprend la construction d'une route d'accès. L'ère touristique débute, les aménagements se succèdent. Aujourd'hui, le parc dispose de sentiers balisés et d'un petit train.

Visiter

📞 05 65 60 66 30 - www.montpellierlevieux.com - *juil.-août : 9h-18h30, de mi-mars à fin juin et de déb. sept. à mi-nov. : 10h-17h - fermé reste de l'année - 5,30 € (5-15 ans. 3,80 €), supplément visite guidée en petit train 3,40 € AR (enf. 2,50 €).*

Montpellier-le-Vieux est si curieux et si attachant, la végétation y est si belle que nombre d'entre vous aimeront sans doute s'y attarder plus longtemps que ne l'exige la visite normale. Une journée passée à flâner parmi ces rochers ombragés de pins sylvestres et de chênes, ces colonnes et ces murailles, laissera à tous les amis de la nature un souvenir impérissable.

Les rochers de Montpellier-le-Vieux ont presque tous reçu, d'après leur forme, leur silhouette, des noms évocateurs : il y a la Quille, le Crocodile, la porte de Mycènes, le Sphinx, la Tête d'Ours, etc.

Les étapes décrites ci-dessous sont celles du **circuit rouge** (5 circuits existent sur le site) qui offre une découverte intéressante des lieux.

Douminal

Véritable donjon naturel commandant quatre cirques irréguliers (le Lac, les Amats, les Rouquettes, la Millière) séparés par de hautes crêtes rocheuses et entourés par les falaises du causse Noir, cette plate-forme offre un panorama étendu. De là, le regard embrasse au nord le rocher de la Croix et, sur la droite, le cirque du Lac couvert de pins ; au sud, la vallée de la Dourbie et la corniche du causse du Larzac ; à l'ouest, le cirque des Rouquettes ; à l'est, le chaos de Roquesaltes.

Une fois franchi le rocher de la Poterne, le sentier offre presque aussitôt, du **Rempart** (alt. 830 m), une vue d'ensemble particulièrement impressionnante sur le chaos. La descente vers le cirque des Amats conduit à la porte de Mycènes.

Porte de Mycènes

Elle évoquait, pour Edouard Alfred Martel, la célèbre porte des Lions de la Grèce antique. Par ses dimensions et par la hauteur de son arche naturelle (12 m), elle se classe parmi les sites les plus originaux de Montpellier-le-Vieux.

Le sentier rejoint le giratoire du petit train, franchit un ponceau et conduit à la grotte de **Baume Obscure** (qui porte bien son nom) où É. A. Martel mit au jour des ossements d'ours des cavernes. Des abords de la grotte, un regard à gauche découvre le **Nez de Cyrano**. Puis on monte vers le belvédère.

Belvédère

Vue sur le cirque des Rouquettes que l'on vient de contourner, au sud, la vallée encaissée de la Dourbie et, au nord, le cirque de la Millière.

Le sentier revient ensuite vers le point de départ en longeant, à mi-hauteur, le cirque de la Millière. Sur la droite, à quelque 200 m du belvédère, s'ouvre l'**Aven**, d'une profondeur de 53 m. *De là, le sentier ramène directement au parking.*

Chaos de Montpellier-le-Vieux pratique

Adresse utile

Office du tourisme de Millau – *1 pl. du Beffroi - 12100 - ✆ 05 65 60 02 42 - www.ot-millau.fr - juil.-août : lun.-sam. 9h-19h, dim. 9h30-16h ; reste de l'année : lun.-vend. : 9h-12h30, 14h-18h30, sam. 9h-18h30, dim. et j. fériés : 9h30-16h - fermé 1er janv, 25 déc.*

Se loger

☞ **Chambre d'hôte L'Arcade** – *R. Beausoleil - 12640 Rivière-sur-Tarn - ✆ 05 65 59 85 88 - www.arcadefabre.fr - fermé 16 nov.-14 mars - ⌷ - 5 ch. 46 € ⌷ - repas 16 €.* Entre verger et potagers, cette maison contemporaine aux arceaux caussenards vous réserve un esprit convivial et accueillant de chambre d'hôte traditionnelle. Table d'hôte réputée. Les petits plats, confectionnés par un véritable cordon bleu, raviront les palais les plus sensibles. Cueillettes possibles en saison.

☞☞ **Chambre d'hôte Les Gargouilles** – *Rte de Massegros - 12640 Boyne - www.millau-chambre-hote.com - fermé oct.-mars - ⌷ - 5 ch. 58 € ⌷.* Cette grande demeure en pierres apparentes, au centre du village, abrite 5 chambres à la décoration soignée et au confort actuel. Table d'hôte, sauf en juillet et août afin de vous permettre de découvrir les restaurants des environs. Piscine à débordement. Accueil sympathique.

Sports & Loisirs

Petit train – *✆ 05 65 60 66 30.* Empruntant un itinéraire à l'écart des sentiers piétonniers, le Petit Train vert sur pneus permet de s'approcher du cœur du site et de ses plus beaux rochers sans fatigue : la porte de Mycènes *(1h AR)* avec un petit parcours accessible à tous, le circuit jaune *(1h30 AR)* avec un parcours sur un sentier piétonnier. 5,30 € la randonnée, 8,70 € avec Petit Train.

Promenades à pied – Attention, il est facile de se perdre si l'on s'écarte du parcours balisé. *Plan distribué à l'entrée.*
● Circuit du Belvédère, *balisé en bleu : 1h.*
● Grand Tour, *balisé en rouge : 1h30.*
● Camparolié, *balisé en jaune : 30mn au dép. de la porte de Mycènes.*
● Circuit du Lac, *balisé en orange : 30mn au dép. du Cénotaphe.*
● Circuit de Château-Gaillard, *balisé en violet : 30mn au dép. du rd-pt de la Citerne.*

Cirque de **Mourèze**★★

CARTE GÉNÉRALE C3 – CARTE MICHELIN DÉPARTEMENTS 339 F7 – HÉRAULT (34)

Creusé avec puissance au flanc de la montagne de Liausson, le cirque de Mourèze offre l'un des plus beaux spectacles de la nature ! C'est un large amphithéâtre de 340 ha que dessine ce vaste chaos de rochers dolomitiques aux grandes dénivellations, limité au sud par le vallon verdoyant de la petite Dourbie. De nombreux sentiers invitent à la balade.

▶ **Se repérer** – À 31 km au sud de Lodève par l'A 75 et à 53 km à l'ouest de Montpellier par la N 109, puis l'A 75. En arrivant par la D 908 puis la D 8, profitez des beaux panoramas.

🅿 **Se garer** – Laissez la voiture aux parkings aménagés aux deux entrées du village.

👁 **À ne pas manquer** – Les pittoresques ruelles du village et la vue sur le cirque depuis le belvédère du parc des Courtinals (table d'orientation).

🕐 **Organiser son temps** – Comptez 1h30 pour visiter le parc des Courtinals et faire le tour du village.

👨‍👧 **Avec les enfants** – Les porcs gascons et la cabane reconstituée du parc des Courtinals.

🖐 **Pour poursuivre la visite** – Voir aussi Lamalou-les-Bains, Lodève, Montpellier, Pézenas et St-Guilhem-le-Désert.

Se promener

Le village

Mourèze, avec ses blocs de rochers, porte bien son nom : du précelte *murr*, il signifie « butte rocheuse ».
Le village ancien, dominé par un rocher aux parois verticales portant son château, mérite une flânerie à travers ses ruelles étroites, ses petites maisons aux escaliers extérieurs, sa fontaine de marbre rouge.

Le cirque★★

De tous côtés, d'énormes blocs l'entourent. En empruntant l'un des nombreux sentiers balisés, on rencontre sans transition des coins frais et verdoyants, à côté de rocs auxquels l'érosion a donné les formes les plus étranges. L'aspect insolite de ces rochers ruiniformes est impressionnant en début et en fin de journée.

Vue sur le cirque depuis le belvédère.

A. Thuilier / MICHELIN

Parc des Courtinals

📞 04 67 96 08 42 - www.courtinals.com - juil.-août : 9h30-19h ; avr.-juin. et sept.-oct. : 10h-18h - fermé nov.-mars - 4 € (5-14 ans 2 €).

👨‍👧 Situé à l'est du cirque sur une aire de 40 ha, ce parc est un ancien site d'habitat préhistorique, occupé dès le néolithique moyen jusque vers 450 ans av. J.-C. (fin de l'âge du bronze et premier âge du fer). Il est dominé, sur quasiment tout son périmètre, par une barrière de rochers, au pied desquels de petits abris naturels ont recelé des silex et des céramiques.
En parcourant le sentier, découvrez plusieurs emplacements de cabanes de l'âge du fer (une a été reconstituée) et quelques curiosités dolomitiques comme l'Oracle, ce curieux rocher en équilibre sur son socle. Le long du sentier, des panneaux informent sur la flore environnante et une vieille race antérieure à l'ère romaine, les porcs gascons, a été réintroduite dans quelques enclos. Depuis le **belvédère**, admirez le cirque dans son ensemble.

Cirque de Mourèze pratique

Adresse utile

Office du tourisme de Clermont-l'Hérault – *9 r. Doyen-René-Gosse - ☏ 04 67 96 23 86 - www.ot-clermont-salagou.com - tlj sf lun. mat. et dim. 9h-12h, 14h-18h, sam. 9h-12h, 14h-17h - fermé j. fériés sf 14 Juil. et 15 août.*

Se loger

⊖⊖ **Hôtel Navas « Les Hauts de Mourèze »** – *Cirque dolomitique - 34800 Mourèze - ☏ 04 67 96 04 84 - fermé 2 nov.-26 mars - P - 16 ch. 52/60 € - ☕ 6 €.* Chambres rustiques sans téléphone ni TV pour plus de tranquillité, parc, et le superbe cirque dolomitique à deux pas : adresse pour épris de calme et de nature.

⊖⊖ **Hôtel la Source** – *34800 Villeneuvette - ☏ 04 67 96 05 07 - www.hoteldelasource.com - hôtel fermé nov.-fév. ; rest. fermé déc.-fév. - P - 14 ch. 54/84 € - ☕ 10 € - rest. 16/48 €.* Cet établissement, installé dans une vaste propriété close qui jadis abritait la draperie royale, a des faux airs de maison d'hôte ; pourtant, il s'agit bien d'un hôtel. Disposées dans les annexes, les 14 chambres, toutes différentes, ont chacune une entrée indépendante. Cuisine du terroir raffinée et recherchée.

Se restaurer

⊖⊖ **Auberge Val Mourèze** – *Rte de Salasc - 34800 Mourèze - ☏ 04 67 96 06 26 - www.aubergedevaldemoureze.com - fermé dim. soir et lun. - formule déj. et dîner 16 € - 22/38 € - 18 ch. 54/64 € - ☕ 9 €.* Sur le haut du village, dans un site sauvage et un peu accidenté, ce bouquet de bâtiments cévenols forme un ensemble agréable, s'apparentant à un motel. Le restaurant propose une carte oscillant entre cuisine régionale et pizzas ou omelettes.

Narbonne★★

51 300 NARBONNAIS
CARTE GÉNÉRALE C4 – CARTE MICHELIN DÉPARTEMENTS 344 J3 – AUDE (11)

Capitale de la Gaule narbonnaise, résidence des rois wisigoths, cité archiépisco-pale… « Narbonne la rose » égrène noms prestigieux et témoins architecturaux d'un glorieux passé. À l'ombre de ses musées, quelques belles collections, en particulier des peintures romaines, dévoilent une partie de ce riche patrimoine historique. Sous la chaude caresse du soleil, découvrez le visage animé d'une ville méditerranéenne, important centre viticole et carrefour de communications. Tandis que boulevards ombragés et berges de la Robine vous invitent à une promenade paresseuse…

- **Se repérer** – À 30 km au sud-ouest de Béziers par la D 609 et à 60 km à l'est de Carcassonne par l'A 61. La D 6009 contourne Narbonne, avec cependant des accès directs jusqu'au centre historique que l'on aborde en longeant le canal de la Robine.

- **Se garer** – La cité narbonnaise est en zone piétonnière. Les deux parkings les plus proches sont le parking extérieur quai Victor-Hugo, et celui (souterrain) du cours Mirabeau. Tous deux sont payants.

- **À ne pas manquer** – L'architecture complexe du palais des Archevêques ; le retable et le trésor de la cathédrale ; l'exceptionnelle collection de peintures romaines du Musée archéologique et les tableaux orientalistes du musée d'Art et d'Histoire.

- **Organiser son temps** – En été, commencez par la ville le matin pour éviter les grandes chaleurs. Déjeunez, puis appréciez dans l'après-midi la fraîcheur relative des musées du Palais neuf. Les environs de Narbonne méritent une journée complémentaire.

- **Avec les enfants** – Le musée archéologique à Narbonne, la réserve africaine de Sigean et le parc éolien des Corbières maritimes.

- **Pour poursuivre la visite** – Voir aussi Béziers, Carcassonne, les Corbières, l'op-pidum d'Ensérune, les châteaux de Peyrepertuse et de Quéribus, l'abbaye de Fontfroide, Lagrasse, le canal du Midi et la réserve africaine de Sigean.

Comprendre

Un port de mer – Narbonne occuperait l'emplacement du marché maritime d'un oppidum gaulois, Narba, établi sept siècles av. J.-C. au nord de la ville actuelle, sur la colline de Montlaurès. La ville, « Colonia Narbo Martius », fondée en 118 av. J.-C., devient un carrefour routier stratégique (voie Domitienne, voie d'Aquitaine) en même temps qu'un port florissant. Par là s'exportent l'huile, le lin, le bois, le chanvre, les fromages, les charcuteries des Cévennes dont les Romains sont friands, puis plus tard les céramiques sigillées. Mais c'est d'abord et surtout le commerce du vin, italien, ibérique puis gaulois, qui anime le trafic portuaire. Parallèlement, la ville connaît une forte expansion et s'orne de monuments prestigieux (temple capitolin, forum).

A. Thuillier / MICHELIN

Le palais des Archevêques et la cathédrale St-Just, monuments essentiels à Narbonne.

Une capitale – En 27 av. J.-C., Narbonne donne son nom à la province que constitue Auguste. C'est « la plus belle », écrit Martial et, avec Lyon, la ville la plus peuplée de la Gaule ; Cicéron proclame que « la Narbonnaise constitue le boulevard de la latinité ». Le flot des invasions barbares vient battre l'Empire romain. Après la mise à sac de Rome en 410 par les Wisigoths, Narbonne devient leur capitale. Plus tard, elle tombe aux mains des Sarrasins ; en 759, Pépin le Bref leur reprend après un long siège. Charlemagne crée le duché de Gothie dont Narbonne reste la capitale. Elle est divisée en plusieurs seigneuries : l'archevêque et le vicomte se partagent la cité (avec la cathédrale et l'archevêché) et le bourg, avec l'église St-Paul ; une importante communauté juive réside dans la cité. L'administration municipale est aux mains des consuls. La ville garde son opulence sur une longue période. Témoin **Aimeri de Narbonne**, qui n'est pas un habitant mais le titre d'une chanson de geste composée au 12e s. par un troubadour, Bertrand de Bar. Ce dernier y décrit les « grands navires cloutés de fer, les galères pleines de richesses qui font l'opulence des habitants de la bonne ville. » À partir du 14e s., le changement du cours de l'Aude, les ravages de la guerre de Cent Ans, la peste et le départ des juifs font péricliter Narbonne.

Découvrir

PALAIS DES ARCHEVÊQUES★ (B1)

Le palais des Archevêques domine la **place de l'Hôtel-de-Ville**, cœur animé de la cité à l'emplacement duquel on a récemment découvert un tronçon de la via Domitia *(visible sur la place)*. La façade est comporte trois tours carrées : encadrant le passage de l'Ancre, la tour de la Madeleine (la plus ancienne) et la tour St-Martial ; plus à gauche, le donjon Gilles-Aycelin. Entre ces deux derniers, Viollet-le-Duc a construit l'actuel hôtel de ville dans un style néogothique.

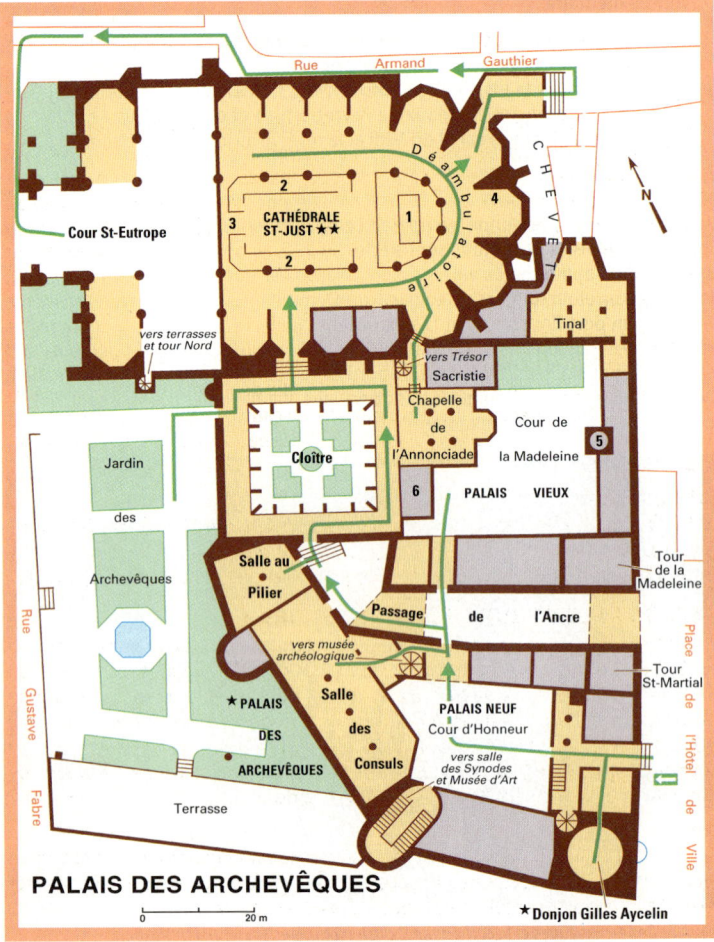

PALAIS DES ARCHEVÊQUES

À l'origine modeste résidence ecclésiastique, le palais des Archevêques compose un ensemble architectural religieux, militaire et civil complexe où les siècles ont laissé leur empreinte (du 12e s. avec le Palais vieux, au 19e s. avec l'hôtel de ville).

Donjon Gilles-Aycelin★

Entrée à gauche dans l'hôtel de ville - ☎ 04 68 90 30 65 - juil.-sept. : 10h-18h ; oct.-juin : 9h-12h, 14h-18h - fermé 1er janv., 25 déc. - 2,20 € (-10 ans gratuit), Pass Monuments et Musées 7,50 €, valable 3 j. Ce donjon (fin du 13e s.) aux murs en bossages est établi sur les restes du rempart gallo-romain qui défendait jadis le cœur de la ville antique. Il affirmait la puissance épiscopale face à celle des vicomtes installés de l'autre côté de la place de l'Hôtel-de-Ville. Son dispositif, très soigné, associe les défenses de trois échauguettes, un escalier dans une tourelle et un espace d'habitation au troisième étage, possible dernier refuge puisque isolé des autres bâtiments.

Du chemin de ronde de la plate-forme (162 marches), le **panorama★** se développe sur Narbonne et sa cathédrale, la plaine alentour, la montagne de la Clape, les Corbières, les étangs marins et les Pyrénées à l'horizon.

Traversez l'hôtel de ville pour entrer dans la cour d'honneur du Palais neuf.

Palais neuf

Il forme un ensemble s'ordonnant autour de la cour d'honneur (ou cour du Palais neuf) avec la façade sur cour de l'hôtel de ville, le donjon Gilles-Aycelin, la tour St-Martial, le bâtiment des Synodes et deux ailes nord et sud.

On accède à la **salle des Synodes** par un grand escalier à balustres construit en 1628. Cette salle, où se tinrent les états généraux du Languedoc, abrite quatre belles tapisseries d'Aubusson.

Salle des Consuls

Entrée par la cour d'honneur.

Au rez-de-chaussée du bâtiment des Synodes, elle s'appuie sur une portion de l'enceinte romaine. Belle rangée centrale de piliers.

Sortez du Palais neuf par la porte au nord de la cour et entrez dans le Palais vieux par la porte en face, de l'autre côté du passage de l'Ancre.

Palais vieux

Il est formé de deux corps de bâtiments qui flanquent la tour de la Madeleine. À l'est, une tourelle d'escalier carrée cantonne une façade romane ajourée d'arcatures **(5)**. Au sud se déploie une façade percée d'ouvertures romanes, gothiques et Renaissance. D'autres monuments bordent la cour de la Madeleine : le clocher carré carolingien de St-Théodard **(6)**, l'abside de la chapelle de l'Annonciade que domine au nord l'imposant chevet de la cathédrale, le Tinal, ancien cellier des chanoines du 14e s., récemment restauré.

Ressortez passage de l'Ancre et prenez à droite.

Passage de l'Ancre

Cette impasse fortifiée aux murs impressionnants sépare le Palais vieux du Palais neuf et depuis la place de l'Hôtel-de-Ville, sur laquelle elle donne entre la tour St-Martial et la tour de la Madeleine, conduit au cloître et à la cathédrale.

Entrez dans la salle au Pilier par une porte située à gauche de l'escalier d'accès au cloître de la cathédrale.

Salle au Pilier

☎ 04 68 90 30 65 - juil.-sept. : 10h-18h ; oct.-juin : 9h-12h, 14h-18h - fermé 3 dernières sem. de janv., 1er janv., 1er Mai, 1er et 11 Nov., 25 déc. - gratuit.

Cette belle salle du 14e s. doit son nom à l'énorme pilier central qui supporte sa voûte.

CATHÉDRALE ST-JUST-ET-ST-PASTEUR★★ (B1)

On peut y accéder par le passage de l'Ancre, en pénétrant tout d'abord dans le cloître.

En 1332, le chœur rayonnant était terminé dans le style des grandes cathédrales du nord, mais la construction du transept et de la nef, qui aurait entraîné la démolition partielle du rempart ancien, encore utile aux périodes médiévales troublées, fut remise à plus tard... et tout juste ébauchée au 18e s.

La première pierre du bâtiment fut posée le 3 avril 1272 : elle avait été envoyée de Rome par le pape Clément IV, ancien archevêque de la cité.

Cloître

Ce cloître fleuri (14e s.), situé au pied du côté sud de la cathédrale, est un havre de paix et de fraîcheur. Observez les hautes voûtes gothiques de ses galeries et, donnant sur la cour, des gargouilles sculptées disposées dans ses contreforts.

Par la galerie ouest, vous pourrez accéder au jardin des Archevêques.

Du **jardin des Archevêques** (18ᵉ s.), belle vue sur les arcs-boutants, la tour sud de la cathédrale et le bâtiment des Synodes, cantonné de deux tours rondes.

Intérieur

Il se résume à un chœur, unique partie achevée. La hauteur des voûtes du chœur, de 41 m, n'est dépassée que par celles d'Amiens (42 m) et de Beauvais (48 m). Son élévation est d'une grande pureté architecturale : grandes arcades dominées par un triforium dont les colonnettes prolongent les lancettes des grandes verrières. Long de quatre travées, entouré d'un déambulatoire et de chapelles rayonnantes, le chœur abrite de nombreuses œuvres d'art. Les cinq chapelles et les fenêtres hautes de l'abside, de même que la 2ᵉ fenêtre haute sur le côté droit, conservent de beaux vitraux du 14ᵉ s. Face au maître-autel à baldaquin **(1)** se dresse le **buffet d'orgue (3)** cantonné de belles **stalles (2)** datant du 18ᵉ s.

La chapelle de l'Annonciade, attenante *(accès par la dernière chapelle rayonnante à droite)*, datant du 15ᵉ s., est l'ancienne salle capitulaire ; elle contient, face à l'entrée, un beau tableau de Nicolas Tournier (17ᵉ s.), *Tobie et l'Ange.*

La chapelle axiale de Ste-Marie-de-Bethléem a retrouvé son **grand retable gothique★ (4)**, redécouvert fortuitement en 1981 sous une couche de stuc. Dix ans d'études ont été nécessaires pour le reconstituer à partir des milliers de fragments dispersés ou enfouis dans le mortier. De part et d'autre de la statue de la Vierge à l'Enfant, vous découvrirez sous des figures en haut-relief (très abîmées) inscrites dans des arcatures de gables, deux registres de scènes sculptées en pierre polychrome, probablement entre 1354 et 1381 : des épisodes de la vie du Christ *(registre médian)* et le Jugement dernier au registre inférieur, centré autour de la gueule béante de Léviathan. Ne manquez pas d'observer avec attention les damnés poussant des cris d'effroi dans la charrette qui les conduit aux enfers ! Vision terrifiante, contrastant avec celle, nettement plus sereine, des élus gagnant par un escalier le royaume céleste après avoir expié leurs fautes au purgatoire.

Trésor

℘ 04 68 90 30 65 - juil.-sept. : 11h-18h, dim. 14h-18h ; oct.-juin : 14h-18h - fermé 1ᵉʳ janv., 25 déc. - 2,20 €, Pass Monuments et Musées 7,50 €, valable 3 j.

Il est installé dans une salle, au-dessus de la chapelle de l'Annonciade, dont la voûte possède une curieuse propriété acoustique.

Il possède des manuscrits enluminés, des pièces d'orfèvrerie religieuse dont un beau calice en vermeil de 1561, et surtout l'admirable tapisserie flamande de la fin du 15ᵉ s. représentant la **Création★★**, tissée d'or et de soie. C'est la seule qui subsiste d'un lot de dix pièces offertes au chapitre par l'archevêque François Fouquet.

Admirez aussi la finesse d'une plaque d'évangéliaire en ivoire sculpté de la fin du 10ᵉ s., et un coffret de mariage en cristal de roche, orné d'intailles antiques, qui servit de reliquaire. *Sortez de la cathédrale par la porte de la 2ᵉ chapelle rayonnante en partant de la gauche.*

Extérieur

Flânez autour de la cathédrale pour admirer le chevet aux lancettes flamboyantes, les grands arcs surmontés de merlons à meurtrières, les arcs-boutants à double volée, les tourelles et les puissants contreforts défensifs, les hautes tours nord et sud. Parvenu devant le mur qui clôt le chœur, vous serez frappé par la puissance des piliers du 18ᵉ s. sur lesquels devaient prendre appui le transept et les deux premières travées de la nef, et qui composent la **cour St-Eutrope** *(accès par la rue Gustave-Fabre).* De cette cour, on peut accéder aux **terrasses** et à la **tour nord**, d'où l'on jouit d'une **vue★** intéressante sur les arcs-boutants de la cathédrale, le palais des Archevêques et la ville. *Fermé provisoirement pour travaux.*

Se promener

Partez de la place de l'Hôtel-de-Ville et prenez la rue Droite, piétonne et très commerçante.

Place du Forum (**B1**)

Elle occupe en partie l'emplacement du forum et du capitole antiques. Devant un mur peint, des fûts de colonnes, des bases de pilastres, des fragments de chapiteaux évoquent, par leurs dimensions, le temple du 1ᵉʳ s.

Prenez à droite la rue Girard et à gauche la rue Michelet.

Église St-Sébastien (**B1**)

Selon la légende, elle occuperait l'emplacement de la maison natale du saint. De style gothique flamboyant (15ᵉ s.), elle fut agrandie au 17ᵉ s. et flanquée d'un couvent et d'un cloître destinés aux carmélites.

Revenez place du Forum et prenez, à l'angle sud-ouest, la rue Rouget-de-Lisle.
On passe devant l'**Horreum**, entrepôt romain *(voir description dans « visiter »).*
Prenez à droite la rue du Lieut.-Col.-Deymes et encore à droite la rue Armand-Gauthier qui débouche sur la place Salengro.

La Poudrière (B1)
Derrière le jardin des Vicomtes, cette ancienne poudrière du 18e s. aux puissants contreforts bas abrite des expositions temporaires.
Revenez place Salengro et prenez à droite la rue Chennebier et à gauche la rue du Lion-d'Or qui descend vers les quais que l'on suit à gauche.

Berges de la Robine (B2)
Dérivation de l'Aude, le canal de la Robine relie la rivière au canal de jonction (qui lui-même rejoint le canal du Midi), de Sallèles-d'Aude à Port-la-Nouvelle. Ses cours plantés de platanes, la passerelle et la promenade des Barques composent un ensemble propre à la flânerie. Beau point de vue à gauche sur le pont des Marchands, à droite sur une écluse.
Au bout de la promenade des Barques, traversez la Robine par le pont de la Liberté.
Là se dresse une belle halle de type Baltard.

Suivez les berges de la rive droite jusqu'au pont des Marchands qui permet de revenir à la place de l'Hôtel-de-Ville.

Pont des Marchands★ (B2)
C'est un pont construit, c'est-à-dire surmonté d'une double rangée de maisons situées de part et d'autre d'une rue piétonne très commerçante, dont les façades, côté canal, sont peintes en couleur. Cette rue suit le tracé de la via Domitia.

Visiter

Musée archéologique★★ (B1)
Dans le Palais neuf. ☏ 04 68 90 30 54 - avr.- sept. : 9h30-12h15, 14h-18h ; oct.-mars : tlj sf lun. 10h-12h, 14h-17h - possibilité de visite guidée sur demande : ☏ 04 68 90 30 66 - fermé 1er janv., 1er Mai, 1er et 11 Nov., 25 déc. - 3,70 € (-10 ans gratuit), 5,20 € billet combiné avec musée d'Art et d'Histoire, Musée lapidaire, Horreum (valable 3 j.).

Narbonne possède sans doute la plus riche collection de France de **peintures romaines★★**. Provenant pour la plupart du site archéologique du Clos de la Lombarde (au nord de la ville antique), elles ornaient les habitations aisées de Narbo Martius.

Peinture à fresque : buste d'Apollon lauré (Musée archéologique de Narbonne).

Après une initiation à la construction d'une maison gallo-romaine, découvrez les techniques de la peinture murale antique. Présentés à taille réelle, les exemples variés de décors peints et de mosaïques sont dominés par le 4e style pompéien (fin du 1er s.). Sur un fond rouge ou blanc, les parois portent des motifs stylisés, des scènes de chasse et des guirlandes. Remarquez notamment la **peinture au Génie** qui décorait le triclinium de la *domus* : à droite, buste d'Apollon lauré ; à gauche, génie portant une corne d'abondance et une patère à libations ; une Victoire ailée, mutilée, brandit un bouclier. Décorant le caisson d'un plafond, une ménade, suivante de Bacchus, tient l'attribut de Bacchus : un thyrse enrubanné. La plupart des mosaïques sont en noir et blanc, et évoquent certains modèles pompéiens : décor géométrique (tresses, carrés, losanges, croisillons), marbre incrusté sur fond noir (bouclier de triangles encadré d'une tresse à deux brins).

Dans la chapelle haute de la Madeleine, admirez quelques vases et tessons de l'oppidum de Montlaurès. L'importante collection lapidaire évoque les institutions, les cultes et les activités commerciales de la Narbonne romaine. Ne manquez pas l'**ancre en bois et plomb** unique dans le monde romain, la très ancienne borne milliaire, le Silène ivre du 1er s., le sarcophage des Amours vendangeurs (3e s.). La chapelle basse abrite une superbe **mosaïque** païenne, des sarcophages et un linteau provenant de la cathédrale primitive bâtie par l'évêque Rustique.

Relié au Musée archéologique, le **Tinal** abrite les collections préhistoriques. Les vitrines présentent une collection d'outils, bijoux et céramiques, sans oublier l'épée de Jugnes, bel exemple d'arme de l'âge de fer. Reconstitutions et animations audiovisuelles animent la visite.

Musée d'Art et d'Histoire★ (B1)
Palais neuf, dans le même bâtiment que la salle des Synodes, au 2e étage. Mêmes conditions de visite que le Musée archéologique.

Il est aménagé dans les anciens appartements des archevêques où séjourna Louis XIII, lors du siège de Perpignan au printemps 1642. Faisant suite à la salle des Audiences où sont accrochés plusieurs portraits des Consuls de Narbonne au 16e s., la **chambre du Roi** est ornée d'un beau plafond à caissons représentant les neuf Muses et, au sol, d'une mosaïque romaine admirablement conservée.

La **Grande Galerie** présente un bel ensemble de pots de pharmacie de Montpellier et des toiles flamandes et italiennes des 16e et 17e s. Mais c'est dans la **salle des Faïences** que vous pourrez admirer des pièces sorties des plus grandes fabriques françaises (Montpellier, Moustiers, Marseille…).

Le **Grand Salon** rénové offre une place de choix aux œuvres des écoles françaises des 17e et 18e s. (Rigaud, Nattier, Greuze, Pierre et Nicolas Mignard…), à celles des écoles flamandes et italiennes (Tintoret, Lorenzo Lippi…), sans oublier les portraits d'une dizaine d'archevêques de Narbonne.

Terminez la visite avec la remarquable collection de **peintures orientalistes★** des 19e et 20e s. : quelque 130 œuvres de Benjamin Constant, Lazerges, Majorelle, Dinet, Bezombes… sont présentées dans deux salles à la décoration particulièrement soignée, avec colonnade, arcades bicolores et stucs arabisants.

Musée lapidaire★ (B2)

♿ - *mêmes conditions de visite que le Musée archéologique. Spectacle toutes les heures. Nocturnes jeu. juil.-août : deux séances à 21h et 22h.*

Il est installé dans l'église désaffectée de N.-D.-de-la-Mourguié, du 13e s. L'extérieur a fière allure avec ses contreforts saillants et son chevet crénelé.

À l'intérieur, dont la vaste nef est rythmée par six arcs diaphragmes soutenant le plafond charpenté, vous pourrez voir près de 1 300 inscriptions antiques, des stèles, des corniches, des sarcophages, d'énormes blocs sculptés, entassés sur quatre rangées, provenant pour la plupart des remparts de la cité et témoignant du passé prestigieux de l'ancienne capitale de la Gaule narbonnaise.

Pour accompagner ce voyage dans le temps, un **audiovisuel** (3/4h) vous propose une fresque historique qui vous projette de l'époque romaine à la magie de la Renaissance.

Horreum (B1)

Près du forum. Mêmes conditions de visite que le Musée archéologique. Vidéo 15mn.

De ce vaste entrepôt qui servait à stocker des marchandises, seules deux galeries souterraines sont ouvertes à la visite. Remarquez, dans l'aile nord, quelques sculptures et bas-reliefs.

Campion / MICHELIN

Le canal de la Robine est dominé par le donjon Gilles-Aycelin.

Basilique St-Paul (A1)

Elle a été édifiée à l'emplacement d'une nécropole constituée aux 4e et 5e s. autour du tombeau de saint Paul Serge (3e s.), premier évêque de la ville.

Remarquez en entrant, à droite, une grenouille sculptée… dans le bénitier.

Le **chœur★**, construit à partir de 1224, est remarquable par son élévation (grandes arcades, double triforium, fenêtres hautes), ses voûtes champenoises et son élégance. La perspective de la nef est coupée par 3 arcs massifs en anse de panier. Sous les grandes orgues, deux sarcophages chrétiens primitifs sont encastrés dans le mur, un troisième sert de linteau.

La **crypte paléochrétienne** fait partie de l'importante nécropole constituée au début du 4e s. sous Constantin. Les restes d'un édifice composé d'une chambre carrée et d'une abside constituent un mausolée dans lequel sont conservés six sarcophages. L'un avec acrotères, un autre à rinceaux et un troisième en marbre blanc évoquant les sarcophages païens sont les plus intéressants.

Accès par le portail nord de l'église. Visite sur demande au gardien - gratuit.

Dans la rue à l'est de la basilique, une maison du 16e s. exhibe des cariatides aux formes opulentes. D'où son nom, « **maison des Trois Nourrices** ».

Maison natale de Charles Trenet (A1)

13 av. Charles-Trenet. ☎ *04 68 90 30 66 - visite guidée (dép. ttes les heures) avr.-sept. : 10h-12h, 14h-18h ; oct.-mars : 14h-18h - fermé mar., 1ᵉʳ janv., 1ᵉʳ Mai, 1ᵉʳ et 11 Nov., 25 déc. - 5,20 € (-10 ans gratuit).*

Les fans ne manqueront pas de s'inscrire à une visite de la maison natale de Charles Trenet où ils retrouveront, accompagnés par des refrains qui sont dans toutes les mémoires, un lieu à l'image des chansons du poète.

Aux alentours

Parc naturel régional de la Narbonnaise

Ce territoire, de 80 000 ha, s'étend du massif de la Clape au nord jusqu'au plateau de Leucate au sud et embrasse le massif de Fontfroide comme celui des Corbières maritimes. Ici, l'extraordinaire diversité de paysages et de milieux naturels est propice au développement d'une flore et d'une faune d'une grande richesse. Au cœur du parc, un vaste complexe lagunaire (étangs de Bages-Sigean, de Pissevaches et de La Palme) constitue une étape majeure pour la migration et l'hivernage des oiseaux. Entre garrigues sèches, falaises calcaires et zones humides, des sentiers vous invitent à la découverte de ce patrimoine naturel.

Vous trouverez toutes les informations à la Maison du Parc naturel régional de la Narbonnaise - RN 9 - Domaine de Montplaisir - 11100 Narbonne - ☎ *- 04 68 42 23 70 - www. parc-naturel-narbonnaise.fr - 8h-12h30, 14h-18h - fermé w.-end et 25 déc.-1ᵉʳ janv.*

> ## Le saviez-vous ?
> **Charles Trenet** (1913-2001), surnommé « le fou chantant », est natif de Narbonne. Fils de la terre languedocienne, il a rendu la chanson à la fantaisie, à l'invention mélodique (très influencée par le jazz) et à la poésie. On a tous encore sur les lèvres l'air de *La Mer*, « qu'on voit danser le long des golfes clairs », et c'est vrai, elle est à deux pas de Narbonne !

Parc éolien des Corbières maritimes★

À Sigean. 22 km au sud par la D 6009. Pour y accéder, entrez dans Sigean et suivez la direction de Port-la-Nouvelle avant d'emprunter à droite le chemin de Lapalme. Au premier rond-point, prenez à gauche pour suivre la route qui passe au-dessus de la nationale jusqu'au petit pont. Continuez à pied, le sentier monte vers la garrigue.

👥 C'est depuis le sommet de la colline de la Castanière, dans le territoire limitrophe de Sigean et de Port-la-Nouvelle, que le parc éolien alimente le réseau national et fournit environ 25 millions de kilowatts, soit la consommation annuelle électrique de 10 000 personnes, hors chauffage. Installés depuis 1991, les cinq premiers aérogénérateurs de 660 kW ont été rejoints, en 2000, par dix nouvelles demoiselles ailées. Sur le site, des panneaux vous donnent toutes les explications techniques. Dans ce curieux décor aux allures futuristes, la puissance presque silencieuse des pales dont certaines culminent à 60 mètres est à couper le souffle !

Terra Vinea

18 km au sud, à Portel-des-Corbières. Quittez Narbonne par la D 6009, en direction de Perpignan. À 15 km, prenez à droite dans la D 611ᴬ puis à nouveau à gauche (suivez le balisage « Terra Vinea »). ☎ *04 68 48 64 90 - www.terra-vinea.com -* ♿ *- visite guidée - juil.-août : 10h30-18h (dép. ttes les 30mn) ; reste de l'année : 14h, 15h, 16h (dim. et j. fériés visite suppl. à 11h) - fermé 1ᵉʳ janv., 25 déc. - 8,50 € (enf. de 1 à 3,50 €).*

Ce site qui ne manquera pas de vous surprendre est une ancienne carrière de gypse aménagée en chais de vieillissement. Un petit train vous emmmène pour un parcours à 80 m sous terre, agrémenté d'un **spectacle son et lumière**. Parmi les étapes de ce voyage dans le temps citons l'Antiquité, époque où le commerce du vin s'opérait par la via Domitia, ou le Moyen Âge dont vous pourrez découvrir les habitudes de consommation. La dernière escale est le salon d'accueil où a lieu une dégustation des produits du domaine. Restauration.

Circuits de découverte

MONTAGNE DE LA CLAPE

Circuit de 53 km – environ 3h. Sortez par l'est du plan, puis prenez à gauche la D 168 vers Narbonne-Plage.

Le massif calcaire de la Clape domine de ses 214 m la mer, les étangs littoraux autour de Gruissan et la plaine de la basse vallée de l'Aude couverte de vignes.

La route, sinueuse et accidentée, offre de belles vues sur les falaises et les versants de la Clape.

Narbonne-Plage

La station s'étire en bordure du littoral ; elle est caractéristique des stations traditionnelles du littoral languedocien. On y pratique la voile et le ski nautique et les enfants sont les bienvenus dans cette « Station Kid ».

De Narbonne-Plage, poursuivez jusqu'à St-Pierre-sur-Mer.

St-Pierre-sur-Mer

Station familiale. Au nord, le **gouffre de l'Œil-Doux** est un curieux phénomène naturel. Large de 100 m et partiellement à ciel ouvert suite à l'effondrement de la voûte rocheuse, il abrite un lac à 70 m de profondeur. Cette étendue d'eau douce a une salinité variable en raison de la proximité de la mer.

Gruissan *(voir ce nom)*

À la sortie de Gruissan, prenez à droite et aussitôt à gauche une petite route signalée vers N.-D.-des-Auzils.

Cimetière marin *(voir Gruissan)*

Poursuivez la petite route tracée sur les dernières pentes de la Clape. En débouchant sur la D 32, prenez à droite vers Narbonne. À Ricardelle, prenez, à droite, une petite route étroite et en forte montée.

Coffre de Pech Redon

Point culminant de la montagne de la Clape, il apparaît au sommet de la montée. Vue pittoresque sur les étangs et Narbonne d'où émergent la cathédrale St-Just et le palais des Archevêques.

Faites demi-tour et regagnez Narbonne par la D 32.

LES CANAUX

De Sallèles-d'Aude à Port-la-Nouvelle par le canal de la Robine.

Amphoralis-musée des Potiers gallo-romains★

Accès à Amphoralis par la D 1626 au nord-est de Sallèles-d'Aude, où l'on suit le balisage « musée des Potiers ». La route suit le canal de jonction entre le canal du Midi et le canal de la Robine. ✆ 04 68 46 89 48 - ♿ *- juil.-sept. : tlj 10h-12h, 15h-19h ; avr.-juin : mar-vend. 14h-18h, sam.-dim. 10h-12h, 14h-18h ; oct.-mars : groupes sur RV. Adulte : 5 € (enfants 3 €).* Le bâtiment moderne abrite, dans sa partie centrale, une exposition sur cette production quasi industrielle mais très variée qui dura du 1er s. au début du 4e s. apr. J.-C. De part et d'autre, des structures à pans ouverts protègent le chantier de fouilles, comprenant principalement le quartier artisanal, qui s'ordonne autour d'une dizaine de fours, de bassins de décantation, d'ateliers munis de tours où l'on façonnait l'argile. La carrière d'argile à ciel ouvert est toute proche. Un four à échelle réelle a été reconstitué et mis en marche. La visite fait découvrir, en même temps que le site de fouilles, les différentes productions de Sallèles-d'Aude (céramique d'utilisation domestique, tuiles, amphores vinaires), la cuisson (maquettes de fours), la vie quotidienne et les échanges commerciaux dans l'Empire romain.

La reconstitution d'une nécropole d'enfants découverte dans une salle du secteur artisanal (les plus âgés étaient des nourrissons de 9 mois) instruit sur les rites funéraires observés dans le monde gallo-romain dès la fin du 2e s. av. J.-C.

À la lisière nord du site subsistent les vestiges d'un aqueduc qui traversait la plaine pour conduire l'eau en direction de Narbonne (1re moitié du 2e s. apr. J.-C.).

Centre européen du patchwork

32 quai de Lorraine - 11590 Sallèles-d'Aude. ✆ 04 68 46 02 47 - www.patchwork-cep.com - *de Pâques. à déb. nov. : 10h30-12h30, 15h-19h ; reste de l'année : w.-end et j. fériés 10h30-12h30, 14h30-18h30 - fermé janv.-fév. - 3 € (enf. gratuit) - vidéo (15mn) - boutique.*

Judicieusement agencées dans les cuves de l'ancien chai, les vitrines se déclinent au fil des pays et techniques. Boutis, couvertures piquées, patchworks américains ou amish, molas des Indiens kuna… Il y en a pour tous les goûts ! Si les plus avertis savent apprécier les détails, les novices ont ici l'occasion de découvrir la richesse d'un art mal connu. À l'étage, les expositions temporaires sont consacrées à des œuvres contemporaines.

Canal de jonction

En amont et en aval de Sallèles, ce canal, construit en 1787, joint le canal du Midi au canal de la Robine qui se dirige vers Narbonne. Très jolis biefs bordés de pins parasols.

La basse plaine de l'Aude, située au nord de Narbonne, a été littéralement ensevelie sous l'eau après les pluies diluviennes des 12 et 13 novembre 1999. En suivant la 1re partie de cet itinéraire, on aura une pensée pour les villages de Sallèles-d'Aude, Cuxac-d'Aude et Coursan, les principales victimes de ces inondations.

Prenez une petite route au sud de Sallèles pour gagner l'écluse de Gailhousty.

Écluse de Gailhousty

L'écluse permet de traverser l'Aude pour accéder au canal de la Robine. À cet endroit se trouve un remarquable ouvrage de pierre, avec fronton triangulaire portant un bas-relief : il s'agit d'une maison épanchoir, maison de l'éclusier et garde épanchoir, construite sur l'épanchoir même. Le bâtiment a été dessiné par l'architecte Garipuy et construit en 1782.

Remontez à Sallèles pour prendre à droite la D 1118. À Cuxac-d'Aude, tournez à droite dans la D 13.

Narbonne★ *(voir plus haut)*

Canal de la Robine

Il a été creusé à partir de 1796 dans l'ancien lit de la Robine ; son alimentation est assurée par le barrage et le bassin du Lampy *(voir Montagne noire)*. Il débouche dans la Méditerranée à Port-la-Nouvelle, en traversant les étangs de Bages et de Sigean à droite, celui de l'Ayrolle à gauche. En amont de Port-la-Nouvelle, il longe l'île Ste-Lucie.

Île Ste-Lucie

La circulation automobile est impossible sur l'île Ste-Lucie, qui rejoint Narbonne à Port-la-Nouvelle ; utilisez les autres moyens de transports (voir Narbonne pratique).

Elle est réputée pour la diversité et l'abondance de sa faune et surtout de sa flore (plus de 300 espèces recensées).

Port-la-Nouvelle

Construite à l'entrée du grau au débouché du canal de la Robine, Port-la-Nouvelle est, entre Sète et Port-Vendres, la seule ville côtière du golfe du Lion à conserver une activité soutenue hors saison, grâce à son port de commerce, base de redistribution des hydrocarbures dans tout le sud-ouest. Port-la-Nouvelle est également bien aménagée pour la navigation de plaisance. Une plage de sable fin s'étend sur 13 km.

Narbonne pratique

Adresse utile

Office du tourisme de Narbonne – *31 rue Jean-Jaurès - 11100 - ☎ 04 68 65 15 60 - www.mairie-narbonne.fr - de déb. avr. à mi-sept. : 9h-19h, de mi-sept. à fin mars : 10h-12h30,13h30-18h, dim. et j. fériés 10h-17h - fermé 1er janv., 1er Mai et 25 déc.*

Visites

Visite guidée – Narbonne, qui porte le label Ville d'art et d'histoire, propose des visites-découvertes (1h à 1h30) animées par des guides-conférenciers agréés par le ministère de la Culture et de la Communication : au programme, découverte des monuments, visite historique à thème - *pdt vac. scol. : 14h30 (dép. office de tourisme) - 6,50 € - renseignements ☎ 04 68 90 30 66.*

👁 **Bon à savoir** – Pass Monuments et Musées 7,50 €, valable 3 j. Il donne accès au Musée archéologique, au musée d'Art et d'Histoire, au Musée lapidaire et à l'Horreum, ainsi qu'au donjon Gilles-Aycelin et au trésor de la cathédrale. En vente à l'accueil de l'hôtel de ville et dans tous les monuments concernés.

Visite

De Narbonne à Port-la-Nouvelle – coche d'eau, au pont des Marchands - *☎ 04 68 90 63 98 - de juil. à mi-sept. : croisière commentée d'une journée, et visite guidée de l'île Ste-Lucie, site naturel protégé. Possibilité de repas à bord, pique-nique admis - dép. lun., mar., jeu. et vend. - 23 € par pers. (-12 ans gratuit) - réservation conseillée.*

Se loger

⊖ **Hôtel de France** – *6 r. Rossini -* ℘ *04 68 32 09 75 - www.hotelnarbonne. com - 15 ch. 34/69 € -* ⊑ *7 €.* Cet hôtel occupe un petit immeuble de la fin du 19ᵉ s. situé dans une rue peu passante du centre-ville. Les chambres sont assez simples ; celles sur l'arrière garantissent des nuits paisibles. Confort modeste au dernier étage.

Bateau de croisière.

⊖ **Chambre d'hôte Nuitées Vigneronne de Beaupré** – *Rte d'Armissan -* ℘ *04 68 65 85 57 - www. domaine-de-beaupre.fr -* 🍽 *- 4 ch. 55/65 € -* ⊑. Les amateurs de vin prendront plaisir à découvrir les secrets de sa fabrication au cœur de ce domaine de 9 ha, proche du centre de Narbonne. L'annexe aménagée dispose d'une salle à manger vaste et lumineuse et de 4 chambres décorées chacune selon une dominante de couleur. Belle terrasse avec piscine sécurisée.

⊖ **Camping Le Nautique** – *4,5 km au sud de Narbonne, près de l'étang de Bages -* ℘ *04 68 90 48 19 - www. campinglanautique.com - ouv. 15 fév.- 15 nov. - réserv. conseillée - 390 empl. 38 € - restauration.* Séparé en deux zones mitoyennes, ce terrain bénéficie d'un accès direct à l'étang de Bages pour sa partie basse. Les mobil-homes de location sont disponibles à partir de 2 nuits hors juillet et août. Emplacements traditionnels sur sol sablonneux et peu incliné. Espace loisir complet avec piscine et jeux pour enfants.

⊖⊜ **Hôtel La Résidence** – *6 r. du 1ᵉʳ- Mai -* ℘ *04 68 32 19 41 - www. hotelresidence.fr - fermé 15 janv.-15 fév. - 26 ch. 62/97 € -* ⊑ *8,50 €.* Hommes politiques, sportifs et artistes ont fait leur cette Résidence, une demeure de la fin du 19ᵉ s. transformée en hôtel dans les années 1950. Louis de Funès, notamment, y séjourna lors du tournage du *Petit Baigneur*. Certaines chambres ouvrent leurs fenêtres sur le palais des Archevêques et la cathédrale.

⊖⊜ **Chambre d'hôte Domaine de Gleizes** – ℘ *04 68 32 94 48 - www. domaine-de-gleizes.com -* 🍽 *- 4 ch. 69 € -* ⊑ *- repas 28 €.* Respirant le calme des environs, entre vignes et vergers, cette exploitation viticole compte 4 chambres, installées dans des annexes. De plain-pied et disposant toutes d'un accès indépendant sur l'extérieur, elles associent mobilier actuel et décoration soignée. Table d'hôte orientée terroir, soirées festives en été.

Se restaurer

⊜⊜ **L'Estagnol** – *5 bis cours Mirabeau -* ℘ *04 68 65 09 27 - fabricemeynadier@ wanadoo.fr - fermé lun. soir et dim. - 18/30 €.* Cette brasserie animée est située à proximité des halles, sur une placette qui accueille dès les premiers rayons de soleil son agréable terrasse. Il suffit de s'y rendre pour s'en convaincre : les Narbonnais apprécient ses bons petits plats traditionnels placés sous « influence régionale ».

⊜⊜ **Le 26** – *8 bd Dr Lacroix -* ℘ *04 68 41 46 69 - restole26@free.fr - fermé dim. soir et lun. - 20/30 €.* Le patron mitonne de bons plats traditionnels qui embaument la salle du restaurant, sobre et tout en longueur (parquet, murs en pierre), et mettent en apppétit ! Accueil aimable.

⊜⊜ **Méditerranée** – *11210 Port-la- Nouvelle -* ℘ *04 68 48 03 08 - www. hotelmediterranee.com - fermé 24 oct.- 13 nov., 5-29 janv. - 30 ch. 62/94 € -* ⊑ *8 € - rest. 13/45 €.* Construction balnéaire bâtie le long de la promenade, face à la plage. Chambres de bonne ampleur et correctement équipées, à choisir avec balcon côté mer pour profiter de la vue. Cuisine axée sur les produits de la pêche au restaurant. Terrasse-trottoir.

⊜⊜⊜ **Table St-Crescent** – *Rte de Perpignan, au Palais du vin -* ℘ *04 68 41 37 37 - www.la-table-saint-crescent.com - fermé 6-20 sept., 21 fév.-7 mars, sam. midi, dim. soir et lun. - 40/79 €.* Ce restaurant est installé à la sortie de la ville dans un ancien oratoire aujourd'hui transformé en Palais du Vin. Sa belle salle à manger voûtée se complète d'une plaisante terrasse entourée de vignes. Goûteuse cuisine inventive et livre de cave honorant superbement le Languedoc-Roussillon.

Que rapporter

Les Halles – *1 bd du Docteur-Ferroul - www.narbonne.halles.fr.* Les marchandises des quelque 70 commerçants sont de qualité et une grande animation règne dans ces superbes allées larges et lumineuses.

Les Cuisiniers Cavistes – *1-5 pl. Lamourguier -* ℘ *04 68 65 04 43 - www. cuisiniers-cavistes.com - 8h-19h30 - fermé dim. apr.-midi et lun.*

A. Thuillier / MICHELIN

Le concept est novateur : faire découvrir des vins de têtes de cuvée (52 vignerons partenaires) et des produits régionaux sélectionnés, à déguster sur place. La maison propose ses recettes de plats cuisinés - comme le tajine de canard aux épices - fabriqués et mis en bocaux avec des ingrédients du terroir. Également pain au levain sorti du four à bois (vieux d'un siècle) de la boulangerie. Ateliers de cuisine. Table d'hôte.

La Boutique du Palais vieux – *Pl. de l'Hôtel-de-Ville, au Palais des Archevêques.* La boutique a investi la superbe salle aux piliers : vous y trouverez des livres sur Narbonne et la région, des reproductions d'œuvres d'art et des produits régionaux.

Syndicat des producteurs de car-thagène – *Maison des vignerons - ZAC Bonne-Source - BP 40527 - 11105 Narbonne Cedex -* ℰ *04 68 90 22 29 - 8h30-12h30, 13h30-17h30 - fermé sam.* La carthagène est un mélange d'eau-de-vie et de moût de rai-sin qui peut se boire en apéritif ou comme vin de dessert. Au syndicat, on trouvera les adresses des producteurs.

Sports & Loisirs

Cercle nautique des Corbières – *Base nautique de Port-Mahon - 11130 Sigean -* ℰ *06 60 18 13 70 - www.port-mahon-voile. com - juin.-août : 9h-19h ; reste de l'année : tlj sf lun. 9h-12h, 13h30-17h30 - fermé déc.-fév.* EFV est un label de la fédération française de voile qui repose sur une charche de qualité (encadrement, accueil, matériel et sécurité). Cette école permet de se familiariser avec l'optimist, le catamaran, la planche à voile, le funboard et le canoë sur l'étang de Bages et de Sigean.

Aquajet – *Chemin D 332 -* ℰ *04 68 49 31 61 - www.parc-aquajet.com - juil.-août : 11h-19h ; mai-juin : 12h-18h - 10 €.* Pour vous rafraîchir les idées, ne manquez pas le parc Aquajet à Narbonne-Plage : 3 pistes de toboggan, piscine, jeux aquatiques… Petite restauration rapide.

Société Nautique – *12 r. Nauticards - 5 km au sud de Narbonne - 11100 La Nautique -* ℰ *04 68 32 26 06 - sn.narbonne@wanadoo. fr - 8h-12h, 14h-18h.* Port de plaisance et base nautique sur l'étang de Bages : catamaran, optimist, dériveur, planche à voile, funboard, baignade.

Location de bateaux habitables

Connoisseur – *11800 Trèbes - www. connoisseur.fr - avr.-oct. : 9h-12h30, 14h-17h30 :* Connoisseur permet de naviguer sur le canal du Midi à partir de Trèbes *(Port de plaisance - 11800 Trèbes -* ℰ *04 68 78 73 75)* et depuis Homps *(*ℰ *04 68 91 24 00)* ; sur le canal de la Robine depuis Narbonne *(7 quai d'Alsace - 11100 Narbonne -* ℰ *04 68 65 14 55).* Centrale de réservation : *Le Grand Bassin - BP 1201 - 11492 Castelnaudary -* ℰ *04 68 94 09 75 - www.leboat.com.*

Nicols – *Port du Somail, allée de la Glacière - 11120 Le Somail -* ℰ *04 68 46 00 97 - www.nicols.com - 8h-12h, 14h-18h - fermé dim., nov.-fév.* Location de bateaux habitables de 2 à 12 personnes pour naviguer sur le canal du Midi et celui de la Robine - *centrale de réservation : rte du Puy-St-Bonnet - 49300 Cholet -* ℰ *02 41 56 46 56.*

Cirque de **Navacelles**★★★

CARTE GÉNÉRALE C2
CARTE MICHELIN DÉPARTEMENTS 339 G5 – GARD (30)

C'est le site le plus prestigieux de la vallée de la Vis, entre les causses de Blandas et du Larzac. Il se présente comme un immense et magnifique méandre, profondément encaissé, aux parois presque verticales. À l'origine, la Vis enserrait un petit promontoire qu'elle a abandonné là où s'est posé le hameau de Navacelles. Depuis, le fond de la vallée reste toujours humide et verdoyant.

▸ **Se repérer** – À 72 km au nord-ouest de Montpellier, 34 km au nord-est de Lodève par l'A 75 puis la D 25 et la D 130 et 37 km au sud-est de Ganges par la D 25 puis la D 130.

👁 **À ne pas manquer** – Vous pouvez voir le cirque dans sa totalité de loin (depuis le belvédère nord), du bas (depuis Navacelles) et de haut (depuis le bord de la falaise). À vous de choisir, mais les trois vues valent la peine ! Ne manquez pas non plus le cirque de Vissec et les gorges de la Vis.

🕐 **Organiser son temps** – Comptez 2h.

👫 **Avec les enfants** – L'impressionnante beauté du site les séduira. L'été, il est possible de se baigner tant dans les criques du cirque qu'ailleurs dans la Vis.

🍂 **Pour poursuivre la visite** – Voir aussi La Couvertoirade, la grotte des Demoiselles, les gorges de la Dourbie, Ganges, Lodève, St-Guilhem-le-Désert, St-Martin-de-Londres et Le Vigan.

H. Champollion/ MICHELIN

Lisez dans l'impressionnant et majestueux cirque de Navacelles les traces du passage de la Vis.

Circuit de découverte

D'ALZON À GANGES

57 km – environ 2h.
En aval d'Alzon, la route descend au fond de la vallée, boisée de chênes et de sapins, puis franchit la Vis qui dessine bientôt des méandres de plus en plus larges sur le fond plat de sa vallée.
Gagnez Vissec par la D 113 qui reste au fond des gorges et franchit le pont sur la Vis souvent à sec.

Vissec

L'aridité des lieux et la blancheur des pierres donnent à cet endroit perdu un caractère tout à fait insolite. Ce village blotti au fond du canyon se compose de deux quartiers, chacun sur un promontoire, dont l'un est presque complètement encerclé par un méandre de la Vis.

Cirque de Vissec★

Au cours de la montée (9 %) vers Blandas, la vue se dégage sur le canyon aux parois dénudées. Le cirque de Vissec, plus modeste que celui de Navacelles, plaît aux amateurs de paysages sévères.

Par le plateau caussenard, la route gagne Blandas. La D 713 qui s'embranche sur la D 158 atteint le rebord du causse de Blandas.

Belvédère nord

Alt. 613 m. Sur le rebord même du plateau, il offre la révélation du **cirque de Navacelles★★★** et une vue intéressante sur le canyon de la Vis. À l'horizon la vue s'arrête à la longue chaîne de la Séranne.

La route de descente, très bien tracée, dessine quelques lacets à hauteur de la falaise, puis une ample boucle dans la combe du Four ; elle plonge jusqu'au fond du cirque et gagne Navacelles.

Navacelles

À 325 m d'altitude, ce petit village possède un joli pont à une seule arche sur la Vis. 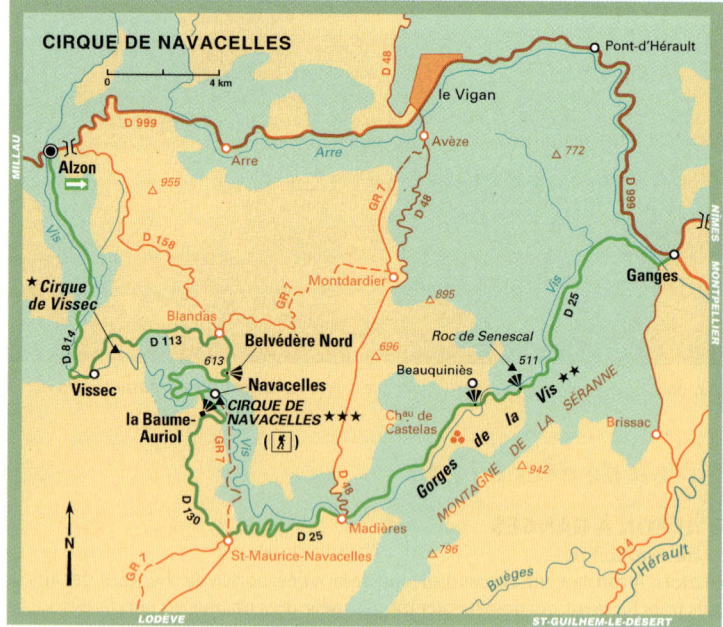 Un sentier au départ de Navacelles mène à la résurgence de la Vis et de la Virenque où se trouvent trois moulins à eau.

La D 130 gravit la paroi sud du canyon.

La Baume-Auriol

Alt. 618 m. Du nord de la ferme s'offre une vue saisissante sur le cirque. Le canyon est splendide avec ses méandres resserrés qui emboîtent leurs pédoncules effilés aux hautes parois très abruptes vers l'amont.

Après la Baume-Auriol, la route gagne St-Maurice-Navacelles où vous prenez à gauche vers Ganges.

Plus loin la route plonge en lacet, par le Rau de Fontenilles, vers le canyon de la Vis, sur lequel le début de la descente vers Madières offre une jolie vue.

Gorges de la Vis★★

Au-delà de Madières, la route traverse des pépinières riches en conifères ; elle suit au plus près la berge de la Vis qui sépare les hautes falaises dolomitiques du causse de Blandas à gauche et les versants de la montagne de la Séranne à droite. Passé le Claux, remarquer en avant et à droite les ruines du château de Castelas, plaqué contre la falaise au débouché d'un ravin.

Après Gorniès, un pont enjambe la Vis. On a alors une belle vue sur **Beauquiniès**, village pittoresquement étagé, puis sur le **roc de Senescal** qui s'avance en proue sur le versant gauche. La vallée devient sauvage et étroite avant de déboucher dans les gorges de l'Hérault que l'on suit jusqu'au Pont et Ganges *(voir ce nom)*.

Cirque de Navacelles pratique

Adresse utile

Point Info belvédère de la Baume-Auriol – *✆ 04 67 44 63 10 - www.lodevoislarzac.fr - juin-août. : 10h-19h30 ; de Pâques à mi-déc. : 10h30-18h.*

Se restaurer

⊖⊖ **Le Cévenol** – *30770 Alzon - ✆ 04 67 82 06 05 - fermé dim. soir d'oct. à fév., mars - 12 € déj. - 19/25 € - 7 ch. 30/50 € - ☕ 6 €.* Petite affaire familiale sans prétention, typique de la région, sur le chemin du cirque de Navacelles. On s'installe sur la terrasse ombragée pour savourer quelques spécialités du terroir mettant en valeur les produits de la région. Une aubaine dans un secteur assez pauvre en adresses de ce type.

Olargues

592 OLARGUAIS
CARTE GÉNÉRALE C3 – CARTE MICHELIN DÉPARTEMENTS 339 C7 – HÉRAULT (34)

Au pied du haut massif de l'Espinouse, ce pittoresque village s'accroche du mieux qu'il peut à un promontoire cerclé par une boucle du Jaur. Ses ruelles escarpées, veillées par une petite tour, dominent les cultures de cerisiers qui s'étendent dans la vallée. D'ici, vous pourrez admirer la vue sur le Jaur, l'Espinouse ou encore le Caroux qui pointent leur sommet à l'horizon. Une agréable invitation pour partir à la découverte de la région !

▶ **Se repérer** – À 19 km au nord-est de St-Pons-de-Thomières par la D 908 et à 68 km au nord-ouest de Béziers par la D 612 puis la D 908.

🅿 **Se garer** – Pour visiter à pied le village, garez-vous le long du parapet ou sur le parking de la mairie.

👁 **À ne pas manquer** – La vue d'ensemble depuis le pont en venant de St-Pons ; le belvédère du col de l'Ourtigas ; le panorama depuis la table d'orientation du mont Caroux ; les gorges d'Héric et celles de l'Orb.

🕐 **Organiser son temps** – Comptez 1h pour Olargues, la journée pour les monts de l'Espinouse.

👫 **Avec les enfants** – Les animations de Cebenna et, pour ceux qui savent nager, la descente en canoë de l'Orb *(voir l'encadré pratique)*.

🌿 **Pour poursuivre la visite** – Voir aussi Lamalou-les-Bains, St-Pons-de-Thomières, St-Sernin-sur-Rance et l'ancienne abbaye de Sylvanès.

Les monts de l'Espinouse dominent Olargues et le cours sinueux du Jaur.

Se promener

Partez de la place de la Mairie. Pénétrez dans la vieille ville par la Porte neuve *(à gauche au fond de la place)*. Dans la rue de la Place, empruntez à droite l'escalier couvert de la Commanderie, qui rejoint une autre rue, juste en bas de la tour-clocher. À mi-chemin se trouve le musée. De la plate-forme située à côté de la tour-clocher, une **vue** très agréable s'offre sur le Jaur, son vieux pont en dos-d'âne du 13e s., mais aussi sur l'Espinouse et le Caroux au nord-est. La tour est un reste de l'ancien château féodal du 11e s., aménagé en clocher au 15e s.

Musée

☎ 04 67 97 71 26 - www.olargues.org - *de mi-juin à mi-sept. : 15h-18h - libre participation.* Les collections de ce musée du terroir se rapportent aux activités traditionnelles, artisanales ou agricoles : le labourage, la viticulture, la récolte du blé, des châtaignes et du miel. Forgerons, taillandiers, boulangers, lavandières sont évoqués ainsi que quelques personnalités locales. Très riche collection de minéraux et fossiles des environs, recueillie par des étudiants en géologie.

Cebenna

À la sortie ouest d'Olargues en direction de St-Pons-de-Thomières, après le vieux pont.
℘ 04 67 97 88 00 - www.cebenna.org - ♿ - *juil.-août : tlj sf dim. 9h-19h ; reste de l'année : tlj sf w.-end. 9h-12h, 14h-18h (lun. et jeu. sur rdv) - fermé 1er janv., 25 déc. et j. fériés - kaléidoscope 2,50 € (7-15 ans 1,50 €).*

👥 Ce centre multimédia propose des animations nature, patrimoine et environnement. Un kaléidoscope géant déploie un fabuleux spectacle de lumière et de couleurs.

Circuits de découverte

MONTS DE L'ESPINOUSE★

80 km – environ 6h avec la promenade jusqu'à la table d'orientation du Caroux.
Quittez Olargues par la D 908 à l'ouest vers St-Pons, puis prenez à droite la D 14, vers Fraisse-sur-Agout et La Salvetat – Ce circuit peut également se faire au départ de Lamalou-les-Bains (voir ce nom).

La route d'accès au col de Fontfroide, le long du flanc occidental de l'Espinouse, commence dans un site méditerranéen, où poussent la vigne, l'olivier, le chêne vert et le châtaignier. En altitude, la végétation méditerranéenne cède la place à un paysage de landes parsemé de hêtres. Au col du Poirier, la vue porte à gauche sur les monts du Somail, au-delà du ravin de Coustorgues. Elle prend encore de l'ampleur *(belvédère aménagé)* en direction du sud, vers la vallée du Jaur.

Col de Fontfroide

Alt. 971 m. Dans un site sauvage impressionnant, le col de Fontfroide marque la ligne de partage des eaux entre le versant méditerranéen et le versant atlantique.
Prenez à droite la D 53 vers Cambon.
La route longe l'Agout, traverse le village de Cambon puis se poursuit dans un paysage montagneux, rude et solitaire, où la lande a pour toile de fond les plantations de résineux de la forêt de l'Espinouse.

Forêt domaniale de l'Espinouse

Plantations effectuées de la fin du 19e s. à nos jours, les vastes boisements qui couvrent le plateau de l'Espinouse comprennent des hêtres, des sapins, des épicéas. On y voit parfois des mouflons de Corse, qui se sont acclimatés au milieu ambiant. Seule la partie ouest de la forêt, autour de la maison forestière du Crouzet, est facilement accessible aux promeneurs.
En approchant du sommet de l'Espinouse (1 124 m), on aperçoit, en contrebas de la route sur la droite, le toit de la ferme de l'Espinouse ou **Rec d'Agout**, où la rivière prend sa source. La route redescend dans un paysage sauvage, avec des ravins de part et d'autre, puis franchit le **pas de la Lauze**, fine arête reliant l'Espinouse au Caroux.

Col de l'Ourtigas★

Alt. 988 m. Un belvédère aménagé révèle une **vue★** intéressante sur l'âpre Espinouse sillonnée de ravins : à droite la montagne d'Aret et sur la gauche les deux pitons du Fourcat d'Héric. 🚶 À droite, un sentier mène au **Plo des Brus** *(45mn AR)*.
Continuez jusqu'à l'embranchement sur la droite vers Douch (D 180E).
Sur la droite de la route, l'**église de Rosis**, rustique, surmontée d'un clocher tout en pierre, se détache sur un très beau fond champêtre.

Douch

L'habitat de ce village caractéristique du Caroux a été assez bien conservé. Les maisons en pierre aux toits de lauzes se serrent le long des ruelles.
Laissez la voiture à Douch et prenez à gauche un sentier en montée à travers champs ; tournez à gauche après 50 m.

Table d'orientation du mont Caroux

Le massif du Caroux tire son nom de la racine celtique *karr* qui signifie « rocher ». Son vaste plateau haut de 1 000 m est cerné par des gorges profondes au relief tourmenté.
🚶 *2h à pied AR.* On grimpe parmi les genêts puis on traverse une forêt de hêtres. Au sommet de la montée apparaît sur la gauche le point culminant du Caroux proprement dit (1 091 m). Alors commence la traversée d'un vaste plateau où bruyères et genêts frémissent sous le vent. Dans le silence qui enveloppe cette étendue solitaire, on parvient à la table d'orientation, laissant vers la droite le Plo de la Maurelle. Un **panorama★★** grandiose se déploie : d'ouest en est sur les sommets arrondis de la Montagne noire où domine le pic de Nore, sur les Pyrénées avec le pic Carlit et le Canigou ; puis la vue porte sur les plaines de Narbonne et de Béziers jusqu'à la Méditerranée.
Revenez à la D 180.

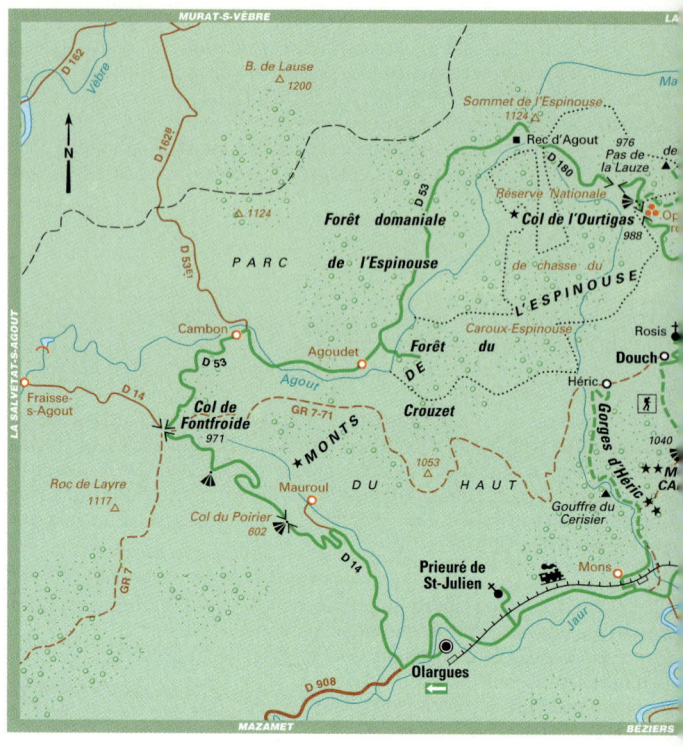

Forêt des Écrivains combattants

🥾 *Accès en voiture par le chemin Paul-Prévost ou à pied par un escalier qui se trouve 200 m plus loin, en face d'une ancienne auberge. Cette forêt est sillonnée de nombreux sentiers très agréables pour une balade ou une randonnée.*

À la suite des inondations catastrophiques de mars 1930, l'association des Écrivains combattants, le Touring Club de France ainsi que les communes de Combes et de Rosis entreprirent de reboiser les 78 ha qui constituent cette forêt. L'escalier abrupt conduit d'abord sur le plateau, à un monument commémorant le sacrifice de 560 écrivains tombés pendant la guerre de 1914-1918, puis au rond-point Charles-Péguy marqué d'une gigantesque croix de guerre. Là convergent les allées qui portent chacune le nom d'un écrivain. Peuplée de magnifiques cèdres, de pins, de châtaigniers et de chênes, cette forêt offre de belles vues sur le Caroux et sur les versants orientaux des monts de l'Espinouse.

La D 180, très pittoresque, conduit à Lamalou.

Lamalou-les-Bains *(voir ce nom)*

Quittez Lamalou à l'ouest par la D 908. En arrivant à Colombières-sur-Orb, laissez la voiture sur le parking (payant).

Gorges de Colombières

Parking payant. 🥾 *15mn à pied AR.* Le début des gorges, agrémenté de belles vasques, peut être l'occasion d'une rafraîchissante pause baignade.

Pour les plus courageux, une boucle de 13 km *(balisage PR jaune, 600 m dénivelé)* permet de découvrir, entre autres, de curieuses habitations troglodytiques.

À Mons-la-Trivalle, prenez la D 14e au nord-est ; laissez la voiture à l'entrée des gorges. Un chemin suit les gorges jusqu'au hameau d'Héric.

Gorges d'Héric★★

🥾 *3h à pied AR.* L'itinéraire longe d'abord le torrent bouillonnant entre les hauts rochers, dégringolant en cascatelles et se calmant dans les piscines, dont la plus large est le **gouffre du Cerisier**. Plus loin à droite s'ouvre le majestueux **cirque de Farrières** surmonté par des aiguilles rocheuses. Après avoir longé les pentes du mont Caroux qui s'élève sur la droite, on atteint **Héric**, hameau aux toits de lauzes.

De la D 908, tournez à droite dans la D 14e20 passant sous la voie de chemin de fer.

MONTS DE L'ESPINOUSE

0   4 km

Prieuré de St-Julien

Parmi les vignes, les collines boisées et les cyprès, le prieuré du 12e s. se dresse sur le fond des cimes découpées du Caroux et de l'Espinouse. Du premier âge roman, cette église se signale par son haut clocher carré, son chevet à bandes lombardes et son portail d'entrée décoré d'incrustations noires en pierres de pays.
Revenez à la D 908 et continuez jusqu'à Olargues.

GORGES DE L'ORB★

D'Olargues à St-Chinian – 42 km – 2h. Quittez Olargues à l'est par la D 908. Traversez l'Orb par le pont suspendu de Tarassac.

Moulin de Tarassac

Du pont suspendu, on a une vue plongeante sur un beau moulin transformé en base de loisirs par le Parc naturel régional du Haut-Languedoc.

Le paysage devient nettement méditerranéen. Oliviers étincelants, figuiers et chênes verts se mêlent à la vigne et aux cultures en terrasses. Quelques villages, comme Vieussan, s'accrochent aux rochers.

Au fond de la vallée coule l'Orb, parfois impétueux, parfois plus calme, sur lequel glissent des canoës, tandis que les berges, aménagées en certains points (comme aux abords de **Ceps** et de Roquebrun), accueillent les adeptes de la baignade, du bronzage et du pique-nique.

Roquebrun

Ce village, étageant ses ruelles pavées au-dessus de la rivière, est dominé par les ruines de sa tour médiévale. À l'abri des vents du nord, il bénéficie d'un climat tout à fait exceptionnel qui lui permet de faire pousser en pleine terre des mimosas (floraison en février), des orangers, des citronniers et des mandariniers.
Montez vers la tour carolingienne.

Aménagé en terrasses au-dessus du village, le **Jardin méditerranéen** rassemble quelque 400 espèces méditerranéennes et exotiques parmi lesquelles des figuiers de Barbarie, des arbousiers, des jujubiers, des genévriers et des néfliers du Japon.
℘ 04 67 89 55 29 - www.jardin-mediterraneen.fr - juil.-août : 9h-19h ; de mi-fév. à fin juin et de déb. sept. à mi-nov. : tlj sf sam. mat. 9h-12h, 13h30-17h30 - 5 € (enf. 3 €).
Quittez Roquebrun par la D 19 en direction de Murviel-lès-Béziers puis suivez à droite la D 136, vers Cessenon-sur-Orb et empruntez le chemin signalisé.

Carrière de marbre de Coumiac

Site aménagé (panneaux explicatifs). Accès libre - pour toute information : mairie de Cessenon-sur-Orb. ☏ 04 67 89 65 21 - ou office de tourisme - ☏ 04 67 89 65 32.

Cette carrière de marbre rouge dite « antique » fut exploitée jusqu'en 1965. Mais c'est surtout son intérêt stratigraphique qui lui vaut d'être aujourd'hui visitée : il s'agit en effet du témoin d'une catastrophe géologique survenue il y a quelque chose comme 365 millions d'années, lorsque la mer (qui était là à l'époque!) s'appauvrit en oxygène, entraînant la disparition des trilobites, conodontes et autres goniatites qui y barbotaient allégrement et qu'on peut maintenant observer fossilisés dans une grande dalle. Parmi les titres de gloire de la carrière : son marbre a été choisi pour la décoration de certaines pièces de la Maison Blanche.

Poursuivez la route, qui serpente dans le vignoble AOC de St-Chinian, un des plus célèbres de l'Hérault, jusqu'à **Cessenon-sur-Orb** : belle occasion, en été, de vous rafraîchir dans la rivière !

En toutes saisons, vous ne manquerez pas de poursuivre jusqu'au gros bourg viticole de **St-Chinian** afin de vous approvisionner chez les producteurs locaux.

Olargues pratique

♿ Voir aussi Lamalou-les-Bains.

Adresses utiles

Office du tourisme d'Olargues – *Av. de la Gare - 34390 - ☏ 04 67 97 71 26 - www. olargues.org - juil.-août : 9h-13h, 16h-19h ; sept.-juin : tlj sf dim. 9h-12h, 14h-17h - fermé 1er janv., 25 déc.*

Office du tourisme de Cessenon – *Av de la Gare- 34460 - ☏ 04 67 89 65 32 - www. cessenon.org - ouvert en alternance avec l'office de tourisme de St-Chinian : se renseigner.*

Sports & Loisirs

Grandeur Nature – *Chemin de Laroque - D 14 Maraussan/Cazouls-lès-Béziers - 34460 Roquebrun - ☏ 04 67 89 52 90 - canœroquebrun@wanadoo.fr - mi-avr. à mi-oct. : réserv. conseillée - 20 à 66 €.* Location à l'heure sur le plan d'eau ou 6 circuits au choix, de 5 km (1h30) à 37 km (3 j.). Départ à 11h pour la descente accompagnée (1 j.). Une navette vous dépose au départ du parcours choisi.

Palavas-les-Flots

6 048 PALAVASIENS
CARTE GÉNÉRALE D3 – CARTE MICHELIN DÉPARTEMENTS 339 I7 – HÉRAULT (34)

Ce joli port de pêche à l'embouchure du Lez conserve, sous les cris des mouettes, un vieux quartier pittoresque et animé, autour de son grau. Un célèbre train à vapeur a inauguré, en 1872, le rôle de Palavas comme plage des Montpelliérains. À l'instar de ses voisins Carnon et La Grande-Motte, Palavas s'est aujourd'hui développé : mais ses plages demeurent bien sympathiques.

▶ **Se repérer** – À 13 km au sud-est de Montpellier par la D 986. Palavas étant traversé par un canal, il y a deux rives, correspondant véritablement à deux parties bien distinctes de la ville. Moyen insolite de passer de l'une à l'autre : le téléphérique !

👁 **À ne pas manquer** – Les expositions thématiques du musée Albert-Dubout et le panorama depuis le phare.

🕐 **Organiser son temps** – Prévoyez 2h pour faire le tour de Palavas et visiter le musée Albert-Dubout, vous pourrez ensuite lézarder à loisir sur les plages de sable fin.

👥 **Avec les enfants** – Palavas est une Station Kid, label garantissant un accueil, une animation et des équipements spécialement destinés aux enfants.

👆 **Pour poursuivre la visite** – Voir aussi La Grande-Motte, Maguelone, Montpellier, Sète, le bassin de Thau et l'abbaye de Valmagne.

Chez le caricaturiste Albert Dubout, l'humour passe en douceur par le dessin.

© Dubout, www.dubout.fr

Visiter

Cette station balnéaire a été gagnée sur les marais qui, encore au 19e s., envahissaient la côte languedocienne. Le nom de Palavas rappelle ces marais, *palus* en latin.

Musée Albert-Dubout

Accès possible à pied depuis la rive gauche par le quai des Arènes ou par bateau (avr.-sept. : dép. quai Paul-Cunq toutes les 45mn). ☎ *04 67 68 56 41 - juil.-août : 10h-12h, 16h-21h ; mars-juin, sept.-nov. : tlj sf lun. 14h-18h ; déc.-fév : sam.-dim. et vac. scol. 14h-18h - 5 € (enf. 2,30 €), billet combiné pour les 2 musées.*
Albert Dubout (1905-1976) fréquenta durant de longues années la station, son petit train et ses habitants, qui servirent de modèle à nombre de ses dessins caricaturaux. Aménagé dans la redoute de Ballestras, reconstruction d'une tour du 18e s. élevée au milieu de l'étang du Levant, le musée est consacré à l'humoriste. On y pénètre par une passerelle dont les étranges réverbères préparent à l'immersion dans un monde truculent. Chaque année en avril une exposition thématique permet d'aborder l'œuvre de Dubout : affiches des films de Pagnol, tauromachie, animaux…

Musée du Petit Train

Parc du Levant, à proximité du musée Dubout. ♿ *-mêmes conditions de visite que le musée Albert-Dubout.* Les fans de Dubout comme les nostalgiques d'une époque révolue en 1968 découvriront avec intérêt la locomotive et une voiture du fameux « tortillard » des plages, entourées de dessins de l'artiste et de photos retraçant l'épopée de ce train.

Phare de la Méditerranée

10h-0h - 2 € (enf. 1 €) - renseignements à l'office de tourisme.
Du haut de cet ancien château d'eau, un « pont promenade », que vous atteindrez par un ascenseur, vous permettra de découvrir un remarquable **panorama**★ sur le golfe d'Aigues-Mortes, de Sète à la pointe de l'Espiguette, et, côté arrière-pays, sur les étangs, Montpellier et les montagnes bleutées que domine la silhouette découpée du pic St-Loup.

Palavas-les-Flots pratique

Adresse utile

Office du tourisme de Palavas-les-Flots – *Phare de la Méditerranée -* 📞 *04 67 07 73 34 - www.palavaslesflots. com - juil.-août : 10h-20h ; avr.-juin et sept. : 10h-13h, 14h-18h ; oct. - mars : tlj sf dim. 10h-13h, 14h-18h - fermé 25 déc. et 1er janv.*

Ses airs fantaisistes ne l'empêchent pas de relier Palavas à Maguelone.

Visite

Petit train Albert-Dubout – 📞 *04 67 68 56 41 (apr.-midi sf lun.) - juil.-août : 16h-19h et 21h30-23h (ttes les 30mn) ; avr.-juin et sept. : tlj sf mar. 14h-18h - circuit jusqu'à la cathédrale Maguelone : 1 mat. par sem. en juil.-août - 5 € (enf. 3,50 €).*

Se loger

⊜⊜ **Hôtel Brasilia** – *9 bd Joffre -* 📞 *04 67 68 00 68 - www.brasilia-palavas. com - 22 ch. 49/101 € -* 🍽 *7 €.* Cet hôtel situé sur le front de mer abrite des chambres simples que vous choisirez de préférence avec balcon donnant sur la Grande Bleue ou sur le phare.

⊜⊜ **Amérique Hôtel** – *Av. Frédéric-Fabrège -* 📞 *04 67 68 04 39 - www. hotelamerique.com -* 🅿 *- 49 ch. 51/80 € -* 🍽 *9 €.* Hôtel des années 1970 situé en retrait du front de mer. Les chambres, fonctionnelles et au décor d'origine, sont réparties dans deux bâtiments séparés par une avenue. Certaines sont tournées vers un patio doté d'une piscine et d'un jacuzzi.

Se restaurer

⊜⊜ **L'Escale** – *5 bd Sarrail, rive gauche -* 📞 *04 67 68 24 17 - www.restaurant-lescale. com - 19/65 €.* L'élégante salle à manger et la véranda offrent une belle perspective sur la plage et les flots. La cuisine au goût du jour est largement inspirée par la proximité de la mer.

⊜⊜ **Le St-Georges** – *4 bd du Mar.-Foch, sur le port -* 📞 *04 67 68 31 38 - le-st-georges.palavas@wanadoo.fr - fermé le midi en juil.-août, dim. soir et lun. hors sais. - formule déj. 17,90 € - 24/32 €.* En face du port de plaisance, dans un décor de fresques marines, ce restaurant sert une cuisine légère aux accents méridionaux qui met poissons et fruits de mer à l'honneur. En été, le toit s'ouvre en grand pour laisser rentrer la brise du large. Bon rapport qualité/prix.

Sports & Loisirs

Cercle nautique – *Av. du Mar.-Foch -* 📞 *04 67 68 97 38 - cn.palavas@wanadoo. fr - lun.-merc. 14h-18h30, sam. 10h-12h, 14h-18h30, dim. ouv. j. de régate.* Club affilié à la Fédération française de voile. Voiliers habitables (monotype Surprise) : initiation, perfectionnement et régates. Planche à voile.

Club de plongée Octopus – *Av. du Mar.-Foch -* 📞 *04 67 68 18 43 - www.octopus-plongee.asso.fr - juil.-août : 3 sorties par jour : 8h30, 14h30 et plongées de nuit ; le reste de l'année : sam. 8h30-14h.* Cette école de plongée assure sous la tutelle de moniteurs expérimentés de nombreuses formations de plongeurs, du baptême aux stages de niveau 1 à 4. Chaque jour en juillet et août, trois sorties d'exploration sont proposées sur divers sites.

Port de plaisance – *Capitainerie -* 📞 *04 67 07 73 50 - 8h-19h ; juil.-août : 8h-20h.* Voile, navigation de plaisance. Le port peut accueillir 1 016 bateaux.

Événements

Joutes nautiques – Les tournois de joutes nautiques de Palavas constituent un spectacle très populaire - *juin-sept. (14 Juil. et 15 août, joutes nocturnes à 20h30).*

Perpignan★★

AGGLOMÉRATION DE 162 678 PERPIGNANAIS (VILLE : 115 000)
CARTE GÉNÉRALE C5 – CARTE MICHELIN DÉPARTEMENTS 344 I6
PYRÉNÉES-ORIENTALES (66)

Perpignan, c'est encore la France mais c'est aussi, et peut-être avant tout la Cata-logne ! À la fois toute proche de la mer et à deux pas des sommets pyrénéens, cette province est riche de traditions, comme en témoigne une langue toujours vivante de part et d'autre de la frontière franco-espagnole. Ici, le bâti parle du passé : des comtes de Roussillon et des rois de Majorque, des Catalans et des Aragonais, puis des Français. Ville frontière, ville de partage culturel, elle a su au fil des siècles et des conquêtes construire une identité particulière, fruit de passages et de mélanges incessants. Aimer Perpignan, c'est finalement apprécier l'ombre de ses promenades plantées de platanes, savourer son rythme de vie, lézarder en terrasses où l'on vient boire l'apéritif en dégustant des tapas, avant l'effervescence nocturne…

▶ **Se repérer** – Situé à l'extrême sud-est, Perpignan est desservi par l'A 9, la bien-nommée « Catalane ». Presque parallèle à l'autoroute, la D 6009 et la D 900 sont pratiques, surtout si vous venez de Narbonne situé à 64 km au nord.

👁 **À ne pas manquer** – Le palais des Rois de Majorque ; le patio à gale-ries gothiques de la maison Julia ; le musée des arts et traditions populai-res de la Casa Pairal ; le Dévot Christ de la chapelle accolée à la cathédrale St-Jean et les peintures gothiques catalanes du musée des Beaux-Arts Hyacinthe-Rigaud.

🕐 **Organiser son temps** – Prévoyez une journée. Profitez de la fraîcheur matinale pour visiter la ville et consa-crez votre après-midi aux visites de musées.

Le saviez-vous ?

C'est sans doute au lieutenant Per-penna que Perpignan, *Perpinyá* en catalan, doit son nom. Ce dernier créa à cet endroit la *villa Perpinianum*. Rappelons que les Romains étaient installés à quelques kilomètres de là, à Ruscino, oppidum construit sur la route de l'Espagne, qui a donné, lui, son nom au Roussillon.

👫 **Avec les enfants** – Le palais des Rois de Majorque, la Casa Pairal et le musée numismatique Joseph-Puig, le Centre de sculpture romane à Cabestany qui pro-posent des mini-guides à énigmes, ou encore le jardin exotique de Ponteilla.

🔆 **Pour poursuivre la visite** – Voir aussi Argelès-Plage, Canet-Plage, Céret, Ille-sur-Têt, Port-Barcarès, St-Génis-des-Fontaines, le fort de Salses et Tautavel.

Comprendre

De Majorque à l'Aragon – Après avoir servi d'oppidum sur la via Domitia en direction de l'Espagne, Perpignan se développe et devient la capitale du royaume de Majorque, détaché de l'Aragon en 1276. La ville devient un grand centre d'apprêt et de teinture des étoffes en provenance des villes drapières les plus importantes d'Europe.

Le royaume de Majorque disparaît en 1344, confisqué à son cousin par Pierre IV d'Aragon ; Roussillon et Cerdagne sont intégrés au principat de Catalogne qui, aux 14e et 15e s., constitue, au sein du royaume d'Aragon, une entité autonome. Les *corts* catalanes siègent à Barcelone, tête de la fédération, mais délèguent une « députation » à Perpignan. Entre les deux versants pyrénéens se crée une communauté commerciale, linguistique et culturelle.

Française ou espagnole ? – En 1463, Louis XI met 700 lances à la disposition du roi Jean II d'Aragon pour l'aider à réduire les Catalans ; en échange, il récupère Perpignan et le Roussillon. Mais les Perpignanais ne l'entendent pas de cette oreille. La résistance au siège français est à la fois rude et désespérée, les Perpignanais sont surnommés les « Mangeurs de rats ». Ils ne capitulent que sur l'ordre du roi d'Aragon qui décerne à la ville le titre de « Fidelissima » (très fidèle).

Retournement de situation en 1493 : Charles VIII restitue la province à Ferdinand le Catholique, souverain d'Aragon, dont les successeurs, rois de l'Espagne unifiée, font de Perpignan l'une des places les plus fortes d'Europe. Mais en 1640, Richelieu profite d'une révolte des Catalans contre le roi d'Espagne, Philippe IV, pour signer avec eux un traité d'alliance : Louis XIII devient, l'année suivante, comte de Barcelone.

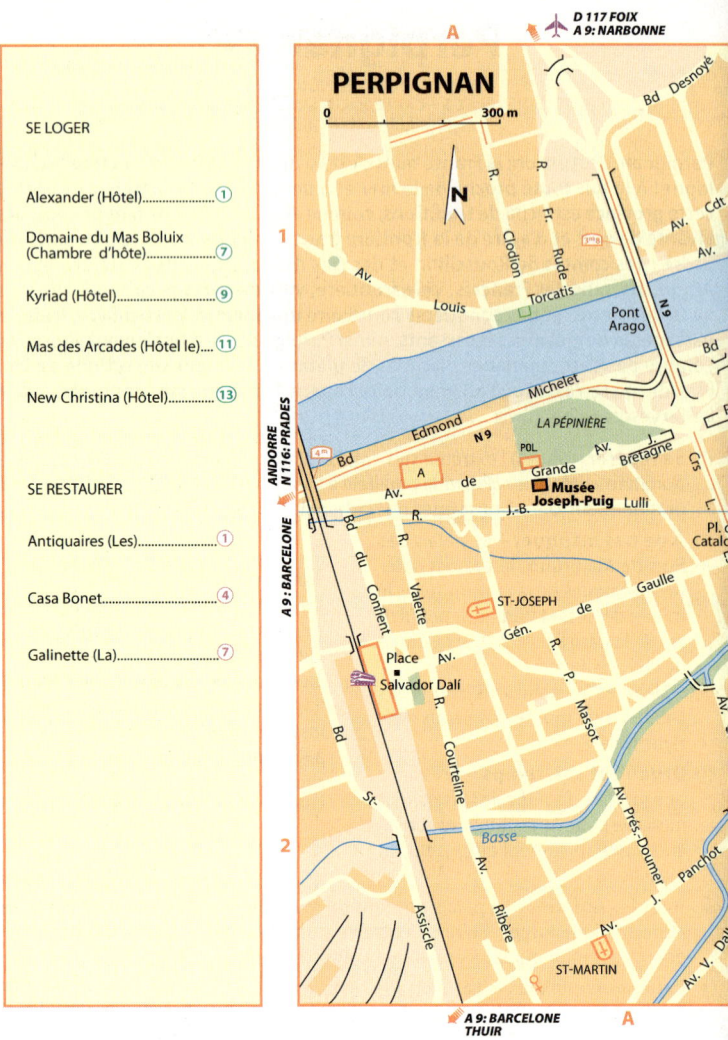

SE LOGER

Alexander (Hôtel).......................①

Domaine du Mas Boluix
(Chambre d'hôte).....................⑦

Kyriad (Hôtel)............................⑨

Mas des Arcades (Hôtel le)....⑪

New Christina (Hôtel)..............⑬

SE RESTAURER

Antiquaires (Les)......................①

Casa Bonet................................④

Galinette (La)...........................⑦

Là ne se termine pas la valse-hésitation : une garnison espagnole tenant la ville, Louis XIII en personne vient sous ses murs avec l'élite de l'armée française et reprend Perpignan. En 1659, le traité des Pyrénées ratifie la réunion du Roussillon à la couronne. Perpignan est désormais française.

Se promener

Le Castillet★ (B1)

☎ 04 68 35 42 05 - mai-sept. : tlj sf mar. 10h-18h30 ; oct.-avr. : tlj sf mar. 11h-17h30 - fermé 1er janv., 1er Mai, 1er nov. - 4 € (enf. gratuit), 1er dim. du mois gratuit.

L'emblème de Perpignan porte les couleurs « sang et or » de la Catalogne. Il domine la place de la Victoire de ses deux tours couronnées de créneaux et de mâchicoulis exceptionnellement hauts ; remarquer leurs fenêtres à grilles de fer forgé. À l'intérieur se trouve la **Casa Pairal**, musée catalan des Arts et Traditions populaires : meubles, outillage, art religieux, costumes, belle croix aux Outrages. De la tourelle du Castillet (142 marches), jolie **vue** sur les monuments de la ville, le Canigou, les Albères au sud et les Corbières au nord.

Promenade des Platanes (BC1)

Elle bénéficie effectivement de l'ombre de ses platanes et de la fraîcheur de ses fontaines ; pour les promeneurs en quête d'exotisme, palmiers dans les allées latérales. Possibilité de location de vélos.

La Miranda (C2)

Cette fois, ce sont les plantes de la garrigue, les arbres et arbustes indigènes ou acclimatés à la région (grenadiers, oliviers, aloès, etc.) que l'on trouvera dans ce petit jardin public aménagé sur les anciens bastions, derrière l'église St-Jacques.

Église St-Jacques (C2)

Sanctuaire élevé au 14e s. dans un ancien quartier de jardiniers et de tisserands, au sommet des remparts. Sous le porche sud, grande croix aux Outrages. Dans l'absidiole de droite, la statue de saint Jacques (15e s.) est placée au-dessus d'une cuve baptismale toujours alimentée en eau vive ; un grand retable des Tisserands (fin 15e s.) est consacré aux scènes de la vie de la Vierge.

La nef est prolongée à l'ouest par la chapelle de la Sanch, siège de la confrérie des Pénitents de la Sanch (du précieux « Sang ») fondée au 15e s. par le saint espagnol Vincent Perrier. La confrérie, qui assistait les condamnés à mort, s'illustre aujourd'hui encore le Vendredi saint par ses processions solennelles aux accents sévillans.

Cathédrale St-Jean★ (BC1)

L'église principale, commencée en 1324 par Sanche, deuxième roi de Majorque, n'a été consacrée qu'en 1509. Par le passage à gauche, on peut s'approcher de l'ancien sanctuaire de St-Jean-le-Vieux (la structure du portail roman en marbre, qui alterne les arcs géminés et un pendentif sculpté, est un héritage hispanisant de la route de St-Jacques, unique en France).

La façade, de galets et de briques, est flanquée à droite d'une tour carrée dotée d'un beau campanile de fer forgé (18e s.) avec son bourdon (15e s.).

La nef, imposante, repose sur de robustes contreforts intérieurs séparant les chapelles. St-Jean se caractérise par ses riches retables (16e-17e s.). Dans la niche centrale du maître-autel, statue de saint Jean-Baptiste, patron de la cité, portant les armes de Perpignan : draperie « d'or à quatre pals (bandes) de gueules » (armes de l'Aragon et de la Catalogne royale). Les volets peints (1504) de l'orgue monumental représentent le Baptême du Christ et le Festin d'Hérode. Dessous, un passage ouvre sur la chapelle romane N.-D.-dels-Correchs où sont déposés un gisant du roi Sanche et une collection de reliquaires anciens protégés par des grilles de fer.

En sortant de la cathédrale par le portail latéral droit, on verra dans la chapelle accolée, le poignant **Dévot Christ★**, en bois sculpté, vraisemblablement rhénan, du début du 14e s.

Campo Santo (BC1)

☎ 04 68 66 30 30 - &. - avr.-sept. : tlj sf lun. 12h-19h ; oct.-mars. : tlj sf lun. 11h-17h30 - fermé juin-sept., 1er janv., 25 déc. - gratuit. Au sud de la cathédrale, le Campo Santo est un vaste cimetière du début du 14e s., de plan carré. Il offre un ensemble architectural homogène avec ses niches funéraires en ogives et ses enfeus en marbre, enchâssés dans des murs ornés de galets et de chaînages de briques. C'est l'un des rares cimetières médiévaux subsistant en France.

Place de la Loge (B1)

La place (avec sa *Vénus* de Maillol) et la rue piétonne de la Loge, pavée de marbre rose, constituent le centre d'animation de la ville. L'été, on y danse la sardane plusieurs fois par semaine.

Loge de Mer★ (B1)

Ce bel édifice, construit en 1397, remanié et agrandi au 16e s., était le siège d'un véritable tribunal de commerce maritime. La girouette, en forme de navire, à l'angle du bâtiment, est le symbole de l'activité maritime que déployaient les commerçants du Roussillon.

Hôtel de ville★ (B1)

Patio : tlj sf w.-end et j. fériés 8h-18h, vend. 8h-17h.

Les grilles sont du 18e s. Dans la cour à arcades, bronze de Maillol : *La Méditerranée.* Sur la façade du bâtiment, trois bras de bronze, symbolisant les « mains » ou catégories de la population appelées à élire les cinq consuls, seraient, en fait, d'anciennes torchères. À l'intérieur, la salle des Mariages présente un beau plafond à caissons du 15e s.

Palais de la Députation (B1)

Du 15e s., il abritait au temps des rois d'Aragon la commission permanente ou « députation » représentant les *corts* catalanes. Remarquez les énormes claveaux du portail, typiquement aragonais, le bel appareil de la façade tout en pierre de taille et les baies reposant sur des colonnettes de pierre très fluettes.

Place Arago (B2)

Entourée de palmiers et de magnolias, la statue de François Arago (1786-1853) s'élève au centre de la place.

Revenez au palais de la Députation.

Face au palais de la Députation, prendre la petite **rue des Fabriques-d'En-Nabot**, jadis en plein quartier des *parayres* (apprêteurs d'étoffes, première corporation de Perpignan aux 13e et 14e s.). Au n° 2 se trouve la **maison Julia★**, l'un des rares hôtels particuliers bien conservés de Perpignan qui possède un beau patio à galeries gothiques du 14e s. *Revenez au Castillet.*

Noël à Perpignan

Les fêtes de Noël font partie de la tradition catalane, très vivace ici. Des *pessebres* (crèches de Noël) sont installées dans plusieurs quartiers de la ville. Dans les rues, diverses animations, les *nadals*, sont organisées, dont les traditionnels chants de Noël en catalan. Un marché de Noël est également proposé sur la place Gambetta. Enfin, les enfants ne manquent pas de faire le *Caga Tio*, une coutume qui consiste à frapper avec un bâton une bûche, tout en chantant. Durant une pause et en ayant soin de ne pas se faire voir, les parents placent sous la bûche gourmandises, fruits et cadeaux. On dit alors que la bûche a *cagat* ces présents.

Visiter

Palais des Rois de Majorque★ (BC2)

📞 04 68 34 48 29 - juin-sept. : 10h-18h *(dernière entrée 30mn av. fermeture)* ; *oct.-mai : 9h-17h - fermé 1er janv., 1er Mai, 1er nov., 25 déc. - 4 € (-12 ans gratuit).*

👥 À l'avènement des rois de Majorque (1276-1344), Perpignan ne disposait pas de demeures seigneuriales dignes de ce nom. On éleva donc un palais, au sud de la ville, sur la colline du Puig del Rey. Les murs reprennent un appareillage assez fréquent à Perpignan, formé d'une alternance de galets roulés et de briques pleines, les « cayroux ».

Par une rampe voûtée qui traverse l'enceinte de briques rouges, vous accédez à un agréable jardin méditerranéen. Passez sous la **tour de l'Hommage**, vous y reviendrez ensuite pour découvrir depuis sa terrasse un beau **panorama** à 360° qui s'étend du mont Canigou au

H. Champollion / MICHELIN

Le palais des Rois de Majorque domine la colline du Puig del Rey.

littoral en embrassant le Fenouillèdes et les Corbières. Vous entrez alors dans la cour d'honneur, ajourée de deux étages de galeries, dont les éléments de décoration mêlent archaïsmes romans, tels les arcs de plein cintre taillés dans du marbre bleu de Baixas, et nouveautés gothiques, comme en témoignent les arcatures en ogive de la galerie supérieure.

Au 1er étage, le palais blanc s'ouvre sur la cour par de grandes ouvertures en ogive. La **grande salle de Majorque**, qui abrite une cheminée à trois foyers, présente une majestueuse charpente dont les arcs brisés sont en pierre de taille. Rejoignez ensuite les appartements de la reine qui ont conservé un superbe plafond peint aux couleurs catalanes.

La chapelle basse, « de la reine », au pavement de céramique verte et aux trois clefs de voûte ornées d'un décor floral, héberge une belle Vierge à l'Enfant (15e s.). Gagnez la chapelle supérieure, consacrée à la Sainte Croix, par un **portail roman★** aux voussures alternées de marbre bleu et rose. Au-dessus des chapelles royales, le donjon se devait d'être le bastion inexpugnable du palais.

Musée des Beaux-Arts Hyacinthe-Rigaud (B2)

Hôtel de Lazerme (17e s.). 📞 04 68 35 43 40 - ♿ - *mai-sept. : tlj sf mar. 12h-19h ; oct.-avr. : tlj sf mar. 11h-17h30 - fermé 1er janv., 1er et 8 Mai., 25 déc. - 4 € (enf. gratuit).*

Il porte le nom de **Hyacinthe Rigaud** (1659-1743), artiste perpignanais dont les portraits – d'apparat pour la plupart – lui valurent une célébrité telle que pour satisfaire sa clientèle, Louis XIV et la haute société, il dut créer un atelier. À côté du joyau du musée, le *Portrait du cardinal de Bouillon*, sont exposées des peintures gothiques catalanes, dont le fameux retable dit de la Trinité, du 15e s. L'art contemporain est représenté de façon prestigieuse, entre autres, par Maillol, Dufy, Picasso, Alechinsky, Appel. Une place importante est réservée à l'art hispanique et à l'art d'Amérique du Sud.

Chapelle N.-D.-des-Anges (B2)

32 r. du Mar.-Foch. Cette ancienne salle capitulaire gothique (13e s.) de monastère a été transformée en chapelle d'hôpital militaire au 19e s. Elle accueille des expositions temporaires *(renseignements à l'office de tourisme).*

Musée numismatique Joseph-Puig★ (A1)

42 av. de Grande-Bretagne. 📞 04 68 62 37 64 - *merc. et sam. 9h30-18h, mar., jeu. et vend. sur demande - 4 € (enf. gratuit).*

👥 La villa Les Tilleuls (1907) a été transformée partiellement en musée pour abriter, selon le souhait du Perpignanais Joseph Puig, le fonds numismatique que ce dernier a légué à sa ville natale. 2 500 pièces sont présentées en permanence sur les 45 000 qui constituent le fonds. À l'aide de loupes Fresnel, on découvre des monnaies principalement catalanes frappées à Valence, Barcelone, Perpignan ou Majorque, mais aussi roussillonnaises (postérieures au traité des Pyrénées) ou venues de pays plus méditerranéens (Rome, Grèce, Égypte). Parmi les médailles, observez celles d'Arago mère et fils, réalisées par David d'Angers ; d'autres pièces sont particulièrement représentatives de l'histoire de la numismatique : le sceau des rois de Majorque, un double ducat d'or à l'effigie de Ferdinand II d'Aragon, des statères d'or gaulois imités de la Grèce antique.

Aux alentours

Cabestany

5 km au sud-est par la D 22. À l'intérieur de l'**église N.-D.-des-Anges**, sur le mur de la chapelle de gauche, est déposé le célèbre **tympan★** roman, œuvre du **maître de Cabestany** *(voir p. 75)*, représentant la résurrection de la Vierge, son Assomption et sa Gloire entre le Christ et saint Thomas à qui elle avait envoyé sa ceinture.

Centre de sculpture romane – *Parc Guilhem -* 📞 *04 68 08 15 31 - www.maitre-de-cabestany.fr - mai-sept. : tlj sf lun. 10h-12h30, 13h30-18h30 ; oct.-avr. : tlj sf lun. 10h-12h30, 13h30-18h - fermé 1er janv., 1er Mai, 1er nov., 25 déc. - 3 € (12-18 ans 1 €).*

👥 Un musée dédié au maître de Cabestany, ce sculpteur anonyme du 12e s. dont on sait peu de choses mais dont le style est reconnaissable. Ce sont ici des moulages de ses œuvres, identifiées dans la plupart des édifices de la région, que vous pourrez toucher et observer en détails.

Circuit de découverte

LA PLAINE DU ROUSSILLON

Circuit de 128 km – environ une journée. Quittez Perpignan au sud, puis tournez à gauche dans la D 914. Prenez ensuite à droite une petite route en direction de Villeneuve-de-la-Raho.

Mas Palégry

📞 *06 18 92 64 14 - www.musee-aviation.com -* ♿ *- visite sur demande - 5 € (enf. 3 €).* Au milieu des vignobles, ce mas sert de cadre à un **musée d'Aviation** (avions et maquettes). Parmi les modèles exposés : le Republic RF84F *Thunderflash* et un De Havilland *Vampire*.

Prenez la D 612 vers Thuir puis tournez à droite vers Ponteilla.

Jardin exotique de Ponteilla

📞 *04 68 53 22 44 -* ♿ *- juil.-août : 14h-18h30 ; avr.-mai et sept. : merc. et w.-end 14h-18h30 - fermé reste de l'année - 5 € (-12 ans gratuit).*

👥 Un parcours fléché tracé dans ce parc de 3 ha ouvre la voie à une promenade botanique à travers les continents sur des sentiers baptisés des noms de grands botanistes d'autrefois. Chemin (parfois ombragé) faisant, vous découvrirez des magnolias, des cacaoyers, des agaves et des yuccas, des araucarias (aussi appelés le « désespoir du singe »), des hévéas, des albizzias, toutes sortes de palmiers et des centaines d'autres plantes peu courantes sous nos latitudes. Vous serez surpris par les senteurs inattendues de certaines plantes : froissé, le feuillage du faux poivrier dégage la senteur poivrée qui lui a valu son nom ; quant aux feuilles de la sauge *rutilans*, pas de doute, ça sent bien l'ananas ! Des panneaux éducatifs thématiques (la vanille, les épices, le caoutchouc…) ainsi que des jeux de pistes viennent agrémenter cette agréable promenade aussi instructive que rafraîchissante et qui ravira les botanistes en herbe.

Faites demi-tour, traversez la D 612. À Trouillas, prenez à droite la D 37 jusqu'à Villemolaque puis la D 40 en direction de Passa.

Prieuré du Monastir del Camp

📞 *04 68 38 80 71 -* ♿ *- visite guidée - tlj sf jeu. 15h, 16h et 17h (juil.-août : visite suppl. 18h) ; le matin : tte l'année, sur demande, groupe sur RDV - 4 € (enf. gratuit).*

Cette imposante bâtisse à l'élégante façade fortifiée dissimule une chapelle romane au beau portail de marbre blanc, dont certains des chapiteaux sont attribués au maître de Cabestany, et un harmonieux cloître gothique aux arcades trilobées, lieu idéal pour une méditation empreinte de sérénité, avant (pourquoi pas ?) une dégustation des vins élaborés par le maître des lieux.

Prenez la D 2 jusqu'à Fourques puis à droite la D 615 qui mène à Thuir.

Thuir

Connu surtout pour ses **caves Byrrh**. Dans un étonnant réseau souterrain sont stockés quelque 30 millions de litres de vin. La particularité de ces caves est l'utilisation d'immenses cuves et foudres de chêne, dont la plus grande a une capacité de 1 000 200 l (record mondial). La visite est également l'occasion de découvrir un hall de gare (ateliers Eiffel) et un kiosque de dégustation de la fin du 19e s. *6 bd Violet.* 📞 *04 68 53 05 42 - www.byrrh.com -* ♿ *- visite guidée juil.-août : 10h-11h45, 14h-18h45 ; avr.-juin*

Castelnou a gardé ses ruelles pavées et ses murailles, noyées au printemps sous les fleurs.

et sept.-oct. : 9h-11h45, 14h30-17h45 ; nov.-mars : tlj sf lun. visite à 10h45, 15h30 - fermé 1er janv., 1er Mai et 25 déc.- 2 € (-18 ans gratuit).
Prenez la D 48, à l'ouest.
La route s'élève sur les coteaux de l'Aspre. Soudain, à la sortie d'un vallon, la **vue★** embrasse le village médiéval de Castelnou, le massif du Canigou s'élevant au dernier plan.

Castelnou★

Le village fortifié aux ruelles pavées se masse au pied du **château** féodal (10e s.), remanié au 19e s. Les murailles supportent jasmin, glycine et autres plantes exubérantes dont le parfum imprègne la cité au printemps. Plusieurs salles se visitent. ℘ 04 68 53 22 91 - juil.-août : 10h-19h ; avr.-juin : 11h-18h ; sept.-déc. et fév.-mars : 11h-17h - fermé janv. - 4,50 € (-10 ans gratuit).

Église de Fontcouverte

Église isolée dans un cimetière ombragé d'un gros chêne vert. Beau **site★** solitaire dominant la plaine.

Ille-sur-Têt *(voir ce nom)*
Prenez la D 21 au nord.

Bélesta

Village remarquablement groupé sur un nez rocheux surgissant des vignes, Bélesta est une ancienne ville-frontière entre les royaumes d'Aragon et de France.
Le bourg est connu depuis longtemps par les archéologues, qui ont répertorié dans les galeries de la caune de Bélesta de nombreux vestiges préhistoriques, dont une sépulture collective vieille de 6 000 ans environ (néolithique moyen), qui, outre 32 squelettes humains, recelait un ensemble de 28 céramiques.
Château-musée – *Possibilité de stationner près de la cave coopérative ou de la poste -* ℘ *04 68 84 55 55 - de mi-juin à mi-sept. : 14h-19h ; de mi-sept. à mi-juin : tlj sf mar. et sam. 14h-17h30 - fermé de Noël à déb. janv. - 4,50 € (-12 ans gratuit). Entrée gratuite pour l'exposition temporaire estivale.* La visite s'articule autour de quatre axes : méthodes et matériel de fouilles archéologiques, reconstitution à l'identique du site de Bélesta (carré de fouilles de la caune, chambre de la sépulture collective), céramiques qui accompagnaient les ossements (vases, bols, marmites, écuelles en parfait état de conservation) et dioramas évoquant les tâches quotidiennes dans la caune (meunerie, travail de l'os, métallurgie). Les pollens retrouvés lors des fouilles dressent le portrait du climat et de la végétation préhistoriques.
Prenez la direction du col de la Bataille.
Le château de Caladroi apparaît bientôt au milieu d'un parc planté d'essences exotiques. Par un agréable tracé de crête entre les vallées de la Têt et de l'Agly, on atteint le col puis, de là, l'ermitage de Força Réal.

Ermitage de Força Réal

Le sommet culminant à 507 m et formant un bastion avancé au-dessus du Roussillon est occupé par une chapelle du 17e s. De là, **panorama★★** grandiose sur la plaine, la côte du cap Leucate au cap Béar, les Albères, le Canigou. Au nord-ouest, les deux crocs du Bugarach et le rocher de Quéribus pointent parmi les crêtes des Corbières méridionales. Remarquez le contraste entre la vallée de la Têt, au damier de cultures maraîchères souligné par des rideaux d'arbres, et la vallée de l'Agly où le vignoble a gagné uniformément les versants.

Redescendre au col et, de là, atteindre **Estagel**, patrie de **François Arago** (1786-1853) dont le buste, par David d'Angers, est à la mairie.

Faites demi-tour et prenez à droite la D 612 jusqu'à Estagel. Continuez à droite par la D 117.

Rivesaltes

L'une des capitales viticoles du Roussillon, Rivesaltes, sur la rive droite de l'Agly, est la ville natale du **maréchal Joffre** (1852-1931), dont la statue équestre est érigée sur l'allée-promenade. Sa maison natale *(11 r. du Mar.-Joffre)* abrite un **musée** évoquant sa vie et sa carrière. 📞 *04 68 64 24 98 - de mi-juin à mi-sept. : mar.-sam. 9h30-12h30, 15h-19h - 3 € (-12 ans 1 €).*

Prenez au sud-ouest de Rivesaltes la D 614.

Baixas

Cet agréable village médiéval est dominé par l'imposante silhouette de l'**église Ste-Marie★**. Elle recèle un trésor, un exceptionnel ensemble de retables illustrant avec brio l'art baroque catalan. Les yeux sont irrésistiblement attirés par le monumental **retable du maître-autel★★**, haut de 17 m et resplendissant de colonnettes, ors, statues, scènes en bas-relief. Ce décor foisonnant est dû au sculpteur perpignanais Lluis Generès.

Continuez sur la D 614 puis tournez à gauche dans la D 616. À Baho, prenez au sud une route passant au-dessus de la Têt et de la N 116. Tournez à droite puis à gauche pour atteindre Toulouges.

Toulouges

Au flanc sud et au chevet de l'**église**, deux plaques rappellent le souvenir du synode de 1027 et du concile de 1064-1066, instituant et développant l'une des plus fameuses « trèves de Dieu » de l'Occident. Les trèves de Dieu, instituées par l'Église, suspendaient les guerres entre catholiques, les anciens belligérants étant tenus par leur serment, et le risque d'excommunication. À l'intérieur de l'église, on peut trouver une croix des Impropères ou des Outrages, qui présente les instruments de la Passion. *Sur demande,* 📞 *04 68 54 43 90.*

Regagnez Perpignan par la D 900.

Perpignan pratique

Adresses utiles

Office de tourisme de Perpignan – *Palais des Congrès - Pl. A.-Lanoux - 66000 -* 📞 *04 68 66 30 30 - www.perpignantourisme.com - de mi-juin à mi-sept. : lun.-sam. 9h-19h, dim. et j. fériés 10h-16h ; de mi-sept. à mi-juin : lun.-sam. 9h-18h, dim et j. fériés 10h-13h - fermé 1er janv., 1er Mai, 1er nov., 25 déc.*

Point info tourisme – *Bât. Le Palmarium - 66000 Perpignan - de mi-juin à mi-sept. : 10h-19h ; de mi-sept. à mi-juin : 10h-18h - fermé dim. et j. fériés.*

Visite

Visite guidée – Perpignan, qui porte le label Ville d'art et d'histoire, propose des visites-découvertes (2h à 2h30) animées par des guides-conférenciers agréés par le ministère de la Culture et de la Communication. *De juin à sept., vac. scol. de Pâques et Noël : tlj sf dim. - 5 € (-12 ans gratuit).* Renseignements à l'office de tourisme ou sur www.vpah.culture.fr.

Se loger

🛏 **Hôtel Alexander** – *15 bd Clemenceau -* 📞 *04 68 35 41 41 - www.hotel-alexander.fr - 25 ch. 40/60 € -* 🍴 *7,50 € - rest. 16 €.* Ce petit hôtel pourvu de balcons se trouve en centre-ville. Les chambres climatisées, réparties sur trois niveaux et desservies par un ascenseur, bénéficient d'un entretien irréprochable. Accueil chaleureux et agréable salle de petit-déjeuner aux couleurs catalanes.

🛏🛏 **Hôtel New Christina** – *51 cours Lassus -* 📞 *04 68 35 12 21 - www.hotel-newchristina.com - 25 ch. 72/92 € -* 🍴 *10 € - rest. 21/25 €.* Proche du centre, ce petit hôtel moderne, avec sa piscine sur le toit, son hammam et son jacuzzi (ces deux derniers sont payants), est une étape pratique qui vous permettra d'allier détente et tourisme ou affaires à Perpignan. Chambres fonctionnelles et claires.

🛏🛏 **Hôtel Kyriad** – *8 bd Wilson -* 📞 *04 68 59 25 94 - www.kyriad.fr - 38 ch. 75/160 € -* 🍴 *9 €.* Nouvelle enseigne pour l'ex-Windsor entièrement rénové. Mobilier fonctionnel en bois roux dans les chambres. Une suite décorée à la catalane. Cour intérieure ornée d'une fontaine.

⊜⊜ **Chambre d'hôte Domaine du Mas Boluix** – *Chemin du Pou-de-les-Colobres - 3 km au sud de Perpignan dir. Argelès puis à gauche dir. Cabestany -* ✆ *04 68 08 17 70 - www.domaine-de-boluix.com -* ✉ *- 6 ch. dont 1 suite 82/91 €* ⊡. Une atmosphère paisible règne en ce mas du 18ᵉ s. perdu au milieu des vignes de Cabestany. Ses chambres aux murs immaculés, égayées de superbes tissus catalans, portent chacune le nom d'un artiste du pays. Vue étendue sur le Roussillon. Dégustation et vente des vins du domaine.

⊜⊜⊜ **Hôtel Le Mas des Arcades** – *840 av. d'Espagne -* ✆ *04 68 85 11 11 - www. hotel-mas-des-arcades.fr -* 🅿 *- 60 ch. 85/125 € -* ⊡ *12 € - rest. 28/60 €.* Chambres rénovées, bien insonorisées et dotées de balcons ; certaines donnent sur la piscine. Espace séminaire prisé. Restaurant prolongé d'une terrasse sous verrière ; plats traditionnels et grillades proposées en plein air les soirs d'été.

Se restaurer

⊜⊜ **Casa Bonet** – *2 r. du Chevalet -* ✆ *04 68 34 19 45 - www.casa-bonet - formule déj. 15 € - 15/36 €.* Dans le quartier historique et piéton de la ville, cette vraie maison catalane abrite un restaurant proposant un buffet à volonté, des tapas et une douzaine de « broches à l'épée ».

⊜⊜ **La Galinette** – *23 r. Jean-Payra -* ✆ *04 68 35 00 90 - fermé dim. et lun., 26 juil.-16 août, 23 déc.-4 janv. - 17/50 €.* La savoureuse cuisine du marché de ce jeune chef-patron s'inspire résolument du terroir roussillonnais. L'accueil attentionné de son épouse, les couleurs chaudes des murs, l'heureux mélange de styles et la convivialité garantie ont vite séduit une clientèle jeune et chic… La petite adresse perpignanaise qui monte !

⊜⊜ **Les Antiquaires** – *Pl. Desprès -* ✆ *04 68 34 06 58 - fermé dim. soir et lun., 19 juin-9 juil. - 24/43 €.* Ce restaurant familial est tenu par un couple charmant. Madame enrichit le décor de la salle à manger rustico-bourgeoise avec des objets chinés chez les antiquaires, tandis que Monsieur propose aux habitués et hôtes de passage de bons petits plats traditionnels copieux et bien tournés.

Faire une pause

Espi – *43 bis quai Vauban -* ✆ *04 68 35 19 91 - laurence.roquere@wanadoo.fr - hiver : 7h30-19h30 ; été : 7h30-0h30.* Dans cet immense magasin d'une moderne sobriété, chaque famille de produits comprend d'originales spécialités telles la glace au miel et pignons grillés, le massepain à l'orange et à la pastèque confite, la crème au touron ou le gâteau Roussillon à la crème catalane. Salon de thé avec terrasse et restauration rapide à midi.

En soirée

👁 **Bon à savoir** – En soirée, de nombreux bars musicaux sont à découvrir dans le vieux Perpignan comme le pub irlandais O'Shannon, le Corto Maltese, le Tio Pepe ou le Mediator, les soirs de concert.

Croix badine sertie de grenats de Perpignan

Office de tourisme, Perpignan

Que rapporter

Rues commerçantes – Le centre-ville possède un secteur piétonnier où l'on trouve diverses boutiques de vêtements (prendre par la rue Mailly). L'avenue du Gén.-de-Gaulle est bordée par différents commerces, dans un quartier très populaire. La rue de l'Adjudant-Pilote-Paratilla, surnommée ici « rue des Olives », est réputée pour son rôtisseur et ses deux épiceries datant du début du siècle.

Marché – *Se renseigner à l'office de tourisme : 04 68 66 30 30.* Des marchés de fruits et légumes se tiennent tous les jours sauf lundi sur la place de la République, tous les matins place Cassanyes. Marché aux puces avenue du Palais-des-Expositions le dimanche matin.

Au Paradis des Desserts – *13 av. du Gén.-de-Gaulle -* ✆ *04 68 34 89 69 - 8h-12h10, 16h-19h30 - fermé lun., apr.-midi j. fériés et 3 sem. en août.* Les amateurs de touron frais aux parfums inédits doivent retenir cette adresse où œuvre un talentueux pâtissier. Toute sa fabrication est remarquablement personnalisée, à l'image du chocolat Trio, de la glace au touron (avec zestes de citron, cannelle et caramel), ou du Fantasmagorique créé à l'occasion du centenaire Dalí.

Domaine Lacassagne – *Mas Balande, rte d'Elne -* ✆ *04 68 50 25 32 - www. lacassagne.net - 8h30-12h, 14h-18h30 - fermé w.-end.* Au milieu des vignes, ce mas accueille les amateurs de produits du terroir. Les huiles d'olives sont fabriquées à partir des picholines et des lucques de Salses-le-Château. Côtes-du-Roussillon et muscat de Rivesaltes sont également élaborés à partir des fruits du domaine. Une sélection locale de miels et vinaigres complète l'offre.

Bijouterie Gourgot – *13 r. Louis-Blanc - ✆ 04 68 34 27 46 - bijouteriegourgot@ orange.fr - 9h30-12h, 14h-19h, lun. 14h30-19h - fermé j. fériés.* Magasin-atelier de grenats de Perpignan.

Centre d'artisanat d'art Sant Vicens – *R. Sant-Vicens - ✆ 04 68 50 02 18 - www. santvicens.fr - avr.-déc. : tlj sf lun. (sf déc.) 10h-12h, 14h30-19h ; janv.-mars : 14h30-19h - fermé 1er janv.* Ce centre abrite un espace d'exposition-vente : œuvres d'artistes roussillonnais, antiquités, peintures, vins régionaux, etc. On peut également y admirer des céramiques dites de Sant Vicens réalisées d'après des dessins de Jean Lurçat ou de Jean Picart le Doux.

Jacques Creuzet-Romeu – *9 r. Fontfroide - ✆ 04 68 34 16 94 - 9h30-12h, 14h-19h - fermé w.-end, 1 sem. en fév., 2 sem. en août et j. fériés.* Cet artisan-joaillier réalise des bijoux en grenats de Perpignan. Possibilité de visiter son atelier (téléphoner avant).

Maison Sala – *1 r. Adjudant-Pilote-Paratilla - ✆ 04 68 51 03 75 - 8h-19h - fermé dim.-lun., juil. et j. fériés.* La famille Sala est aux commandes de cette épicerie chamarrée depuis 1913. Deux spécialités ont fait sa renommée : les anchois de Collioure, salés ou « boquerones » et la morue sauvage d'Islande. On y trouve également des épices, des olives, des fruits et légumes secs en vrac ainsi que des produits et souvenirs catalans.

Lor – *12 r. Becquerel, Mas Guérido - 66962 Perpignan Cedex 9 - ✆ 04 68 85 65 05 - www.biscuiterielor.com - 9h30-12h, 14h-18h30 - fermé w.-end et j. fériés.* Vidéo-projection de la grande usine perpignannaise fabriquant des gourmandises catalanes comme les tourons, les rousquilles et les croquants. Dégustation en fin de visite. Gratuit.

Événements

Procession de la Sanch – Le Vendredi saint, au son des goigs (chants traditionnels), les pénitents revêtus de la caparutxa parcourent la ville entre la cathédrale et l'église St-Jacques, en portant les représentations de la Passion.

Jazzèbre – Concerts en plein air et en salles (bars compris). *Fin sept.- www. jazzebre.com.*

Château de **Peyrepertuse**★★★

CARTE GÉNÉRALE B4 – CARTE MICHELIN DÉPARTEMENTS 344 G5 – AUDE (11)

Un des plus beaux exemples de fortification des Corbières ! Dans ces reliefs culminant à près de 800 m d'altitude, s'étire la longue silhouette presque camouflée de Peyrepertuse. Réputée imprenable, cette forteresse, la plus vaste des « Cinq Fils de Carcassonne », n'a en fait jamais été assiégée. Même aux heures les plus brûlantes du catharisme, l'histoire semble épargner cette citadelle de vertige.

- **Se repérer** – À 47 km au nord-ouest de Perpignan et à 54 km à l'est de Quillan. Sur la D 14, au sud de Duilhac, empruntez sur 3,5 km la route étroite qui mène au site.

- **À ne pas manquer** – Le grand escalier et le panorama du château St-Georges.

- **Organiser son temps** – Comptez 20mn de marche sur un sentier abrupt pour accéder au château et 1h pour la visite.

- **Avec les enfants** – Le festival médiéval qui se tient d'avril à août.

- **Pour poursuivre la visite** – Voir aussi les Corbières, le Fenouillèdes, les châteaux de Puilaurens et Quéribus, Quillan, Rennes-le-Château, le fort de Salses et Tautavel.

Perché à environ 780 m, Peyrepertuse arbore des ruines tragiques et grandioses.

D. Pazery / MICHELIN

Comprendre

Cathare ou pas cathare ? – Peyrepertuse, dont l'étymologie vient de l'occitan *pèira*, « pierre », auquel est ajouté *pertusa*, « trouée », doit son nom au rocher sur lequel il est perché. La découverte d'amphores et de monnaies atteste une occupation dès les débuts du 1er s. av. J.-C. et la première mention du château est bien antérieure au catharisme : elle date de 1070. Possession des comtes catalans de Besalú jusqu'au tout début du 11e s., le château passe ensuite dans le domaine des comtes de Barcelone et devient un fief de la vicomté de Narbonne.

Contrairement aux croyances, Peyrepertuse n'est donc pas un château cathare et n'a même que peu souffert de la croisade contre les Albigeois. Mais il est vrai que son seigneur, Guilhem de Peyrepertuse, est sympathisant de la cause cathare. Il se soumet pourtant sans combattre à Simon de Montfort dès 1217. Excommunié sept ans plus tard pour ses liens tenaces avec la cause, il rejoint la révolte albigeoise de Raimond Trencavel vers 1240 puis finit par se soumettre définitivement le 16 novembre de la même année, encore une fois, sans que la citadelle soit assiégée.

Les Cinq Fils de Carcassonne – Le château devient alors forteresse royale. Conscient du parti qu'il pourrait tirer de sa position défensive, Louis IX achète Peyrepertuse au régent du royaume d'Aragon et l'érige en bastion redoutable. En 1242, il ordonne la construction d'un escalier pour atteindre la partie haute de la place et fait construire le donjon St-Georges dans les années 1250. C'est à cette même période qu'il entreprend le réaménagement de l'ancien donjon et de l'église. En 1258, le traité de Corbeil fait de Peyrepertuse l'un des « Cinq Fils de Carcassonne », aux côtés d'Aguilar, de Quéribus, de Termes et de Puilaurens. L'impressionnante ligne de défense formée par ces cinq forteresses protégera la frontière avec l'Aragon jusqu'en 1659, date à laquelle le traité des Pyrénées attribue le Roussillon à la France. Peyrepertuse perd alors tout intérêt stratégique. Il continuera cependant d'abriter une faible garnison jusqu'à la Révolution, en 1789.

Visiter

🚶 De l'aire de stationnement, suivre, en passant sur la face nord, un sentier aboutissant à la porte d'entrée. Compter 30mn à pied AR.

🕾 06 71 58 63 36 ou 04 68 45 40 55 (mairie) - juin-sept. : 8h30-20h ; avr.-mai et oct. : 9h-19h ; nov.-mars : 10h-17h - fermé janv., visite interdite par temps d'orage - 5 € (enf. 3 €) – Prudence en cas de « cers », vent du sud-ouest plutôt décoiffant ; en été, prévoir de l'eau et se protéger du soleil (site exposé en plein soleil et montée au château assez rude) ; se munir de bonnes chaussures.

Peyrepertuse comprend deux ouvrages distincts séparés par une esplanade, ancrés à l'est (Peyrepertuse proprement dit) et à l'ouest (St-Georges) de l'éperon, mesurant 300 m dans sa plus grande longueur.

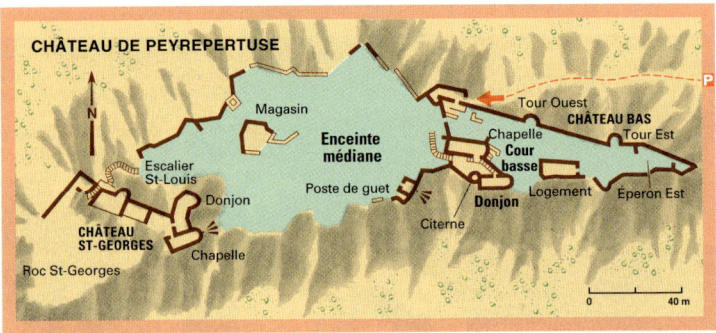

Château bas

C'est le château féodal à proprement parler. Il occupe le promontoire effilé en proue dont l'enceinte de la **cour basse** épouse la forme. Elle n'est complète que du côté nord, montrant sur cette face une forte courtine, à deux tours ouvertes à la gorge, c'est-à-dire sans mur vers l'intérieur de la place ; les défenses sud se réduisaient à un simple parapet, reconstitué.

En revenant sur vos pas, admirez le front est du donjon complètement remodelé au 13e s., avec ses tours demi-rondes, reliées par une courtine crénelée. Le **donjon** vieux *(entrez par la porte haute)*, noyau du château, forme un quadrilatère dont on ne voit, de la cour, que la face flanquée d'une tour ronde (citerne). L'ouvrage fut complété aux 12e et 13e s. par une chapelle fortifiée *(mur de gauche)* soudée au premier réduit par des courtines fermant les petits côtés de la cour.

Enceinte médiane

Les murailles nord épousent étroitement les bords du plateau à pic. Un bâtiment polygonal en ruine servait sans doute de magasin. Au sud, près du donjon du château bas, un poste de guet isolé offre, par un trou béant, une vue sur Quéribus.

Château St-Georges

Le château ne fut jamais accessible aux chevaux, ni même aux mulets ; il est relié au reste de la forteresse par un étroit escalier abrupt, l'**escalier St-Louis**, construit sur mandat du roi vers 1242 *(marches glissantes ; ascension risquée par grand vent)*.

À 796 m d'altitude, cette forteresse royale domine d'une soixantaine de mètres le château bas. Elle fut construite en une seule campagne au point culminant de la montagne après la réunion du Languedoc au domaine royal. Elle conserve de hautes murailles en grand appareil, dont tout l'intérêt vient de leur site aérien.

Gagnez, en revenant vers l'est, le promontoire le plus avancé, site de l'ancienne chapelle, dominant le château bas. **Vues**★★ sur l'ouvrage, dans son site panoramique : bassin du Verdouble, château de Quéribus, Méditerranée à l'horizon.

Château de Peyrepertuse pratique

♿ Voir aussi les Corbières.

Adresse utile

Office du tourisme de Cucugnan – *Chemin de Padern - 11350 - ☎ 04 68 45 69 40 - www.corbières-sauvages.com - juil.-août : 10h-19h ; mars-juin et sept.-nov. : tlj sf dim. 10h-17h ; déc. et fév. : tlj sf dim. 10h-16h - fermé janv.*

Se loger

⊖ **Chambre d'hôte Le Fitoun** – *1 Le Mas - 11350 Paziols - ☎ 04 68 45 43 49 - http://lefitoun.com -🖂- 4 ch. 52 € ⬜.* Cette charmante maison de village environnée de vignes et d'oliviers s'attache à rester à la fois simple et agréable. Les chambres, lumineuses et bien tenues, offrent un caractère rustique. Bon accueil pour cette halte au calme, à prix très doux.

⊖⊖ **Chambre d'hôte L'Écurie de Cucugnan** – *10 r. Achille-Mir - 11350 Cucugnan - dans le haut du village - ☎ 04 68 33 37 42 ou 06 76 86 38 52 - www.queribus.fr -🖂- 5 ch. 60 € ⬜.* Perchée sur les hauteurs du village, cette ancienne écurie abrite 5 chambres indépendantes et de grande qualité. De jolies salles d'eau, une literie impeccable et de nombreuses petites attentions transforment un simple séjour en ravissement. En été, découverte des vins de la région lors de dégustations conviviales.

Pézenas★★

8 511 PISCÉNOIS
CARTE GÉNÉRALE C3 – CARTE MICHELIN DÉPARTEMENTS 339 F8 – HÉRAULT (34)

Escale historique au cœur de la plaine viticole, Pézenas est une ville où il fait bon vivre. Si, en saison, la cité d'art devient le fief des artistes et artisans d'art dont le savoir-faire flirte souvent avec le passé, elle n'a, pour autant, rien d'une « ville-musée ». Aux côtés des magnifiques demeures seigneuriales et hôtels du 17e s. demeurés intacts règne un esprit d'audace et de liberté qui, à coup sûr, saurait encore séduire l'illustre Molière.

- **Se repérer** – À 50 km au sud-ouest de Montpellier par l'A 9 puis la D 613, à 25 km au nord-est de Béziers par la N 9 et à 40 km au sud de Lodève par l'A 75.

- **Se garer** – En pleine saison, cela relève de l'exploit ! Tentez votre chance au parking Voltaire (gratuit) qui bénéficie d'un système de vidéosurveillance ou bien au sud du cours Jean-Jaurès, au parking aménagé place Boby-Lapointe. Dernier recours, le grand parking (payant) de la promenade du Pré-St-Jean, tout proche de la place du 14-Juillet.

- **À ne pas manquer** – Les ruelles animées du vieux Pézenas ; l'escalier en équerre de l'hôtel de Lacoste ; les mascarons de l'hôtel de Malibran et les deux spécialités piscénoises (petits pâtés et berlingots).

- **Organiser son temps** – La plupart des sites à visiter n'ouvrant qu'à 10h, soyez matinal pour profiter de Pézenas avant l'invasion touristique ! Comptez une demi-journée pour découvrir les joyaux architecturaux et vous imprégner de l'atmosphère de la ville.

- **Avec les enfants** – En saison, visites pour les enfants de 6 à 12 ans et visites théâtralisées le soir (*voir l'encadré pratique*).

- **Pour poursuivre la visite** – Voir aussi Béziers, Le Cap-d'Agde, le cirque de Mourèze, le bassin de Thau et l'abbaye de Valmagne.

Comprendre

Un marché lainier – Ville fortifiée au temps des Romains, Pézenas est déjà un important marché pour les draps. Seigneurie royale à partir de 1261, ses foires prennent une extension nouvelle. Il y en a trois chaque année. Tout est mis en œuvre pour en assurer le succès : les marchandises sont exemptes des droits pendant trente jours ; les marchands ne peuvent être saisis pour dettes ; par ordre du roi, les seigneurs du voisinage doivent les protéger pendant leur voyage. Pour ces faveurs, la ville paie au trésor royal une redevance de 2 500 livres.

Le « Versailles » du Languedoc – Pour la première fois, en 1456, les états généraux du Languedoc tiennent leurs séances à Pézenas. La ville devient plus tard la résidence des gouverneurs du Languedoc : les Montmorency, puis Conti. Armand de Bourbon, prince de Conti, fait de Pézenas le « Versailles » du Languedoc. Installé dans le domaine

Le marché de Pézenas au petit matin.

Le Poulain

Tous les ans à Mardi gras et le 1ᵉʳ dimanche de juillet, les Piscénois commémorent la naissance en leur ville du poulain de la jument favorite du roi Louis VIII lors du séjour de ce dernier à Pézenas en 1226. Sous une armature de bois recouverte de tissu bleu semé d'étoiles s'agitent neuf hommes imprimant à la carcasse des mouvements de danse, tandis que deux mannequins, Estieinou et Estieinetto, juchés sur le Poulain, semblent s'y cramponner à grand-peine : ils rappellent une anecdote concernant le maréchal de Bassompierre, qui aurait pris en croupe une beauté locale afin de l'aider à traverser le Peyne. Au son du hautbois et du *tambournet*, le Poulain parcourt la ville, précédé par « Pampille », meneur habillé de blanc et de rouge. Au passage, les mâchoires articulées de la bête happent les oboles qui se présentent.

de la Grange des Prés, célèbre pour la beauté de ses jardins, de ses parterres, de ses jeux d'eau, il s'entoure d'une véritable cour de gentilshommes, d'artistes et d'écrivains. Chaque session des états généraux est marquée par des fêtes somptueuses.

Molière à Pézenas – Molière vient à Pézenas avec son « Illustre Théâtre » pour une session des états du Languedoc en 1650. En 1653, admis à jouer devant Conti, il a tant de succès que le grand seigneur lui donne le titre de « comédien de SAS le prince de Conti ». Molière joue aussi devant le peuple, sur la place couverte. Son répertoire comprend des pièces empruntées à la comédie italienne et des farces de sa composition. Mais le prince de Conti, vieillissant, se préoccupe du salut de son âme : bientôt, il coupe les vivres aux comédiens qui doivent regagner Paris en 1657 : on connaît la suite…

Pour en savoir plus, visitez la **Scénovision Molière** ou le site www.toutmoliere.net.

Un héritier en pitreries – Robert Lapointe, dit **Boby Lapointe**, (1922-1972), ancien scaphandrier, maître de la contrepèterie et du calembour, comédien à l'occasion, était lui aussi originaire de Pézenas. S'il n'atteignit pas la célébrité de Molière, il s'illustra pourtant par d'inextricables acrobaties verbales.

Se promener

LE VIEUX PÉZENAS★★ (B)

Les hôtels anciens, ornés d'élégants balcons et de portes ouvragées, et les échoppes, occupées aujourd'hui par des artisans et des artistes, se succèdent le long des rues aux noms évocateurs : rues de la Foire, Triperie-Vieille, Fromagerie-Vieille.

Scénovision Molière

Pl. des États-du-Languedoc. 04 67 98 35 39 - www.scenovisionmoliere.com - *juil.-août : 9h-19h, nocturnes jusqu'à 22h merc. et vend. ; sept.-juin 9h-12h, 14h-18h, ouv. 10h le dim. - dép. ttes les 15mn, dernière entrée 1h10 avant fermeture - 7 € (enfants : 5 €).*

Les siècles ont passé mais pas l'engouement pour **Molière** (1622-1673) qui est en représentation permanente à l'hôtel de Peyrat (17ᵉ s.). Le spectacle, c'est sa vie qui est retracée en cinq actes, depuis l'enfance du jeune Jean-Baptiste Poquelin au triomphe de l'acteur-auteur à la cour de Louis XIV, et jusqu'à sa fin trop rapide. Mais il est entré dans l'Histoire et grâce à la magie de la technique, avec projection en relief et son spatialisé, Molière est de retour à Pézenas.

Partez de la place du 14-Juillet.

Hôtel de Lacoste★

Cet ancien hôtel du 15ᵉ s. montre un très bel **escalier★** en équerre et des galeries à voûtes gothiques.

Place Gambetta

Autrefois « Place-au-Bled », elle a conservé sa structure médiévale. Sur la gauche s'ouvre l'ancienne échoppe du barbier Gély *(office de tourisme)* chez qui Molière aimait s'installer pour écouter parler les hommes du village : certaines de ses célèbres répliques sont sans doute nées ici !

Sur la droite, la **Maison consulaire** dresse sa façade du 18ᵉ s., avec fronton et belles ferronneries, dissimulant le corps de bâtiment qui date de 1552. Les États du Languedoc y tinrent souvent leurs séances, en particulier la réunion d'où partit la révolte d'Henri II de Montmorency contre l'autorité royale, en 1632. Elle abrite la **Maison des métiers d'art**. 04 67 98 16 12 - -*juil.-août : 10h-12h, 14h-19h (merc. et vend. 20h-22h) ; hors sais. : tlj sf dim. mat. et lun. 10h-12h, 14h-18h, en période d'exposition - fermé 1ᵉʳ janv., 1ᵉʳ Mai, 25 déc. - gratuit.* Illustrant son label de « Ville et Métiers d'art »,

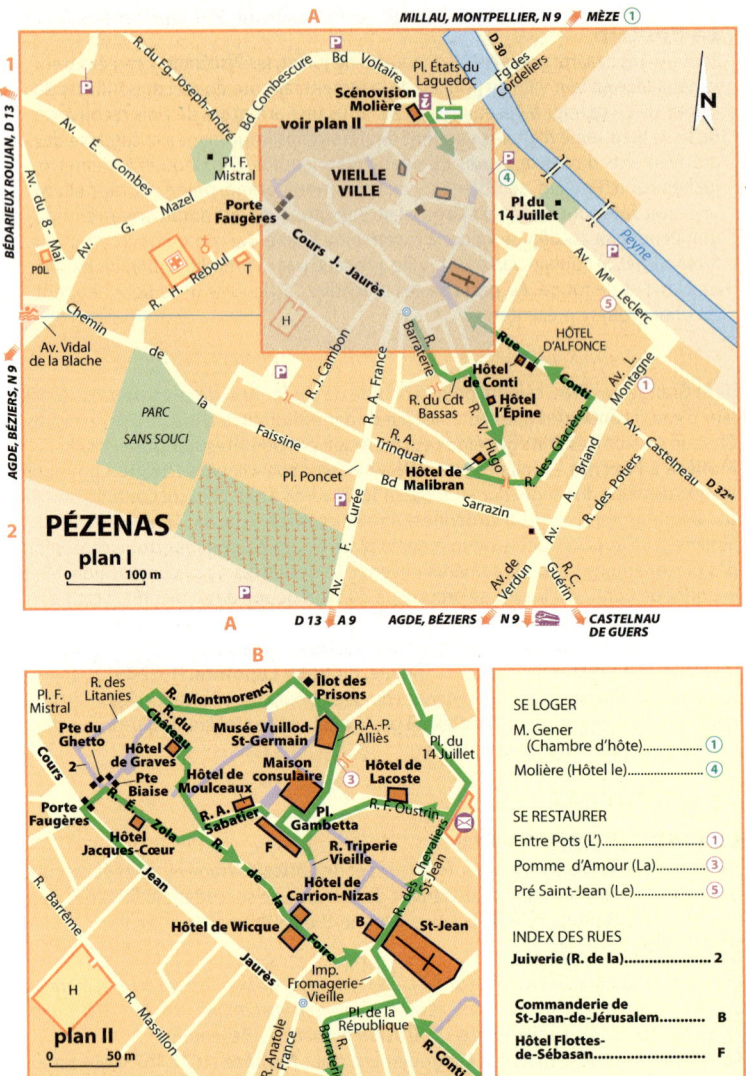

Pézenas propose des expositions temporaires réalisées par les artisans d'art de la commune et déclinées autour du thème des métiers de la scène ou de la restauration du patrimoine (sculpture sur pierre, ébénisterie, ferronnerie…).

Revenez place Gambetta. À droite s'ouvre la **rue Triperie-Vieille**, autrefois bordée d'échoppes. S'avancer jusqu'au n° 11 où l'on découvre, dans une cour au bout d'un couloir voûté, une belle cage d'escalier du début du 17e s.

À l'angle de la place et de la rue Alfred-Sabatier, l'**hôtel Flottes de Sébasan** déploie sa large façade du 16e s. dont la partie droite a été remaniée au 18e s. (fenêtres et ferronneries), mais a conservé sa niche d'angle Renaissance (1511) qui abrite un modeste saint Roch du 19e s. Une plaque rappelle qu'Anne d'Autriche logea dans cet hôtel en 1660. *Prenez la rue Albert-Paul-Alliès, de l'autre côté de la place.*

Au n° 3 se trouve l'**hôtel de St-Germain** qui abrite le musée Vulliod-St-Germain, bel ensemble du 16e s., dont l'extérieur a été remanié au 18e s. et l'intérieur au 19e s.

Musée Vulliod-St-Germain

📞 04 67 98 90 59 - de déb. juin à mi-sept. : 10h-12h, 15h-19h ; mai et de mi-sept. à mi-nov. : 10h-12h, 14h-18h ; de mi-fév. à fin mai : 10h-12h, 14h-17h (dernière entrée 30mn avant fermeture) - fermé lun. et de mi-nov. à mi-fév. - 2,50 € (enf. 1,50 €). Au rez-de-chaussée, à côté du hall d'entrée où ont été déposées des pierres tombales et quelques sculptures provenant de divers édifices de la ville, un intérieur rustique piscénois a été reconstitué.

Au premier étage, un groupe de tapisseries d'Aubusson du 17ᵉ s. représente le Triomphe d'Alexandre. Parmi les meubles des 16ᵉ, 17ᵉ et 18ᵉ s., une belle armoire Louis XIII ornée de panneaux sculptés représentant les Quatre Cavaliers de l'Apocalypse. Dans une salle voisine, des souvenirs de Molière ont été rassemblés. À l'étage supérieur : collection de faïences et de pots à pharmacie, expositions temporaires.

Prenez à gauche la rue Béranger (maison du 17ᵉ s.) qui donne dans la rue de Montmorency.

Rue de Montmorency

Sur la droite s'élèvent les échauguettes de l'**îlot des Prisons**. En remontant la rue, on voit à gauche une **pietà** en faïence, du 15ᵉ s., et à droite la porte de l'enceinte de l'ancien château démantelé par ordre de Richelieu après la révolte de Montmorency. Jetez un coup d'œil sur la rue des Litanies, l'un des deux axes du **Ghetto**.

Rue du Château

Cette belle rue qui descend vers le centre dévoile d'agréables décors. Au n° 9, la très belle porte en accolade de l'**hôtel de Graves** date du 16ᵉ s.

Rue Alfred-Sabatier

Au n° 12, l'**hôtel de Moulceaux** (**maison des Pauvres**) possède un bel escalier et des ferronneries du 18ᵉ s. Au n° 1, façade décorée de mascarons ; belles fenêtres en anse de panier.

Rue Émile-Zola

Au n° 7, l'**hôtel Jacques-Cœur** dresse une façade ornée de culs-de-lampe représentant des petits personnages. Cas unique d'ornementation pour un hôtel du 15ᵉ s. à Pézenas, il est probablement l'œuvre d'artistes franco-flamands envoyés par le grand argentier du roi.

Au bout de cette rue s'ouvre la **porte du Ghetto** qui donne accès à la **rue de la Juiverie**, deux noms qui illustrent le passé de ce quartier. À droite, la **porte Biaise** tire son nom de la disposition « en biais » des colonnes qui soutiennent l'entablement d'inspiration gallo-romaine. À gauche, la **porte Faugères**, qui donne sur le cours Jean-Jaurès, faisait partie de l'ancienne enceinte du 14ᵉ s.

Prenez à droite le cours Jean-Jaurès.

Cours Jean-Jaurès

Le cours fut percé au 17ᵉ s. par Henri II de Montmorency qui voulait agrandir la ville en dehors de l'enceinte. Il s'appelait alors le Quay et supplanta la rue de la Foire comme grand pôle d'attraction de la ville. Des hôtels aristocratiques se construisirent face au Midi, s'ouvrant rue de la Foire sur l'arrière. Les édifices les plus intéressants sont le n° 18 : **hôtel de Landes de St-Palais** (belle façade avec mascarons), au n° 22 l'**hôtel de Bezons** (17ᵉ s.) et de l'autre côté du cours le n° 33 : **hôtel de Latudes**.

Revenez sur vos pas jusqu'à la rue du Château. Prenez à droite la rue de la Foire.

Rue de la Foire

Anciennement rue Droite, elle servait de cadre aux fêtes et aux processions. Au n° 16, linteau sculpté représentant de charmants enfants musiciens. Remarquer l'élégante façade Renaissance de l'**hôtel de Wicque** surmontant une galerie d'art. En face se trouve l'**hôtel de Carrion-Nizas** s'ouvrant par une porte du 17ᵉ s. (bel escalier intérieur).

Collégiale St-Jean

À l'emplacement d'une église de Templiers, qui s'écroula en 1733 sous le poids de son clocher, fut bâtie peu après l'église actuelle sur les plans de l'architecte avignonnais Jean-Baptiste Franque. À l'intérieur, d'allure sévère, la nef à voûtes d'arêtes

---

La mondialisation culinaire

Les **petits pâtés de Pézenas** sont une spécialité culinaire à base de viande sucrée, dont l'origine est indo-britannique. C'est en 1768 que lord Clive, de retour des Indes, en compagnie de cuisiniers indiens, séjourna dans la ville. Avant de gagner Market Drayton en Angleterre, ces derniers transmirent aux pâtissiers piscénois la recette des petits pâtés. Tombée dans l'oubli au 19ᵉ s., elle a été retrouvée grâce aux recherches de quelques gastronomes passionnés. En Angleterre, sous le nom de *Clive Pies*, on confectionne des petits pâtés à base de viande de mouton, de sucre roux, de raisins de Damas et de curry ; à Pézenas, à la place des raisins, on incorpore des zestes de citron confits… Juste retour des choses, Market Drayton est aujourd'hui jumelée avec Pézenas.

est flanquée de bas-côtés couverts de coupoles à pendentifs comme celle qui recouvre la croisée du transept. Le chœur a reçu une voûte en cul-de-four à nervures. Une corniche à retraits souligne tout le pourtour de l'édifice. Derrière la sacristie, exposition d'objets sacrés du 17e s. au 19e s. L'escalier à vis conduit au trésor : remarquez notamment le ciboire du 17e s., œuvre de l'orfèvre piscénois Jacques Oudin, et l'élégant reliquaire d'argent, signé Jean-Antoine Roussounel et daté de 1747, qui renferme un fragment de la croix du Christ.

Commanderie de St-Jean-de-Jérusalem

Deux façades intactes du début du 17e s. subsistent avec leurs fenêtres à meneaux. Une tourelle d'angle est soutenue par un contrefort de maçonnerie.

Place Gambetta à Pézenas.

Gagnez la place de la République par la rue Kléber, à droite de la collégiale. C'est ici que l'on quitte le cœur de la ville ancienne pour continuer dans le « faubourg » qui s'est développé au 17e s. et au 18e s. autour de la rue Conti.

Sur la place, prenez la rue Baraterie (5e rue à droite, au fond de la place), puis tournez à gauche dans la rue du Commandant-Bassas. À droite, un porche s'ouvre sur la ruelle du Jeu-de-Paume. Selon la tradition, ici se trouvait un théâtre où Molière joua. Au n° 3, belle porte en pointes de diamant.

Tournez à droite dans la rue Victor-Hugo. Au n° 11, l'**hôtel l'Épine** (18e s.) séduit par son **élégante façade** ornée d'un portail à bossages, de figures sculptées sur les agraphes des fenêtres, la ferronnerie des garde-corps, etc.

Prendre à droite la rue de la Ferronnerie.

Hôtel de Malibran★ (A2)

Sa magnifique façade du 18e s. s'orne de belles fenêtres surmontées de mascarons représentant des visages féminins souriants, tandis que les balcons reposent sur des consoles décorées de feuillages. La porte donne directement accès à un escalier intérieur du 17e s., porté par deux séries de colonnes superposées.

Prenez un escalier au bout de la rue Alcide-Trinquat, traversez la rue Victor-Hugo et prenez en face la rue des Glacières. Tournez à gauche dans la rue Conti.

Rue Conti

Plusieurs hôtels particuliers ont été élevés sur cette artère qui, au 17e s., était aussi la rue des auberges et des commerces. On passe devant la façade de l'**hostellerie du Griffon d'Or** (n° 36).

Hôtel d'Alfonce (A2)

Au n° 32. ☏ 04 67 98 10 38 - ⚫ - de déb. juin à mi-sept. : tlj sf dim. 10h-12h, 14h-18h ; reste de l'année sur demande - 2 € (enf. 1 €). Ce bel ensemble du 17e s., l'un des mieux conservés de Pézenas, servit de théâtre à Molière de novembre 1655 à février 1656. Elle accueille aujourd'hui des chambres d'hôte.

Au n° 30 de cette même rue Conti, l'**hôtel de Conti** présente une façade, refaite au 18e s., avec des balcons et des appuis de fenêtre en ferronnerie de style Louis XV.

Revenez à la collégiale St-Jean en passant par la place de la République et prenez à droite la rue des Chevaliers-St-Jean pour rejoindre la place du 14-Juillet.

Aux alentours

Abbaye de Cassan

11 km. Sortez de Pézenas au nord-ouest par la D 13. Continuez 2 km après Roujan. ☏ 04 67 24 52 45- www.chateau-cassan.com - ⚫ -juil.-août : tlj sf sam. 10h-12h, 14h-19h (jeu. nocturne 20h-23h), dim. 10h-19h ; avr.-juin et sept. : tlj sf sam. 14h-19h ; oct. : w.-end 14h-19h (dernière entrée 1h av. fermeture) - 7 € (7-18 ans 4,50 €) - fermé de Toussaint à Pâques - l'été, animations culturelles et musicales : théâtre, concerts, expositions.

Fondé en 1080, le prieuré d'Augustins de Cassan reçut une église romane, de plan basilical, en 1115. Élargissant considérablement au fil des siècles leur pouvoir sur la région ainsi que leur richesse, les chanoines firent reconstruire le prieuré au 18e s., le dotant d'un somptueux palais abbatial. Le prieuré royal devint ainsi un des plus vastes châteaux languedociens.

Ce très grand domaine revient de loin et est progressivement restauré. On peut aujourd'hui visiter une partie de ses bâtiments. En arrière d'une cour, le cloître se compose de trois galeries. La galerie nord abrite l'herboristerie et la cuisine (cheminée à hotte en carène de bateau). La galerie ouest, remarquablement voûtée en anse de panier, mène à l'**escalier d'honneur** (rampe en fer forgé). Dans la **salle à manger**, la table est dressée. Séparé du salon de musique par un péristyle, le grand salon est de style néoclassique. Enfin, la chambre de l'Évêque a gardé un lit à baldaquin.

Quatre terrasses étagées forment le jardin à la française et le jardin anglo-chinois. De la 3e terrasse, on découvre dans son ensemble la majestueuse **façade ouest★**, de style classique, large de 65 m et percée de 57 ouvertures réparties sur trois niveaux. À gauche se trouve l'entrée de l'**église**, dont la nef unique est voûtée en plein cintre.

Margon

13 km au nord-ouest de Pézenas par la D 13.

Au cœur du village médiéval s'élèvent, majestueuses, les trois tours rondes du **château** du 13e s. dont vous pourrez visiter la cour intérieure et les terrasses. Le **jardin** se situe de l'autre côté des arceaux ou « banastas » qui recouvrent l'ancien fossé. Face à la fontaine, les haies de lauriers dessinent un beau jardin à la française encadré de vases d'Anduze. À ses côtés, oliveraie, verger et jardin de fleurs à couper s'articulent avec brio sous la main agile du gardien des lieux.

Pézenas pratique

Adresse utile

Office de tourisme de Pézenas – *Pl. des États-de-Languedoc - 34120 - ℰ 04 67 98 36 40 - www.pezenas-tourisme.fr - juil.-août : lun., mar., jeu. et sam. 9h-19h, merc. et vend. 9h-22h, dim. 10h-19h ; nov.-mars : lun.-sam. 9h-12h, 14h-18h, dim. et j. fériés 14h-17h ; avr.-juin et sept.-oct. : lun.-sam. 9h-12h, 14h-18h, dim. et j. fériés 10h-12h, 14h-18h - fermé 1er janv., Mar. gras, 1er Mai et 25 déc.*

Visites

Visite guidée de la ville – Le pays de Pézenas, qui porte le label Pays d'art et d'histoire, propose des visites-découvertes animées (1h30) par des guides-conférenciers agréés par le ministère de la Culture et de la Communication *- juil.-août : tlj sf dim. 17h - 5 € ; juin-sept. : visites théâtralisées nocturnes mar. 20h30 - 12 € - plan de visite libre fléchée : 2 €.*

Se loger

☺ **Chambre d'hôte M. Gener** – *34 av. Pierre-Sirven - 34530 Montagnac - 6,5 km au nord-ouest de Pézenas par D 609 puis D 613 - ℰ 04 67 24 03 21 - ⊟ - 4 ch. 55 € ⊠.* Les chambres sont aménagées dans les anciennes écuries de ce bâtiment de 1750, autrefois occupé par la maréchaussée. Elles sont toutes climatisées et tournées vers une grande cour intérieure, calme et ombragée. Aux beaux jours, les petits-déjeuners sont servis en terrasse.

☺☺ **Hôtel Le Molière** – *Pl. du 14-juillet - ℰ 04 67 98 14 00 - www.hotel-le-moliere. com - ℙ - 21 ch. 69/129 € - ⊠ 9 €.* Ravissant hôtel du centre-ville à la façade ornée de sculptures. Ses chambres confortables et climatisées, ont été revues dans un esprit méridional. Le coin-salon, logé dans un superbe patio, est décoré de jolies fresques murales évoquant les pièces de Molière.

Se restaurer

☺ **La Pomme d'Amour** – *2 bis r. Albert-Paul-Allies - ℰ 04 67 98 08 40 - fermé lun. soir et mar., janv.-fév. - réserv. obligatoire juil.-août - 9/23,50 €.* Cet accueillant restaurant familial occupe le rez-de-chaussée d'une maison du 18e s. Poutres anciennes et pierres apparentes composent le décor intime de la salle à manger, complétée en été par une petite terrasse dressée en bordure d'une rue pavée. On y déguste de savoureuses recettes gorgées de soleil.

☺☺ **Le Pré Saint-Jean** – *18 av. du Mar.-Leclerc - ℰ 04 67 98 15 31 - leprest.jean@ wanadoo.fr - fermé jeu. soir, dim. soir et lun., vac. de fév., vac. de Toussaint - 25/45 €.* Cette discrète façade bordant une route passante dissimule une accueillante salle de style jardin d'hiver. Cuisine régionale actualisée et belle sélection de vins du pays.

☺☺ **L'Entre Pots** – *8 av. Louis-Montagne - ℰ 04 67 90 00 00 - entre-pots@orange.fr - fermé dim., lun. midi et merc. midi - 25 €.* Fraîche cuisine de saison alliant tradition régionale et modernité, bel intérieur actuel et intime, paisible cour-terrasse et service souriant : laissez le charme agir…

Faire une pause

L'Aparté – *13 r. de la Foire -* ☎ *04 67 98 03 04 - apartepezenas@yahoo.fr - sept.-mai : 14h30-19h, dim. 15h-19h ; juil.-sept. : 10h30-12h, 14h30-19h, dim. et lun. 15h-19h - fermé lun., janv., 25 déc.* Librairie et salon de thé, où vous pourrez déguster un crumble ou un cake maison accompagné d'un excellent thé en feuilletant l'un des vieux livres sur les rayonnages. L'accueil est souriant, et cette conjugaison des plaisirs du palais et de l'esprit en fait un endroit précieux.

Petits pâtés de Pézenas.

Que rapporter

Marché – Le samedi sur la place de la République et boulevard Jean-Jaurès.

Artisanat – Les échoppes d'artisans sont ouvertes *tlj de juin à sept. et en nocturne les merc. et vend. (juil.-août)*.

Maison Alary – *9 r. des Chevaliers-St-Jean -* ☎ *04 67 98 13 12 - tlj sf lun. 7h-13h, 15h-20h ; tlj en été 6h30-13h, 14h30-20h - fermé 15 j. en fév.* Si les petits pâtés de Pézenas sont d'origine indo-britannique, on vous certifiera ici que c'est dans les murs de la Maison Alary qu'un pâtissier piscénois du nom de Roucayrol exposa pour la première fois ces délicieux mets à la viande sucrée.

Confiserie Boudet – *Chemin de St-Christol -* ☎ *04 67 98 16 32 - www.lesberlingotsdepezenas.com - juil.-août : tlj sf w.-end 9h-11h30 ; hors sais. : sur demande - fermé 2 sem. en janv. et 15 j. en oct.* Outre ses petits pâtés, Pézenas est également célèbre pour ses berlingots, fabriqués ici depuis le 17ᵉ s. Un marchand africain aurait fait découvrir aux Piscénois cette gourmandise ! Visite technique sur la fabrication des berlingots de Pézenas et dégustation.

Bouquinerie Car Enfin – *21 r. des Litanies, Quartier du Château -* ☎ *04 67 98 18 49 - http://carenfin.free.fr - juil.-août : tlj sf dim. et lun. 10h30-12h30, 15h-19h ; sept.-juin : merc.-sam. 10h30-12h30, 15h-18h30 - fermé j. fériés.* Installée dans une maison du 15ᵉ s. adossée aux remparts, la librairie Car Enfin fondée par Edmond Charlot, premier éditeur d'Albert Camus, propose un grand choix de livres anciens et modernes de toutes disciplines, parmi lesquels des ouvrages consacrés à l'Afrique du Nord.

Événement

Mirondela dels Arts – *En été,* manifestations folkloriques, représentations théâtrales, concerts et expositions d'arts plastiques.

Port-Barcarès

3 514 BARCARÉSIENS
CARTE GÉNÉRALE C4 – CARTE MICHELIN DÉPARTEMENTS 344 J6
PYRÉNÉES-ORIENTALES (66)

Huit kilomètres de plage aménagée, des habitations groupées en essaims, une infrastructure hôtelière des plus complètes et un port de plaisance, vous voici à Port-Barcarès ! Construite sur le grau qui sépare l'étang de Salses de la Méditerranée, la station balnéaire de Port-Barcarès est une parfaite illustration de l'aménagement du littoral de la fin des années 1960.

▷ **Se repérer** – À 25 km au nord de Perpignan et à 50 km au sud de Narbonne par l'A 9. Pour longer l'étang, empruntez la sortie 40 en venant de Narbonne et suivez la D 627.

▷ **Se garer** – Attention, l'accès aux plages de Port-Barcarès étant souvent préservé par des voies en impasse, vous y accéderez plus aisément à pied. Des parkings sont à votre disposition le long des plages et à proximité de l'office de tourisme.

👁 **À ne pas manquer** – Le paquebot *Lydia* qui constitue l'attraction de la station et la vue depuis le belvédère aménagé près du sémaphore de cap Leucate.

🕐 **Organiser son temps** – Comptez 30mn (hors baignade).

👫 **Avec les enfants** – Aqualand ou encore les nombreux aménagements dont dispose Port-Barcarès, qui bénéficie du label « Station Kid ».

👍 **Pour poursuivre la visite** – Voir aussi Canet-Plage, les Corbières, Perpignan, le fort de Salses, la réserve africaine de Sigean et Tautavel.

La voile latine
On trouvait autrefois des voiles latines sur tout le pourtour méditerranéen, de l'Espagne à l'Égypte. Formée d'une seule pièce triangulaire, cette voile adopte des variantes de taille et de forme selon les régions : la catalane est plus ramassée, la provençale plus pointue à son sommet. Ces voiles, associées aux coques bigarrées des barques catalanes, sont les témoins d'une navigation ancestrale.

Séjourner

La station, avec sa structure résidentielle, est familiale mais à grande échelle : l'été, elle accueille sans sourciller presque 20 fois sa population hivernale, soit 70 000 résidents.

Le Lydia
Paquebot volontairement ensablé en 1967, il constitue la grande attraction de la nouvelle façade maritime du Roussillon (discothèque et casino).
À côté du *Lydia (suivez les flèches),* sur une esplanade bordant la plage, l'**allée des Arts** rassemble quelques sculptures contemporaines dont les *Soleillonautes*, totems sculptés dans des troncs d'arbres du Gabon.

Aqualand
À Port-Leucate. 📞 *04 68 40 99 98 - www.aqualand.fr - de fin juin à fin août : 10h-19h (juin 18h) - 16 € (-1 mètre gratuit).*
👫 Parc de loisirs (toboggans, piscine) situé en bord de mer et spécialement aménagé pour les tout-petits.

Ports de plaisance
Le nouvel ensemble portuaire de **Port-Leucate** et de **Port-Barcarès** constitue la plus vaste base de navigation de plaisance de la côte française de la Méditerranée. On y pratique la voile et le ski nautique. Un boulevard nautique d'une dizaine de kilomètres, indépendant de la mer et de l'étang de Leucate, forme un plan d'eau sans clapotis d'où se détachent les canaux secondaires « résidentiels » desservant les marinas.

Randonnée

Cap Leucate★
🚶 *2h à pied par un sentier longeant les falaises. Départ du sémaphore du cap, à Leucate-Plage (10 km au nord de Port-Barcarès par la D 627).*
Du belvédère aménagé près du **sémaphore du cap Leucate**, **vue★** sur la côte, du Languedoc aux Albères.

En suivant le sentier en corniche, les falaises barrent, au nord, l'étang de Leucate ou de Salses. Elles offrent de belles vues sur tout le golfe du Lion.

On atteint **La Franqui**, petite station balnéaire, où l'écrivain **Henri de Monfreid** (1879-1974), né à Leucate, aimait se retirer.

Port-Barcarès pratique

Adresse utile

Office de tourisme du Barcarès – *Pl. de la République - 66420 - ☎ 04 68 86 16 56 - www.portbarcares.com - juil.-août : 9h-20h ; reste de l'année : 9h-12h30, 14h-18h.*

Annexe – *Centre culturel Cocteau-Marais - quart. Grande Plage - 66420 Le Barcarès - ☎ 04 68 86 18 23 - juil.-août : 9h-12h30, 14h-19h.*

Le paquebot Lydia, ensablé et transformé en centre de loisirs (casino, discothèque).

L. Campion / MICHELIN

Se restaurer

⊖☻ **L'Amparo** – *Résidence Sardane - 66420 Le Barcarès - ☎ 04 68 86 10 44 - fermé déc.-janv. - 25/40 €.* Ouvert toute l'année, ce restaurant du bord de mer appartient à la même famille depuis 1886. La salle à manger, habillée de mobilier en acajou, offre une belle vue sur la plage à travers sa grande baie vitrée. En été, formule pizza grill côté esplanade, et d'excellentes spécialités méditerranéennes.

Sports & Loisirs

Centre méditerranéen du nautisme – *Av. de la Coudalère - ☎ 04 68 86 07 28 - http://portbarcares.ucpa.com - avr.-sept. : 9h30-12h30, 14h30-17h30 - fermé dim. mat. et sam.* Pratique du funboard, catamaran, voile…

Téléski nautique – *Parc Dosses - ☎ 04 68 86 23 45 - www.teleskibarcares. com - 9h-19h - fermé du 15 nov. à fin mars - 18 €/h.* Un double câble maintenu par cinq pylônes formant un circuit fermé de 1 km permet de s'initier au ski nautique ou de se perfectionner… sans être tiré par un bateau. Accessible aux enfants à partir de 8 ans : il suffit de savoir nager. Autres activités de glisse : wakeboard, wakeskate, kneeboard. Cours dispensés par des moniteurs brevetés d'État.

Centre équestre de loisirs du Barcarès – *Alleé des campings - 66420 Le Barcarès - ☎ 06 12 47 06 77 - 9h30-11h30, 15h-18h (juil.-août 9h-19h).* Promenades à cheval, à l'heure ou à la journée, de l'étang de Salses au bord de la mer. Cours d'équitation mercredi, samedi et dimanche.

Cercle de voile du Cap Leucate – *Av. de la Pinède, la Marina - 11370 Port-Leucate - ☎ 04 68 40 72 66 - www.cercledevoile.com - juil.-août : 8h30-18h30, reste de l'année : tlj sf lun. hors vac. scol. et dim. 9h30-12h, 14h-18h - fermé 20 déc.-8 janv.* École française de voile. Stages, cours et location d'Optimist, catamaran et planche à voile. École de char à voile (cours, stages et location).

Institut Thalassol – *Av. Thalassa - ☎ 04 68 86 30 90 - tlj sf dim. 8h30-12h30, 14h-17h30, sam. 8h30-12h30.* Cet institut propose différentes cures : soins circulatoires, minceur, rhumatologie, sérénité, remise en forme…

Prades

6 221 PRADÉENS
CARTE GÉNÉRALE B5 – CARTE MICHELIN DÉPARTEMENTS 344 F7 – SCHÉMA P. 140
PYRÉNÉES-ORIENTALES (66)

Bâti au milieu de vergers opulents, Prades se niche entre les contreforts du mont Canigou et le bassin alluvial de la Têt. Paré du marbre rose du Conflent, le centre est un entrelacs de ruelles typiques dévoilant porches et façades décorés, ou encore fontaines et lavoirs anciens. Point de départ de nombreuses randonnées, la ville devient chaque été le rendez-vous des mélomanes grâce au festival Pablo Casals.

▶ **Se repérer** – À 45 km à l'ouest de Perpignan par la N 116.

👁 **À ne pas manquer** – Le retable baroque de l'église St-Pierre.

🕐 **Organiser son temps** – Si possible, venez l'été pendant le festival Pablo Casals. Hors saison, comptez 30mn pour parcourir le village.

👨‍👧 **Avec les enfants** – Le trésor de l'église St-Pierre et la Tour des Parfums à Mosset.

👍 **Pour poursuivre la visite** – Voir aussi le Canigou, le Conflent, le Fenouillèdes, les orgues d'Ille-sur-Têt, l'abbaye St-Martin-du-Canigou, l'abbaye St-Michel-de-Cuxa, le prieuré de Serrabone, Vernet-les-Bains et Villefranche-de-Conflent.

Le saviez-vous ?

En 1939, le grand violoncelliste **Pablo Casals** choisit de fuir le régime franquiste en se réfugiant à Prades. Bien nous en prit, puisqu'il créa, en 1950, un festival consacré à Bach. Les plus grands chambristes se réunissent ainsi tous les ans, de la mi-juillet à la mi-août, pour jouer et enseigner leur art à une académie de 150 élèves de haut niveau.

Visiter

Église St-Pierre★

Reconstruite au 17e s., elle a néanmoins gardé son clocher typique de l'art roman méridional. L'intérieur surprend par la richesse du mobilier baroque. Dans le chœur, le spectaculaire **retable★★** baroque (1696-1699) du sculpteur catalan Josep Sunyer comporte plus de cent personnages sculptés et raconte en six tableaux la vie de l'apôtre Pierre, dont la statue trône au centre.

Dans les **chapelles latérales** : retable de St-Gaudérique (1714), probablement issu de l'atelier de Sunyer, retable de la Trinité sculpté par Lluis Generès (1655), retable de St-Benoît en bois sculpté et doré et orné de toiles peintes du 16e s. Dans le transept nord : Christ en bois noir du 16e s. et Vierge de procession avec sa *cadireta* (dais en bois doré et sculpté couvrant la statue), typiquement catalane (18e s.).

👨‍👧 Le **trésor** présente de nombreux reliquaires originaires de l'abbaye de St-Michel-de-Cuxa (les plus sentimentaux contempleront avec émotion la châsse reliquaire de saint Valentin), des objets d'orfèvrerie liturgique et la superbe statue en bois polychrome de Notre-Dame-de-la-Volta (14e s.). ✆ *04 68 96 28 55 (mairie) ou 04 68 05 23 58 - juil.-sept. : lun.-vend. 10h-12h, 15h30-18h - visite guidée église et trésor lun., mar., jeu. et vend. 14h30 - 2,60 € (enf. 1,80 €), 3,90 € visite guidée.*

Musée Pablo-Casals

33 r. de l'Hospice - au 1er étage de la médiathèque - ✆ 04 68 96 28 55 - ♿ - juil.-sept. : mar.-vend. 9h-13h, 14h-17h, sam. 9h-13h ; oct.- juin : mar. 10h-13h, 16h-19h, merc. 10h-19h, vend. 15h-19h, sam. 10h-13h - fermé 25 déc.-7 janv. - gratuit. (sur réservation pour les groupes).

Le nom de Casals est tellement lié à Prades que sa cité d'adoption ne pouvait que lui rendre hommage en créant un petit musée : tout en écoutant des enregistrements du grand violoncelliste catalan, vous découvrirez des tenues de concert, lettres, photos et instruments évoquant la personnalité et la carrière du musicien à l'inséparable parapluie.

Aux alentours

Mosset

12 km au nord-ouest par les D 619 et D 14. Prenez le temps de découvrir cet agréable village de caractère un peu isolé, hors du temps. 👨‍👧 Si vous avez le nez fin, n'hésitez pas à entrer dans la **Tour des Parfums** où vous apprendrez à « écouter les odeurs » à travers une exposition interactive. ☎ 04 68 05 38 32 - www.mosset.fr - juil.-août : 10h-12h, 15h-19h ; vac. scol. : tlj sf lun. 15h-18h ; reste de l'année : w.-end 15h-18h - fermé janv. et j. fériés (sf en juil.-août) - 3 € (-12 ans gratuit) - toute l'année, expositions ludiques et interactives, balades olfactives « rando-nez » et ateliers de création d'objets parfumés. La D 14, peu confortable mais belle, rejoint les gorges de l'Aude par le **col de Jau**.

Prades pratique

Adresses utiles

Office du tourisme de Prades – *4 r. des Marchands - 66500 -* ☎ *04 68 05 41 02 - www.prades-tourisme.com - juil.-août : 9h-12h, 14h30-18h30, dim. 10h-12h ; sept.-juin : tlj sf w.-end 9h-12h, 14h-18h - fermé j. fériés sf 14 Juil. et 15 août.*

Office du tourisme de Mosset – *8 caretera du col de Jau - 66500 -* ☎ *04 68 05 38 32 - www.mosset.fr - juil.-août : 10h-12h, 15h-19h ; vac. scol. : tlj sf lun. 15h-18h ; reste de l'année : w.-end 15h-18h - fermé janv. et j. fériés (sf en juil.-août).*

Se loger

⊖⊜ **Pradotel** – *Av. Festival -* ☎ *04 68 05 22 66 - pradotel66@orange.fr -* 🅿 *- 39 ch. 52/70 € -* 🍽 *8 €.* Bâtiment contemporain et fonctionnel. A l'arrière, belle perspective sur le Canigou depuis les balcons. Nouveauté : des terrasses pour les chambres de plain-pied côté piscine.

⊖⊜ **Hôtel Hexagone** – *Rd-pt de Molitg, sur la rocade -* ☎ *04 68 05 31 31 - www.hotelhexagone.fr -* 🅿 *- 30 ch. 55/67 € -* 🍽 *7,50 € - rest. 17 €.* Chambres simples, aménagées dans l'esprit des chaînes hôtelières, et petits-déjeuners préparés avec des confitures maison : une adresse pratique pour l'étape dans la cité courue pour son festival de musique.

Se restaurer

⊖⊜ **Le Jardin d'Aymeric** – *3 av. du Gén.-de-Gaulle -* ☎ *04 68 96 53 38 - marta.jose@yahoo.fr - fermé dim. soir, lun., merc. soir du 15 oct. au 15 avr., vac. de fév., 25 juin-8 juil. - 21/35 €.* Quel bonheur de trouver ce petit restaurant à Prades ! Aux fourneaux, le jeune chef concocte une cuisine soignée, très nettement inspirée des saveurs du terroir. Côté décor : couleurs plaisantes, expositions de tableaux et belles compositions florales.

Festival Pablo Casals

Pablo Casals.

Prats-de-Mollo ★

**1 141 PRATÉENS
CARTE GÉNÉRALE B5 – CARTE MICHELIN DÉPARTEMENTS 344 F8
PYRÉNÉES-ORIENTALES (66)**

Accrochée aux contreforts sud du massif du Canigou, Prats-de-Mollo (prononcez, à la catalane, « Pratss-de-Moyo »), allie le cachet d'une ville close fortifiée par Vauban au charme d'une cité catalane de montagne. Place frontalière, ancienne terre de révolte, la petite ville voit ses ruelles pittoresques s'animer en février lorsque la Fête de l'ours bat son plein. Toute l'année, prenez ici un grand bol d'air pur au cœur d'une nature préservée.

- ▶ **Se repérer** – À 63 km au sud-ouest de Perpignan par l'A9 puis la D 115, Prats-de-Mollo est la commune la plus au sud sur le méridien de Paris. Avant d'entrer dans Prats, ralentissez à la hauteur du défilé de la Baillanouse sur la D 115.

- 👁 **À ne pas manquer** – Le retable baroque de l'église romane ; le panorama depuis le fort Lagarde et la vue depuis la ville haute.

- 🕐 **Organiser son temps** – Comptez 2h pour la ville.

- 👫 **Avec les enfants** – La visite-spectacle du Fort Lagarde, notamment la relève de la garde.

- 🏃 **Pour poursuivre la visite** – Voir aussi le Canigou et le Vallespir.

Dix ans de guérilla du sel

Au 17e s., lors du rattachement à la France, les Pratéens et une bonne partie du Vallespir s'opposèrent violemment à la gabelle (impôt sur le sel) et à la suppression des privilèges catalans. Emmenés par Josep de la Trinxeria, les « Angelets de la Terra » (qu'on pourrait traduire par « anges de la patrie ») résistèrent une dizaine d'années aux troupes royales. La répression fut sévère. Ce nom d'angelets de la terra reste emblématique aujourd'hui encore de la résistance catalane.

Se promener

Entrez dans la ville par la porte de France et suivez la rue commerçante du même nom. Face à la place d'Armes, monter les degrés de la rue de la Croix-de-Mission, dominée par une croix des Outrages.

Église

Une église romane fortifiée, dont il subsiste le clocher crénelé, précéda le bâtiment actuel, qui date du 17e s. Portail décoré de volutes en fer forgé, à la manière catalane, du 13e s. Un curieux ex-voto est fiché dans le mur de droite : c'est une côte de baleine mesurant plus de 2 m. Dans la chapelle qui fait face à la porte est placée la statue de N.-D.-du-Coral, copie de celle du 13e s. vénérée dans l'ancien sanctuaire de bergers du même nom situé près du col d'Ares *(voir le Vallespir)*. Le **retable baroque★** du maître-autel (1693), mesurant près de 10 m de haut et recouvert de feuilles d'or en 1745, n'est pas sans rappeler celui de la cathédrale de Séville ; il représente la vie et le martyre des saintes Juste et Ruffine, patronnes des deux cités.

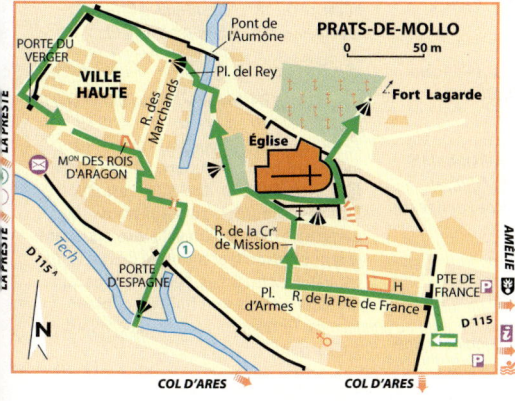

Longez le côté sud de l'église et contournez le chevet par un chemin de ronde fortifié. Porte de la Fabrique, pénétrez dans le chemin couvert, en forte montée, menant au fort Lagarde (on peut également emprunter à droite de la porte de la Fabrique un sentier pédestre, moins pentu).

Fort Lagarde
🕿 04 68 39 70 83 - juil.-août : 11h-19h - avr.-juin et sept.-oct. : tlj sf lun. 14h-18h - possibilité de visite guidée ou contée (se renseigner) - 3,50 € (-12 ans gratuit).

👥 Bâti sur un éperon rocheux dominant la ville, le fort Lagarde est une réponse des autorités françaises à la menace espagnole et à la révolte des Angelets. La place d'armes et le Pâté à Comète, qui abrite le pavillon et les caves des officiers, ont été construits à partir de 1686, d'après les plans de fortifications établis par Vauban. Le donjon, en forme d'étoile, édifié en 1677, constitue la base de la construction. Il enserre la tour de La Guardia, ancienne tour à signaux, datant du 13e s. Au sud, deux lignes de défense protègent le donjon : la contregarde et l'enceinte basse dite « fausse braie ». L'ouest, quant à lui, est renforcé par une place d'armes et une traverse. Malgré ces principes de fortification bastionnée, l'édifice tomba aux mains de l'ennemi lors de la guerre de 1793 qui opposa Français et Espagnols. Il faudra attendre 1794 pour voir les troupes françaises récupérer cette place stratégique.

Revenez à l'église et prenez à droite.

En vue de l'hospice, descendre les marches à gauche et suivre la rue longeant, en contrebas, le jardin de l'hospice. Traverser le torrent sur un pont fortifié immédiatement en aval du vieux pont en dos d'âne de la Guilhème. On pénètre alors dans la ville haute.

Ville haute★ (Ville d'Amoun)
Place del Rey, où se dresse une ancienne maison du Génie militaire, s'élevait l'une des résidences des comtes de Besalù, ayant régné, au 12e s., sur l'un des innombrables comtés catalans. Au départ de la rue des Marchands, monter à droite un escalier sculpté. Du sommet, vue sur l'église dominant la ville basse.

Longez le mur d'enceinte et sortez de la ville par une porte moderne pour y rentrer par la suivante (bretèche), dite « du Verger ».

On arrive à un carrefour dominé par une maison formant proue ; selon certains, il s'agirait d'un ancien palais des Rois d'Aragon, selon d'autres, elle aurait abrité la centrale syndicale de la corporation des tisserands – on produisait autrefois des draps et des toiles de grande qualité dans la région du haut Vallespir. Une ruelle en descente mène enfin à la porte de sortie. Passer la porte d'Espagne ; de la passerelle sur le Tech, vue sur le front sud de la ville.

Aux alentours

La Preste
À la sortie nord-ouest de Prats-de-Mollo, la D 115ᴬ mène, en 8 km, à la station hydrominérale de La Preste (alt. 1 130 m). Ses cinq sources, jaillissant à 44 °C, traitent les maladies de l'appareil urinaire et les maladies métaboliques. C'est Napoléon III qui fit construire cette route d'accès. Souffrant, il avait l'intention de faire une cure à la station ; la guerre de 1870 l'obligea à y renoncer.

Prats-de-Mollo pratique

Adresse utile
Office de tourisme de Prats-de-Mollo-La-Preste – Pl. du Foiral - 66230 - 🕿 04 68 39 70 83 - www.pratsdemollolapreste.com - juil.-août : 9h-13h, 14h-19h, dim. et j. fériés 10h-12h, 14h-18h ; avr.-juin et sept.-nov. : tlj sf dim. et j. fériés 9h-12h, 14h-18h ; reste de l'année : tlj sf w.-end 9h-12h, 14h-18h.

Visite
Visite-spectacle – 66230 Prats-de-Mollo-La-Preste. Visite guidée du fort sur le thème militaire : des cavaliers en costume d'époque illustrent l'entraînement militaire au 18e s. De mi-juil. à fin août : spectacle à 15h - 9,50 € (enf. 6,50 €).

Se loger
🛏🍴 **Hôtel Bellevue** – Pl. du Forail - 66230 Prats-de-Mollo-La-Preste - 🕿 04 68 39 72 48 - www.lebellevue.fr.st - fermé mar., merc. du 30 oct. au 30 mars, 30 nov.-15 fév. - 🅿 - 17 ch. 48/60 € - ☑ 7,50 € - rest. 21/50 €. Curistes et touristes sont aux petits soins dans cette maison familiale. Au restaurant, le jeune patron leur mitonne des recettes catalanes actualisées. Les chambres au mobilier de bois sont fraîches et bien tenues. Terrasse en façade et petit jardin sur l'arrière.

⊘⊗ Hôtel Le Val du Tech – *À la Preste - 66230 Prats-de-Mollo-La-Preste -* ☎ *04 68 39 71 12 - www.hotel-levaldutech. com - fermé 1ᵉʳ nov.-7 avr. - 25 ch. 48/54 € - ⬡ 7 € -rest. 16/25 €.* Cet hôtel-restaurant s'accroche à flanc de colline à quelques encablures des thermes. Curistes et randonneurs apprécient de se retrouver dans sa salle à manger rustique, autour de bons petits plats traditionnels. Les chambres, agrémentées d'un mobilier rustique typiquement catalan, donnent pour la plupart sur la vallée.

Se restaurer

⊘⊗ Ribes – *À La Preste - 66230 Prats-Mollo-La-Preste -* ☎ *04 68 39 71 04 - www. hotel-ribes.com - fermé 23 oct.-31 mars - 16/28 €.* Situation isolée au beau milieu des prés, vue reposante et splendide sur les Pyrénées et la vallée du Tech, ambiance familiale et généreuse table régionale (le frère du patron, agriculteur, fournit viandes et légumes) : cette adresse respire l'authenticité. Les chambres, proprettes, séduiront les amoureux de grand calme.

Château de **Puilaurens** ★

CARTE GÉNÉRALE B5 – CARTE MICHELIN DÉPARTEMENTS 344 E6 – SCHÉMA P. 188
AUDE (11)

Au détour d'un petit cirque sauvage, l'enceinte crénelée du château de Puilaurens apparaît soudain au sommet d'une colline boisée dominant la haute vallée de l'Aude. Accroché sur la vallée de la Boulzane à 697 m d'altitude, Puilaurens a conservé une silhouette à peu près intacte. Le château, qui fut un temps refuge pour des cathares, passa ensuite dans le domaine royal et devint l'un des « cinq fils de Carcassonne », position française la plus avancée face au royaume d'Aragon. Aujourd'hui, abandonné, formidable et mélancolique, il continue à défier le temps et les éléments.

▶ **Se repérer** – À 18 km au sud-est de Quillan par la D 117 puis la D 22 et à 60 km à l'ouest de Perpignan par la D 900 puis la D 117. Accès à partir de Lapradelle-Puilaurens, par la D 22 au sud et, après 800 m, la route qui monte à droite.

👁 **À ne pas manquer** – Le sentier botanique qui mène au château ; les courtines crénelées du chemin de ronde et les splendides vues sur les remparts nord ; le pic de Bugarach et la vallée de la Boulzane.

🕐 **Organiser son temps** – Comptez 30mn AR, autant pour la visite.

👫 **Avec les enfants** – L'accès au château est relativement facile.

🔥 **Pour poursuivre la visite** – Voir aussi les Corbières, le Fenouillèdes, le château de Peyrepertuse, Prades, Quillan, l'abbaye St-Michel-de-Cuxa et Rennes-le-Château.

Le château de Puilaurens.

D. Pazery / MICHELIN

Visiter

🚶 *30mn à pied AR.* ✆ *04 68 20 65 26 - juil.-août : 9h-20h ; avr.-juin et sept. : 10h-18h ; oct. : 10h-17h ; fév.-mars et déb. nov. : w.-end et vac. scol. 10h-17h - fermé du 11 Nov. aux vac. scol. d'hiver - 3,50 € (6-12 ans 1,50 €) - visite suspendue par temps d'orage (région sujette aux orages soudains et violents).*

Site★

On remarque de loin l'enceinte crénelée à quatre tours défendant les approches du donjon. Le chemin menant au château, raide par moments, mais bref, a été aménagé en sentier botanique : aubépines, genévriers, viornes lantanes et surtout buis odorants accompagnent le promeneur jusqu'au sommet de la colline, sous les frondaisons des chênes verts, des pins sylvestres et des érables champêtres.

Château

On atteint la porte principale par une rampe coupée de chicanes pour déboucher dans une sorte de réduit percé de meurtrières obliques convergeant vers l'entrée. La cour est entourée de courtines crénelées où court le chemin de ronde. Une poterne au sud-est permet de gagner un bec rocheux d'où la vue se dégage sur les remparts nord, inaccessibles, sur le pic de Bugarach au nord-est et sur la vallée de la Boulzane au sud.

En retournant vers l'entrée, on accède à l'enceinte du donjon où subsistent les vestiges du donjon carré, la tour dite Dame Blanche et des mâchicoulis aménagés dans la courtine.

Château de Puilaurens pratique

♿ Voir aussi Quillan.

Se loger

🛏️ **Hostellerie du Grand Duc** – *11140 Gincla - 4 km au sud du château par D 22 -* ✆ *04 68 20 55 02 - www.host-du-grand-duc.com - fermé 3 nov.-31 mars -* 🅿️ *- 12 ch. 72/78 € -* ☕ *11 € - rest. 32/62 €.* Cette maison de maître est précédée d'un joli jardin à l'ombre des tilleuls. Son décor soigné et ses vastes chambres, meublées à l'ancienne, ne manquent pas de cachet mais c'est surtout le calme que vous savourerez ici sans modération.

🛏️ **Chambre d'hôte M. Jean-Charles Bruchet** – *2 rte de Boucheville - 11140 Gincla -* ✆ *04 68 20 50 92 - www.multimania.com/bruchet - fermé oct.-Pâques -* 🚫 *- 5 ch. 57 € -* ☕*.* Étape reposante en pleine nature, au cœur de la verte vallée de la Boulzane. Cette maison de maître abrite 5 chambres tout confort, personnalisées par un joli mobilier fabriqué par le propriétaire lui-même, ébéniste passionné.

Puivert

410 PUIVERTAINS
CARTE GÉNÉRALE A4 – CARTE MICHELIN DÉPARTEMENTS 344 D5 – SCHÉMA P. 188
AUDE (11)

Dans le paysage très mouvementé et boisé des confins du plateau de Sault, les douces prairies de Puivert (du latin podii viridis, colline verte) surprennent. Son petit lac est la réplique mélancolique d'un lac naturel qui se vida brusquement au 13e s. Enfin, si la silhouette de pierre du donjon ne résonne plus du chant des troubadours, elle apporte une belle note de romantisme au décor.

- ▶ **Se repérer** – À 53 km au sud-ouest de Carcassonne et 17 km au nord-ouest de Quillan par la D 117.

- 👁 **À ne pas manquer** – La tour-porte carrée et le donjon du Château neuf ou encore la chapelle à voûte d'ogives et les culs-de-lampe de la salle des Musiciens.

- 🕐 **Organiser son temps** – Comptez 1h30 et visitez plutôt le musée avant le château. Il vous fournira quelques éclairages sur la vie au Moyen Âge qui vous seront utiles lors de la visite du château.

- 👥 **Avec les enfants** – La visite du musée du Quercorb séduit même les plus jeunes.

- 👍 **Pour poursuivre la visite** – Voir aussi Carcassonne, Limoux, le château de Puilaurens, Quillan et Rennes-le-Château.

Visiter

Musée du Quercorb

Dans le village de Puivert. 📞 *04 68 20 80 98 - www.quercorb.com/musee - de mi-juil. à fin août : 10h-19h ; de déb. avr. à mi-juil. et sept. : 10h-12h30, 14h-18h ; oct. : 14h-17h - fermé nov.-mars - 4 € (6-15 ans 1,60 €).*

Évocation attrayante de l'histoire, des traditions et des métiers de la région du Quercorb, à l'aide de maquettes et de reconstitutions (cuisine, forge, atelier de tourneur sur bois, sans oublier la fabrication des sonnailles et le travail du jais). Ne pas manquer, au 2e étage, les moulages des huit instruments de musique médiévaux représentés sur les culs-de-lampe du donjon du château, et leur pendant de bois et de corde.

> #### Légende de la Dame Blanche
>
> Lorsque le lac se vida subitement en 1279, dévastant Chalabre et Mirepoix, on invoqua la Dame Blanche. Cette princesse aimait rêver au bord de l'eau, mais le vent et les embruns la gênaient. Le seigneur imposa des travaux d'aménagement qui entraînèrent une rupture de la digue : le lac emporta alors les villes environnantes et la capricieuse demoiselle.

Château

Du hameau de Camp-Ferrier, sur la route de Quillan, 500 m par une route étroite en forte montée. 📞 *04 68 20 81 52 - www.chateau-de-puivert.com - mai-nov. : 9h-19h ; déc.-mai : 10h-17h - fermé sam. hors vac. scol. de déc. à mai - 5 € (5-12 ans 3 €).*

Acquis à la foi cathare, le château de Puivert fut assiégé en 1210. Confié ensuite à la famille de Bruyères, il fut embelli et agrandi au 14e s. : donjon, cour d'honneur et courtines datent de cette période. Le Château neuf du 14e s., dont une partie a été détruite, conserve sa tour-porte carrée ornée d'un blason portant le lion des Bruyères et son donjon de 35 m de haut. Celui-ci comprend quatre salles superposées. On visite successivement la salle basse, puis la salle des gardes, couverte d'une voûte en berceau, la chapelle à voûte d'ogives et la « piscine » (cuve à ablutions) encastrée dans le mur, enfin la salle dite « des Musiciens », dont la voûte d'ogives retombe sur des culs-de-lampe représentant des artistes jouant de leurs instruments (cornemuse, tambourin, vielle, luth, psaltérion, rebec, etc.), évoquant ainsi l'éclat de la vie seigneuriale à Puivert au temps des troubadours. Par l'escalier à vis, qui donne accès à chacune des salles, on peut monter sur la terrasse.

Puivert pratique

♿ Voir aussi Quillan

Se loger

🛏 **Chambre d'hôte La Cocagnière** –
*3 pl. du Pijol, hameau de Campsylvestre -
6 km à l'est de Puivert par D 117 puis petite
rte à dr. - ☎ 04 68 20 81 90 - www.
lacocagniere.com - fermé 15 nov.-15 mars -*

🛏 *- 4 ch. 48/58 € 🍽 - repas 18 €.* À l'orée du hameau de Campsylvestre, cette bergerie rénovée avec passion aurait presque le défaut de séduire à coup sûr, tant elle cumule les atouts : les chambres de grande qualité, l'accueil aimable des jeunes propriétaires, l'excellente table d'hôte et la nature toujours en fête. C'est beau, tout simplement !

Château de **Quéribus**★★

**CARTE GÉNÉRALE B4 –
CARTE MICHELIN DÉPARTEMENTS 344 G5 – SCHÉMA P. 188 – AUDE (11)**

Perchée sur un étroit piton rocheux à 729 m d'altitude, une sentinelle est battue par les vents : c'est le château de Quéribus, dernier refuge des religieux cathares. Véritable nid d'aigle surplombant Corbières et Fenouillèdes, il fait face à son grand frère Peyrepertuse, tous deux « Fils de Carcassonne ». Une beauté brute postée dans l'Aude, à la frontière des Pyrénées-Orientales.

- ▶ **Se repérer** – À 40 km au nord-ouest de Perpignan et à 50 km à l'est de Quillan. Sur la D 123, au niveau du grau de Maury *(voir les Corbières)*, une route en forte montée conduit jusqu'au site.

- 👁 **À ne pas manquer** – La salle gothique du donjon et le panorama depuis les chicanes.

- 🕐 **Organiser son temps** – Comptez 20mn AR et 45mn pour la visite.

- 👪 **Avec les enfants** – La visite du château et le spectacle *Le Sermon du curé de Cucugnan* au théâtre Achille-Mir, à Cucugnan.

- ♿ **Pour poursuivre la visite** – Voir aussi les Corbières, le Fenouillèdes, les châteaux de Peyrepertuse et Puilaurens, le fort de Salses et Tautavel.

Comprendre

La fin du catharisme – Mentionné pour la première fois dès 1020 sur le testament du comte catalan de Besalù, le château de Quéribus vit ses plus grands moments d'histoire à l'heure du catharisme. En effet, c'est entre ses murailles de pierre que s'achève l'épopée sanglante de la croisade contre les Albigeois. Après la chute de Montségur en 1244, Chabert de Barbaira, seigneur du château, offre un dernier refuge aux religieux cathares. Parmi eux, une figure du catharisme, le diacre du Razès, Benoît de Termes, y vécut ses dernières heures. Onze ans plus tard, en 1255, Chabert de Barbaira, protecteur des cathares, est fait prisonnier par Olivier de Termes, un de ses anciens compagnons d'armes rallié à Louis IX. Il est alors contraint d'abandonner la citadelle au roi en échange de sa liberté. Les cathares qui ont pu échapper aux bûchers et aux tortures s'exilent en Catalogne ou en Lombardie ou simulent la soumission. Une fois ce dernier bastion cathare tombé, le château entre dans le royaume de France. En 1258, le traité de Corbeil, qui fixe la frontière franco-aragonaise au sud des Corbières, fait de Quéribus une forteresse royale. L'intérêt stratégique de cet édifice, devenu l'un des « Cinq Fils de Carcassonne », perdurera jusqu'à la signature du traité des Pyrénées, en 1659.

H. Champollion / MICHELIN

Le château de Quéribus perché sur son pog, « un dé, posé sur un doigt ».

Visiter

🚶 *20mn à pied AR. Bonnes chaussures recommandées.*

Château★

📞 *04 68 45 03 69 - www.queribuscucugnan.fr - visite libre ou audioguidée – juil.-août : 9h-20h ; avr.-juin et sept. : 9h30-19h ; mars et oct. : 10h-18h ; janv.-fév. et nov.-déc. : 10h-17h - fermé janv. hors vac. scol., 1er janv., 25 déc. - 5 € (6-15 ans 3 €). Prudence lors de la visite de cette « citadelle du vertige », surtout en cas de pluie (pierres glissantes) ou de « cers », vent violent du sud-ouest.*

Trois enceintes successives protègent le donjon, placé au point culminant du piton rocheux. De forme polygonale, il comporte 2 étages : la salle inférieure et la haute **salle gothique★** voûtée d'ogives retombant sur un pilier circulaire excentré. Les singularités de son plan et de son éclairage ont donné lieu, comme à Montségur, à des interprétations liées à un symbolisme solaire… Interprétations abusives, bien entendu, si l'on songe que le château actuel n'est pas celui que connurent les cathares ! Il ne reste en effet presque rien du château antérieur à la croisade : le dispositif militaire que l'on voit aujourd'hui a été aménagé à la fin du 13e s. puis au 16e s. pour répondre aux progrès de l'artillerie.

Des chicanes (*intenable par vent violent*), **vue★** sur la plaine du Roussillon, la Méditerranée, les Albères et le Canigou, les massifs du Puigmal et du Carlit, également visibles depuis la terrasse du donjon.

Au niveau inférieur, au nord du donjon proprement dit, une salle voûtée donne accès à une galerie souterraine débouchant sur une casemate.

Quéribus pratique

♿ Voir aussi les Corbières, Quillan.

Adresse utile

Office du tourisme de Cucugnan – *Chemin de Padern - 11350 -* 📞 *04 68 45 69 40 - www.corbières-sauvages.com - juil.-août : 10h-19h ; mars-juin et sept.-nov. : tlj sf dim. 10h-17h ; déc. et fév. : tlj sf dim. 10h-16h - fermé janv.*

Se loger

🛏 **Chambre d'hôte Les Santolines** – *11 r. Alphonse-Daudet - 11350 Cucugnan -* 📞 *04 68 45 00 04 ou 06 89 99 02 55 - 3 ch. 50 € ⛲.* Si vous cherchez un hébergement simple et sans fioritures, dans le cadre rustique d'une maison de village, cette adresse comblera vos attentes. Les 3 chambres, très bien entretenues, associent sobriété et confort. Les propriétaires accueillants sauront vous conseiller sur les visites et activités des environs.

Quillan

3 445 QUILLANAIS
CARTE GÉNÉRALE B4 – CARTE MICHELIN DÉPARTEMENTS 344 E5 – SCHÉMA P. 188
AUDE (11)

Capitale touristique de la haute vallée de l'Aude, Quillan émerge d'un épais manteau forestier au milieu d'un cirque souverain hérissé de petits cônes calcaires ; c'est l'un des meilleurs centres d'excursions des avant-monts pyrénéens. Le deuxième mercredi du mois, la ville s'anime pour la grande foire qui attire de nombreux chalands et passants.

- ▶ **Se repérer** – À 28 km au sud de Limoux par la D 118 et à 76 km à l'ouest de Perpignan par la D 900 puis la D 117. Quillan ouvre sur la haute vallée de l'Aude.

- 👁 **À ne pas manquer** – La vue depuis le pâturage de Langarail ; le belvédère du Pas de l'Ours ; la randonnée dans les gorges de la Frau et le paysage offert par le défilé de Pierre-Lys.

- 🕐 **Organiser son temps** – Quillan est le point de départ d'une excursion d'une journée au pays de Sault, dans les gorges de l'Aude.

- 👪 **Avec les enfants** – Le musée des Dinosaures et la visite des grottes de l'Aguzou réservée au plus de 10 ans ; l'hiver, le domaine skiable de Camurac.

- 👍 **Pour poursuivre la visite** – Voir aussi les Corbières, le Fenouillèdes, Limoux, les châteaux de Peyrepertuse, Puilaurens ou Quéribus, et Rennes-le-Château.

Se promener

Sur l'esplanade de la gare, original monument à l'abbé Armand *(voir défilé de Pierre-Lys)*. Sur la rive droite de l'Aude s'élèvent les ruines d'une forteresse médiévale de plan carré avec échauguettes aux angles, rare exemple de ce type d'architecture militaire dans la région. Elle fut construite au 13ᵉ s. et servit de garnison aux troupes de Guy de Lévis, principal lieutenant de Simon de Montfort.

Aux alentours

Espéraza

Le nom de la commune n'a rien à voir avec l'espérance espagnole, mais dériverait de celui d'un certain Exuperatus, propriétaire terrien de la région. Espéraza fut la première ville où s'installa la chapellerie au début du 19ᵉ s. Depuis les années 1980, la ville attire les paléontologues et les passionnés de dinosaures grâce aux intéressantes découvertes réalisées à Campagne-sur-Aude, juste à côté. Une nouvelle structure regroupe le musée des Dinosaures et celui de la Chapellerie.

Musée des Dinosaures★ – ☎ 04 68 74 26 88 - www.dinosauria.org - ♿ - *juil.-août :* 10h-19h (dernière entrée 45mn av. fermeture) ; sept.-oct. et fév.-juin : 10h30-12h30, 13h30-17h30 ; nov.-janv. : 13h30-17h30, vac. scol. Noël 10h30-12h30, 13h30-17h30 - fermé 1ᵉʳ janv. et 25 déc. - 7 € (6-12 ans 5 €) - juil.-août : visite du chantier de fouilles - 2 € (enf. 1,50 €). 👪 Il fallait bien un musée à la mesure des découvertes et de la taille de ces géants. D'emblée, il vous entraîne dans les couloirs du temps et livre, dans la **galerie de l'évolution**, quelques secrets de cette longue période si étonnante. Vous êtes alors paré à plonger dans la **serre du crétacé** d'où vous pouvez découvrir le travail minutieux du **laboratoire**.

Mais la tentation est forte de revenir vers les immenses **squelettes reconstitués** de dinosaures du monde entier, et de l'Aude en particulier. Ici, la vedette est **Eva**, dinosaure sauropode (12 m, 12 millions d'années) dont le squelette presque complet a été découvert et extrait de la roche.

L'Aude se faufile entre les gorges abruptes, propices à des descentes mouvementées en canoë.

Musée de la Chapellerie – ☏ 04 68 74 00 75 - www.museedelachapellerie.fr - ♿ - juil.-août : 10h-19h ; fév.-juin et sept.-oct. : 10h30-12h30, 13h30-18h ; nov.-déc. : 13h30-17h30, dim. et vac. scol. 10h30-12h30, 13h30-17h30 - fermé janv., 25 déc. - gratuit.

La fabrication d'un chapeau de feutre était très complexe comme vous pourrez le constater en suivant les différentes étapes : traitement de la laine (par cardage, enroulage sur deux cônes, foulage, etc.), « clochage » ou moulage du chapeau, enfin finition (dégageage du bord, garnissage, etc.).

Une exposition de couvre-chefs (bicorne de polytechnicien, Borsalino…) et une vidéo ajoutent à l'intérêt de la visite.

Circuit de découverte

PAYS DE SAULT ET GORGES DE L'AUDE★★

144 km au départ de Quillan – environ une journée. Quittez Quillan à l'ouest par la D 117.
Ce circuit emprunte un tronçon impressionnant de la **route du Sapin de l'Aude** dont les futaies comptent des arbres de plus de 50 mètres. La route s'élève en impressionnants lacets, dominant la cuvette où se trouve Quillan.
Tournez à gauche dans la D 613 qui court sur le plateau de Sault. Après Espezel, à un croisement marqué d'une croix, prenez à droite la D 29 (direction Bélesta).
Après la maison forestière, engagez-vous à gauche sur la route forestière. Laissez la voiture dans un coude à gauche, au pied des abreuvoirs de Langarail.

Pâturage de Langarail★

🚶‍ *45mn à pied AR.* Site d'estive. Suivre la direction donnée par la piste caillouteuse jusqu'aux bombements d'où la **vue** se dégage au nord, au-delà de la forêt de Bélesta jusqu'aux avant-monts de la chaîne vers le Lauragais. Par temps dégagé, vous apercevrez Montségur, juché sur son « pog ».
Revenez sur la route forestière et poursuivez vers l'ouest.

Pas de l'Ours★

Passage en haute corniche rocheuse au-dessus des gorges de la Frau.
Au col de la Gargante, suivez à gauche la route en montée signalée « Belvédère à 600 m ».

Belvédère du Pas de l'Ours★★

🚶‍ *15mn à pied AR.* Du belvédère, vue grandiose sur l'entaille de la Frau ; 700 m plus bas, le piton de Montségur, la montagne de la Tabe ; en arrière on distingue très haut les déblais blancs de Trimouns.
Dépassez le col de la Gargante et descendez jusqu'à Comus où vous prenez à droite.

Gorges de la Frau★

🚶‍ *1h30 à pied AR.* Laisser la voiture au point de départ d'une large route forestière. On longe le pied de parois calcaires virant au jaunâtre. Après 45mn de marche, faire demi-tour à l'endroit où la vallée dessine un brusque coude.
Revenez à Comus et prenez à droite vers Camurac.
On quitte le bassin supérieur de l'Hers, où, malgré la rudesse du climat, les versants étaient naguère cultivés en terrasses, pour gagner le col des Sept Frères.
Domaine skiable de Camurac – Alt. 1 400-1 800 m. Sur le plateau de Sault, station familiale et chaleureuse dotée de 16 pistes de ski alpin de tous niveaux. Boucle de ski de fond pour les débutants et parcours balisé réservé aux promenades en raquettes.
Prenez à gauche la D 613 en direction de Belcaire puis à droite la D 20 jusqu'à Niort-de-Sault où vous obliquez sur la gauche.
Descendre les **gorges du Rebenty** qui entaillent profondément le pays de Sault, découpant le plateau en deux parties. Plus loin, la route se glisse sous les impressionnants surplombs du **défilé d'Able**. Enfin, on atteint le **défilé de Joucou** où les tunnels succèdent aux surplombs jusqu'à **Joucou**, village bâti autour d'une ancienne abbaye.
Faites demi-tour. Après les deux tunnels, prendre à gauche la D 29 qui passe par Rodome, Aunat et Bessède-de-Sault, dans un paysage très vallonné, riant sous le soleil de l'été, nettement plus austère en hiver ou lorsqu'un brouillard soudain s'empare du plateau.
Rejoignez la D 118 que vous empruntez à gauche vers Axat.
Suivant le cours de l'Aude, la route, pittoresque, longe le rebord du plateau de Sault.

Grottes de l'Aguzou

☏ 04 68 20 45 38 - www.grotte-aguzou.com - sortie spéléo sur demande préalable (15 j. av., 4 pers. min.) ; dép. 9h - 50 € (1 j.), (enf. 40 €), 30 € (1/2 j.), (enf. 25 €). Se munir de tennis, bottes ou chaussures de randonnée légères et prévoir un repas froid.

👥 Riche réseau souterrain découvert en 1965. Casque à lampe frontale vissé sur la tête (visite sportive mais accessible aux enfants à partir de 10 ans), vous découvrirez une concentration de cristaux et de splendides aragonites.

Gorges de St-Georges★

Taillées verticalement dans le roc nu, réellement impressionnantes, ce sont les gorges les plus étroites de la haute vallée de l'Aude.

Dans les **gorges de l'Aude**, sillon d'une dizaine de kilomètres, le torrent bouillonne entre de hautes murailles couvertes d'une abondante végétation.

Poursuivre jusqu'à **Axat**, centre réputé de sports d'eau vive, où l'on prend à gauche la D 177 en direction de Quillan.

Défilé de Pierre-Lys★

Passage impressionnant entre des falaises où s'accrochent quelques buissons. Le dernier tunnel, le **trou du Curé**, rappelle le souvenir de l'**abbé Félix Armand** (1742-1823), curé de St-Martin-Lys, qui fit ouvrir le passage au pic et à la pioche.

Quillan pratique

Adresses utiles

Maison des Pyrénées cathares, pays d'accueil touristique d'Axat – *Rd-pt du Pont-d'Aliès - 11140 Axat - ☏ 04 68 20 59 61 - www.pays-axat.org - juil.-août : 10h-13h, 15h-19h ; juin et sept. : 9h-12h, 14h-18h ; reste de l'année : accueil à la mairie tlj sf w.-end et j. fériés 8h30-12h, 13h30-18h.*

Office du tourisme du Pays de Sault – *11340 Belcaire- ☏ 04 68 20 75 89 - vac. scol. : lun.-sam. 9h-12h, 15h-18h, dim. 9h-12h ; hors vac. scol. : lun., jeu. et vend. 9h-12h, mar. et sam. 9h-12h, 15h-18h.*

Se loger

☕ **Chambre d'hôte M. et Mᵐᵉ Pons** – *À Pailhères - 11260 Espéraza - 2 km au sud-est d'Espéraza, à Caderonne petite rte dir. Soubirous - ☏ 04 68 74 19 23 - monique. pons.11@wanadoo.fr - ✉ - 5 ch. 44 € ✑ - repas 16 €.* Venez goûter au calme de cette exploitation agricole familiale à l'écart du village. Les chambres, aménagées dans des dépendances remarquablement restaurées, donnent sur la terrasse panoramique et bénéficient d'une vue superbe sur la nature alentour. Table d'hôte réputée, élaborée avec les produits de la ferme.

☕☕ **Chambre d'hôte La Maison du Chapelier** – *7 r. Élie-Sermet - 11260 Espéraza - ☏ 04 68 74 22 49 - www. esperaza.net - fermé nov.-mars - ✉ - réserv. conseillée en hiver - 4 ch. 75 € ✑.* Ancienne demeure d'un célèbre chapelier de la région, cette maison de maître a conservé tout son caractère d'origine. Vous admirerez particulièrement les superbes boiseries qui habillent le rez-de-chaussée. Grand parc avec piscine et sauna. Jolies chambres à prix doux.

☕☕ **Résidence de vacances L'Espinet** – *☏ 04 68 20 88 88 - www.lespinet.com - 120 maisonnettes 65/127 € /la nuitée pour 5 pers.* En plus de la résidence de vacances, cette très belle structure englobe un centre de remise en forme et de soins du corps, afin de profiter de grands moments de détente, entre deux visites de la région. Sports de pleine nature, tennis et relaxation au bord de la superbe piscine couverte.

Se restaurer

☕☕ **Cartier** – *31 bd Charles-de-Gaulle - ☏ 04 68 20 05 14 - www.hotelcartier.com - fermé sam. midi d'oct. à juin, 16 déc.- 14 mars - 19/29 €.* Immeuble du début du 20ᵉ s. situé sur un boulevard passant. Les chambres, bien insonorisées, offrent un confort complet et un sobre décor. Salle de restaurant rustique dotée d'une cheminée. Spécialités audoises : lapin à l'ail, cassoulet, rouzolle.

Sports & Loisirs

👁 **Bon à savoir** – L'Aude offre un cadre exceptionnel à la pratique des sports d'eaux vives, des gorges de St-Georges à celles de Pierre-Lys.

La Forge – *Rte de Perpignan -* ✆ *04 68 20 23 79 - laforge.quillan@wanadoo.fr - avr.-sept. sur RV 8h-12h, 14h-18h.* Cette importante structure, qui rassemble auberge de jeunesse, camping et base de loisirs, vous offre un éventail complet d'activités : sports en eau vive, randonnées, escalade, spéléologie… Ou comment découvrir le pays Cathare dans sa version sport.

Sud Rafting – *Rd-pt du Pont d'Aliès - 11140 Axat -* ✆ *04 68 20 53 73 - www.sudrafting. fr - hiver : 9h-12h, 14h-18h ; été : 9h-20h - fermé nov.* Organisation de séjour sportif en plein air. Activité d'eau vive et de montagne. Tout public. Snack, buvette et point photo.

Petit train rouge – *Trans-Vallée Express - 66200 Caudiès-de-Fenouillèdes -* ✆ *04 68 59 99 02 - www.tcpf.fr - pour les horaires se renseigner.* Ce train touristique relie Quillan à Rivesaltes, arrêts à Caudiès et St-Paul-de-Fenouillet.

Rennes-le-Château

90 RENNOIS
CARTE GÉNÉRALE B4 – CARTE MICHELIN DÉPARTEMENTS 344 E5 – SCHÉMA P. 188 – AUDE (11)

Rennes-le-Château domine avec aplomb la vallée de l'Aude et ses petites cités à toits rouges, Espéraza et Campagne-sur-Aude. Une rue unique traverse cet étroit village qui accueille les curieux intrigués par le mystère de la soudaine fortune de l'abbé Saunière. Lieu de rendez-vous des chasseurs de trésors (à tel point qu'il a fallu interdire les fouilles), Rennes-le-château continue, aujourd'hui encore, à vivre de sa légende.

▶ **Se repérer** – À 45 km au sud de Carcassonne, 16 km au nord de Quillan et 21 km au sud de Limoux par la D 118 puis la D 52.

👁 **À ne pas manquer** – Les peintures murales et les statues polychromes de l'église Ste-Marie-Madeleine ; la tour Magdala du domaine de l'abbé Saunière et le pilier wisigothique exposé au musée ; du parking aménagé près du château d'eau s'offre un vaste panorama vers l'ouest, sur la haute vallée de l'Aude.

🕐 **Organiser son temps** – Comptez 1h.

👪 **Avec les enfants** – La légende crée l'intérêt des lieux.

⛓ **Pour poursuivre la visite** – Voir aussi les Corbières, le Fenouillèdes, Limoux, les châteaux de Peyrepertuse, Puilaurens ou Quéribus, et Quillan.

Comprendre

Une fortune mystérieuse – La vie insolite de Béranger **Saunière**, curé de Rennes-le-Château de 1885 à sa mort en 1917, a fait couler beaucoup d'encre. Où l'abbé trouva-t-il, à partir de 1891, les moyens de restaurer son église en ruine, de se construire un logis luxueux (villa Béthania), une tour-bibliothèque, une serre exotique, et de mener pendant plus de vingt ans un train de vie digne d'un prince ? Quelle était la teneur des parchemins qu'il aurait découverts à la faveur des travaux effectués dans son église ? Qu'est-ce qui le poussa à marteler certaines dalles funéraires ?
Les plus crédules aiment à penser qu'un trésor est à l'origine de la fortune de l'abbé. Les Templiers, les Wisigoths (qui auraient rapporté de Rome le trésor de Jérusalem), et même ces malheureux

Dans l'église, le diable porte le bénitier ou ploie sous son poids…

D. Pazery / MICHELIN

cathares y auraient enfoui leurs richesses. À moins qu'il ne s'agisse de documents remettant en cause l'histoire officielle de l'église romaine. Le délire collectif, attisé par les publications de quelques pseudo-historiens et d'authentiques charlatans (allant jusqu'à y voir les prémisses de la naissance d'un « cinquième empire » prophétisé par Nabuchodonosor !), a atteint de telles proportions que la municipalité a dû publier un arrêté interdisant de creuser le moindre trou sur la commune, tant les édifices commençaient à être fragilisés !

Découvrir

SUR LA PISTE DU TRÉSOR

Église Ste-Marie-Madeleine
La décoration (peintures murales néogothiques, statues polychromes) dont elle a été dotée à la fin du 19e s. ne manque pas d'intriguer le visiteur. À l'entrée, un bénitier est, paradoxalement, supporté par un diable accroupi.

Domaine de l'abbé Saunière
☎ 04 68 74 72 68 - www.rennes-le-chateau.fr - de déb. mai à mi-sept. : 10h30-18h ; mars-avr. et de mi-sept. à fin oct. : 11h30-13h, 14h-17h (mars-avr. 16h) ; de déb. nov. à mi-janv. : w.-end et vac. scol. 11h-13h, 14h-17h - fermé de mi-janv. à fin fév. - 4,50 € (-12 ans gratuit).
Dans un parc d'agrément, on découvre la curieuse tour Magdala, crénelée, dont les deux étages sont aménagés en bureau et bibliothèque. Un belvédère de forme circulaire relie la tour à une véranda qui abritait un jardin d'hiver. Dans une salle en contrebas, musée sur la vie de l'abbé ainsi que sur le mystère du trésor. La chapelle privée, récemment rénovée, donne accès à la villa Béthania ; au 1er étage sont exposés des meubles ayant appartenu à l'abbé Saunière.
Musée – Installé dans le presbytère, il est consacré à l'histoire de Rennes-le-Château. On peut notamment y voir le pilier wisigothique (8e-9e s.) qui soutenait la table de l'ancien maître-autel de l'église et qui aurait recelé les fameux parchemins du trésor, des dalles funéraires ainsi que l'énigmatique dalle dite « des Chevaliers ».

Rennes-le-Château pratique

♿ Voir aussi Quillan.

Se loger

🛏️🍴🚗 **Château des Ducs de Joyeuse** – 11190 Couiza - 5 km au nord de Rennes-le-Château par rte secondaire - ☎ 04 68 74 23 50 - www.chateau-des-ducs.com - fermé 16 déc.-31 mars - 35 ch. 90/205 € - 🍽️ 13 € - rest. 29/55 €. Admirez ce château du 16e s. au bord de la rivière et entrez par la belle cour de galets aménagée en terrasse. La pierre domine le décor des salons, des salles à manger et de certaines chambres. Les autres sont plus sobres. Un fascicule vous contera l'histoire du lieu.

Sports & Loisirs

Thermes de Rennes-les-Bains – 11190 Rennes-les-Bains - ☎ 04 68 74 71 00 - www.renneslesbains.org - fermé dim., 10 nov.-4 avr. Au cœur du Pays cathare, la station thermale de Rennes-les-Bains est agréée pour les traitements rhumatologiques. Également soins de remise en forme.

Roquefort-sur-Soulzon ★

691 ROQUEFORTAIS
CARTE GÉNÉRALE C2 – CARTE MICHELIN DÉPARTEMENTS 338 J7 – AVEYRON (12)

Au ras du village, un gigantesque éboulis provient de la corniche du Combalou. Mais surtout, pas de panique ! Cette catastrophe a eu lieu il y a bien longtemps et c'est à elle que l'on doit le fameux roquefort : c'est en effet grâce aux fissures de la roche souterraine, les fleurines, que le lait caillé se transforme en ce « roi des fromages » que vantait déjà Diderot.

▶ **Se repérer** – À 26 km au sud de Millau par la D 992 et à 62 km au nord-ouest de Lodève par l'A 75. Suivez la D 999 avant de prendre à gauche la D 23 pour entrer dans Roquefort.

🅿 **Se garer** – Parking devant l'office de tourisme, proche des caves.

👁 **À ne pas manquer** – La visite des caves.

🕐 **Organiser son temps** – Comptez 1h pour Roquefort, plus pour d'éventuelles balades (Roquefort est situé dans le Parc naturel régional des Grands Causses).

👫 **Avec les enfants** – La Maison de la mémoire à St-Affrique. Pensez également à consulter le « Plan pour les canailles », édité chaque année par l'office du tourisme du pays de Roquefort.

🖐 **Pour poursuivre la visite** – Voir aussi Castelnau-Pégayrols, La Couvertoirade, les gorges de la Dourbie, le causse du Larzac, Millau, St-Sernin-sur-Rance et l'ancienne abbaye de Sylvanès.

Le site naturel, rendu célèbre par le fromage, est majestueux.

Comprendre

Hitoire d'un nom – « Roquefort », en l'honneur du château fort qui existait sur le rocher de Combalou au 11e s. (« roque » pour le rocher et « fort » pour le château), a donné son nom au célèbre fromage. Si célèbre que la ville a également donné son nom au champignon grâce auquel le caillé devient fromage, le *Penicillium roqueforti*.

La brebis Lacaune – Reine du pays de Roquefort, la brebis qui doit son nom à une commune du Tarn est le résultat d'une sélection des meilleures races locales. Réputée pour ses qualités laitières, elle se reconnaît à sa silhouette allongée et à sa toison blanche laissant à découvert une longue tête fine et un « délicat décolleté ».

Un berger amoureux – On raconte que le roquefort serait né des amours d'un berger et d'une bergère. S'étant donné rendez-vous dans une des innombrables grottes du Combalou, le jeune berger oublia son sac contenant un morceau de pain de seigle et du caillé de brebis. Quelques jours plus tard, lors d'un autre rendez-vous, le berger, aussi amoureux qu'affamé, retrouva son sac : il en sortit un morceau de pain et un fromage couverts de moisissures vert bleu. Le fromage avait changé de goût et d'odeur mais les deux amoureux le mangèrent avec délice. Et *roquefortum fiat* !

Essor d'un fromage – Le territoire de production de lait de brebis et la zone dans laquelle sont aménagées les caves d'affinage font l'objet de délimitations rigoureuses. L'appellation d'origine du roquefort est probablement la plus ancienne des appellations puisque le roquefort, qui pourrait dater de plus de 5 000 ans av. J.-C., était déjà apprécié à Rome au temps de Pline et à Aix-la-Chapelle à la table de Charlemagne. L'AOC actuelle a été décrétée en 1979. La région de production du lait de brebis s'est progressivement étendue vers le nord jusqu'à la vallée du Lot, vers l'ouest jusqu'à la Montagne noire et, débordant des Grands Causses vers le sud et le sud-est, dans les régions montagneuses de l'Hérault et les contreforts des Cévennes. Le fromage est fabriqué exclusivement avec du lait de brebis cru, pur et entier, sans qu'homogénéisation ou pasteurisation soient nécessaires, dans des laiteries situées sur les lieux mêmes de la collecte.

Visiter

Les caves de Roquefort★

Prévoir des vêtements chauds, température intérieure de 10 °C. Deux sociétés ouvrent leurs caves à la visite, voir également l'encadré pratique.

Roquefort Société – 📞 05 65 58 54 38 - www.roquefort-societe.com - *de mi-juil. à fin août : 9h30-18h ; de mi-mars à fin juin et sept.-nov. : 9h30-12h, 13h30-17h (mai-juin et sept. 17h30) ; reste de l'année : 10h-12h, 13h30-16h30 - fermé 1ᵉʳ janv., 25 déc. - 3 € (enf. gratuit).* **Roquefort Papillon** – 📞 05 65 58 50 08 - www.roquefort-papillon.com - *juil.-août : 9h30-18h30 ; sept.-juin : 9h30-11h30, 13h30-17h30 (oct.-mars 16h30) - fermé 1ᵉʳ janv., 25 déc. - gratuit.*

L'effondrement de la partie nord du Combalou a laissé dans la roche des anfractuosités, qu'on appelle « fleurines », d'une température et d'une humidité constantes. Elles sont à l'origine de la transformation des fromages en roquefort. Après leur fabrication dans les fermes-fromageries, les pains sont disposés en longues files sur des étagères de chêne dans les caves naturelles aménagées, où s'affairent les « cabanières » chargées d'envelopper les pains dans des feuilles d'étain (pour le 2ᵉ affinage). La lente maturation s'opère sous le contrôle des maîtres affineurs. Grâce à l'air froid et humide soufflé par les fleurines, le *Penicillium roqueforti* se développe en donnant les marbrures vert bleu bien connues. Pour obtenir un bon roquefort, il faut au minimum trois mois.

Se promener

Rocher St-Pierre

Accès par escaliers, au départ du parking des Caves Société. Adossé à la falaise du Combalou, ce belvédère (alt. 650 m) offre une **vue★** (table d'orientation) jusqu'aux monts du Lévézou, à droite sur la vallée du Soulzon et le cirque de Tournemire, à gauche sur la vallée du Cernon, en face sur les falaises tabulaires du causse du Larzac, et au pied sur le village de Roquefort.

Sentier des Échelles

🥾 *2h30 à pied ; quelques passages difficiles (passages étroits, échelles glissantes par temps de pluie).* Au départ du village (630 m), il permet d'accéder au plateau du Combalou (791 m), en passant près de l'Éboulis. Sur le plateau, **vue panoramique**.

Aux alentours

St-Affrique

13 km au sud-ouest par la D 999. Ici, pas de savane ni de girafes : c'est l'évêque saint Affrique (ou saint Affricanus ou saint Fric) qui, chassé du Comminges par les Wisigoths, trouva refuge dans le Rouergue et y mourut. La petite ville qui naquit autour de son tombeau prit tout naturellement son nom. Une flânerie dans ses rues vous permettra de découvrir la fontaine à moutons *(pl. de la Mairie)*, une tour, vestige des remparts, et trois ponts enjambant la Sorgues.

Maison de la mémoire – *Pl. Painlevé.* 📞 05 65 49 07 31 - *mar. et vend. 14h-18h, merc. 8h30-13h, jeu. 8h30-13h, 14h-18h - fermé lun., w.-end et j. fériés - gratuit.*

👥 Dans la maison natale du savant mathématicien Émile Borel (1871-1956), la salle de classe reconstituée du début du 20ᵉ s. côtoie une belle collection d'outils et de machines qui met à l'honneur le chapelier, le cordonnier ou encore l'imprimeur.

Pastoralia – *À la sortie de St-Affrique sur la route de Savignac.* ☎ 05 65 98 10 23 - *www. pastoralia.com* - &. - *de déb. juil. à mi-sept. : 10h-18h ; mai-juin : 10h-12h, 14h-18h ; reste de l'année : tlj sf w.-end 10h-12h, 14h-18h - fermé 1er janv., 1er Mai, 1er nov., 25 déc. - 4,50 € (6-12 ans 3,20 €).*
Dans une ancienne bergerie, cette exposition présente toute la filière, de la brebis au roquefort. Film, boutique et quelques brebis à l'extérieur.

Rocher de Caylus – *1,5 km au nord de St-Affrique par l'avenue de Caylus* – L'énorme bloc déchiqueté aurait porté le château des comtes de Caylus, connus pour la résistance qu'ils opposèrent en vain au comte de Toulouse, Raimond VII. Du rocher, belle vue sur la ville et ses environs.

Roquefort-sur-Soulzon pratique

Adresse utile

Office de tourisme du Pays de Roquefort – *Av. de Lauras - 12250 Roquefort-sur-Soulzon* - ☎ 05 65 58 56 00 - *www.roquefort.com - juil.-août : 9h-19h ; avr.-juin et sept.-oct. : lun.-sam. et j. fériés 9h-18h ; nov.-mars : tlj sf w.-end 10h-17h ; - fermé 1er janv., 1er Mai, 25 déc.*

Se loger

🛏 **Chambre d'hôte Lou Jassou** – *Pl. de l'Église - 12230 Lapanouse-de-Cernon - 12 km au nord-est de Roquefort-sur-Soulzon par D 77 -* ☎ 05 65 62 72 07 - *http://perso. orange.fr/chambres-lapanouse/ -☒- 3 ch. 45/60 € ☒.* La pelouse parfaite, aux faux airs de gazon anglais, donne une idée du bon entretien général de cette bâtisse de village. Ornées de mobilier contemporain réalisé par des ébénistes locaux, les 3 chambres, au 2e étage, offrent un bon confort et une apparence plutôt chic. Plein de conseils utiles pour les randonneurs.

Que rapporter

Les caves de Roquefort
Prévoir des vêtements chauds car la température intérieure est de 10 °C. Pour les caves de **Roquefort Société** et de **Roquefort Papillon**, voir la rubrique visiter

Roquefort Papillon – *8 bis av. de Lauras -* ☎ 05 65 58 50 08 - *www.roquefort-papillon.com.* Cette fromagerie centenaire fondée par Paul Alric a choisi la discrétion d'une petite rue piétonne pour installer sa boutique ouverte sur la vallée. Dès la porte, une bonne odeur de roquefort vient chatouiller les narines tandis que le regard se porte sur la banque où trône la production maison : emballage noir pour les fromages les plus corsés, bordeaux pour les plus doux et blanc pour ceux qui sont fabriqués avec un lait biologique certifié « AB ».

Roquefort Société – *2 av. François-Galtier -* ☎ 05 65 58 54 38 - *www.roquefort-societe.com.* Ouvertes au public depuis 1957, les caves Société proposent une véritable découverte de l'univers du roquefort : fleurines, penicillium, cabanières et affinage vous révèleront leurs mystères au cours d'une passionnante promenade exploratoire.

Roquefort Carles – *6 av. de Lauras -* ☎ 05 65 59 90 28 - *roquefort.carles@ wanadoo.fr - 8h15-12h, 13h15-16h30 - fermé j. fériés.* Tradition oblige, ce roquefort réputé se prépare encore avec du *Penicillium roqueforti* cultivé sur pain. La famille Carles est en effet l'une des rares maisons (fondée en 1927) à perpétuer ce savoir-faire ancestral. Si vous êtes amateur, poussez la porte du laboratoire situé sur la rue principale du village : vous ne le regretterez pas ! Vente au détail possible.

Visites de fermes – À l'origine du roquefort, avant son affinage en caves, il y a le lait de brebis et un métier, celui d'éleveur. Quatre d'entre eux proposent aux individuels la visite de leur ferme sur réservation du 15 juin au 15 septembre à 16h, suivie d'une dégustation - *téléphoner la veille : Martine Fabrègues -* ☎ 05 65 62 76 19 ; *Alice Ricard -* ☎ 05 65 99 06 46 ; *Isabelle Anglars -* ☎ 05 65 47 69 40 ; *Annie Bernat -* ☎ 05 65 99 51 33.

Des couleurs et des goûts…

S. Sauvignier / MICHELIN

Randonnées

Autour de Roquefort – Il existe trois sentiers de randonnée (balisés et agrémentés de panneaux d'interprétation) autour de Roquefort : le sentier du Menhir (3,5 km), le sentier de Trompette (4 km) et celui des Échelles (6 km) - *renseignements à l'office de tourisme.*

Saint-Génis-des-Fontaines

2 783 SAINT-GÉNISSIENS
CARTE GÉNÉRALE C5 – CARTE MICHELIN DÉPARTEMENTS 344 I7 – SCHÉMA P. 134
PYRÉNÉES-ORIENTALES (66)

Dans la plaine alluviale du Tech, le petit bourg entouré de vergers et de vignes dévoile volontiers ses charmes à ceux qui n'ignorent pas les Albères au profit de la côte Vermeille toute proche. L'église paroissiale, avec son exceptionnel linteau sculpté, et le cloître sont les témoins esseulés du rayonnement de l'ancienne abbaye bénédictine.

▶ **Se repérer** – À 35 km au sud de Perpignan par l'A 9 et à mi-chemin entre Le Boulou et Argelès. Vous pouvez emprunter la D 618 ou faire le détour par la D 2 pour longer au plus près les Pyrénées.

👁 **À ne pas manquer** – Le linteau en marbre blanc de l'église de St-Génis; les moulages de scultures romanes (11e s.) à la Maison transfrontalière d'art roman ou encore l'église et le curieux paratonnerre du prieuré Santa Maria del Vilar.

🕐 **Organiser son temps** – Comptez 1h pour la visite de l'église et du cloître, 3h pour le circuit au pied des Albères.

👪 **Avec les enfants** – La Maison transfrontalière d'art roman à St-André et la Vallée des Tortues à Sorède.

🕯 **Pour poursuivre la visite** – Voir aussi Argelès-Plage, Le Boulou, Céret, Collioure, Elne et la côte Vermeille.

Au linteau de St-Génis, le Christ tient, dans une main, la Parole de Dieu et, de l'autre, fait le signe de la Trinité.

Visiter

Église

Le **linteau**★★, en marbre blanc, qui surmonte la porte de l'église, représente deux groupes de trois apôtres entourant le Christ qui trône au centre d'une gloire portée par deux anges agenouillés. Datant de 1020, il est l'une des plus anciennes manifestations datées de l'art roman en France.

Cloître

📞 04 68 89 84 33 - ♿ - juil.-août : 9h30-12h30, 15h-19h; avr.-juin et sept. : 9h30-12h, 14h-18h; oct.-mars : 9h30-12h, 14h-17h - fermé 1er janv., 25 déc. - 2 € (enf. 1 €).

Le cloître, du 13e s., restitué à son emplacement d'origine après avoir été démantelé, comporte des galeries s'ouvrant par des arcs en plein cintre reposant sur des chapiteaux sculptés. Le décor de marbre frappe par sa variété : marbre rose de Villefranche-de-Conflent, blanc et gris de Céret.

Le saviez-vous ?
Hannibal et ses troupes, ses chevaux et ses éléphants, passèrent vraisemblablement dans cette région, entre le col du Perthus et la mer, pour rejoindre Rome.

Circuit de découverte

AU PIED DES ALBÈRES ③

32 km – 3h environ. Voir schéma p. 134. Quittez St-Génis-des-Fontaines à l'est par la D 618.

St-André

Laissez la voiture sur la placette ombragée à droite de la rue principale du village. Par une voûte, accédez à l'église. L'**église**, du 12e s., présente extérieurement d'importants fragments d'appareil préroman en « arête de poisson ». Le portail est surmonté d'un linteau de marbre, de technique similaire à celui de St-Génis-des-Fontaines. À la fenêtre, décor de palmettes et de galons de perles avec, aux angles, les médaillons des évangélistes. À l'intérieur, les fenêtres ont été dotées, en 1973, de châssis vitrés rappelant les dalles ajourées des claustras antiques. La table d'autel à lobes fait apparaître des motifs décoratifs analogues à ceux du linteau. Complétez la visite de l'église par la **Maison transfrontalière d'art roman**. ℰ 04 68 89 04 85 - *de mi-juin à mi- sept. : tlj. sf lun. 10h-12h, 14h30-19h ; reste de l'année : tlj sf dim. et lun. 10h-12h, 15h-18h - fermé de mi-nov.-à mi-mars, les 1er et 8 Mai, 1er et 11 Nov. - 2 € (-12 ans gratuit).*

👤👤 Vous y découvrirez les reproductions à taille réelle des sculptures de l'ancienne abbaye de St-André, ainsi que le moulage du linteau ou celui de la stèle funéraire musulmane découverte dans l'église. Pour les enfants, bornes interactives et ateliers ludiques animent la visite.

Argelès-Plage *(voir ce nom)*

Quittez Argelès par la D 2 en direction de Sorède. Au centre du village, prenez à gauche la voie signalisée « Vallée des Tortues » et suivez-la jusqu'au parking (2 km).

Sorède

Ce village, spécialisé depuis des temps immémoriaux dans la fabrication de fouets en micocoulier, abrite aujourd'hui un vaste espace consacré aux tortues.

Vallée des Tortues – ℰ/fax 04 68 95 50 50 - 06 74 18 92 11 - www.lavalleedestortues. com - *tlj - avr. : 10h-14h ; mai : 10h-15h ; juin-août : 9h-16h ; sept : 10h-16h ; oct. à mi nov. : 11h-13h. Les horaires de fermeture correspondent aux horaires des dernières entrées. Compter 1h30 de visite.* 👤👤 À la fois centre d'élevage et d'étude, ce parc de 2 ha ne manquera pas de ravir les amoureux de ces reptiles, aussi sympathiques que peu bruyants. Une quarantaine d'espèces du monde entier, qu'elles soient terrestres ou aquatiques, sont ici représentées, dans des parcs. Une nursery et des panneaux explicatifs agrémentent une visite à l'issue de laquelle vous seriez impardonnable de ne pas reconnaître du premier coup d'œil la tortue d'Hermann de la tortue marginée ou de la tortue mauresque. Également un itinéraire botanique sur la flore du bassin méditerranéen.

Retournez à Sorède et poursuivez sur la gauche la D 2 jusqu'à Laroque-des-Albères, puis la D 11 vers Villelongue-dels-Monts. Du centre du village, suivez le Cami del Vilar, sur 2 km environ, en direction du prieuré.

Prieuré Santa Maria del Vilar★

ℰ 04 68 89 64 61 - *avr.-oct. : 15h-18h (juil.-août 18h30) ; nov.-mars : 14h30-17h30 - 4 € (enf. 2 €) - festival international lyrique et médiéval du Vilar, juil.-août : sam. 21h.*

C'est au cœur d'un site agréable, planté de chênes verts, d'oliviers et de cyprès, que se niche ce prieuré élevé au 11e s. par des moines de Vilabertrán. Abandonné depuis des siècles et envahi par la végétation, il a repris vie grâce à une association. La visite est assurée par la communauté de moines orthodoxes roumains en résidence. À l'entrée de l'église, un portail en marbre blanc céretan est une belle illustration du style roman catalan primitif. Il ornait depuis 1924 le château du Mesnuls en région parisienne, avant de retrouver, ces dernières années, ses Albères natales. Dans l'abside, admirez les fresques des 11e et 12e s. dont l'intensité des couleurs reste remarquable malgré les dégâts des infiltrations. À l'extérieur, le pignon du transept nord est coiffé d'un paratonnerre datant du 12e s. dont la simple pièce de fer, enchâssée dans une poterie, attire encore la foudre aujourd'hui. Le charmant cloître-promenoir abrite une exposition archéologique et religieuse, et la salle carolingienne, des expositions de peinture.

Retour à St-Génis par la D 61A, puis la D 618 à droite.

Saint-Génis-des-Fontaines pratique

Adresses utiles

Office de tourisme de St-Génis-des-Fontaines – *R. Clemenceau - 66740 - ℘ 04 68 89 84 33 - www.ville-saintgenisdesfontaines.fr - juil.-août : 9h30-12h30, 15h-19h ; avr.-juin et sept. : 9h30-12h, 14h-18h ; oct.-mars : 9h30-12h, 14h-17h - fermé 1er janv., 25 déc.*

Point tourisme de St-André – *Allée de la Liberté - 66690 - ℘ 04 68 89 04 85 - de mi-juin à mi-sept. : tlj. sf lun. 10h-12h, 14h30-19h ; reste de l'année : tlj sf dim. et lun. 10h-12h, 15h-18h - fermé de mi-nov.-à mi-mars, les 1er et 8 Mai, 1er et 11 Nov.*

Se restaurer

😋 **L'Auberge de Margaux** – *10 bis rte de Laroque - 66690 Sorède - ℘ 04 68 95 41 63 - www.aubergedemargaux.fr - fermé mar. midi et lun. sf d'oct. à avr. - formule déj. et dîner 12 € - 16/28 €.* Les amateurs de cuisine locale apprécient ce restaurant pour ses plats traditionnels et ses spécialités de poissons. Ne manquez pas de goûter, servie en portions copieuses, la grillade catalane avec son boudin noir et bien sûr la parillade maison cuite à la plancha.

Que rapporter

ESAT Les Micocouliers – *4 r. des Fabriques - 66690 Sorède - ℘ 04 68 89 04 50 - www.fabrique-micocouliers.com - mai-sept. : 9h-11h45, 13h45-16h45 (vend. apr.-midi 13h45-16h30) ; reste de l'année : 9h-11h30, 13h-15h - fermé w.-end, 23-31 déc. et j. fériés.* Dans ce centre d'aide par le travail, on fabrique fouets, cannes et cravaches en micocoulier. Visite possible de l'atelier en semaine.

Saint-Guilhem-le-Désert★★

241 SAUTAROCS
CARTE GÉNÉRALE D3 – CARTE MICHELIN DÉPARTEMENTS 339 G6 – SCHÉMA P. 221
HÉRAULT (34)

Dans une vallée du bout du monde, au confluent du Verdus et de l'Hérault, vous attend un joyau de pierres blondes. C'est St-Guilhem-le-Désert, village resserré autour d'une ancienne abbaye et niché au pied d'impressionnantes falaises calcaires. La cité légendaire, qui porte le nom de son patron fondateur, a conservé son identité médiévale avec une authenticité rare. En visiteurs impromptus, découvrez la sérénité du lieu dans ses couleurs d'automne, sa robe d'hiver ou sa parure de printemps.

▶ **Se repérer** – À 47 km au nord-ouest de Montpellier par la N 109 et 37 km de Lodève par l'A 75 puis la N 109. À Aniane, empruntez la D 27, puis la D 4 qui longe les gorges de l'Hérault.

🅿 **Se garer** – Le village se parcourt à pied ; parkings payants à son entrée.

👁 **À ne pas manquer** – Le chevet de l'église abbatiale ; les pittoresques demeures de St-Guilhem et les splendides excentriques de la grotte de Clamouse.

🕐 **Organiser son temps** – En saison, préférez le matin car le village est très fréquenté. Prévoyez 1h pour visiter l'ensemble du site.

👫 **Avec les enfants** – La visite de la grotte de Clamouse est accessible aux plus jeunes.

♿ **Pour poursuivre la visite** – Voir aussi la grotte des Demoiselles, Ganges, Lodève, Montpellier, les cirques de Mourèze et de Navacelles, et St-Martin-de-Londres.

Comprendre

Le petit marquis au court nez – Petit-fils de Charles Martel par sa mère, Guilhem naît vers 755. Élevé avec les fils de Pépin le Bref, il se fait remarquer de bonne heure par son habileté dans le maniement des armes, son intelligence et sa piété. Les jeunes princes appellent Guilhem « le petit marquis au court nez », surnom on ne peut plus affectueux car tous lui sont très attachés ; son amitié avec l'un d'eux, Charles, futur Charlemagne, ne cessera qu'avec la mort. En 768, Charlemagne monte sur le trône. Guilhem est un de ses plus vaillants lieutenants ; il conquiert l'Aquitaine et en reçoit le gouvernement. De nouvelles victoires lui valent le titre de prince d'Orange. Quand il revient de guerre, il a 48 ans. Sa femme, qu'il aimait tendrement, est morte. Dès lors, il aspire à la solitude. Il laisse à son fils aîné la principauté d'Orange et vient à Paris en aviser son roi.

La relique de la Vraie Croix – Guilhem, visitant ses terres aux environs de Lodève, pénètre dans le val de Gellone. Ce coin perdu lui semble un lieu choisi pour élever un monastère et s'y installer avec quelques religieux. Charlemagne le rappelle encore une fois pour lui faire don de la relique de la Croix. Guilhem regagne son monastère. Pendant un an, il s'occupe à l'améliorer, crée des jardins, facilite les communications,

Difficile de faire plus perdu que St-Guilhem dans son « désert » ? Oui, et avec quel charme !

P. Blot / MICHELIN

amène l'eau dans le couvent. Son œuvre accomplie, il se retire dans sa cellule et termine sa vie en 812, dans le jeûne et la prière. Il est enterré solennellement dans l'église abbatiale.

L'abbaye de St-Guilhem – Après la mort de Guilhem, le monastère de Gellone devient un lieu de pèlerinage important autour de la relique de la Croix et du tombeau du saint. D'autre part, c'est une étape conseillée sur le chemin de St-Jacques-de-Compostelle. Aux 12ᵉ et 13ᵉ s., le monastère compte plus d'une centaine de moines et le village de Gellone est alors rebaptisé St-Guilhem-le-Désert.

Se promener

LE VILLAGE★

Des petites rues sinueuses traversent St-Guilhem pour aboutir à la place de la Liberté sur laquelle s'ouvre le portail de l'église abbatiale. On peut y voir quelques belles façades du Moyen Âge avec des baies géminées ou en arc brisé. À l'ouest et au nord de la place, les rues du Bout-du-Monde et Font-du-Portal conservent elles aussi de belles demeures.

ÉGLISE ABBATIALE★

De l'abbaye, fondée en 804 par Guilhem, il ne reste que l'église construite au 11ᵉ s., désaffectée à la Révolution ; ses bâtiments monastiques furent dépecés et les sculptures du cloître dispersées dans la région. Donnant sur une place ombragée d'un magnifique platane, le large portail à voussures de l'abbatiale est surmonté d'un clocher du 15ᵉ s. Les colonnettes des piédroits et les médaillons incrustés sont des fragments gallo-romains. Ce portail donne accès au narthex, *lo gimel*, dont la voûte sur croisées d'ogives a été édifiée à la fin du 12ᵉ s.

Chevet★

De la ruelle bordée de maisons anciennes, on peut admirer la richesse de sa décoration. Flanqué de deux absidioles, il est éclairé par trois baies. Une suite d'arcades séparées par de fines colonnettes aux curieux chapiteaux les surmonte. Il est souligné par une frise en dents d'engrenage qui rappelle celle du portail.

Intérieur

La nef (11ᵉ s.) est d'une grande sobriété. L'abside, voûtée en cul-de-four, est décorée par sept grandes arcatures. De part et d'autre, dans des cavités creusées dans le mur, sont exposés à gauche la châsse de saint Guilhem contenant ses ossements, à droite le morceau de la Sainte Croix remis par Charlemagne. Cette relique est portée en procession sur la place du village, chaque année au mois de mai. Sous le sanctuaire se trouve la **crypte** qui abritait primitivement le tombeau de saint Guilhem. C'est un vestige de la première église. L'orgue, œuvre de Cavaillé, a été inauguré en 1789. Il s'orne d'anges musiciens.

Cloître

Accès par la porte qui s'ouvre dans le bas-côté droit. Du cloître à deux étages, il ne reste que les galeries nord et ouest du rez-de-chaussée, ornées de fenêtres géminées dont les arcatures reposent sur des chapiteaux très frustes. La reconstitution du cloître à partir des colonnes Georges Grey Barnard en 1906 est visible au musée des Cloîtres de New York.

Dans le **musée**, remarquez un sarcophage paléochrétien (6ᵉ s.) en marbre gris, qui aurait contenu les restes des sœurs de saint Guilhem. Sur la face principale, on voit le Christ entouré des apôtres, sur les faces latérales Adam et Ève tentés par le serpent et les trois jeunes Hébreux dans la fournaise, et sur le devant du couvercle Daniel dans la fosse aux lions. Un autre sarcophage en marbre blanc, du 4ᵉ s., est dit « de saint Guilhem ». ☎ 04 67 57 75 80 - juil.-août : 11h-12h, 14h30-18h, vend. 15h-18h ; sept.-juin : tlj sf mar. 14h-17h, dim. 14h30-17h - 2 € (-12 ans gratuit).

🚶 Après l'église et la place, continuer par la rue du Bout-du-Monde pour rejoindre le départ des randonnées vers le cirque de l'Infernet (ou Bout du Monde, *1h AR*) ou l'ermitage Notre-Dame du Lieu Plaisant (*2h30 AR*).

Aux alentours

Grotte de Clamouse★★★

3 km au sud de St-Guilhem-le-Désert en bordure de la D 4 (grands parkings) – ☎ 04 67 57 71 05 - www.clamouse.com - température : 17 °C - visite guidée, vidéo : 10mn - juil.-août : 10h-19h ; juin et sept. : 10h-18h ; mars-mai et oct. : 10h-17h ; nov.-fév. : se renseigner - 8,50 €

La grotte de Clamouse est reine pour les cristallisations fines.

(4-14 ans 5 €). Découverte en 1945 à la faveur d'une sécheresse exceptionnelle qui permit de franchir le siphon de la source de la Clamouse, cette grotte se distingue par l'abondance d'aragonites et de calcites qui sont de fines cristallisations de carbonate de calcium.

La projection d'un film retraçant l'histoire géologique de la grotte précède la visite dans le lit ancien de la rivière, réoccupé par les eaux en période de crue. La roche y apparaît taraudée, dentelée, formant un décor quelque peu fantomatique, fruit de la corrosion par les eaux. Outre les concrétions classiques, stalagmites, stalactites, colonnes, disques et draperies de calcite, parfois colorés par des oxydes métalliques, observez les animaux aquatiques cavernicoles réunis dans deux aquariums. Très sollicitée, l'imagination est parfois aidée par les commentaires du guide ou, de manière plus spectaculaire, par le **son et lumière**★ qui célèbre l'histoire merveilleuse de la goutte d'eau et du temps au son enchanteur des violons, percussions et grand orgue. Mais le véritable trésor de la grotte se trouve un peu plus loin : les anciennes et majestueuses concrétions se font voler la vedette par de très jeunes, à peine quelques milliers d'années, d'une blancheur étincelante. Le **Couloir blanc**★★ et la **salle des Excentriques**★★ sont de véritables joyaux parés de cristallisations fines peu fréquentes dans le monde des cavernes :

bouquets de cristaux d'aragonite se désagrégeant en amas blanchâtres appelés **lait de lune**, pluies de **fistuleuses** (concrétions en forme de tube) oscillant au moindre souffle d'air, énigmatiques **Excentriques** aux formes capricieuses, mais aussi **cristaux de gours**, ces bassins naturels en écrins immaculés où se lovent de délicates billes de calcaire dites « perles des cavernes » ou **pisolithes**… À la sortie du Cimetière, admirez la Méduse, spectaculaire formation translucide née de la coalescence de plusieurs disques (concrétions circulaires). L'ensemble fait de Clamouse la plus belle grotte à excentriques de la région.

Pont du Diable

3 km au sud. Ni le diable, ni les colères de l'Hérault ne semblent impressionner ce pont (11ᵉ s.) qui traverse imperturbablement le fleuve et les siècles. Plage en contrebas.

St-Jean-de-Fos

4 km au sud. Bénéficiant de sa situation à la sortie des gorges de l'Hérault, le

Le saviez-vous ?

La résurgence qui bouillonne en contrebas de la route et dont les eaux vont, lors des fortes pluies, se briser avec fracas dans l'Hérault, s'appelle *clamosa*, « hurleuse ». Selon la légende, ce nom aurait pour origine le cri de douleur d'une mère pour son fils, berger, disparu et englouti dans un aven du Larzac. Plus tard, le corps du pauvre jeune homme serait réapparu, sans vie, dans les eaux de la résurgence.

Plus récemment, l'histoire de Clamouse a été marquée par l'aventure de Michel Siffre. Au passage à l'an 2000, ce spéléologue et scientifique de renom passa près de soixante-seize jours dans la grotte, complètement isolé. Une expérience hors du temps qui permit d'étudier l'influence du vieillissement sur le rythme du sommeil.

village se développe à partir du 11e s., enroulant ses maisons en « circulade » à l'abri des remparts. Il doit beaucoup à la poterie qui assure sa prospérité du 14e s. jusqu'au milieu du 19e s. Suit une difficile période de déclin enrayée depuis quelques années grâce au tourisme, avec le retour des **potiers**, vignerons, oléiculteurs…

Circuits de découverte

SOURCE DE LA BUÈGES

23 km, par la D 4 au nord-est de St-Guilhem-le-Désert. À Causse-de-la-Selle, prenez à gauche la D 122.

St-Jean-de-Buèges

Ses hautes maisons en pierres dorées s'ornent de belles portes arrondies et de petites fenêtres.

Gorges de la Buèges

2h30 à pied AR au départ de St-Jean. De la place principale de St-Jean, traversez à pied le village. Le sentier qui s'amorce sous le château permet de descendre les gorges jusqu'au pont du 15e s. sur la Buèges, avant Vareilles.
Faites demi-tour ; aussitôt après le pont sur la Buèges, prenez à droite la D 122.

Source de la Buèges

Peu avant Pégairolles-de-Buèges, dominé par les ruines d'un château, prendre à droite le chemin du Méjanel qui traverse le ruisseau de Coudoulières. Après le pont, un chemin à droite conduit à la source de la rivière. Dans cette vallée aux versants brûlés, qui se creuse entre les escarpements de la montagne de la Séranne et ceux du causse de la Selle, cette résurgence apporte la fraîcheur.

CIRCUIT DE LA VALLÉE DE L'HÉRAULT *(voir p. 221).*

Saint-Guilhem-le-Désert pratique

Adresse utile

Office de tourisme intercommunal de St-Guilhem-le-Désert – *2 r. Font-du-Portal - 34150 - ℘ 04 67 57 44 33 - www.saintguilhem-valleeherault.fr - juil.-août : 9h30-19h ; reste de l'année : 9h30-13h, 14h-17h30 - fermé 1er janv., 25 déc.*

Se loger

◎ **Camping Municipal la Meuse** – *34150 Gignac - 10 km au sud de St-Guilhem par D 27 et D 32 - ℘ 04 67 57 92 97 - www.ville-gignac.fr - ouv. juin-sept. -⊠- 61 empl. 14 € - restauration.* Face à la base nautique, ce camping municipal bénéficie d'une partie de campement assez traditionnelle mais néanmoins confortable. Le bloc sanitaire, bien conçu et correctement tenu, abrite des cabines spacieuses. Terrains de volley et courts de tennis. Aire de camping-car à l'entrée.

◎◎ **Chambre d'hôte Mas de Luzière** – *34190 St-André-de-Buèges - ℘ 04 67 73 34 97 - www.luziere.com - fermé 1er nov.-Pâques - 5 ch. 60/70 € ⊠ - repas 24 €.* Au cœur de la verte vallée de la Buèges, venez savourer le calme de ce superbe mas de la fin du 19e s., entièrement restauré. Très bien équipées, 3 chambres offrent une jolie vue sur la campagne environnante. Quatre gîtes, aménagés dans les dépendances. Agréable piscine à débordement en contrebas.

◎◎🍽 **Le Guilhaume d'Orange** – *2 av. Guillaume d'Orange - ℘ 04 67 57 24 53 - www.guillaumedorange.com - fermé merc. (sf rest. le midi) d'oct. à avr., 22-28 déc. - 10 ch. 86 € - ⊠ 7 € - rest. 19/27 €.* Les propriétaires ont restauré cette vieille bâtisse en respectant son cachet d'origine. Jolies chambres sobrement décorées à l'ancienne et dotées de confort moderne. La conviviale salle à manger se double en été d'une agréable terrasse panoramique. Cuisine simple et familiale.

◎◎🍽 **Chambre d'hôte Château de Jonquières** – *34725 Jonquières - 9 km au sud-ouest de St-Guilhem par D 4 et D 141 - ℘ 04 67 96 62 58 - www.chateau-jonquieres.com - fermé de mi-nov. à mi-mars -⊠- 4 ch. et 1 gîte 85/90 € ⊠.* Au cœur d'un parc aux buis centenaires, ce superbe château porte en ses murs une histoire riche et ancienne. Accueil royal dans l'une des 4 chambres, impeccables, alliant confort et caractère. Découverte des vins du domaine au caveau de dégustation aménagé dans les dépendances. Tout simplement magnifique.

Saint-Hippolyte-du-Fort

3 391 CIGALOIS
CARTE GÉNÉRALE D2 – CARTE MICHELIN DÉPARTEMENTS 339 I5 – GARD (30)

Bien abrité par les premiers contreforts des Cévennes méridionales, St-Hippolyte-du-Fort s'ouvre vers la plaine languedocienne, bercée par les effluves de serpolet et de romarin. Du passé, la cité cigaloise a conservé deux tours et quelques rues étroites bordées de nobles façades. Mais il faut surtout la visiter pour découvrir la sériciculture. La soie, l'élevage du ver et le tissage ont en effet jadis apporté une contribution non négligeable à l'ordinaire des habitants de la région.

▷ **Se repérer** – À 49 km au nord de Montpellier et à 38 km au sud-ouest d'Alès par la D 6110 puis la D 910 jusqu'à Anduze. Là, prenez la D 982 pour finir par la D 999.

👁 **À ne pas manquer** – Le musée de la Soie, les ruelles pittoresques de Sauve et les maisons médiévales de Durfort.

🕐 **Organiser son temps** – Comptez une demi-journée pour St-Hippolyte et les alentours.

👪 **Avec les enfants** – Le musée du Sapeur-Pompier.

👣 **Pour poursuivre la visite** – Voir aussi Anduze, la grotte des Demoiselles, Ganges, St-Jean-du-Gard et Sommières.

> **Le saviez-vous ?**
> Conquise aux idées de la Réforme, la ville fut dotée à la fin du 17e s. d'un fort (d'où elle tire son nom), destiné à abriter les troupes royales et à emprisonner les huguenots.

Découvrir

LA SOIE DES CÉVENNES

Musée de la Soie

Pl. du 8 mai 1945 - 📞 *04 66 77 66 47 - www.museedelasoie-cevennes.com - juil.-août : 10h-12h30, 14h-18h30 ; avr.-juin et sept.-nov. : 10h-12h30, 14h-18h- fermé nov.-avr. - 4,70 € (enf. 2,80 €).*

Aménagé dans d'anciennes casernes, il retrace, au milieu de documents anciens et d'outils spécifiques, les techniques soyeuses traditionnelles mais aussi actuelles utilisées dans la région (démonstration de filature et de tissage, vidéo). Pour les mordus de cette belle activité qu'est la sériciculture, une magnanerie vivante, fonctionnant de mai à novembre, fait découvrir le cycle si particulier du bombyx.

Les filatures

La sériciculture ne vit plus aujourd'hui que grâce à l'artisanat, mais on peut encore voir, le plus souvent perdues en pleine nature, d'anciennes filatures plus ou moins intactes. Il s'agit là d'un patrimoine architectural industriel caractéristique des vallées

R. Corbel / MICHELIN

Les filatures de soie (ici celle du Mazel) adoptent toutes sensiblement la même architecture composée de trois étages consacrés aux différentes phases de transformation de la soie. Les ouvrières étaient le plus souvent logées sur place.

cévenoles. Cette liste, non exhaustive, de filatures, permet de découvrir l'importance que revêtit l'activité séricicole il y a encore cinquante ans. Certaines de ces bâtisses sont aujourd'hui des propriétés privées ou en mauvais état ; aussi, contentez-vous de les admirer de loin.

Filature du Mazel – *Près de N.-D.-de-la-Rouvière (D 986)*. Ce fut l'une des plus importantes filatures des Cévennes, lorsque l'activité battait son plein.

Filature de Fontrouch – *Près de Molières-Cavaillac, au sud-ouest du Vigan. Carte Michelin Départements 339 G5.*

Filature Angliviel – *Au hameau des Salles, au nord de Valleraugue (D 10). Carte Michelin Départements 339 G4.*

Filature Caussignac – *À St-André-de-Majencoules. Carte Michelin Départements 339 H4.*

Filature et moulinerie de Peyregrosse – *Au nord-est de St-André-de-Majencoules (D 986). Carte Michelin Départements 339 H4.*

Filature de la Maison Rouge – *À St-Jean-du-Gard. Carte Michelin Départements 339 I4.*

Filature du pont de Salindres – *Près de Thoiras (D 907). Carte Michelin Départements 339 I4.*

Filatures de Lassale

Carte Michelin Départements 339 I4. Lassale compte une douzaine d'anciennes filatures de soie, toutes bâties entre 1800 et 1875. Elles sont désormais utilisées à d'autres fins : la plupart font office d'habitations, les autres abritent une maison des jeunes, un centre culturel, des commerces, un atelier de menuiserie et une usine de confection. *Visites guidées organisées par le musée de la Soie.*

Visiter

Musée du Sapeur-Pompier

Pl. des Casernes - 📞 *04 66 77 99 86 - www.msp30.fr.st -* ♿ *- de déb. juin à mi-oct. : tlj sf mar. 10h-12h, 14h-18h ; de mi-oct. à fin mai : w.-end, j. fériés et vac. scol. 10h-12h, 14h-17h - fermé 1er janv., 25 déc. - 4,50 € (-12 ans 2,50 €).*

👥 C'est en l'honneur de ce héros de notre enfance qu'a été rassemblée un belle collection d'uniformes, de casques, de voitures toutes plus rutilantes les unes que les autres, couvrant les 19e et 20e s. De quoi enflammer l'ardeur des petits… et des grands !

La lutte contre l'incendie existe depuis le Moyen Âge, menée par les bourgeois et autres magistrats de la ville. Le premier corps est constitué au 18e s. pour Paris. Les pompiers d'aujourd'hui sont volontaires ou professionnels ; seuls les pompiers de Paris et les marins-pompiers de Marseille sont des militaires.

Aux alentours

Sauve

8 km à l'est par la D 999.

Bâtie en amphithéâtre en bordure du Vidourle. Capitale du Salavès dont les seigneurs portaient le titre de satrapes (!), elle a conservé son aspect médiéval. Dans ce dédale de ruelles étroites, parfois enjambées par des arches, de passages voûtés, de places à couverts (pl. Jean-Astruc), une promenade au hasard des rues de Sauve présente beaucoup de charme. En suivant la Grand-Rue, on arrive à la tour de Mole. En face s'amorce la rue de l'Évêché (façade Renaissance avec fenêtres à meneaux) qui mène à la place ombragée où s'élèvent la maison des Comtes et une galerie d'art. En continuant à monter, on passe devant l'hôtel de la Monnaie, puis on emprunte la montée des Capucins, sous voûtes ; en poursuivant son chemin, on arrive à la Mer de rochers.

Mer de rochers – 🚶 *20mn à pied AR.* Au sommet de la falaise, d'où l'on a une belle vue sur le village et ses toits, s'étendent tout à coup la garrigue et les chaos de rochers ruiniformes qui la parsèment. De ce paysage sauvage et étrange émerge un donjon entouré de cyprès, vestige du château de Roquevaire.

Durfort

11 km au nord-est par la D 999 puis la D 982 en direction d'Anduze.

Cet agréable village perché, dont les maisons médiévales rénovées abritent nombre de résidences secondaires et que domine une tour à signaux, conserve, dans la toponymie urbaine, le souvenir d'un mammouth *(Elephas meridionalis)* qui y fut découvert… et qui, « monté » à Paris, loge désormais au muséum d'Histoire naturelle.

St-Hippolyte-du-Fort pratique

Adresse utile

Office de tourisme de St-Hippolyte-du-Fort – *Les Casernes - 30170 - www. cevennes-garrigue-tourisme.com -* 📞 *04 66 77 91 65 - juil.-août : 10h-13h, 14h-17h, sam. 10h-15h, dim. 10h-13h ; sept.-juin : tlj sf w.-end 10h-12h, 14h-17h (ouv. sam. pdt vac. scol.)- fermé j. fériés sf juil.-août.*

Se loger

🛏 **Chambre d'hôte Mas de l'Aubret** – *30170 Monoblet - 8 km au nord de St-Hippolyte par D 133 -* 📞 *04 66 85 42 19 - www.laubret.com -*✉*- 5 ch. 45 € ⊡. Cette maison de style provençal se trouve au bout du village, dans un jardin bien arboré. Les chambres aux murs blancs sont d'une sobriété de bon aloi. Quatre d'entre elles ont une terrasse privative. Vous profiterez aussi de l'ombre des arbres ou du salon pour vous reposer…

🛏 **Chambre d'hôte Domaine de l'Évêque** – *30610 Sauve - 11 km à l'est de St-Hippolyte-du-Fort par D 999 -* 📞 *04 66 77 51 97 - www.lapousaranque. com - 4 ch. 47/55 € ⊡ - repas 12/25 €. Cette maison de maître, vieille de 150 ans, comporte un bâtiment central et deux ailes sur les côtés, dont une ancienne orangerie. Celle-ci abrite aujourd'hui une belle salle de réception (sol en mosaïque, escalier en pierre, murs en faux marbre). Les chambres, personnalisées et soignées, offrent un excellent rapport qualité/prix.*

Se restaurer

🍴 **Auberge la Pousaranque** – *30610 Sauve - 11 km à l'est de St-Hippolyte-du-Fort dir. Nîmes par D 999 -* 📞 *04 66 77 00 97 - www.lapousaranque.com - fermé vend., 15-30 janv., 12-30 nov. - 15/26 € – 4 ch. 50 € ⊡. En patois, « pousaranque » signifie puits à aube : celui-ci, collé au restaurant, daterait du 16ᵉ s. La cuisine régionale est servie dans une ancienne remise, authentique avec ses murs de pierres apparentes et son plafond en « vouten ». Quatre chambres dans la maison de maître.*

🍴 **Villa Eugénie** – *Rte de Villesèque - 30610 Sauve - 12 km au sud-est de St-Hippolyte-du-Fort par D 999 et D 182, rte de Villesèque -* 📞 *04 66 77 05 22 - tourneux-anne@wanadoo.fr - fermé jeu., sept.-avr. -*✉*- réserv. conseillée - 35 €. Une adresse originale à découvrir absolument ! Les tables sont dressées en plein air, parmi les chênes et la garrigue, et la maîtresse des lieux concocte des recettes différentes chaque jour, en fonction du marché et de sa propre inspiration. Ses petits plats, proposés sur ardoise, ont l'accent méridional ou italien.*

Que rapporter

Entre Thym et Châtaigne – *2 pl. de la Couronne -* 📞 *04 66 77 21 68 - www.thymet chataigne.com - été : mai-sept. 9h-12h30, 15h30-19h30 ; hiver : 9h-12h30, 15h-19h - fermé lun.-mar. mat. hors vac. scol., 2 sem. en janv., 1ᵉʳ janv. et 25 déc. Boutique née d'un groupement d'agriculteurs proposant de vendre en direct les produits du terroir provenant de leurs propres productions.*

La Maison de la Soie - Eyos Boutique – *Pl. du 8-Mai -* 📞 *04 66 77 93 61 - www.eyos. net - avr.-déc. : 10h-12h30, 14h-18h30 - fermé janv.-mars. À la sortie du musée de la Soie, cette boutique propose des articles d'artisanat textile : soieries des Cévennes et autres fibres naturelles.*

Saint-Jean-du-Gard

2 563 SAINT-JEANNAIS
CARTE GÉNÉRALE D2 – CARTE MICHELIN DÉPARTEMENTS 339 I4 - SCHÉMA P. 210
GARD (30)

Nichée entre les vallées Française et Borgne, la petite bourgade s'étend sur la rive gauche du Gardon, qu'elle franchit par un vieux pont en dos d'âne. C'est ici, dans cette contrée imprégnée de la tumultueuse histoire du protestantisme, que l'écrivain écossais Stevenson achève en 1878 son périple dans les Cévennes. Sous la douce lumière de fin d'après-midi, la vieille ville dominée par la tour de l'Horloge et sa Grand'Rue étroite dévoile son visage méridional.

- **Se repérer** – À 30 km à l'ouest d'Alès par la D 6110 puis la D 910^A et à 88 km de Montpellier par l'A 9 et la D 6110. Suivez la D 907 qui mène jusqu'à St-Jean-du-Gard.

- **Se garer** – Le mardi, c'est jour de marché. On dirait que toutes les Cévennes sont descendues ici ! Trouver une place où garer sa voiture est un privilège réservé à ceux qui viennent tôt… Tentez votre chance aux sorties de la ville ou sur la rive droite du Gardon, vers l'Atlantide Parc.

- **À ne pas manquer** – L'exposition sur les activités traditionnelles au musée des Vallées cévenoles et le panorama depuis le col de l'Asclier.

- **Organiser son temps** – Prévoyez en temps normal 2h pour la ville, autant pour les alentours, ou plus les jours de marché.

- **Avec les enfants** – Atlandide Parc, la Maison de l'eau de la vallée Borgne et le train à vapeur des Cévennes.

- **Pour poursuivre la visite** – Voir aussi le massif de l'Aigoual, Alès, Anduze, les grottes de la Cocalière et des Demoiselles, Florac, Ganges et le mont Lozère.

Le saviez-vous ?

Trois lettres inversées pour une même terreur : après les dragonnades, attaques contre les protestants sous le règne de Louis XIV, voici les « **gardonnades** ». Tel est le nom donné aux crues subites du Gardon de St-Jean. Elles font souvent suite aux pluies torrentielles causées par le refroidissement brutal des nuages venant de la Méditerranée au contact des montagnes cévenoles.

Visiter

Château

℘ 04 66 85 03 41 - www.chateausaintjeandugard.com - juil.-août : 14h-18h ; avr.-mai et oct. : dim. et j. fériés 14h-18h ; juin et sept. : w.-end. et j. fériés 14h-18h - 5,50 € (enf. 4,50 €).
Mentionné pour la première fois dès 1314, le château reste marqué par les guerres de Religion : propriété d'un seigneur protestant, l'édifice est brûlé en 1560 lors d'une expédition punitive commandée par les troupes royales. Reconstruit en 1569, il se voit adjoindre un temple et accueille le duc de Rohan, chef des réformés, à maintes reprises au cours du 17e s. Les propriétaires actuels évoquent cette histoire à travers une exposition de gravures, tableaux et livres anciens. Une collection de jouets est judicieusement mise en scène dans les différentes salles aux meubles d'époque.

Musée des Vallées cévenoles★

℘ 04 66 85 10 48 - www.museedescevennes.com/musees.htm - juil.-août : 10h-19h ; avr.-juin et sept.-oct. : 10h-12h30, 14h-19h ; nov.-mars : mar. et jeu. 9h-12h, 14h-18h, dim. 14h-18h - 4,50 € (+12 ans 3,50 €). Audio-guides en français, anglais, allemand, néerlandais.
Installées dans une ancienne auberge construite au 17e s., les collections d'objets, d'outils, de documents, de photographies… du musée évoquent la vie quotidienne et traditionnelle des habitants de cette partie des Cévennes. On y trouve des outils agricoles utilisés pour la culture des céréales, de la vigne, des châtaigniers ; des objets ayant trait à l'élevage des moutons, des chèvres, des abeilles ; les différents types de portages pratiqués dans cette région accidentée : à dos d'homme, à dos de mulet ; des ustensiles domestiques et le mobilier, etc. Une place particulière est réservée aux deux principales activités traditionnelles : la culture du châtaignier et la production de la soie.

Atlandide Parc

Av. de la Résistance, rive droite du Gardon - 📞 *04 66 85 40 53 - www.aquarium-cevennes. com -* ♿ *- juin-août : 11h-19h ; avr.-mai et sept.-oct. : tlj sf lun. 11h-18h ; mars : dim. 11h-18h (dernière entrée 1h av. fermeture) - fermé nov.-fév.- 8 € (enf. 4 €).*

👥 Dans des décors antiquisants, des aquariums offrent aux regards la variété des formes et des couleurs de la faune aquatique tropicale. La rivière artificielle, où se jette une cascade bouillonnante, ajoute une note d'exotisme.

Des genêts au premier plan et au loin la barre des Cévennes, voilà le paysage que l'on découvre au col de l'Asclier.

Aux alentours

St-André-de-Valborgne

25 km à l'ouest. Quittez St-Jean-du-Gard pour rejoindre la route de la corniche des Cévennes (D 260) en direction de Florac. 2 km après le col de l'Exil, prenez à gauche la D 39 puis la D 907.

Dans la vallée Borgne que ferme la crête des Cévennes et qu'arrose le Gardon de St-Jean, St-André est une petite ville aux rues étroites, bordées de sévères maisons anciennes, qui témoignent de la prospérité économique engendrée, naguère, par le développement de l'industrie de la soie.

Maison de l'eau de la vallée Borgne

Aux Plantiers, à 20 km à l'ouest par la D 907 puis la D 20.
📞 *04 66 30 36 55 - www.maison-de-leau.org -* ♿ *- juil.-août : 11h30-18h30 ; avr.-juin et sept.-oct. : merc.-dim. et j. fériés 14h-18h - fermé de la Toussaint à Pâques et 1er Mai - 4 € (6-12 ans 2,50 €).*

👥 Dans l'ancien moulin des Plantiers, la question de l'eau en pays cévenol est abordée sous de multiples angles : de la pluviosité à la faune et à la flore des cours d'eau, du patrimoine hydraulique aux techniques traditionnelles de pêche, en passant par les légendes locales. Tables interactives, jeux des senteurs et maquettes animées agrémentent la visite.

Circuits de découverte

LA CORNICHE DES CÉVENNES★

De St-Jean-du-Gard à Florac – 58 km – environ 2h. Sortez de St-Jean au nord-ouest par la D 983, en direction de Moissac-Vallée-Française. Description en sens inverse à Florac.

ROUTE DU COL DE L'ASCLIER★★

Entre St-Jean-du-Gard et Peyregrosse, la route, très sinueuse et parfois étroite, nécessite une grande prudence, spécialement entre l'Estréchure et le col de l'Asclier : des emplacements ont été aménagés pour faciliter le croisement. Le col de l'Asclier est généralement obstrué par la neige de décembre à mars.

De St-Jean-du-Gard à Pont-d'Hérault – 44 km – environ 1h30.

Cet itinéraire franchissant une « barre » cévenole permet de passer de la vallée du Gardon dans celle de l'Hérault, au pied du mont Aigoual.

Quittez St-Jean au nord-ouest par la D 907.

La D 907 remonte le cours du Gardon de St-Jean et suit toutes les sinuosités de la rivière.

Avant l'Estréchure, prenez à gauche la D 152 vers le col de l'Asclier.

Après Milliérines, le paysage devient extrêmement sauvage ; la route domine les vallons de plusieurs affluents du Gardon de St-Jean, puis contourne le ravin de la Hierle. En tournant à gauche on arrive bientôt au col de l'Asclier.

Col de l'Asclier★★

Alt. 905 m. La route passe sous un pont de la draille de la Margeride servant au passage des troupeaux transhumants. Du col, magnifique **panorama**★★ vers l'ouest : au premier plan se creuse le ravin de N.-D.-de-la-Rouvière ; au loin, sur la gauche, s'élèvent le pic d'Anjeau et les rochers de la Tude ; au-delà du pic d'Anjeau s'allonge, à l'horizon, la crête calcaire de la montagne de la Séranne ; plus à droite s'étend le causse de Blandas dont les escarpements abrupts tombent sur la vallée de l'Arre ; plus à droite encore se dresse le massif de l'Aigoual.

Col de la Triballe

Alt. 612 m. De là se dégage une vue très étendue sur les Cévennes. On aperçoit en contrebas le village de St-Martial.

Par la pittoresque D 420, on descend vers la vallée de l'Hérault dont les versants portent des hameaux curieusement campés.

À Peyregrosse, aussitôt franchi le pont sur l'Hérault, prenez à gauche la D 986 jusqu'à Pont-d'Hérault.

Saint-Jean-du-Gard pratique

Adresse utile

Office de tourisme de St-Jean-du-Gard – *Pl. Rabaut-St-Étienne - 30270 - ℰ 04 66 85 32 11 - juil.-août : 9h-12h30, 14h30-18h, dim. 10h-12h30 ; reste de l'année : tlj sf dim. 9h-12h, 13h30-17h, sam. et j. fériés 10h-12h - fermé sam. matin de déb. nov. à fin fév., 1ᵉʳ janv. et 25 déc.*

Se loger

☞ **Chambre d'hôte M. et Mᵐᵉ Guyot** – *Massies-Sud - 30140 Thoiras - 5 km au sud-est de St-Jean-du-Gar par D 553 puis D 57 - ℰ 04 66 85 11 66 - http://membres.lycos. fr/chguyot - ouv. 1ᵉʳ avr-1ᵉʳ nov. - ☞ - 4 ch. 50 € ☞.* Malgré leur décoration simple, les 3 chambres installées dans les anciennes granges de ce vieux mas gardent une certaine originalité de par leur aménagement en mezzanine. Petit-déjeuner servi à l'ombre de la vigne vierge, sur la terrasse dominant le Gardon, en attendant le passage du train à vapeur.

☞ **Camping Les Sources** – *1 km au nord-est de St-Jean-du-Gard par D 983 et D 50, rte de Mialet - ℰ 04 66 85 38 03 - www. camping-des-sources.fr - ouv. avr.-sept. - réserv. conseillée - 92 empl. 24 €.* Affaire familiale très bien tenue, ce camping associe ambiance agréable et accueil chaleureux. Réaménagée depuis peu, la piscine dispose maintenant d'une partie solarium. Le site, très calme, a été classé refuge pour les oiseaux et compte 42 espèces différentes. Initiation à la poterie hors saison. Une vraie merveille.

Se restaurer

☞ **Les Bellugues** – *11 r. Pelet-de-la-Lozère - ℰ 04 66 85 37 29 - www.hotel-bellugues.com - fermé dim.soir et lun., déc.-mars - 12,50/22 € - 16 ch. 39/53 €.* Si, côté rue, l'enseigne de ce restaurant passerait presque inaperçue, son jardin exotique avec une superbe bambouseraie vaut vraiment le détour. Au menu, une cuisine traditionnelle, au parfum cévenol, agrémentée d'un service sympathique et convivial. On préférera les tables de la rotonde vitrée et celles de l'extérieur.

Que rapporter

Marché aux Pélardons et aux produits du terroir – *hors sais. : tlj sf dim. 9h-12h, 13h30-17h, sam. 10h-12h ; sais. 9h-12h30, 14h30-18h, dim. 10h-12h.* Le marché hebdomadaire du mardi est très animé. Marché nocturne le jeudi en juillet-août. Fête aux pélardons et aux produits du terroir le 1ᵉʳ dimanche de juin.

Terroir Cévennes – *La Châtaigneraie, rte d'Anduze - 30140 Thoiras - ℰ 04 66 85 15 26 - terroircevennes@wanadoo.fr - 15 juil.-15 sept. : 9h30-19h ; basse sais. et vac. scol. : 9h30-13h, 15h-19h - fermé lun. hors vac. scol., 1ᵉʳ janv., 25 déc.* Produits fermiers cévenols et artisanat (vente directe par les producteurs).

Sports & Loisirs

Association Le Merlet – *Rte de Nîmes - ℰ 04 66 85 18 19 - www.lemerlet.asso.fr.* Séjours pleine nature pour les enfants (7 à 17 ans). Kayak, spéléo, escalade, canyon.

Train à vapeur des Cévennes – *D'Anduze à St-Jean-du-Gard, voir p. 115.*

A. Thuillier / MICHELIN

Train à vapeur.

Saint-Martin-de-Londres ★

1 868 SAINT-MARTINOIS
CARTE GÉNÉRALE D3 – CARTE MICHELIN DÉPARTEMENTS 339 H6 – SCHÉMA P. 221
HÉRAULT (34)

En bordure de la plaine de Londres, le village a su conserver le charme de ses petites ruelles encaissées et la séduction de sa simple église romane agrémentée d'un cloître. Dans des passages insoupçonnés, les chats se chauffent au soleil, les volets entrebâillés préservent des curieux, alors que se dévoilent les façades de pierres des maisons anciennes. Arrivé sur la place du village, à l'ombre des platanes centenaires, vous savourez la tranquillité des lieux.

▶ **Se repérer** – À 28 km au nord de Montpellier et à 19 km au sud de Ganges par la D 986.

🅿 **Se garer** – St-Martin est en bordure de la D 32. Laissez la voiture le long de cette route pour vous rendre en toute tranquillité dans le vieux village.

👁 **À ne pas manquer** – L'église romane de St-Martin-de-Londres et le panorama depuis le pic St-Loup.

🕐 **Organiser son temps** – Comptez 30mn.

👫 **Avec les enfants** – Le village préhistorique de Cambous.

⛓ **Pour poursuivre la visite** – Voir aussi Ganges, la grotte des Demoiselles, le cirque de Navacelles, Lodève, Montpellier, St-Guilhem-le-Désert et Sommières.

> ### Le saviez-vous ?
> « Londres » n'évoque bien entendu pas la capitale britannique mais le mot celtique *lund* qui signifie « marais ». Ce sont les moines de l'abbaye de St-Guilhem-le-Désert (*voir ce nom*), à quelques kilomètres de là, qui bâtirent l'église de St-Martin-de-Londres et en firent un prieuré.

Se promener

Au centre du vieux village, dont il subsiste des vestiges de murailles élevées au 14e s., on retrouve, avec quelques modifications, l'ancien **« enclos »**, fortifié au 12e s. par le seigneur du lieu et limité par une porte ; celui-ci fut appelé plus tard le « vieux fort ».

L'église, dans un cadre de maisons anciennes, en occupe le centre. On y accède par un escalier. La maison claustrale, actuellement presbytère, s'élève derrière le chevet de l'église au-dessus d'un passage voûté aboutissant au portail du cloître.

Église★

Bâtie à la fin du 11e s. par les moines de St-Guilhem, elle possède la suprême simplicité des églises romanes avec ses croisillons et son abside en hémicycle voûtés en cul-de-four, sa sobre corniche dentelée surmontant de petits arcs qui retombent de trois en trois sur des « bandes lombardes », décor venant d'Italie du nord, signe distinctif de leur appartenance au premier art roman languedocien ; St-Michel-de-Cuxa, St-Martin-de-Londres et bien d'autres édifices romans en portent. Ses ouvertures sont petites et peu nombreuses, et ses proportions harmonieuses.

Aux alentours

Village préhistorique de Cambous

5 km au sud-ouest par la D 32. Le chemin d'accès est assez chaotique (chemin de pierre). Laissez la voiture au parking de Cambous et allez au village préhistorique à pied. ☎ *04 67 86 34 37 - www.archeologue.org – juil.-août. : tlj sf lun. 14h-19h ; avr.-juin et sept.-oct. : w.-end et j. fériés 14h-18h - visite guidée (1h) toute l'année sur demande - 5 € (enf. 2 €).*

Ce village appartient à la civilisation de Fontbouisse, baptisée ainsi à la suite de la découverte d'un site néolithique près de Sommières.

👫 Le site de Cambous, découvert en 1967, fut activement fouillé et on y a mis au jour les restes conséquents de maisons en pierre datant de 2 800 à 2 300 av. J.-C. : quatre groupes de cabanes comprenant chacun de 8 à 10 bâtiments distincts mais contigus. Les murs épais de 2,50 m sont en pierres sèches et les ouvertures forment de véritables couloirs limités par des dalles. Une habitation préhistorique a été reconstituée à l'identique avec sa toiture.

Viols-le-Fort
6 km au sud-ouest par la D 32 (après Cambous).
Construit sur une butte, ce village fortifié présente à l'intérieur de ses remparts du 14e s. un dédale de ruelles tortueuses bordées de maisons anciennes.

Les Matelles
À 12 km vers le sud par la D 986.
Capitale de la République de Montferrand du 13e au 15e s., le village fortifié a conservé le charme de ses ruelles pavées et placettes fleuries. Quelques maisons sont construites à même le rocher et dotées d'escaliers extérieurs. Le clocher de l'église romane fut reconstruit au 18e s. au-dessus d'une des portes des remparts.

Randonnées

Pic St-Loup★★
11 km par la D 986 que l'on prend au sud vers Montpellier, puis la D 113 vers Caze-vieille. Laissez la voiture à Cazevieille (parking à l'est de la ville) et suivez le fléchage vers le pic St-Loup. Attention, les couches calcaires sont très glissantes par temps de pluie. Le chemin de pierre monte jusqu'à un petit carrefour. De là, prenez un étroit sentier qui monte en zigzaguant jusqu'à la chapelle et l'observatoire. Passages vertigineux, pour les bons marcheurs. Comptez 3h AR.
Le pic St-Loup est le point culminant (658 m) d'une longue arête dominant les garrigues montpelliéraines. Il dresse presque verticalement ses couches calcaires et rompt de façon surprenante la monotonie des étendues qui l'entourent. Visible de partout, avec sa silhouette particulière, abruptement coupée comme par un coup d'épée, il est un peu le génie tutélaire de la plaine languedocienne. Du pic, magnifique **panorama★★**. La face nord tombe verticalement dans un ravin qui sépare le pic de l'arête rocheuse de la montagne de l'Hortus ; au-delà, au nord-ouest et au nord, la vue s'étend sur les Cévennes. À l'est, on découvre la plaine de Nîmes et, au-delà de la vallée du Rhône, le Ventoux, les Alpilles, le Luberon ; au sud-est, la Camargue ; au sud, la plaine de Montpellier, la Méditerranée et sa côte lagunaire ; au sud-ouest, à l'horizon, le Canigou et les Corbières.

Ravin des Arcs★
2 km au nord par la D 986 vers Ganges. Arrêtez-vous juste avant le pont sur le Lamalou et prenez à pied à gauche le sentier du ravin des Arcs. Celui-ci monte jusqu'à un mur et là bifurque à gauche. Les marques rouge et blanche du GR 60 sont alors bien visibles. Comptez 2h AR. Le sentier traverse un paysage de garrigues et de chênes verts, puis descend vers le ravin des Arcs, étroit canyon aux parois hautes de 150 à 200 m. Il doit son nom à la multiplicité des portes et des arches naturelles façonnées par le Lamalou, dont la plus belle est appelée le **Grand Arc**.

Saint-Martin-de-Londres pratique

Adresse utile

Office de tourisme de St-Martin-de-Londres – *Maison de Pays - 34380 - 04 67 55 09 59 - juil.-août : 9h15-12h45, 14h30-19h ; reste de l'année : tlj sf dim. et lun. 9h30-12h30 - fermé 1er Mai, 25 et 31 déc.*

Se restaurer

Auberge de Saugras – *34380 Argelliers - 12 km au sud de St-Martin par D 32, D 127 et D 127E6 dir. Vailhauquès - 04 67 55 08 71 - aubergedesaugras.fr - fermé lun. midi en juil.-août, mar. sf le soir en juil.-août, merc., 7-29 août, 20 déc.-20 janv. - réserv. obligatoire - 19/50 € - 7 ch. 42/83 € - 8 €.* Perdue dans la nature, cette maison du 12e s. entièrement restaurée a le charme des auberges de campagne simples et accueillantes. Sa cuisine, rustique et généreuse, vous mettra d'aplomb pour repartir… À moins que vous ne préfériez prolonger l'étape dans l'une de ses chambres rénovées.

Abbaye **Saint-Martin-du-Canigou**★★

CARTE GÉNÉRALE B5 – CARTE MICHELIN DÉPARTEMENTS 344 F7 – SCHÉMA P. 140
PYRÉNÉES-ORIENTALES (66)

Elle n'est accessible qu'à pied, tant mieux ! Posée à 1 094 m d'altitude sur un rocher à pic, l'abbaye St-Martin-du-Canigou se détache d'un cadre sauvage et magnifique. Cette solitude, la majesté des paysages suffisent à nous expliquer pourquoi des moines sont venus rechercher si haut la sérénité. C'est aujourd'hui l'incontournable promenade que font les touristes et curistes basés à Vernet-les-Bains.

Se repérer – À 14 km au sud de Prades par la N 116 puis la D 116. L'abbaye se situe à 2,5 km au sud de Vernet-les-Bains.

Se garer – À partir de Casteil, où on laisse la voiture (route d'accès interdite aux véhicules), comptez plus de 1h à pied AR par une route en très forte montée.

À ne pas manquer – Les galeries du cloître et les chapiteaux sculptés en méplat de l'église haute ; la vue sur le site depuis les bois (« itinéraire n° 9 »).

Organiser son temps – Comptez 2h, accès compris. Visite guidée.

Avec les enfants – La présence d'une communauté religieuse invite au silence.

Pour poursuivre la visite – Voir aussi le Canigou, le Conflent, Mont-Louis, Prades, l'abbaye St-Michel-de-Cuxa, Vernet-les-Bains et Villefranche-de-Conflent.

Abbaye St-Martin-du-Canigou.

Visiter

☎ 04 68 05 50 03 - visite guidée - www.stmartinducanigou.org - juin-sept. : 10h, 11h, 12h, 14h, 15h, 16h, 17h, dim. et j. fériés 10h, 12h30, 14h, 15h, 16h, 17h ; oct.-mai : tlj sf lun. 10h, 11h, 14h, 15h, 16h, dim. et j. fériés 10h, 12h30, 14h, 15h, 16h - fermé janv. - 5 € (-11 ans gratuit).

Guifred, comte de Cerdagne et arrière-petit-fils de Wilfred le Velu, fondateur de la dynastie catalane, choisit le massif du Canigou, lieu solitaire vénéré des Catalans, pour y fonder ce monastère bénédictin en 1001.

Cloître

Au début du siècle, il ne subsistait plus que trois galeries aux frustes arcades en plein cintre. La restauration a reconstitué une galerie sud, ouvrant sur le ravin, en réutilisant des chapiteaux de marbre provenant d'un étage supérieur disparu.

Églises

L'église inférieure (10e s.), dédiée à « N.-D.-sous-Terre » suivant une antique tradition chrétienne, forme une crypte par rapport à l'église haute (11e s.). Celle-ci, juxtaposant trois nefs voûtées de berceaux parallèles, laisse encore une profonde impression d'archaïsme avec ses chapiteaux grossiers, sculptés en simple méplat.

Une statue de saint Gaudérique rappelle que l'abbaye devint un grand lieu de rassemblement des paysans catalans. Sur le côté nord du chœur s'élève un clocher terminé par une plate-forme crénelée.

À proximité de l'église, deux tombes creusées dans le roc : celle du fondateur, le comte Guifred de Cerdagne, creusée de sa propre main, et celle de l'une de ses épouses.

Site★★

Pour bien saisir l'originalité du site de St-Martin, prendre à gauche en arrivant à l'abbaye *(30mn à pied AR)* un escalier *(indiqué « itinéraire n° 9 »)* qui s'élève dans les bois. Après la prise d'eau, tourner à droite. De là apparaît l'abbaye dans toute la splendeur de son site.

Saint-Martin-du-Canigou pratique

♿ Voir aussi Prades.

Adresse utile

Office de tourisme de Prades – *4 r. des Marchands - 66500 - ℰ 04 68 05 41 02 - www.prades-tourisme.com - juil.-août : 9h-12h, 14h-18h, dim. 9h-12h ; reste de l'année : tlj sf w.-end 9h-12h, 14h-18h - fermé j. fériés sauf 14 Juil. et 15 août*

Accès en voiture

Vous pouvez accéder à l'abbaye par un service de 4 x 4 proposé par des transporteurs.

Transport en jeep – S'adresser à l'office du tourisme de Vernet-les-Bains - ℰ 04 68 05 55 35 ou s'adresser aux Transports Circuits Touristiques (M. Cullell) pour un dép. depuis Corneilla-de-Conflent, Vernet-les-Bains ou Casteil - ℰ 04 68 05 64 61 - 6,50 € par pers. AR.

Abbaye **Saint-Michel-de-Cuxa**★★

CARTE GÉNÉRALE B5
CARTE MICHELIN DÉPARTEMENTS 344 F7 – PYRÉNÉES-ORIENTALES (66)

Le succès et la riche ornementation romane de St-Michel-de-Cuxa tiennent au nombre impressionnant de reliques qu'elle abritait au Moyen Âge, lorsqu'elle était la plus grande église de pèlerinage de Catalogne. Qu'en reste-t-il aujourd'hui ? Malgré les aléas de l'histoire, un bestiaire orientalisant et des décors floraux parmi les plus beaux du Roussillon. Leur inspiration comme leur histoire enseigne que l'art ne connaît pas de frontières.

◉ **Se repérer** – À 45 km à l'ouest de Perpignan par la N 116.

◉ **À ne pas manquer** – Les influences orientales lisibles dans les chapiteaux du cloître.

◉ **Organiser son temps** – Comptez 1h. L'idéal serait de profiter ici d'un des concerts du festival Pablo Casals (voir Prades).

◉ **Pour poursuivre la visite** – Voir aussi le Canigou, le Conflent, le Fenouillèdes, les orgues d'Ille-sur-Têt, Prades, St-Martin-du-Canigou, le prieuré de Serrabone, Vernet-les-Bains, et Villefranche-de-Conflent.

Comprendre

La plus grande de Catalogne – Quatre églises se sont succédé à Cuxa. La dernière, l'église actuelle, une des plus anciennes de France, fut consacrée en 974. Au 11e s., l'abbé Oliba développe les grands monastères catalans : Montserrat, Ripoll et St-Michel. Il agrandit le chœur de l'église abbatiale de Cuxa, ouvre des chapelles, fait élever les deux clochers et ouvrir la chapelle souterraine de la Crèche. St-Michel-de-Cuxa devient la plus grande église de pèlerinage de Catalogne.

Du roman d'Amérique – Après une longue période de décadence, l'abbaye est vendue : à la Révolution, les œuvres d'art disparaissent et les galeries du cloître sont éparpillées. En 1907, le sculpteur américain George Grey Barnard retrouve et achète plus de la moitié des chapiteaux primitifs. Ils sont acquis en 1925 par le Metropolitan Museum de New York qui entreprend une reconstitution : ainsi, depuis 1938, le cloître de Cuxa s'élève sur les hauteurs de la vallée de l'Hudson. Dès 1952, des travaux considérables sont entrepris à St-Michel-de-Cuxa et, en 1965, des bénédictins de Montserrat s'y installent.

Visiter

Abbaye

Depuis Prades, suivez sur 3 km la D 27 en direction de Taurinya. ☎ *04 68 96 15 35 - visite guidée - mai-sept. : 9h30-11h50, 14h-18h, dim. et j. de fête religieuse 14h-18h ; oct.-avr. : 9h30-11h50, 14h-17h, dim. et j. de fête religieuse 14h-17h - 4 € (-12 ans gratuit).*

Ce sont les comtes de Cerdagne qui offrirent protection et argent aux moines du monastère d'Eixalada après qu'une crue furieuse de la Têt les en eut chassés en 878 ; cinq ans plus tard, le nouveau monastère de Cuxa (prononcez « coucha ») connaissait déjà une activité intense. Possédant un grand nombre de reliques (90, plus 2 tombeaux de martyrs), il devient un centre de pèlerinage important, ce qui influe sur l'architecture de l'église.

Après avoir traversé une salle où sont exposés divers documents sur l'histoire de l'abbaye, vous accéderez aux vestiges du cloître.

Cloître★ – L'ensemble est loin d'être complet mais ont pu être rassemblés les arcades et chapiteaux qui se trouvaient à Prades ou chez des particuliers. Les arcades de la galerie appuyée contre l'église ainsi que celles d'une grande partie de la galerie ouest et l'amorce de la galerie est ont été remontées, reconstituant ainsi près de la moitié du cloître. La sculpture des chapiteaux (12e s.) est caractérisée par l'absence de

Abbaye pratique

◉ Voir Prades.

Événements

Festival Pablo Casals – Lors de ce festival, une trentaine de concerts sont donnés à St-Michel-de-Cuxa, à St-Pierre de Prades ainsi que dans les plus belles églises de la région - *de fin juil. à mi-août* - renseignements - ☎ *04 68 96 33 07 - www.prades-festival-casals.com.*

thème religieux : seul le souci du décor semble avoir compté pour l'artiste. L'ensemble, rose, dominé par la haute masse de l'église, est une merveille de légèreté. Vous y repérerez diverses influences très insolites.

Église abbatiale – Vous pénétrez depuis le cloître par un portail orné d'une arcade, reconstitué à partir des restes d'une ancienne tribune (12ᵉ s., démontée au 16ᵉ s.) qui, comme à Serrabone *(voir ce nom)*, trônait au centre de la nef. Aucun autre reste que ce réemploi n'est visible dans l'église.

Le vaisseau est un des très rares spécimens de l'art préroman en France, caractérisé ici par l'arc outrepassé, dit « wisigothique ». Presque en fer à cheval, ce type d'arc présente la particularité de se refermer sur lui-même. Il se distingue cependant des arcs mozarabes par la disposition de ses pierres, qui ne sont pas agencées en rayon mais superposées horizontalement. La nef centrale, qui se termine par une abside rectangulaire, a retrouvé sa couverture en charpente.

L'architecture est typique des églises de pèlerinage : des collatéraux mènent à l'abside, où étaient exposées les reliques. À l'origine, les pèlerins montaient l'escalier monumental couvrant la crypte pour traverser l'atrium, puis entraient.

La superbe abbaye de St-Michel-de-Cuxa, haut lieu de l'art roman.

A. Cassaigne / MICHELIN

Crypte – *Sous l'atrium et la chapelle contemporaine de la Trinité.* Parce qu'elle fut construite au 11ᵉ s., face à la nef, et non avant elle et sous le chœur, cette crypte n'en est pas vraiment une. Comblée au 16ᵉ s., elle devient un sanctuaire souterrain, ce qui lui vaut d'échapper aux destructions et aux remaniements. En son centre, la chapelle circulaire de la Vierge de la Crèche est couverte d'une **voûte**★ soutenue par un unique pilier central. Son absence de décoration ne nuit en rien, bien au contraire, à son élégance.

Contournez les bâtiments pour voir le beau **clocher**★ roman, à quatre étages de baies jumelées, surmontées d'oculi et de créneaux, orné de bandes lombardes. Il fut consolidé par des contreforts au 14ᵉ s. À l'origine, son pendant symétrique dominait le transept côté cloître, mais celui-ci s'est écroulé.

Saint-Pons-de-Thomières

2 195 SAINT-PONAIS
CARTE GÉNÉRALE B3 – CARTE MICHELIN DÉPARTEMENTS 339 B8 – HÉRAULT (34)

St-Pons est posé dans la serpentine vallée du Jaur, au creux de montagnes de fort caractère vers lesquelles les visiteurs s'en vont, sac au dos et bien chaussés. Dans ces paysages préservés du Parc naturel du Haut-Languedoc, le bourg est une terre d'accueil, où vous pourrez visiter l'ancienne abbaye bénédictine fondée en 936 par Raymond Pons, comte de Toulouse, et son épouse Garsinde.

▶ **Se repérer** – À 51 km au nord-ouest de Béziers par la D 612 et à 19 km au sud-ouest d'Olargues par la D 908.

👁 **À ne pas manquer** – Les décorations du portail de l'ancienne cathédrale ; les fines concrétions de la grotte de la Devèze et la ferme typique de l'Espinouse à Prat-d'Alaric.

🕐 **Organiser son temps** – Comptez 1h pour St-Pons, 2h pour le Somail.

👥 **Avec les enfants** – Les activités de la station estivale La Salvetat-sur-Agout et celles de la base nautique du lac de la Raviège.

🔆 **Pour poursuivre la visite** – Voir aussi Béziers, Minerve, la Montagne noire, Olargues et St-Sernin-sur-Rance.

Visiter

Ancienne cathédrale

Ancienne abbatiale, puis cathédrale, elle a été construite au 12e s. et transformée aux 15e, 16e et 18e s.

Le côté droit, au nord, présente un aspect fortifié : deux des quatre tours d'angle, crénelées, subsistent ; une rangée de meurtrières court au-dessus des fenêtres. Le portail, connu sous le nom de « porte des Morts », est richement décoré. La façade ouest, dans laquelle était percée autrefois l'entrée principale, retient l'attention par ses deux tympans sculptés, malheureusement peu visibles : à gauche, la Cène et le Lavement des pieds. À droite, la Crucifixion ; la représentation du supplice des deux larrons est particulièrement originale : leurs bras sont tordus et engagés dans des trous percés sur la traverse de la croix.

L'intérieur, imposant, a subi de nombreux remaniements. Les stalles sont du 17e s., à l'exception de la cathèdre, du 19e s. Le chœur, fermé par une élégante grille, est orné de nombreuses décorations en marbre : remarquez les angelots et le Christ en médaillon, au-dessus de l'autel, ainsi que l'orgue qui date du 18e s.

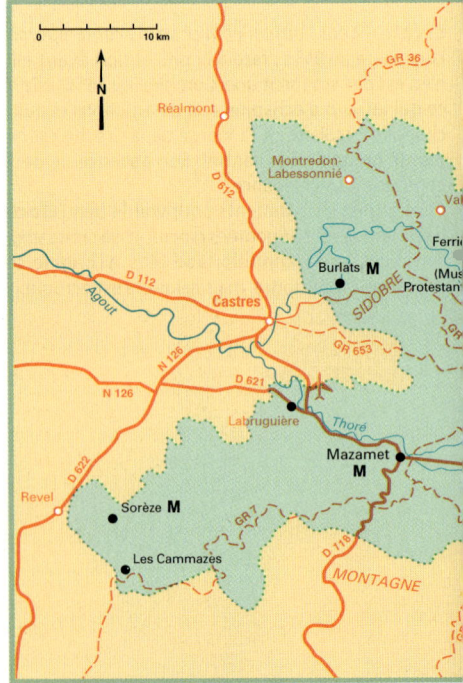

Musée de Préhistoire régionale

📞 04 67 97 22 61 - ♿ -de mi-juin à mi-sept. : 10h-12h, 15h-18h ; reste de l'année : tlj sf lun. 15h-18h, merc. 10h-12h, 15h-18h - 3,50 € (enf. 2 €).

Les civilisations qui se sont succédé dans la proche région de St-Pons sont présentées au moyen d'objets provenant de fouilles effectuées dans les grottes, particulièrement dans celle de Camprafaud. Les périodes historiques, du bronze ancien au Moyen Âge, sont également évoquées.

Source du Jaur

Accès par la rive droite de la rivière. Du pont qui franchit le Jaur, on aperçoit la tour crénelée du comte Pons qui appartenait à l'enceinte fortifiée de l'évêché. Au pied d'un rocher, le Jaur naissant s'étale paisiblement.

> **Le saviez-vous ?**
> St-Pons a été choisi comme siège du **Parc naturel régional du Haut-Languedoc**. Sur le logo du parc, on reconnaît la croix du Languedoc, jadis emblème des comtes de Toulouse, aujourd'hui de l'Occitanie.

Aux alentours

Chapelle Notre-Dame-de-Tredos

17 km. Quittez St-Pons par la D 908, à l'est en direction de Bédarieux. À l'entrée de St-Étienne-d'Albagnan, prenez à droite la D 176^E. La route s'élève jusqu'à Sahuc qui domine le ravin de l'Esparasol.
Parvenu à un col, 1,5 km au-delà de Sahuc, montez à la chapelle, à droite.
Notre-Dame-de-Tredos, parmi les sapins, est un lieu de pèlerinage. Belle vue sur les monts de l'Espinouse au nord-ouest et du Minervois au sud-ouest.

Grotte de la Devèze★

5 km à l'ouest par la D 612, sous la gare de Courniou.
☏ 04 67 97 03 24 - www.cornioulesgrottes.com - visite guidée - juil.-août : 10h-18h ; avr.-juin et sept. : 14h-17h ; reste de l'année : dim. 14h-17h - fermé janv. - 7 € (enf. 4 €).
La petite laine s'impose, surtout en été. Aux saisons plus fraîches, on y a presque chaud (12 °C en permanence). Découverte par hasard en 1886 lors de la construction de la ligne de chemin de fer Bédarieux-Castres, la grotte fut explorée par Louis Armand, le fidèle collaborateur de Mart   el, sept ans plus tard, puis par Georges Milhaud et son équipe, entre 1928 et 1930, avant qu'une partie en soit aménagée pour la visite touristique en 1932.
La visite commence par l'étage moyen tendu de belles draperies minérales aux formes et aux couleurs variées. Tout au long des parois se sont formées des concrétions très fines et très blanches formant de ravissants bouquets appelés fleurs d'aragonite, qui impressionnèrent les spéléologues au point qu'ils appelèrent la grotte le « palais de la Fileuse de Verre ». La salle se termine par une grande cascade pétrifiée qui se précipite vers le réseau inférieur. Au milieu d'un chaos de rochers provenant d'un éboulement abondent de nombreuses formes : la plus impressionnante est une imposante stalagmite appelée le « Cénotaphe » ou la « Pièce Montée ». Il ne manque

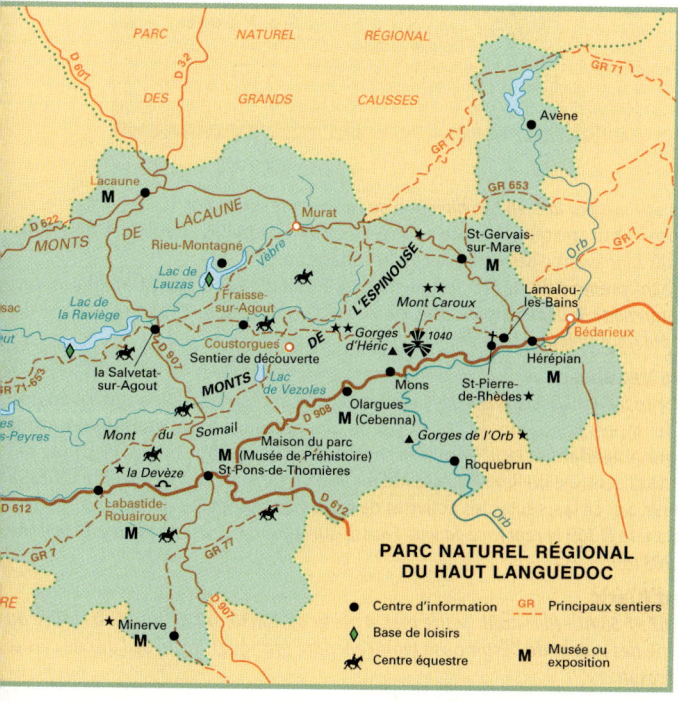

PARC NATUREL RÉGIONAL
DU HAUT LANGUEDOC

● Centre d'information   GR Principaux sentiers
◆ Base de loisirs
🐎 Centre équestre   M Musée ou exposition

plus que la Chantilly… L'étage supérieur à 60 m au-dessus *(accès par un escalier)* est riche en excentriques, draperies et disques. La visite se termine par la salle Georges-Milhaud, constellée de cristallisations d'une blancheur éclatante.

La visite se prolonge par le **musée français de la Spéléologie** : collection de documents et d'objets relatifs à la spéléologie française et à ses grands noms (Martel, Robert de Joly, Norbert Casteret, Guy de Lavaur de la Boisse, etc.). Autres thèmes abordés : paléontologie, protection du milieu souterrain et animaux cavernicoles.

🐾 Un sentier balisé de marques jaunes *(1h15)* aux abords de la grotte permet de visiter sept capitelles, abris de bergers en pierres sèches.

Circuit de découverte

LE SOMAIL
Circuit de 76 km – environ 2h.

Partie la plus verdoyante des monts de l'Espinouse, le Somail présente des pentes douces, boisées de châtaigniers, de hêtres et agrémentées d'un tapis de bruyères qui devient roux à l'automne.

Le Parc naturel régional s'enorgueillit d'accueillir sur les monts de l'Espinouse une colonie de mouflons. Aussi, n'oubliez pas vos jumelles lorsque vous suivrez le circuit dans le Somail.

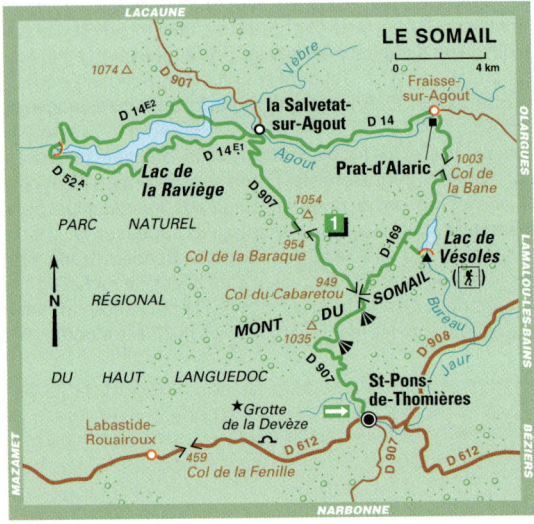

Quittez St-Pons par la D 907 en direction de La Salvetat-sur-Agout.
Sinueuse et pittoresque, la route s'élève en offrant de belles vues sur St-Pons et la vallée du Jaur avant d'atteindre le col du Cabaretou.
Après le col, prenez à droite la D 169 qui traverse le plateau du Somail. Une petite route à droite signalée « Saut de Vésoles » mène au bord d'un lac dans un site boisé. Garez-vous sur les parkings prévus à cet effet.

Lac de Vésoles
🐾 *15mn à pied AR.* Dans un paysage austère, le Bureau tombait naguère en une cascade impressionnante de 200 m sur de gigantesques blocs granitiques avant de dégringoler dans le Jaur. Depuis la construction du barrage hydroélectrique qui alimente la centrale du Riols, la cascade est appauvrie mais le site conserve toute sa grandeur. Sur ce lac, seules les activités de voile sont autorisées.
Revenez à la D 169 et reprenez-la vers Fraisse-sur-Agout. Franchissez le col de la Bane (alt. 1 003 m).

Prat-d'Alaric
📞 *04 67 97 53 81 - juil.-août : visite mer. à partir de 10h30, sur demande à l'office du tourisme des monts de l'Espinouse (voir l'encadré pratique) ; reste de l'année : visite libre- gratuit.*

Ferme typique de l'Espinouse restaurée par le Parc naturel régional. Près du bâtiment d'habitation, la grange, basse, tout en longueur, est caractéristique de l'architecture locale. Son toit fortement incliné retombe sur les murs latéraux qui ont moins de 2 m de haut. L'originalité de la construction réside dans la charpente qui ne comporte aucune poutre transversale. Elle est recouverte de genêts qui reposent sur des chevrons, réunis en croix à leur faîte et s'appuyant sur les murs des côtés.

Traversez Fraisse-sur-Agout. De là, rejoignez le col de Fontfroide et l'itinéraire dans l'Espinouse (décrit à Olargues) ou poursuivez vers La Salvetat.

En sortant du village dans la direction de La Salvetat, à l'embranchement vers Le Cambaïssy, on peut observer une autre maison à toit de genêts.

La Salvetat-sur-Agout

Station estivale perchée sur un promontoire dominant le confluent de la Vèbre et de l'Agout. Son nom évoque le temps (11e et 12e s.) où prélats, abbés, commandeurs fondaient des « villes nouvelles » sur leurs terres pour en assurer la mise en valeur. Les « hôtes » de ces « sauvetés » recevaient une maison et un lopin de terre. Plus tard, des raisons économiques et militaires conduisirent les autorités ecclésiastiques et les seigneurs à fonder des bastides.

Au départ de La Salvetat, une route fait le tour du lac de la Raviège.

Lac de la Raviège

On peut accéder au bord de ce vaste lac de barrage (450 ha) à la plage des Bouldouïres près de La Salvetat (baignade surveillée, base nautique, ski nautique, voilier…) puis, franchissant le barrage, on fait le tour du lac par la rive droite, en revenant par la rive gauche. Les bords boisés n'offrent que peu d'échappées sur le lac.

De La Salvetat, rejoignez St-Pons par la D 907.

Saint-Pons-de-Thomières pratique

Adresses utiles

Office de tourisme de St-Pons-de-Thomières – *Pl. du Foirail - 34220 -* $\mathcal{P}$ *04 67 97 06 65 - www.saint-pons-tourisme.com - juil.-août : tlj sf dim. apr.-midi 9h-13h, 14h-19h30 ; reste de l'année : tlj sf dim., lun.et j. fériés 9h-12h, 14h-18h.*

Office de tourisme des monts de l'Espinouse – *34330 Fraisse-sur-Agout -* $\mathcal{P}$ *04 67 97 53 81 - juil.-août : 10h30-12h30, 14h-19h ; de déb. sept. à mi-nov. et mars-juin : 10h30-12h30, 14h-17h - fermé reste de l'année.*

Se loger

Chambre d'hôte « Les Trèfles » – *La Moutouse - 34330 La Salvetat-sur-Agout -* $\mathcal{P}$ *04 67 97 61 69 - http://site.voila.fr/ferme_la_moutouse - fermé 1er nov.-Pâques - 3 ch. 45 € - repas 14 €.* Le confort douillet des chambres aménagées dans l'ancienne grange vous séduira d'autant plus qu'il est accompagné d'une très bonne tenue d'ensemble. Petits-déjeuners et table d'hôte orientée terroir servis dans la salle commune. La maison propose aussi des casse-croûte à emporter, pour les randonneurs gourmands.

Chambre d'hôte L'Oustal – *La Moutouse - 34330 La Salvetat-sur-Agout -* $\mathcal{P}$ *04 67 97 61 63 - www.loustal-lamoutouse.com - fermé 1er nov.-Pâques - 3 ch. 45 € - repas 14 €.*

Dans un lieu-dit au cœur du Parc naturel du Haut-Languedoc. La maison compte 3 chambres récemment rénovées, au décor simple mais agréable. La propriétaire propose à la table d'hôte, une de ses spécialités, à base de charcuterie servie chaude, plaisamment baptisée la Bougnette.

Se restaurer

Les Bergeries de Pondérach – *Rte de Narbonne -* $\mathcal{P}$ *04 67 97 02 57 - www.bergeries-ponderach.com - fermé 8 nov.-18 mars - 29/42 €.* Bergerie du 17e s. - ex-dépendance d'une maison de maître - dont les chambres s'ouvrent sur la campagne. Sympathique restaurant rustique. Terrasse dans la cour intérieure.

Sports & Loisirs

Parc naturel régional du Haut-Languedoc – *Maison du tourisme du parc - pl. du Foirail - 34220 St-Pons-de-Thomières -* $\mathcal{P}$ *04 67 97 38 22 - www.parc-haut-languedoc.fr - 8h-12h, 13h30-17h30 - fermé w.-end et j. fériés.* Renseignements touristiques, ouvrages sur la flore, l'hébergement, les sentiers de découverte du parc, guides d'accueil et pratiques du parc.

Les Randonnées des Signoles – *5 km à l'est de La Salvetat-sur-Agout - 34330 La Salvetat-sur-Agout -* $\mathcal{P}$ *04 67 97 63 61 - www.signoles.com - 9h-20h sur réserv - 45 €.* Organisation de randonnées avec un âne de bât ; plusieurs itinéraires possibles pour découvrir le Haut-Languedoc sur le plateau des lacs.

Saint-Sernin-sur-Rance

530 SAINT-SERNINOIS
CARTE GÉNÉRALE B2 – CARTE MICHELIN DÉPARTEMENTS 338 H7 – AVEYRON (12)

Village « phare » de la vallée du Rance, St-Sernin a conservé sa collégiale gothique, renfermant de belles boiseries, et d'étroites ruelles qui dévalent vers la rivière. En automne, les maisons à toit de lauze laissent échapper de leur cheminée une odorante fumée de feu de bois. Appréciez le calme de ce village aveyronnais, cerné par une nature généreuse livrant cèpes énormes, gibier goûteux, truites et écrevisses. Ici, nombreux sont les touristes et les habitants des villages alentour qui s'arrêtent, le temps d'une causette, d'une course… ou d'un bon repas !

▶ **Se repérer** – À 111 km au nord-ouest de Béziers et à 64 km au sud-ouest de Millau par la D 992. Dans ce coin un peu perdu, St-Sernin est desservi par une magnifique route, la D 999.

👁 **À ne pas manquer** – Les statues-menhirs ; le porche de la collégiale de Belmont-sur-Rance ; le retable baroque du monastère bénédictin de N.-D.-d'Orient et le site de Brousse-le-Château.

🕐 **Organiser son temps** – Prévoyez la journée pour St-Sernin et ses alentours.

👥 **Avec les enfants** – Le circuit des statues-menhirs qui peut s'apparenter à une chasse aux trésors et les châteaux médiévaux de Coupiac, Brousse, St-Izaire et Montaigut qui prévoient tous des visites pour enfants.

🕯 **Pour poursuivre la visite** – Voir aussi Lodève, Millau, St-Pons-de-Thomières, Olargues, l'ancienne abbaye de Sylvanès et Roquefort-sur-Soulzon.

Le saviez-vous ?

👁 Saint Saturnin, évêque de Toulouse martyrisé en 251, s'appelle saint Sernin en occitan.

👁 Sur la place du Fort, on trouve la statue de Victor de Saint-Sernin, alias « l'Enfant Sauvage », venu se réfugier dans une maison du village en 1798. Probablement sourd et muet (il ne prononça jamais un mot), il fut transféré, à la demande des scientifiques, de St-Sernin à St-Affrique puis à Rodez pour atterrir à Paris où il mourut en 1828. Son histoire inspira une pièce de théâtre, *Victor ou l'Enfant de la forêt*, mais l'adaptation la plus réussie reste celle de François Truffaut au cinéma en 1970.

Circuits de découverte

LA VALLÉE DU RANCE ET SES STATUES-MENHIRS

70 km au départ de St-Sernin – environ 3h30.

👥 La vallée du Rance, comme celle du Dourdou, fut parsemée de statues-menhirs, pierres érigées à la fin du néolithique et gravées à l'effigie de personnages. Les copies de ces statues ont retrouvé leur emplacement dans la vallée, tandis que les originaux sont visibles au musée Fenaille de Rodez et au musée de St-Crépin.

🔦 *10mn -* Vous commencez votre quête en suivant le sentier au départ de la « Croix du coq ». Voici la copie dans son site d'origine, l'original de la **Dame de St-Sernin★** se trouve à St-Crépin.

Quittez St-Sernin au sud par la D 33.

Pousthomy

Situé au milieu des vergers, ce village abrite une église du 16e s. et une **fontaine gothique**. Il offre la seconde étape de cette « chasse aux statues ». La première, statue masculine dont vous remarquerez les jambes serrées, se cache derrière le cimetière. La seconde est à deux pas du moulin. Les statues masculines tiennent entre leurs mains un objet souvent maintenu par un baudrier, les féminines sont parfois ornées de pendeloque, parure de forme rectangulaire.

Suivez la D 33 qui débouche sur la D 607 que vous prenez vers Lacaune. Peu après, tournez à gauche dans un chemin menant à Laval-Roquecezière.

Laval-Roquecezière

Le rocher de Roquecezière est dominé par une statue de la Vierge. Une table d'orientation offre un vaste panorama : au nord sur la vallée du Rance où se niche N.-D.-d'Orient ; à l'est sur Belmont-sur-Rance, reconnaissable à son clocher, tandis qu'au loin le regard se perd sur le plateau du Larzac ; au sud-est sur les monts de Lacaune, d'où émerge le roc de Montalet (1 259 m) ; au sud-ouest sur la Montagne noire.

Revenez à la D 607 que vous prendrez à droite. Au croisement avec la D 33, empruntez la D 554 à droite vers St-Crépin.

St-Crépin

C'est ici que, dans un petit **musée**, sont rassemblées, entre autres, ces curieuses statues-menhirs provenant des monts du Somail, de Lacaune ou de l'Espinouse. Petites ou grandes (de 80 cm à 1 m), en grès rouge ou en grès blanc, elles sont gravées ou sculptées de figures humaines représentées en partie ou en totalité, datant d'environ 2500 av. J.-C. Remarquez particulièrement la plus célèbre d'entre elles, la **Dame de St-Sernin**★, découverte dans cette région du sud de l'Aveyron en 1892. ☎ 05 65 99 61 43 -14h-18h - gratuit.

Prenez à droite la D 645 jusqu'à Linas puis à gauche la D 74 jusqu'à Belmont.

Belmont-sur-Rance

Le village, étagé sur une petite colline en bordure du Rance, se dissimule au milieu d'un paysage largement vallonné. Les maisons semblent se blottir autour de l'imposante **collégiale** dont le clocher-porche, massif à la base, dresse fièrement sa flèche gothique dans le ciel.

L'entrée est protégée par un porche monumental surélevé, qui présente une belle voûte à liernes et tiercerons ; sous un arc en accolade vient se loger le tympan orné d'une Assomption de la Vierge entourée d'anges musiciens. À l'intérieur, la nef unique à croisée d'ogives est clôturée par une abside polygonale à trois pans. Une rosace surmonte le chevet : la croix centrale, ornée d'un Couronnement de la Vierge, date du 16e s. ☎ 05 65 99 93 66 - visite guidée 14h-17h, se renseigner au syndicat d'initiative. Pour admirer la collégiale, montez au sommet du village *(rue au-dessus du jardin de la collégiale)*.

Sortez du village par la D 32 en direction de St-Affrique pour apercevoir la reproduction de la statue-menhir de St-Julien trouvée en ces lieux.

Prenez ensuite sur votre gauche la D 117 puis la D 91.

Combret

Laissez la voiture sur la terrasse en bas du vieux village que vous abordez par une porte médiévale.

Les ruelles bordées de maisons de pierre rouge, très agréables à parcourir, mènent au sommet du village où se situent l'église romane et les restes d'une tour, dernier vestige d'un des trois châteaux qui existaient au Moyen Âge.

Continuez sur la D 91 vers St-Sernin. Une petite route à droite mène au monastère.

Chapelle du monastère bénédictin de N.-D.-d'Orient

L'intérieur de l'église (17e s.) est assez surprenant : on imagine assez mal dans cette région austère une telle profusion de décorations, d'autant plus que l'extérieur est plutôt sobre : rinceaux peints, plafond à chevrons en bois et retable baroque monumental avec maître-autel en marqueterie de bois. Vierge, saints et anges sont là pour glorifier le triomphe de la Contre-Réforme. Une fois dehors, remarquer le cadran solaire portant la devise : « Le soleil fait du jour des heures quand il luit mais dans son occident il nous donne la nuit ». Voilà qui nous rassure sur la bonne marche des choses…

Ne manquez pas, avant de repartir, la statue-menhir qui trône devant la chapelle.

CHÂTEAUX DU MOYEN ÂGE

113 km – une demi-journée. Quittez St-Sernin au nord par la D 999 puis suivez la direction de Plaisance par la D 33. 3 km après Plaisance, tournez à droite dans la D 60.

Coupiac

Un gros **château** flanqué de trois tours rondes, dont une, portant une horloge, côtoie le portail d'entrée, occupe le centre du village depuis le 15e s. Il fut réaménagé au 18e s. pour le rendre plus confortable. *Visite pour enf. sous forme de question-naire -* ☎ *05 65 99 79 45 - www.chateaudecoupiac.com - juil.-août : 10h-19h ; avr.-juin et sept.-oct. : dim. et j. fériés 14h-18h (vac. scol., 2e quinz. de juin et 1re quinz. de sept. tlj 14h-18h) - fermé de Toussaint à Pâques - 4 € (-7 ans gratuit).*

Dans la salle des gardes, canonnière à rotule : un boulet amovible permet de boucher la canonnière dès le coup de feu parti. L'ancienne **chapelle** du château contient un morceau du saint voile de la Vierge, relique qui donne lieu à un pèlerinage le 2e dimanche après Pâques. L'intérieur a été peint à fresque par Nicolas Greschny, peintre néobyzantin d'origine russe.

Revenez à la D 33 en empruntant la D 159 au nord du village. Suivez la direction de Brousse-le-Château.

Brousse-le-Château★

Au confluent de l'Alrance et du Tarn, Brousse se distingue par son site perché, dominé par son église au clocher fortifié et son **château fort** - ✆ 05 65 99 45 40 - juil.-août : 10h-19h ; sept.-oct. et mars-juin : 14h-18h ; nov. : 14h-17h - fermé déc.-fév. - 4 € haute sais. (-12 ans gratuit) - visite pour enf. sous forme de jeu de piste en juil.-août. Ses maisons des 17e et 18e s. se dressent le long de l'Alrance qu'enjambe un pont gothique.

Revenez à la D 902 que vous prenez à gauche. À Faveyrolles, prenez la D 60 à gauche vers St-Izaire.

Brousse-le-Château, village haut perché, est dominé par un château fort.

A. Thuillier / MICHELIN

St-Izaire

Ville natale de l'**abbé Hermet** (1856-1939), inventeur, entre autres, de la statue-menhir dite « de St-Sernin », St-Izaire concentre ses maisons de grès rouge sur la rive gauche du Dourdou.

La ville est dominée par son **château** (14e s.), bâtisse rectangulaire s'ouvrant par une porte fortifiée (herse) sur une cour intérieure. Au rez-de-chaussée, une salle archéologique présente quelques originaux des statues-menhirs trouvées en pays rouergat. Les étages supérieurs, quant à eux, sont aménagés en musée d'Histoire locale. Remarquez la chambre des Évêques avec son plafond peint du 17e s., ainsi que la chapelle, qui porte des fresques à carreaux très colorés. ✆ 05 65 99 42 27 - juil.-août : 10h-18h ; mai-juin et sept. : 14h-18h, mar. 9h-11h, 13h30-15h30 ; avr. et oct. : w.-end 14h-18h ; reste de l'année : lun., mar., jeu. 9h-11h, 13h30-15h30, vend. 9h-11h - 4 € (-12 ans gratuit) - visite pour enf. sous forme de jeu en juil.-août.

Traversez le Dourdou et prenez à droite la D 25 vers St-Affrique. Tournez à droite vers Vabres et suivez la D 999 jusqu'à Querbes. Là, tournez à gauche dans la D 101. Dépassez Montlaur puis tournez à gauche dans une petite route fléchée « Château de Montaigut ».

Château de Montaigut

✆ 05 65 99 81 50 - visite guidée - juil.-août : 10h-18h30 ; reste de l'année : 10h-12h, 14h30-18h30 - fermé le w.-end de nov. à fév. - 5 € (6-12 ans 1 €) - visite pour enf. sous forme de jeu.

Construite sur une butte, cette forteresse médiévale du 11e s., aménagée au 15e s., domine le pays du Rougier qui doit son nom à la terre colorée par l'oxyde de fer.

Les salles du rez-de-chaussée ont été bâties sur la roche creusée de sépultures du haut Moyen Âge (7e-8e s.). On y trouve les pièces habituelles des châteaux forts aménagés en résidences quelques siècles plus tard : cuisine au-dessus du cellier, grande salle à vivre avec cheminée, chambres. Plus loin, une maison de 1914 abrite un musée des Arts et Traditions populaires ainsi qu'une exposition sur le plâtre. Sentier de découverte autour du château.

Retournez à Montlaur puis à Querbes et tournez à gauche dans la D 999 qui rejoint St-Sernin.

Saint-Sernin-sur-Rance pratique

Adresse utile

Office de tourisme de St-Sernin-sur-Rance – *Av. d'Albi – 12380 -* 𝄞 *05 65 99 29 13 – juil.-août : 9h30-12h30, 14h-18h, dim. et j. fériés 9h30-12h30 ; sept.-avr. : tlj sf w.-end et j. fériés 9h30-12h, 13h-17h ; mai-juin : tlj sf dim. 9h30-12h, 13h-17h, sam. 9h30-12h - fermé j. fériés sf juil.-août.*

Se loger et se restaurer

🛏 **Carayon** – 𝄞 *05 65 98 19 19 - www. hotel-carayon.com - fermé dim. soir, mar. midi et lun. sf j. fériés -* 🅿 *- 74 ch. 38/75 € -* 🍽 *8 € - rest. 15/54 €.* Cet ancien relais de poste cache derrière sa façade crépie rose un parc où les amateurs de loisirs en plein air trouveront leur bonheur : piscine, tennis, ping-pong, balançoires et minigolf… Les autres pourront se reposer dans des chambres au cadre actuel dotées de balcons ou dans celles logées dans des maisonnettes.

Que rapporter

Poterie de Lucante – *12370 Combret -* 𝄞 *05 65 99 60 55 - www.poterie-de-lucante.com - avr., juin-oct.* Stages d'initiation et de perfectionnement à la céramique en avril et de juin à octobre. Façonnage, émaillage et cuisson sont pratiqués dans un spacieux atelier bien équipé. Exposition et vente. Hors saison, visite possible sur rendez-vous.

Loisirs

Association des amis du château de Montaigut – *12360 Gissac -* 𝄞 *05 65 99 81 50 - chateau-montaigut2@wanadoo.fr - 10h-12h, 14h30-18h30 (juil.-août 10h-18h) - fermé 15 déc.-1er fév - 5 €.* Stages de taille de pierre et d'arts plastiques.

Sainte-Enimie ★

512 SANTRIMIOLS
CARTE GÉNÉRALE C2 – CARTE MICHELIN DÉPARTEMENTS 330 I8 – SCHÉMA P. 443
LOZÈRE (48)

Le bourg s'étage à l'un des passages les plus resserrés des profondes gorges du Tarn, sur un tapis de verdure. On discerne sur les pentes abruptes des murs de soutènement et des terrasses qui montent en larges escaliers, témoins de l'immense travail accompli par l'homme pour pactiser avec la nature. Avec ses rues pavées en galets et son allure médiévale, Ste-Enimie figure au rang des plus beaux villages de France.

▶ **Se repérer** – À 134 km au nord-ouest de Montpellier, à 27 km à l'ouest de Florac par la N 106 puis la D 907bis, et à 27 km au sud de Mende par la N 88 puis la D 986.

👁 **À ne pas manquer** – Une promenade dans les ruelles du village ; la maison ancienne de la place au Beurre ; les projections audiovisuelles de la ferme départementale des Boissets et la descente en canoë des gorges du Tarn.

🕐 **Organiser son temps** – Ste-Enimie constitue une base de départ pour la découverte des gorges du Tarn *(voir ce nom)*. Vous pouvez décider par exemple d'arriver dans l'après-midi avant de partir le lendemain pour une balade au fil de l'eau.

👫 **Avec les enfants** – La descente en canoë des gorges du Tarn est possible, à condition de savoir nager.

🌿 **Pour poursuivre la visite** – Voir aussi l'aven Armand, Florac, le mont Lozère, le causse Méjean, Mende, le causse de Sauveterre et les gorges du Tarn.

Ste-Enimie, un village accroché au flanc du causse de Sauveterre, au-dessus du Tarn.

Comprendre

Enimie était une princesse mérovingienne, fille de Clotaire II et sœur du roi Dagobert. Repoussant les demandes en mariage les plus flatteuses, elle désire se consacrer à Dieu. Le roi s'y refuse et fiance Enimie à l'un de ses barons. Aussitôt, la lèpre atteint la jeune fille et écarte le prétendant. Les remèdes sont sans effet. Un jour, dans une vision, un ange ordonne à Enimie de partir pour le Gévaudan : une source lui redonnera sa beauté passée.

Elle parvient, après plusieurs jours d'un pénible voyage, dans un lieu où les malades viennent se baigner (l'actuel Bagnols-les-Bains). Elle veut s'arrêter, mais l'ange apparaît et lui dit de continuer sa route. Enfin, dans une vallée profonde et sauvage, elle apprend, par des pâtres, qu'une source – celle de Burle – est toute proche. La princesse se plonge dans l'eau miraculeuse qui fait aussitôt disparaître les traces de son mal. Lorsqu'elle veut prendre le chemin du retour, la lèpre couvre à nouveau son corps. Elle revient à la source qui accomplit le même miracle. Le message est clair :

il lui faut s'établir à Burle. Elle se retire dans une grotte, répand les bienfaits autour d'elle, fait bâtir un monastère de femmes. Saint Hilaire, évêque de Mende, vient lui rendre visite et la consacre abbesse du couvent de Burle.

Elle termine sa vie dans la sainteté, aux environs de l'an 628. On l'enterre dans la grotte-ermitage, dans une belle châsse d'argent, et ce lieu, hanté désormais par les pèlerins, voit se multiplier les miracles.

Se promener

Une flânerie au hasard des ruelles pittoresques du village permet d'en apprécier le charme.

Ancien monastère

Accès au départ de la place du Plot. Suivez les flèches vers la salle capitulaire. Traversez une salle voûtée, montez un escalier qui passe devant la crypte, longez un terrain de sport. On peut voir encore une salle capitulaire romane. Autour du monastère, les ruines d'anciennes fortifications subsistent.

Place au Beurre et halle au Blé

Au cœur du village ancien, la place présente une jolie maison ancienne, tandis que la halle a conservé une mesure à froment.

« Le Vieux Logis »

📞 04 66 48 50 09 - mi-juin à mi-sept. : tlj. sf sam. 10h-12h30, 15h-18h30. 2 €.
Cet écomusée installé dans une salle contenant l'alcôve, l'âtre, la table et divers ustensiles donne une idée des conditions de vie d'autrefois.

Église

Du 12e s., elle a subi quelques transformations. Voir la belle voûte en cul-de-four de l'abside et la statue de sainte Anne en pierre (14e s.).

Des panneaux de céramique moderne, d'Henri Constans, illustrent la légende de sainte Enimie. Près du bénitier, marque du niveau d'eau atteint lors de la crue du Tarn du 29 septembre 1900. L'autel baignait dans l'eau. Les dernières crues exceptionnelles remontent à 1965 et 1982.

Source de Burle

Résurgence des eaux de pluie tombées sur le causse de Sauveterre. Ce sont les eaux de la source de Burle qui, selon la légende, guérirent de la lèpre sainte Enimie.

Aux alentours

Grotte-ermitage – *👣 45mn à pied AR au départ de Ste-Enimie par un sentier (situé derrière les gîtes St-Vincent) ; ou bien 2,5 km par la D 986 en direction de Mende, puis 30mn à pied AR.*
À l'entrée, deux pierres creusées en forme de fauteuil servaient, dit-on, de siège à sainte Enimie. **Vue** sur le Tarn et la ville.
À 5 km sur la route de Mende (D 986), **vue** sur Ste-Enimie et son site.

Ferme départementale des Boissets

À droite de la D 986 en direction de Mende. 📞 04 66 48 53 44 - Se renseigner auprès de l'office de tourisme.
Sur les hauteurs de Ste-Enimie, en bordure du causse de Sauveterre, ce hameau traditionnel restauré accueille le **Centre d'interprétation des causses et gorges**.
De nombreux films et documents retracent les liens entre la « montagne » et la vallée, les difficultés et l'ingéniosité des habitants pour vivre, parfois survivre, dans ce milieu aussi envoûtant que difficile.
Passionnante et instructive, cette visite est une très bonne introduction à la découverte de la région. Les différents bâtiments du hameau ont été aménagés pour présenter la géologie et les paysages, l'architecture rurale et les cultures, le mouton bien sûr, mais aussi les richesses méconnues de la faune et de la flore…

Sainte-Enimie pratique

Adresse utile

Office de tourisme de Ste-Enimie – *village - 48210 -* 📞 *04 66 48 53 44 - www. gorgesdutarn.net - juil.-août : 9h-13h, 14h-19h ; avr.-juin et sept.-oct. : tlj sf dim. 9h30-12h30, 14h-18 ; reste de l'année : tlj sf w.-end 9h30-12h30, 14h-17h30 - fermé 25 déc.-1er janv.*

Se loger

🛏 **Camping Couderc** – 📞 *04 66 48 50 53 - www.campingcouderc.fr - ouv. avr.-sept. -* 🍴 *- réserv. conseillée - 113 empl. 21 €.* Au cœur des gorges du Tarn, ce camping propose des emplacements en terrasses sur un terrain arboré. Les blocs sanitaires et leurs équipements restent d'un niveau correct. Aire de jeu pour enfants et piscine avec de beaux bassins. Location de mobil-homes. Nombreuses activités sportives et touristiques à proximité.

🛏🍴 **Auberge du Moulin** – *R. de la Combe -* 📞 *04 66 48 53 08 - www. aubergedumoulin.free.fr - fermé dim. soir et lun. midi sf juil.-août, de mi-nov. à fin mars, j. fériés -* 🅿 *- 10 ch. 55/65 € -* ☕ *7,60 € - rest. 18/36 €.* La moitié des chambres de cette maison de caractère sont tournées vers le Tarn. Pour vous restaurer en saison, optez pour la paisible terrasse dominant la rivière. Intérieur, sobre ; plats régionaux.

Sports & Loisirs

Canyon Location – *Rte de Millau -* 📞 *04 66 48 50 52 - www.canoe-france.com - fermé 15 oct.-30 mars.* Base de location de canoë-kayak.

Pour la descente des gorges du Tarn en barque, voir p. 446.

👥 **Utopix** – 📞 *04 66 48 59 07 - http://utopix.lozere.org - 10h-20h - fermé nov.-fév - 7 € (enf. 6 €).* Il semblerait que des extra-terrestres se soient installés sur le causse de Sauveterre ! Sur un site exceptionnel, ce parc insolite offre l'occasion de se balader au milieu des dolmens, sculptures, constructions en pierre et autres curiosités. Jeux inédits pour petits et grands. Inhabituel et amusant !

Fort de **Salses**★★

**CARTE GÉNÉRALE D4 – CARTE MICHELIN DÉPARTEMENTS 344 I5
PYRÉNÉES-ORIENTALES (66)**

Émergeant des vignes, cette forteresse à demi enterrée affiche d'imposantes dimensions. Le grès rose des pierres et le rouge patiné des briques adoucissent aujourd'hui sa rigueur. Le fort de Salses, élevé au 15e s., reste un spécimen unique en France de l'architecture militaire médiévale espagnole, adaptée par Vauban aux exigences de l'artillerie moderne. Le site n'est plus stratégique mais bien agréable, à l'endroit où les eaux de l'étang viennent presque baigner les Corbières.

▶ **Se repérer** – À 16 km au nord de Perpignan par la D 900 en direction de Sigean. Vous pouvez également y accéder à pied depuis l'aire de repos de l'A 9.

👁 **À ne pas manquer** – La crête arrondie des courtines, le tracé polygonal de la contrescarpe et le donjon.

🕐 **Organiser son temps** – Comptez 1h.

👥 **Avec les enfants** – Un jeu de piste permet aux enfants de mener une enquête au sein de la forteresse.

🔥 **Pour poursuivre la visite** – Voir aussi les Corbières, Perpignan, le château de Peyrepertuse, Port-Barcarès, le château de Quéribus, la réserve africaine de Sigean et Tautavel.

Comprendre

On dit que deux sources d'eau salée coulent aux environs et que ce sont elles qui ont donné leur nom à Salses.

Le passage d'Hannibal – En 218 avant J.-C., Hannibal s'apprête à traverser la Gaule pour envahir l'Italie. Il doit franchir le Perthus, puis le pas de Salses qui fait communiquer le Roussillon avec les plaines du Bas-Languedoc. En toute hâte, Rome envoie en ambassade cinq vénérables sénateurs pour demander aux tribus gauloises de s'opposer au passage des Carthaginois. Un grand tumulte s'élève dans l'assemblée « tant le peuple trouve d'extravagance et d'impudence à ce qu'on lui proposât d'attirer la guerre sur son propre territoire pour qu'elle ne passât point en Italie. » Hannibal passe donc, se présentant « comme hôte ». Les Romains garderont un souvenir amer de cet épisode. Quand ils occuperont la Gaule, ils fonderont un camp à Salses et le relieront, par la voie Domitienne, au Perthus.

Une forteresse espagnole – Après la restitution du Roussillon à l'Espagne en 1493, Ferdinand d'Aragon fait construire en un temps record par un ingénieur du nom de Ramirez ce fort qui pouvait abriter une garnison de 1 500 hommes et satisfaire aux exigences de l'artillerie naissante. Lorsque Richelieu entreprend la reconquête du Roussillon, Salses est l'enjeu d'une lutte implacable entre Français et Espagnols. Les Français enlèvent le fort en juillet 1639, mais le reperdent en janvier 1640. Finalement, on décide de donner un assaut combiné par terre et par mer. Le gouverneur de Salses, apprenant la chute de Perpignan devant les troupes françaises en septembre 1642, se résout alors à demander la reddition. À la fin du mois de septembre 1642, la garnison vaincue reprend le chemin de l'Espagne.

En 1691, Vauban fait effectuer quelques travaux d'amélioration et raser des superstructures plus décoratives qu'utiles à la défense ; mais la ligne fortifiée est désormais assujettie à la nouvelle frontière naturelle des Pyrénées et le rôle militaire de Salses est terminé.

A. Cassaigne / MICHELIN

La forteresse de Salses, de plan rectangulaire, s'ordonne autour d'une cour centrale, ancienne place d'armes.

Un Nobel régional – Parmi les habitants de Salses, un viticulteur hors du commun, **Claude Simon**, prix Nobel de littérature en 1985. Né à Tananarive en 1913, Claude Simon appartient, par sa mère, à une vieille famille roussillonnaise descendant d'un conventionnel et général d'Empire, Lacombe-Saint-Michel. Écrivain de la mémoire, se situant dans la lignée de Proust, il évoque, de son écriture ample, sensuelle et très « visuelle », des scènes de son enfance perpignanaise, un des leitmotive revenant dans la plupart de ses ouvrages *(L'Acacia)*, et en particulier dans le dernier paru, *Le Tramway* (2001).

Visiter

📞 04 68 38 60 13 - www.salses.monuments-nationaux.fr - visite guidée - juin-sept. : 9h30-19h ; oct.-mai : 10h-12h15, 14h-17h (dernier dép. 1h av. fermeture) - fermé 1er janv., 1er Mai, 1er et 11 Nov., 25 déc. - 6,50 € (-18 ans gratuit), gratuit 1er dim. du mois (nov.-mars).

👥 En début de visite, on circule sur les parties hautes de l'**enceinte**. On remarque, d'une part, la crête arrondie des courtines, dispositif rare mis en place au 15e s. et destiné à faire ricocher les boulets et à décourager l'escalade ; d'autre part, le tracé polygonal de la contrescarpe, qui permettait aux assiégés de faire ricocher les tirs dans les angles. L'épaisseur du mur d'enceinte (escarpe) atteint 9 m en moyenne. Les bâtiments d'enceinte servaient de casernes, de casemates. Le sous-sol voûté, autour de la cour centrale, était occupé par les écuries (300 chevaux environ) ; au-dessus de celles-ci se trouvaient de grandes nefs voûtées à l'épreuve du feu et des bombes ; l'une, dans l'aile est, servait de chapelle. On débouche ensuite dans le « **réduit** » du donjon, isolé de la cour centrale par un fossé intérieur et une muraille à éperon. Là étaient situées l'étable, la boulangerie, et à côté de celle-ci, un local pourvu de bassins.

Le **donjon** proprement dit est divisé en cinq étages alternativement plafonnés et voûtés. Destiné au logement du gouverneur, il servit de poudrière au 19e s. Des couloirs en chicane, pris sous le tir des guetteurs, des ponts-levis piétonniers en constituaient les ultimes défenses.

Salses pratique

♿ Voir aussi Perpignan.

Se loger

🛏 **Chambre d'hôte La Salsepareille** – *4 av. Xavier-Llobères - 66600 Salses-le-Château - ✆ 04 68 38 61 70 - www.salsepareille.com -✗- 4 ch. 55 € - ⌂ - repas 20 €.* Les chambres de cette maison bourgeoise demeurent correctes et sans prétention. En revanche, on ne restera pas insensible à la délicieuse table d'hôte, préparée par une propriétaire passionnée. Excellente cuisine régionale servie dans la vaste salle à manger, boisson et sourire compris !

🛏🛏 **Chambre d'hôte Casa Clara** – *21 r. des Commerçants - 66510 St-Hippolyte - ✆ 04 68 28 48 14 ou 06 78 13 14 53 - www.casaclara66.com -✗- 3 ch. 60/68 € ⌂.*

Derrière les volets couleur lavande, se cachent 3 superbes chambres - « Marocaine », « Africaine » et « Bord de mer » - où décor exotique et grand confort vous invitent au voyage… Et n'oubliez pas de goûter au charme apaisant du jacuzzi installé au milieu des bougainvillées de la cour intérieure. Accueil sympathique.

Se restaurer

🍴🍴 **Le Commerce** – *2 bd de la Révolution - 66250 St-Laurent-de-la-Salanque - ✆ 04 68 28 02 21 - www.lecommerce66.com - fermé dim. soir sf juil.-août et lun., 1er-21 mars, 30 oct.-21 nov. - 19/39 € - 11 ch. 55 € - ⌂ 8,50 €.* Au centre de la localité, cuisine du terroir servie avec le sourire dans une salle rustique rajeunie par des tons jaunes. Petites chambres garnies d'un mobilier catalan.

Causse de **Sauveterre**

CARTE GÉNÉRALE CD2
CARTE MICHELIN DÉPARTEMENTS 330 H/I8 – LOZÈRE (48)

Ici, les Caussenards ont admirablement tiré parti du moindre sotch ; pas une parcelle de terre arable qui n'ait été soigneusement mise en culture, formant çà et là de belles ombres rougeoyantes ou verdoyantes suivant les saisons. Le causse de Sauveterre présente aussi de grands espaces boisés, assez accidentés, si bien qu'entre Lot et Tarn, les routes sinueuses se faufilent dans le moins aride des quatre Grands Causses.

▶ **Se repérer** – Délimité à l'ouest par Sévérac-le-Château et au sud par les gorges du Tarn, le causse de Sauveterre est assez bien desservi par des routes qui se croisent, permettant de le parcourir d'ouest en est (D 998) ou du nord au sud (D 32, D 986 et D 31).

👁 **À ne pas manquer** – La vue depuis la plate-forme du Sabot de Malepeyre ; les maisons caussenardes du hameau de Champerboux ; le retable en bois doré de l'église de Chanac et la reconstitution de ferme ancienne du Domaine médiéval des champs.

🕐 **Organiser son temps** – Prévoyez une bonne demi-journée.

👫 **Avec les enfants** – Les animations costumées du Domaine médiéval des champs.

♿ **Pour poursuivre la visite** – Voir aussi l'aven Armand, Marvejols, le causse Méjean, Mende, Ste-Enimie, Sévérac-le-Château et les gorges du Tarn.

Circuit de découverte

66 km au départ de La Canourgue – environ 5h.

La Canourgue

Laissez votre voiture sur le parking situé de l'autre côté de la D 998.
La vieille cité dominée par sa tour de l'Horloge s'étage au-dessus de l'Urugne, dont l'eau, conduite par de minces canaux, court à travers un véritable labyrinthe de ruelles pavées s'engageant sous des ponts, se perdant derrière de hautes demeures. Près de l'ancienne collégiale (12e-14e s.) au style composite provençal avec chœur roman entouré de chapelles rayonnantes, des maisons anciennes aux étages en encorbellement sont construites au-dessus de canaux.
Quittez La Canourgue par la D 998, vers Ste-Enimie. À 2 km, prenez la D 46 sur la droite. À 1,8 km de la bifurcation, laissez la voiture à hauteur du Sabot de Malepeyre, à gauche.

Sabot de Malepeyre★

Cet énorme rocher de 30 m de haut a été creusé et façonné par les eaux qui circulaient autrefois à la surface du causse. Il est percé d'une large baie surmontée d'un arc en anse de panier. On peut passer sous l'arche haute de 3 m et large de 10 m. De la plate-forme sur laquelle repose le talon du Sabot s'offre une belle vue sur la vallée de l'Urugne et, au loin, sur les monts de l'Aubrac.

> ### Le saviez-vous ?
> Le causse tire son nom d'un petit village situé à l'est du causse et au nord de Ste-Enimie et dont l'habitat est typiquement caussenard. Il s'agit d'une « sauveté », ancêtre des bastides, où les défricheurs des terres étaient placés sous la protection de l'Église.

Après le Sabot, prenez à gauche la D 43, laquelle rejoint la D 32 que vous prenez à gauche. La D 32 débouche à son tour sur la D 998 que vous empruntez à droite. Après 6 km, tournez à gauche vers Roussac et Sauveterre.

Champerboux

Beau hameau avec de superbes maisons caussenardes. De quoi regretter de ne pas avoir un bas de laine pour racheter une ferme en ruine et la remettre debout.
Prenez la D 44 à gauche.
La route menant à Chanac est bordée d'abris de bergers construits en pierres sèches.

Chanac

Tout en haut du vieux bourg *(suivez le panneau « La Tour » depuis le syndicat d'initiative, en bas du village)* trône le donjon, unique vestige du château féodal, ancienne résidence d'été des évêques de Mende. La place du Plô, où se tient un marché le jeudi, a gardé sa tour de l'Horloge. Regagner le bas du village pour aller voir le retable en bois doré et sculpté (17ᵉ s.) surmonté d'un baldaquin, dans l'église St-Jean-Baptiste.
Traversez le Lot et prenez à gauche la N 88.

Le Villard

Dominant la vallée du Lot, le Villard est un charmant village que flanque une ancienne forteresse épiscopale récemment restaurée. Au 14ᵉ s. fut érigée une enceinte ménageant une place forte qui permit aux populations alentour d'échapper aux ravages des Grandes Compagnies. S'ouvrant par une porte monumentale en pierre de taille, la forteresse n'a conservé que le **bâtiment des Gardes**, au nord, qui présente une exposition sur la préhistoire en Lozère, et le logis Renaissance à tourelles situé face à l'église. De l'esplanade, on jouit d'une belle vue sur la vallée.
La route suit vers le sud le cours du Lot que l'on franchit pour rejoindre Banassac.

Banassac

Musée archéologique – ℘ 04 66 32 82 10 - 🔾 - *tlj sf w.-end et j. fériés 8h-12h, 14h-18h - gratuit.* Installé dans la mairie, il présente des poteries sigillées qui, aux 1ᵉʳ et 3ᵉ s., étaient recherchées tant en Gaule que dans le reste de l'Europe ; la production était aussi importante que celle de la Graufesenque, près de Millau. Les petites guirlandes décorant les bordures des poteries constituent une marque de fabrique. On a relevé des inscriptions sur les poteries, en particulier celle du bol rouge trouvé à Pompéi : « *Bibe amice de meo* » (« Bois, ami, de ce que je contiens »).

Du 5ᵉ au 9ᵉ s., quatre ateliers, alimentés par les mines d'argent exploitées dans la région, ont frappé le dixième des pièces (or et argent) du royaume.

A. Thuillier / MICHELIN

Au détour d'une rue du Villard, une porte fortifiée.

Causse du Sauveterre pratique

Adresse utile

Office du tourisme de Chanac – *Quartier de la Vignogue - 48230 -* 𝄞 *04 66 48 29 28 - www.chanac.fr - juin-août : tlj sf lun. 9h30-12h, 15h-19h (dim. 10h-12h en juil.-août) ; sept.-mai : tlj sf lun. et dim. 9h30-12h, 15h-18h30, sam. 9h30-12h - fermé j. fériés sf en juil.-août.*

Se loger

⊜ **Chambre d'hôte « La Vialette »** – *La Vialette - 48500 La Canourgue - 9 km au sud-est de La Canourgue par D 998 puis dir. Église-de-la-Capelle -* 𝄞 *04 66 32 83 00 - www.gite-sauveterre.com -⊠- 5 ch. 55 € ⊑ - repas 18 €.* Dans l'enceinte d'une ancienne ferme caussenarde du 14ᵉ s. magnifiquement restaurée, ces 5 chambres décorées de dentelles faites au crochet disposent d'un confort actuel (TV, salle d'eau et WC). Table d'hôte fine et savoureuse, servie dans la salle à manger au mobilier de bois brut, typiquement campagnarde.

⊜⊜ **Hôtel Le Calice du Gévaudan** – *48500 Banassac -* 𝄞 *04 66 32 94 18 - www.hotelcalicegevaudan.com - fermé vend. soir, sam. midi, dim., vac. de Toussaint, j. fériés -* 🅿 *- 28 ch. 50/52 € - ⊑ 7 € - rest. 15/19 €.* Pour une halte sur la route des vacances, misez sur cet hôtel récent et fonctionnel qui propose des chambres assez simplement meublées, mais correctement insonorisées. Le restaurant dispose d'une paisible terrasse donnant sur un jardin avec jeux d'enfants.

Se restaurer

⊜ **Auberge « Chez Louis »** – *Le Mazelet - 48500 La Canourgue - 8 km au sud-est de la Canourgue par D 998 puis D 46 et D 43 -* 𝄞 *04 66 32 83 16 - www.gites-chez-louis.com -⊠- 11/18 € - 5 ch. 55/68 € ⊑.* Cette ferme-auberge exploitée en famille réserve quelques bonnes surprises dans la qualité de ses prestations : la plupart des chambres sont équipées de mobilier contemporain. Spécialités locales en cuisine : essayez donc le poulet Mary avec de la truffade !

⊜ **Ferme-auberge Pradeilles** – *Le Gazy - 48230 Chanac - 6 km au sud-ouest de Chanac par D 32, puis petite rte à dr. -* 𝄞 *04 66 48 21 91 - fermé déc.-déb. mars -⊠- réserv. conseillée - 13/14 € - 5 ch. 36/42 € ⊑.* Faisant partie d'une exploitation agricole familiale, cette ferme-auberge propose un hébergement qui, sans laisser un souvenir impérissable, demeure relativement correct. Côté restauration, on prendra ses repas dans la salle à manger au décor campagnard. Cuisine régionale à base de produits de la ferme.

Prieuré de **Serrabone**★★

**CARTE GÉNÉRALE B5 – CARTE MICHELIN DÉPARTEMENTS 344 G7
PYRÉNÉES-ORIENTALES (66)**

Dans le paysage austère et parfumé des Aspres, le chemin ménage jusqu'au bout la surprise de la découverte de ce prieuré solitaire et perché. C'est au cœur d'un océan végétal que se dévoile l'édifice aux murs de schiste. Posé dans un jardin botanique aux essences subtilement mêlées, il est l'une des merveilles de l'art roman en Roussillon.

- **Se repérer** – À 41 km à l'ouest de Perpignan par la N 116. Après Ille-sur-Têt, prenez à gauche la D 618 qui dessert Bouleternère et qui longe les gorges de Boulès.
- **À ne pas manquer** – Les chapiteaux aux influences orientales de la galerie sud et la tribune de marbre rose de l'église.
- **Organiser son temps** – Comptez 45mn.
- **Avec les enfants** – Le prieuré organise quelques visites contées (se renseigner sur le site).
- **Pour poursuivre la visite** – Voir aussi Le Boulou, le Canigou, Céret, le Conflent, Ille-sur-Têt, Perpignan et Prades.

Comprendre

Serrabone, c'est tout bonnement la « bonne montagne », la « bonne terre » : elle était autrefois couverte de prairies et de vergers. Lors d'une visite qu'il fit en 1834, **Prosper Mérimée** déplora vivement : « Les bâtiments dépendant du monastère tombent en ruine et l'église elle-même est en très mauvais état. » Une restauration suivit peu de temps après, grâce au soutien du mécène Henri Jonquères d'Oriola.

Visiter

✆ *04 68 84 09 30 - www.cg66.fr - 10h-18h (dernière entrée 30mn av. fermeture) - fermé 1er janv., 1er Mai, 1er nov., 25 déc. - 3 € (enf. 2 €).* Son aspect extérieur étonne par la rudesse de son architecture et la couleur sombre du schiste avec lequel il a été construit. Modeste édifice, sans luxe aucun – peut-être pour mieux être intégré à la sévérité du site –, il réserve, une fois la porte franchie, la surprise d'un décor sculpté aussi merveilleux qu'inattendu. *On pénètre dans l'église par la galerie sud.*

Galerie sud★

Ouvrant sur le ravin, cette galerie du 12e s., empreinte d'une sérénité et d'une harmonie inouïes, est ornée de chapiteaux dont les sculptures rappellent les thèmes d'influence orientale, habituels aux sculpteurs romans du Roussillon. Remarquez la différence entre les chapiteaux intérieurs de la galerie, peu différents de ceux de la tribune, et les chapiteaux extérieurs, au relief à peine marqué, œuvres d'artisans assurément moins habiles.

H. Champollion / MICHELIN

La tribune du prieuré est une véritable broderie de pierre.

Église

La nef date du 11e s., le chœur, le transept et le collatéral nord sont du 12e s. Mais le clou de la visite est la **tribune★★** de marbre rose qui frappe par la richesse de sa décoration. Les dix colonnes et les deux piliers rectangulaires supportant les six croisées d'ogives sont ornés de chapiteaux qui représentent, de façon stylisée, des animaux affrontés : aigles, griffons, mais surtout lions, des motifs floraux et aussi des anges. La partie la plus remarquable réside dans l'ornementation délicate des trois archivoltes, sculptées en méplat et en creux dans le marbre, et les écoinçons ornés de fleurs, véritable broderie dans la pierre.

Serrabone pratique

♿ Voir aussi Ille-sur-Têt.

Que rapporter

Relais de Serrabone – *66130 Boule d'Amont -* 📞 *04 68 84 26 24 - relaisserrabone@aol.com - au pied de la route conduisant au prieuré - mars-oct. : 10h-19h - fermé nov.- fév. Créé et géré par un groupement de producteurs locaux (fermiers et artisans, dont une partie travaille en agriculture biologique), il propose des produits du terroir qui vous feront venir l'eau à la bouche : miel, herbes aromatiques, canards gras, fromage, vin, jus de fruits, olives…*

Sète★

43 300 SÉTOIS
CARTE GÉNÉRALE D3 – CARTE MICHELIN DÉPARTEMENTS 339 H8 – HÉRAULT (34)

« Île singulière » réunie à la terre par deux étroites langues de sable, Sète se glisse au pied de la colline calcaire du mont St-Clair entre l'étang de Thau et la Méditerranée. Port de pêche, de plaisance et de commerce, la ville est bercée par les rêves de destinations lointaines ponctués de sirènes de bateaux ; les canaux parcourent en tous sens la cité neuve. Si la stimulation de votre bronzage sur la plage de sable fin qui s'allonge jusqu'au Cap-d'Agde ne vous suffit pas, découvrez le charme de cette cité qui se livre peu à peu.

- ▶ **Se repérer** – À 36 km au sud-ouest de Montpellier par l'A 9 puis la N 300/D 600. En venant de Béziers (56 km à l'ouest de Sète), la D 612 arrive au boulevard de Verdun puis quai Mar.-Joffre ; là, traversez le canal latéral par le pont de la gare puis la darse de la Peyrade par le pont des Sétois.

- 👁 **À ne pas manquer** – Les quais animés du vieux port ; les points de vue depuis le mont St-Clair ; la plage de Villeroy et les célèbres joutes nautiques qui se déroulent tout l'été avec un point d'orgue en août à l'occasion de la St-Louis.

- 🕐 **Organiser son temps** – Prévoyez la journée. Profitez de la fraîcheur relative de la matinée pour la promenade sur le mont St-Clair, revenez déjeuner et digérer près des plages de sable fin, puis flânez dans la ville et assistez au ballet des pêcheurs dans le port.

- 👪 **Avec les enfants** – La promenade en bateau à paroi de verre *(voir l'encadré pratique)*. Les plages disposent de nombreuses aires de jeux aménagées pour les enfants.

- ♿ **Pour poursuivre la visite** – Voir aussi Béziers, Le Cap-d'Agde, Maguelone, Montpellier, Pézenas, le bassin de Thau et l'abbaye de Valmagne.

Comprendre

Le nom de Sète vient des Grecs, et en particulier du célèbre historien-géographe Strabon. Impressionnés par le mont St-Clair, ils l'appelaient Sition, de *set* signifiant « montagne ».

Hier – Sète est né au 17e s., lorsque Colbert décida de construire un port au débouché sur la Méditerranée du canal des Deux-Mers. La première pierre est posée le 29 juillet 1666 par **Pierre Paul Riquet**, créateur du canal du Midi. Pour favoriser son développement, Louis XIV, en 1673, permet « à toutes personnes de bâtir des maisons, vendre et débiter toutes sortes de marchandises avec exemption du péage ». En quelques années, une ville industrielle et commerçante se crée pendant que Riquet fait bâtir les deux jetées de l'avant-port et creuser le canal de Sète entre l'étang de Thau et la mer.

Terre d'artistes ?

« Il dépend de celui qui passe/Que je sois tombe ou trésor/Que je parle ou que je me taise/Ceci ne tient qu'à toi/Ami n'entre pas sans désir » écrivit **Paul Valéry** (1871-1945), qui repose dans le cimetière marin. Le poète était en effet sétois, de même que **Georges Brassens** (1921-1981), qui chanta les lieux de son enfance dans sa *Supplique pour être enterré à la plage de Sète*. Si l'on ajoute le comédien **Jean Vilar**, l'écrivain **Maurice Clavel**, les peintres **Robert Combas** et **Hervé Di Rosa**, chefs de file du mouvement de la figuration libre, on conviendra que l'« île singulière » est un lieu où souffle l'esprit !

Georges Brassens.

R. Corbel / MICHELIN

Au 19e s., c'est l'âge d'or. Les travaux d'aménagement du port et du canal maritime se multiplient, tandis que les compagnies de chemins de fer desservent plus fréquemment la ville. Vers 1840, Sète occupe le 5e rang des ports français. Après la conquête de l'Algérie, les liaisons avec l'Afrique du Nord ne font qu'accentuer la prospérité sétoise. Aujourd'hui, en dépit d'un net déclin, le port est toujours actif et la « gare du Maroc » retrouve toute son animation lorsque le magnifique ferry *Le Marrakech*, immense vaisseau blanc invitant au voyage, est à quai.

SE LOGER		Tamaris (Camping les)	⑩
Balajan (Hôtellerie de)	①	Tritons (Hôtel les)	⑬
Grand Hôtel	④	SE RESTAURER	
Port Marine (Hôtel)	⑦	The Marcel	①

Se promener

MONT ST-CLAIR★

Comptez deux heures à pied, vous pouvez également monter en voiture (5mn), un premier parking est à votre disposition devant l'entrée du parc des Pierres Blanches, un second au niveau de la chapelle N.-D.-de-la-Salette. De la promenade Mar.-Leclerc, poursuivez par l'avenue du Tennis et bifurquez à droite dans la montée des Pierres-Blanches.

Le meilleur souvenir qu'on puisse emporter de Sète est l'excursion au mont St-Clair. Cette colline, autrefois couverte de forêts de pins et de chênes, s'élève à 183 m au-dessus de la mer et forme un belvédère de choix pour les sites environnants.

Parc panoramique des Pierres Blanches

Balisé de sentiers pédestres, c'est un agréable lieu de flânerie qui permet de découvrir le site alentour. De la table d'orientation, ample **vue**★ sur la partie ouest du bassin de Thau, la basse plaine de l'Hérault, la pleine mer, la corniche, la plage.

Chapelle N.-D.-de-la-Salette

Le mont doit son nom au saint qui, dès le haut Moyen Âge, était ici vénéré. Au 17e s., un ermitage existait encore près du fortin appelé « la Montmorencette », du nom du duc de Montmorency qui l'avait fait élever contre les barbaresques. Après la révolte du duc, le fort fut démantelé, et une ancienne casemate transformée en chapelle expiatoire, dédiée plus tard à Notre-Dame-de-la-Salette. Elle attire de nombreux pèlerins toute l'année, et tout particulièrement le 19 septembre, jour-anniversaire de la première apparition à la Salette (1846).

Points de vue

De l'esplanade, face à la chapelle, où une grande croix est illuminée toutes les nuits, la **vue**★ est très belle sur Sète, la partie est du bassin de Thau, les garrigues, les Cévennes, le pic St-Loup, la montagne de la Gardiole, la côte avec ses étangs et ses petites villes. D'une tour d'orientation aménagée sur la terrasse du presbytère, le **panorama**★★ est splendide. Si les premiers plans vibrent de lumières et de couleurs, dans les lointains formes et teintes se fondent en nuances douces. Par temps clair (l'hiver), la vue s'étend vers le sud-ouest, au-delà des lagunes et de la mer, jusqu'aux Pyrénées dominées par le Canigou et, vers l'est, jusqu'aux Alpilles.

Poursuivez par le chemin de St-Clair en très forte descente. Dominant la mer, paisible et serein, se trouve le **cimetière marin**★ où reposent Jean Vilar *(dans la partie basse)* et Paul Valéry *(dans la partie haute)*. Comment ici ne pas songer au vers du poète : « La mer, la mer, toujours recommencée » ?

Regagnez le centre-ville par la Grande-Rue-Haute.

Les chevaliers de la Tintaine

De Sète, Mèze, Agde, Frontignan, Palavas ou Le Grau-du-Roi, les gros bras de la région, armés d'une lance et munis d'un pavois, juchés en haut de la « tintaine », se défient sur le canal, barque bleue contre barque rouge. Le tournoi de joutes est un spectacle coloré, animé, obéissant à des règles strictes et à des codes parfois inaccessibles au profane, baigné de musique et de liesse populaire et qui voit normalement l'un des lutteurs terminer le combat par un plongeon spectaculaire dans les eaux du canal. C'est pour les fêtes de la St-Louis qu'il faut assister au grand tournoi de joutes, véritable championnat du monde de la spécialité, précédé du défilé d'une centaine de participants, la « tchibille ».

PORTS ET PLAGES

Port de commerce

À l'entrée de la ville, la zone portuaire voit transiter chaque jour bois tropicaux, céréales, produits pétroliers et autres marchandises. Le spectacle des gigantesques hangars et des grues géantes donnent un aperçu de l'intense activité de ce deuxième port de commerce de la Méditerranée.

Vieux port★

Avec ses canaux, ses ponts, ses restaurants où tielles, rouilles, bourrides et autres loups grillés vous attendent, ses embarcations de plaisance et ses chalutiers, c'est ici que bat le cœur de la ville. Depuis le quai Aspirant-Herber, belle vue sur la ville qui s'étage au flanc du mont St-Clair.

La **Marine**, le long du canal, est bordée d'immeubles aux façades colorées et de restaurants de fruits de mer dont les terrasses ont vue sur le canal de Sète.

D. Pazery / MICHELIN

Vue sur le canal bordé de maisons aux couleurs méditerranéennes, depuis le quai Aspirant-Herber, en face.

Les abords du môle St-Louis ont été aménagés pour servir de base d'entraînement pour la voile de haut niveau. Construit en 1666, long de 750 m, il offre une belle promenade balayée par la brise.

Port de plaisance
Répartis entre le môle St-Louis et le port des Quilles, les 350 anneaux permettent l'accueil de nombreux plaisanciers.

Promenade de la Corniche
Cette promenade fréquentée entaille la base du mont St-Clair aux pentes couvertes de villas et offre un beau panorama sur la Grande Bleue.

Plages
La plage du Lazaret, la plus proche du centre-ville, doit son nom à la pointe qui délimite sa petite rade. Au niveau du canal des Quilles, la plage de la Corniche, située à 2 km du centre-ville, est aménagée d'aires de jeux gonflables pour les enfants, de bars et de restaurants. Dans son prolongement, la plage de Villeroy se déroule jusqu'à Marseillan, sur 12 km de sable blond dans un site naturel protégé.

Visiter

Espace Brassens
67 bd Camille-Blanc. ℰ *04 67 53 32 77 - www.ville-sete.fr/brassens - ♿ - juil.-août : 10h-12h, 14h-19h ; juin et sept. : 10h-12h, 14h-18h ; oct.-mai : tlj sf lun. 10h-12h, 14h-18h - fermé 1ᵉʳ janv., Pâques, 1ᵉʳ et 8 Mai, 11 Nov., 25 déc. - 5 € (enf. 2 €), billet combiné musée Paul-Valéry et MIAM 6 €.*
À travers une scénographie originale, ce lieu évoque la vie et l'œuvre du chanteur poète sétois (1921-1981) qui, avec des mots (parfois chargés d'irrévérence) et des mélodies simples scandées par des accords de guitare ou soulignées par la contrebasse, sut parler des thèmes éternels que sont l'amitié *(Chanson pour l'Auvergnat)*, l'amour *(Je me suis fait tout petit)* ou la mort *(Pauvre Martin)*. Muni d'un casque à infrarouge, le visiteur découvre ou redécouvre l'enfance de l'artiste à Sète, sa « montée » à Paris et ses premiers succès, les œuvres des écrivains qu'il a adaptées *(Ballade des dames du temps jadis* de Villon, *Il n'y a pas d'amour heureux* d'Aragon) ou même sa correspondance amoureuse. Dans ce lieu de mémoire vivante, on se surprend à fredonner des airs familiers en revoyant le tour de chant enregistré à Bobino…
Le corps de Brassens repose selon son vœu *(Auprès de mon arbre…)* sous un cyprès, en face de l'Espace, dans le cimetière Le Py.

Musée Paul-Valéry
Face à la mer, près du cimetière marin, sur le mont St-Clair. ℰ *04 67 46 20 98 - juil.-août : tlj 10h-12h, 14h-18h ; sept.-juin : tlj sf mar. et j. fériés 10h-12h, 14h-18h - 4 € (12-18 ans 1,50 €), gratuit 1ᵉʳ dim. du mois, billet combiné Espace Brassens et MIAM 6 €.*
Au-dessus du cimetière marin, cet agréable musée présente des œuvres d'artistes locaux reconnus (Combas, Di Rosa) ou inspirés par la ville (Desnoyers, Marquet, Sarthou).

Un espace est consacré aux joutes sétoises. À l'étage, une salle superbement ouverte sur la mer d'un bleu intense est consacrée à Paul Valéry : éditions originales, manuscrits, aquarelles et dessins permettant d'admirer le joli coup de crayon qu'avait le poète ! Une autre salle est consacrée aux œuvres du 19ᵉ s. évoquant des vues du port et de la ville ainsi que de nombreuses marines. Des expositions temporaires animent le lieu tout au long de l'année.

Musée international des Arts modestes (MIAM)

23 quai Mar.-de-Lattre-de-Tassigny, sur le grand canal - ✆ 04 67 18 64 00 - www.miam. org - tlj sf lun. et j. fériés (sf juil.-août) 10h-12h, 14h-18h - 5 € (10-18 ans 1,50 €), gratuit 1ᵉʳ dim. du mois, billet combiné musée Paul-Valéry et Espace Brassens 6 €.

Musée ludique et unique en son genre, le MIAM présente des collections d'objets du quotidien d'ici et d'ailleurs, accumulés par Hervé Di Rosa et Bernard Belluc, et exposés dans des vitrines et des caravanes. Ces objets, qui reflètent l'univers fantasmagorique des deux artistes, ravit les adultes nostalgiques et fascine les plus jeunes.

Outre ses collections, le MIAM conçoit et présente des expositions originales dans lesquelles se côtoient toutes formes d'art populaire, d'art singulier et d'art contemporain.

Centre régional d'art contemporain (CRAC)

26 quai Aspirant-Héber - ✆ 04 67 74 94 37 - http://crac.lr.free.fr/ - tlj sf mar. 12h30-19h, 14h-18h le w.-end (15h-20h en été). Se renseigner sur dates et thèmes d'exposition. Entrée libre. Exemple surprenant de reconversion, cet ancien centre de congélation de poisson accueille aujourd'hui, et tout au long de l'année, de nombreuses expositions temporaires. Cette vaste structure brute, très modulable, est devenue un lieu d'échange et de pédagogie autour de l'actualité artistique.

AU PAYS DU MUSCAT

28 km – 2h environ (non compris le bain !). Quittez Sète par la D 612, en direction de Montpellier.

Frontignan-Plage

Cette petite station balnéaire est dotée d'un port de plaisance proposant 600 places à flot.

Poursuivez par la D 60, route empruntant l'étroit cordon littoral entre mer et étang.

Les Aresquiers

Sur cette plage de galets, appréciée des naturistes, des petites guinguettes, aux bouillabaisses appréciées des connaisseurs, donnent parfois en soirée des concerts (rock, reggae). La route, tracée sur une digue entre étangs et canal, ménage des vues paisibles dans un paysage serein qui, au soleil déclinant, se pare de rose et d'orangé.

Par Vic-la-Gardiole et Mireval (qui produit un muscat réputé) rejoignez la D 612 que vous prenez sur la gauche, en direction de Frontignan.

Massif de la Gardiole

Au nord, se dresse le massif de la Gardiole, sillonné de sentiers balisés que parcourent amateurs de VTT et de randonnées tant pédestres qu'équestres.

Frontignan

Petite ville industrielle, Frontignan a donné son nom à un muscat aussi doré que réputé, dont le vignoble recouvre près de 800 ha au bord de l'étang d'Ingril.

Église St-Paul – Au 14ᵉ s., l'église (12ᵉ s.) fut reconstruite dans le style gothique méridional, avec une seule nef et une abside pentagonale, les contreforts renforcés. Puis, intégrée dans les fortifications dont s'entoura la ville, sa tour-clocher à l'allure de donjon fut surélevée et couronnée d'une tourelle. Après avoir détaillé le portail et sa frise de poissons et de bateaux, à l'intérieur vous observerez le plafond de la nef qui a été rétabli dans ses dispositions du 14ᵉ s., laissant apparaître quelques belles poutres peintes.

Musée d'Histoire locale – *4 bis r. Lucien-Salette, à côté de l'église - ✆ 04 67 18 50 05 - mars-nov. : tlj sf mar. 10h-12h, 14h-18h - fermé 1ᵉʳ Mai et de déc. à mars - gratuit.* Installé dans l'ancienne chapelle des Pénitents Blancs s'ouvrant par un portail monumental du 17ᵉ s., il rassemble des collections de préhistoire, d'archéologie subaquatique, des souvenirs napoléoniens. Certains aspects de la vie locale sont évoqués : travail du tonnelier, fabrication du muscat, tournois de joutes nautiques.

Retour à Sète par la D 612.

Sète pratique

Adresse utile

Office de tourisme de Sète – *60 Grand'Rue Mario-Roustan - 34200 - ☎ 04 67 74 71 71 - www.ot-sete.fr - juil.-août : 9h30-19h30 ; sept.-mars : 9h30-18h, w.-end 9h30-12h30, 14h-17h30 ; avr.-juin. : 9h30-18h, w.-end. 9h30-17h30 - fermé 1ᵉʳ janv., 25 déc. En juil.-août, deux antennes à Sète : canal des Quilles et rond-point du Mas-Coulet.*

Visites

Visites guidées de la ville – *☎ 04 67 74 71 71 - www.ot-sete.fr.* L'office de tourisme de Sète propose plusieurs circuits audioguidés (de 1h30 à une journée) - location du matériel : 5 € pour 2 pers.

Il organise également une visite guidée ayant pour thème « la criée aux poissons ».

Se loger

◉ Hôtel Les Tritons – *Bd Joliot-Curie - ☎ 04 67 53 03 98 - www.hotellestritons. com -* 🅿 *- 55 ch. 45/110 € - ☲ 7 €.* Les chambres sont fonctionnelles et colorées ; climatisation et vue sur mer en façade, fraîcheur et calme sur l'arrière. Décor marin dans le hall.

◉ Camping Les Tamaris – *34110 Frontignan - 1 km au sud de Frontignan par D 60 - ☎ 04 67 43 44 77 - les-tamaris@ wanadoo.fr - ouv. avr.- sept. - réserv. conseillée - 250 empl. 40 € - restauration.* Vous profiterez pleinement des plaisirs de la plage dans ce camping installé au bord de l'eau. Quelques mètres à faire pour poser votre serviette sur le sable et plonger dans les vagues ! Belle piscine, bar, restaurant et magasin pour vous servir…

◉◉ Grand Hôtel – *17 quai du Mar.-de-Lattre-de-Tassigny - ☎ 04 67 74 71 77 - www.legrandhotelsete.com - fermé 18 déc.-2 janv. - 43 ch. 75/135 € - ☲ 10 €.* Cette élégante bâtisse (1882) ancrée sur les quais est une véritable institution. Vaste patio coiffé d'une verrière de style Belle Époque, chambres « cosy », meubles anciens et bar design : vous succomberez à son charme.

◉◉ Hôtel Port Marine – *Môle St-Louis - ☎ 04 67 74 92 34 - www.hotel-port-marine. com -* 🅿 *- 46 ch. 77/110 € - ☲ 10 € - rest. 26 €.* Hôtel de construction moderne proche du port de plaisance et de la jetée. Chambres fonctionnelles évoquant sobrement l'intérieur d'une cabine de bateau. Six appartements ouvrent leurs fenêtres côté mer. Cuisine régionale au restaurant Bleu Marine.

◉◉ Hôtellerie de Balajan – *41 rte de Montpellier - 34110 Vic-la-Gardiole - ☎ 04 67 48 13 99 - www.hotel-balajan. com - fermé dim. soir hors sais., lun. midi et sam. midi, 25 déc.-5 janv., fév. -* 🅿 *- 18 ch. 70/103 € - ☲ 10 € - rest. 27/53 €.*

Le vignoble produisant le fameux muscat entoure cet immeuble aux chambres sobres situé sur la route nationale. En arrière-plan, le massif de la Gardiole. La convivialité du restaurant doit beaucoup à ses tables fleuries ; saveurs méridionales dans l'assiette.

Se restaurer

◉ Bon à savoir – Une partie de la population sétoise est originaire d'Italie, ce qui n'a pas manqué d'influencer la cuisine. Plusieurs préparations goûteuses, comme la tielle, une tourte à base de poulpe et de tomate, ou la bourride, en témoignent. Les restaurants du quai du Général-Durand, souvent tenus par des pêcheurs, vous feront découvrir ces spécialités.

◉◉ The Marcel – *5 r. Lazare-Carnot - ☎ 04 67 74 20 89 - fermé 26 juin-9 juil., 23 déc.-5 janv. - 20/50 €.* Dans une rue calme du vieux quartier de Sète, ce restaurant est un rendez-vous agréable, apprécié des Sétois. Son décor hétéroclite mélange gaiement style Art déco, fauteuils clubs en velours, mobilier bistrot… et sert de galerie aux peintres d'ici. Cuisine du cru, entre autres…

Que rapporter

Les Halles – *6h-13h.* Ces grandes halles particulièrement animées ne possèdent pas réellement de charme, mais vous trouverez sur place de nombreux ostréiculteurs de l'étang de Thau venus proposer directement aux consommateurs les fruits de leur élevage.

Marché aux puces – *Pl. de la République - dim. 6h-13h.*

Marché des potiers – *34560 Montbazin - en avril ou en mai. Se renseigner à la mairie - ☎ 04 67 78 72 02.*

Paradiso – *11 quai de la Résistance - ☎ 04 67 74 26 48 - tlj sf lun. 8h30-19h - fermé en janv.* Adrienne Verducci avait-elle imaginé que la tielle, chausson à base de poulpe et de sauce tomate d'origine italienne introduit par elle à Sète en 1937, allait peu à peu devenir une des spécialités gastronomiques de la ville ? Sa descendance continue en tout cas de faire vivre ce plat unique, fabriqué selon la tradition avec les ingrédients du pays.

Chez David – *67 r. Paul-Bousquet - ☎ 04 67 53 14 30 - 7h-12h30, 16h-20h - fermé mar., fév., 1ᵉʳ janv., 25 déc.* Si la boutique est située un peu à l'écart du centre-ville (entre la gendarmerie et la caserne des pompiers) et difficile à trouver, le voyage en vaut vraiment la peine, car David fabrique de délicieuses tielles sétoises. Cet excellent artisan traiteur, très au fait de la vie à Sète, discute volontiers de tous les sujets et notamment de cette spécialité locale, sorte de petite tourte fourrée aux poulpes frais.

Cave coopérative du Muscat de Frontignan – *14 av. du Muscat - 34110 Frontignan -* ℰ *04 67 48 12 26/04 67 48 93 20 - www.frontignan-coopérative.fr - juin-sept. : visite guidée (20mn) : 10h, 11h, 15h30, 16h30 ; magasin : juin-sept. : 9h30-12h30, 15h-19h30 (juil.-août 14h) ; oct.-mai : 9h30-12h30, 14h30-18h30 - fermé 1ᵉʳ janv. et 25 déc.*

Sports & Loisirs

École de voile de Frontignan – *Av. Vauban - 34110 Frontignan -* ℰ *04 99 04 91 72 - 9h-18h - fermé 15 déc. au 1ᵉʳ mars.* Stages d'initiation ou de perfectionnement : Optimist, dériveur double ou solitaire, planche à voile, catamaran. Également : location de canoës et école de plongée.

Sète Croisières – *Quai de la Marine -* ℰ *04 67 46 00 46 - www.sete-croisieres. com - fermé 1ᵉʳ-28 déc.* Promenade (1h) à bord du bateau *Aquarius* et promenade (1h30) à bord du bateau *Subsea* à paroi de verre, pour voir les parcs à coquillages de l'étang de Thau (tlj sf w.-end) ou pour découvrir la côte rocheuse en mer (w.-end ; 1h) ; dép. quai de la Pointe-Courte pour l'étang de Thau ou quai de la Marine pour la côte rocheuse (embarquement 15mn av. le dép.).

Événement

Fêtes de la Saint-Louis – *Autour du 25 août* – Joutes et traversée de Sète à la nage.

Sévérac-le-Château ★

2 402 SÉVÉRAGAIS
CARTE GÉNÉRALE C2 – CARTE MICHELIN DÉPARTEMENTS 338 K5 – AVEYRON (12)

À l'horizon, un rocher abrupt porte les restes d'un château imposant… Voici Sévérac-le-Château ! Ce bourg autrefois fortifié s'élève sur les flancs d'une colline isolée au milieu de la dépression qu'arrosent les sources de l'Aveyron et leurs affluents. Si, autrefois, l'activité tournait autour de la grande gare de triage construite dans les années 1880 sur la ligne Rodez-Millau, cette période est désormais révolue. Aujourd'hui, ce sont la cité médiévale et les vestiges du château qui font vivre cette paisible petite ville aveyronnaise.

▶ **Se repérer** – À 38 km au nord de Millau par l'A 75, sur la N 88 en direction de Rodez. La ville possède deux quartiers bien distincts, le quartier médiéval du château, sur la colline, et le quartier de la gare, à ses pieds, sur le versant opposé.

◉ **À ne pas manquer** – Les vues depuis la terrasse et la tour de guet du château ; les maisons anciennes de la cité ; la maquette du château à la maison des Consuls et l'exposition sur le Moyen Âge à la maison de Jeanne.

🕐 **Organiser son temps** – Comptez 2h. Début août, la fête médiévale et le son et lumière subliment le site.

👥 **Avec les enfants** – La fête médiévale.

🌿 **Pour poursuivre la visite** – Voir aussi Castelnau-Pégayrols, Marvejols, Millau, le chaos de Montpellier-le-Vieux, le causse de Sauveterre et les gorges du Tarn.

Comprendre

Amaury de Sévérac – La baronnie de Sévérac, l'une des plus anciennes et des plus puissantes de France, compte dans ses rangs Amaury de Sévérac (1365-1427), devenu seigneur de Sévérac-le-Château en 1416. Nommé chambellan du dauphin (futur Charles VII), il prit part à d'innombrables faits d'armes avant de devenir maréchal de France. Dépourvu de descendance, il fut assassiné au château de Gages, au nord-est de Rodez, en 1427. Avec lui s'éteignit la branche aînée des barons de Sévérac. Une lignée collatérale s'est maintenue depuis 1300 à Entraygues, puis à St-Félix-Lauragais (Haute-Garonne) où est né le compositeur **Déodat de Sévérac** (1873-1921), qui composa des mélodies d'une délicatesse exquise, tout imprégnées du folklore languedocien.

Un mari peu complaisant – Louis d'Arpajon, héritier par ses ancêtres de la seigneurie de Sévérac-le-Château, fut un guerrier fameux : sa bravoure et ses talents lui valent, en 1637, le titre de général d'armée et, plus tard, le comté de Rodez. Arpajon se retire dans son château à l'apogée de sa gloire, en 1663, avec son épouse, Gloriande de Thémines. Très fière de son « vaillant seigneur », Gloriande transforme le château en une brillante demeure où les fêtes se succèdent, au grand émoi de sa belle-mère, austère calviniste convertie au catholicisme, qui parvient à faire croire à Louis que son fils n'est pas de son sang. Fou de jalousie, le brillant militaire tue son rival supposé et séquestre sa femme jusqu'à l'époque du pèlerinage à N.-D.-de-Ceignac que Gloriande décide de suivre. Des hommes armés, cachés dans les fourrés, s'emparent alors de la litière et maintiennent Gloriande pendant qu'un chirurgien barbier lui ouvre les artères des poignets et des chevilles. Quand la mort a fait son œuvre, on bande les plaies et le corps est ramené au château. Personne ne songe à discuter la version d'une crise cardiaque foudroyante.

Visiter

Cité médiévale

Dans les ruelles et passages voûtés conduisant au château s'élèvent des maisons anciennes (15e-16e s.) avec fenêtres à meneaux, tourelles en encorbellement et façades à pans de bois.

Dans la **maison des Consuls,** qui renferme une maquette du château tel qu'il se présentait au 17e s., remarquez le plafond peint et la cheminée Renaissance qui ornent la salle des Consuls. La **maison de Jeanne**, qui accueille une exposition sur le Moyen Âge, daterait du 11e s. et serait la plus ancienne du Rouergue.

Tirant partie de la situation stratégique de son château, Sévérac s'est, au Moyen Âge, installé au pied de la colline.

Château

📞 05 65 47 67 31 - www.severac-le-chateau.com - juil.-août : 9h30-19h ; avr.-juin, sept. et vac. scol. Toussaint : : 10h-12h30, 14h-18h - 6,50 € haute sais., 3 € basse sais. (enf. 4 € et 2 €).

L'entrée du 17e s. donne accès à la cour d'honneur. Au nord s'élèvent des constructions plus anciennes (13e et 14e s.) : vestiges de courtines, trois tours de guet et une chapelle abritant une exposition sur les costumes au Moyen Âge ; au sud, la façade Renaissance et les restes d'un escalier monumental à double volée. De la terrasse du château, située à l'est de la cour d'honneur, la vue s'ouvre sur le bourg et la haute vallée de l'Aveyron, les causses de Sévérac et de Sauveterre, les contreforts des Cévennes et, plus à droite, le Lévézou. Depuis la tour de guet du rempart ouest, admirez la vue qui s'étend sur la vallée de l'Aveyron et distinguez, au loin, le château de Loupiac, flanqué de ses quatre tours rondes.

Aux alentours

Château de Vezins

21 km. Quittez Sévérac à l'ouest par la N 88. À Recoules-Prévinquières, prenez à gauche la D 96. ☎ 05 65 61 87 02 - de mi-juin à mi-sept. : tlj sf merc. et dim. mat. 10h30-12h, 14h-18h ; fermé reste de l'année - 6 € (enf. 4 €). La visite de ce château de forme défensive, en fer à cheval, permet de décrypter l'évolution architecturale de l'édifice (12e au 19e s.). De l'autre côté du passage voûté moyenâgeux, la terrasse offre une vue sur le village et une partie du plateau du Lévézou.

Intérieur – L'ancienne salle de garde rend hommage à deux peintres : Eugène Viala (1859-1913) et Renaud de Vezins (1882-1932), ce dernier étant de la famille des propriétaires. La cuisine abrite une collection de cuivres du 18e s. Dans la chambre Henri IV, remarquez le parquet chevillé en chêne et châtaignier datant du 17e s.

Sévérac-le-Château pratique

Adresse utile

Office de tourisme de Sévérac-le-Château – *5 r. des Douves - 12150 - ☎ 05 65 47 67 31 - www.severac-le-chateau.com - juil.-août : 9h30-13h, 14h-19h ; juin et 1re quinz. de sept. : 9h30-12h30, 14h-18h, dim. 10h-12h, 15h-18h ; de mi-sept. à fin mai : lun. 14h-18h, mar.-vend. 9h30-12h30, 14h-18h, sam. 9h30-12h30 - fermé 25 déc., 1er janv.*

Se loger

Sev'Hôtel – *Av. de Paris - ☎ 05 65 70 21 60 - jacques.lafon@wanadoo.fr - - 30 ch. 39 € - 5,50 €.* Installé dans le parc national des Grandes Causses, cet hôtel, bien qu'il ressemble à un établissement de chaîne, propose un hébergement correct pour un prix très raisonnable. Les chambres, équipées de façon moderne (douches, WC et TV), offrent une belle vue sur la nature environnante. Idéal pour petit budget.

Que rapporter

Marché traditionnel – Tous les jeudis matin place de la gare.

Événements

Marché traditionnel – Tous les jeu. matin.

Fête médiévale – 1er w.-end août.

Son et lumière – « Mémoires de Sévérac, la légende de Jean de Fol », spectacle de 1h40 - déb. août dans la cour d'honneur du château.

Dans cette même cour, animations par les maîtres fauconniers en juil.-août : spectacles en costume et en musique mettant en scène plus de 20 rapaces diurnes et nocturnes.

Réserve africaine de **Sigean**★

CARTE GÉNÉRALE C4 – CARTE MICHELIN DÉPARTEMENTS 344 I4 – AUDE (11)

Lorsque les garrigues éclaboussées d'étangs prennent des teintes africaines, il ne faut pas grand-chose pour se croire au cœur de la savane. Que diriez-vous de quelques antilopes, lions, chimpanzés ou éléphants pour compléter le ballet des flamants roses ? Le long du littoral languedocien, dans une réserve de 300 hectares aménagés pour évoquer au mieux leur milieu naturel, vivent en semi-liberté près de 3 800 animaux.

◗ **Se repérer** – À 18 km au sud de Narbonne et à 54 km au nord de Perpignan par la D 6009. Après Sigean, suivez la signalétique, la réserve est à 7 km au nord-ouest.

👁 **À ne pas manquer** – Les ours du Tibet qui n'hésitent pas à lézarder au milieu de la route ; les imposants rhinocéros de la savane africaine et les séances d'épouillage des chimpanzés.

🕐 **Organiser son temps** – Prévoyez une demi-journée *(aires de pique-nique, buvettes et restaurants sur place).*

👥 **Avec les enfants** – Ils n'ont que l'embarras du choix, l'enclos aux chèvres emportant la préférence des plus jeunes.

🔆 **Pour poursuivre la visite** – Voir aussi l'abbaye de Fontfroide, les Corbières, Gruissan, Narbonne, les châteaux de Peyrepertuse et Quéribus, Perpignan et le fort de Salses.

Visiter

D 6009 - 11130 Sigean - 📞 *04 68 48 20 20 - www.reserveafricainesigean.fr -* ♿ *- tlj - été : 9h-18h30 - hiver : 9h-16h - 24 €, 4-14 ans : 19 €.*

Le roi des animaux se repose au milieu de la « brousse » de la réserve africaine de Sigean.

A. Thuillier / MICHELIN

En voiture

👥 *1h. Se conformer strictement aux consignes de sécurité données à l'entrée.* Les boucles du circuit routier sont tracées dans quatre territoires réservés aux animaux en liberté : la **brousse africaine** avec ses buffles nains, autruches, impalas, gnous, girafes et grands koudous dont les mâles portent de longues cornes torsadées ; le parc des **ours du Tibet**★, reconnaissables au V blanc qu'ils portent sur la poitrine ; celui des **lions**, qui abrite un petit groupe assez passif de mâles et de femelles, et enfin la **savane africaine** avec ses nombreuses antilopes (élans du Cap, sitatungas, blesboks, etc.) où vous pourrez aussi admirer la puissance des **rhinocéros blancs**★, l'élégante robe noir et blanc des zèbres ou encore les étonnantes cornes presque horizontales des bœufs watussis.

À pied

🐾 *3h. Partez des parkings centraux, à l'intérieur de la réserve.* Dans un écrin de verdure, le spectacle de danses offert par les petits singes saïmiris, annonce le début du parcours. Face à l'enclos réservé aux chèvres naines, les dromadaires et moutons de Somalie plongent au cœur du règne animal. Après avoir découvert les éléphants d'Afrique, les plus grands mammifères terrestres, vous profiterez de l'ombre de la pinède pour aller à la rencontre des mouflons, zèbres et impalas. Un sentier conduit jusqu'à **l'île des chimpanzés**★ où vous assistez, depuis les observatoires, à d'audacieuses acrobaties ponctuées de séances d'épouillage. Dans une ambiance beaucoup plus calme, la **plaine africaine** dispose de nombreux points de vue pour admirer les antilopes (oryx, springboks, cobe de lechwe, etc). Pour voir des reptiles, direction le **vivarium** qui abrite tortues, serpents et iguanes quasi immobiles ainsi que quelques impressionnants crocodiles. En ressortant, longez **l'étang de l'Œil de Ca**★ pour observer sa gent ailée : flamants roses, grues, aras, cygnes, pélicans à dos rosé, cigognes blanches, ibis sacrés… Enfin, offrez-vous un petit détour jusqu'aux **wallabies**, avant de rejoindre la passerelle aménagée au-dessus des guépards et des lycaons.

Sigean pratique

Voir aussi Narbonne.

Se loger

Chambre d'hôte La Milhauque –
11440 Peyriac-de-Mer - 2 km au nord-ouest de Peyriac-sur-Mer par D 6009 et chemin à gauche - 04 68 41 69 76 - http://la-milhauque.gites11.com - *- 4 ch. 55/75 € - repas 23 €.* Cette maison au cœur des vignes et de la garrigue ouvre sur un joli jardin fleuri. L'ancienne bergerie entièrement restaurée abrite 3 chambres pleines de caractère. Une autre, dans l'habitation principale, dispose d'un lit à la polonaise et d'une grande salle de bain. Spécialité culinaire maison : la bourride d'anguille.

Chambre d'hôte Domaine de la Pierre Chaude – *Les Campets - 11490 Portel-des-Corbières - 6 km à l'ouest de la Réserve africaine, dir. Durban par D 611 A au lieu-dit les Campets -* 04 68 48 89 79 *ou* 06 62 73 54 38 - *www.lapierrechaude. com - fermé janv.-mars. - - 4 ch. + 2 gîtes 80/90 €.* Cet ancien chai (18e s.) niché dans un hameau, au milieu des vignes et de la garrigue, fut rénové par un élève de l'architecte Gaudí. Ravissantes chambres (terre cuite, fer forgé, meubles patinés, teintes chaleureuses, etc.), joli patio de style andalou, terrasse ombragée de figuiers, jardin aux essences méridionales… Inoubliable !

Se restaurer

Bon à savoir – Le restaurant panoramique de la réserve de Sigean permet de se restaurer tout en profitant d'un agréable point de vue sur la plaine africaine.

Sports & Loisirs

Cercle nautique des Corbières – *Base nautique de Port-Mahon - 11130 Sigean -* 09 60 18 13 70 - *www.port-mahon-voile. com.* EFV est un label de la Fédération française de voile qui repose sur une charte de qualité (encadrement, accueil, matériel et sécurité). Cette école permet de se familiariser avec l'Optimist, le catamaran, la planche à voile, le funboard, le canoë sur l'étang de Bages et de Sigean.

Sommières

3 677 SOMMIÉROIS
CARTE GÉNÉRALE D3 – CARTE MICHELIN DÉPARTEMENTS 339 J6 – GARD (30)

Née au pied d'un château fort à la belle tour carrée, cette ancienne place de sûreté protestante a conservé tout son caractère comme en témoignent ses portes fortifiées, ses ruelles franchies par des arceaux ou encore ses places ornées d'arcades. Sous son pont romain, le paisible (le plus souvent !) Vidourle fait tout le charme de cette cité réputée jadis pour la fabrication de cuirs et d'étoffes de laine.

- **Se repérer** – Sur la D 610 à 19 km au nord-est de Montpellier et à 46 km au sud d'Alès.

- **Se garer** – Un grand parking est aménagé en bordure du Vidourle, près des arènes.

- **À ne pas manquer** – Le pont romain et les places de marché de Sommières ; la salle à manger en cuir de Flandres du château de Villevieille ; les fouilles du site d'Ambrussum ou encore la façade Renaissance du château de Marsillargues.

- **Organiser son temps** – Comptez 1h.

- **Avec les enfants** – La promenade à Ambrussum.

- **Pour poursuivre la visite** – Voir aussi Alès, Anduze, la grotte des Demoiselles, Ganges, La Grande-Motte, Montpellier et St-Martin-de-Londres.

Se promener

Pont romain

Le pont d'origine, long de 190 m, fut lancé là, sur le Vidourle, par Tibère, au début du 1er s. Restauré au 18e s., il se prolonge dans la partie basse de la cité.

Marché-Bas

Accès par l'escalier de Reilhe, à gauche, aussitôt franchie la tour de l'Horloge. Cette place, entourée de maisons à arcades,

Le saviez-vous ?

L'écrivain Lawrence Durell (mort en 1990) passa les dernières années de sa vie ici et écrivit dans *L'Esprit des lieux* : « Je dois reconnaître que je n'ai rien vu de plus joli que Sommières. Sommières est extrêmement amusante, profondément marquée par l'esprit de Raimu et de Fernandel… »

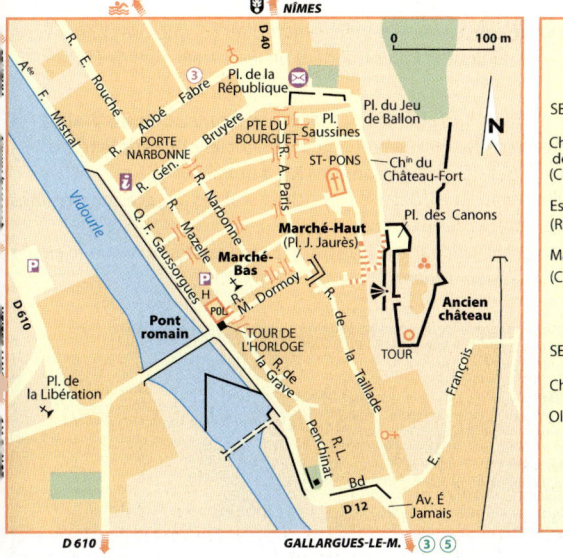

SOMMIÈRES

SE LOGER

Château
de Roumanières
(Chambre d'hôte)........ ①

Estelou
(Relais de L')................. ③

Mas Fontclaire
(Chambre d'hôte)........ ⑤

SE RESTAURER

Chodoreille................... ①

Olivette (L')................... ③

était limitée au sud par des arches accolées au pont romain (on peut voir un vestige de la cinquième arche sous le passage voûté). Installée dans l'ancien lit du Vidourle, qui semble paisible et inoffensif aux estivants, elle est régulièrement envahie par les flots lors des « vidourlades » : crues aussi soudaines que dévastatrices.

Marché-Haut

Il communique avec le Marché-Bas par une curieuse ruelle en partie voûtée qui ne marque qu'un très faible dénivelé. Également connu sous le nom de place Jean-Jaurès, c'est l'ancien marché au blé de Sommières. Dans un angle, un passage couvert dessert la rue de la Taillade, ancienne voie romaine donnant accès au pont romain ; aussitôt à gauche, au n° 3, hôtel du 17e s. présentant une intéressante cage d'escalier.

Ancien château

Accès en voiture par la rue du Château-Fort ou à pied par la montée des Régordanes. De là une belle **vue** s'offre sur Sommières et ses toits de tuiles rouges, les garrigues et, au-delà, sur les Cévennes.

Aux alentours

Chapelle St-Julien de Salinelles

3 km au nord de Sommières par la D 35 en direction de Quissac. Tournez à gauche en entrant dans le village de Salinelles. Cette chapelle romane du 11e s. forme un ravissant tableau avec son cimetière, ses cyprès et son environnement champêtre. Fort bien restaurée, elle sert de cadre en été à des expositions de peinture et à des concerts.

Circuit de découverte

AUTOUR DU VIDOURLE

43 km – 2h environ. Quittez Sommières par la D 610 (direction Alès) et tournez immédiatement sur la droite dans la D 40 (direction Nîmes).

Villevieille

Dominant Sommières, ce paisible village perché, avec ses maisons de pierres sèches, ses ruelles parfois enjambées d'arcs, semble surveiller la vallée du Vidourle.
Château – ℘ 04 66 80 01 62 - www.chateau-de-villevieille.fr - visite guidée - juil.-sept. : 14h-20h, avr.-juin et oct. : w.-end et j. fériés 14h-19h - fermé nov. - mars- 8 € (10-18 ans 5 €).
Bâti sur un éperon rocheux, il encadre de ses tours médiévales une façade Renaissance. Au rez-de-chaussée, salle à manger tendue en **cuir des Flandres**★ ; au premier étage, chambre que Louis XIII occupa pendant le siège de Sommières, chambre de Saint Louis, à l'imposante cheminée médiévale, et grand salon décoré de gypseries du 18e s. La terrasse offre une belle vue sur la vallée.

Regagnez la D 40 puis prenez à droite la D 105 vers Junas.

La route traverse la **Vaunage**, terre vallonnée de garrigues peuplée de chênes verts et d'olivettes, à laquelle quelques cyprès donnent un je-ne-sais-quoi de toscan.

Aubais

Dominé par la silhouette de son château, le village du peintre **Claude Viallat** est habité par de nombreux artistes qui ouvrent régulièrement les portes de leurs ateliers lors des manifestations des « Quatre Saisons de l'Art à Aubais ».

Remarquez les célèbres *empègues*, dessins au pochoir réalisés à l'occasion des fêtes votives, au-dessus des portes des maisons.

Poursuivez en direction de Villetelle par la D 142 et la D 12 et, à la sortie du village, rejoignez l'oppidum d'Ambrussum (signalisation).

Le pont romain d'Ambrussum permettait à la voie Domitienne de rejoindre la rive droite du Vidourle.

Ambrussum

Parking. Déjà occupé à la fin du néolithique, puis plus tard au premier âge du fer, ce site de hauteur, permettant de contrôler le franchissement du Vidourle, fut transformé en oppidum dès la fin du 4ᵉ s. Plus tard, il devint un relais important sur la voie Domitienne, entre Nîmes et Castelnau-le-Lez.

Les fouilles ont permis de dégager des vestiges intéressants : sur la colline, le soubassement d'un rempart (3ᵉ s. av. J.-C.) en pierres sèches, jalonné de 25 tours très rapprochées, des maisons gallo-romaines à cours intérieures bordées de portiques, un édifice public élevé sur une place dallée, mais surtout un tronçon bien conservé de la voie Domitienne, pavée et creusée de profondes ornières, qu'on peut suivre sur 200 m. En contrebas, le pont romain avec son arche unique (il en comptait 11 à l'origine) permettait à la voie Domitienne de rejoindre la rive droite du Vidourle. Vous pourrez voir le tableau qu'en a tiré Courbet au musée Fabre de Montpellier. Un peu plus loin s'étend le quartier bas avec ses îlots bordant une rue, où l'on a pu identifier une auberge.

Rejoignez Lunel par la D 110ᴱ puis la D 34.

Lunel

Réputée pour son muscat, cette petite ville est fière de ses traditions tauromachiques (tant espagnoles que camarguaises), du nom de ses habitants, les Pescalunes (ou « pêcheurs de lune ») et d'un passé prestigieux. Au 13ᵉ s., son école talmudique forma des rabbins renommés : les vestiges de la synagogue sont visibles au 207 de la rue Alphonse-Ménard. Découvrez aussi, dans le vieux Lunel, le passage voûté des Caladons (13ᵉ s.), l'église N.-D.-du-Lac (17ᵉ s.), l'hôtel de Bernis (17ᵉ s.) ou encore celui de Brignac (18ᵉ s.). Pour les bibliophiles, la belle bâtisse du 18ᵉ s. située place des Martyrs-de-la-Résistance, abrite la **bibliothèque municipale** enrichie du fonds Louis-Médard (1768-1841) qui représente une collection de près de 5 000 ouvrages datant pour certains du 12ᵉ s.

Poursuivez sur la D 34.

Marsillargues

Autrefois fief du légiste Guillaume de Nogaret, bras droit de Philippe le Bel, le village natal de **Gaston Defferre** (1910-1986) est entouré de boulevards ombragés de platanes. La grande place commande l'accès à l'église, à l'hôtel de ville, aux arènes, et à l'imposant château de style Renaissance.

Château – Guillaume de Nogaret fit débuter sa construction en 1305. L'édifice fut profondément remanié au 16e s., puis à nouveau modifié avant d'être ravagé lors d'un terrible incendie en 1936.

La **façade Nord★** (16e s., à gauche) est un très bel exemple d'architecture méridionale Renaissance : bas-reliefs, masques, guirlandes, emblèmes royaux, etc. L'aile sud a été construite à la fin du 17e s. pour lui donner la réplique (juste la façade).

Le château ne se visite pas mais accueille un modeste **musée** qui retrace son histoire mais aussi les célébrités et traditions locales. ℘ 04 67 65 41 58 - mai-sept. : merc. 15h-18h - 2 € (-12 ans gratuit).

Le retour sur Sommières s'effectue par la D 34 avec, pourquoi pas, un arrêt sur les berges du Vidourle à Boisseron, avant de reprendre à droite la D 6110.

Sommières pratique

Adresse utile

Office de tourisme de Sommières – *5 quai Gaussorgues - 30250 -www.ot-sommieres.fr - ℘ 04 66 80 99 30 - juil.-août : 9h-12h30, 14h-19h, dim. et j. fériés 9h-12h30, 14h-17h ; reste de l'année : tlj sf dim. et j. fériés 9h-12h30, 14h-18h.*

Pays d'accueil de Sommières

Se loger

⊜⊜ **Relais de l'Estelou** – *Rte d'Aubais - ℘ 04 66 77 71 08 - hoteldelestelou.free.fr - fermé 15-30 mars -* 🅿 *- 24 ch. 52/72 € - ⊑ 8 €.* Cet hôtel installé dans l'ancienne gare de Sommières (1870) a du cachet : chambres actuelles de bon goût, jolie véranda pour les petits-déjeuners et jardin avec piscine au calme.

⊜⊜ **Chambre d'hôte Mas Fontclaire** – *8 r. Émile-Jamais - A 9 sortie 27 - ℘ 04 66 77 78 69 - http://masfontclaire.free.fr - 3 ch. 90/100 € ⊑.* Il faut passer un grand porche pour découvrir ce havre de paix. Vous êtes dans les dépendances d'une ancienne maison vigneronne, au milieu d'un joli jardin fleuri. Les chambres, toutes différentes, sont modernes ou plus typiquement provençales. Petit-déjeuner dans le patio. Piscine.

⊜⊜ **Chambre d'hôte Château de Roumanières** – *Au bourg - 34160 Garrigues - 7 km à l'ouest de Sommières par D120 - ℘ 04 67 86 49 70 - www.chateauroumanieres.fr - réserv. indispensable - 3 ch. et 2 suites 80/90 € ⊑ - repas 35 €.* Cette grosse maison, autrefois château, vient d'être magnifiquement restaurée. Chambres ou suites, toutes marient à merveille le charme d'antan avec les murs en pierre, les meubles anciens et le confort moderne des salles de bain. Pour les repas, une impressionnante salle voûtée ou l'on dégustera un menu régional arrosé des vins de la propriété familiale.

Se restaurer

⊜⊜ **L'Olivette** – *11 r. Abbé Fabre - ℘ 04 66 80 97 71 - fermé mardi soir et merc. - formule déj. 15 € - 19/35 €.* En plein cœur du village, ce petit restaurant bien connu des habitants, propose une cuisine traditionnelle et méditerranéenne. Une salle claire et agréable, un service efficace et souriant en font une bonne adresse.

⊜⊜ **Chodoreille** – *140 r. Lakanal - 34400 Lunel - ℘ 04 67 71 55 77 - www.chodoreille. fr - fermé lun. soir et dim. sf j. fériés, mar. soir en hiver, 13-31 août - 22/53 €.* Dans une ruelle un peu excentrée, ce restaurant discrètement installé dans une maison prolonge sa petite salle d'un joli patio en été. Cadre contemporain, accueil attentionné et quelques plats de Camargue rondement menés contribuent à sa bonne réputation.

Que rapporter

La terre est ici utilisée dans la fabrication d'un détachant communément appelé « Terre de Sommières ». Saupoudrée sur les tâches fraîches, elle enlève les auréoles grasses sur les cuirs, le daim, les tissus, les moquettes et le bois.

Événement

Festival de musique de chambre – Au château, chaque été, *première quinzaine d'août.*

Ancienne abbaye de **Sylvanès**

CARTE GÉNÉRALE C3 – CARTE MICHELIN DÉPARTEMENTS 338 J7 – AVEYRON (12)

Ici, la musique est sacrée et l'acoustique des lieux le confirme ! Cette ancienne abbaye cistercienne, édifiée au 12ᵉ s., est le joyau d'une région boisée semée de collines. Sa première mélodie fut celle d'un affluent du Dourdou dont les eaux réputées virent naître un centre thermal au 19ᵉ s. Mais ce temps est révolu et c'est grâce à un vaste programme de restauration, mené par un religieux mélomane, que l'abbaye forme aujourd'hui un accueillant Centre de rencontres culturelles ouvert aux arts et à la spiritualité.

▶ **Se repérer** – À 82 km au nord de Béziers, et à 55 km au sud de Millau par la D 992 puis la D 999 que vous quittez juste avant St-Affrique pour prendre à gauche la D 7 vers Cornus. À la sortie de St-Félix-de-Sorgues, tournez à droite pour suivre la D 540 jusqu'à l'abbaye.

👁 **À ne pas manquer** – Les concerts du festival en juillet et août, l'église russe et les décors du château de Fayet.

🕐 **Organiser son temps** – Choisissez vos dates en fonction de celles du festival. Comptez 1h pour la visite de l'ancienne abbaye.

👫 **Avec les enfants** – Des livrets-jeux accompagnent la visite de l'ancienne abbaye et celle du château de Fayet.

🌿 **Pour poursuivre la visite** – Voir aussi les gorges de la Dourbie, Lamalou-les-Bains, le causse du Larzac, Lodève, Millau, le cirque de Navacelles, St-Pons-de-Thomières, Olargues, Roquefort-sur-Soulzon et St-Sernin-sur-Rance.

Le saviez-vous ?
Sylvanès s'est décliné en différentes orthographes (Sylvanum, Salvania, Salvanès, Salvanesc, Silvanès), qui renvoient toutes à la même origine : *silva*, la forêt.

Comprendre

Musique sacrée – Au début des années 1970, cette ancienne abbaye cistercienne qui menaçait de tomber en ruine fut redécouverte et restaurée par le père André Gouzes, dominicain mais surtout musicien et compositeur. Accompagné de Michel Wolkowitsky, un artiste toulousain, il s'attache à restaurer les lieux et en fait un espace d'art et de rencontres. La première édition du Festival international de musique sacrée en 1978 célèbre l'exceptionnelle acoustique de l'abbatiale et marque le début d'une grande aventure. Devenue Centre international de recherche, de formation, de création et d'édition au service de la liturgie et de la musique sacrée, l'abbaye a acquis une renommée qui dépasse largement nos frontières. Rencontres spirituelles et musicales, stages de chant et d'art pictural, découverte du patrimoine… la richesse du programme des activités en dit long sur le dynamisme de ce pôle culturel et spirituel implanté au cœur du sud rouergat.

Visiter

☎ 05 65 98 20 20 - www.sylvanes.com - juil.-août : 9h30-13h, 14h-19h ; mars-juin et sept.-nov. : 9h30-12h30, 14h-18h (vend. 17h30) ; reste de l'année : tlj sf w.-end 9h30-12h30, 14h-18h - fermé de mi-déc. à déb. janv. et j. de concerts - 2 € (-13 ans gratuit), visite guidée (en juil.-août) 4,50 €.

Église
Le brigand Pons de Léras, repenti, se racheta en fondant l'abbaye en 1138. L'église de grès fut construite moins de vingt ans après. Avant d'y entrer, remarquez le chevet plat, très cistercien, dont les fenêtres sont ornées de remarquables **grilles** de fer forgé (fin 12ᵉ s.).

La façade de l'église abbatiale, de profil.

À l'intérieur, l'église a la sobriété et les caractéristiques du style cistercien méridional. Composée d'une vaste nef voûtée en berceau brisé, elle est munie de contreforts intérieurs qui forment autant de chapelles latérales. Les épaisses nervures qui soutiennent le berceau de la croisée du transept donnent l'illusion d'une voûte d'ogives ; il s'agit en réalité d'un artifice sans portée architecturale. Au fond de l'église, un impressionnant **orgue** moderne (4 600 tuyaux) a été ajouté en 1997.

Bâtiments abbatiaux

L'église se prolonge au sud par les bâtiments abbatiaux. Une galerie du cloître comprenant trois travées ouvre sur la salle capitulaire et l'ancienne sacristie. La grande salle des moines ou scriptorium, voûtée sur croisée d'ogives, est divisée en deux nefs par une rangée de colonnes très dépouillées.

Aux alentours

Église russe

5 km. Quittez Sylvanès et prenez la D 92 en direction de Fayet. Tournez à gauche vers Les Bertrands avant le lieu-dit de la Baume. La route d'accès à l'église est une mauvaise route forestière interdite aux voitures sur le dernier tronçon. 🚶 *Comptez alors 15mn à pied.* 📞 *05 65 49 52 32 ou 05 65 49 90 34 - 10h-12h, 15h-18h - se renseigner avant - 3 € (enf. gratuit).*

Il s'agit de la reconstitution d'une église qui avait été construite en 1994 dans la forêt de Khirov, à 700 km à l'est de Moscou. Entièrement en bois, cette église orthodoxe dresse ses clochers à bulbe au milieu d'une forêt de sapins. On est surpris, en entrant, par le plan intérieur de l'église. Après le porche couvert, on pénètre dans le vestibule, puis dans la salle à manger (où se retrouvent les fidèles après l'office religieux) avant de gagner la nef.

Château de Fayet★

6 km au sud. 📞 *05 65 49 59 15 - www.chateaufayet.free.fr -* ♿ *- visite guidée - juil.-août, vac. scol. de printemps et de Toussaint : 10h-12h, 14h-18h, dim. 14h-18h ; reste de l'année : sur demande - 5,50 € (-12 ans 2 €). Concerts classiques et animations théâtrales en saison.*

👥 Très différent des orgueilleuses demeures dressées sur les pitons rocheux, ce château est une discrète mais belle résidence de plaisance conçue au 16e s. par un architecte italien. Dans la cour, admirez le beau **puits★** Renaissance et la balustrade de pierre. Un escalier d'apparat vous conduit au premier étage pour découvrir l'enfilade de salons décorés de plafonds à la française. Salle de musique, salon de compagnie : ici, tout est conçu pour le plaisir ! Au rez-de-chaussée, la table est dressée dans la grande cuisine pour partager une dégustation du vin d'hypocras fabriqué au château.

Château de Montaigut *(voir St-Sernin-sur-Rance)*

10 km de Sylvanès. Rejoignez la D 105 que vous prenez à droite, puis tournez à droite en suivant la signalisation vers Montaigut.

Sylvanès pratique

Adresse utile

Office de tourisme de St-Affrique – *Bd de Verdun - 12400 -* 📞 *05 65 98 12 40 - www.ot-dusaintaffricain.com - juil.-août : 10h-19h, dim. 10h-18h ; sept.-juin : tlj sf dim. 9h-12h, 14h-17h, sam. 10h-12h, 14h-17h - fermé j. fériés sf juil.-août.*

Se loger

🛏️🍽️ **Chambre d'hôte La Grine** – *12360 Sylvanès -* 📞 *05 65 99 52 82 - fermé mi-nov. à mi-mars -*🚭*- 5 ch. 48,50 €* 🛏️ *- repas 18 €.* À côté de la ferme d'élevage de brebis laitières, proche de l'abbaye de Sylvanès. Priorité à la simplicité et au fonctionnel, mais l'authenticité des lieux demeure fort agréable. Chambres correctes, bon accueil et table d'hôte où le roquefort est roi, région oblige.

🍽️🍽️ **Château de Gissac** – *12360 Gissac -* 📞 *05 65 98 14 60 - www.chateau.gissac. com - fermé 16 oct.-15 mars - 32 ch. 51/92 € -* 🛏️ *9 €.* Charmant château des 16e et 18e s. posté dans un village isolé. Un bel escalier en pierre dessert des chambres sobrement contemporaines. Petit jardin à la française. De belles voûtes anciennes servent de cadre au restaurant attenant. Cuisine traditionnelle. Piscine chauffée.

Loisirs

Centre culturel de l'abbaye – 📞 *05 65 98 20 20 - www.sylvanes.com.* Il offre pendant neuf mois de l'année un riche programme de stages de musique vocale, d'art sacré (iconographie, peinture), des colloques et des séminaires.

Gorges du **Tarn** ★★★

CARTE GÉNÉRALE C2 – CARTES MICHELIN DÉPARTEMENTS 330 H/J 8/9 ET 338 L/N5
AVEYRON (12) ET LOZÈRE (48)

Une succession ininterrompue de sites grandioses et de vues vertigineuses, voilà ce que vous réserve la grande curiosité de la région des causses, les gorges du Tarn. Les murailles de pierre enserrent le fleuve aux paillettes d'or, chanté par les poètes du haut Moyen Âge, et dessinent un fascinant serpent au puissant corps émeraude. À pied, en voiture ou en canoë, régalez-vous des splendides paysages offerts par cette nature sauvage !

▶ **Se repérer** – La D 907bis, malheureusement très empruntée l'été, épouse les méandres du Tarn sur une cinquantaine de kilomètres entre Ispagnac au nord et Peyreleau, au sud.

👁 **À ne pas manquer** – Le bâtiment de captage de la source de Quézac ; le château et la résurgence du site de Castelbouc ; la pittoresque Ste-Enimie ; l'étonnant paysage du cirque des Baumes ; les vues sur le canyon depuis le Point Sublime et celui du Serre.

🕐 **Organiser son temps** – Évitez autant que possible l'affluence estivale. Que vous choisissiez de parcourir les gorges en voiture, de suivre le sentier pédestre ou de descendre le Tarn sur une embarcation, prévoyez la journée pour profiter pleinement du site.

👫 **Avec les enfants** – La visite de l'usine à Quézac et la descente en barque ou en canoë pour ceux qui savent nager.

🗝 **Pour poursuivre la visite** – Voir aussi l'aven Armand, Florac, le causse du Larzac, le mont Lozère, Meyrueis, Millau, le causse Méjean, le chaos de Montpellier-le-Vieux, le causse de Sauveterre et Sévérac-le-Château.

> **Le saviez-vous ?**
> Les **vautours** qui planent, portés par les vents au-dessus des gorges, ont été réintroduits et protégés pour pallier leur disparition signalée dans les années 1940.

Comprendre

Le cours du Tarn – Le Tarn, qui prend sa source au mont Lozère, à 1 575 m d'altitude, descend les pentes des Cévennes d'un cours rapide et torrentueux, recevant de multiples affluents, notamment le Tarnon, près de Florac.
Il pénètre alors dans la région des causses. Désormais, son cours est guidé par une série de failles qu'il a utilisées puis approfondies en canyon. Il est alimenté uniquement par quarante résurgences venant du causse Méjean ou du causse de Sauveterre et dont trois seulement forment une petite rivière sur un trajet de quelques centaines de mètres. La plupart tombent directement dans le Tarn en cascades.
Villages perdus – Dans cette gorge, brûlante l'été, les agglomérations, que menacent parfois des crues subites, sont rares et peu importantes. Elles s'échelonnent au débouché de ravins secs ou dans un élargissement de la vallée. Les pentes qui les entourent se couvrent de vergers et de vignes. La forte concentration des habitations, en certains points des gorges, contraste avec l'absence de peuplement des causses. Elle surprend le voyageur qui découvre subitement les villages, après avoir parcouru sur les plateaux des dizaines de kilomètres, sans rencontrer le moindre hameau. Souvent, au bord même du Tarn ou haut perchés sur les versants, se dressent des châteaux ruinés qui furent pour la plupart, au Moyen Âge, des repaires de pillards.

Circuits de découverte

Pour connaître les gorges du Tarn, trois méthodes, qui peuvent naturellement se combiner : le parcours automobile de la route des gorges, la descente en barque ou en canoë, et une randonnée pédestre sur les sentiers des hautes corniches du causse Méjean ou le long du Tarn.
En voiture, vous verrez surtout défiler châteaux, belvédères, villages pittoresques, offrant un paysage admirable. La barque et le canoë permettent d'approcher les falaises et offrent sur le versant droit des gorges des vues qui restent insoupçonnées de la route tracée trop près de la falaise. Mais les paysages les plus étonnants, les contacts les plus intimes avec les parois rocheuses sont réservés à ceux qui accepteront l'épreuve d'une incomparable randonnée pédestre qui leur laissera l'impression d'avoir été complices de cette grandeur naturelle.

LA ROUTE DES GORGES

Constamment tracée au fond des gorges, sur la rive droite du Tarn, la D 907bis est toujours pittoresque et sans monotonie grâce aux mille aspects de la gorge, dont les teintes varient suivant les heures du jour. Préférez pourtant la fin de l'après-midi, quand les rayons obliques du soleil dorent les falaises, révélant le canyon dans toute sa splendeur.

De Florac à Ste-Enimie 1

30 km – environ 1h30. Quittez Florac au nord par la N 106.
La route suit la vallée du Tarn bordée à l'est par les Cévennes et à l'ouest par les escarpements du causse Méjean qui dominent de 500 m le lit de la rivière.
En vue du village de Biesset, sur la rive opposée du Tarn, laissez à droite la route de Mende par le col de Montmirat et prenez à gauche la D 907bis qui longe la rive droite de la rivière.
À hauteur d'Ispagnac, le Tarn tourne brusquement ; là commence vraiment le canyon, gigantesque trait de scie profond de 400 à 600 m qui sépare les causses Méjean et de Sauveterre. Au long de ce parcours, on voit encore quelques maisons à toit de lauzes : l'arête centrale est faite de plaques de schiste disposées en « ailes de moulin » ou « lignolets », témoins de la proximité des Cévennes.

Ispagnac

À l'entrée du canyon du Tarn, le bassin d'Ispagnac, planté d'arbres fruitiers et de vignes et où se développe la culture des fraises, jouit d'un climat très doux qui fut de tout temps renommé. Ce « jardin de la Lozère », qui attirait autrefois les gentilshommes lozériens, est devenu un centre de villégiature d'été.
L'**église**, des 11e et 12e s., s'ouvre par un portail roman surmonté d'une belle rosace. À la croisée du transept, une coupole porte un clocher octogonal. Un bouton-poussoir, à droite en entrant, déclenche une visite guidée sur fond musical (15mn). L'édifice est accolé aux restes d'un prieuré qui garde des vestiges de fortifications. On peut voir encore le portail de l'ancien château et quelques maisons gothiques du 14e s., aux belles croisées.
1 km environ après Ispagnac, prenez à gauche.

Le Tarn se faufile parmi les à-pics vertigineux qu'il a creusés.

A. B. J. Cassaigne / MICHELIN

Quézac

Le **pont de Quézac**, gothique, franchit le Tarn. Le pape Urbain V, originaire de Grizac, en Lozère, eut l'idée de le construire pour permettre aux pèlerins de gagner le sanctuaire qu'il avait élevé à Quézac. Détruit pendant les guerres de Religion, le pont fut réédifié sur le plan primitif, au début du 17e s., par l'évêque de Mende.
Une rue étroite bordée de maisons anciennes mène à l'**église de Quézac**, construite sur le lieu même où l'on découvrit en 1050 la statue de la Vierge, devant laquelle de nombreux pèlerins viennent prier. Elle s'ouvre par un porche datant du 16e s. À l'intérieur, ses clefs de voûte et quelques-uns de ses chapiteaux sont ornés des armes du pape Urbain V. Un grand pèlerinage a lieu en septembre.
L'exploitation de la **source** par Nestlé depuis 1995 participe à la notoriété du village. Près du pont, vous pourrez visiter le bâtiment de captage et observer quelques-unes des nombreuses résurgences. Des panneaux explicatifs retracent l'histoire de cette eau naturellement pétillante connue depuis la préhistoire et renommée déjà à l'époque gallo-romaine. Pour aller plus loin, visitez l'**usine d'embouteillage** située à quelques mètres. Depuis une galerie vitrée, vous observerez toutes les étapes du conditionnement avant de passer à une rafraîchissante dégustation. ℘ 04 66 45 47 15 -www.eaudequezac.com - visite sur réservation 2 à 3 j. av. - tlj sf w.-end, j. fériés et certains vend. 10h30 et 14h30 - 3 € (-12 ans gratuit).
Revenez à la D 907bis.

Entre Molines et Blajoux, deux châteaux apparaissent. Tout d'abord sur la rive droite, celui de **Rocheblave** (16ᵉ s.) – reconnaissable à ses mâchicoulis – dominé par les ruines d'un manoir du 12ᵉ s. et par une curieuse aiguille calcaire. Plus loin, sur la rive gauche, celui de **Charbonnières** (16ᵉ s.) est situé en aval du village de Montbrun.

Castelbouc★

Sur la rive gauche du Tarn. D'après la légende, son nom remonterait aux croisades : un seigneur, resté seul parmi ses sujettes, périt de son excès de complaisance envers les pauvrettes esseulées. Lorsque son âme s'envola, on vit planer un énorme bouc sur le château qui, depuis, s'est appelé Castelbouc.

Le site très curieux de Castelbouc apparaît de la route même. Les ruines du château se dressent sur un rocher escarpé, haut de 60 m, qui surplombe, creusé dans le roc, un petit village dont les maisons ont utilisé la falaise comme mur de fond. Une résurgence extrêmement puissante jaillit par trois ouvertures, deux dans une grotte, une dans le village.

Peu après, à gauche de la route, apparaît le château de Prades.

Château de Prades

Dressé sur un éperon rocheux surplombant le Tarn, ce château, construit au début du 13ᵉ s., avait pour mission de protéger l'abbaye de Ste-Enimie et de défendre l'accès des gorges. Il fut, dès l'origine, propriété des évêques de Mende puis, de 1280 jusqu'à la Révolution, celle des seigneurs-prieurs de l'abbaye de Ste-Enimie.

Ste-Enimie★ *(voir ce nom)*

Quittez Ste-Enimie au sud par la D 986 et traversez le Tarn – 6,5 km.

Points de vue★★ sur le canyon du Tarn : le cirque de St-Chély et celui de Pougnadoires.

De Ste-Enimie au Rozier 2

60 km – environ 2h30. Quittez Ste-Enimie au sud par la D 907ᵇⁱˢ.

Cirque de St-Chély★

Le joli village de St-Chély s'élève sur la rive gauche du Tarn à l'entrée d'un gigantesque « bout du monde » formé, au pied du causse Méjean, par le cirque de St-Chély aux superbes falaises.

En franchissant le Tarn, on ira voir l'église romane au joli clocher carré, le four à pain de la place, les vieilles maisons (portes et cheminées Renaissance) qui ont gardé tout leur caractère, les beaux vergers.

Deux résurgences tombent en cascade dans le Tarn. L'une s'échappe de la grotte de Cénaret à l'entrée de laquelle a été bâtie une chapelle (12ᵉ s.).

Cirque de Pougnadoires★

Le village de Pougnadoires encastre ses maisons dans les anfractuosités de la roche. Il s'adosse à ces gigantesques rochers dont les hautes murailles, percées de cavernes, aux teintes rougeâtres révélant l'apparition de la dolomie, forment le cirque de Pougnadoires.

GORGES DU TARN FLORAC LE ROZIER

0   4 km

SAUVETERRE

CAUSSE DE

D 32

POINT SUBLIME ★★★

St-Georges-de-Lévéjac

les Baumes-Hautes

le Massegros

Cirque des Baumes

la Malène

SÉVÉRAC-LE-CHÂTEAU

D 46

★★ les Détroits

Roc Serr

D 995

Roque Sourde

Pas de Soucy

921

les Vignes

Roc des Hourtous ★★

D 16

Château de Blanquefort

D 907ᵇ

TARN

3

la Bourgarie

N

Pas de l'Arc

Cirque de St-Marcellin

Baousso del Biel

Volcégur

Rocher de Cinglegros

Arcs de St-Pierre

920

Gorges de la Jonte

Jonte

Corniches du Causse Méjean ★★★

D 907

2 3

Terrasses du Truel ★

le Rozier

Belvédère des vautours

Peyreleau

Corniche du Causse Noir ★★

PARC NATUREL RÉGIONAL DES GRANDS CAUSS

CHAOS DE MONTPELLIER-LE-VIEUX

CAUSSE

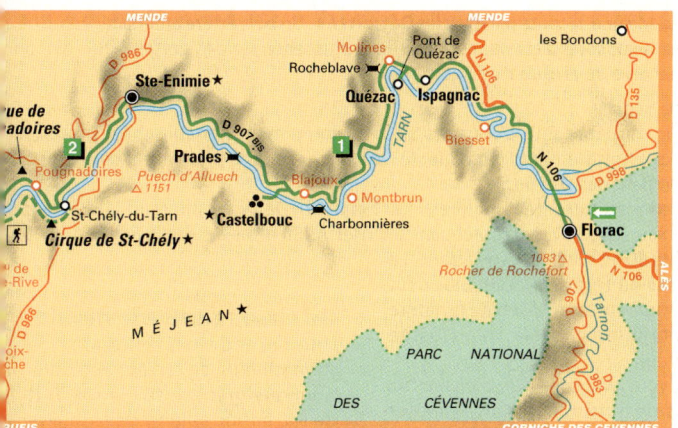

Château de la Caze★

Ce château du 15e s. *(hôtel-restaurant)* occupe un site romantique, sur les bords mêmes du Tarn. Il fut construit, sous le règne de Charles VIII, par François Alamand, ancien prieur de Ste-Enimie. Il en fit don à sa nièce, Soubeyrane Alamand, lorsqu'elle épousa le baron de Montclar.

Ce décor d'ombrages, de vieilles pierres et de rochers surplombants semble sortir d'un conte. Le château garde encore le souvenir de ses huit filles surnommées les « Nymphes du Tarn », d'une égale et légendaire beauté, qui firent battre les cœurs de tous les hobereaux d'alentour.

Plus au sud, on aperçoit, sur la rive opposée, les ruines du château de Haute-Rive qui dominent un village dont les belles maisons traditionnelles en pierres grises et dorées ont été très bien restaurées.

La Malène

Au point de jonction des routes qui traversent les causses de Sauveterre et Méjean, La Malène (ou « mauvais trou ») fut de tout temps un lieu de passage. Dans toute cette région des gorges du Tarn, la Révolution mit le pays à feu et à sang. En 1793, un détachement de troupes révolutionnaires fusilla 21 habitants et mit le feu à La Malène. Cet incendie laissa, sur la falaise de la Barre qui domine le village, un dépôt noir indélébile, dû, paraît-il, à la fumée huileuse d'une maison remplie de noix.

Allez voir l'**église** romane (12e s.), la ruelle bordée de vieilles maisons que surplombe le roc de la Barre, et le château du 16e s. aménagé en hôtel.

Quittez La Malène par le pont sur le Tarn et la D 43.

À droite de la route s'élèvent la chapelle de la grotte et la statue de la Vierge d'où l'on découvre une vue sur le village et ses environs. La montée au-dessus de la rive gauche du Tarn est très impressionnante : dix lacets serrés offrent de très belles vues sur l'« entonnoir » de La Malène.

À La Croix-Blanche, prenez à droite la D 16 ; 5 km plus loin, tournez à nouveau à droite. Passé le village de Rieisse, gagnez un embranchement signalisé « Roc des Hourtous-Roc du Serre », situé à proximité d'un relais.

Roc des Hourtous

Suivez la signalisation par le chemin carrossable de gauche. Attention, parking et accès payant par la guinguette. Il surplombe la grotte de la Momie, en aval de laquelle commence le défilé des Détroits, l'endroit le plus resserré du canyon. De là, **vue★★** superbe sur le canyon du Tarn, du hameau de l'Angle au cirque des Baumes et au Point Sublime.

Revenez à l'embranchement ; laissez la voiture à proximité puis prenez à pied le sentier de droite vers le roc du Serre.

Roc du Serre★★

🚶 *30mn à pied AR.* **Vue★★** unique sur le canyon resserré entre les causses de Sauveterre et Méjean, le mont Lozère, le massif de l'Aigoual, le village de La Malène et les lacets de la D 16 montant sur le causse.

Reprendre à droite la D 16 qui parcourt le causse et descend sur Les Vignes par un tracé de corniche impressionnant qui passe près des ruines du **château de Blanquefort**. *Rentrez à La Malène.*

Après La Malène, la route parcourt les **Détroits★★**. Un **belvédère** aménagé, à gauche, offre un beau coup d'œil sur cette partie la plus resserrée des gorges. Plus loin, on passe au pied du **cirque des Baumes★★**.

Pas de Soucy

Ici le Tarn disparaît sous d'énormes blocs qui forment un véritable chaos provoqué par deux effondrements (en dialecte : *soussitch*), dont le plus récent serait dû au tremblement de terre de 580.

Descendre au bord de la rivière (🐾 *15mn AR*). De là, on aperçoit la masse de Roque Sourde qui s'est écroulée sans se briser. À 150 m au-dessus, la Roche Aiguille, haute de 80 m, s'incline vers l'abîme. La traversée du Tarn de bloc en bloc peut être dangereuse, en raison de la nature glissante de la roche et de l'impétuosité du torrent.

Si l'on veut avoir une vue d'ensemble du Pas de Soucy, on pourra monter (🐾 *15mn AR*) au **belvédère** qui a été aménagé sur **Roque Sourde**. 📞 *04 66 48 81 40 - avr.-nov. : 8h-19h30 - 0,50 € (enf. 0,20 €).*

Au niveau des Vignes, prenez à droite la D 995, route en corniche aux lacets serrés. À 5 km, prenez à droite la D 46 qui court sur le causse de Sauveterre et, à St-Georges-de-Lévéjac, encore à droite.

> ## Un chaos contre le diable
> Une légende explique ainsi la formation de ce chaos : le diable, poursuivi par sainte Enimie, fuit de roc en roc le long de la falaise dominant le Tarn. Voyant qu'elle ne peut l'attraper, la sainte appelle les roches à la rescousse. Un éboulement gigantesque répond à cette prière. Un rocher, **Roque Sourde**, de tout son énorme poids, se précipite sur Satan. Mais le Malin se glisse dans une fente du lit du Tarn et, fort meurtri, regagne l'enfer.

Point Sublime★★★

Du Point Sublime, on découvre un non moins sublime panorama sur le canyon du Tarn, des Détroits jusqu'au Pas de Soucy et à la Roche Aiguille. Au pied du petit plateau, qui domine le Tarn de plus de 400 m, se creuse le magnifique cirque des Baumes, aux gigantesques parois calcaires.

Faites demi-tour et regagnez les Vignes. On aperçoit bientôt au flanc du causse Méjean, sur un gros rocher, les maigres ruines du **château de Blanquefort**. Plus loin apparaît en avant l'énorme rocher de Cinglegros, détaché du causse Méjean *(voir ce nom)*. Sur la rive droite, les escarpements du causse de Sauveterre s'écartent du Tarn en formant le cirque de St-Marcellin. Puis, sur la gauche, se dessine le rocher de Capluc, reconnaissable à la croix qui le surmonte : telle une étrave à l'extrémité du causse Méjean, il domine le confluent du Tarn et de la Jonte. Enfin, après avoir franchi le pont sur la rivière où s'élève un monument à la gloire d'Édouard Alfred Martel, on gagne Le Rozier.

Le Rozier

Village bâti au confluent du Tarn et de la Jonte, au pied des escarpements des grands causses de Sauveterre, Noir et Méjean, c'est un excellent point de départ pour des excursions à pied ou en voiture *(voir le causse Méjean et ci-dessous)*.

En automne survit ici une tradition gourmande : sanglier, bécasse et autres gibiers parfumés aux truffes garnissent les tables.

DESCENTE EN BARQUE

Effectuez la descente de préférence le matin, au moment où cette partie du canyon se présente sous son éclairage le plus favorable.

De La Malène au cirque des Baumes. Bateliers des gorges du Tarn - 48210 La Malène - 📞 04 66 48 51 10 - www.gorgesdutarn.com - visite guidée et commentée par un batelier du pays - avr.-oct. (juil.-août, dép. du matin et fin d'apr.-midi conseillés) - 78 € par barque de 4 pers. (19,50 € la place).

Les eaux du Tarn, tantôt rapides, tantôt calmes, sont toujours transparentes, si bien que même aux endroits les plus profonds de la rivière, on aperçoit les galets qui forment son lit.

Les Détroits★★

Ils constituent la partie la plus belle et la plus resserrée du canyon. La barque passe devant une ouverture dénommée la grotte de la Momie puis s'engage entre deux hautes murailles qui plongent, à pic, dans la rivière. Plus haut, la deuxième falaise étage ses gradins jusqu'à plus de 400 m au-dessus du Tarn. Le défilé est admirable avec ses parois colorées qui enserrent la rivière.

Cirque des Baumes★★

À la sortie des Détroits, le canyon du Tarn s'élargit. On entre dans le magnifique cirque des Baumes (« baume » signifie grotte). « La couleur rouge y domine ; mais le blanc, le noir, le bleu, le gris, le jaune y nuancent les parois, et des bouquets d'arbres, des broussailles y mêlent des tons verts et des tons sombres. » Les barques s'arrêtent aux Baumes-Hautes.

DESCENTE EN CANOË

Elle peut être effectuée par des canoéistes ayant acquis un peu d'expérience sur des rivières à courant vif.

De Florac à Ste-Enimie, la descente peut, dans les mois d'été, être gênée par le manque d'eau. À part quelques rapides francs, parcours facile de Ste-Enimie au Pas de Soucy ; à partir de là, un portage jusqu'au pont des Vignes est nécessaire, ce court passage étant très dangereux. La section pont des Vignes-Le Rozier est plus mouvementée ; quelques rapides devront être pris avec prudence.

Les véritables amateurs de gorges, partant le matin de La Malène, pourront emporter des provisions, s'arrêter sur une plage des Détroits, se baigner, pique-niquer au bord de la rivière et flâner tout l'après-midi dans les gorges, à pied ou en canoë.

A. Thuillier / MICHELIN

À découvrir en canoë…

Randonnées

CORNICHE DU TARN 3

Circuit au départ du Rozier – 21 km en voiture, plus 3h30 à pied. Du Rozier, prenez la route des gorges du Tarn (D 907) jusqu'aux Vignes. Tournez à droite vers Florac. La route s'élève en lacet au-dessus des gorges. Tournez vers La Bourgarie et laissez-y la voiture.
Au bout du hameau suivre le sentier signalé en rouge. Il passe devant la fontaine du Bout du Monde. Juste après, à un embranchement, le chemin de droite descend au Pas de l'Arc.

Pas de l'Arc

C'est une ouverture ogivale naturelle que l'érosion a creusée dans le roc.
Revenez sur ses pas et, à l'embranchement, poursuivez vers Baousso del Biel.

Baousso del Biel

Avec ses 40 m d'ouverture sous la voûte, c'est la plus grande arche naturelle de la région.
Le sentier atteint le point où l'arche se rattache au plateau. Avancer de quelques centaines de mètres après ce pont et continuer en remontant vers la gauche jusqu'à la ferme abandonnée de Volcégure.
De là, un chemin forestier (le GR 6A) ramène à La Bourgarie.

SENTIER DE LA VALLÉE DU TARN 4

De La Malène à St-Chély-du-Tarn – 3h aller. À La Malène, traversez le pont et suivez vers la gauche un sentier balisé en jaune et vert menant à un chemin longeant la berge, vers Hauterives. Randonnée très facile, à éviter l'été car le sentier, comme la rivière, ressemble au boulevard périphérique parisien aux heures de pointe !
Ce sentier pédestre suit le cours du Tarn et permet de découvrir à son rythme les gorges et les falaises, accompagné par le doux bruit de l'eau parfois agitée par le passage de kayakistes.
Le sentier traverse tout d'abord une épaisse forêt de saules plongeant leurs branches dans l'eau. On aperçoit de l'autre côté de la rivière les falaises du causse de Sauveterre dont le calcaire est tout grignoté par l'eau.
Le sentier emprunte ensuite des escaliers taillés dans la roche et découvre un paysage totalement différent du précédent : de la foisonnante végétation de bord de rivière, on passe à la garrigue méditerranéenne avec ses chênes rabougris et ses herbes éparses. On traverse un pierrier *(attention aux dégringolades et autres chevilles foulées !)*

pour atteindre le hameau-fantôme de Hauterives *(ruines non entretenues)*. Après avoir foulé l'herbe d'anciennes terrasses, on pénètre dans une forêt de pins et de chênes. On passe ensuite en face du château de la Caze et du cirque de Pougnadoires avant d'arriver à St-Chély.

Gorges du Tarn pratique

♿ Voir aussi Florac et Ste-Enimie.

Se loger

⊖ **Hôtel-restaurant Malaval** – *Au village - 48500 St-Georges-de-Lévéjac - 12 km au nord des Vignes par D 995 dir. Massegros et D 46 - ℰ 04 66 48 81 07 - www.cardoule.com/malaval - fermé 5-20 oct., 25 déc.-1er janv. -🍽️ 🅿️ - 10 ch. 31/35 € - ⌷ 6 € - rest. 9/24 €.* Cet hôtel-restaurant héberge également le café-tabac de ce paisible village sis à deux pas du Point Sublime. La simplicité est de mise tant dans les chambres (mobilier des années 1960, mais tenue impeccable) que dans la salle à manger campagnarde. Copieuse cuisine familiale, prix raisonnables et accueil tout sourire.

⊖ **Chambre d'hôte Domaine de la Cardabelle** – *Quartier des Salles - 12640 Rivière-sur-Tarn - à Millau, prendre dir. les Gorges du Tarn ; à la sortie de Rivière-sur-Tarn, prendre à gauche « Chambres d'hôte Vin-de-Côtes de Millau » - ℰ 05 65 59 85 78 - www.domaine-lacardabelle.eu - fermé déc. -🍽️ - 5 ch. 46/78 € ⌷ - repas 16 €.* Cette maison, habitée par des vignerons d'une rare gentillesse, se trouve dans le village, à quelques minutes des gorges du Tarn. Les chambres sont simples mais fort bien tenues, et le jardin offre une échappée sur le château de Peyrelade et sur le piédestal de Fontaneilles. Dégustation du vin de la propriété.

⊖⊖ **Manoir de Montesquiou** – *48210 La Malène - ℰ 04 66 48 51 12 - www.manoir-montesquiou.com - fermé de fin oct. à fin*

mars - 🅿️ *- 10 ch. 70/142 € - ⌷ 14 € - rest. 25/45 €.* Dans cette demeure du 15e s., vous plongerez dans l'histoire de La Malène, cet étonnant village au cœur des gorges du Tarn. Une étape séduisante pour goûter à la nature sauvage, savourer la douceur d'une cuisine aux couleurs d'ici et profiter du confort des chambres, toutes agréables…

Se restaurer

⊖ **La Calquière** – *12720 Mostuéjouls - ℰ 05 65 62 64 17 - www.lacalquiere.fr - fermé oct.-mars - réserv. obligatoire - 14/22 € - 2 ch. 35/46 €.* Sur la route fréquentée des gorges, cette auberge a une jolie vue de sa terrasse : elle surplombe une église du 11e s. avec son cimetière, au bord du Tarn. Cuisine simple et familiale préparée avec des produits de la ferme, servie dans une salle voûtée et fraîche. Deux agréables petites chambres.

Sports & Loisirs

👁 **Bon à savoir** – Une dizaine d'établissements vous propose, entre Florac et Le Rozier, de découvrir les Gorges du Tarn en canoë ou en kayak ; au total, 36 km de randonnées aquatiques, avec ou sans accompagnement.

Voir notamment **Canyon Location** à Ste-Enimie *(p. 417)*.

Et pour ceux qui hésitent à prendre les pagaies, les **bateliers de la Malène** *(ℰ 04 66 48 51 10)* organisent d'avril à octobre des descentes guidées et commentées en barque.

Tautavel

857 TAUTAVELLOIS
CARTE GÉNÉRALE B4 – CARTE MICHELIN DÉPARTEMENTS 344 H6
PYRÉNÉES-ORIENTALES (66)

Voilà un petit village des Corbières des plus renommés ! Situé au pied des contre-forts des Pyrénées, Tautavel est un berceau de la préhistoire. Qui aurait deviné, en regardant les vestiges de son château féodal et en parcourant cette terre couverte de vignes, qu'animaux et hommes préhistoriques y ont trouvé refuge dès 700 000 ans av. J.-C. ? Appréciez la richesse de ce haut lieu de notre passé qui n'a sans doute pas encore révélé tous ses secrets.

- **Se repérer** – À 33 km au nord-ouest de Perpignan par la D 900, puis la D 117 et à 76 km au sud de Narbonne par l'A 9. Sortez à Perpignan-nord pour emprunter la D 12 où le Pas de l'Escale, échancrure rocheuse dans les crêtes des Corbières orientales, offre une vue sur le Canigou et le Puigmal. La D 9, au nord, passe devant la caune de l'Arago (grotte) où l'homme de Tautavel a été découvert.

- **À ne pas manquer** – Le Centre européen de préhistoire qui abrite la reconstitution du squelette de l'homme de Tautavel.

- **Organiser son temps** – Comptez 2h pour les deux visites.

- **Avec les enfants** – Le Centre européen de préhistoire et le musée de la Préhistoire européenne sont aussi conçus pour eux.

- **Pour poursuivre la visite** – Voir aussi les Corbières et les châteaux de Peyreper-tuse et Quéribus, Perpignan, le fort de Salses et la réserve africaine de Sigean.

Visiter

Centre européen de préhistoire★

Rte de Vingrau. ✆ 04 68 29 07 76 - www. tautavel.com - ♿ - tlj sf Noël et jour de l'An.
Les salles, équipées de consoles inter-actives et d'écrans vidéo, instruisent sur la place de l'homme dans l'univers, les premiers outils trouvés sur les terrasses côtières du Roussillon, la formation géo-logique de la grotte, le climat, la faune et l'outillage de l'homme de Tautavel.
Tout un étage est consacré à l'évocation visuelle et sonore du paléolithique infé-rieur. À côté des dioramas très réalistes,

L'homme de Tautavel

Le village de Tautavel a donné son nom à l'« homme de Tautavel », chasseur préhistorique vivant dans la plaine du Roussillon, il y a quelque 450 000 ans. C'est à partir des restes de crâne humain découverts en 1971 et 1979 dans la caune de l'Arago que les scienti-fiques ont reconstitué l'apparence d'un de nos ancêtres les plus lointains.

l'attraction principale est le **fac-similé** de la caune de l'Arago, réalisé par des moulages de la grotte réelle. Le visiteur voit défiler plusieurs scènes filmées : le retour de la chasse, l'hibernation d'un ours, la transformation de la grotte jusqu'à sa forme actuelle.

/Musée de Tautavel

Scène de chasse (diorama) au Centre européen de préhistoire à Tautavel.

Une grande baie vitrée permet d'embrasser du regard le planal de la Devèze et de la caune d'Arague. La **reconstitution du squelette de l'homme de Tautavel** et les vestiges de son **crâne** donnent une idée de la stature de l'une des plus anciennes espèces humaines connues à ce jour hors d'Afrique : droite et haute d'environ 1,65 m.

En sortant, remarquez la fresque urbaine de Raymond Moretti, commandée par la Ville de Paris en 1979, lors de la construction du Forum des Halles. C'est entre autres parce qu'elle retrace l'histoire du monde qu'elle a été replacée à Tautavel, dans un des berceaux de la préhistoire. Dans la partie gauche, qui représente « l'hémisphère physique », défile une galerie de portraits depuis celui de l'homme de Tautavel (en fait, son crâne) jusqu'à Maurice Ravel. À droite, « l'hémisphère culturel » se décline en teintes froides et illustre les acquis du langage et de l'écriture.

Musée de la Préhistoire européenne – Préhistorama

Dans le palais des Congrès, r. Anatole-France - ℘ *04 68 29 07 76 - www.tautavel.com -* &. *- tlj sf Noël et jour de l'An.* 🚹🚹 C'est l'Europe avant l'heure ! Cinq « théâtres virtuels » vous présentent en 3D la vie quotidienne des premiers habitants de l'Europe à travers leurs outils, la chasse, l'habitat. Préparée par le professeur Henry de Lumley, cette exposition vous permettra de mieux connaître nos plus lointains ancêtres. Indispensable complément à la visite du Centre européen de préhistoire.

Tautavel pratique

Adresse utile

Syndicat d'initiative de Tautavel – ℘ *04 68 29 44 29 ou 04 68 29 12 08 (mairie) - av. Jean-Badia - 66720 - www. tautavel.com - juil.-août : 10h-12h, 14h15-17h ; reste de l'année : (à la mairie) tlj sf w.-end et j. fériés 8h30-12h15, 15h-19h.*

Se restaurer

🍽️🍽️🍽️ **Le Grill du Château de Jau –** *66600 Cases-de-Pène - 12 km au sud de Tautavel par D 59 puis rte secondaire -* ℘ *04 68 38 91 38 - daure@wanadoo.fr - fermé le soir hors sais., oct.-13 juin - réserv. conseillée - 29/39 €.*

C'est autour d'une cuisine « vigneronne », bien installé à l'ombre d'un mûrier tricentenaire, que vous découvrirez les vins de cette propriété viticole. Ancienne abbaye cistercienne, elle abrite également un espace dédié à l'art contemporain.

Loisirs

Si vous voulez jouer les hommes des cavernes : le Centre européen de préhistoire organise en juil.-août des « journées préhistoire » (ateliers, visites guidées, conférences, repas préhistoriques) - *renseignements -* ℘ *04 68 29 07 76.*

Bassin de **Thau**

CARTE GÉNÉRALE D2,3 – CARTE MICHELIN DÉPARTEMENTS 339 G8 – HÉRAULT (34)

Bienvenue au pays de la conchyliculture méditerranéenne ! C'est ici, dans ce vaste étang, tenu à distance de la mer par l'isthme des Onglous, que se pratique l'élevage d'huîtres et de moules. Aux alentours, les terres recèlent de nombreuses empreintes historiques, du temps des dinosaures à celui des romains. Sur la rive nord, les petits villages nés de la pêche gardent le charme de leurs cabanes cachées dans les roseaux. Dans ce décor lagunaire, laissez-vous tenter par le plaisir d'une dégustation de coquillages à consommer sans retenue, accompagnés d'un petit blanc frais du pays… un picpoul-de-pinet, par exemple !

- ▶ **Se repérer** – À 30 km au sud-ouest de Montpellier par la D 613 et à 31 km au sud-est de Béziers par la D 612. L'étang est délimité au nord-est par Sète et au sud-ouest par Agde que relie un étroit cordon littoral. Vous pouvez en faire le tour (voir notre circuit) grâce aux D 51, D 613 et D 612.

- 👁 **À ne pas manquer** – Le panorama depuis l'ancienne abbaye St-Félix-de-Montceau ; les mosaïques polychromes de la villa Loupian et une dégustation d'huîtres de Bouzigues.

- 🕐 **Organiser son temps** – Comptez 4h pour la totalité du circuit.

- 👫 **Avec les enfants** – Le musée-parc des Dinosaures et celui des origines de l'homme à Mèze.

- 👶 **Pour poursuivre la visite** – Voir aussi Béziers, Le Cap-d'Agde, Maguelone, Montpellier, Pézenas, Sète et l'abbaye de Valmagne.

Les parcs à huîtres de l'étang de Thau.

M.-H. Carcanague / MICHELIN

Circuit de découverte

74 km – environ 4h. Quittez Sète, longez la rive est du bassin de Thau et prenez la direction de Balaruc-les-Bains.

Balaruc-les-Bains
Construite en terrain plat au bord du bassin de Thau, la station soigne les affections osseuses et rhumatismales grâce aux applications de boues marines macérées dans l'eau thermale chlorurée sodique recueillie sur place. C'est la troisième station thermale de France en terme de fréquentation.

Balaruc-le-Vieux
Sur une éminence dominant l'étang, le village a gardé son plan circulaire caractéristique des « circulades » languedociennes. Quelques maisons se distinguent encore par leurs nobles portes cintrées.
De Balaruc-le-Vieux, prenez la D 2 et rejoignez la D 613 vers Gigean. De là, suivez les panneaux de signalisation vers St-Félix-de-Montceau.

Ancienne abbaye St-Félix-de-Montceau

Merveilleusement situés sur une colline d'où se découvre un vaste **panorama**★ sur la plaine et le bassin de Thau, les vestiges de cette ancienne abbaye bénédictine, bâtie aux 11ᵉ et 13ᵉ s., montrent la coexistence d'une chapelle romane et d'une église gothique dont le chevet à sept pans était éclairé par trois baies géminées. Œuvrant pour sa sauvegarde, une association de bénévoles a reconstitué un petit jardin monastique médiéval. Potager, jardin des senteurs, carré médicinal ou encore verger-cimetière y sont aménagés avec goût.

De Gigean, reprenez la D 613 vers Béziers.

Le saviez-vous ?

Preuve de l'importance de la pêche ici, les **nacelles**, ces barques étroites sur lesquelles embarquaient naguère les pêcheurs de l'étang, lui servent d'emblème. Les huîtres et les moules en sont la spécialité. Les huîtres sont commercialisées sous l'appellation d'**huîtres de Bouzigues**, du nom du village où naquit l'ostréiculture sur le bassin.

Bouzigues

Haut lieu de l'activité conchylicole, ce petit village tranquille fait découvrir l'activité principale de ses riverains dans son **musée de l'Étang de Thau** *(sur le quai du port de pêche).* On y suit l'évolution des techniques de pêche et d'élevage des coquillages (mas conchylicole des années 1950, « magasin » de pêcheurs, aquariums animés avec les espèces vivant dans l'étang, vidéo). *☎ 04 67 78 33 57 - www.bouzigues.fr/musee - ♿ - juil.-août : 10h-12h30, 14h30-19h ; mars-juin et sept.-oct. : 10h-12h, 14h-18h ; nov.-fév. : 10h-12h, 14h-17h - fermé 1ᵉʳ janv., 25 déc. - 4 €. (-7 ans gratuit).*

Revenez sur la D 613 et tournez à droite vers Loupian.

Loupian

Situé sur un ancien domaine gallo-romain, ce village viticole conserve encore quelques vestiges de ses remparts médiévaux (porte fortifiée du 14ᵉ s.) ainsi que son château, bâti au 16ᵉ s. L'**église St-Hippolyte** (12ᵉ s., romane) est l'ancienne chapelle castrale, fortifiée et insérée dans les remparts au 14ᵉ s. Dans l'abside, les pierres de la voûte, disposées en chevrons, sont retenues par une fausse croisée d'ogives. *☎ 04 67 18 68 18 - sur demande préalable à la villa Loupian.*

L'**église Ste-Cécile** (14ᵉ s., gothique), au bel appareil de pierre ocre, ne manque pas de majesté. Ses contreforts très saillants sont caractéristiques de l'art gothique du Languedoc, de même que la large nef unique voûtée sur croisée d'ogives qui se termine par une élégante abside polygonale. *☎ 04 67 18 68 18 - juil.-août : 10h-12h, 15h-19h ; mai, juin et sept. : merc.-vend. 10h-12h, 14h-18h - fermé oct.-avr. - 2 €.*

Villa Loupian★

Sur la D 158ᴱ⁴ en direction de Mèze. ☎ 04 67 18 68 18 - http://villaloupian.free.fr - ♿ - 13h30-18h (dernière entrée 1h av. fermeture ; visite guidée, dép. ttes les h) - fermé mar. de sept. à juin, 3 sem. en janv., 14 Juil., 25 déc. - 4,60 € (3,05 € 6-12 ans, étudiants, demandeurs d'emploi).

Il s'agissait d'un vaste domaine agricole (villa), actif de 50 av. J.-C. jusqu'au 6ᵉ s. de notre ère. Dans le musée, la visite permet de se familiariser avec la vie quotidienne de ses occupants, leurs ressources (céréales, vin, élevage, ostréiculture déjà) grâce aux interprétations des fouilles archéologiques menées sur place. Sous un bâtiment de protection (site archéologique), vous pourrez découvrir la luxueuse résidence des propriétaires du lieu, la fonction des différentes salles et surtout les remarquables **mosaïques**★ polychromes du début du 5ᵉ s., réalisées par des ateliers d'Aquitaine et de Syrie. Remarquez le trompe-l'œil dans l'abside de la salle de réception de la résidence : vous le voyez aujourd'hui comme nul dans l'antiquité n'a pu le voir ! Très vivante et documentée, la visite permet de corriger quelques idées reçues (comme celle de la brutalité de la chute de l'Empire romain) et d'imaginer la vie des lointains occupants du lieu… dont les préoccupations n'étaient pas tellement différentes des nôtres.

Rejoignez la D 613 et Mèze.

Mèze

Centre de conchyliculture important, cette ville attire de nombreux touristes autour de son port et dans ses rues étroites. Son église gothique date du 15ᵉ s. Un peu à l'écart du centre-ville s'est installé l'**écosite du pays de Thau** *(du centre-ville, suivez* *les panneaux « Écosite »).* On y apprend que certains végétaux et animaux aquatiques permettent, de façon totalement naturelle, de nettoyer les eaux usagées. Une démonstration de recyclage de matières plastiques est faite au cours de la visite. ℰ *04 67 51 00 53 - fermé.*

Prenez la D 613 vers Montagnac. À 4 km, tournez à droite dans une petite route à travers les vignes.

Musée-parc des Dinosaures

ℰ *04 67 43 02 80 - www.musee-parc-dinosaures.com - juil.-août : 10h-19h ; fév.-juin et sept. : 14h-18h ; oct.-janv. 14h-17h (dernière entrée 1h av. fermeture) - fermé janv. sf w.-end et vac. scol., 24-25 et 31 déc. - 7 € (enf. 5,50 €), billet combiné avec musée-parc Préhistoire Origine Évolution 12 € (enf. 10 €).*

👥 Sur ce site a été mis au jour un grand gisement d'œufs et d'ossements de dinosaures datant de 65 millions d'années. Vous pourrez voir le squelette d'un **brachiosaure** long de 24 m et haut de 12 m, des reconstitutions grandeur nature de charmantes bêtes comme le deinonychus ou le terrifiant **tyrannosaure** (6 m haut., 15 m long). Quelques nids avec des œufs ont été laissés *in situ*. Pour les enfants, un mini-champ de fouilles recèle les fossiles d'étranges animaux.

Musée-parc Préhistoire Origine Évolution

ℰ *04 67 43 02 80 - www.musee-prehistoire-origine-evolution.com - mêmes conditions de visite que le musée-parc des Dinosaures.*

👥 À l'ombre des pinèdes, le parcours dévoile une série de reconstitutions à taille réelle. Depuis les premiers hominidés, jusqu'à l'Homo sapiens, sans oublier la célèbre Lucy, les reconstitutions de nos ancêtres s'exposent dans un décor naturel. Réalisés par des sculpteurs anatomistes, les personnages sont impressionnants. Avec son environnement sonore, ses 120 m² au sol et ses 300 m² de peaux de bête, la hutte du paléolithique, temps fort de la visite, plonge le visiteur quelques millénaires en arrière.

Revenez à la D 613 en direction de Mèze puis tournez à droite dans la D 51 en direction d'Agde.

Marseillan

Probablement fondé au 6e s. av. J.-C. par des marins massaliotes, Marseillan compte toujours des pêcheurs. Marseillan est également le berceau du **Noilly Prat** dont on peut visiter les **chais** *(à proximité du port).* L'élaboration du *vermouth dry* (mis au point en 1813 par Joseph Noilly à l'aide d'herbes dont le secret est jalousement gardé) et de vins doux naturels y est expliquée. L'une des phases caractéristiques de la fabrication est le vieillissement en plein air du mélange de cépages de picpoul et de clairette dans des fûts de 600 l chacun. ℰ *04 67 77 75 19 - www.noillyprat.com - ⓑ - mai-sept. : visite guidée 10h-11h, 14h30-18h ; mars-avr. et oct.-nov. : 10h-11h, 14h30-16h30 ; fermé de mi-déc. à fin fév. et 1er Mai - 3,50 € (-12 ans gratuit).*

À 6 km, **Marseillan-Plage** propose des kilomètres de plages de sable.

Revenez à Sète en suivant le cordon littoral, occupé tout le long par la plage de Sète. En arrivant à la corniche, on peut effectuer le tour panoramique du mont St-Clair (voir Sète).

Bassin de Thau pratique

☝ Voir aussi Le Cap-d'Agde, Sète.

Adresses utiles

Point tourisme de la communauté de communes nord du bassin de Thau – 8 r. Pierre-Auguste-Massaloup - 34140 Mèze - ℰ 04 67 43 93 08 - www.ccnbt.fr - juil.-août : 9h-12h30, 14h30-19h, dim. 9h-12h30 ; reste de l'année : 9h-12h, 14h-17h30 (lun. et merc. 17h), sam. 9h-12h30.

Office de tourisme de Balaruc-les-Bains – Pavillon Sévigné - 34540 - ℰ 04 67 46 81 46 - www.balaruc-les-bains.com - juil.-août : 9h-13h, 14h-19h, dim. 10h-12h30, 16h-19h ; mai-juin et 1re quinz. de sept. : 9h-12h, 14h-19h, dim. 10h-12h30, 16h-19h ; reste de l'année : 9h-12h, 14h-18h, dim. 10h-12h30 - fermé 1er janv., 1er Mai, 25 déc.

Se loger

Chambre d'hôte Le Moulin d'Issanka – *Rte d'Issanka - 34540 Balaruc-le-Vieux -* 04 67 53 00 06 - *http://moulindissanka.monsite.wanadoo.fr -* *3 ch. et 1 suite 60/75 €* . Cette ancienne bâtisse du 10ᵉ s. abrite des chambres au charme rustique. Salles de bains habillées de faïences décorées à la main par Madame Cervera, qui expose également quelques-unes de ses œuvres de peinture sur porcelaine. Petits déjeuners servis près de la piscine ou au coin de la cheminée, selon la saison. Aux beaux jours, vous apprécierez l'ombrage du parc.

Camping Yelloh-Village la Nouvelle Floride – *34340 Marseillan-Plage - 6 km au sud de Marseillan par D 51ᴱ -* 04 67 21 94 49 - *info@nouvelle-floride.com - ouv. 25 avr.-27 sept. - réserv. conseillée - 459 empl. 46 € - restauration.* Vivez ici tous les plaisirs de l'eau avec l'accès direct à la plage et la jolie piscine. Les équipements allient beau style et grand confort dans un site ombragé. Animations pour petits et grands. Locations de mobil-homes.

Se restaurer

L'Arseillière – *17 ter av. Tudesq - 34140 Bouzigues -* 04 67 78 84 12 - *jeanpierre.molina@orange.fr - fermé 1ᵉʳ janv. et 25 déc. -* *14,90/22 €.* Ne ratez pas cette petite maison qui fait uniquement de la dégustation de fruits de mer : « récoltés » le matin même par le patron qui est éleveur-producteur d'huîtres et moules, ils sont tout frais ! Petite salle intérieure, mezzanine et terrasse aux tables recouvertes de toiles cirées.

Chez Philippe – *20 r. Suffren - 34340 Marseillan -* 04 67 01 70 62 - *chezphilippe@club-internet.fr - fermé lun., mar. sf du 15 juin au 15 sept., 18 nov.-16 fév. -* *28 €.* Sympathique ambiance méridionale à proximité du bassin de Thau : cuisine gorgée de soleil, servie dans la salle aux couleurs méditerranéennes ou sur la jolie terrasse d'été.

Sports & Loisirs

Centre nautique municipal – *Av. de la Gare - 34540 Balaruc-les-Bains -* 04 67 48 55 63 - *sports-balaruc@mairie-balaruc-les-bains.fr - tlj sf sam. mat. et dim. 9h-12h, 14h-18h, sam. apr.-midi 13h-17h - fermé vac. de Noël, j. fériés sf 14 Juil. et 15 août.* École de voile reconnue par la Fédération française de voile. Pratique de tous les sports nautiques.

Promenades en bateau - Sète Croisières – *Quai du Gén.-Durand - 34200 Sète -* 04 67 46 00 46 - *10 € (enf. 5 €).* Au départ de Sète *(voir l'encadré pratique de cette ville)*, elles permettent la découverte du milieu conchylicole du bassin à bord du Subsea Explorer ou de la côte rocheuse en embarquant sur l'Aquarius (vision sous-marine).

Balaruc-les-Bains – Établissement thermal - *allée des Sources - BP 45 - 34540 Balaruc-les-Bains -* 04 67 51 76 00 - Traitement des affections osseuses et rhumatismales, séjours « Bien-être ». Eau thermale chlorurée sodique.

Événements

Foire aux huîtres – Le 1ᵉʳ ou 2ᵉ week-end d'août, foire aux huîtres et autres produits du terroir. 04 67 78 30 12 *(mairie de Bouzigues)* ou 04 67 78 32 93 *(ligne directe).*

Le Vallespir ★

CARTE GÉNÉRALE B5 –
CARTE MICHELIN DÉPARTEMENTS 344 F/H8 – PYRÉNÉES-ORIENTALES (66)

Sur la route de l'Espagne, le Vallespir nous fait déjà changer d'air ! Traversée par les méandres du Tech, cette terre de contrastes oppose ses reliefs accidentés à la douceur de sa vallée où cerisiers et mimosas composent une éclatante palette. Amateurs d'authenticité et de tradition, ces communes, les plus méridionales du territoire français, vous combleront à coup sûr !

▶ **Se repérer** – À 27 km au sud de Perpignan, Le Boulou marque l'entrée du Vallespir où la D 115 longe le Tech jusqu'à Prats-de-Mollo. Le col d'Ares rejoint la frontière espagnole.

👁 **À ne pas manquer** – La mystérieuse Sainte Tombe de l'église abbatiale Ste-Marie, la randonnée dans les gorges de la Fou et la vue depuis le site de Can Damoun.

🕐 **Organiser son temps** – Prévoyez la journée pour le circuit de la vallée du Tech.

👪 **Avec les enfants** – Le musée des Métiers à Serralongue.

🌿 **Pour poursuivre la visite** – Voir aussi le Canigou, Céret, l'abbaye St-Martin-du-Canigou, Prats-de-Mollo et le prieuré de Serrabone.

Circuit de découverte

VALLÉE DU TECH
120 km, au départ d'Amélie-les-Bains (voir Céret) – environ 6h.

Arles-sur-Tech
Foyer de traditions en haut Vallespir (on y fabrique des tissus catalans traditionnels), Arles s'est bâti autour d'une abbaye installée au bord du Tech vers l'an 900, dont subsistent l'église et le cloître.

Le mystère de la Sainte Tombe élucidé ?

Depuis le 16e s., le sarcophage de l'église abbatiale Ste-Marie ne cesse de se remplir d'une eau limpide dont la provenance reste une énigme. En 1961, les hydrologues Pérard et Leborgne entreprirent une étude scientifique afin d'élucider l'étrange phénomène. Après avoir comparé le niveau d'eau du sarcophage aux épisodes pluvieux, ils concluent à une porosité du couvercle. Conclusion démentie notamment par les représentants de la paroisse, qui déclaraient y puiser l'eau même en saison sèche. En 1997, une nouvelle enquête est donc réalisée. Au terme de trois années de recherche, il apparaît que le phénomène serait la conjugaison d'infiltration d'eau de pluie et de condensation de rosée. Pourtant, face aux explications scientifiques s'opposent encore aujourd'hui la force et le charme du mystère.

Église abbatiale Ste-Marie – *De la place centrale (au sud de la D 115), un escalier permet d'y accéder -* 📞 *04 68 83 90 66 - juil.-août : 9h-18h, dim. 14h-17h ; sept.-juin : 9h-12h, 14h-18h (avr.-juin et sept.-oct. : dim. 14h-17h) - fermé 1er Mai, 1er nov., 11 Nov., 1er janv., 25 déc. - 3,50 € (-12 ans gratuit).*
Au tympan du portail, un Christ en majesté s'inscrit dans une croix grecque décorée des symboles évangélistes (11e s.). Au-dessus, belle statue funéraire (début du 13e s.) de Guillaume Gaucelme de Taillet. À gauche de l'entrée principale de l'église, derrière une grille, sarcophage en marbre blanc du 4e s., la **Sainte Tombe**, d'où suintent chaque année plusieurs centaines de litres d'une eau très pure.
Dans la 1re chapelle à droite, le grand retable baroque des saints Abdon et Sennen retrace le martyre de ces jeunes princes kurdes vénérés jadis en Roussillon pour leur pouvoir protecteur. La 2e chapelle réunit trois représentations du Christ : ces effigies, les *misteris*, sont portées par les pénitents la nuit du Vendredi saint. Une porte, au bas du collatéral gauche, donne accès au cloître gothique (13e s.).
Quittez Arles au sud par la D 115. La route passe de la rive droite à la rive gauche du Tech. Laissez la voiture près du sentier qui mène, à droite, dans les belles gorges de la Fou.

Le Tech murmure des secrets aux oreilles du Vallespir.

J. Malburet / MICHELIN

Gorges de la Fou★★

🐾 *1h30 à pied AR (parcours de 1 500 m le long de passerelles bien entretenues). Port du casque obligatoire.* 📞 *04 68 39 16 21 - juil.-août : 9h30-18h30; avr.-juin et sept. : 10h-18h; oct.-nov. : 10h-17h - fermé déc.-mars et en cas de pluie - 6 € (5-12 ans 3 €).*

Une promenade que vous n'êtes pas près d'oublier ! La fissure n'atteint pas 1 m de largeur par endroits, pour une hauteur de plus de 200 m. Les parties où grondent les cataractes, chutant de marmite en marmite, alternent avec des passages plus lumineux. Remarquez plusieurs blocs coincés.

Revenez à la D 115. À 3 km, prenez à gauche la D 3.

La route est agréablement tracée sur le versant « ombré » du Vallespir foisonnant de verdure (érables, châtaigniers) avivée par de nombreux ruisseaux.

St-Laurent-de-Cerdans

Bourg le plus peuplé de cette partie sud du Vallespir, connu pour ses ateliers de fabrication d'espadrilles et pour ses ateliers de tissage (tissus catalans traditionnels). Un **musée** évoque cette activité. 📞 *04 68 39 55 75 - juil.-août : 10h-12h, 14h-18h, w.-end. 10h-12h, 15h-17h; sept.-juin : tlj sf w.-end 10h-12h, 15h-17h - 2 € (enf. 1 €).*

Coustouges

Petit village de montagne occupant l'emplacement d'un poste de garde romain, dont il conserve la trace dans son nom (*custodia* : « garde »).

L'**église** fortifiée du 12ᵉ s. a gagné avec le temps une admirable patine. Un cordon décoratif en dents d'engrenage règne sous les combles, de même sous le parapet de la tour. Il se superpose, au chevet, à un délicat motif d'arcatures. La porte sud ouvre sur un porche obscur, d'où l'on pénètre dans le vaisseau par un portail roman taillé, fait exceptionnel en Roussillon, non dans le marbre mais dans la pierre tendre, et décoré de nombreuses sculptures. Le chœur est fermé par une belle grille de fer forgé, montrant ce décor de volutes que l'on retrouve souvent en Vallespir dans les pentures des portes anciennes.

Can Damoun

Site★ panoramique, au-dessus des vallées sauvages et silencieuses des confins ampourdanais. Des abords de l'oratoire N.-D.-du-Pardon (1968), vue sur la baie de Rosas, à l'extrémité de la Costa Brava.

Faites demi-tour jusqu'à La Forge-Del-Mitg et prenez à gauche la D 64. Tournez ensuite à gauche vers Serralongue.

Serralongue

Montez à pied à l'église. Édifiée aux 11ᵉ et 12ᵉ s., l'**église romane**, en granit rose et bleu, présente un beau portail à quatre voussures où s'ouvre une porte ornée de ferronnerie catalane et d'un verrou en forme de dragon. À l'intérieur, le retable baroque en bois polychrome et doré date de 1713; la roue à cloches, appelée *rodella*, était chargée au 12ᵉ s. de chasser les mauvais esprits.

En sortant, remarquez au sommet de la colline les ruines du *conjurador* : cet édicule à quatre ouvertures, au-dessus desquelles des niches abritaient autrefois les quatre évangélistes, servait lorsque l'orage menaçait les récoltes. Le curé venait y prier pour « conjurer » le péril en se tournant du côté des nuées.

Musée médiéval – 📞 *04 68 39 62 14 ou 06 16 70 73 90 - juil.-août : 14h30-18h30; sept.-juin : sur demande - visite guidée de l'église, du conjurador et du musée 2,50 € (enf. 1,50 €).* Des forges catalanes aux moulins à farine ou encore des meules à charbon de bois aux foulons à draps, c'est toute l'histoire des activités traditionnelles du haut Vallespir qui vous est contée à travers une série de **maquettes animées★**, véritables petits chefs-d'œuvre d'un homme aussi passionnant que passionné !

Faites demi-tour et prenez la D 64 à gauche puis la D 115 à gauche vers Le Tech.

Défilé de la Baillanouse

La route, emportée par les inondations catastrophiques d'octobre 1940, fut recons-truite plus haut. On reconnaît encore, à droite, un arrachement de terrain au flanc du Puig Cabrès. De là descendit un éboulement énorme ayant barré la vallée sur une hauteur de 40 m.

Prats-de-Mollo★ *(voir ce nom)*

Dans la montée vers le col d'Ares, on découvre tout de suite vers le sud la **tour de Mir**, l'une des tours à signaux les plus élevées du Roussillon. Plus loin, on reconnaît les **tours de Cabrens** dans l'éventail des vallées boisées convergeant vers Serralongue. Bientôt apparaît sur la gauche la chapelle N.-D.-du-Coral.

Col d'Ares★

Alt. 1 513 m. Situé à la frontière, il ouvre la route vers l'Espagne (Ripoll, Vic, Barcelone). *Faites demi-tour. Au Tech, prenez à gauche la D 44.* À gauche, une curieuse montagne pyramidale porte la tour de Cos (alt. 1 116 m).

Montferrer

L'église a un joli clocher roman. À gauche, ruines d'un château.
Continuez sur la D 44. Dans un virage à gauche, au point culminant de la route (899 m), le panorama prend toute son ampleur sur le massif du Canigou, les Albères, le Rous-sillon et la Méditerranée. La route traverse bientôt le ruisseau de la Fou (très belle vue). On aperçoit à gauche l'ancienne tour de guet de **Corsavy**, élevée par le seigneur du même nom pour surveiller la vallée, puis l'on traverse le village du même nom (ruines de l'ancienne église paroissiale). La D 43 descend dans la fraîche vallée du Riuferrer.

Le Vallespir pratique

♿ Voir aussi Céret, Prats-de-Mollo.

Se loger

⊜⊜ **Hôtel Les Glycines** – *R. du Jeu-de-Paume - 66150 Arles-sur-Tech -* ☎ *04 68 39 10 09 - hotellesglycines@orange.fr - fermé 15 nov.-15 fév. -* 🅿 *- 15 ch. 49/52 € -* ☕ *7,50 € - rest. 16/27 €.* La façade ocre de cette bâtisse proche du centre-ville dissimule un agréable hôtel-restaurant. Chambres fonctionnelles, salle à manger contemporaine et terrasse ombragée d'une glycine centenaire où il fait bon s'attabler autour d'un plat traditionnel ou d'une spécialité catalane.

⊜⊜ **Chambre d'hôte Sanglier Lodge** – *6 r. Route-Royale - 66230 Le Tech -* ☎ *04 68 39 62 51 - www.sanglier-lodge. com - fermé nov.-avr. -* ✉ *- 4 ch. 58/68 €* ☕ *- repas 25 €.* Parmi les 4 chambres aménagées proche habitation au cœur du village, la plus atypique reste celle qui trouve sa place dans l'ancienne boulangerie, où subsiste le four à pain. Un rangement astucieux utilisant chaque recoin met les salles d'eau en valeur. Cuisine régionale et grillades aux accents sud-africains.

⊜⊜ **Chambre d'hôte Case Guillamo** – *66230 Serralongue - 4 km de Serralongue, puis lieu-dit Guillamo à dr. et petit chemin sur 1,8 km -* ☎ *04 68 39 60 50 - www. caseguillamo.com - fermé janv., 1ᵉʳ-15 oct. -* ✉ *- 3 ch. 85/130 € - repas 25 €.* Seul le chuchotement du ruisseau en contrebas peut troubler le calme de cette clairière, accessible par un chemin de 2 km dans la forêt. Autant dire que cette grande bâtisse respire la quiétude. Chambres de caractère rustique. Table d'hôte gourmande, préparée par un grand amateur de cuisine.

⊜⊜⊜⊜ **Domaine de Falgos** – *66260 St-Laurent-de-Cerdans, 6,5 km au sud-ouest de St-Laurent par D 3 et rte secondaire -* ☎ *04 68 39 51 42 - www.falgos. com - fermé 29 nov.-27 fév. -* 🅿 *- 25 ch. 140/233 € -* ☕ *18 € - rest. 27/47 €.* Voilà un lieu de villégiature de rêve pour ceux qui veulent se mettre au vert… À 1 100 m d'altitude, dans un magnifique domaine au cœur des Pyrénées-Orientales, vous pourrez profiter du golf et du fitness de ce bel hôtel récent agréablement décoré. Quelques appartements avec cuisine.

Événements

Procession nocturne des Pénitents Noirs – *Vendredi saint - départ du cloître de l'abbaye Ste-Marie d'Arles-sur-Tech.*

Fête de l'ours d'Arles-sur-Tech – *1ᵉʳ w.-end de fév.*

Abbaye de **Valmagne** ★

CARTE GÉNÉRALE D2 – CARTE MICHELIN DÉPARTEMENTS 339 G8 – HÉRAULT (34)

C'est dans une oasis de verdure, au cœur du vignoble languedocien, que se cache cette grande abbaye cistercienne aux pierres rosées. Fondée au 12e s., elle fut l'une des abbayes les plus riches du Sud de la France avant de connaître les affres de la guerre, de la commende, de la décadence. Souvent transformée au cours des siècles, elle offre aujourd'hui un patrimoine intéressant qui est progressivement restauré.

▶ **Se repérer** – À 41 km à l'ouest de Montpellier par la D 5 et à 14 km à l'est de Pézenas par la N 9, puis la D 613. Au niveau de Montagnac, la D 5 vous conduit jusqu'à l'abbaye.

👁 **À ne pas manquer** – Les colonnettes et chapiteaux de la salle capitulaire, la fontaine octogonale et le jardin médiéval.

🕐 **Organiser son temps** – Comptez 1h (visite guidée).

♿ **Pour poursuivre la visite** – Voir aussi Le Cap-d'Agde, Montpellier, le cirque de Mourèze, Pézenas, St-Guilhem-le-Désert, Sète et le bassin de Thau.

Ravissante fontaine de l'abbaye.

A. de Valroger / MICHELIN

Comprendre

Une histoire mouvementée – C'est à Raimond Trencavel que l'on doit la fondation de l'abbaye en 1136. Le domaine choisi par les moines portait le nom de *Vallis Magna* ou *Villa Magna*. Rattachée à Cîteaux en 1159, elle s'est considérablement développée jusqu'au début du 14e s., comptant jusqu'à 300 moines. Des périodes très troublées ont suivi. En 1573, un abbé commendataire de Valmagne, acquis aux idées de la Réforme, assiégea sa propre abbaye et en fit tuer les moines. Après un sursaut aux 17e et 18e s. où des riches abbés transforment l'abbaye en palais, la décadence s'installe jusqu'à la Révolution : il ne reste alors que cinq moines. Saccagée, vendue, convertie en domaine viticole, elle est depuis 1838 dans la famille du comte de Turenne.

Visiter

📞 04 67 78 47 32 - www.valmagne.com - ♿ - de mi-juin à fin sept. : 10h-12h, 14h30-18h ; de déb. oct. à mi-juin : 14h-18h - fermé mar. de mi-déc. à mi-fév., 1er janv., 25 déc. - 6,90 € (enf. 5,50 €). La cour d'honneur (18e s.), agrémentée d'un grand bassin, est le point de départ de la visite. À côté du logis des hôtes se détache la massive silhouette de l'**église** qui n'est pas sans rappeler les cathédrales du Nord de la France : façade flanquée de tours, dimensions imposantes (24,5 m de haut et 83 m de long), vaisseau épaulé d'arcs-boutants, murs très ajourés, clés de voûtes richement décorées, déambulatoire aux chapelles rayonnantes... La plupart des fenêtres hautes ont été murées ; d'immenses foudres dans les bas-côtés et la noirceur de la pierre rappellent son utilisation comme chai de vieillissement du vin.

Fortement rénovés au 17e s., les **bâtiments monastiques** remontent encore pour partie à la fondation (12e s.). Le **cloître**, reconstruit au 14e s., séduit par la couleur dorée de ses pierres, privées de décor. On trouvera plus de fantaisie dans la **salle capitulaire**, du 12e s., où les colonnettes et les chapiteaux présentent une certaine variété, et surtout dans la très belle **fontaine**★★ octogonale ; elle est coiffée d'un ensemble du 18e s. formé de huit nervures reliées par une clef pendante. Le vaste **réfectoire** possède une remarquable cheminée Renaissance *(ouvert uniquement lors des concerts)*.

Jardin médiéval – À la belle saison, les visiteurs de l'abbaye peuvent profiter de ce lieu de découverte et de détente conçu sur le plan des jardins des abbayes cisterciennes.

La côte **Vermeille**★★

CARTE GÉNÉRALE C5 – CARTE MICHELIN DÉPARTEMENTS 344 J/K 7/8
PYRÉNÉES-ORIENTALES (66)

Côte Vermeille, côte merveille, le slogan est lancé. Après les longues plages de sable des côtes languedociennes et roussillonnaises, nous voici au pays des rochers où viennent se briser les vagues, où les ports de pêche et de plaisance se nichent au fond des anses protégées des tempêtes. Et la mer, la mer jouant sur toute la gamme des bleus ! L'Antiquité avait élu cette côte pour y fonder de véritables petites cités maritimes, le 20ᵉ s. en a fait des pôles touristiques. Le 21ᵉ s. saura-t-il en préserver l'authenticité et le charme ?

▶ **Se repérer** – À 30 km au sud-ouest de Perpignan par la D 914 jusqu'à Argelès-Plage qui marque l'entrée de la côte Vermeille.

👁 **À ne pas manquer** – Le pittoresque port de Collioure ; le panorama depuis le belvédère de la tour Madeloc ou le cap Réderis ; les étendues viticoles de Banyuls et l'ambiance hispanique de Cerbère.

🕐 **Organiser son temps** – Prévoyez au moins une demi-journée mais attention, la route du littoral est très encombrée l'été !

👫 **Avec les enfants** – Le long de cette côte, l'invitation à la baignade est irrésistible.

👣 **Pour poursuivre la visite** – Voir aussi Argelès-Plage, Banyuls-sur-Mer, Le Boulou, Collioure, Elne, Perpignan et St-Génis-des-Fontaines.

> **Le saviez-vous ?**
> Cette portion de littoral très rocheux a été baptisée « côte Vermeille » au 19ᵉ s. Aux premiers ou aux derniers rayons de soleil, la roche prend en effet une teinte rouge rosé.

Circuits de découverte

LA ROUTE DES CRÊTES 1

D'Argelès-Plage (voir ce nom) à Cerbère – 37 km – environ 2h30.
Après Argelès, la route (D 914) s'élève sur les premiers contreforts des Albères. Elle ne cessera désormais d'en recouper les éperons, à la racine des caps baignés par la Méditerranée.
À l'entrée de Collioure, au rond-point, prenez à gauche la D 86.
La route, en montée, commence dans le vignoble de Collioure.
Prenez de nouveau à gauche, au premier carrefour, la route en descente.

N.-D.-de-Consolation

Ermitage célèbre en Roussillon. La chapelle renferme de nombreux ex-voto de marins.

Faites demi-tour et prenez à gauche (route de montagne, sans protection). Les chênes-lièges se multiplient. La roche noire, schiste feuilleté, apparaît.

Suivez la signalisation « Circuit du vignoble » vers Banyuls.

Cette belle route de corniche mène à une table d'orientation. En face, au bord de la route, ruines d'anciennes casernes (1885) en brique et en schiste.

Prenez à droite le chemin qui monte à la tour Madeloc (pentes à 23 % – croisements et virages difficiles).

La route passe devant deux ensembles fortifiés pour atteindre une plate-forme.

Tour Madeloc

🚶 *15mn à pied AR.* Alt. 652 m. Ancienne tour à signaux qui, avec la tour de la Massane, à l'ouest, faisait partie d'un réseau de guet au temps de la souveraineté aragonaise et majorquine : la tour de la Massane surveillait la plaine du Roussillon tandis que la tour Madeloc observait la mer. Elle est précédée par une poterne faisant belvédère et offrant un **panorama**★★ sur les Albères, la côte Vermeille et le Roussillon. La tour proprement dite est en schiste, ronde et couronnée de mâchicoulis.

Dans la descente qui rejoint la D 86, belles **vues**★ dégagées, spectaculaires, sur la mer et Banyuls.

Poursuivez à droite.

La route, pittoresque grâce aux vues renouvelées sur les versants, mène à Banyuls. Elle passe devant la cave souterraine du Mas-Reig, aménagée dans le plus ancien domaine vigneron du terroir de Banyuls.

Autrefois port commercial, Port-Vendres est aujourd'hui avant tout un grand port de pêche.

Banyuls *(voir ce nom)*

Cap Réderis★★

Au point culminant de la route, faire quelques pas en direction du cap pour avoir une vue mieux dégagée. Magnifique **panorama** s'étendant sur les côtes du Languedoc et de Catalogne, jusqu'au cap de Creus.

Plus loin, dans un grand virage, vue à gauche sur toute la baie de Banyuls. La route est très sinueuse, la mer toute proche. En contrebas, nombreuses baies et anses rocheuses. La descente sur Banyuls offre une vue dégagée de la ville avec sa plage de galets de schiste et ses palmiers.

Cerbère

Petite station balnéaire bien abritée au fond de son anse, avec plage de galets en schiste feuilleté. Dernière localité en territoire français, Cerbère est desservie par une gare internationale (Paris-Barcelone) : le viaduc du chemin de fer se remarque dès l'arrivée par la route tortueuse. Maisons blanches, terrasses de cafés et allées piétonnières ajoutent une note très espagnole.

EN LONGEANT LA CÔTE 2

De Cerbère (voir page précédente) à Argelès-Plage – 33 km – environ 2h.

Après Cerbère, la corniche se déroule parmi les vignes, découvrant un vaste paysage marin. Les plages se succèdent, séparées par des promontoires très pointus.

Cap Réderis★★ *(voir page précédente)*

Banyuls *(voir ce nom)*

À la sortie de Banyuls, on passe devant le centre héliomarin. Au loin, sur la gauche, la tour Madeloc se dresse fièrement.

La route passe devant la **baie de Paulilles**, longtemps connue pour son usine de dynamite. Toute activité industrielle a cessé depuis 1991 et le site a été racheté en 1998 par le Conservatoire du Littoral. La gestion est assurée par le Conseil général qui a d'ambitieux projets pour son réaménagement.

Avant Port-Vendres, prenez à droite vers le cap Béar puis, après l'hôtel des Tamarins, traversez la voie ferrée et longez la baie, versant sud.

Cap Béar

La route *(peu propice à la circulation automobile)* s'élève, en corniche, très étroite et sinueuse. Du sémaphore, qui se dresse à son extrémité, on découvre la côte, du cap Leucate au cap Creus.

Port-Vendres

Port-Vendres (*Portus Veneris*, le « port de Vénus »), né autour d'une anse où les galères trouvaient abri, s'est développé sous l'impulsion de Vauban à partir de 1679, comme port militaire et place fortifiée. C'est aujourd'hui le port de pêche le plus actif de la côte roussillonnaise.

Collioure★★ *(voir ce nom)*

La route quitte les contreforts des Albères avant d'arriver à Argelès.

La côte Vermeille pratique

♿ Voir aussi Argelès, Banyuls et Collioure.

Se loger

⊜⊜ **Chambre d'hôte Les Vignes** – *40 r. des Albères - 66690 St-André -* ✆ *04 68 89 18 13 ou 06 09 84 71 89 - http://sebastien. lacreu.neuf.fr -*✉*- 5 ch. 60 €* ☲. Installées dans une construction indépendante de la maison des propriétaires, ces 5 chambres (dont une, au rez-de-chaussée, pour personne à mobilité réduite) disposent d'un mobilier neuf et de la climatisation, bien appréciable en été. Petits-déjeuners très copieux, accompagnés de charcuterie. Bon accueil et prix doux.

⊜⊜ **Chambre d'hôte Domaine de Valcros** – *Paulilles - 66660 Port-Vendres - 3 km au sud de Port-Vendres par D 914, dir Banyuls et à gauche apr. le pont de chemin de fer -* ✆ *04 68 82 04 27 ou 06 85 87 14 23 - www.domainedevalcros.com -*✉*- 3 ch. 71/86 €* ☲. Ce vieux mas catalan, rénové depuis peu, se situe entre mer et montagne, au cœur du vignoble de Banyuls. Ses chambres climatisées, spacieuses et élégantes, associent sol en terre cuite, murs blancs, voilages et tissus rouge et or. Il est possible de rejoindre la plage (300 m) par un chemin privé. Belle terrasse surplombant la baie.

Se restaurer

⊜⊜ **La Côte Vermeille** – *Quai Fanal - 66660 Port-Vendres -* ✆ *04 68 82 05 71 - fermé dim. et lun., 5 janv.-5 fév. - 25/56 €.* Sur le port de pêche, à proximité de la criée, plaisant restaurant tenu par deux frères. Vous y dégusterez des produits de la mer bien sûr que vous pourrez accompagner par un aimable vin choisi sur une belle carte consacrée aux vins régionaux. Décor marin et vue sur l'animation portuaire.

⊜⊜⊜ **Ferme-auberge Les Clos de Paulilles** – *Baie de Paulilles - 66660 Port-Vendres - 3 km au nord de Banyuls par D 914 -* ✆ *04 68 98 07 58 - www.les-clos-de-paulille.com - ouv. le soir de juin à sept. et dim. midi - réserv. obligatoire - 38 bc €.* Au cœur d'une propriété viticole, ce restaurant sert une cuisine campagnarde… et arrose chaque plat d'un vin du domaine différent ! Pour ne pas vous enivrer trop vite, installez-vous sur la terrasse ombragée, rafraîchie d'une brise marine salvatrice !

Vernet-les-Bains ★

1 483 VERNÉTOIS
CARTE GÉNÉRALE B5 – CARTE MICHELIN DÉPARTEMENTS 344 F7 – SCHÉMA P. 140
PYRÉNÉES-ORIENTALES (66)

Au pied des contreforts boisés du Canigou, le site de Vernet est d'une grande fraîcheur ; le grondement du torrent du Cady, tout proche, crée un fond sonore montagnard assez inattendu dans ce décor encore méditerranéen. Ville thermale, Vernet-les-Bains accueille de longue date les patients qui souffrent de maladies respiratoires comme les randonneurs qui viennent s'y détendre après l'effort.

- ▶ **Se repérer** – À 171 km à l'ouest de Perpignan et à 12 km au sud de Prades, par la N 116, puis la D 116 à Villefranche-de-Conflent.

- 👁 **À ne pas manquer** – La montée vers l'église dans le vieux Vernet ; le Christ suspendu dans l'abside de l'église St-Saturnin et la vue depuis le belvédère du col de Mantet.

- ⏱ **Organiser son temps** – Comptez 2h pour visiter Vernet et les alentours.

- 👫 **Avec les enfants** – La toute proche abbaye St-Martin-du-Canigou.

- 🚶 **Pour poursuivre la visite** – Voir aussi le Canigou, le Conflent, Mont-Louis, Prades, l'abbaye St-Martin-du-Canigou, l'abbaye St-Michel-de-Cuxa, le prieuré de Serrabone, Villefranche-de-Conflent.

Visiter

Vieux Vernet

De la place de la République, monter au « puig » (piton) de l'église par la rue J.-Mercader bordée de petites maisons colorées et fleuries, souvent décorées d'une treille.

Église St-Saturnin

Sa jolie situation, en vue du cirque du haut Cady et de la tour de St-Martin, fait son principal intérêt. Cette ancienne chapelle N.-D.-del-Puig (12e s.), adossée à un château fort (reconstitué), mérite une visite pour la présentation de son mobilier et de différents vestiges lapidaires : une cuve baptismale *(face à l'entrée)*, une prédelle de la Crucifixion ayant fait partie d'un retable peint du 15e s., la table d'autel romane et, surtout, l'impressionnant Christ (16e s.) suspendu dans l'abside.

Musée de Géologie

📞 04 68 05 77 97 - avr.-sept. : mar.-sam. 10h-12h, 14h-18h, dim. 14h-18h - 3 € (-12 ans gratuit). Voilà un sympathique musée qui intéressera tant les amateurs de fossiles et de minéraux que les profanes. Ceux-ci, guidés par un collectionneur passionné, y découvriront des pièces étonnantes : ammonites et fossiles marins, véritables œuvres d'art créées par la nature, comme ce poisson fossilisé avec ses écailles et ses nageoires, vieux de 120 millions d'années, criant de réalisme !

Vernet-les-Bains, au pied du Canigou, idée d'excursion pour les curistes et les touristes.

Aux alentours

Col de Mantet★

20 km au sud-ouest – environ 1h. Route très abrupte, en corniche étroite (croisement très difficile) en amont de Py. Sortez de Vernet par la D 27 à l'ouest et remontez, à partir de Sahorre, la vallée de la Rotja parmi les pommiers puis dans une gorge entaillée dans les granits. Au-dessus de **Py**, petit village pittoresque situé à 1 023 m d'altitude, la route escalade des pentes raides hérissées çà et là de rochers granitiques. À 3,5 km, dans un large virage, **belvédère★** sur le village aux toits rouges et le Canigou. Le col de Mantet s'ouvre à 1 761 m d'altitude près de la forêt de la Ville. Sur le versant opposé, le site, impressionnant d'austérité, de **Mantet** est tapi dans un repli de terrain.

Vernet-les-Bains pratique

Adresse utile

Office de tourisme de Vernet-les-Bains – *2 r. de la Chapelle - 66820 - ✆ 04 68 05 55 35 - www.ot-vernet-les-bains.fr - de mi-juin à mi-sept. : 9h-12h, 14h-18h, sam. 9h-12h, 15h-18h, dim. 9h-12h30 ; de mi-sept. à mi-juin : tlj sf w.-end 9h-12h, 14h-18h - fermé j. fériés sf en juil.-août.*

Se loger

Hôtel Princess – *R. des Lavandières - ✆ 04 68 05 56 22 - www.hotel-princess.fr - fermé 2 déc.-14 mars - P - 40 ch. 54/94 € - 8 € - rest. 17/33 €.* Au pied du vieux Vernet, immeuble récent où vous séjournerez dans des chambres rustiques dotées de loggias. Patio-terrasse ; vidéo et animation folklorique au sous-sol. Grande salle à manger au cadre fonctionnel et terrasse d'été. Plusieurs menus proposés, dont un catalan.

Chambre d'hôte Les 2 Lions – *18 bd Georges-Clemenceau - ✆ 04 68 05 55 42 - www.les2lions.fr - - 5 ch. 60 € .* Construite au niveau des anciens remparts, cette grande maison parfaitement restaurée abrite 5 chambres, dont une suite, offrant toutes une jolie vue sur le Canigou. Une vaste salle avec cheminée ainsi que le jardin ombragé garantissent de bons moments de détente. Pas de table d'hôte, mais plusieurs restaurants en ville.

Sports & Loisirs

Établissement thermal – *✆ 04 68 05 52 84 - www.thermes-vernet.com - établissement fermé 30 nov.-15 mars ; remise en forme fermé dim., du 31 oct. à déb. avr., 1er Mai, 1er nov.* Cette station (alt. 650) aux eaux sulfureuses est spécialisée dans le traitement des voies respiratoires, ORL et les rhumatismes. Ce centre de remise en forme propose divers forfaits (à partir de 17 €) et des soins à la carte (bain hydromasseur, massage, etc.).

Le Vigan

4 429 VIGANAIS
CARTE GÉNÉRALE D2 – CARTE MICHELIN DÉPARTEMENTS 339 G5 – SCHÉMA P. 100
GARD (30)

Exposée au pied du mont Aigoual, la petite ville cévenole du Vigan porte les couleurs du Sud ! Fondée au Moyen Âge par des moines venus de St-Guilhem-le-Désert, elle conserve des ruelles étroites et quelques places agrémentées de « griffouls », ces très belles fontaines de forme octogonale, datant du 17e s., qui rappellent la présence des nombreuses sources environnantes. C'est dans un bassin des plus fertiles où bonneteries et filatures de soie subsistent que Le Vigan a fait de la pomme sa reine(tte) !

- **Se repérer** – Situé au sud du mont Aigoual sur la D 999, Le Vigan est à 70 km au sud-ouest d'Alès et à 65 km au nord de Montpellier par la D 986.
- **À ne pas manquer** – La promenade à l'ombre des châtaigniers ; les reconstitutions du musée cévenol et le marché nocturne qui se tient de mi-juillet à fin août.
- **Organiser son temps** – Si 1h suffit pour découvrir la ville, laissez-vous tenter par la flânerie à laquelle invite la promenade ombragée des châtaigniers.
- **Avec les enfants** – La salle des Métiers du musée Cévenol.
- **Pour poursuivre la visite** – Voir aussi le massif de l'Aigoual, Anduze, La Couvertoirade, les grottes de Dargilan et des Demoiselles, les gorges de la Dourbie, Ganges, le cirque de Navacelles et St-Jean-du-Gard.

Se promener

Promenade des Châtaigniers

Parmi les lieux les plus agréables de la ville, la promenade des Châtaigniers, créée au 18e s. à la place d'un ancien champ de foire, est ombragée d'énormes châtaigniers séculaires.

Pour faire écho au Festival des artistes du rire, les jardins de l'hôtel de Ginestous (actuelle Caisse d'Épargne, rue du Maquis) accueillent une statue de Michel Colucci, dit Coluche.

Autour de l'église et place du Quai

Dans le prolongement de l'**église** (17e-19e s.), la place Bonald doit son nom à l'hôtel (18e s.) du même nom. Non loin de là, entre la rue de l'Horloge et la D 999, le très bel **hôtel d'Assas** a été complètement rénové pour accueillir la médiathèque.

La cœur du Vigan est la grande **place du Quai** qui était une halte sur le route royale entre Aix et Montauban.

Vieux pont

Enjambant l'Arre, il est antérieur au 13e s. On en a une bonne vue depuis une plate-forme au bord de la rivière, en amont du pont.

Musée cévenol★

℘ 04 67 81 06 86 - avr.-oct. : tlj sf mar. 10h-12h, 14h-18h ; nov.-mars : merc. 10h-12h, 14h-18h - fermé 1er Mai - 4,50 € (enf. 2,30 €).

Installé dans les anciens bâtiments d'une filature de soie du 18e s, ce musée est dédié à l'artisanat et traditions populaires du pays cévenol. Une salle relate l'oeuvre de l'écrivain académicien André Chamson (1900-1983), liée à sa terre d'origine, les Cévennes.

La salle des métiers présente les artisanats traditionnels avec le travail du banastaïre (fabricant de paniers), du verrier, du ferblantier... Des reconstitutions d'échoppes et d'un intérieur cévenol complètent cette présentation. La salle du Temps évoque l'histoire locale depuis les temps géologiques à la Réforme. Les 18e s et 19e s sont représentés, entre autres, par une collection de vêtements en soie.

Aux alentours

Jardin des Sambucs

À 11 km au nord-est du Vigan par la D 999, puis la D 986. Le Villaret - 30570 St-André-de-Marjencoules - ℘ 04 67 82 46 47 - www.jardinsambucs.com - juil.-août : tlj sf lun. 10h-19h ; mai-juin - sept.-oct. : w.-end. et j. fériés 10h-19h, lun.-vend. sur demande - 5 € (-10 ans gratuit).

Entre plantes vivaces, lotus et nénuphars, ce jardin de 3 000 m² s'épanouit au milieu des fontaines et bassins, offrant une balade pleine de fraîcheur. Sur les nombreuses terrasses, suivez les sentiers de galets, ils vous entraînent dans un univers labyrinthique balisé de bric et de broc qui donne à ce jardin naturel une consonance poétique. Dans les espaces-détente, prenez le temps de déguster le sirop de sureau (fabrication maison bien sûr !) qui vous est offert.

Circuit de découverte

VALLÉE DE L'ARRE

18 km – 2h. Quittez Le Vigan par la D 999 en direction de St-Affrique.

La route suit la vallée qui offre un curieux contraste entre son versant sud, calcaire et aride, formé par les escarpements du causse de Blandas, et son versant nord, schisteux et boisé, constitué par les contreforts de la montagne du Lingas. **Arre** est spécialisé dans la teinture des textiles. On voit d'ailleurs tout au long de la route les bâtiments d'anciennes filatures de soie datant du 18e ou du 19e s.

D'Arre, revenez à Bez et prenez une petite route tortueuse qui va vers Esparon.

Très pittoresque, cette route s'élève jusqu'au village perché d'**Esparon** puis redescend vers Molières-Cavaillac en offrant de belles vues sur les contreforts orientaux de la montagne du Lingas.

Après Molières-Cavaillac, prenez à gauche, puis à droite et rentrez au Vigan.

Le Vigan pratique

Adresse utile

Office de tourisme des Cévennes méridionales – *Pl. du Marché - 30120 Le Vigan -* 📞 *04 67 81 01 72 - www. cevennes-meridionales.com - juil.-août : 8h30-12h30, 13h30-19h, dim. et j. fériés 10h-13h ; reste de l'année : lun.-vend. 9h-12h30, 14h-18h, sam. 8h30-13h (et sam. 15h-18h de Pâques à Toussaint) - fermé j. fériés (sf dim. et lun. de Pâques, 14 Juil. et 15 août).*

Se loger

😊😊 **Hôtel Le Mas de la Prairie** – *Av. Sergent-Triare -* 📞 *04 67 81 80 80 - fermé déc.-Pâques -* 🅿 *- 25 ch. 47 € -* 🛏 *9 € - rest. 13/23 €.* Dans une région assez pauvre en établissements associant prix abordables et qualité, on se réjouit de trouver un hôtel comme celui-ci. Entièrement restauré, dans un cadre vaste et aéré, il vous offre des chambres climatisées, avec un plateau accueil qui fait toujours plaisir. Piscine agréable en été. Restaurant classique.

😊😊 **Chambre d'hôte Château Massal** – *Rte de Millau - 30120 Bez-et-Esparon - à 7 km au sud-ouest du Vigan par D 999, dir. Millau -* 📞 *04 67 81 07 60 - www.cevennes-massal.com - fermé nov.-1er avr. -*🚫*- (dîner seult) - 4 ch. 68/88 € -* 🛏 *- repas 28 €.* Majestueux château du 19e s. situé aux portes du village, face au pont. Ses 4 chambres aménagées à l'étage sont dotées d'un mobilier familial. L'une d'entre elles, avec parquet en noyer, moulures au plafond et piano, bénéficie d'une vue splendide sur la vallée. L'été, les repas sont servis dans le jardin fleuri.

Se restaurer

😊😊 **Auberge Cocagne** – *Pl. du Château - 30120 Avèze -* 📞 *04 67 81 02 70 - www. auberge-cacagne-cevennes.com - fermé dim. soir - 12 € déj. - 15/26 € - ch 47/57 € -* 🛏 *7,50 €.* Récemment reprise par un couple passionné de cuisine de grand-mère, cette authentique auberge cévenole vous accueille dans l'une de ses salles à manger rustique ou sur sa terrasse ombragée. Formules à l'ardoise et petits plats mijotés, d'inspiration méditerranéenne raviront les palais les plus délicats.

Que rapporter

👁 **Bon à savoir** – Parmi les rares entreprises de ce secteur qui produisent encore en France, la marque Well, fabricant de lingerie féminine, ouvre son magasin d'usine aux particuliers. *Bagatelle - 30120 Le Vigan* 📞 *04 67 81 29 78 - 9h30-12h30, 14h30-18h30 -fermé w.-end.* Une partie de la boutique expose la collection de l'année, tandis que l'autre est destinée à la vente d'articles à prix réduits.

Villefranche-de-Conflent ★

238 VILLEFRANCHOIS
CARTE GÉNÉRALE B5 – CARTE MICHELIN DÉPARTEMENTS 344 F7
PYRÉNÉES-ORIENTALES (66)

À la croisée du Cady et de la Têt, ce fut un « verrou » stratégique qui a servi de poste avancé du royaume d'Aragon face à la ligne des « fils de Carcassonne ». Fortifiée dès l'origine, complétée au 17e s. par Vauban, Villefranche est aujourd'hui une vraie merveille d'architecture militaire classée au Patrimoine mondial de l'Unesco au titre des Sites majeurs de Vauban. Plus pacifique, le marbre rose ennoblit de nombreux monuments de la cité, comme souvent en Roussillon, et la foire de la St-Luc perpétue une tradition commerciale venue du fond des âges (1303).

▶ **Se repérer** – À 42 km à l'est de Font-Romeu par la N 116 et à 8 km au sud-ouest de Prades.

🅿 **Se garer** – Laissez la voiture à l'extérieur des remparts, si possible sur le parking aménagé au confluent de la Têt et du Cady. En contrebas, la gare est l'une des stations du fameux Train jaune *(voir la Cerdagne)*.

👁 **À ne pas manquer** – Le circuit des remparts de la Ville Forte ; le somptueux portail de l'église St-Jacques ; les maisons de la rue St-Jean et les vues depuis le fort Libéria.

🕐 **Organiser son temps** – Comptez 2h. Pensez à vous couvrir pour visiter les grottes l'été.

👫 **Avec les enfants** – Les remparts.

♿ **Pour poursuivre la visite** – Voir aussi le Canigou, le Capcir, le Conflent, Mont-Louis, Prades, l'abbaye St-Martin-du-Canigou, l'abbaye St-Michel-de-Cuxa, le prieuré de Serrabone et Vernet-les-Bains.

Se promener

LA VILLE FORTE★

Villefranche bénéficia, comme son nom l'indique (« ville franche »), de privilèges fiscaux dès son origine, au 11ᵉ s., ce qui lui valut d'être la capitale administrative et économique du Conflent jusqu'au 18ᵉ s.

2h. Vous prendrez d'autant plus de plaisir à déambuler dans les rues de la petite cité que nombre d'artisans (chez qui le meilleur côtoie le pire avec allégresse) et de magasins de produits typiquement catalans (sandales ou vigatanes, fers pour la crème brûlée, friandises telles que les rousquilles…) y ont élu domicile, entraînant une animation incessante.

Pénétrer dans l'enceinte par la porte de France, ouverte sous Louis XVI (à gauche de l'ancienne porte comtale) et remonter la rue St-Jacques.

Remparts★

Entrée au n° 32 bis rue St-Jacques - ☎ 04 68 96 16 40 ou 04 68 96 22 96 - juil.-août : 10h-20h ; juin et sept. : 10h-19h ; avr.-mai et oct. : 10h30-12h30, 14h-18h ; reste de l'année : 10h30-12h30, 14h-17h - fermé janv. - 4 € (Pass inter-sites 3 €).

Le circuit fait parcourir deux étages de galeries superposées : un chemin de ronde voûté aménagé dans l'épaisseur du mur au 11ᵉ s. et une galerie supérieure (17ᵉ s.) percée de larges meurtrières donnant sur l'extérieur. Aux 13ᵉ et 14ᵉ s., on a flanqué les courtines (fin 11ᵉ s.-début 12ᵉ s.) de tours rondes, puis au 17ᵉ s. de six bastions. Ces bastions, à partir de la porte de France et dans le sens des aiguilles d'une montre, portent les noms de Corneilla, de la Montagne, de la Reine, du Roi, puis de la Boucherie et du Dauphin. Entre ces derniers, un chemin de ronde à ciel ouvert, avec arcatures, permet de découvrir le front nord, le long de la Têt.

Au 17 de la rue St-Jacques, espace information sur le fort Libéria.

Église St-Jacques

Des 12ᵉ et 13ᵉ s., elle assemble deux nefs parallèles. Pénétrer dans l'église par le merveilleux portail « à quatre colonnes » et archivolte torsadée ; les chapiteaux appartiennent à l'école de St-Michel-de-Cuxa.

Dans la nef gauche, la profondeur de la cuve baptismale en marbre rose s'explique par la coutume du baptême par immersion pratiquée en Catalogne jusqu'au 14ᵉ s. Une Vierge à l'Enfant du 14ᵉ s., N.-D.-de-Bon-Succès, en marbre, est invoquée contre les épidémies. Au-dessus de l'autel de la petite nef, retable de N.-D.-de-Vie (1715) de Sunyer.

Dans la nef droite, la chapelle latérale du milieu abrite un grand Christ en croix (14ᵉ s.), dans la tradition réaliste catalane. Les autres chapelles latérales abritent d'intéressants retables baroques.

Au fond de l'église, comme en Espagne, se trouve le chœur ouest appelé « chœur des stalles » ; celles-ci datent du 15ᵉ s. ; sur le podium repose un Christ gisant, œuvre d'art populaire poignante du 14ᵉ s.

Porte d'Espagne

Réaménagée, comme la porte de France, en entrée monumentale en 1791. La machinerie de l'ancien pont-levis subsiste.

Rue St-Jean

Pour revenir à la porte de France, traverser la ville en suivant la rue St-Jean (remarquer la statue en bois, du 14ᵉ s., de saint Jean l'Évangéliste) dont les maisons des 13ᵉ et 14ᵉ s. ont souvent gardé leur porche en plein cintre ou en arc brisé. Belles enseignes de corporations en fer forgé.

Visiter

FORT LIBÉRIA★

Accès par l'escalier dit des « mille marches », par le sentier ou par véhicules 4 x 4. Dép. à l'intérieur des remparts, à droite de la porte de France - ☎ 04 68 96 34 01 et 04 68 05 74 29 - juin-sept. : 9h-20h ; oct.-mai : 10h-18h - 6 € (5-11 ans 2,80 €).

Dominée par la montagne de Belloc, la ville offrait une prise trop facile à un ennemi éventuellement campé sur les hauteurs. Vauban aurait dit que, des roches voisines, des tireurs auraient pu « canarder à coups de fusil tout ce qui paraîtrait dans ses rues ». Aussi, dès 1679, alors qu'il commandait les travaux nécessaires pour fortifier la place, Vauban songea à protéger celle-ci en élevant un fort. Remanié au cours du 19ᵉ s., il a alors été doté d'un escalier dit des « mille marches » (il en comprend 734 en réalité) en marbre rose du Conflent, qui relie le fort à la ville au niveau du petit pont fortifié St-Pierre (1263), jeté sur la Têt.

Afin d'épouser la forte déclivité du terrain, la fortification est composée de trois enceintes établies l'une au-dessus de l'autre. La plus élevée, côté montagne, a la forme d'une étrave et est protégée par un fossé. Une galerie percée dans la contrescarpe renforce le dispositif défensif.

Dans un sombre réduit furent incarcérées huit femmes inculpées dans l'affaire des Poisons : la dernière, dénommée « la Chopelin », y mourra en 1724 après 44 années de détention.

Du fort, **vues remarquables**★★ sur les vallées en contrebas et sur le Canigou.

LES GROTTES

Cova Bastera

℘ 04 68 05 20 20 ou 06 07 27 11 31 - www.3grottes.com - juil.-août : 11h-19h ; juin et sept. : 14h-17h - fermé reste de l'année - tarif non communiqué - billet combiné avec grottes des Canalettes et des Grandes Canalettes. Située sur la route de Mont-Louis, face aux remparts, cette grotte, extrémité du réseau des Canalettes, fait découvrir les fortifications souterraines de Vauban (la grotte fut transformée en casemate) et les différentes phases d'occupation du site grâce à des scènes peuplées de personnages grandeur nature.

Grotte des Canalettes

Parking à 700 m au sud, en contrebas de la route de Vernet - ℘ 04 68 05 20 20 ou 06 07 27 11 31 - www.3grottes.com - visite guidée - juil.-août. : dép. ttes les heures de 11h à 18h - fermé reste de l'année - tarif non communiqué - billet combiné avec grottes de Cova Bastera et des Grandes Canalettes.

Les concrétions étonnent par la variété de leurs formes : coulées de calcite, excentriques. Parmi les plus belles, on remarquera la Table, un gour que la calcite a peu à peu rempli, et un bel ensemble de draperies d'une blancheur étincelante.

Grotte des Grandes Canalettes

℘ 04 68 05 20 20 ou 06 07 27 11 31 - www.3grottes.com - juil.-août : 10h-19h30 ; avr.-juin : 10h-18h ; sept.-oct. : 10h-17h30 ; reste de l'année : w.-end et vac. scol. 11h-17h - fermé 1ᵉʳ janv., 25 déc. - tarif non communiqué - billet combiné avec grottes de Cova Bastera et des Canalettes.

Elle appartient au même réseau que la grotte des Canalettes. Depuis la salle d'expo (vous y verrez des géodes et une impressionnante gogotte – concrétion calcaire de la forêt de Fontainebleau), le couloir des Cupules vous conduit à la salle Blanche avec ses concrétions (stalactites, stalagmites, gours ou draperies). Le Balcon précède le « lac aux Atolls » avec ses « coraux souterrains » et le superbe « Temple d'Angkor », vaste salle ruisselante de stalactites et de draperies, aménagée en auditorium où un spectacle de son et lumière permanent permet d'apprécier une acoustique hors du commun. Bref, un enchantement, d'autant qu'en été, il y règne une fraîcheur des plus agréables (14 °C).

Villefranche-de-Conflent pratique

Adresse utile

Point info de Villefranche-de-Conflent – *Pl. de l'Église - 66500 - ℘ 04 68 96 22 96 - juil.-août : 9h30-12h, 14h-18h ; avr.-juin et sept. : 9h30-12h, 14h-17h, sam. 9h30-12h ; reste de l'année : tlj sf w.-end 9h30-12h - fermé j. fériés.*

Se restaurer

⊜⊜ **Auberge Saint-Paul** – *7 pl. de l'Église - ℘ 04 68 96 30 95 - auberge-st-paul@wanadoo.fr - fermé dim. soir et lun., mar. hors sais., 12-17 juin, 20 nov.-1ᵉʳ déc., 8 janv.-2 fév. - 20/110 €.* Cette chapelle du 13ᵉ s. abrite aujourd'hui un restaurant rustique soigné. Terrasse ombragée. Cuisine au goût du jour ; bon choix de vins de Bourgogne et du Roussillon.

Montpellier : villes, curiosités et régions touristiques.
Maillol, Aristide : noms historiques et termes faisant l'objet d'une explication.
Les sites isolés (châteaux, abbayes, grottes…) sont répertoriés à leur propre nom.
Nous indiquons par son numéro, entre parenthèses, le département auquel appartient chaque ville ou site. Pour rappel :

11 : Aude
12 : Aveyron
30 : Gard
34 : Hérault
48 : Lozère
66 : Pyrénées-Orientales

A

CARTES ET PLANS

Numérotation routière

Sur de nombreux tronçons, les routes nationales passent sous la direction des départements. Leur numérotation est **en cours de modification**. La mise en place sur le terrain a commencé en 2006 mais devrait se poursuivre sur plusieurs années. De plus, certaines routes n'ont pas encore définivement trouvé leur statut au moment où nous bouclons la rédaction de ce guide. Nous n'avons donc pas pu reporter systématiquement les changements de numéros sur l'ensemble de nos cartes et de nos textes.

👁 **Bon à savoir** – Dans la majorité des cas, on retrouve le n° de la nationale dans les derniers chiffres du n° de la départementale qui la remplace. Exemple : N 16 devient D 1016 ou N 51 devient D 951.

Manufacture française des pneumatiques Michelin
Société en commandite par actions au capital de 304 000 000 EUR
Place des Carmes-Déchaux - 63000 Clermont-Ferrand (France)
R.C.S. Clermont-Fd B 855 200 507

Toute reproduction, même partielle et quel qu'en soit le support,
est interdite sans autorisation préalable de l'éditeur.

© Michelin, Propriétaires-éditeurs.

Compogravure : Michelin à Paris
Impression et brochage : Canale
Dépôt légal : 10 2008 - ISSN 0293 - 9436
Imprimé en Italie : 10 2008